KB119672

놀이치료의 실제

Terry Kottman · Kristin K. Meany-Walen 공저 | 박영애 · 김리진 · 김소담 공역

관계형성부터 변화촉진까지

Doing Play Therapy

From Building the Relationship to Facilitating Change

학지사

역자 서문

이 책은 '잔(Zan)'의 이야기와 함께 시작한다. 이 책을 읽는 많은 독자가 어린 잔을 이해하며, 놀이치료사가 되기 위해 노력하는 잔에게 공감할 것 같다. 잔의 이야기는 놀이치료를 공부하길 원하는 우리 모두의 이야기였는지도 모른다.

잔은 이제 전문가로서 새로운 고민을 시작한다. 자신의 이론을 찾기 위해 방황하고, 자신의 이론을 임상 현장에서 어떻게 적용할 것인지 고민하며, 어떻게 충분히 좋은(good-enough) 놀이치료사가 될 수 있을지 고민한다.

이 책은 놀이치료사(독자)들이 '내담자와 관계 형성하기' '내담자의 이슈 및 기저 역동탐색하기' '내담자의 통찰 돕기' '내담자의 패턴 변화시키기'의 네 단계 안에서 자신의 이론을 통해 어떻게 기법, 기술과 전략을 적용할 수 있는지 소개하고 있다. 저자들은 놀이치료사들이 활용할 수 있는 다양한 도구를 제시하고 있으며, 동시에 놀이치료사들에게 권한을 위임하여 고유한 전문가로서의 성장을 독려하고 있다.

우리는 이 책이 이론과 실제를 양손에 쥐길 희망하는 놀이치료사들에게 길잡이가 되길 바란다. 더불어 진술하고 따뜻한 두 저자로부터 공감받고 위로받으며, 그들의 모습을 배우게 되길 희망한다. 또한 저자들이 언급했듯이 치료사로서 자신을 믿고 스스로에게 권한을 위임할 수 있는 역량을 가지게 되길 기대한다. 이 책을 선택하고 읽기 시작한 여러분은 이미 충분히 좋은 놀이치료사일 것이다.

마지막으로, 어려운 시기 속에서 이 책의 출판을 맡아 주신 학지사와 애써 주신 모든 직원에게 깊이 감사드린다. 더불어 긴 시간 동안 뜻을 모아 번역을 함께 해 주신 공역자들에게도 깊은 감사의 마음을 전한다.

2022년 7월
역자 일동

저자 서문

우리는 무수히 많은 놀이치료 입문 강좌를 강의해 왔다(좋다. 사실 많긴 하지만 무수히 많은 정도는 아니다). 그리고 우리 둘은 놀이치료를 배우거나 놀이치료의 전문 지식을 심화하려는 사람들을 위해 고안된 다양한 놀이치료 입문 서적을 갈망해 왔다(그렇다. 갈망이다. 원하거나 바랐던 것이 아니라 갈망해 왔다). 우리는 독자들이 놀이치료의 실제에서 토대가 될 이론적 정향을 선택하도록 돕기 위해 인간에 대한 신념과 인간의 변화 과정에 대한 신념을 스스로 살펴볼 수 있도록 도울 책을 갈망했다. 놀이치료의 다양한 기술, 전략과 기법에 대한 실제적인 정보를 담은 책을 갈망했다. 아동, 청소년, 성인, 가족, 부모, 교사와 함께 놀이치료하는 방법을 다룬 책을 갈망했다. 내담자와 관계형성하기, 내담자의 이슈 및 기저 역동탐색하기, 내담자가 자신의 이슈와 기저 역동에 대한 통찰을 얻도록 돕기, 인지 · 정서 · 행동 · 대인관계 · 태도 · 신체의 패턴 변화시키기를 위해 내담자와 작업하는 도구로 사용될 책을 갈망했다. 놀이치료사가 의도성을 가지고 체계적으로 내담자와 작업할 수 있도록 영감을 주는 책을 갈망했다. 독자들이 특정 내담자를 위해 기법을 변형시키고, 놀이치료실에서 '무언가를 만들기 위해' 스스로에게 권한을 주도록 돕는 책을 갈망했다. 우리는 이것이 많은 내용이라는 것을 알고 있으며, 우리는 이 모든 요소가 모범적인 놀이치료 임상을 위해 필수적이라고 믿는다. 우리는 이러한 내용을 다루는 책을 본 적이 없기 때문에 이 책의 집필을 결심했다. 그 책은 지금 여러분의 손에 들려 있는 책이다.

우리는 프렐류드(Prelude)에서 만나게 될 놀이치료를 배우고자 했던 학생인(또는 정신건강 전문가이거나 학교 전문가일지도 모르는) 잰의 이야기로 이 책의 틀을 잡았다. 그녀(혹은 아마도 그, 우리는 모든 놀이치료사가 여성이 아니라는 것을 인정하지만 대명사를 혼합하여 사용하는 것이 혼란스러울 수 있기 때문에 단순함을 위해 단지 여성 대명사를 사용하였다)는 우리의 학생과 이 책의 독자를 대표한다. 그녀는 내담자를 돕는 놀이치료 과정을 통해 이러한 모든 즐거움의 사용법을 익히고자 하는 사람들인 이 책의 예상 독자이다. 즉, 잰과 같이 스토리말하기, 모험하기, 춤추기, 스토리듣기, 노래만들기, 모래 안에 세계만들기, 미술활동하기, 놀이하기를 사랑하는 학습자들을 상징하기 위해 등장하였다.

여러분이 놀이치료하는 방법을 배울 수 있도록(또는 심화된 놀이치료 임상을) 돕기 위해, 우선 제1장에서 놀이치료의 기본 사항(놀이치료는 무엇이며, 누구와, 어디서, 어떻게 하는가)에 대해 설명하고자 했다. 또한 우리는 놀이치료에 적용되는 상담이론에 대해 다루기를 원했다. 우리는 이론적 정향이나 체계적인 방식으로 내담자를 개념화하고 치료계획을 세우는 것이 효과적인 놀이치료사가 되기 위해 중요하다고 생각한다. 이러한 접근 방식의 탐색에 도움을 주기 위해 우리는 놀이치료에 적용되는 이론과 치료사에게 맞는 이론을 결정하는 방법에 대해 제2장에서 다루었다. 제3장에서는 놀이치료사가 놀이치료 과정 동안 사용할 수 있는 수많은 전략을 개괄적으로 설명하고, 제4장부터 제8장까지는 놀이치료실에서 할 수 있는 각각의 전략에 대한 기법을 다루었다. 제4장에서는 놀이치료 접근과는 무관하게 치료사의 작업에 토대가 될 수 있는 관계형성을 위한 기본적인 놀이치료 기술과 기법을 설명한다. 제5장은 내담자의 개인내 및 개인간 이슈를 탐색하는 내용으로 내담자와 '무슨 일이 있는지(what's up)', 그리고 어떻게 살펴볼 것인지를 결정한다. 내담자가 사고·행동·감정의 패턴에 대한 통찰력을 얻는 것이 중요하다고 생각하는 놀이치료사를 위해 제6장에서는 내담자가 자신을(어쩌면 심지어 타인조차도) 더 잘 이해하도록 돕는 아이디어를 제공한다. 제7장은 내담자가 변화를 만들 수 있도록 돕는 것에 관한 내용이다. 이 장은 내담자가 행동·사고·감정·태도 등의 변화를 진전하도록 돕기 위한 여러 지시적인(일부는 비교적 덜 지시적인) 방법을 제공하기 위해 고안된 기술과 기법으로 가득하다. 또한 제8장에서는 놀이치료 과정에 부모/교사 및 가족을 포함시키기 위한 실제적인 제안과 활동을 다루고 있다. 제9장에서는 놀이치료실에서 도전적인 상황이 발생할 때 대처하는 방법에 대해서 다룬다. 우리는 치료사가 현존하며, 의도적이고, 창의적이며, 혁신적일 수 있도록 영감을 주기 위해 고안한 많은 지식(지혜일 수도 있는, 우리는 이것이 지식인지, 지혜인지 명확하지 않다)을 각 장 사이에 포함시켰다. 우리는 이를 '인터루드(Interlude)'라고 명명했다.

기법/활동에 관한 한, 우리 두 사람에게 중요한 것은 ① 다양한 이론의 놀이치료에서 두루 사용할 수 있는 활동 제공하기, ② 개입의 일차적 초점으로 각 기법의 '기계적인 의사소통(mechanical communication, S. Riviere, personal communication, September, 2015)' 측면을 유지하기, 즉 내담자가 하고 있는 것에 주의 기울이기, ③ 내담자가 활동을 통해 무엇을 성취하고 싶은지 생각하며 놀이치료 과정에 의도성을 가지고 참여하도록 격려하기, ④ 회기 내에서, 그리고 회기에 걸쳐 놀이치료사가 목표지향성과 유연성의 균형을 유지하도록 지원하기, ⑤ 치료사가 임상에서 이러한 개입을 사용할 수 있도록 구체적으로 기술된 세부 사항을 충분히 제공하기, ⑥ 치료사가 임상에서 내담자와 활동할 때 편안함을 느낄 수 있도록 허용적인 분위기 조성하기, ⑦ 치료사가 개인내담자의 흥미를 끌기 위해 맞춤화된 활동을 선택할 때, 내담자의 관심, 재능, 선호도, 열정, 호불호 등을 염두에 두기, ⑧ 치료사만의 활동을 만들 수 있도록 격려하기/고무하기, ⑨ 특정 내담자에게 개입 시 최적의 성장을 촉진하는 질문하기 방법, 사용하기 및 다른 내담자에게 다른 개입 시 질문을 하지 않고 최적의 성장을 촉진할 수 있는 방법 모델링하기이다.

수많은 기술과 기법/활동들이 이 책의 도처에 흩뿌려져 있다. 우리는 여러분에게 기술과 기법을 비법으로 생각하지 말아야 한다는 것을 (아마도 반복하고, 반복하고, 반복해서) 강조한다. 활동을 진행하기 위한 '정답'은 없다. 각 기법이 전달되어야 하는 방법은 '경우에 따라 다르다.' 그것은 치료사(및 인간의 성장과 변화 과정에 대한 치료사의 생각)와 내담자(및 회기와 일반적인 상황에서 내담자에게 일어나고 있는 상황)에 따라 다르다. 비록 우리가 기술과 개입 기법을 제공하지만, 함께 작업하고 있는 특정 내담자에게 맞춰 설계하는 것은 치료사의 몫이다. 우리는 개인내담자의 욕구와 관심에 맞게 개입을 조정하는 것이 놀이치료사의 중요한 업무 중 하나라고 믿는다. 특정 내담자에게 무엇이 중요한지 주의를 기울이고, 내담자가 선호하는 표현 방식에 주의를 기울이며, 지시적인 활동에 내담자를 참여시키기 위한 최선의 방법에 주의를 기울이는 것은 성공적이고 일치적인 놀이치료의 주요 요소라고 확신한다.

차례

옛날 옛적에

옛날 옛적에, 흠…… 어쩌면 그렇게 옛날은 아닐지도 몰라. 우리와 (똑같지는 않겠지만) 비슷한 왕국에 '잔(Zan)'이라는 아이가 살고 있었어. 잔은 기쁨, 사랑, 웃음으로 가득 찬 사랑스러운 아이였지. 어떤 때에는 눈물과 화, 좌절과 실망, 상처도 가지고 있었어. 잔은 많은 아이들처럼 다양한 감정으로 가득했어. 잔은 스토리말하기를 좋아했고, 모험을 즐기며, 춤추기를 좋아했어. 스토리듣기도 좋아했고, 노래만들기나 모래 안에서 새로운 세계만들기, 미술놀이를 좋아했지. 잔은 놀이를 사랑하는 아이였어!

잔은 성장해 가면서 힘들고 무서운 일들을 경험했어. 어쩌면 부모님의 이혼으로 자신이 부모님 중 누구를 더 사랑하는지 결정해야만 한다고 생각했을 수도 있고, 또 어쩌면 엄마(혹은 아빠)가 술에 취해 잔을 때렸을 수도 있어. 또 어쩌면 학교 친구들이 자신과 다르다며 잔을 놀렸을 수도 있고, 또 어쩌면 부모님이 잔에게 그들은 잔을 사랑하지도, 원하지도 않았다고 말했을 수도 있어. 또 어쩌면 학교 생활이 힘들었을지도 몰라. 그래서 잔은 자신이 바보 같고, 다른 아이들처럼 배우는 것이 어렵다고 느꼈을 수도 있어. 또 어쩌면 이런 일이 왜 자신에게 일어나는지 알지 못한 채, 가끔은 너무 무섭고 슬퍼서 아침에 일어나고 싶지 않았을 수도 있어. 또 어쩌면, 또 어쩌면, 또 어쩌면…… 일상생활에서 모든 아동과 성인에게 힘들고 무서운 일이 일어나는 것처럼, 잔에게도 어떤 일들이 일어났을지 몰라.

어느 누구도 잔이 스토리말하기를 멈추고, 모험과 춤추기, 스토리듣기를 그만하기 시작했으며, 노래만들기와 새로운 모래세계만들기, 미술과 놀이를 멈추었다는 것을 알아차리지 못하는 것 같았어. 잔은 자신이 해결하기 위해 고심하는 일에 아무도 관심을 갖지 않는다고 느꼈어. 그리고 종종 슬프고 외로웠어. 잔은 자신에게 일어나고 있는 일을 이해해 주고, 자신과 자신의 삶이 조금이라도 나아질 수 있도록 도움을 줄 누군가가 있기를 원했어.

마침내 어느 날, 잔의 학교상담사가 그녀의 어려움을 알아채고 놀이, 스토리, 모험, 춤, 음악, 미술을 통해 자신의 스토리를 말할 수 있도록 안전한 공간을 만들어 주는 놀이치료사를 만나게 해 주었어. 놀이치료사는 잔(잔의 전체적 자기)에게 경청하고, 집중하고, 잃었던 그녀의 일부를 되찾기 위한 여정의 친구가 되어 주었고, 잔이 스토리를 말하고, 모험을 하고, 스토리를 듣고, 춤을 추고, 노래를 만들고, 모래 안에서 세계를 만들고, 미술놀이를 할 수 있도록 안전한 공간을 제공하기 위해 특별한 훈련을 받은 사람이었어. 놀이치료는 잔이 자신에게 일어나고 있는 일을 이해하도록 돕고, 자신의 감정과 생각을 표현하는 새로운 방법을 습득하도록 도우며, 스스로를 이해하고, 더 나은 기분을 유지하는 방법을 배우도록 도왔어. 잔은 자기를 표현하기 위해 놀이를 사용하면서, 놀이치료를 통해 자신이 놀이를 얼마나 사랑했는지 깨닫게 되었어.

모든 사람들이 그렇듯 잔도 성장했고, 어느 누구에게도 쉽지 않은 여정의 시기인 사춘기와 청소년기를 거치게 되면서, 보통의 청소년처럼 외로움, 고립감과 싸워야 했어. 잔은 자신이 고통받고 있는 어려운 상황과 힘든 시기를 그 누구도 경험한 것 같지 않다고 느꼈어. 이 힘든 시기를 이겨내기 위해 도움이 필요하다는 것을 알게 되면서, 잔은 다시 놀이치료실을 찾았어. 놀이치료사는 잔이 스토리를 말할 수 있는 안전한 공간을 만들기 위해 놀라운 놀이치료 도구들을 사용했어. 그 스토리는 어쩌면 잔이 더 어렸을 때 했어야 했던 스토리를 리텔링(retelling)하는 것일 수도 있고, 어쩌면 잔이 말해야 하는 새로운 스토리였을 수도 있었을 거야. 다시 한번, 놀이치료사는 잔에게 일어나고 있는 일을 이해하도록 도왔고, 감정과 생각을 표현하는 새로운 방법을 습득하도록 도왔으며, 자신을 이해하고 자신의 기분을 개선하는 방법을 배우도록 도와주었어. 놀이를 통해 자신을 표현함으로써 잔이 얼마나 놀이를 좋아했는지 일깨워 주었어.

나이가 들어 잔은 성인이 되었고, 자신이 그랬던 것처럼 어려움을 겪는 다른 아이들(어쩌면 청소년과 성인도)을 돕고 싶다는 것을 깨달았어. 잔은 슬픔과 외로움을 느끼는 아이들(청소년/성인)을 돕고 싶었어. 그들은 자신이 겪고 있는 일을 이해하도록 돕는 누군가가 필요하고, 어쩌면 자신과 자신의 삶이 조금 더 나아졌다고 느끼도록 도울 누군가가 필요할 거야. 잔은 자신이 얼마나 놀이치료실에 가기를 좋아했고, 스토리말하기를 좋아했으며, 모험을 즐기고, 춤추고, 스토리듣기를 좋아했는지, 그리고 노래만들기와 모래세계만들기, 미술놀이를 좋아했는지 기억했어. 어린 잔은 놀이치료사와의 놀이를 얼마나 사랑했던가! 잔은 자신이 여전히 이 활동들을 사랑한다는 것을 깨닫고 그것에 대해 생각했어. "어쩌면 나는 다른 사람을 돕기 위해, 내가 좋아하는 이 활동들의 사용법을 배울 수 있을 거야."

잔은 사람들이 어떻게 자신만의 방식을 가지게 되는지 매우 궁금했어. 왜 사람들은 그렇게 생각하는 걸까, 왜 사람들은 그렇게 느끼는 걸까, 왜 사람들은 그렇게 행동하는 걸까. 잔은 사람들을 힘들게 하는 것이 무엇인지, 사람들의 생각과 감정을 표현하도록 하는 것이 무엇인지, 스토리를 말할 수 있는 안전한 공간은 어떻게 만들 수 있는지 궁금할수록 더욱더 탐색하고 연구했어. 성인이 되어 대학에 진학하고 졸업 후 사회에 나가면서, 아이들(청소년/성인)과 관계맺기를 위해 자신이 사랑하는 모든 것(스토리듣기, 모험하기, 춤추기, 스토리말하기, 노래만들기, 모래 안에 세계 만들기, 미술하기, 놀이하기)을 사용할 수 있는 방법을 찾기 시작했어. 이 활동들은 어쩌면 아이들(청소년/성인)이 자신에게 일어나고 있는 일을 이해하도록 돕고, 자신과 자신의 삶이 더 나아졌다고 느끼도록 도울 수 있을 거야. 잔은 자신이 사랑하는 일을 하며 다른 사람을 돕는 가장 좋은 길을 결정했어. 그건 바로 놀이치료를 공부하는 거야. 잔은 놀이치료를 공부하기 시작했고, 자신이 아이들(청소년/성인)의 동반자/멘토/목격자/치유자/교사/놀이치료사가 되기 위한 연구를 한다면 그들의 기쁨과 즐거움을 재발견하게 할 수 있다는 것을 알았어. 누군가 아이들과 그들의 삶에 일어났던 일을 사라지게 할 수는 없지만, 아이들은 동반자/멘토/목격자/치유자/교사/놀이치료사를 가지면서, 기쁨과 놀이다움으로 돌아가는 여정을 시작할 수 있을 거야.

잔은 지식과 지혜를 찾기 시작했고, 놀이치료에 대한 자신의 질문에 대답을 해 줄 스승을 찾고 있었다(그녀는 많은 질문을 가지고 있었다). 운이 좋게도, 그녀는 우리를 만났다. 우연히 우리는 놀이치료에 대해 알고 있었고, 아동(청소년/성인)과의 여정에서 관계의 기초로 놀이치료의 사용을 사랑하는 사람들이었다. 앞으로 펼쳐질 이 책의 내용은 관계, 이해의 촉진, 성장을 지원하는 도구로서 놀이치료의 사용을 연구하는 잔의 질문에 대답하려는 우리의 시도이다. 우리가 심리치료 양식으로 놀이치료를 사용하기 위해 알아야 할 내용을 잔(그리고 여러분)에게 설명하기 위해 이 책의 집필을 애정하는 만큼, 여러분도 그녀와 함께 하는 이 모험을 즐겨 주기를 바란다.

제1장

놀이치료 소개

*   *   *

여러분이 스토리듣기, 모험하기, 춤추기, 스토리말하기, 노래만들기, 모래 안에 세계만들기, 미술, 놀이를 사랑하는 사람이라면, 그리고 여러분이 아동과의 치료작업을 위해 놀이의 사용법을 알고 싶다면, 놀이치료의 세계에 온 것을 환영한다. 이 장은 놀이치료의 기초를 소개하기 위한 장이다. 이 장에서 우리는 놀이치료의 다양한 정의를 기술하였고, 놀이치료의 다양한 접근을 간단히 설명하였으며, 놀이치료에 적합한 내담자를 기술하였고, 놀이치료사의 개인적이고 전문적인 자질을 다루었다. 또한 놀이치료의 다양한 세팅을 서술하였고, 놀이치료 방법에 대한 생각을 기술하였으며, 놀이치료에 포함되는 몇 가지 실행계획을 정의하였다.

정확하게, 무엇이 놀이치료인가

이 책의 제목에서 짐작할 수 있듯이, 이 책은 놀이치료사가 어떻게 놀이치료를 할 수 있는지 알려 주기 위해 고안되었다. 세부적인 핵심 내용을 다루기에 앞서, 우리는 놀이치료가 무엇인지 설명하는 것이 좋겠다고 생각했다. 그러나 놀이치료를 정의하는 수많은 방법이 존재하기 때문에 이 장의 질문(정확하게, 무엇이 놀이치료인가?)에 대답하는 것은 쉬운 일이 아니다.

메리엄 웹스터 사전(n.d.)에서는 놀이치료를 "아동이 언어보다 놀이 안에서 감정과 갈등을 드러낼 수 있도록 격려받는 심리치료"라고 정의하였다. 영국놀이치료학회(British Association for Play Therapy, 2014a)는 "놀이치료는 아동의 현재 삶에 영향을 미치는 과거·현재, 의식적·비의식적 주제를 자신의 속도로 탐색해 가는 아동과 놀이치료사 사이의 역동적인 과정이다. 치료적 동맹에 의해 활성화된 아동의 내적 자원은 아동의 성장과 변화를 가능하게 한다. 놀이치료는 아동중심적이며, 놀이가 주된 도구이고, 언어는 부차적인 도구다(para. 13)."라고 정의하였다. 윌슨과 라이언(Wilson & Ryan, 2005)은 아동과 청소년에 초점을 두었으며, "놀이가 의사소통의 주된 매개체인 놀이치료는 치료사가 아동이나 청소년과 강력한 관계경험을 창출해 내는 하나의 도구로 정의될 수 있다(p. 3)."고 강조하였다. 랜드레스(Landreth, 2012)는 그의 저서 『Play Therapy: The Art of the Relationship』에서 "놀이치료는 아동(또는 모든 연령)과 놀이치료 과정에 숙련된 치료사 간의 역동적인 대인관계이다. 놀이치료사는 최적의 성장과 발달을 위해 아동(또는 모든 연령)에게 선별된 놀이재료를 제공하고, 자연스러운 의사소통 매체인 놀이를 통해 자기(감정 · 사고 · 경험 · 행동)를 충분히 표현하고 탐색할 수 있도록 안전한 관계의 발달을 촉진한다(p. 11)." 라고 정의함으로써 놀이치료가 모든 연령대에게 유용할 수 있음을 제안하였다. 미국놀이치료학회(Association for Play Therapy, 2017)에 따르면, 놀이치료는 "숙련된 놀이치료사가 놀이의 치료적 힘을 사용하여, 내담자의 심리사회적 어려움을 예방하거나 해결하고, 최적의 성장과 발달을 성취할 수 있도록 돕는, 대인관계 과정을 확립하기 위한 이론적 모델의 체계적 활용(para. 1)"으로 정의하였다(뭔가 학회다운 정의이지 않은가?). 놀이치료의 정의를 종합적으로 요약한다면, 놀이치료는 숙련된 전문가가 이론에 기초하여, 말하기(talking)보다 하기(doing)를 통해, 일관된 방법으로 내담자를 이해하고 내담자와 소통하는 치료양식이다.

우리는 놀이치료의 매우 광의적인 정의에 근거하여, 놀이치료를 내담자와 소통하기 위해 모험치료, 스토리텔링과 치료적 은유(therapeutic metaphor), 동작, 춤, 음악경험, 모래상자 활동, 미술기법, 자유놀이, 구조화된 놀이경험, 비구조화된 놀이 등의 광범위하고 다양한 방법론을 사용하는 치료양식으로 묘사하고자 한다. 놀이치료에서의 상호작용은 항상 자기표현 및 창의적인 표현과 상상을 허용하고 심지어 장려해야 한다. 간단히 말하자면, 놀이치료는 숙련된 치료사가 스토리듣기, 모험하기, 춤추기, 스토리말하기, 노래만들기, 모래 안에 세계만들기, 미술, 놀이를 통해 내담자가 자신을 탐색하고 표현하도록 안전한 공간을 창조하는 관계이다.

놀이치료 접근법

놀이치료에는 여러 접근법이 있다. 이러한 접근 중 일부는 상담 및 심리치료의 주요 모델(아들러학파, 인간중심이론, 대상관계이론, 실존주의, 인지행동이론, 게슈탈트이론, 융학파, 내러티브, 정신역동이론, 통합적/처방적 모델)에 기반하고, 일부는 놀이치료를 위해 특별히 개발된 모델[역동적 놀이치료, 경험적 놀이치료, 시너지 놀이치료(synergetic play therapy), 도식기반 놀이치료, 오트플레이(autplay), 소마플레이 (somaplay), 이완놀이치료, 생태학적 놀이치료, 테라플레이]이기도 하다. 최근 놀이치료 접근법의 개발이 증가하고 있다. 이런 접근법들은 인간의 성격발달, 역기능의 발달, 인간의 성장과 변화, 임상적인 개입이 어떻게 도움이 되는지에 대한 철학적인 가정을 전제하고 있다. 이러한 놀이치료 접근법을 충분히 다루는 것은 이 책의 범위를 넘어서는 일이기에(우리의 두뇌 능력을 초과하는 일이기도 하다), 우리는 광범위하게 사용되는 몇 가지 접근법만을 다루기로 하였다(제2장 참조). 우리는 여러분이 놀이치료에 접근하는 다양한 방법이 존재한다는 것을 알기 원하고, 만약 관심이 있다면 심도 있게 탐색해 보기를 부탁한다.

누가 놀이치료 대상인가

우리는 놀이치료가 모든 연령과 모든 배경의 사람을 위한 것이라고 믿는다. 놀이치료는 내담자와 내담자의 가족을 위해 효과가 있는 방법이며 상실과 이혼, 슬픔, 불안, 죄책감, 화, 두려움, 상처를 경험한 아동, 청소년, 성인을 위한 것이다. 놀이치료는 확신을 갖지 못하는 사람, 학대와 거부를 경험한 사람을 위한 것이다. 놀이치료는 개인, 가족, 집단을 위한 것이다. 놀이치료는 학교와 직장에서 힘든 시간을 겪는 사람들, 가족과 어려움을 겪고 있는 사람들, 병원에서 많은 시간을 보내는 사람들을 위한 것이다. 놀이치료는 겁에 질린 사람들, 용감한 사람들, 외로운 사람들, 사랑하는 사람들, 예술적인 사람들, 수줍은 사람들, 보다 온전하고 기능적인 존재로 살아가기 위해 노력하는 사람들을 위한 것이다.

놀이치료의 대상은 흔히 만 12세 미만의 아동이지만, 놀이치료와 놀이전략이 12세 이상(때로는 상당히 연령이 높은)의 내담자에게 사용되는 것을 지지하는 문헌들이 증가하고 있다(Ashby, Kottman, & DeGraaf, 2008; Frey, 2015; Gallo-Lopez & Schaefer, 2005; Gardner, 2015; Green, Drewes, & Kominski, 2013; Ojiambo & Bratton, 2014; Schaefer, 2003). 우리는 놀이치료가 모든 연령의 사람들에게 적합하다고 믿기

때문에 아동, 청소년, 성인 가족과 활용할 수 있는 기술, 전략 그리고 기법을 포함하도록 이 책의 범위를 의식적으로 확장하였다.

누가 놀이치료를 하는가

놀이치료사가 되기 위해 갖춰야 할 개인적인 자질이 있고, 준비해야 할 필수적인 전문적 훈련과 경험이 있다. 영국놀이치료학회(2014b)는 놀이치료사에게 바람직한 개인적 특성 목록을 제시하였다. 놀이치료사는 공감적이고, 성실하며, 정직하고, 존경심을 표하며, 윤리적이고, 지식이 많고, 자기인식적이며, 자기책임적이고, 일치적이며(진정하며, 진실한), 연민 어리고, 냉정하게 반영하며, 개인적이고 전문적인 발달을 위해 전념하는 사람이어야 한다. 코트먼(Kottman, 2011)에 따르면 유능한 놀이치료사는 아동을 좋아하고, 아동을 존중과 친절함으로 대하며, 유머 감각을 지니고 자신과 타인을 위해 기꺼이 웃을 준비가 되어 있으며, 재미를 추구하고, 장난스러우며, 자기가치를 높이기 위해 타인의 긍정적 관심에 의존하지 않더라도 충분히 자신감이 있어야 하고, 개방적이고 정직하며, 융통성이 있고, 애매함과 불확실성을 다룰 수 있어야 하며, 유약함이나 도덕적 판단 없이 타인의 지각을 받아들이고, 타인과의 의사소통 도구로 놀이와 은유를 기꺼이 고려해야 한다. 또한 놀이치료사는 아동과 함께 있을 때 느긋하고 편안하며, 아동과 관계를 맺은 경험이 있고, 확고하고 친절하게 제한을 설정하며, 개인적인 경계를 유지하고, 자기인식적이고, 대인관계에서의 위험을 감수할 수 있어야 한다. 자신의 개인적인 이슈와 이러한 이슈가 놀이치료 회기와 내담자 및 내담자의 가족관계에 미치는 영향을 고려할 때, 개방적이어야 한다(Kottman, 2011).

일반적으로 놀이치료를 훈련받고 있거나 놀이치료사가 되려는 사람은 창의적이고, 인지적으로 유연하며(신체적으로 유연한 것은 좋은 조건이지만, 필수 요건은 아니다. 우리 중 크리스틴만이 신체적으로 유연하다), 재미있으며, 열정적이고, 배려심이 많으며, 신뢰롭고, 반응적이어야 함을 중요하게 생각한다. 이것은 다른 유형의 치료를 하는 상담사나 치료사와 크게 다르지 않다. 놀이치료 전문가가 되려는 사람은 기꺼이 내담자의 창의적인 세계에 들어가고, 상징적으로 사고하려는 의지를 가지고 있어야 한다. 이러한 치료사의 자질은 중요하다. 치료사의 주된 '도구'는 놀이를 사랑하는, 즉 스토리듣기, 모험하기, 춤추기, 스토리말하기, 노래만들기, 모래 안에 세계만들기, 미술활동하기를 좋아하는 자기 자신이기 때문이다.

전통적인 상담사, 사회복지사, 심리학자, 기타 정신건강전문가로 훈련을 받아 왔는데 놀이치료사가 되기를 원한다면 의사소통, 변화, 성장의 촉진을 위한 치유 도구로 언어(내담자가 말하는 것)보다 놀이(내담자가 하는 것)의 사용에 개방적인 것이 필수다. 치료과정 안에서 관계형성, 역동탐색, 통찰, 변화촉진을 가능하게 하는 도구로 언어에 초점을 맞추었다면, 놀이치료에서는 놀이가 효과적인 매개체가 될 수 있음을 이해하는 것으로 패러다임을 변환해야만 한다. 놀이는 치료다.

미국놀이치료학회(APT) 역시 놀이치료사를 위한 몇 가지 중요한(필수적인) 규준을 가지고 있다(APT는 내담자와 발달적으로 적절한 시기에 소통하고, 그들을 치유하기 위해 놀이의 치료적 힘을 적용하는 것에 관심을 가진 정신건강 전문가들의 유대감 증진을 위해 1982년에 설립된 미국의 전문가 모임이다). APT는 공인된 놀이치료사(Registered Play Therapist: RPT)를 준비하는 전문가를 위해 일련의 규준과 필수적인 조건을 정의해 왔고, 최근에는 학교상담사와 학교심리학자의 공인을 위한 선택과목을 추가했다[공인된 놀이치료사와 공인된 학교기반 놀이치료사(School Based-Registered Play Therapist: SB-RPT), 공인된 놀이치료 수퍼바이저(Registered Play Therapist-Supervisor: RPT-S)가 되기 위한 규정을 확인하려면 부록 C를 참조해라].

APT는 RPT를 위한 훈련 단계와 연 2회의 보수교육 요건에 대한 정보를 상세히 제공하고 있다. 자격 검정과정은 자주 변경되기 때문에, 이 책이 출간될 즈음에는 이미 구식이 되어 있을 구체적인 세부사항은 제공하고 싶지 않다. 주목해야 할 점은 RPT와 SB-RPT는 그들이 RPT가 되기 이전에 전문적인 면허를 가지고 있어야 한다는 것이다. 이것은 RPT가 되기 전에 해당 주에서 허가를 받아야 한다는 것을 의미한다. 우리는 여러분이 RPT가 되기 위한 여정에서, 요구사항을 명확히 숙지하고 지속적으로 검토하여 변화에 민감하게 대처하기를 바란다.

최근에는 미국 노스텍사스대학교 놀이치료센터(the Center for Play Therapy at the University of North Texas)에서도 아동중심 놀이치료(Child-Centered Play Therapy: CCPT)와 부모-자녀관계치료(Child-Parent Relationship Therapy: CPRT)를 위한 공인 자격취득 규준을 정립하였다. CCPT 자격은 정신건강 전문가로서의 면허, CCPT와

관련된 구체적인 교육시간, CCPT 전반에 걸친 시험, 아동중심 놀이치료에 대한 수퍼비전 경험과 자기평가지 등이 포함된 구체적인 요구사항을 갖추고 있는 두 가지 수준으로 분류된다. CPRT 자격은 세 가지 수준으로 분류되며, 각 수준은 유사한 요구 조건을 가진다. 요구사항에 대한 세부 정보는 센터 웹사이트(http://cpt.unt.edu)에서 확인할 수 있다. 우리는 아들러학파 놀이치료 자격 과정을 개발하고 있으며, 향후 놀이치료의 다른 접근들도 유사하게 발전할 것이라고 기대한다.

어디에서 놀이치료를 하는가

이 질문에 대한 간단한 대답은 "어디에서나 놀이치료를 할 수 있다."이다. 이것은 사실이지만, 소음이 발생될 수 있으므로 사적이고 방음이 되는 공간(완벽한 세계)에서 놀이치료를 하는 것이 도움이 된다. 문제가 될 정도로 잦은 소음이 발생하는 것은 아니지만 (우발적이든, 고의적이든)놀잇감이 바닥에 부딪치고, 사자가 으르렁거리고, 내담자(치료사)가 반주에 맞춰 노래를 부르고, 크게 웃는 상황을 고려해야 한다. 비밀보장에 관한 윤리적 의무와는 별개로, 이러한 상황은 인접한 공간의 사람들에게 영향을 주거나 방해가 될 수 있다는 것은 반드시 고려해야 한다. 기본적인 침실에 비해 다소 큰 방이 이상적이며, 이 공간은 놀잇감과 재료 그리고 치료사와 내담자를 위해 충분해야 한다. 그러나 우리는 관리실로 사용했던 방을 사용하고 있다(우리 키가 매우 크지 않아 다행이다). 몇 년 동안 나(테리)는 초등학교 엘리베이터 밖에 있는 작은 방과 상담실 기준에 비해 큰 (9×9미터) 놀이치료실을 사용했다. 지금 나는 (매우 관대한) 학교상담사의 공간 한 모퉁이를 사용하고 있다. 우리가 말하고자 하는 것은 어떤 장소에서도 작업이 가능하다는 것이다. 내담자들은 놀이치료실로 요구되는 공간에 관한 책을 읽어 본 적이 거의 없다는 것을 기억해라. 내(크리스틴) 아이들이 말하듯이 "주는 대로 받아라, 화내지 말고."

놀이치료 장소에 대한 원칙은 없다. 만약 놀이치료에 대한 우리의 정의에 동의한다면, 여러분은 아마도 비전통적인 상담 장소처럼 보이는 곳에서 놀이치료를 한다는 것을 발견할 수 있을 것이다. 전형적으로 놀이치료사는 개인적인 치료공간, 지역사회집단, 학교(우리 둘은 모두 학교에서 자원봉사를 한다), 병원, 캠프, 내담자의 집에서 놀이치료를 한다. 또한 여러분은 오솔길, 호수와 강, 로프체험코스 등 야외에서 놀이치료를 할 수도 있다(우리는 심지어 해변에서 모래놀이치료를 한 적도 있다). 장소가 비밀보장을 허용하거나, 내담자(보호자)가 비밀보장의 위험성을 이해하고 있다면(공원이나 오솔길에서는 사적인 부분이 보장될 수 없을 것이다), 놀이치료는 어디에서나 가능하다. 다양한 장소에서 놀이치료를 하는 경우 몇 가지 제한이나 제약이 있을 수 있다(예: 카약을 타면서 놀잇감을 가지고 놀이를 하거나, 지시적인 미술활동을 하는 것은 어렵다). 그리고 우리는 치료사들이 치료과정에 사용하는 '것'과 장소에 대해 창의적으로 사고하기를 바란다(치료사에게 필요한 '도구'는 오직 스토리듣기, 모험즐기기, 춤추기, 스토리말하기, 노래만들기, 모래 안에 세계만들기, 미술활동하기를 위한 애정과 여러분, 바로 치료사 자신이라는 것을 기억해라).

어떻게 놀이치료가 효과적인가

놀이치료의 토대가 놀이의 치료적 힘, 즉 사람들이 자유롭게 창의적이고, 수용받고, 안전한 관계 안에 있을 때 존재하는 내재적인 힘에 있다는 것을 기억하는 것이 중요하다. 창의적이고 예술적인 치료양식인 놀이치료는 사고·감정·경험을 다양한 방법으로 표현하도록 허용한다. 쉐퍼와 드류즈(Schaefer & Drewes, 2014)는 자기표현, 비의식으로의 접근, 직접교육, 간접교육, 카타르시스, 정화, 긍정정서, 두려움의 역조건화, 스트레스 면역, 스트레스 관리, 치료적 관계, 애착, 사회적 능력, 공감, 창의적 문제해결, 회복탄력성, 도덕성 발달, 가속화된 심리적 발달, 자기조절과 자아존중감이라 불리는 20가지의 치료적 힘을 기술하였다[이러한 모든 초월적인 힘에 흥미가 있다면『The Therapeutic Powers of Play: 20 Core Agents of Change』(Schaefer & Drewes, 2014)를 읽어 보라].

놀이, 그 자체는 인간의 원초적인 활동이다. 브라운과 본(Brown & Vaughn, 2009)은 놀이의 힘에 대해 "가장 명백한 것은 놀이가 매우 즐겁다는 것이다. 놀이는 사람들을 보다 활기차고, 즐겁게 한다. 놀이는 우리의 부담을 덜어 주고, 낙관적인 본성을 되찾게 하며, 우리에게 새로운 가능성을 열어 준다(p. 4)."고 기술했다. 어린 아동은 흔히 대화치료에서 요구되는 사고·감정·경험을 적절한 언어로 표현하는 능력이 부족하고, 일반적으로 놀이와 은유를 통해 자기를 표현하는 것이 더 편안하다 (Kottman, 2011; Nash & Schaefer, 2011). 특히 어린 내담자의 경우, 놀이는 아동의 언어로 묘사되어 왔다(Kottman & Meany-Walen, 2016; Landreth, 2012; Moustakas, 1997; Ray, 2011). 놀이치료는 아동의 의사소통을 가능하게 하고, 정서적인 건강을 증진시키며, 사회적 관계를 향상시키고, 개인적인 강점을 증가시킨다(Schaefer & Drewes, 2014). 청소년과 성인에게 놀이는 관계를 촉진하고, 창의성을 복돋우며, 저항을 줄이고, 깊은 통찰력을 주며, 내담자가 매일 경험하는 추상적 사고의 연결을 돕는다 (Gallo-Lopez & Schaefer, 2005; Gardner, 2015; Green et al., 2013).

최근의 연구와 출판물은 우리에게 "왜 놀이치료인가?"와 "어떻게 놀이치료가 효과적인가?"에 관해 보다 많은 정보를 제공하고 있다. 증거기반치료를 중요시하는 현대 풍토에서 놀이치료는 '왜' 놀이치료인지를 입증하는 풍부한 참고문헌을 가지고 있다. 내담자의 공격성이나 불안, 품행장애, 우울 등과 관련된 행동문제와 파괴 및 부주의함과 같은 주의력결핍 과잉행동장애(ADHD)와 관련된 증상의 완화에 놀이치료가 효과적임을 입증하는 경험적인 연구들이 있다. 또한 놀이치료가 입양, 방임, 자폐, 이혼, 노숙자, 읽기장애, 트라우마, 학습이나 사회적 문제와 관련된 내담자의 증상 개선에도 유용하다는 것이 증명되고 있다(Blanco & Ray, 2011; Bratton, Ray, Rhine, & Jones, 2005; Carnes Holt & Bratton, 2015; Dillman Taylor & Meany-Walen, 2015; LeBlanc & Ritchie, 2001; Lin & Bratton, 2015; Meany-Walen, Bratton & Kottman, 2014; Meany-Walen, Kottman, Bullis, & Dillman Taylor, 2015; Ojiambo & Bratton, 2014; Ray, Armstrong, Balkin, & Jayne, 2015; Schottelkorb & Ray, 2009; Swan & Ray, 2014). 이것은 놀이치료가 보여 준 효과들을 맛보기 위해 축약된 목록들이다.

최근 들어, 약물남용 및 정신건강지원청(Substance Abuse and Mental Health Services Administration: SAMHSA)에서 운영하는 미국 증거기반 프로그램 및 치료법 (National Registry of Evidence-Based Programs and Practices: NREPP)에 아들러학파 놀이치료, 테라플레이, 부모놀이치료(filial therapy), CPRT, CCPT가 추가되었다. 아들러학파 놀이치료가 파괴적 장애와 관련된 행동을 완화하고, 긍정적인 자존감 형성에 효과적이라는 증거가 발견되었다. 테라플레이는 내재화 문제에 효과적이며, 자폐스펙트럼 장애와 증상을 가진 내담자에게도 효과적이라는 것이 밝혀졌다. 부모놀이치료는 가족-아동 관계를 향상시키고, 불특정 정신병리와 증상을 완화하며, 개인의 회복탄력성과 자아개념을 향상시키고, 양육행동을 개선하며, 사회적 기능과 능숙도의 향상에 효과가 있는 것으로 나타났다. CPRT는 가족응집력의 개선, 파괴적 장애와 관련된 문제 행동을 수반하는 내담자의 지원, 내재화 문제의 호전에 효과적인 것으로 명시되었다. CCPT는 일반적 기능과 웰빙을 향상시키고, 불안장애와 증상들, 파괴적 장애와 관련된 문제행동의 치료에 효과적이라고 인정받았다.

여기까지가 놀이치료의 효과에 대해 우리가 발견한 것들이다(포기성명서: 우리는 대인관계 신경생물학 전문가가 아니다. 지금까지 다룬 내용은 우리의 제한된 지식으로 이해한 것을 요약한 것이다. 만약 여러분이 뇌발달 관점에서 놀이치료의 효과에 관심이 있다면, 이 중요한 주제와 관련해 추가 정보를 찾아보기를 바란다).

생애 초기, 뇌는 비교적 위계적인 방식으로 발달한다(Gaskill, 2010). 뇌간과 간뇌는 뇌에서 가장 먼저 발달하기 시작하며 신진대사, 과다각성, 감각지각, 정서적 각성 등의 기능을 책임진다. 이성을 담당하는 피질은 그 이후에 발달한다. 트라우마는 가장 최근에 형성되고 있는 뇌의 부위에 충격을 준다. 이것은 아동이 트라우마를 경험했을 때 뇌간과 간뇌의 형성에 방해를 받을 수 있으며, 이것이 해당 부위가 관장하는 뇌 영역에 부정적인 영향을 미칠 수 있다는 것을 의미한다. 게다가 성장하는 뇌는 체계적이지 못한 기반 위에서 발달하고 있기 때문에, 이 시기의 트라우마는 일생을 이성적으로 사고하고, 사회적으로 기대되고 수용되는 방식으로 행동하는 개인의 능력에 부정적인 영향을 미칠 수 있다.

특히 (아동기에 트라우마를 경험한 아동이나 성인처럼) 생의 초기에 트라우마가 일어난 경우, 놀이치료는 충격으로 영향을 받은 뇌 영역과 교차한다. 놀이치료는 대화치료보다 비언어적이며 통찰력과 논리에 덜 의존하기 때문에, 뇌 영역에 충격을 받은 내담자가 자신의 경험을 처리하고 자신의 사고와 감정을 전달하도록 돕는다(Gaskill, 2010). 놀이치료는 개인의 발달수준과 고통스러운 사건에 영향을 받은 뇌 영역에 반응한다. 공감적이고 조율적인 관찰자의 존재가 내담자의 사고·감정·경험의 처리를 돕기 때문에 놀이치료는 '그냥 놀기'와는 분명하게 다르다.

놀이치료 실행계획

놀이치료 실행계획을 점검할 때 고려할 점은 치료단계, 기술 및 전략과 기법, 놀잇감과 놀이치료 재료, 부모와 내담자를 위한 놀이치료 소개, 첫 회기, 회기 내 활동, 회기 종료, 치료과정과 종결 등이 있다(이 자체만으로도 책 한 권이 될 것이다. 고려 사항을 탐색할 때 치료사가 주목해야 할 부분은 놀이치료에 대한 치료사의 이론적 접근, 치료세팅, 개인적 선호에 따라 실행계획이 다양하게 펼쳐질 수 있다는 점이다. 우리는 놀이치료와 관련된 어떤 것도 오직 한 가지 방법으로만 가능하다고 믿지 않기 때문에, 치료사 스스로 자신에게 적합한 방법을 찾아 그 요소를 발전시킬 수 있기를 바란다).

✿ 단계

다양한 놀이치료 접근법들은 놀이치료의 다양한 단계를 명명하기 위해 각각 다른 용어와 표현을 사용한다. 일부는 내담자의 행동, 일부는 치료사의 행위, 일부는 관계에 초점을 둔다. 이 책은 놀이치료 교수법을 위해 고안되었기 때문에, 우리는 놀이치료사의 작업에 초점을 두고 과정을 전개하며 체계화해 가는 것이 적절하겠다고 생각했다. 우리는 놀이치료를 치료양식으로 사용하기 위해 습득해야 할 기술과 기법을 교차이론적인 방법으로 기술하고자 한다. 이 책에서 놀이치료 과정은 부분적으로 중복되는 네 단계로 묘사된다. 각각의 놀이치료 접근은 치료단계에서 고유한 용어를 가지기 때문에, 우리는 각 단계에서 치료사의 작업만을 기술하였다. ① 관계형성하기(내담자와 유대감이 형성된 후에도 관계는 유지되어야 하므로, 관계형성은 모든 과정을 통해 지속된다), ② 내담자의 개인내 및 개인간 역동을 탐색하기, ③ 내담자의 사고 · 감정 · 행동의 패턴에 대한 통찰 돕기, ④ 사고 · 감정 · 행동의 변화를 만들어 내는 내담자의 능력 촉진하기가 그것이다. 놀이치료에 대한 여러 접근들은 각 단계 별 강조점이 다르다(일부는 한 가지나 그 이상을 생략하기도 한다. 추후에 이것에 대해 다룰 것이다). 이 책은 교차이론적인 접근을 의도하기 때문에, 각각의 놀이치료 기술과 기법에 따라 앞의 네 단계 모두를 다루려고 한다.

❋ 기술, 전략, 기법

우리는 이 책에서 놀이치료 기술, 전략, 기법을 구분하고자 한다. 놀이치료 기술은 사실상 거의 모든 놀이치료 접근법에서 사용하는 기본 구성요소이다. 기본적인 놀이치료 기술에는 내담자와의 관계형성을 위한 추적하기, 내용 재진술하기, 감정 반영하기, 내담자에게 책임 돌려주기, 질문하기, 관찰하기, 제한설정하기 등이 포함된다(제4장 참조). 이 기술들은 관계유지를 위한 방법으로 치료의 전 과정에서 사용한다는 것을 기억한다. 우리는 치료과정에서 내담자의 개인내 및 개인간 역동을 살펴보기 위해 질문하기와 관찰하기 기술을 사용한다(제5장 참조). 일부 놀이치료 접근법은 사고·감정·행동에 대한 내담자의 통찰을 돕기 위해 보다 지시적인 놀이치료 기술을 사용하고, 통찰을 강조하지 않는 일부 놀이치료 접근은 이러한 기술을 사용하지 않는다. 통찰을 중요시하는 접근의 경우 해석하기, 내담자의 은유 사용하기, 불일치에 직면하기, 치료적 은유 설계하기 등의 기술을 사용한다(제6장 참조). 치료과정 전반에서 사용하는 기술과 함께 아동의 통찰을 돕기 위해 놀이치료의 마무리 단계에서 사용하는 기술은 타이밍에 주의하기, 이차적 이익 살피기, 현실감 갖기와 타인이 현실감을 갖도록 돕기, 교육하기가 있다(제7장 참조). 놀이치료에서 내담자와 작업하기 위해 사용하는 여러 기술이 부모 및 교사와의 작업에서도 유용하다. 부모/교사자문에서 특히 유용한 기술이 있다. 재구성하기, 이해와 연민을 전달하기(이것은 모든 내담자에게 중요하다. 우리는 학교상담사나 교사와 아동에 대해 소통할 때 특히 이 기술이 필요했고, 부모와 소통할 때도 유용하다는 점을 언급하고 싶었다). 판단피하기(이것은 내담자에게도 중요하지만, 때로는 부모 및 교사와의 작업에서 더 어렵다. 그래서 우리는 그들과의 작업에서 이 기술이 필요하다는 것을 강조하고 싶다), '스테이크(stake in the ground)'의 정의 돕기가 그것이다. 이 모든 기술은 가족놀이치료와 함께 제8장에서 소개한다.

놀이치료 전략은 놀이치료 과정의 모든 분야에 적용될 수 있는 광범위한 전문영역이다. 우리는 다양하고 광범위한 놀이치료 전략의 범주를 모험치료, 스토리텔링과 치료적 은유 창조하기, 동작, 춤, 음악경험, 모래상자 활동, 미술기법, 구조화된 놀이경험으로 정리했다. 이러한 놀이치료 전략에 대한 상세한 설명과 묘사, 예시는 제3장에서 찾을 수 있다. 우리는 이 중 몇 가지 전략이 실제로 놀이치료에서 사용될 수 있을 뿐 아니라 별도의 분리된 전문 분야임을 인정한다.

각각의 광범위한 전략들에는 각각의 다양한 기법이 있다. 놀이치료 기법은 놀이치료사가 과정 전반에 걸쳐 수단과 개입으로 활용할 수 있는 활동이다. 놀이치료 기법은 제4, 5, 6, 7장에서 다룰 것이다. 우리는 이 책이 치료사에게 유익하고 유용하기를 바라며, 개입에 관련된 아이디어를 찾고자 할 때 시작점과 참고점으로 활용될 수 있기를 바란다. 스캇 리비어(Scott Riviere, personal communication, October 2016)가 소개한 (단어 없이 신체와 동작만을 사용하는) 기계적인 의사소통(mechanical communication)을 내담자에게 허용하면서, 놀이를 사용하는 기법을 의사소통의 첫 도구로 활용하기를 원한다. 놀이에 초점을 둔 의사소통은 매우 중요하다. 그렇지 않을 때, 치료사는 결국 대화치료를 하고 있을 것이다(놀이치료실에서 대화치료를 하는 것이 문제가 되는 것은 아니지만, 우리가 치료사에게 알려 주고 싶은 것이 대화치료 만은 아니다).

❖ 놀잇감 및 놀이치료 재료

놀잇감과 재료는 놀이치료를 하기 위해 사용할 수 있는 '것'이다. 놀잇감 및 재료의 수량과 종류를 선택하는 것은 치료사의 놀이치료 '스타일'과 세팅에 따라 다르다. 몇 가지 접근(생태학적 놀이치료와 테라플레이가 해당된다. 다음 장을 참조하라)의 경우 특정 회기의 목적에 따라 선별된 놀잇감과 재료를 가지고 빈 방에서 진행한다.

코트먼(Kottman, 2011)은 놀이치료사가 놀이치료실에서 선택하는 재료를 크게 가족/양육놀이, 공포놀이, 공격성놀이, 표현놀이, 가장/환상놀이의 다섯 가지 범주로 분류하였다. 가족/양육놀이 놀잇감은 내담자에게 놀이치료사와 관계를 발전시키고, 가족역동을 탐색하게 하며, 관계에 대한 경험·소망·욕구를 표현할 수 있는 기회를 제공한다. 이 범주에는 인형의 집, (피부색이 다른 인형을 포함하는) 인형 가족, 아기 인형과 젖병, 담요, 요람 등의 아기용품, 봉제 인형, 모래상자, 병원놀이, 공구키트, 냄비, 접시, 주방용품, 시리얼 상자나 (플라스틱) 땅콩 버터 용기, 사워크림 용기 등의 빈 음식 용기 등이 포함된다.

공포놀이 놀잇감은 내담자에게 두려움을 다루고 극복할 수 있는 기회를 준다. 이 놀잇감에는 뱀, 곤충, 상어, 용 등 일반적으로 무섭거나 두렵다고 여기는 여러 동물이 포함된다. 다양한 크기와 질감(예: 플러시뱀, 악어퍼펫, 몇 마리의 매우 크고 작은 플라스틱 곤충 가족 등)의 동물을 구비한다. 트라우마나 의료적 응급 상황을 경험한 내담자에게는 구급차, 소방차, 경찰차와 같은 놀잇감이 공포와 관련된 놀잇감이 될 수 있다.

공격성놀이와 관련된 놀잇감은 내담자에게 화, 공격성, 보호, 통제 이슈를 표현하고 처리하도록 한다. 아동은 공격적인 놀잇감을 사용하여, 일반적으로 학교나 가정에서 허용되지 않았던 감정을 상징적으로 탐색할 수 있다. 이 놀잇감에는 다트와 광선총, 수갑, 밧줄, 펀치백, 검이나 칼, 군인이나 방패 등이 있다. 베개 싸움이나 적절하게 화를 표현하는 방법(베개 때리기, 베개에 얼굴을 묻고 소리 지르기 등)을 연습하기 위해 작은 베개도 추가될 수 있다.

표현놀이 놀잇감은 다른 재료로는 표현할 수 없었던 방법으로 자신을 표현하게 한다. 이 놀잇감은 숙달감을 강화하고, 문제해결을 연습하고, 창의성을 발휘할 기회를 제공한다. 수채화 물감, 크레파스, 마커, 점토, 테이프, 가위, 풀, 글리터, 종이펀치, 스테플러, 스티커, 종이, 판지, 깃털, 폼폼, 빨대, 파이프 청소솔, 계란판, 신문과 잡지(요즘 인쇄된 신문과 잡지를 읽는 사람은 거의 없기 때문에 신문 및 잡지류는 그 활용도에 비해 찾기가 쉽지 않다.) 등과 같은 미술공예 재료가 해당된다.

가장/환상놀이 놀잇감은 내담자가 자기 자신과 자신의 소망을 표현하도록 초대한다. 내담자는 여러 역할을 연습하고, 다양한 행동과 태도를 실험하며, 안전한 놀이치료실에서 여러 상황을 시연할 수 있다. 다양한 의상(넥타이, 운동복, 망토, 하이힐, 실험실 가운, 드레스 등)과 모자(군인, 소방관, 경찰관, 카우보이/카우걸, 마법사 등), 가면, 마술지팡이, 왕관 등이 포함된다. 또한 치료사는 동물 가족 세트(농장, 동물원, 사파리, 바다 등)나 퍼펫, 자동차, 트럭, 비행기, 전화기(최소 두 개), 블록과 건축 재료 등을 구비할 수 있다.

이 범주 안에 열거된 놀잇감과 재료 외에도, 몇 가지 다른 품목을 사용할 수 있다. 우리는 치료실에 이젤을 두는 것을 좋아한다. (테이블형이 아닌) 입식 이젤이 바람직하며, 적어도 네 가지 색 이상의 템페라 물감을 구비하는 것이 좋다. 종이컵이나 스티로폼 컵에 소량의 물감을 채운 뒤, 플라스틱 물감 컵 안에 넣어 사용하는 것이 도움이 된다. 이는 참사가 일어날 경우, 큰 혼란을 막아 줄 것이다(우리는 유쾌하지 않은 경험에서 이것을 터득했다). 몇 방울의 주방세제를 물감에 미리 떨어뜨려 놓는다. 이렇게 하면 옷, 벽, 머리카락 등에 묻은 물감을 쉽게 씻어 낼 수 있고, 물감을 더 부드럽고 미끈하게 만들며, 내담자에게 감각운동적인 이점을 준다. 퍼펫극장처럼 활용할 수 있는 놀잇감을 치료실에 두는 것도 재미있다. 내담자는 숨을 수도 있고, 연극공연을 할 수도 있으며, 필요한 경우 치료사에게서 자신을 분리시키기 위해 사용할 수도 있다(때때로 퍼펫극장은 그 이상의 역할을 한다). 공간을 크게 차지하지 않는 테이블이나 책상을 구비한다면, 표현적인 작업에서 사용할 수 있고, 바닥에서 활동하는 것보다 훨씬 편안하게 작업할 수 있다. 우리는 치료사에게 바퀴 달린 의자에 앉거나, 만약 치료사가 바닥에 앉기로 했다면 치료사의 등을 받쳐 줄 좌식 의자를 두도록 추천한다. 필요 시 바퀴 달린 의자는 치료사의 이동을 수월하게 도울 것이다. 만약 바닥에 앉는다면 등을 구부리고 하루 종일 앉아 있지 않도록 게임용 의자나 '등받이 의자'를 사용할 수 있다(우리 둘은 모두 허리가 좋지 않아 등받이 없이 앉아 있는 것은 생각만 해도 허리가 아파 온다).

무엇을 놀이치료실에 반드시 포함시키고, 어떤 것을 포함시키지 않을 것인지에 대한 모든 놀이치료사의 합의점이 없음을 기억하라. 놀이치료실에서 테크놀로지의 사용은 현재 뜨거운 주제이다(Snow, Winburn, Crumrine, Jackson, & Killian, 2012). 심지어 우리 둘 사이에서도 그렇다. (테리를 포함한) 일부 놀이치료사는 태블릿이나 노트북을 놀이치료실에 두는 것이 아무 문제도 되지 않는다고 생각하며, 테크놀로지의 사용이 '게이머' 내담자와의 관계를 촉진한다고 생각한다. 치료사는 내담자가 가장 선호하는 놀이 방법을 사용하여 그들이 불안관리 기술이나 분노통제 기술을 연습하도록 격려할 수 있다. (크리스틴을 포함한) 다른 놀이치료사들은 배터리가 있는 놀잇감은 내담자의 창의성과 자유로운 표현을 제한한다고 믿으며, 놀이치료실 안에 설 자리가 없다고 생각한다.

펀치백을 둘 것인지 여부도 논의거리이다. 일부 놀이치료사는 펀치백의 사용이 공격성을 권장한다고 주장하는 반면(Charles Schaefer, Personal Communication, 2015), 다른 놀이치료사는 분노표현을 위해 펀치백이 필요하며, 펀치백의 사용이 아동의 공격성이나 분노를 증가시키지 않는다고 믿는다(Ray, 2011). 여러분이 펀치백을 두어야 하는지 고민하는 것처럼, 내담자가 펀치백으로 펀치만 하는 것은 아님을 고려해라. 우리는 펀치백을 말처럼 타는 내담자, 펀치백을 안는 내담자, 펀치백을 일어서지 못하게 만드는 방법을 찾으면서 욕구좌절 인내성과 숙달감을 연습하는 내담자를 경험했다(다시 한번, 우리는 이 이슈에 대해 다른 의견을 가지기로 결정했다. 크리스틴은 놀이치료실에 펀치백을 가지고 있지만, 테리는 그렇지 않다. 이처럼 여기에는 정답이 없다. 만약에 정답이 있다고 하더라도, 우리는 그것이 무엇인지 잘 모르겠다).

놀이치료실에 장난감 총이나 다른 무기를 두는 것도 토론거리이다. 놀이치료사들은 놀이치료실에 장난감 무기를 두는 것에 어떤 식으로든 강한 감정을 느끼는 경향이 있다. 치료사는 장난감 총에 대한 신념, 치료사 자신의 편안함 수준, 장난감 총을 다양한 방법으로 활용하는 아동 등을 고려할 필요가 있다. 놀이치료를 하고 있는 장소 역시 고려해야 한다. 학교나 특정 치료세팅에서 (비록 장난감 총이라 하더라도) 총의 소지에 관한 규율이 있을 수 있다. 내(크리스틴)가 가장 좋아하는 놀이치료 일화 중 하나는 다트 총을 선택한 한 소녀의 일화이다. 그녀는 다트총을 머리에 겨누었고 머리카락을 말리기 시작했다. 그녀에게 총은 헤어스타일링 도구였다. 나는 이것을 통해 창의력과 상상력에 대한 위대한 교훈을 얻었다. 우리는 전반적으로 놀이치료실에 두는 놀잇감에 대해, 치료사가 그 존재의 근거를 가지고 있고, 훈련·경험·인간발달·이론(이론은 다음 장에서 다룰 것이다)에 기반을 두고 있다면 놀이치료실에 '무엇'이 있는지는 그리 중요하지 않다고 생각한다.

놀이치료실을 준비하는 데는 분명 많은 비용이 든다. 우리는 대부분의 내담자가 놀잇감이 중고인지 아닌지에 신경을 쓰지 않는다는 것을 알게 되었다. 깨끗하게 관리된 상태를 유지해야 한다는 부담 없이 놀이성을 일으킬 수 있기 때문에, 사실 많은 아동들은 중고 놀잇감을 선호한다. 중고품 할인매장과 벼룩시장, 그리고 사용하지 않는 오래된 놀잇감을 찾기 위해 자녀의 장난감 상자를 살펴보아라. 내담자, 여러분의 가족, 이웃 아이들, 여러분의 친구와 필요한 것을 만들어 보아라. 여러분은 퍼펫을 구입하는 대신 양말로 만들 수 있다. 나(크리스틴)의 남편과 큰 아들은 새것을 사는 비용의 극히 일부만을 지출하여 나에게 퍼펫극장과 인형의 집을 만들어 주었다. 비용 절감을 위한 또 다른 방법은 범주를 넘나들며 물품을 사용하는 것이다. 예를 들어, 우리가 베개싸움을 위해 묘사했던 작은 베개는 아기 인형과 함께 양육 놀잇감으로도 사용할 수 있다. 표현 놀잇감으로 분류될 수 있는 계란판은 가족/양육놀이를 위해 주방영역에서 사용될 수 있고, 찢는 활동을 통해 공격놀이가 될 수도 있고, 요리사(또는 암탉?) 역할을 하는 내담자를 위해 가장놀이에 사용될 수도 있으며, 달걀 알러지가 있는 내담자를 위해 공포놀이에 사용될 수도 있다(나는 우리가 무엇을 말해야 할지 짐작컨대…… "여러분의 모든 계란판을 모아 두어라. 여러분은 그것을 사용할 것이다.").

✿ 부모와 내담자에게 놀이치료 소개하기

한번 생각해 보자. 여러분은 놀이치료를 어떻게 배웠는가? 놀이치료가 무엇이고, 놀이치료가 어떻게 이루어지는지, 여러분의 첫 생각은 무엇이었는가? 무엇이 여러분으로 하여금 놀이치료를 더 잘 이해하도록 돕고, 놀이치료의 가치를 찾도록 도왔는가? 여러분과 작업하게 될 많은 내담자는 이미 놀이치료에 대해 어느 정도 신념을 가지고 있다. 그들이 가진 생각 중 일부는 옳을 수도 있고, 그렇지 않을 수도 있다. 어떤 사람은 놀이치료를 긍정적으로 느끼고, 어떤 사람은 가볍게 여길 수도 있다. 치료사는 새로운 내담자와 작업을 시작할 때, 다른 사람들은 놀이치료가 무엇이고, 치료실에서 무엇을 하는지 모를 수도 있다는 것을 고려해야 한다. 내담자가 놀이치료를 '그냥 노는 것'으로 오해하지 않게 하면서, 놀이치료를 쉽게 이해하도록 소개하는 것이 가장 유용하다. 대상에 따라 놀이치료를 소개하는 방법이 달라지기 때문에 우리는 놀이치료를 소개하는 (아동, 청소년/성인, 아동내담자의 부모/교사를 위한) 세 가지 방법을 제공하고자 한다.

■ 아동내담자의 부모(필요시 교사)에게 놀이치료 소개하기

우리는 아동을 동반하지 않고 부모나 교사와 첫 만남을 가지는 것이 중요하다고 믿는다. 이 만남을 통해 치료사가 그들에 대해 알아 가고, 그들 역시 치료사를 조금이나마 알게 되기를 바란다. 아동을 동반하지 않고 이 중요한 성인과 첫 만남을 가지는 또 다른 장점은, 그들이 필터링 없이(아동 앞에서 아동에 대해 부정적으로 말하지 않기를 성인 스스로가 결정했든, 우리가 요청을 했든지 간에) 어떤 정보라도 자유롭게 공유해 주길 바란다는 것이다. 이 만남에서 놀이치료가 무엇인지, 무엇을 기대할 수 있는지, 그리고 어떠한 진행과정을 예상하는지 소개한다.

우리는 아동발달에 대한 정보와 놀이가 아동의 의사소통 방식과 어떻게 관련되어 있는지 간단하고 간결한 정보를 제공한다. "놀잇감은 그들의 단어고, 놀이는 그들의 언어다."라는 고전적인 설명은 놀이치료의 과정과 근거를 설명할 때 도움이 된다. 우리는 때때로 아동이 단어보다 몸이나 행동으로 더 많은 의사소통을 한다는 견해를 전달한다. 놀이치료실을 보여 주거나 놀이치료실에서 '소개 회기'를 가짐으로써 치료가 진행되는 장소를 보여 줄 수도 있다. 다음은 이제 막 놀이치료에 대해 알아 가고 있는 부모와 교사에게 활용할 수 있는 대화의 예시이다.

"많은 어린 아이는 청소년이나 성인들처럼 언어로 자신의 문제를 전달하는 방법에 대해 잘 알지 못해요. 대신에 그들은 놀이와 교감을 통해 자신의 삶에서 일어나고 있는 일을 보여 주는 경향이 있지요. 놀이치료사로서 저의 임무는 제 귀와 눈과 마음으로 아이들을 들어 주는 것이에요. 저는 아이들을 살피고, 교감하며, 그들이 어떻게 느끼는지, 무슨 생각을 하는지, 그리고 그들의 삶에서 무슨 일이 일어나고 있는지를 이해하기 위해 노력해요."

"또한 저는 부모님들이 자녀를 더 잘 이해할 수 있도록 돕기 위해 부모님과(그리고 가끔은 선생님이나 다른 가족원과도) 함께 작업을 해요. 저는 그들이 놀이치료 과정에 조력할 수 있도록 자녀에 대해 생각하는 방식을 수정하도록 돕고, 자녀와의 상호작용 방법을 변화시키도록 돕지요. 저는 아이의 사고·감정·행동 패턴에 대해 제가 회기 안에서 알아차린 정보들을 부모님과 공유할 것이고, 부모님이 아이를 돕기 위해 무엇을 할 수 있을지 저의 생각을 공유할 거예요. 저는 아이에게 문제가 있을 때, 모든 가족원이 그 문제를 공유하고 있다고 믿기에 아이와 가족 모두가 더 나아질 수 있도록 모든 가족구성원이 치료과정에 함께하기를 기대합니다. 선생님들께도 마찬가지예요(저는 아이에게 문제가 있을 때, 선생님과 학급 구성원 모두가 상황을 개선하기 위해 치료과정을 도울 수 있다고 믿어요)."

부모와 함께 아동의 옷차림, 회기 일정, 소요시간, 회기의 수, 다른 중요한 성인을 치료에 참여시키는 것, 비밀보장에 대해 의논한다. 우리는 아동이 더럽혀도 괜찮을 옷을 입고 놀이치료실에 올 수 있도록 권장한다(우리가 일부러 아동의 옷을 더럽히기 위해 애쓰지는 않겠지만, 먼저 조심하는 것이 나중에 후회하는 것보다 나을 듯하다. 가끔씩 부모들은 자녀가 '박사를 만나러 가는 것'과 같은 멋진 의상을 입혀서 오는데 그것은 곧 일어날 참사를 기다리는 것과 같다). 우리는 놀이치료실 안에서 물감, 모래, 물 그리고 더럽혀질 수 있는 다양한 재료를 사용한다고 설명하고, 놀이치료 중에 옷이 더러워지는 것 때문에 아동이 제한받는다는 느낌을 가지거나 문제가 생겼다고 느끼는 것을 원하지 않는다고 설명한다. 놀이치료사인 우리도 가장 멋진 옷을 입지는 않는다. 우리는 티셔츠와 레깅스나 청바지를 입는다. 이것이 전형적인 '전문가의' 옷차림은 아니기 때문에 우리는 놀이와 움직임에 편하도록 이런 종류의 옷을 입는다고 설명하고, 옷이 손상될 걱정에 에너지를 소비하고 싶지 않다고 전달한다.

회기 일정, 소요시간, 회기의 수는 부모 및 교사와의 첫 만남에서 논의되는 중요한 부분이다. 학교 세팅이 아닌 경우 많은 부모가 방과 후 회기를 원할 것이고, 아동은 때때로 스포츠, 스카우트, 교회/종교 모임, 음악 레슨과 같은 과외 활동을 한다. 이 상황은 치료사와 부모가 고려해야 할 장애물일 수도 있다. 아동이 이러한 활동에 참여하는 것이 때로는 현재 이슈의 원인일 수도 있다. 특히 아동이 과도한 일정을 소화하고 있거나 부모가 아동에게 아동의 흥미와 능력 이상의 기대를 하는 경우 그렇다. 어떤 경우에는 이러한 활동이 자산이 될 수 있어 권장하기도 하는데, 이것은 치료사가 그 활동을 중심으로 일정을 계획해야 한다는 것을 의미한다.

소요시간은 치료사의 일정, 아동의 욕구, 기관(학교나 병원)의 요구, 기타 변수에 따라 달라진다. 예를 들어, 우리는 학교 기반 상담에서 아동이 오랫동안 수업에 빠지지 않도록 보통 30분의 회기를 가진다. 때때로 우리는 아동을 일주일에 두 번 만나기도 한다. 우리는 일반적으로 45~60분의 회기를 갖는다. 긴 회기의 경우 부모자문(parent consultant, 역자 주: 아동을 대상으로 하는 놀이치료 진행 후 실시하는 부모 상담을 의미하며, 이 책에서는 부모 자문으로 번역하였다)을 포함한다. 더 어린 아동이나 특수한 도움이 필요한 아동의 경우 보다 짧은 회기가 더 이로울 수 있고, 연령이 높은 아동은 대체로 보다 긴 회기가 유익하다. 치료 상황에서 무엇이 최선이며 최적인지를 결정할 때, 치료사는 부모와 의사소통할 필요가 있다.

많은 부모/교사는 아동에게 예상되는 회기의 수나 기간을 대략적으로 알고자 한다. 우리는 회기에 대해 어떤 특정한 숫자도 보장할 수 없음을 분명히 하고, 놀이치료와 아동과의 작업이 간단한 과정이 아님을 공유한다. 아동과 치료적 관계를 형성하고, 그들 고유의 역동을 이해하며, 변화를 만들도록 돕기 위해서는 일반적으로 여러 회기가 걸린다. 또한 우리가 아동을 고치는(사실, 우리는 그들이 '고장났다'고 생각하지 않는다) 사람들이 아님을 전달하고, 아동에게 필요한 것에 대한 우리의 철학과 변화가 일어나는 과정에 대한 우리의 신념을 설명한다(제2장은 치료사가 인간의 변화를 위해 무엇이 필요한지 자신의 철학을 탐색하고, 자신의 놀이치료 스타일을 발전시키도록 돕기 위해 고안되었다). 단지 몇 회기만으로 성공적인 결과를 얻은 사례도 있었지만, 대부분의 경우 4~6개월을 작업하였다. 어떤 경우에는 1년, 또는 그 이상을 작업하게 될 수도 있다.

우리는 부모와 자주 작업하며, 정기적으로 만나 놀이치료 주제, 진행 상황, 가정에서 사용할 수 있는 전략, 관련이 있는 기타 주제에 대해 논의한다는 것을 사전에 전달한다. 또한 많은 내담자와 가족놀이를 하며, 과정 내내 다양한 가족구성원과 가족놀이치료를 하는 이유와 방법에 대해 논의한다. 만약 교사와 같이 아동과 관련된 다른 성인과 작업하고 있다면, 부모에게 교사와 작업하는 이유를 설명하고 치료 세팅에서 필요한 모든 합의를 얻는 것이 중요하다.

비밀보장은 부모에게 분명히 설명한 뒤, 부모가 이해했는지 확인해야 하는 중요한 개념이다. 놀이치료가 성인에게 대화치료를 하는 것과 비슷하다고 설명하며 우리는 신뢰롭고, 개인적인 관계를 맺고 내담자를 존중하려 한다고 설명한다. 놀이치료실 안에서 일어난 놀이와 대화의 세부적인 내용을 누구에게도 말하지 않지만, 부각되는 핵심테마와 아동에게 사용하면 도움이 될 만한 전략을 부모(필요시 교사)와 공유할 것임을 설명한다. 내(크리스틴)가 6세 테이와 함께 작업하고 있다고 가정해 보자. 나는 그녀가 지속적으로 관계와 관련된 주제로 놀이하며, 은유적인 놀이를 통해 나에게서 양육을 구한다는 것을 알아챘다. 나는 내가 관찰한 것을 부모와 공유할 것이고, 가족 역동을 보다 잘 이해하기 위해서 이것을 부모와 함께 다룰 것이며, 그들이 자녀를 양육하거나 자녀의 요구에 반응하기 위한 방법을 찾도록 돕기 위해 함께 작업할 것이다.

또한 우리는 전문가로서 윤리적인 규범을 따르고, 법적 요구사항을 지킨다는 것을 매우 명확히 해야 한다. 여기에는 학대나 방임이 의심되는 경우, 자신과 타인을 해하거나, 법원에 소환되는 법적 문제와 연관되는 경우 비밀보장의 원칙이 깨질 수 있다는 것을 포함한다. 치료사가 수퍼비전을 받고 있다면 안전한 임상을 위해 정례적으로 다른 전문가에게 자문을 받고 있음을 진술해야 하며, 특정 사례에 관한 자문을 구할 때 내담자의 이름을 사용하지 않고 보고해야 한다. 다음은 부모에게 비밀보장의 원칙을 설명할 때 활용할 수 있는 예시이다.

"쿠퍼가 한 말을 제가 누군가에게 전달할 수 있다는 두려움 없이 안전감을 느끼고 저를 신뢰하며, 저에게 표현하고 싶은 것을 공유하는 것은 매우 중요해요. 그래서 저는 쿠퍼가 회기 안에서 한 것과 말한 것에 대해 누구에게도 전하지 않고, 단지 놀이치료실에서 알아낸 패턴에 대해서만 부모님에게 전달할 거예요. 또한 부모님이 쿠퍼를 지원할 수 있도록 제가 쿠퍼에 대해 관찰한 것과 이해한 것을 공유할 거예요. 물론 부모님이 정말 알아야 할 만큼 중요한 것이 있다고 생각된다면, 말씀을 드릴 겁니다. 만약 학대와 방임이 의심되거나, 쿠퍼가 자신이나 타인을 해할 수 있는 위험에 있다고 우려될 때, 저는 윤리적으로나 법적으로 비밀보장의 원칙을 깰 수 있고, 관련 기관에 고지할 책임이 있어요. 그것은 제 임무예요. 내담자에 대해 놓치는 것이 없는지 확인하고, 여러 아이디어를 얻기 위해 정기적으로 수퍼바이저에게 자문을 구합니다. 제가 말씀드린 부분에 대해 더 궁금한 것이 있으신가요?"

대부분의 부모들은 놀이치료실에 가는 것에 대해 자녀에게 어떻게 설명해야 할지 확실히 알고 있지 않거나 아직 생각해 보지 않은 경우가 많을 것이다. 그렇기 때문에 우리는 부모에게 다음의 대화를 소개하고, 자녀에게 사용할 수 있는 문구나 문장을 알려 준다. 우리는 부모에게 다음과 같이 말하도록 안내한다.

"너는 테리 선생님을 만나 선생님의 놀이방에서 함께 놀이를 할 거야. 많은 아이들이(슬플 때, 미칠 것 같을 때, 화가 날 때, 혼란스러울 때, 외로울 때, 친구를 사귀기 어려울 때 등) 선생님을 만나러 간단다."

놀이를 하는 동안, 대화를 하거나 놀이치료사에게 질문을 하는 것도 괜찮다는 설명이 추가될 수 있다. 일반적으로 내담자가 어릴수록 설명은 짧아진다. 많은 아동들이 "너는 테리 선생님을 만나 선생님의 놀이방에서……" 이후는 듣고 있지 않을 것이다. 부모가 이것을 말할 때 그들의 마음은 이미 놀이치료실에 와 있기 때문이다. 자녀가 벌을 받는다고 느끼거나 두려움을 느끼지 않도록, 어떤 말을 해야 하는지 안내할 수 있다. 나(테리)는 부모(학교에서 놀이치료가 이뤄지는 경우 교사)에게 『A

Child's First Book about Play Therapy』(Nemiroff & Anunziata, 1990)를 빌려주고 첫 회기 전에 자녀와 읽도록 요청한다. 이 책은 명료하고 구체적으로 놀이치료를 설명하며, 놀이치료의 특징을 명확히 소개하고 있다.

첫 만남에서 제공해야 하는 많은 정보가 있다. 경험이 축적됨에 따라 치료사는 이를 암기하고 큰 고민 없이 능숙하게 말할 것이다. 비록 여러분이 놀이치료의 첫 만남에 매우 자신이 있다 하더라도, 대부분의 부모/교사가 놀이치료에 익숙하지 않다는 것을 기억해야 한다. 보다 중요한 것은 치료사가 이 성인을 만날 때 대체로 그들은 꽤 지쳐 있다는 것이다. 그들은 좋은 부모/교사가 되기 위한 자신의 능력에 자주 스트레스를 받고, 염려하며, 걱정하고, 어찌할 바를 모르며, 자기의심으로 가득 차 있다. 치료사가 제공하는 모든 정보를 듣고, 소화하고, 기억하는 그들의 능력은 아마도 손상되어 있을 것이다(다른 책임감으로 스트레스를 받고 있거나 압도된 채로 시험을 준비해 본 적이 있는가? 시험에 대한 세부사항을 얼마나 잘 기억할 수 있었는가?). 여러분은 배려 깊고, 연민 어린 치료사이기에 부모/교사가 기억해야 하는 약속시간, 소요시간, 사무실 전화번호, 놀이 옷차림에 대한 메모, 놀이치료실에 오는 것에 대해 아동에게 설명할 사항과 비밀보장의 원칙 같은 중요한 내용에 대한 안내문을 준비해 둘 수 있다.

여러분은 놀이치료가 무엇이며, 어떻게 과정이 전개되는지 부모에게 전달하기 위해 자신만의 고유한 스타일을 개발할 필요가 있다. 부모/교사와 어떻게 상호작용할 것인지를 생각하면서 첫 회기에 전달할 내용을 고민해야 한다. 놀이치료의 다양한 접근들은 각각 고유한 방식으로 중요한 성인과 작업할 것이며, 이것은 제2장에서 다룰 것이다. 제8장에서도 부모, 교사, 가족과의 작업에 대한 많은 정보를 찾을 수 있을 것이다.

■ 내담자에게 놀이치료 설명하기

아동에게 놀이치료를 소개할 때, 우리는 부모에게 자녀와 사용하도록 제안했던 단어들을 꽤 많이 사용한다. 우리는 이렇게 말한다. "여기서 너는 네가 놀고 싶은 다양한 방법으로 놀이할 수 있어. 너는 춤추기, 노래부르기, 스토리말하기를 할 수 있으며, 질문도 할 수 있고, 질문에 대한 답을 얻을 수도 있으며, 모래를 만지작거리며 놀 수도 있어. 여기에서는 많은 것들을 할 수 있단다." 우리는 발달에 적합한 언어를 사용하여, 놀이치료가 무엇인지, 회기 안에서 무엇을 하는지 등 놀이치료에 대한 정보를 제공한다. 놀이치료에 대해 아동에게 설명하는 것이 처음에는 어색할 수도 있다. 나(크리스틴)는 아동이 곤경에 처했다거나, 무언가 잘못했다거나, 자신과 관련된 무언가가 잘못되고 있다고 느끼는 것을 원하지 않았다. 나는 많은 아동들이 특정 개념을 이해하고, 치료에 수반되는 것을 이해하는데 한계가 있음을 깨달았다(최소한 그렇게 해석했다). 나는 가능한 구체적이며 간단하게 말하려 노력하면서 내 말을 얼버무렸고, 이것은 의심할 여지없이 모든 것을 더 복잡하게 만들어 버렸다. 몇 번의 시도 끝에 나는 어린 내담자에게 다음과 같이 말하기로 결정했다.

"안녕, 내 이름은 크리스틴이야. 앞으로 우리는 같이 놀이할 거야(그들은 이 시점에서 이미 듣기를 이탈했음이 확실하지만 나는 계속 말한다). 너의 엄마(아빠, 선생님, 할머니, 할아버지 등)는 나에게 네가 이사한 지 얼마 되지 않아서 친구들을 그리워하며 슬퍼하고 있다(아동이 어려움을 겪고 있는 무엇이든)고 알려 줬어. 그리고 네가 놀이치료실에 오게 되면 기분이 나아질 것 같다고 말해 줬어."

설명은 이것으로 충분하다. 아동은 이 설명을 듣고 치료과정으로 들어간다. 우리는 입실 후 몇 분 뒤 적절한 시점에 비밀보장에 대해 알린다.

"여기는 아이들이 놀이를 하러 오는 정말 특별한 곳이야. 네가 원하지 않는다면 나는 우리가 여기서 한 것과 말한 모든 것을 다른 사람에게 말하지 않아도 돼. 집에서 누군가가 너를 도울 수 있는 것이 있다면 나는 너의 생각을 부모님(선생님)에게 말할 수도 있어. 네가 원한다면 너는 우리가 여기서 했던 모든 것들을 그들에게 말해도 괜찮아."

비밀(secret)을 지켜야 한다는 것을 의미하지 않기 위해, 마지막 문장을 덧붙일 때 주의한다. 학대를 경험한 아동은 대개 '비밀'을 지키라는 말을 듣기 때문에, '비밀'에 대해 대화할 때 이러한 맥락에서 쓰지 않도록 유의한다. 또한 우리는 아동에게 "나의 임무 중 한 가지는 네가 안전한지 확인하는 거야. 누군가 너를 해하는 사람이 있다면 나에게 알려 줘. 나는 너를 도와줄 수 있는 사람에게 도움을 요청할 거야."라고 말한다. 아동의 반응에 따라 우리가 말한 내용을 아동에게 아동의 단어로 다시 말해 달라고 요청하기도 한다. 비밀보장의 의미를 알고 있는지, 궁금한 점은 없는지 물을 수도 있다. 우리는 아동이 비밀보장과 한계에 대해 명확히 이해했는지 확인하기를 원한다.

놀이치료를 받는 청소년과 성인의 수가 증가하고 있다. 놀이치료사는 (청소년/성인과 작업 한다면) 그들에게 놀이치료에 대해 그리고 놀이치료가 무엇인지에 대해 알려줄 의무가 있다. 때때로 청소년/성인에게 놀이치료가 완벽한 개입 방법이라 하더라도, 그들과 놀이치료를 할 것인지 고려할 때 놀이치료가 단순히 놀잇감을 가지고 놀이하는 것이 아니라는 것을 전달하는 것은 중요하다. 놀이치료는 스토리말하기, 모험즐기기, 춤추기, 스토리듣기, 노래만들기, 모래 안에 세계만들기, 미술활동하기 등을 포함할 수 있다. 대부분의 경우 우리는 청소년/성인에게 놀이치료를 설명할 때, 이러한 점을 명확하게 전달한다. 또한 우리는 창의적인 활동과 놀이를 통한 개입이 가지는 효과에 대해 엘리베이터 스피치를 한다. 다음은 우리가 창의적인 활동과 놀이를 통해 개입하는 이유를 청소년/성인 내담자에게 설명하는 엘리베이터 스피치이다(엘리베이터 음악을 부탁한다!).

"놀이나 창의적인 표현은 우리의 무의식을 두드릴 수 있고, 대화를 통해서는 접근하기 어려운 기억, 감정, 생각을 끄집어 낼 수 있어요. 사람들은 종종 창의적인 치료를 통해 표현되는 상징성에 놀라기도 하고, 창의적인 치료가 사람들에게 사물이나 상황을 다르게 보게 하거나, 그들의 삶에 변화를 만드는 시작점이 될 수 있음을 알아채지요. 대부분의 사람들은 무엇을 말할 때보다 행동할 때 더 잘 습득하는 경향이 있기 때문에, 놀이개입은 사람들에게 새롭게 생각하고, 느끼고, 행동하는 방법을 경험하고 탐색하도록 하는 활동 방법을 제공할 수 있지요."

또한 우리는 청소년/성인 내담자에게 우리의 경험을 활용하여 흥미롭고 도움이 될 만한 놀이치료 전략을 알려 준다.

"저는 당신과 비슷한 연령대의 내담자와 미술이나 음악 활동 같은 창의적인 놀이치료 활동을 해 왔고, 그들은 정말 그것을 즐겼던 것처럼 보였어요. 당신이 브로드웨이의 연극 음악과 영화 음악 듣기를 즐긴다고 말했기에, 나는 당신이 몇 가지 놀이치료 활동을 시도해 보는 것을 좋아하지 않을까 생각해 보았어요. 당신의 인생을 바탕으로 한 브로드웨이 뮤지컬의 주제곡을 찾아보는 것이 당신에게 흥미 있고 재미있는 일이 될 수도 있겠다고 생각했어요(이 활동은 앨범표지 그리기, 연극 안내문 제작하기, 대본쓰기, 뮤지컬 연기하기 등으로 확장될 수 있다)."

어떤 청소년과 성인은 로큰롤에 바로 뛰어 들어갈 수 있도록 준비되어 있기도 하고, 어떤 이들은 머리를 풀어헤치고 즐기기에 다소 주춤하기도 한다. 우리는 내담자의 흥미에 맞는 광범위한 전략과 개입을 제안할 때 더 좋은 결과를 얻을 수 있다는 것을 깨달았다. 아동에 비해 성인은 활동을 '올바르게' 해야 한다고 염려하는 경향이 있다. 그래서 우리의 목표가 완벽한 노래(또는 그림, 점토, 시 등)를 만드는 것이 아님을 전달하고, 이 과제를 완성할 옳고 그른 방법은 없다고 말한다(때로는 반복해서 말하고, 또 말하고, 다시 한번 말한다). 경우에 따라 수행 불안의 감소를 위해서나 결과보다 과정이 중요하다는 것을 강조하기 위해 평소 사용하지 않는 반대 손으로 그림을 그리거나, 채색해 보도록 요청하기도 하고, 1분 또는 더 짧은 시간 안에 그림을 그려 보도록 요청하기도 한다.

우리는 놀이치료를 소개하기 위한 많은 정보를 제공했다. 이 책을 통해 제공된 정보들, 즉 우리가 공유한 아이디어가 놀이치료의 소개와 설명을 위한 '유일한' 방법은 아니며, 어쩌면 '최상의' 방법도 아닐 수 있다. 우리는 여러분이 내담자에게 소개하려는 내용을 사전에 연습해 보기를 권하고 싶다. 가족, 애완동물, 친구와 역할극을 해 보고, 차 안이나 거울 앞에서 예행 연습도 해 보라. 언어로 표현하는 연습을 해 보는 것은 실제 회기를 보다 편안하게 만들어 줄 것이다.

✤ 첫 회기

아동내담자와의 첫 만남에서 우리는 무릎을 꿇거나 웅크리고 앉아 눈높이를 맞추고 자기소개를 한다.

"코트니, 안녕? 나는 크리스틴이야. 너를 만나게 되어 너무 기뻐. 너는 키티가 그려진 셔츠를 입고 있구나. 오! 키티의 솜털은 핑크색이네! 오늘 우리는 놀이방에서 함께 놀거야. 우리 같이 가서 한번 보자."

이 과정에서 우리는 몇 가지를 깨달았다.

1. 치료사가 원하지 않는 대답이 가능한 질문은 하지 않는다. 아동에게 놀이치료실에 들어가고 싶은지 질문하지 않는다. 아동에게 흥미진진한지, 놀 준비가 되었는지도 묻지 않는다. 치료사가 이런 유형의 질문을 했을 때 아동이 "아니요."라고 대답한다면, 정말 난감해질 것이다. 이러한 질문 대신에 치료사가 놀이 치료실에 함께 갈 것임을 알려 준다. 만약 아동이 저항한다면, 사건이 일어났을 때 다루면 된다. 엄마와 떨어지지 않으려는 아동이 있다면, 엄마를 5분 동안 초대하거나 합리적인 시간제한을 설정할 수 있다. 또한 엄마가 떠나지 않을 것임을 믿게 하거나 연결되었다고 느낄 수 있도록 엄마의 자동차 열쇠를 아동과 함께 두도록 요청할 수 있다. 가끔 우리는 부모와 아동을 연결하기 위해 끈을 사용한다. 아동은 끈의 한쪽 끝을 잡고, 부모는 대기실에 있는 동안 다른 쪽 끈을 잡는다(이 작업은 다른 사람의 통행을 방해하지 않으면서, 끈에 접근하는 사람이 없도록 대기실과 놀이치료실 사이에 끈을 놓을 수 있는 환경에서만 가능하다). 아동이나 부모는 가끔 끈을 잡아당겨 서로를 확인하거나 서로에게 자신이 아직 그곳에 있음을 상기시킬 수 있다.

2. 아동과 **빠른** 연결을 시작하기 위해, 무언가를 알아차린다. 아동의 옷에 있는 캐릭터나 머리스타일(예: 뾰족뾰족한 모호크 스타일, 곱슬거리는 양갈래 머리, 보라색 부분 염색 등)에 대해 간단히 언급하는 것이 좋다. 이것은 치료사가 아동을 알아채고 있으며, 관심을 가지고 있다는 것을 전달한다. 놀이치료실에 오는 것에 확신이 없던 아동은 치료사가 놀이할 수 있는 멋진 사람일 것이라고 확신하게 될 것이다.

3. 다소 들뜬 목소리톤을 사용한다. 유아어를 사용하도록 제안하는 것이 아니다 (유아어의 사용은 사실 좋은 생각이 아니다). 아동의 관점에서 치료사의 목소리톤은 아동과 기꺼이 관계하겠다는 의지에 대한 메시지를 전달하고, 아동이 알고 있는 다른 '고루한' 성인과 치료사를 구별하도록 해 준다.

4. 놀이치료실까지 단순히 걷도록 국한시킬 필요는 없다. 치료사와 함께 가기를 주저하는 아동을 위해, 놀이치료실로 가는 더 재미있는 방법을 찾을 수 있다 (치료사의 환경에서 허용되고 안전하다면 말이다). 아마도 치료사는 한 발씩 깡충 거리며 갈 수도 있고, 뒤로 걸을 수도 있으며, (엉덩이 뒤에 손을 올려 꼬리를 만 들어) 오리처럼 걸을 수도 있고, 군인처럼 걸을 수도 있다. 어쩌면 복도를 걸어가며 알파벳을 거꾸로 말하거나 노래를 부르며 갈 수도 있고, (비록 비키니는 없지만, 해변에서 할 법한) 슬로모션으로 걸어갈 수도 있다. 이 방법은 회기 가 끝났을 때 떠나지 않으려는 아동에게도 도움이 된다(이 장의 후반에서 다루 겠다).

아동과 놀이치료실에 들어왔다면, 무엇을 할 것인지 간단히 소개하면서 첫 회기를 시작한다. (대부분의 아동중심 놀이치료사를 포함하여) 많은 놀이치료사들이 초기 몇 회기에 다음과 같이 소개한다. "여기는 우리의 놀이방이야. 여기서 너는 네가 놀고 싶은 다양한 방법으로 모든 놀잇감과 놀이할 수 있어." 언어의 의도성에 주목해라. 아동은 놀이하고 싶은 다양한 방법으로 모든 놀잇감과 놀이할 수 있다. 하고 싶은 모든 방법대로 놀잇감과 놀이할 수 있는 것이 아니다(놀잇감을 부수거나, 놀잇감에 색을 칠하거나, 집으로 가져가거나, 그 외 놀이치료실 규칙에 어긋나는 창의적인 놀이 방법들이 있다). 아들러학파 놀이치료사는 이렇게 말할 것이다. "여기는 우리의 놀이방이야. 어떤 때는 우리가 무슨 놀이를 할지 네가 결정할 때도 있고, 어떤 때는 내가 결정할 때도 있단다. 오늘 너는 네가 놀이하고 싶은 다양한 방법으로 어떤 놀잇감과도 놀이할 수 있어." 인지행동 관점으로 작업하는 놀이치료사는 다음과 같이 말하면서 회기를 시작할 것이다. "여기는 우리의 놀이방이야. 여기서 우리는 네가 _____ 하는 것을 돕기 위해 같이 활동할 거야." 이론에 따라 놀잇감으로 가득 채운 놀이치료실을 가지고 있지 않은 놀이치료사들도 있다. 이러한 치료사들은 전혀 다른 방식으로 놀이치료를 소개할 것이다.

우리는 아동이 놀이치료에 대해 무엇을 알고 있는지, 놀이치료실에 온 이유에 대해 어떻게 알고 있는지 궁금하다. 그래서 우리는 "네가 여기에 오는 것에 대해 어떤 말을 들었니?"라고 묻는다. 때때로 아동은 자신이 왜 놀이치료실에 오는지 알지 못한다. 이러한 경우, 우리는 부모에게 자녀와 대화하도록 했던 것과 비슷한 내용을 말한다.

"가끔씩 학교에 가는 것(또는 내담자가 어려워하는 것)을 매우 걱정하는 아이들
이 여기에 온단다. 우리는 놀이를 할 수도 있고, 대화를 할 수도 있어. 그리고 우리
는 네가 그렇게 걱정하지 않을 수 있는 방법을 찾아볼 거야. 너는 이것에 대해 어떻
게 생각하니?"

놀이치료실에 오는 이유에 대해 생각해 본 아동이라면, 우리는 아동이 이런 이유
에 대해 어떻게 느끼고, 무엇을 생각하는지 탐색한다. 우리가 정말 알고자 하는 것
은 아동이 놀이치료실에 오게 된 이유에 동의하는지, 그 이유에 대해 다른 생각을
가지고 있는지, 놀이치료실에 오는 이유에 대해 부정적인 신념을 가지고 있는지 여
부이다. 만약 그렇다면, 우리는 현재의 문제를 재구성하고, 우리가 아동에 대해 문
제가 있다고 보지 않는다고 안심시키기 위해 노력해야 한다.

만약 아동인 여러분이 놀잇감으로 가득 채워진 방에 들어갔고, 어떤 성인이 여러
분에게 놀잇감과 놀이를 해도 된다고 지금 막 허용해 주었다고 상상해 보아라. 어
떤 생각이 들겠는가(이것은 도서관에 있는 테리에게 무제한의 자유를 주고 "여기 있는
것들은 당신의 것입니다. 모두 당신 것이에요. 하고 싶은 것을 다 해 보세요."라고 말하는
것과 같은 상황이다. 테리는 아마 흥분해서 정신을 잃게 될 것이다).

이와 같은 상황에서 아동은 속고 있는 느낌, 흥분, 불확실함, 기쁨, 긴장, 조심스
러움, 행복, 열의, 호기심, 머뭇거림 등 감정의 홍수를 경험할 수도 있다(이것은 아동
이 놀이치료실 안의 모든, 또는 대부분의 놀잇감을 가지고 놀 수 있을 때 해당된다. 놀잇감
으로 채워진 방을 갖고 있지 않은 놀이치료사도 있다. 이 경우에 대해서는 이후에 다시 다
루도록 하겠다). 놀잇감으로 채워진 놀이치료실을 가진 놀이치료사의 경우, 아동이
공간에 친숙해지고 치료사와 관계형성을 시작하기 위해, 일반적으로 비교적 비지
시적인(심지어 지시적인 활동을 고려하는 이론에서도) 첫 회기를 허용한다. 어떤 아동
에게는 놀잇감이나 재료의 탐색을 권할 필요가 없지만, 어떤 아동은 동상처럼 방안
에 서서 무엇부터 시작해야 할지 몰라 압도된 감정을 느끼기도 한다. 치료사는 아
동의 행동을 추적할 수도 있고(예: "너는 이곳의 모든 놀잇감을 보고 있구나."), 아동의
감정을 반영할 수도 있으며(예: "너는 무슨 놀이를 시작해야 할지 확실하지 않구나."),

아동이 놀이하지 않고 서 있는 이유에 대해 짐작해 볼 수도 있다(예: "내 생각에 너는 뭘 해야 할지 확실하지 않은 것 같구나. 그리고 내가 무엇을 하라고 하지는 않을까 궁금한 것 같구나.").

치료사가 비교적 지시적인 방법을 선택했다면, 아동을 함께 놀이하도록 초대할 수도 있고, 아동이 무슨 놀이를 할 수 있을지 몇 가지 제안을 할 수도 있다. "여기에는 많은 놀잇감이 있어. 어떤 놀이를 시작해야 할지 결정하는 건 어려운 일일 수도 있어. 너는 블록놀이도 할 수 있고, 우리가 같이 그림을 그릴 수도 있고, 어쩌면 너는 이미 마음속에 결정한 것이 있을 수도 있어." 비지시적인 놀이치료사는 아동에게 무엇을 해야 할지 아이디어를 주지 않는다. 대신에 그 순간 아동에게 일어나고 있는 일을 간단하게 읽어 준다. "여기에는 너무 많은 놀잇감이 있구나. 그리고 어떤 놀이를 시작해야 할지 결정하는 건 어려운 일일 수도 있어."

치료사는 첫 회기의 나머지 시간 동안, 자신의 놀이치료 기술을 사용할 것이다 (내담자와의 관계형성 방법에 대한 기술 및 아이디어는 제4장을 참조하라). 치료사는 첫 회기를 종료하면서 내담자와의 작업이 즐거웠음을 강조할 수 있고, 다음 시간을 기대한다고 알릴 수도 있다. 첫 회기에서의 몇 가지 작업을 언급할 수도 있고, 아동이 날짜를 이해한다면 다음 회기 날짜를 상기시켜 줄 수도 있다. 다음은 그 예시이다.

> "디메뜨, 우리의 시간은 여기까지야. 이제는 대기실에 계신 아빠를 만나러 갈 시간이란다. 오늘 너를 만나서 너무 즐거웠고, 다음 만남을 기대해. 나는 네가 화이트보드에서 놀이하는 것과 옷 입어 보기를 정말 좋아하다는 것을 알았어. 다음 시간에 우리는 이 놀이를 또 할 수도 있고, 아니면 다른 놀이를 할 수도 있어. 나도 네가 할 만한 활동을 가져올게. 우리는 다음 주 화요일 4시에 만날 거야."

우리는 실제로 아동내담자와 유사한 방식으로 청소년/성인 회기를 시작한다. 내담자에게 놀이치료에 대한 설명을 하고, 도움이 될 수 있는 이유를 설명하며, 비밀보장과 비밀보장의 한계에 대해 알린다. 내담자가 현재 문제를 어떻게 지각하고 있는지 확인하고, 놀이치료실에 오는 것에 대해 무슨 생각을 하고, 어떻게 믿고 있는지 확인한다. 또한 원하지 않는 대답을 이끌 수 있는 질문은 하지 않는다는 가이드라인을 따른다("이제 놀이치료실로 갈 준비가 되었나요?"와 같은 질문은 하지 않는다).

치료사는 내담자에 대해 알아챈 것(티셔츠, 손가방, 헤어컷 등)을 언급할 수 있으며, 그들과 만나고 놀이치료 경험을 시작하는 것에 대한 열의를 표현할 수도 있다(치료사가 정말 그렇게 느낀다면 말이다. 그렇게 느끼지 않는다면 거짓으로 할 필요는 없다. 그것은 오히려 역효과를 가져올 수 있다). 한발씩 깡충거리며 뛰어가거나, 오리걸음으로 이동하는 것이 청소년/성인에게는 꽤 기이하게 보일 수 있기 때문에, 그들과는 놀이치료실까지 단순하게 걸어가는 편이다. 우리는 놀이치료가 유치하다기보다 재미있고 연령에 적합하다는 인상을 주기를 원한다. 또한 우리가 이 대상과 놀이치료에서 하는 많은 활동이 원래 청소년과 성인을 위해 고안된 것이며, 아동과 활용하기 위해 변형된 것임을 명확히 하는 것이 도움이 된다.

우리는 일반적으로 놀이치료 회기를 시작할 때, 우리가 할 수 있는 다양한 놀이를 청소년/성인과 검토하는 경향이 있다. 우리는 미술활동, 모래상자, 춤, 음악연주, 건축활동, 보드게임, 모험기법을 할 수 있고, 그 외 다른 활동도 할 수 있다. 치료사는 내담자가 참여할 수 있는 재미있는 활동을 제공하기 위해, 내담자에게 흥미 있는 활동을 탐색하면서 첫 회기의 일부를 보내려고 할 것이다. 내담자에게 몇 가지 구조화된 놀이활동을 선택하게 하면서 대화치료 형식으로 첫 회기를 시작하는 것도 때로는 도움이 된다.

❧ 놀이치료 회기 안에서 무엇을 하는가

아동과 함께—놀이한다(유감스럽게도, 우리는 그 명백한 해답을 거스를 수 없었다)! 우리가 언급했듯이, 진지하게 말해, 놀이는 만능 치료법이 아니다. 여러분도 짐작했겠지만, 우리는 놀이를 스토리말하기, 모험즐기기, 춤추기, 스토리듣기, 노래만들기, 모래 안에 세계만들기, 미술활동, 놀이하기 등을 포함하는 것으로 개념화한다. 놀이치료 '하기'는 인간의 본성과 변화 과정에 신념을 둔 놀이치료사의 이론적 정향에 따라 유사성을 갖기도 하고 극명한 차이를 보이기도 한다(이 차이점을 기술하기 위해 제2장에서 꽤 많은 시간을 할애할 것이다). 지금은 방대한 범위의 놀이 조합이 있다는 것을 아는 것이 중요하다. 항상 내담자가 놀이를 이끌고 절대로 지시하지 않는 놀이치료사부터 회기 안에서 항상 구조화된 활동을 제공하는 놀이치료사까지, 놀이치료실에서 꽤 자유롭게 놀잇감을 허용하는 놀이치료사부터 놀이치료실에서 놀잇감의 제공을 제한하거나 제공하지 않는 놀이치료사까지, 놀이치료 과정에 부모(다른 양육자)를 포함시키지 않는 놀이치료사부터 적극적으로 참여자가 되려는 부모를 회기에 포함시키는 놀이치료사까지 다양하다. 다행스럽게도, 우리는 놀이치료에서 무엇을 해야 하는지에 대한 생각과 왜 그것을 해야 하는지에 대한 이유를 이 책의 나머지 부분에서 제공하려고 전념한다.

청소년/성인과도 함께—놀이한다! 청소년/성인과 작업할 때 우리의 비법은 그들에게 활동이 유익하다는 믿음을 갖게 하고, 회기에서 놀이하는 방법을 알게 하는 것이다. 초등 고학년 아동, 청소년, 성인과 작업하고 있다면, 다음과 같이 그들을 초대할 수 있다. "당신이 시도해 보았으면 하는 활동이 있어요. 이것은 모래상자 놀이치료라고 불러요." 그 후 치료사는 그 과정을 설명하고, 내담자에게 활동이나 놀이에 참여하기를 원하는지 결정하도록 한다. 만약 '일반적인' 놀이치료실이나 놀잇감, 공예품, 다양한 활동이 있는 방에서 높은 연령대의 내담자와 작업하고 있다면, 그들이 방의 어디에 주의를 기울이고 있는지 알아차릴 수 있고, 그들의 비언어적인 관심을 활용하여 특정 놀잇감이나 재료를 시도해 보도록 초대할 수 있다. 예를 들어, 인형의 집을 자주 응시하는 내담자에게는 "만약 원한다면, 가구를 재배치해 볼 수 있어요."라고 말할 수 있다. 이것은 내담자를 놀이에 참여하도록 할 수 있고, 치료사 역시 그곳에서부터 작업을 시작할 수 있다. 어린 시절 형제자매, 사촌, 부모와 놀이했던 기억을 이야기하는 내담자의 경우, 먼저 놀이 기억에 대한 스토리를 나눌 수 있고, 그 이후 그 놀이경험을 재연하도록 초대할 수 있다. 전형적으로, 연령이 높은 내담자는 과정을 즐기며 놀이로 가득하고 창의적인 활동이 어떻게 현재 자신의 문제를 명확히 하도록 돕는지 놀라워한다. 사실 놀이활동을 정기적으로 하는 우리의 많은 비아동내담자들은 그 과정을 매우 즐겼고, 그것이 도움이 되었다는 믿음으로 다른 사람들에게도 놀이를 하도록 권한다.

치료사는 내담자의 참여를 어떻게 격려할 것인지와 상관없이 어떠한 활동도 할 수 있다. 청소년/성인과 비지시적인 놀이치료를 할 수도 있고, 지시적인 놀이치료를 할 수도 있다. 다양한 활동을 좋아하면서도 창의적인 활동의 시작에서 저항이 가장 심한 편인 청소년의 경우에 우리는 종종 콜라주, 모래놀이, 그림그리기 등과 같은 보다 지시적인 활동을 시작한다. 그들이 경험을 쌓고, 놀이치료 과정을 신뢰할수록, 드라마나 점토 활동 같이 보다 유동적이고 상징적인 놀이치료 기법을 도입할 수 있다(내담자의 개인내 및 개인간 역동탐색하기, 내담자가 변화를 만들도록 돕기와 같이 회기에서 다양한 목표 달성을 위해 효과적인 몇 가지 유형의 전략과 개입은 제4, 5, 6, 7장에서 설명할 것이다).

✿ 놀이치료 회기를 어떻게 종료할 것인가

대부분의 놀이치료 접근법에서 회기 종료를 위한 몇 가지 공통적인 특징이 있다. 종료 시간이 되었을 때 대부분의 놀이치료사들은 "보니타, 오늘 우리의 시간이 5분 남았구나."라고 알린다. 어린 내담자는 시계 보는 법을 모르거나 놀이에 몰입하기 때문에, 시간에 주의를 기울이지 않을 수도 있다. 어떤 경우라도 시간이 거의 끝나간다는 것을 내담자에게 알려 줄 필요가 있다. 연령이 높은 내담자는 시간제한에 보다 주의를 기울이는 경향이 있어서, 일반적으로 이러한 주의를 줄 필요가 없다. 그러나 만약 놀이과정에 몰입해 있어서 시간에 주의를 기울이지 못하는 연령이 높은 내담자와 작업하고 있다면, 5분 전에 알려 주는 것이 도움이 된다. 우리는 가끔씩 1분 전 알림도 준다. 절대적인 명확함을 위해, 우리는 5분 전과 1분 전에 알림을 주어 시간이 거의 끝나감을 알리고, 내담자 스스로 종료를 준비하도록 한다. 이것은 시간 이행에 어려움을 겪고 있는 내담자(예: 놀이에서 잠자리로 가는 것이 매우 어려운 아동, 쉬는 시간에서 수업 시간으로 가거나, 수업 시간에서 점심시간으로 가는 것이 힘든 아동, 비디오 게임에서 나오는 것이 어려운 청소년/성인)에게 매우 훌륭한 연습이다. 다음은 종료를 위해 사용할 수 있는 몇 가지 방법이다.

1. 시간 종료에 대해 "우리는 5분 정도 남았어."라는 표현이나 어떤 머뭇거림의 말, 미온적인 고지는 하지 않는다. 이것은 협상할 수 있는 것이 아니기 때문이다. 우리는 항상 우리의 기대가 명확하게 전달되기를 바란다.

2. 시간제한을 고수하라. 시간제한은 다른 내담자가 기다리고 있는 경우에 실용적인 방법이기도 하지만, 실제 생활을 위한 연습이다. 여러분의 상사는 당신에게 대략 8시간 정도 일을 하도록 요구하는가? 학교는 9시 즈음이 되면 시작하는가? 그렇지 않다. 우리는 때때로 내담자가 자신의 작업을 마무리하기 위해 정말로 2분이 더 필요하다는 것을 이해한다. 그렇지만 시간구조는 허용된

시간제한에 내담자가 적응하도록 돕기 위해 만들어졌다. 하던 작업을 가정에서 마무리하거나, 다음 회기까지 놀이치료실에 보관하는 등 내담자는 다양한 대체 방법을 선택할 수 있다. 이것이 우리가 시간에 관한 고지를 하는 이유이며, 내담자는 이를 준비할 수 있다. 이 과정이 몇 회기에 걸쳐 반복되면, 내담자는 제시간에 작업을 완료하도록 스스로를 준비할 수 있게 된다. 그리고 치료사는 내담자의 변화된 태도나 행동을 격려할 수 있다. "나는 네가 종료시간에 맞춰 치료실 밖으로 나가는 것을 어려워했던 걸 기억해. 그런데 오늘 너는 시간이 다 되었을 때 이미 나갈 준비를 마쳤구나. 와! 네가 이것을 해내다니 정말 멋져."

3. 내담자가 회기의 종료를 준비하도록 돕기 위해 다음과 같이 말할 수 있다.

"녹스야, 기억하렴. 이제 1분 남았단다. 나는 점토놀이를 마무리할 시간이 충분한지 모르겠구나." 치료사는 아무것도 하지 않거나 단순하게 내담자의 행동을 추적할 수 있다. "너는 점토놀이를 꺼내려고 하는구나." 치료사는 남은 시간에 특정 놀잇감으로 놀이를 하는 것이 가능하지 않다고 판단하고, 내담자가 다른 선택을 하도록 도울 수 있다. "나는 네가 점토놀이를 하고 싶어 한다는 것을 알아. 그런데 이제 1분 남았단다. 지난번에 너는 나가지 않으려고 끝나기 직전에 활동을 시작한 적이 있어. 나는 네가 이번에도 같은 생각을 하고 있는지 궁금하구나. 점토는 남은 시간보다 더 많은 시간이 필요할 텐데 남은 시간 동안 어떤 놀이를 한다면 보다 편하게 나갈 수 있겠니?"

치료사는 아마도 이와 같은 상황에서 어떤 결정을 내려야 할지 궁금할 것이다. 자, 우리가 명확히 해 보겠다. 그것은 경우에 따라 다르다(농담이다. 우리는 지금 농담을 하고 있다. 그러나 사실은 농담이 아닐 수도 있다. 왜냐하면, 실제로 그것은 경우에 따라 다르기 때문이다)! 치료목표, 특정 내담자에 대해 치료사가 알고 있는 것, 치료사가 치료에서 중요하다고 믿는 것에 따라 달라질 것이다. 치료사의 이론에 내재된 방향성의 강도가 치료사의 반응에 도움을 줄 것이다.

이제 다양한 놀이치료 접근법 사이의 몇 가지 차이점을 알아보자. 믿기 어렵겠지만, 회기 이후 내담자가 놀이치료실을 정리하게 할 것인가에 관해 여러 의견이 있다. 비지시적인 놀이치료사는 회기가 끝난 후 내담자의 놀잇감 정리를 기대하거나 요청하지 않는다. 방을 정리하게 하는 것이 내담자의 생각, 감정, 표현을 치우도록 하는 것을 상징한다는 신념에서 비롯된다. 또한 비지시적인 놀이치료사는 회기가 끝난 후 정리를 해야 한다는 생각이 어쩌면 정리하고 싶지 않은 것에 대한 내담자의 표현을 통제할 수 있다는 생각에도 동의한다. 만약 치료사가 이 생각에 동의한다면 부모(필요시 교사)에게 이와 같은 철학을 전달할 것을 권한다. 아동에게 회기가 끝난 뒤 놀잇감 정리를 도왔는지 묻는 부모는 셀 수 없이 많다. 만약 치료사가 아동에게 놀잇감 정리를 기대하지 않는다면, 아동이 정리를 돕지 않은 것에 대해 불편한 감정을 갖는 것도 원치 않는다. 이것은 치료사와 부모가 논의해야 할 첫 번째 사항이 될 수 있다.

보다 지시적인 놀이치료사는 내담자에게 놀이치료실의 정리를 돕도록 요청할 것이다. 우리가 '정리'에 대해 말할 때 '모든 것을 제자리에 가져다 두고, 놀이치료실을 정확히 처음의 상태로 해 놓고 떠나라.'는 것을 기대하는 것은 아니다. 내담자가 함께한 시간 동안 어지럽혀진 것을 정리하는 과정에 기여한다는 것을 의미한다. 우리는 아동과 함께 정리를 한다. 우리는 놀이를 했고, 정리를 한다. 저항하는 아동의 경우 놀잇감 세 개만 정리하기 등의 작은 성취에 만족한다(물론 아동이 떠난 후, 치료사가 나머지 놀잇감을 정리할 것이다). 시간이 지남에 따라 방 전체를 정리하는 것으로 이 작업을 확장한다. 이 연습에는 다음과 같은 세 가지 근거가 있다. 놀이 공간에서 일어나는 일을 '현실세계'로 연결하여, 치료를 현실에 안착시킨다. 내담자와 놀이치료사가 공유했던 장소에서 협동작업을 함으로써 관계를 맺을 수 있다. 그리고 놀이치료실을 '엉망'으로 만들려는 내담자가 어지럽힌 놀이치료실을 정리해야 하는 놀이치료사의 역전이를 막아 준다(우리를 믿어라. 이런 일은 일어난다. 우리는 화가 났다는 것을 표현하거나, 현실세계의 규칙을 따르지 않아도 된다는 것을 보여 주기 위해 모든 것을 놀이치료실 바닥에 던지고 짓밟는 내담자들을 여럿 만났다).

치료사가 내담자를 정리과정에 참여시키기로 했다면, 놀잇감을 '제'자리에 가져다 놓게 하는 것을 피하도록 주의해라. 정리를 통해 기대하는 것은 완벽한 정리가 아니라 협동과정이다. 우리는 이 기회를 이용하여 내담자의 친사회적인 행동을 알아채고 격려한다(우리가 만나는 많은 아동이 가정에서나 학교에서 이러한 격려를 충분히 받지 못한다). "아론, 오늘 정말 힘이 되는구나. 놀잇감을 선반 위에 올려 줘서 고

마워." 우리는 어쩌면 대기실의 부모에게 아동 앞에서 아동의 놀잇감 정리가 얼마나 도움이 되었는지 극찬할 수도 있을 것이다.

❋ 치료과정

놀이치료 기간과 회기의 수는 여러 요인에 의해 결정될 수 있다. 일부 요인은 놀이치료의 시작 전에 개략적으로 평가할 수 있으나, 어떤 요인은 놀이치료가 진행될 때까지 알 수 없다. 치료기간에 영향을 미치는 요인은 현재 문제의 심각성, 내담자와 연관된 타인의 지원, 변화를 원하는 내담자의 소망, 변화에 참여하는 내담자의 의지와 능력 등이 있다. 보이는 문제가 심각할수록 놀이치료는 길어진다. 지원과 변화의 의지가 더 많은 내담자(와 가족구성원)일수록 놀이치료 기간을 단축될 것이다(이것이 과잉일반화일 수도 있지만, 대부분 사실이다). 회기의 수에 영향을 주는 또 다른 요인은 놀이치료사의 이론적 정향이다. 보다 지시적이고 인지행동적인 개입에 기반을 두는 치료사의 경우 가장 적은 회기 수를 보고하였으며(3~12회기), 보다 인본주의적이고 비지시적인 치료사의 경우 긴 회기 수를 보고했다(최대 100회기). 명확히 말하건대, 이것이 사례의 심각성이나 복잡성을 설명하지는 않으며, 놀이치료 효과의 지속성을 설명하지도 않는다. 평균적으로, 여러 이론에 걸쳐 최적의 회기 수는 약 30~34회기로 보고되었다(Bratton et al., 2005; Kottman, 2011).

우리는 놀이치료가 일반적으로 신속한 치료법이거나 선형적(linear) 과정이 아님을 놀이치료에 관련된 모든 사람에게 명확히 알리기를 추천한다. 경험에 비추어 우리는 많은 내담자들이 유사한 변화의 궤적을 따른다는 것을 발견해 왔다. 우리는 이것에 대해 "때때로 상황이 좋아지고 있다가 다시 나빠집니다. 그리고 다시 좋아지죠. 그러니 이런 일이 일어나더라도 놀라지 마세요."로 설명한다. 청소년/성인 내담자, 아동내담자의 부모/교사는 놀이치료를 시작하면서 바로 이어지는 긍정적인 결과와 거의 마법 같은 변화를 종종 보고한다. 우리는 새로운 내담자와 부모/교사에게 이것이 마치 신혼 초 밀월기와 같은 것이고, 몇 주 이상 지속되지 않을 것이라고 주의를 준다. 우리는 지속적인 변화가 실현되었다는 생각으로 내담자가 치료를 중단하는 것을 원하지 않는다. 청소년/성인 내담자에게 이런 신혼 초 밀월기는 3~5회기 정도 지속될 수 있으며, 이 기간 후에 3~4회 정도 문제가 악화되고, 그 후 이 과정이 반복될 것이다. 3회기 즈음, 우리는 아동내담자의 부모/교사들이 놀이치료를 하면 서 또 다른 문제가 나타난다고 다시 걱정하며, 심지어 두려워한다는 것을 알았다(그들도 이 시기를 신혼기와 비교하고 있을지도 모른다는 것을 기억해라. 신혼기와 비교할 때 이것은 문제가 있는 것처럼 보인다). 우리는 그들의 경험을 정상화시키기 위해 이 과정을 설명한다. 우리는 일반적인 우려들이 이 시점에서 비교적 꾸준히 개선되어 감을 관찰한다. 종결이 가까워졌다고 판단되면, 우리는 청소년/성인 내담자, 아동내담자의 부모/교사에게 관계의 종결이 때로는 내담자의 정동, 인지, 행동의 퇴행으로 이어진다는 것을 설명하고, 이러한 퇴행은 대부분 일시적(약 1~2주)인 것임을 알린다. 이러한 모든 정보는 신뢰감의 형성과 적절한 기대설정을 위해 사용된다.

✤ 종결

내담자가 초기의 치료목표에 도달했을 때, 종결과정을 시작한다. 치료사는 치료목표의 충족여부 및 충족시기를 어떻게 판단할 것인지 결정해야 한다. 우리는 아동내담자의 부모/교사와 자주 작업해 왔기 때문에, 그들의 보고를 변화의 증거이자 종결에 대한 내담자의 준비도로 받아들인다. 청소년/성인처럼 보다 연령이 높은 내담자와 작업하고 있다면, 변화의 증거로 자기보고를 활용할 수 있으며, 놀이치료실에서 변화된 패턴을 고려할 수 있다. 수없이 많은 변화가 일어날 수 있지만, 우리가 일반적으로 관찰하는 몇 가지는 다음과 같다. 다소 비계획적이고, 충동적이고, 부주의했던 내담자가 보다 계획적이고, 집중하게 된다. 공격성과 분노의 주제로 놀이를 했던 내담자의 이러한 놀이가 감소하며, 연령과 발달에 맞는 전형적인 주제를 더 많이 보여 준다. 자기조절하기와 놀이치료실 규칙따르기가 불가능했던 내담자가 촉발요인을 인식하고, 조절하면서 침착함을 유지할 수 있게 된다. 일반적으로 이러한 유형의 변화는 내담자가 진전을 만들고 있으며, 종결의 준비가 되었다는 것을 보여 주는 것이다. 내담자가 어린 경우(부모나 가족구성원이 작업에 참여하고 있는 청소년의 경우), 부모도 비슷한 변화를 가정에서 느꼈는지(또는 교사가 학급에서 변화를 느꼈는지) 알아보기 위해 부모자문이 필요하다.

놀이치료를 종결하는 것은 어떤 면에서는 다른 종류의 치료를 종결하는 것과 같다. 내담자에게 변화가 일어나고 있다는 것을 알아차렸을 때, 우리는 내담자와 논의하고, 가끔은 부모, 교사, 아동과 관련된 다른 성인과 의논한다. 우리는 변화에 대해 내담자가 어떻게 지각하고 있는지, 내담자/성인에게 다른 목표가 있는지 나눈다. 아동/청소년 내담자의 경우, 과정의 다음 단계를 모두가 들었고 이해했다고 느끼도록 이 과정에 관련된 의미있는 성인들과 내담자의 연합회기를 갖는다. 일단 종결이 가까워졌다고 판단되면, 마지막 회기를 위한 계획을 세운다. '항상' 또는 '매번'이라고 정해진 종결 방법은 없지만, 우리가 치료적 관계를 마무리하기 위해 따르는 몇 가지 전략이 있다.

1. 우리는 종결을 염두에 두고 치료적 관계를 시작한다. 종결이 가까운 경우도 있고, 몇 개월 이후에 하게 되는 경우도 있다. 또 어떤 경우에는 치료기간이 짐작되지 않는 경우도 있다. 어떤 경우든지 종결이 다가오면, 우리는 내담자나 부모/교사에게 종결 과정이 일반적으로 다소 긴 과정이며 한 회기로 끝나지 않음을 전달한다. 내담자와 치료사 사이에 강력한 유대가 형성되고 있고, 갑작스럽게 관계가 끝남으로써 내담자가 버려진다거나 단절된다고 느끼는 것을 원하지 않기 때문에, 우리는 내담자가 종결에 친숙해지도록 돕기를 선호한다고 전달한다. 특히 어린 아동은 치료적 관계와 상담의 본질을 이해하는 데 한계가 있으므로 종결을 다루기 위해 더 많은 시간이 필요할 수도 있다. 그들은 치료적 관계가 일시적인 관계이고 치료목표 중 하나가 이 관계를 마무리하는 것임을 이해하지 못하는 경향이 있다(생각해 보면, 치료적 관계는 정말 독특한 관계이다. 그렇지 않은가?).

2. 일반적으로 내담자와 작업한 기간이 길수록 그 과정을 서서히 마무리한다. 예를 들어 만약 어떤 내담자와 1년 이상을 작업했다면, 종결을 위해 3~5회의 준비 회기를 가진다. 만약 2~3개월을 작업했다면, 종결을 위해 1~3회 정도의 준비 회기를 가진다.

3. 더 어린 내담자의 경우, 종결을 알리고 실제로 회기를 마칠 때까지 더 많은 시간이 필요하다. 상담 기간과 같이 다른 역동이 유사한 경우라면, 우리는 42세 성인에 비해 6세 아동에게 종결에 대해 더 여러 번 안내한다.

4. 회기를 시작하면서 관계의 종결을 소개하고, 이후부터 매 회기마다 카운트다운을 한다. "우리에게는 이제 네 번의 만남이 남았어. 오늘과 세 번의 만남이

더 남았단다."라고 알리고, 이 회기가 종료될 때 "이제 우리는 세 번 더 만날 거야."라고 전한다. 다음 회기의 시작에 "우리의 만남은 이제 세 번 남았어. 오늘과 두 번의 만남이 더 남았단다."라고 말한다. 우리는 종결까지 이러한 방법으로 안내한다.

5. 일부 내담자의 경우 종결이 가까워짐에 따라 회기의 빈도를 줄이기 시작한다. 내담자가 우리에게 의존하는 것을 줄이고, 습득한 기술을 지원 없이도 매주 연습하도록 돕기 위해 2~3주에 한 번씩 내담자를 만나기도 한다.

6. 치료를 통해 이루어진 변화의 지속가능성을 확인하고 사정하기 위한 방법으로 후속 회기를 계획하는 것도 가능하다. 후속 회기는 1~2개월 이내 또는 어느 때라도 진행할 수 있다. 치료사는 추후에 전화통화를 하거나, 온전한 회기를 가질 수도 있다. 이것은 내담자의 필요에 따라 결정될 수도 있고, 치료에서 이루어낸 변화를 내담자가 성공적으로 지속할 수 있을지에 대한 치료사의 판단을 기초로 결정할 수도 있다.

7. 만약 추후에 내담자에게 또 다른 어려움이 생긴다면 치료사와 다시 만날 수 있음을 전달한다. 종결이 (일반적으로 반대 단어로 사용되는) '영원히'를 의미할 필요는 없다. 우리는 내담자에게(심지어 읽기가 어려운 어린 아동에게도) 우리의 이름과 전화번호가 적힌 명함을 준다. 우리와 대화하길 원하거나 우리의 지지가 필요할 때, 내담자는 전화를 해도 된다고 느낄 것이고 실제로 전화를 할 수도 있다. 비록 대다수의 어린 내담자가 실제로 전화를 하지는 않지만, 그들은 이 작은 선물을 기뻐한다.

임상현장에서 이것은 다음의 예시처럼 사용된다. 내(크리스틴)가 7세 소년과 함께 작업하고 있고, 부모와 종결에 합의했으며, 4회기 안에 치료가 끝날 것이라고 가정해 보자. 네 번의 회기가 남았을 때 나는 이렇게 말할 것이다.

"그레이슨, 나는 네가 지난 몇 주 동안 정말 많이 좋아졌다는 것을 알았어. 너는 좌절스러운 상황에서도 침착함을 유지할 수 있었고, 도움이 필요한 상황에서 사람들에게 너의 이야기를 전달할 수 있더구나. 너의 엄마와 선생님도 똑같이 느끼셨어. 네 생각은 어떠니? (내담자는 생각을 공유하고, 함께 의논한다) 네가 그렇게 잘 지내고 있으니, 우리는 네가 이제 매주 나를 만나러 오지 않아도 되겠다고 결정했단다. 너와 나는 이제 2주에 한 번씩, 네 번 더 만날 거야. 네 생각은 어떠니? (조금 더 상의한다) 이제, 우리는 네 번의 놀이시간을 더 가지게 되었구나. 우리는 오늘 하루와 세 번의 만남이 남았어. (회기가 종료될 때) 오늘 우리의 시간은 여기까지야. 우리는 이제 세 번의 만남이 더 남았어. 2주 후에 만나자(라고 대화할 수 있다)."

보통 마지막 회기나 남은 회기 중 한 회기 동안, 우리는 일종의 종결 활동을 한다. 여러분은 이 책에 익숙해졌기 때문에 이제 예상할 수 있을 것이다. 모든 놀이치료사가 이 활동을 하는 것은 아니다. 만약 이 활동이 내담자에게 중요하고 도움이 된다고 믿는다면, 치료사는 이 활동을 선택할 수 있다. 다음은 종결 활동을 위한 몇 가지 예시이다. 치료사가 내담자에 대해 느낀 것과 알아챈 것을 공유하기 위해 독립적인 모래상자를 꾸미거나 내담자와 모래상자를 꾸밀 수 있다. 내담자에게 배운 것을 전달하기 위해 카드나 그림을 활용할 수 있으며, 내담자에 의해 만들어진 진전을 축하하기 위해 치료사와 내담자(내담자의 모든 가족구성원)는 댄스파티를 가질 수도 있다. 치료사와 내담자는 아나운서가 되어 관계의 지나온 스토리, 내담자의 진전, 미래의 목표를 보고하는 뉴스 방송을 녹화하여, 내담자에게 줄 수도 있다. 여러분은 내담자와 나눴던 상호작용, 내담자가 선호했던 놀이유형, 내담자에 의해 달성된 목표를 기초로 개입의 종류와 활동을 결정할 수 있을 것이다.

옮겨 가면서

이 시점에서 우리는 놀이치료에 대한 여러분의 흥미를 자극하거나 확인하게 했기를 희망한다. 이 장에서 우리는 놀이치료의 기본이며 근본적인 원칙의 일부(누가, 무엇을, 어디서, 왜, 어떻게 시작하는가)를 다루었고, (바라건대) 아마도 치료사가 가질 수 있는 몇 가지 질문에 대한 대답을 제공하였다. 이어지는 장에서는 '어떻게'에 대해 자세히 알아보고자 한다. 또한 우리는 여러분이 놀이치료에 대해 깊이 이해하고 다양한 관점을 얻을 수 있도록, 각 장에 제시된 일부 참고문헌을 찾아볼 것을 제안하고 격려한다.

Interlude 1
현존함을 보여 주고 선택하라

우리는 치료사가 놀이치료에서(실제로 모든 종류의 치료와 모든 종류의 관계에서) 할 수 있는 가장 중요한 한 가지는 자신이 하는 일에 현존함과 의도성을 보여 주고, 이것의 실천을 선택하는 것이라고 생각한다. 내담자와 현존하고 있다는 것을 보여 주고, 현존하기를 선택하는 것(Arrien, 1993)은 놀이치료사의 이론이나 접근법이 무엇이든, 놀이치료의 모든 측면, 즉 관계를 형성하고, 내담자의 이슈를 탐색하며, 내담자가 이슈를 다룰 수 있게 돕는 데 필수적이다. 현존하고 있음을 보여 주고, 선택하는 것은 치료사가 내담자의 모든 측면과 내담자의 행동, 의사소통 그리고 에너지에 온전히 집중하도록 한다. 이것은 내담자와 함께하는 동안 쇼핑 목록을 만들거나, 아동의 교장선생님에게 전화가 올까 걱정하고 있거나, 다음 휴가 계획을 짜고 있지 않음을 의미한다. 자신의 모든 에너지와 주의를 내담자에게 집중하고, 내담자가 말하고 행동하는 것에 진심으로 집중하라는 것을 의미한다. 내담자와 함께 현존하고 있음을 보여 주고, 현존하기로 선택함으로써 치료사는 내담자에게 관심과 보살핌을 전달한다. 자신의 몸에 자신을 정착시키고, 내담자에게 무슨 일이 일어나고 있는지 모든 인식을 집중할 때, 내담자와 유대의 질은 극도로 향상된다. 현존함을 선택하는 것은 회기 동안, 내담자가 치료사에게 세상에서 가장 중요한 사람이라는 것을 느끼게 한다. 이것은 종종 내담자의 가치감에 대한 인식을 높인다. 내담자와 현존함을 선택할 때, 놀이치료실과 치료사를 향한 내담자의 미묘하고 비언어적인 반응에 대한 치료사의 인식을 향상시킬 수 있다. 놀이치료 재료에 대한 내담자의 반응, 내담자가 놀이에서 보여 주는 이슈들, 치료사의 의견이나 제안에 대한 내담자의 반응은 어쩌면 거의 알아챌 수 없을 정도로 절제되어 있을 수 있다. 현존함을 선택하는 것은 치료사가 이것을 알아차릴 가능성을 높이고, 이 반응을 치료적으로 사용할 수 있는 기회를 높여 준다.

현존함을 보여 주고, 선택하기와 관련하여 우리가 놀이치료 제자들(실제로는 우리의 모든 상담 제자들)에게 가르치는 주요한 한 가지는(받아들일 준비를 하라) '자신의 엉덩이를 느껴 라.'라는 다소 작은 것이다. 이것이 자신의 엉덩이를 꼬집어 보라는 의미는 아니다. 자신을 자신의 몸 안에 있게 하고, 물리적 공간 안에서 지금 자신의 몸이 어디에 있는지 주의를 기울이라는 의미다.

만약 여러분이 실제로 자신의 엉덩이를 느낄 수 있다면…… 그리고 마음을 통해 몸을 따라갈 수 있다면…… 엉덩이…… 허벅지…… 종아리…… 발…… 발바닥…… 발끝…… 그리고 발이 지구에 단단히 연결되어 있는 곳까지 내려가 보자. 만약 여러분이 이 모든 것을 느낄 수 있다면, 이번엔 다시 따라 올라와 보자. 발…… 다리…… 엉덩이…… 배…… 가슴…… 어깨…… 그리고 팔을 따라 내려가 보자…… 다시 팔을 따라 올라온다…… 어깨를 통해 목…… 얼굴…… 두개골을 지나…… 뇌까지…… 그리고 다시 내려가 보자. 여러분은 정말, 진심으로 현존하게 될 것이다. 지금 이 순간…… 이 순간…… 그리고 이 순간……

놀이치료의 시작에서 치료사가 매회기 이것을 한다면, 그리고 엉덩이가 느껴지지 않는다고 알아차린 회기의 중간에라도 다시 시도한다면 치료사는 현존하고 있는 상태일 것이다.

제2장

어떤 이론도 좋으니 선택하라

좋은 이론만큼 실용적인 것은 없다.
– 쿠르트 레빈 (Kurt Lewin, 1951, p. 169)

아들러학파 놀이치료

아동중심 놀이치료(인간중심치료와 이론)

인지행동 놀이치료

생태학적 놀이치료

게슈탈트 놀이치료

융학파 놀이치료

내러티브 놀이치료

정신역동 놀이치료

테라플레이

통합적/처방적 놀이치료

옮겨 가면서

＊　　＊　　＊

이 장은 제1장에서 소개한 미국놀이치료학회 정의의 일부인 '이론적 모델의 체계적 활용'에 초점을 두고자 한다(우리는 이것이 중요하다고 생각하기 때문에, 여러분이 흥미를 가지고 읽어 주기를 바란다). 우리가 이 위원회의 일원은 아니기에, 어떻게 이 문구가 포함되었는지 100% 확신할 수는 없다. 그러나 우리도 이것이 필수적이라고 생각하며, 놀이치료사(청소년/성인과 일하는 상담사)가 내담자를 체계적으로 개념화하고, 일관된 방법으로 '빅A아젠다(Big A agenda, 내담자를 위한 치료사의 장기목표와 목적)'와 '스몰a아젠다(small a agenda, 특정회기의 목표)'를 세우는 것이 중요하다고 믿는 이유를 설명해야겠다고 생각했다. 우리는 미국놀이치료학회의 공동 설립자인 케빈 오코너(Kevin O'Conner)가 『Foundations of Play Therapy』(Schaefer, 2011)에서 "놀이치료사는 그들이 오직 체계적인 이론적 틀을 가지고 일관적으로 작업할 때만 강력하다(p. 254)."고 말한 것에 전적으로 동의한다. 체계적인 이론적 틀을 가지고 작업하는 가장 간단한 방법은 (앞으로 다루게 될 모든 질문을 고려하고, 내담자와 내담자의 이슈를 고민하며, 내담자를 돕기 위해 일관된 방법으로 작업하는 것이 가능한 이론을 스스로 개발하지 않는 한) 놀이치료를 위해 정립된 이론적 접근 중 한 가지를 선택하는 것이다. 여러분이 놀이치료의 이론적 틀을 채택하도록 돕기 위해, 우리는 다양한 틀의 탐색방법에 대한 정보를 제공해야겠다고 생각했다.

놀이치료에는 다양한 접근들이 있다. 그중 일부는 상담 및 심리치료의 주요 모델(예: 아들러학파, 인간중심이론, 인지행동이론, 게슈탈트이론, 융학파, 내러티브, 정신역동이론)을 기반으로 하며, 또 다른 접근은 놀이치료를 위해 특별히 개발(예: 생태이론, 테라플레이)되기도 하였다. 각 접근 및 근본적인 철학적 가설과 기제에 대한 신념의 통합적인 그림을 제공하기 위해, 우리는 우리가 충분히 편안함을 느낀다는 이유로 아들러학파 놀이치료, 아동중심 놀이치료, 인지행동 놀이치료, 생태학적 놀이치료, 게슈탈트 놀이치료, 융학파 놀이치료, 내러티브 놀이치료, 정신역동 놀이치료, 테라플레이에 대해 다루기로 했다. 이 책에서 다루지 않은 놀이치료 접근법도 있다. 역동적 놀이치료, 경험적 놀이치료, 실존 놀이치료, 대상관계 놀이치료 등이 그 예다. 우리는 우리가 그 모델을 설명할 수 있을 만큼 충분히 익숙하지 않다고 느꼈다. 놀이치료 이론을 고려할 때, 최근 대중적인 또 다른 이론이 있다. 이 장의 후반부에서 다루게 될 통합적/처방적 놀이치료가 그것이다.

(우리가 최소한 완수되어야 한다고 믿는 작업인) 자신만의 놀이치료 이론을 찾는 과정은 몇 가지 단계를 거친다. 첫 번째 단계는, 각각의 상담이나 놀이치료 접근을 뒷받침하는 철학적 가설에 대해 자신의 입장이나 의견을 살펴보고, 그 이론이 자신의 신념에 어떻게 작용하는지 고민하는 시간을 갖는 것이다. 다음 단계는 놀이치료의 다양한 접근법을 조사하고, 각각의 접근방식이 동일한 질문에 어떻게 답하는지 판단하는 것이다. (상담이론이 실제로 질문에 답할 수 없다는 것을 알고 있지만, 이를 묘사할 만한 다른 방법을 찾을 수 없었다) 이론 탐색의 세 번째 단계는 자신의 개인적인 신념, 확신, 의견과 이론적 접근 사이에 가장 가깝게 일치하는 이론을 찾는 것이다. 자, 이제 당신은 이론을 찾아냈다! (축하음악을 부탁한다!)

이론을 선택하는 첫 단계는 상담과 놀이치료 이론의 기저가 되는 철학적 가설과 사람들의 변화를 돕는 치료작용에 대한 자신의 입장을 숙고해 보는 것이다. 다음은 치료사가 고려해 보아야 하는 질문들이다.

1. 인간의 기본적 본성에 대해 어떤 신념을 가지고 있는가? 인간은 본질적으로 선한가(긍정적이고, 자기실현적인가 등)? 악한가(부정적인가, 비이성적인가, 유해한가 등)? 또는 중립적인가? 아니면 혼재하는가? 만약 인간의 본성을 선함, 악함, 중립의 어떤 혼합이라고 믿는다면, 이러한 구성요소를 어떻게 설명할 것인가?

2. 성격은 어떻게 형성/구성되는가?
   a. 성격형성에 영향을 미치는 요인은 무엇인가?
   b. 어떤 유전/환경의 조합이 성격형성에 영향을 미치는가? 성격발달에서 본성과 양육 중 무엇이 더 중요하다고 생각하는가? 각각의 비율을 정해야 한다면, 어떻게 결정하겠는가?
   c. 성격형성과 관련된 자유의지와 결정론에 대한 신념에서, 여러분은 성격형성에 인간이 자유의지를 발휘한다고 믿는가, 또는 개인의 특질은 그 사람의 내부요인 없이 외부요인에 의해서만 결정된다고 믿는가? 아니면 자유의지와 결정론이 혼재한다고 믿는가? 혼재한다면 각각의 비율을 할당할 수 있는가?

　　d. 사고 · 감정 · 행동의 관계는 어떠한가? 사고 · 감정 · 행동 사이에 선형적 · 인과적 관계가 있는가? 만약 그렇다면 무엇이 무엇을 야기하는가? 그렇지 않다면 이 요소들 간의 관계는 어떠한가?

　　e. 인간행동의 기본 동기는 무엇인가? 무엇이 사람에게 자신의 삶에서 그렇게 하도록 동기를 부여하는가?

　　f. 개인 성격의 기본 요소는 무엇인가?

3. 현실지각에 대한 여러분의 입장은 무엇인가? 주관적인가, 객관적인가?

4. 치료사가 믿고 있는 치료적 관계의 역할은 무엇인가? 치료적 관계가 필요충분조건이라고 믿는가(부연하자면, 치료적 관계가 내담자의 건강한 기능을 돕는 가장 중요하며 유일한 요소인가)? 치료적 관계가 필요하다고 믿으며, 이것이 대안적인 관점을 받아들여, 새로운 대처기술을 배우게 하고, 사회적으로 적절한 행동의 학습과 실천을 돕고, 파괴적 패턴을 버리게 하는 기회를 만들어 내담자를 돕는 기반이 된다는 것을 믿는가?

5. 치료에서 내담자가 광범위하게 과거를 탐색하도록 돕고, 과거의 맥락 안에서 현재 문제를 볼 수 있도록 도울 필요가 있다고 생각하는가? 아니면 과거에 대한 고려 없이 오직 지금-여기에만 집중해야 한다고 생각하는가?

6. 여러분은 내담자가 통찰을 얻게 되고/의식화하게 됨으로써, 자신의 동기와 패턴을 보다 더 인식하도록 돕는 것이 중요하다고 믿는가? 또는 내담자가 동기와 패턴을 더 잘 인식하지 않더라도, 더 나은 대처기술을 습득한다면 좋아질 것이라고 생각하는가? 아니면 추가적인 정보, 훈련, 통찰이 없이도 자아실현 경향성을 활성화하는 조건을 경험한다면 더 좋아질 것이라고 믿는가?

7. 내담자와 관계형성하기, 내담자가 성격 · 감정 · 행동 · 태도 · 생각을 변화하도록 돕기 등 치료의 일차적 초점이 무엇이라고 생각하는가? 만약 내담자가 변화하도록 돕는 것이 중요하다고 믿는다면, 앞의 요인 중 한 가지 변화만 돕는 것이 중요한가, 아니면 요인들의 혼합적인 변화가 중요하다고 생각하는가? 만약 그렇다면, '변화순서'의 우선

순위는 어떻게 정하겠는가?

8. 심리적 부적응을 어떻게 정의하겠는가?

9. 무엇이 치료목표가 되어야 한다고 생각하는가?

10. 내담자가 '개선'되고 있다는 것을 어떻게 알 수 있는가? 내담자가 진전을 보이고 있는지 어떻게 판단할 것인가?

11. 놀이치료 회기에서 치료사로서 자신의 역할이 지시적일지, 또는 비지시적일지 상상해 보았는가?

   a. 회기에서 활동이나 과제를 제안하지 않고(개입 없이 내담자의 놀이를 허용하면서), 내담자가 성장할 수 있는 공간을 창조하기를 원하는가? 아니면, 구조화된 기법에 참여하도록 내담자를 초대하고 과제를 제공하며 개입하는 것이 보다 편한가?

   b. 내담자의 상호작용에 적극적으로 참여하는 것(우리가 의미하는 것은 내담자와 함께 놀이하는지 여부이다)이 얼마나 편한가? 내담자와 회기 안에서 함께 놀이하는 것이 전혀 적절하지 않다고 믿는가? 내담자의 초대가 있는 경우에만 함께 놀이하는 것이 적절하다고 믿는가? 내담자와 함께 놀이를 시작하는 것이 허용된다고 생각하는가? 만약 내담자가 치료사를 놀이에 초대한다면, 그 놀이가 불편할 때조차도 꼭 놀이에 참여해야 한다고 생각하는가?

12. 아동내담자와 작업하고 있다면, 부모와의 작업에 대한 치료사의 입장은 무엇인가? 교사와는 어떠한가? 부모/교사를 참여시키는 것이 항상 필요하다고 생각하는가? 이러한 성인을 치료에 포함시키는 것이 필수는 아니라고 믿는가? 만약 필요하다면, 어느 정도까지 포함시켜야 한다고 보는가?

우리는 이 질문들이 어렵다는 것을 알고 있으며, 이 질문에는 '올바른' 답이 없다는 것도 여러분이 알기를 원한다. 단지 본인에게 맞다고 느끼는 답을 골라 보자. 우리는 여러분이 각각의 질문에 대한 의견을 보다 분명히 함으로써, 자신의 견해를 갖게 되기를 바란다. 많은 경우 우리가 '일부 사람'이 아닌 '사람'이라고 지칭함으로써 과도한 일반화를 요구하고 있다는 것을 알고 있다. 그 규칙에 언제나 예외가 존재한다는 것도 알고 있다. 우리는 여러분이 질문(질문은 사실에 기반한 것이 아니라, 철학에 기인한 것임을 기억해라)에 대해 진지하게 고민해 보길 바란다. 친구(원한다면 가족)와 대화를 나누고, 꿈을 꾸고, (도움이 된다면) 고양이와 대화를 나누며, 답을 찾기 전에 다시 고민해 보길 바란다. 때로는 기록을 하거나 한두 개의 모래상자를 만들고, 그림을 그리거나 콜라주를 만드는 것도 도움이 된다. 고민을 위해 도움이 된다면 어떤 것이든 시도해 보아라.

철학적 신념에 대한 답을 찾았고, 상담과 놀이치료가 어떻게 사람을 돕는지 답을 찾았다면, 자신과 가장 일치하는 이론을 찾는 다음 단계는 다양한 놀이치료의 이론적 접근이 이러한 각각의 질문에 어떻게 대답하는지 고려하는 것이다. 우리는 아들러학파 놀이치료 전문가다. 다른 접근에 대한 해답을 연구하기 위해 최선을 다했지만, 우리가 찾은 대답이 옳지 않을 수도 있다. 이론을 탐구하는 궁극적인 방법은 각각의 놀이치료 접근이 질문에 어떻게 대답하는지 치료사 스스로 연구하고 이해하는 것이다(여러분이 "질문의 답을 나 혼자 찾아야 한다면, 이 책을 안 샀을 거야."라고 생각하고 있다는 걸 알고 있다. 수업을 위해 구입하는 경우가 아니라면 말이다). 우리의 궁극적인 목표는 여러분의 흥미를 충분히 자극하여 더 연구하고 싶어지도록 만드는 것이다. 그리고 여러분이 완전히 압도당하지 않고 그 선택의 폭을 좁혀, 마음에 와닿은 두세 개의 접근을 깊이 연구할 수 있도록 돕는 것이다. 여러분이 이 여정에서 유리한 출발을 할 수 있도록 접근법에 대한 참고문헌을 부록 A에 수록했다.

아들러학파 놀이치료

아들러학파 놀이치료를 전개할 때, 테리는 (아들러학파 심리학으로 알려진) 개인심리학에 기반을 둔 개념을 사용하였고, 이것을 놀이치료 임상에 결합시켰다. 아들러학파 놀이치료사는 내담자의 사고 · 감정 · 행동 · 상호작용의 패턴을 변화시키기 위한 도구로써, 지시적이고 비지시적인 다양한 기술과 기법을 전략적이고 체계적으로 사용하면서, 아들러학파의 관점에서 내담자를 개념화한다. 이 장에서 우리는

알프레드 아들러(Alfred Adler)의 이론, 현대의 아들러학파 이론, 테리와 크리스틴의
아들러학파 놀이치료에 대한 정보를 제공하고자 한다.

1. **인간의 기본 본성에 대해 어떤 신념을 갖고 있는가? 인간은 본질적으로 선한가(긍정적**
인가, 자기실현적인가 등)? 악한가(부정적인가, 비이성적인가, 유해한가 등)? 또는 중립적인
가? 아니면 이것들이 혼재하는가?

아들러학자는 인간이 기본적으로 긍정적이며, 자기실현적이라고 믿는다(Adler,
1931/1958; Ansbacher & Ansbacher, 1956; Carlson & Englar-Carlson, 2017;
Maniacci, Sackett-Maniacci, & Mosak, 2014). 아들러이론은 인간을 개념화할 때, 상당
히 낙관적으로 접근한다. 아들러학파는 모든 사람이 타인과 관계하는 법을 습득할 수 있는
능력을 가지고 태어나며(아들러이론에서는 이것을 사회적 관심이라고 부른다), 부모, 학교,
사회는 아동이 성장함에 따라 이 관계성의 온전한 발달을 도와야 한다고 믿는다.

2. **성격은 어떻게 형성/구성되는가?**

a. **성격형성에 영향을 미치는 요인은 무엇인가?**

아들러학자는 가족구성원, 학교교직원과 또래들, 이웃과 사회가 아동의 성격형성에 영
향을 미친다고 믿는다. 아동의 초기 발달 경험과 그 경험으로 이루어지는 모든 것은 성격
형성에 영향을 준다(Adler, 1931/1958; Carlson & Englar-Carlson, 2017; Kottman &
Ashby, 2015; Kottman & Meany-Walen, 2016; Maniacci et al., 2014). 가족구도(심
리적 출생 순위)와 가족분위기(가족의 일반적인 정동적 어조)도 아동의 성격발달에 영향
을 준다(Eckstein & Kern, 2009; Kottman & Meany-Walen, 2016).

b. **본성인가, 양육인가?**

아들러학자는 모든 인간이 특정한 지능과 기질을 가지고 태어난다는 점에서 유전적 요
소가 개인의 성격형성에 영향을 미친다는 점은 인정하지만, 본성보다 양육에 더 무게를
두는 경향이 있다(Carlson & Englar-Carlson, 2017; Trippany-Simmons, Buckley,
Meany-Walen, & Rush-Wilson, 2014). 나(테리)는 임상을 하면서 본성과 양육이, 성
격 발달에서 어떤 비율로 영향을 미치는지 주저해 왔다. 대부분의 아들러학자는 양육과
본성의 비율을 60 대 40으로 제시할 것이며, 일부 학자는 70 대 30으로 제시할 것이다.

c. 자유의지인가, 결정론인가?

아들러학자는 모든 것을 자유의지라고 본다. 감정 · 행동 · 성격의 패턴, 태도에 대한 선택은 성격형성과 삶에서 중요한 요소이다. 아들러학파의 치료목표 중 한 가지는 내담자에게 본인이 항상 선택권을 가지고 있다는 인식을 높이는 것이다. 인간은 자기주도적이며, 창의적이라는 생각은 아들러학파 놀이치료의 기본 전제 중 하나이다(Adler, 1931/1958; Carlson & Englar-Carlson, 2017; Kottman & Ashby, 2015; Kottman & Meany-Walen, 2016; Trippany- Simmons et al., 2014).

d. 사고 · 감정 · 행동의 관계는 어떠한가?

아들러학자는 사고 · 감정 · 행동에 선형적이거나, 인과적인 관계가 있다고 보지 않는다. 이 관계는 보다 순환적인 영향력을 가지고 있다. 이것은 세 요소가 서로 영향을 준다는 것을 의미한다. 사고는 감정과 행동에 영향을 미치고, 감정은 사고와 행동에 영향을 미치며, 행동은 감정과 생각에 영향을 미친다. 어떤 사람의 경우 한 요소가 다른 두 요소보다 더 큰 영향력을 가질 수 있겠지만, 이 요소들은 서로 모두 연결되어 있다.

e. 행동의 기본 동기는 무엇인가?

아들러와 아들러학자에 따르면, 행동에는 몇 가지 기본 동기가 있다. 그중 한 가지는 소속감과 유대감을 높이려는 동기이다. 모든 인간은 세상 속에 소속된 장소를 찾고자 하는 욕구를 가지고 태어나며, 가족과 또래 안에서 의미감을 얻는 방법을 찾고자 노력한다. 모든 인간은 어린 시절 자신의 세계에서 연장자나 충분히 발달된 사람만큼 능숙하지 않기 때문에, 자신을 다른 사람보다 미숙한 존재로 지각한다. 인간은 모두 어린 시절 경험에서 비롯된 뿌리칠 수 없는 열등감을 극복하기 위해 고군분투한다(Ansbacher & Ansbacher, 1956; Kottman & Heston, 2012; Mosak & Maniacci, 2010).

f. 성격의 기본 요소는 무엇인가?

성격을 고려할 때, 아들러학자는 내담자의 자산을 고려한다. 즉, 인생과제에 대한 기능: 일, 사랑/가족, 우정, 영성/존재의 의미, 자기(Mosak & Maniacci, 1999), 잘못된 행동목표: 과도한 관심끌기, 권력추구하기, 보복하기, 부적절함 입증하기(Dreikurs & Soltz, 1964), 중요한 Cs: 용기(Courage), 유능감(Capable), 관계(Connect), 가치(Count) (Lew & Bettner, 1998, 2000), 성격 우선순위: 기쁘게 하기, 편안함, 우월감, 통제 (Kfir, 1989, 2011)를 고려한다. 그들은 내담자 개념화와 치료계획의 수립에 이러한 모든 요소를 활용한다(Kottman & Meany-Walen, 2016; Maniacci et al., 2014).

3. 현실지각은 주관적인가, 객관적인가?

아들러학파 이론은 현상학적 관점에 기반을 두고 있는데, 이것은 인간이 경험적 사실보다 사건의 주관적 해석에 기반하여 삶을 선택한다는 생각에서 출발한다(Adler, 1927/1954; Eckstein & Kern, 2009; Manienci et al., 2014). 아들러학자는 현실이 주관적으로 인식 된다고 믿으며, 인간에게는 삶에서 실제 일어난 일보다 그 사건에 대해 만들어 낸 것이 더 중요하다고 믿었다.

4. 치료적 관계의 역할은 무엇인가?

아들러학자는 아동의 성장을 위해 적절한 조건이 갖춰지는 것도 도움이 되지만, 타인(때로 는 치료사나 교사와 같은 전문가, 부모, 조부모, 이웃, 그 외 아동에게 중요한 성인 같이 영 향력 있는 사람)이 제공하는 정보, 지도, 구조화, 통찰, 대안적 관점, 기술교육훈련 등의 적 극적인 개입도 필요하다고 믿는다(Ansbacher & Ansbacher, 1956; Carlson & Englar- Carlson, 2017; Corey, 2017; Kottman & Meany-Walen, 2016; Maniacci et al., 2014). 그 관계는 치료과정에서 따라오는 모든 것, 즉 내담자의 생활양식 찾기, 내담자가 자신의 생활양식 안에서 통찰을 얻도록 돕기, 내담자가 대안과 적절한 행동을 만들도록 재정향/재 교육하기, 기술가르치기(관계기술, 의사소통기술, 자기조절기술, 문제해결기술 등), 기술을 연습할 기회제공하기·등의 토대가 된다. (아들러학파 놀이치료를 포함한) 아들러학파 치료 에서 치료적 관계는 치료사와 내담자가 힘과 책임을 공유하는 협력적 동반 관계이다.

5. 과거에 초점을 두는가, 과거의 맥락에서 현재에 초점을 두는가, 아니면 현재에만 집중 하는가?

아들러학파는 아동기 초기의 상황과 관계에 대한 내담자의 해석을 탐색하는 것이 중요하 다고 믿는다. 아동기 초기에 내담자가 만든 해석이 자신·타인·세상을 바라보는 방법을 알려 주기 때문이다. 아들러학파 놀이치료사는 내담자의 과거를 탐색할 때, 흔히 8세까지 의 기억을 사용한다. 이 기억을 통해 내담자가 자신의 사고·감정·행동 안에서 일어나는 일을 항상 지금-여기에서 이해할 수 있도록 돕는다(Kottman & Meany-Walen, 2016; Maniacci et al., 2014; Watts, 2013).

6. 변화를 만들기 위해 통찰/의식화가 필요한가?

아들러학파 치료에서 통찰얻기는 변화의 핵심 요소 중 하나이다(Carlson & Englar-Carlson, 2017; Eckstein & Kern, 2009; Watts, 2013). 아들러학파 치료/놀이치료 과정에는 심지어 내담자의 통찰을 돕기 위한 자체적인 단계를 가지고 있다. 아들러학자는 더 이상 작동하지 않는 내담자의 패턴을 바꾸도록 돕기 위해, 내담자의 사고 · 감정 · 행동 안에서 패턴을 이해하는 것이 중요하다고 믿는다. 내담자의 생활양식을 변화시키기 위한 수단으로, 치료목표는 내담자가 자신의 문제해결 능력과 관계에 대한 통찰을 얻게 하고, 자신 · 타인 · 세상에 대한 기본적인 신념과 이러한 신념이 어떻게 자신의 행동에 영향을 미치는지 통찰을 얻도록 돕는 것이다. 놀이치료에서 치료사는 내담자의 통찰 정도와 수준이 내담자의 발달수준에 의해 결정된다는 것을 인지하고 있어야 한다(Kottman & Meany-Walen, 2016).

7. 치료의 일차적 초점은 무엇인가?

아들러학자는 관계를 토대로 사람들이 변화된 삶을 살아가도록 돕고자 한다. 아들러학파의 치료과정은 내담자와 관계형성하기, 내담자의 생활양식 탐색하기, 내담자가 생활양식에 대한 통찰을 얻도록 돕기, 사고 · 감정 · 행동의 변화를 일으키도록 돕기의 네 가지 단계로 진행된다. 사고 · 감정 · 행동의 변화는 모두 중요하지만, 변화순서는 내담자의 이슈와 개인내 및 개인간 역동에 따라 다르다(Kottman & Meany-Walen, 2016; Maniacci et al., 2014). 다시 말하지만, "경우에 따라 다르다."

8. 심리적 부적응은 무엇인가?

아들러학자에게 부적응은 낙담한 것이다(Corey, 2017). 낙담한 내담자는 자신 · 타인 · 세상에 대한 자기패배적이고 잘못된 신념이 마치 '사실인 것'처럼 행동한다. 내담자는 열등감에 사로잡혀 스스로 더 나아지려는 노력을 포기하거나, 오만하고 사회적으로 적절하지 못한 방법으로 행동하며 과잉보상한다.

9. 치료목표는 무엇인가?

아들러학파의 일반적인 치료목표는 소속감과 의미감 향상시키기, 내담자가 낙담과 열등감 을 건강하게 다룰 수 있도록 돕기, 내담자가 가지고 있는 자기패배적인 신념 · 태도 ·

행동을 보다 긍정적인 것으로 바꾸도록 돕기, 사람들이 사회와 타인에게 긍정적인 기여를 시작하도록 돕기이다(Carlson & Englar-Carlson, 2017; Corey, 2017; Maniacci et al., 2014). 특정 내담자의 경우, 내담자의 현재 문제와 개인내 및 개인간 어려움과 관련된 기저 역동에 따라 목표가 달라질 것이다(다시 말하지만, "경우에 따라 다르다.").

10. 어떻게 진전을 측정하는가?

아들러학파 치료에서 진전은 치료목표에 따라 달라지며, 내담자가 목표를 성취하기 위해 진전을 경험하고 있는지에 따라 측정된다. 내담자가 가족, 또래집단, 직장/학교에서 보다 긍정적인 방법으로 소속감을 발달시키고 의미감을 얻을 때, 적응적인 방법으로 낙담의 감 정에 대처하고 열등감을 다루고 있음이 나타날 때, 자기패배적인 태도 · 신념 · 행동이 보 다 적응적이고 친사회적인 방향으로 변화하고 있음이 나타날 때, 스스로가 타인보다 미숙 하다는 느낌에서 벗어나 타인과 동등함을 느끼기 시작할 때, 타인과의 관계에서 긍정적인 기여를 시작할 때 치료사는 내담자가 진전을 이루고 있다고 본다. 개인내담자의 경우, 치 료사는 내담자, 부모, 교사와의 작업을 반영하여 진전을 측정한다.

11. 지시적인가, 비지시적인가?

시기와 내담자에 따라 다르게 선택한다. 즉, 경우에 따라 다르다. 치료단계에 따라 아들러 학파 놀이치료사는 보다 지시적일 수도, 덜 지시적일 수도 있다. 또한 내담자의 요구에 최 선으로 부응하기 위해 현재 문제와 내담자의 성격에 따라 회기 내에서 지시적인 수준을 조정할 수도 있다.

a. 놀이치료 안에서 공간을 창조하는가, 또는 구조화된 기법을 사용하는가?

아들러학파 놀이치료사는 치료단계나 특정 내담자의 요구에 따라 비지시적인 상호작 용과 지시적인 개입을 결합한다(Kottman & Meany-Walen, 2016). 치료의 첫 단계 에서 아들러학자는 내담자와 관계형성을 위한 몇 가지 지시적인 기술을 사용할 수 있 으며, 내담자에게 "여기서 어떤 때에는 네가 대장이 될 수도 있고, 어떤 때에는 내가 대장이 될 수도 있어."라고 말한다고 하더라도, 이 단계에서는 보다 비지시적으로 접 근한다. 두 번째 단계에서, 아들러학파 치료사는 내담자의 생활양식을 탐색하기 위해 내담자 관찰과 질문전략을 혼합해서 사용하고, 전략적으로 계획된 활동을 한다. 세 번 째 단계는 내담자의 통찰을 돕기 위해 은유와 메타커뮤니케이션 개입기법을 사용하며 전개한다. 네 번째 단계는 가장 지시적인 단계이다. 치료사는 내담자에게 기술을 가르치고, 내담자의 재정향과 재교육을 돕기 위해 구조화된 활동과 과제를 제공한다. 일부 내담자는 지시적인 기법을 보다 잘 받아들이기 때문에, 아들러학파 놀이치료사 는 내담자의 요구에 따라 지시적인 수준을 조절한다. 이론적 일관성을 위해 아들러학 파 치료사는 엄격한 비지시적 놀이치료를 선택할 수 없음을 유념하는 것이 중요하다. 네 번째 단계의 주요 개입수단인 교육하기는 지시적이지 않고서는 불가능하다.

b. 놀이치료에서 내담자와 함께 놀이하는가?

아들러학파 놀이치료에서 치료사는 아동의 초대가 있는 경우 아동과 함께 놀이하며, 이따금 치료사의 주도로 놀이한다. 놀이를 위해 아동의 초대를 기다리기도 하지만 생 활양식을 탐색하고, 아동의 통찰을 돕고 기술의 교육이나 연습을 위해 특별히 고안된 놀이활동을 제안하고 참여하기도 한다.

12. 부모/교사와 작업하는가?

아들러학파 놀이치료사는 부모와 협력하고, 아동이 학교에서 어려움을 겪는 경우 교사와 협력한다. 아들러학파 놀이치료의 가장 두드러진 특징 중 하나는 아동내담자에게 중요한 성인과의 직접적인 작업에 중점을 둔다는 것이다. 부모/교사자문 과정은 아들러학파 놀이 치료의 기본적이고 필수적인 부분이다. 부모/교사자문은 내담자의 놀이치료와 동일한 과 정을 따른다. 아들러학파 놀이치료사는 필요한 경우 가족놀이치료에서 가족과 작업하고, 학교 아동집단에서 교사와 작업한다.

아동중심 놀이치료(인간중심치료와 이론)

아동중심 놀이치료는 인간중심치료와 인본주의이론을 근간으로 한다(Axline, 1969; Landreth, 2012; Ray, 2011; Rogers, 1961). 우리는 여기서 로저스(Rogers)의 기 본이론, 업적, 역사적인 놀이치료 적용에 대한 정보부터 동시대의 아동중심 놀이치 료 전문가인 버지니아 액슬린(Virginia Axline), 게리 랜드레스(Garry Landreth), 디 레 이(Dee Ray), 라이즈 밴플리트(Rise VanFleet) 등의 적용에 관한 정보까지 제공하고 자 한다. 아동중심 놀이치료는 치료사의 활동이나 직접적인 개입 없이도, 놀이치료에서 확립된 비지시적인 치료적 관계가 내담자의 자기실현 경향성을 활성화시키기 위한 필요충분조건이라는 전제를 기반으로 하고 있다.

1. 인간의 기본 본성에 대해 어떤 신념을 갖고 있는가? 인간은 본질적으로 선한가(긍정적 인가, 자기실현적인가 등)? 악한가(부정적인가, 비이성적인가, 유해한가 등)? 또는 중립적인 가? 아니면 이것들이 혼재하는가?

인간중심이론은 낙관론이다. 인간중심치료사는 인간이 기본적으로 선하게 태어난다고 믿는다. 인간은 본질적으로 긍정적이며, 자기실현 경향성을 가지고 태어난다(Corey, 2017; Raskin, Rogers, & Witty, 2014; Ray, 2011). "로저스는 인간의 기저에는 발달, 개별성 (individuality), 협력 관계를 지향하는 경향성이 있다고 믿었다(Fall, Holden, & Marquis, 2010, p. 174)."

2. 성격은 어떻게 형성/구성되는가?

a. 성격형성에 영향을 미치는 요인은 무엇인가?

인간중심치료에 따르면, 아동은 태어나면서 무엇이 자신에게 유익하고 아닌지를 판단하기 위해 '유기체적 가치화(환경에 대한 감각적이고 본능적인 경험의 인식)'를 사용한다 (Fall et al., 2010; Raskin et al., 2014; Rogers, 1961). 아동은 이러한 유기체적 가치화(organismic valuing)를 토대로 고유의 자기개념(실제적 자기)을 발달시킨다. 시간이 지남에 따라, 아동은 환경 속에서 타인(주양육자)으로부터 피드백을 받고 그 피드백의 의미를 해석한다. 아동은 이 피드백에 대한 지각을 바탕으로, 인정과 사랑을 받을 만한 가치 있는 존재가 되기 위해 어떤 사람이 되어야 하며 어떻게 행동해야 하는지를 고민하고, '가치의 조건(conditions of worth)'을 발달시킨다. 이를 통해 아동은 자신의 유기체적 가치화 과정에 주의를 덜 기울이고, 가치의 조건을 더욱 중요시하게 된다. 모든 가치의 조건이 의식적인 인식 안에 존재하는 것은 아니지만, 그것은 자신의 '이상적 자기', 즉 모든 사람이 지향하는 자기를 구성해 간다.

b. 본성인가, 양육인가?

아동은 자기실현 경향성과 유기체적 가치화의 경향성을 가지고 태어난다. 이는 성격발달의 본성적인 요소이다. 발달의 양육 요소는 부모나 다른 양육자가 아동에게 제공하는 일관적이고 무조건적 긍정적 관심에 의해 주로 결정된다(Fall et al., 2010). 인간중심이론을 연구하면서, 우리는 본성과 양육의 영향이 50 대 50이라고 생각했다(지나칠 정도로 오랜 시간을 토론하여 내린 결론이다).

c. 자유의지인가, 결정론인가?

로저스는 성격형성에 있어 자유의지가 결정론보다 더 중요하다고 믿었다. 그는 인간이 항상 자신의 삶과 삶의 방향에 대해 결정을 내린다고 믿었다. 이 결정은 간혹 가치의 조건 형태로 내사되며 타인의 판단에 영향을 받는데, 이것이 성격형성에서 결정론의 작은 요소가 된다(Corey, 2017). 또한 가치의 조건이 타인과 환경으로부터 입력된 주관적인 해석에 기초한다는 것도 기억해야 한다. 성격발달에서 자유의지와 결정론에 대한 우리의 추정치는 80 대 20이다.

d. 사고 · 감정 · 행동의 관계는 어떠한가?

"아동은 하나의 완전한 인간이다. 아동은 사고하고, 행동하며, 감정을 가지는, 물리적인 존재이다(Sweeney & Landreth, 2009, p. 124)." 인간중심이론에서 사고 · 감정 · 행동 간의 관계는 전혀 주된 초점이 아니다. 펠과 동료들(Fall et al., 2010)에 따르면, 아동은 자신의 욕구와 욕구충족 방법을 개념화할 때 우선 사고한다. 이것은 영아기에 유기체적 가치화를 통해 필터링되고, 시간이 지남에 따라 가치의 조건을 통해 필터링된다. 감정과 행동은 이 과정을 통해 진화한다(이것은 우리에게 약간의 인지적 부조화를 가져오게 했다. 인간중심이론에 기반을 둔 치료는 감정 반영에 초점을 두기 때문에, 우리는 이것에 대해 감정이 사고와 행동을 유발한다는 것을 의미한다고 생각했기 때문이다. 그러나 우리는 이 생각을 뒷받침해 줄 어떤 정보도 찾지 못했다)

e. 행동의 기본 동기는 무엇인가?

로저스(Rogers, 1951)에 따르면, 행동의 동기는 지각된 삶의 장 안에서 경험되는 욕구 충족을 위한 유기체의 시도이다. 개인은 가치의 조건을 충족하기 위한 방법으로 이상적 자기를 지향한다(Raskin et al., 2010; Sweeney & Landreth, 2009).

f. 성격의 기본 요소는 무엇인가?

로저스(Rogers, 1951, 1961)는 성격을 요소로 구분하지 않았지만, 성격과 관련된 요소로 실제적 자기와 이상적 자기의 근본으로부터 형성된 유기체적 가치화와 가치의 조건을 제시했다.

3. 현실지각은 주관적인가, 객관적인가?

로저스에 따르면, 인간은 자신의 유기체적 가치화와 가치의 조건을 통해 현실경험을 걸러 낸다(Raskin et al., 2010; Ray & Landreth, 2015). 개인이 현실을 주관적으로 지각한다는 그의 신념은 매우 확고해서, 그는 심지어 'subjectively(주관적으로)'와 'perceive(지각하다)'의 합성어인 'subceive(주관적으로 지각하다)' 라는 단어를 만들어 냈다. 경험에 대한 내담자의 지각은 내담자의 '실제'이기 때문에, 아동중심 놀이치료사는 필히 내담자의 조망으로 내담자의 세계를 이해하기 위해 노력해야 한다.

4. 치료적 관계의 역할은 무엇인가?

"관계맺기는 곧 치료이다. 관계맺기는 치료나 행동변화를 위한 준비과정이 아니다(Landreth, 2012, p. 82)." 로저스는 치료가 일어나기 위한 여섯 가지의 핵심 조건을 제시했다. 치료사와 내담자는 심리적 접촉 상태에 있다. 내담자는 불일치를 경험하고 있다. 치료사는 관계 안에서 일치한다. 치료사는 내담자에게 무조건적 긍정적 관심을 보여 준다. 치료사는 내담자에게 공감을 보여 주고 전달한다. 내담자는 치료사의 무조건적 긍정적 관심과 공감을 지각한다(D. Ray, personal communication, January 13, 2018; Rogers, 1951). 인간중심이론에 따르면, 만약 내담자가 무조건적 긍정적 관심, 진실성, 공감을 경험한다면 내담자의 자기가치화 경향성은 내담자를 긍정적인 방향으로 성장하도록 이끈다(Fall et al., 2010; Rankin et al., 2014; Ray, 2011; VanFleet, Sywaluk, & Sniscak, 2010). 이 이론에서 여섯 가지 조건은 모두 변화를 일으키기 위한 필요충분조건이다. 진실성, 무조건적 긍정적 관심, 공감적 이해는 흔히 '핵심 조건'으로 언급된다. 다시 말해 아동의 부모, 교사, 조부모, 놀이치료사(또는 아동의 삶에서 의미 있는 타인)가 핵심 조건을 제공한다면, 아동은 긍정적인 방향으로 성장하게 될 것이다. 인간중심 접근에서 변화를 위해 지시적인 개입은 필요하지 않다.

5. 과거에 초점을 두는가, 과거의 맥락에서 현재에 초점을 두는가, 아니면 현재에만 집중하는가?

인간중심치료와 아동중심 놀이치료에서 치료사의 관심은 과거(또는 미래)가 아닌 현재에 있다.

6. 변화를 만들기 위해 통찰/의식화가 필요한가?

인간중심치료와 아동중심 놀이치료에서 의식화는 직접적인 치료목표가 아니다. 로저스는 내담자가 세 가지 핵심 조건을 경험한다면 자기인식이 성장한다고 믿었다. 대부분의 아동중심 놀이치료사에게는 의식화를 위해 특별히 고안된 구조적이고 지시적인 활동이 필요하지 않다(Landreth, 2012; Ray, 2011; VanFleet et al., 2010). 그러나 아마도 내담자가 자신의 패턴을 더 잘 인식하도록 돕기 위해 몇 가지 버전의 '부드러운' 해석을 사용할 수 있다.

7. 치료의 일차적 초점은 무엇인가?

인간중심치료와 아동중심 놀이치료의 일차적 초점은 치료사와 내담자 사이의 관계이다. 아동중심 놀이치료사는, 이미 언급했듯이, 치료의 세 가지 핵심 조건이 제공된다면 내담자의 자기실현 경향성이 활성화될 것이고, 건강하게 기능할 것이라고 믿는다.

8. 심리적 부적응은 무엇인가?

인간중심치료와 아동중심 놀이치료에 따르면, 심리적 부적응은 실제적 자기와 이상적 자기 사이의 불일치이다. 두 자기 사이의 불일치가 심할수록 개인은 적응에 어려움을 겪는다.

9. 치료목표는 무엇인가?

인간중심치료의 가장 중요한 목표는 내담자와 치료사 간에 심리적 접촉이 있는 환경을 조성하는 것이다(Fall et al., 2010). 이 과정을 통해 내담자의 자기실현 경향성이 활성화되고, 내담자는 보다 자기수용적이 되며, 건강하게 기능하게 된다. 랜드레스(Landreth, 2012)는 놀이치료사가 무조건적 긍정적 관심, 공감, 진실성을 전달하며 관계를 발달시킬 때, 내담자는 보다 긍정적 자기개념과 내적 평가소재를 발달시키게 되며, 보다 큰 책임감을 갖게 된다고 제안했다. 또한 내담자는 보다 자기지시적·자기수용적·자립적·자기신뢰적이 되고, 자기주도적인 의사결정을 하게 되며, 자신의 삶에서 보다 큰 통제감을 경험하게 된다고 제안했다.

10. 어떻게 진전을 측정하는가?

인간중심치료와 아동중심 놀이치료의 경우 진전을 측정하기 위해 불안, 혼란, 방어, 자기패배적인 감정의 감소를 확인할 것이다(Fall et al., 2010). 내담자가 보다 긍정적인 자기

개념 · 내적 평가소재 · 책임감을 갖게 되고, 보다 자기지시적, 자기수용적, 자립적, 자기신뢰적이 되며, 자기주도적인 의사결정을 하고, 자신의 삶에서 보다 큰 통제감을 보여 준다면, 그것은 진전의 징후이다. 치료사는 진전을 사정하기 위해 아동행동관찰, 아동의 자기보고, 부모와 교사 및 기타 의미 있는 성인의 보고를 사용할 수 있다.

11. 지시적인가, 비지시적인가?

아동중심 놀이치료는 비지시적이다(Yasenik & Gardner, 2012).

a. 놀이치료에서 공간을 창조하는가, 또는 구조화된 기법을 사용하는가?

아동중심 놀이치료사는 놀이치료에서 구조화되거나 지시적인 기법을 거의 사용하지 않는다.

b. 놀이치료에서 내담자와 함께 놀이하는가?

대부분의 아동중심 놀이치료사는 아동과 적극적으로 놀이하지 않는다. 만약 놀이한다면 상호작용을 시작하고, 놀이를 주도하는 내담자를 신뢰하면서, 내담자를 이끌지 않기 위해 노력할 것이다.

12. 부모/교사와 작업하는가?

랜드레스(Landreth, 2012), 그리고 레이와 렌드레스(Ray & Landreth, 2015)는 놀이치료 과정에서 부모가 중요한 파트너임을 제안했다. 부모는 아동의 삶에서 가장 의미 있는 사람이기 때문에 부모가 놀이치료사에게 수용받고, 이해받으며, 안전하다고 느끼는 것은 필수적이다. 부모를 지지하고, 기술을 교육하며, 지식을 전달하고, 자녀의 진전에 대한 지각을 확인하기 위해 많은 아동중심 놀이치료사는 3~5회기마다 부모자문을 진행한다. 일부 아동중심 놀이치료사는 교사와도 만남을 가진다. 이 접근 방식에서 부모와 함께 작업하는 다른 주요한 방법은 부모놀이치료이다(Guerney, 2013; VanFleet, 2013). 놀이치료사는 부모놀이치료를 통해 부모에게 기본적인 놀이치료 기술을 가르치고, 자녀와 특별한 놀이시간에 기술을 적용하도록 돕는다. 랜드레스와 브래튼(Landreth & Bratton, 2006)은 부모-자녀관계 놀이치료라는 10회기 부모놀이치료 모델을 개발했고, 교사와 함께 사용할 수 있도록 번안하였다. 대부분의 아동중심 놀이치료사가 부모와 교사의 참여가 도움이 된다고 믿지만, 놀이치료가 효과를 발휘하기 위해 반드시 요구된다고 생각하지는 않는다.

인지행동 놀이치료

인지행동 놀이치료는 수잔 크넬(Susan Knell, 1993, 2009)에 의해 개발되었다. 인지행동 놀이치료는 도널드 마이켄바움(Donald Meichenbaum, 1986)과 앨버트 엘리스(Albert Ellis, 2000)에 의해 개척된 인지행동이론과 치료법에 바탕을 두고 있다. 우리는 이 장에서 마이켄바움과 엘리스가 공식화한 기본 이론과 놀이치료 적용의 역사 및 수잔 크넬, 앤젤라 카벳(Angela Cavett)과 같은 동시대 전문가들의 적용에 관한 정보를 제공하고자 한다. 인지행동 놀이치료사는 사고와 행동의 형성 방법과 역기능적인 패턴을 가진 내담자를 변화시키는 방법에 관련된 인지·행동적 심리학파에서 유래된 개입을 사용한다. "인지행동이론에는 근간이 되는 성격이론이 없다(p. 203)."라는 크넬(Knell, 2009)의 언급과 동일한 이유로, 우리 역시 몇 가지 질문에는 답하기 어려웠다. 이 접근은 성격발달보다 정신병리에 초점을 두고 있다.

1. 인간의 기본 본성에 대해 어떤 신념을 갖고 있는가? 인간은 본질적으로 선한가(긍정적인가, 자기실현적인가 등)? 악한가(부정적인가, 비이성적인가, 유해한가 등)? 또는 중립적인가? 아니면 이것들이 혼재하는가?

   인지행동이론에 따르면, 인간은 이성적이거나 비이성적인 잠재력을 가지고 있다(Corey, 2017). 인지행동학자는 인간의 성격에서 사고가 가장 중요한 측면을 구성하고 있다고 믿기 때문에, 이 접근법에 동의하는 치료사 대부분은 인간이 선과 악의 모든 본성을 가지고 있다고 믿는 경향이 있다. 긍정적인 편향성은 개인이 합리적이며 그에 따라 행동할 수 있는 잠재력에 기인하고, 부정적인 편향성은 비이성적인 생각과 부적절한 감정을 드러내며 자기패배적인 방식으로 행동하는 경향에 기인한다(Ellis, 2000; Fall et al., 2010).

2. 성격은 어떻게 형성/구성되는가?

   a. 성격형성에 영향을 미치는 요인은 무엇인가?

   인지행동이론은 사고를 강조하기 때문에, 이 접근에서 성격형성에 영향을 미치는 가장 중요한 요인은 (이성적이든 비이성적이든) 사고패턴의 발달이다(Knell, 2009). 이것은 부모에게서 모델링된 인지패턴에서 시작되지만, 영구화된다.

b. 본성인가, 양육인가?

인지행동 치료사는 인간이 합리적이거나 비합리적일 수 있는 잠재력과 함께 행복, 사랑, 타인과의 소통, 성장의 소인을 가지고 태어난다고 믿는다(Corey, 2017). 그러나 시간이 지남에 따라, 많은 사람들이 비합리적인 '어두운 측면'으로 나아간다. 개인은 아동 초기에 자신의 환경 속에서 부모나 타인으로부터 비합리적인 신념을 배운다. 나이가 들어감에 따라, 초기의 비합리적인 사고가 신념패턴에 통합되어 행동에 영향을 미칠 때까지 개인은 이러한 비합리적인 사고를 반복한다. 만약 우리가 본성과 양육의 비율을 제시해야 한다면 우리는 본성을 20%, 양육을 80%로 추정할 것이다.

c. 자유의지인가, 결정론인가?

인지행동치료에 따르면, 인간은 발생한 사건을 어떻게 해석할 것인지 항상 선택권을 가지며, 이 사건에 대한 개인의 반응을 결정하는 것은 해석이라고 하였다. 엘리스(Ellis, 2000)는 개인이 항상 사고·감정·행동에 대한 선택권을 가지고 있다고 제안했다. 이는 결정론의 여지없이 자유의지가 100%임을 명확하게 주장하는 것이다.

d. 사고·감정·행동의 관계는 어떠한가?

인지행동이론과 다양한 '풍미'의 인지행동 놀이치료사들은 사고·감정·행동 사이에 선형적 인과관계가 있으며, 사고는 감정과 행동을 이끈다고 본다(Knell, 2009).

e. 행동의 기본 동기는 무엇인가?

인지행동 치료사에게 행동의 기본 동기는 생존과 즐거움이다(Fall et al., 2010). 행동은 생존과 즐거움을 극대화하기 위해 설계된 것이다.

f. 성격의 기본 요소는 무엇인가?

인지행동이론에는 성격이론이 없기 때문에, 이 접근의 임상가에게 성격요소는 논의 대상이 아니다.

3. 현실지각은 주관적인가, 객관적인가?

인지행동 치료사에게 현실지각은 항상 주관적이다. 개인은 자신의 지각과 신념에 따라 자신의 경험을 필터링한다. 이 접근법에서 지각과 신념은 실제 경험보다 훨씬 더 중요하다.

4. 치료적 관계의 역할은 무엇인가?

치료적 관계의 역할은 치료사가 실천하는 인지행동치료의 종류에 따라 달라진다. 엘리스

(Ellis, 2000)에 따르면, 인간은 수용되거나 사랑받아야 할 필요성을 가지지 않기 때문에 자신을 돌봐 주거나 긍정적 관심을 전달해 줄 치료사가 필요하지 않다. 번즈(Burns, 1999)와 벡(Beck, 1976)은 따뜻하고, 공감적이며, 진실한 관계가 필요하다고 제안하였다(여러분은 이 세 가지를 핵심조건으로 인식할 것이다. 그러나 인지행동 전문가는 이 요소들이 필요하지만, 충분조건은 아니라고 생각한다). 크넬(Knell, 2009)과 카벳(Cavett, 2015)은 인지행동 놀이치료사가 긍정적 관심, 공감과 진실성을 바탕으로 관계형성을 해야 한다는 것에 동의할 것이다. 그러나 이 관계만으로 변화를 이끌기에는 충분하지 않다.

5. 과거에 초점을 두는가, 과거의 맥락에서 현재에 초점을 두는가, 아니면 현재에만 집중하는가?

인지행동치료와 인지행동 놀이치료에서 초점은 오로지 현재이다. 이 접근법에 동의하는 치료사는 내담자의 과거를 탐색하는 것이 비생산적이라고 생각한다.

6. 변화를 만들기 위해 통찰/의식화가 필요한가?

인지행동치료와 인지행동 놀이치료에서 통찰이란 비합리적인 신념에 대한 인식이 증가하고, 이러한 신념을 보다 합리적인 신념으로 전환하려는 의지가 증가하는 것이다(Corey, 2017). 이 접근에서 변화를 위해 통찰은 절대적으로 필수적인 요소이다.

7. 치료의 일차적 초점은 무엇인가?

성인을 대상으로 하는 인지행동치료에서 일차적인 초점은 내담자가 자신의 사고패턴을 변화시키도록 돕는 것(Corey, 2017; Fall et al., 2010)이기 때문에, 이 질문의 답은 다소 까다롭다. 인지행동 놀이치료의 초점은 사고 · 감정 · 행동뿐만 아니라 환경도 포함한다(Covett, 2015). 인지행동 놀이치료는 문제중심적이고, 목표지향적이다. 목표는 증상/완화와 기능 향상을 위해 사고와 행동을 변화시키는 것이다. 만약 여러분이 인지행동 놀이치료사라면 내담자가 '잠재적인 부적응적 신념을 확인하고 수정(Knell, 1993, p.170)'하도록 돕기 위해 내담자와 놀이하며 작업할 것이다. 그리고 '내담자의 행동변화를 위한 통제, 숙달, 책임의 이슈(Knell, 1993, p.70)'에 관한 행동전략에 놀이를 결합하여 사용할 것이다.

8. 심리적 부적응은 무엇인가?

인지행동 치료사에게 부적응이란 자극에 대해 잘못된 추론이 바탕이 되는 과장되고 부적절한 반응을 지속하는 것이다(Fall et al., 2010). 아동과 작업할 때 인지행동 놀이치료사는 가정과 학교에서 나타나는 부적절한 행동·역기능적인 감정·사고양식을 탐색한다.

9. 치료목표는 무엇인가?

인지행동치료의 치료목표는 내담자의 정서와 행동변화를 이끌도록, 내담자의 사고패턴을 변화시키고, 부정적인 생각을 감소시키며, 비합리적인 사고의 경향을 약화시키도록 돕는 것이다(Knell, 2009). 또한 크넬(Knell, 1999, 2009)은 아동의 행동변화를 위해, 모델링과 같은 행동 기법이 중요하다고 제안하였다. 인지행동치료의 또 다른 목표는 내담자가 자신의 정서를 더 잘 이해하고 조절하는 법을 배우며, 보다 적절한 새로운 행동을 배우고, 합리적인 사고습관을 발달시키도록 돕는 것이다(Covett, 2015). 부모(또는 내담자)와 함께 개별 치료계획을 세울 때 최종 목표는 치료실 밖의 상황이나 타인과의 관계에까지 확대 적용할 수 있는 기술을 익히는 것이다(이것이 가능할 때, 치료사의 임무는 끝나게 된다).

10. 어떻게 진전을 측정하는가?

인지행동 놀이치료사는 내담자의 진전을 판단하기 위해 치료사의 관찰, 부모와 교사의 보고 그리고 (때로는) 공식적인 사정도구를 사용한다.

11. 지시적인가, 비지시적인가?

인지행동 놀이치료는 대체로 지시적이며, 치료사는 내담자가 새로운 방법으로 생각하고, 느끼고, 행동하도록 적극적으로 교육하는 활동을 사용하고, 보다 적응적인 전략으로 문제를 다루도록 연습의 기회를 제공한다.

a. 놀이치료에서 공간을 창조하는가, 또는 구조화된 기법을 사용하는가?

인지행동 놀이치료사는 놀이치료 과정의 일부로 역할극, 모델링, 심상화, 저널링, 이완, 심리교육, 체계적 둔감화, 트라우마 내러티브의 전개, 독서치료와 같은 구조화된 전략을 사용한다(Cavett, 2015; Knell, 2009).

b. 놀이치료에서 내담자와 함께 놀이하는가?

인지행동 놀이치료에서 놀이치료사는 내담자와 치료사 모두의 주도하에, 내담자와 놀이한다. 내담자나 치료사는 경우에 따라 놀이를 지시할 수 있다.

12. 부모/교사와 작업하는가?

부모/교사와 함께 작업하는 것은 일반적인 인지행동 놀이치료의 일부이다(Knell, 2009). 치료사는 치료과정 초기 부모면담을 통해 아동과 아동의 현재 문제, 아동발달, 양육전략에 대한 정보를 얻는다. 치료과정에서 놀이치료사는 부모가 자녀와 상호작용을 수정하도록 돕고, 아동이 놀이치료에서 하는 것(doing)을 강화하기 위해 부모를 지원하며, 아동발달과 현재 문제에 대한 정보를 제공하기 위해 자문회기를 가질 수 있다.

생태학적 놀이치료

생태학적 놀이치료는 케빈 오코너(Kevin O'Connor, 1993, 2000, 2009, 2011, 2016)에 의해 개발되었다. 이 이론은 어떤 한 성격이론에 기반을 둔 것이 아니다. "생태학적 놀이치료는 어떤 한 이론적 모델이 다른 이론보다 우월하다고 가정하지 않는다. 치료사가 이 이론을 일관되게 사용한다면 정신역동이론, 인지행동이론, 가족체계이론, 또는 기타 이론으로부터 효과를 얻을 수 있다(O'Connor, 2011, p. 254)." 이러한 이유로 다음의 질문 중 몇 가지는 대답하기 어려웠다.

1. 인간의 기본 본성에 대해 어떤 신념을 갖고 있는가? 인간은 본질적으로 선한가(긍정적인가, 자기실현적인가 등)? 악한가(부정적인가, 비이성적인가, 유해한가 등)? 또는 중립적인가? 아니면 이것들이 혼재하는가?

생태학적 놀이치료에서 오코너(O'Connor, 2009, 2011)는 기본적으로 인간이 중립적이라고 제안했다. 인간은 상황에 따라 긍정적이거나 부정적인 방향으로 발달할 수 있다.

2. 성격은 어떻게 형성/구성되는가?

a. 성격형성에 영향을 미치는 요인은 무엇인가?

오코너(O'Connor, 2000, 2009, 2011)는 성격에 대해 "개인내 및 개인간 특성, 속성, 인지, 신념, 가치 그리고 그 외의 요소가 합쳐져 고유한 인간을 만든다(O'Connor, 2000)."

고 정의하였다. 그는 아동의 욕구가 일차양육자와의 애착 관계에서 얼마나 충족되었는지 정도와 아동이 살고 있는 세계('생태체계')에서의 경험이 성격발달에 가장 중요한 영향을 미친다고 믿는다. "생태학적 치료사는 아동을 가족, 학교, 또래, 문화, 법, 의료 등을 포함한 일련의 중첩된 환경체계들에 둘러싸인 존재로 본다(O'Connor, 1993)." 이 모든 체계는 개인의 성격발달에 영향을 미칠 수 있다.

b. 본성인가, 양육인가?

생태학적 놀이치료의 신념은 모든 인간이 생존하고, 처벌을 피해야 하는 생물학적 욕구를 가지고 태어난다는 것이다. 초기에 이 신념은 일차양육자에 의해 욕구가 충족되면서 사회화를 거쳐 어린 아동에게 수정된다. 양육자와의 상호작용은 자신에게 반응하는 타인에 대한 아동의 기대를 형성한다. 이후 아동은 자신의 욕구가 타인과의 협력을 통해 충족될 수 있음을 학습한다. 우리는 오코너의 연구(O'Connor, 1993, 2000, 2009)를 바탕으로, 이 접근에 대한 본성과 양육의 비율을 각각 30 대 70으로 추정한다.

c. 자유의지인가, 결정론인가?

생태학적 놀이치료에서 자유의지는 매우 중요하다. 인간은 누구나 자신의 환경에 반응할 선택권이 있다. 인간의 경험과 타인과의 상호작용은 그들의 삶에서 선택과 행로에 영향을 미칠 뿐, 결정적인 것은 아니다.

d. 사고 · 감정 · 행동의 관계는 어떠한가?

생태학적 관점에서 사고는 감정 · 행동 · 대인관계에 영향을 준다. 오코너(O'Connor, 2009)는 감정과 행동에 주의를 기울였지만, 인지기능이 중추 역할을 한다고 보았다. 그는 인지발달의 진전이 다른 영역의 발달을 추진한다고 믿었다. 생태학적 놀이치료사는 가장 먼저 인지과정의 변화를 가져오기 위해 놀이개입을 하고, 내담자의 정서과정과 대인관계과정을 변화시키기 위해 놀이의 치료적 힘을 이용한다(O'Connor, 2011).

e. 행동의 기본 동기는 무엇인가?

생태학적 놀이치료에서 행동의 기본 동기는 욕구를 충족시키고, 처벌과 고통을 피하는 것이다(O'Connor, 2000, 2009, 2011).

f. 성격의 기본 요소는 무엇인가?

오코너(O'Connor, 2000)는 정신분석, 인본주의, 테라플레이, 발달치료, 현실치료 등을 포함한 다양한 성격이론을 그의 '성격이론'에 접목시켰다(Kottman, 2011; O'Connor, 2000). 치료사가 내담자와의 작업에서 어떤 이론을 기반으로 하는지에 따라 이 질문에 대한 답이 달라질 수 있다. 그는 성격의 기본 요소를 설명하기 위해 임상가가 고유의 성격이론을 발전시켜야 한다고 믿기 때문에, 이 질문의 대답은 치료사가 작업의 토대로 어떤 이론을 선택하는가에 따라 달라질 것이다.

3. 현실지각은 주관적인가, 객관적인가?

생태학적 놀이치료는 절대적인 것은 없으며, 모든 지각이 주관적이라는 현상학을 토대로 한다(O'Connor, 2000, 2009, 2011, 2016). 이는 놀이치료사가 놀이치료 과정에서 수집한 모든 정보를 신뢰하고, 내담자가 살고 있는 체계의 맥락에서 타인을 이해하려고 노력해야 한다는 것을 의미한다(다시 말해, 우리는 자신의 세계관을 통해 모든 것을 필터링하며, 어느 누구의 세계관도 다른 사람의 것보다 낮거나 더 정확하지 않다).

4. 치료적 관계의 역할은 무엇인가?

오코너(O'Connor, 2011, 2016)는 내담자가 문제해결에 참여하도록 돕는 도구로 치료적 관계의 중요성을 인정하였으며, 이는 궁극적으로 행동변화를 가져오고, 사회적으로 용인되는 방법으로 욕구 충족을 이끈다고 보았다. 그러나 오코너는 내담자에게 요구되는 변화를 만들기 위해 관계만이 충분조건은 아니라고 생각했다.

생태학적 놀이치료에서는 놀이치료가 시작되기 전에 이미 광범위한 평가과정을 설계하며, 내담자의 조망과 내담자에게 의미 있는 타인의 조망에서 현재 문제를 조사하고, 내담자의 발달사와 가족력에 대한 정보를 수집하며, 삶의 다양한 체계 안에서 내담자의 과거와 현재의 기능을 탐색하고, 내담자의 경험과 기능에 영향을 미치는 사회문화적이고 거시체계적인 영향을 검토한다(Carmichael, 2006; O'Connor & Ammen, 1997). 이 과정은 주양육자 면담(생태학적 놀이치료에서 성인과 작업하는 경우가 드물기는 하지만, 이 경우 주양육자 면담을 생략한다)과 내담자 면담, 가족면담에 의해 촉진되며, 지능·성격·발달·주의력 및 행동에 대한 정보를 수집하도록 고안된 표준화된 검사를 내담자에게 수행함으로써 촉진된다. 또한 치료사는 대인관계에서 내담자의 태도와 기술, 그리고 대인관계 역동의 양상을 측정하기 위해 투사도구를 사용할 수 있다. 치료사는 이 평가과정의 결과를 바탕으로, (존재한다면) 주양육자와 내담자를 만나 구체적이고 명시적인 치료 계약을 맺으면 치료적 관계가 성립된다(O'Connor, 2016). 임상심리사에게만 이러한 평가가 허용되는 상황에서 근무하는 치료사가 생태학적 놀이치료를 하고자 한다면, 임상심리사에게 내담자의 평가를 의뢰하고, 평가서를 읽은 후 관계형성을 시작해야 한다.

5. 과거에 초점을 두는가, 과거의 맥락에서 현재에 초점을 두는가, 아니면 현재에만 집중하는가?

질문 4에서 확인했듯이, 생태학적 놀이치료는 과거와 현재 모두를 중요시하며 과거는 지금-여기에서 기능에 대한 단서를 제공한다.

6. 변화를 만들기 위해 통찰/의식화가 필요한가?

(이 질문에 대한 대답은 "경우에 따라 다르다."이다) 어떤 경우, 생태학적 놀이치료사는 해석과 피드백을 통해 내담자에게 동기와 패턴을 인식 하도록 돕는 것이 중요하다고 믿는다. 자신이 원하지 않을 때도 거절하지 못하는 내담자가 있다면, 그것이 최선의 욕구충족 방법이 아님을 알려 주는 해석과 피드백을 하는 것이 도움이 될 것이다. 또 다른 경우, 생태학적 놀이치료사는 내담자가 동기와 양식에 대해 인식하지 않더라도 개선된 대처기술을 익힌다면 더 좋아질 것이라고 믿는다(O'Connor, 2009). 예를 들어, 자신의 침대 밑에 도깨비가 있다고 두려워하는 내담자가 있다면, 다른 피드백이나 해석 없이 '도깨비 기피제' 한 통을 주는 것이 두려움의 완화에 도움이 될 수 있다.

7. 치료의 일차적 초점은 무엇인가?

생태학적 놀이치료의 주요 초점은 내담자가 욕구를 충족하려는 타인의 능력을 침해하지 않고, 효과적으로 자신의 욕구를 충족하는 능력을 최대화하도록 돕는 것이다.

8. 심리적 부적응은 무엇인가?

(생태학적 놀이치료에 따르면) 심리적 부적응을 가진 내담자는 다음 세 가지 요소 중 한 개 이상의 증상을 나타낸다. ① 타인의 권리를 침해하지 않고 자신의 욕구를 충족할 수 없다. ② 심각한 의료적 처치가 필요한 상태, 발달지연, 정신건강 문제로 고통받는다. ③ 문제가 있는 체계나 대인관계에 둘러싸여 있다(O'Connor, 2011, p. 260).

9. 치료목표는 무엇인가?

생태학적 놀이치료의 가장 중요한 치료목표는 내담자가 타인의 욕구충족 능력을 방해하지 않으면서 자신의 욕구충족 방법을 학습하도록 돕고, 애착관계를 강화하며, 정신병리 증상을 줄이고, 대인관계 문제에 대처하기 위한 자원을 개발하는 것이다. 또 다른 목표는 내담자의 인지 · 정서 · 대인관계 수준을 비교적 동등하게 유지하면서 각 영역의 발달수준을 생활연령에 가능한 가깝게 끌어올리는 것이다(O'Connor, 2011). 인지행동 놀이치료에는 모든 내담자를 위한 인지 · 정서 · 대인관계의 진전과 관련된 특별하고 구체적인 목표가 있으며, 개인내담자의 목표는 초기에 논의한다.

10. 어떻게 진전을 측정하는가?

생태학적 놀이치료에서 내담자의 진전에 대한 측정은 치료목표에서부터 비롯된다. 따라서 내담자의 진전을 측정하는 한 가지 수준은 타인의 욕구충족 능력을 방해하지 않고 내담자 자신의 욕구충족 방법 익히기, 애착관계 개선하기, 정신병리 증상을 줄이고 대인관계 문제의 대처자원 개발하기, 인지 · 정서 · 대인관계 영역에서 기능을 증가시키고 균등화하기 등과 관련된 일반적인 목표를 확인하는 것이다. 다른 수준은 개별 목표를 향한 진전이 있는지 개인내담자와 확인하는 것이다. 생태학적 놀이치료사도 다른 대부분의 놀이치료 임상가들처럼 진전을 측정하기 위한 몇 가지 방법이 있다. 생태학적 놀이치료사 역시 내담자 행동관찰, 내담자 자기보고, 아동내담자에 대한 부모 및 기타 성인의 보고를 참고한다. 치료목표를 설정할 때, 생태학적 놀이치료는 다른 접근보다 내담자를 더 많이 참여시키기 때문에 내담자의 자기보고를 보다 중요하게 고려할 것이다. 만약 내담자가 사전검사를 실시하지 않았다면, 심리측정도구를 사용하여 내담자를 검사하거나 재검사를 의뢰할 것이다.

11. 지시적인가, 비지시적인가?

생태학적 놀이치료는 지시적이며, 치료사 주도적이다. 이 접근은 실제로 테라플레이 이외에 가장 지시적인 놀이치료 접근이다.

a. 놀이치료에서 공간을 창조하는가, 또는 구조화된 기법을 사용하는가?

생태학적 놀이치료사의 놀이치료실은 놀잇감으로 채워져 있지 않으며, 놀이치료실 밖에 놀잇감과 재료를 보관하는 벽장을 둔다. 치료사는 특정 목표를 위해 내담자의 작업에 사용할 재료를 회기가 시작할 때 놀이치료실 안으로 가지고 온다. 각 회기는 내담자의 목표달성을 돕기 위해 특별히 고안된 활동으로 채워지기 때문에 치료사는 모든 활동을 계획한다. 회기가 시작될 때, 그날 함께 할 활동을 설명한다(그리고 때로는 해당 회기에 계획된 활동이 내담자의 목표를 위해 어떻게 도움이 되는지 내담자의 이해도에 따라 적절하게 설명한다).

b. 놀이치료에서 내담자와 함께 놀이하는가?

활동은 치료사-주도적이기 때문에 치료사는 일반적으로 내담자와 함께 참여한다. 이러한 참여는 해당 회기에 계획된 활동에 따라 분명하게 달라지며, 생태학적 놀이치료사는 전반적으로 내담자와 함께 놀이하는 것이 괜찮다고 생각한다.

12. 부모, 교사와 작업하는가?

부모/교사는 아동/청소년의 생태체계에 중요한 영향을 미치기 때문에, 생태학적 놀이치료사는 부모/교사와 작업한다.

게슈탈트 놀이치료

바이올렛 오클랜더(Violet Oaklander, 1992, 1993, 2003, 2011, 2015)는 게슈탈트치료에 대한 프리츠 펄스(Fritz Perls)와 로라 펄스(Laura Perls)의 업적을 바탕으로 게슈탈트 놀이치료를 개발하였다. 오클랜더는 게슈탈트치료를 "인간의 감각 · 신체 · 정서 · 지성(intellect)과 관련이 있는 인본주의적이고 과정지향적인 치료(Oaklander, 1993, p.281)라고 설명했다. 그녀는 내담자가 타인과 구별되는 자기감을 개발할 필요가 있다고 믿었으며, 놀이치료사는 내담자가 어떻게 타인과의 경계를 설정하고, 어떻게 자신만의 고유한 과정을 인지하고 정의하며, 육성할 수 있는지 교육한다.

1. 인간의 기본 본성에 대해 어떤 신념을 갖고 있는가? 인간은 본질적으로 선한가(긍정적인가, 자기실현적인가 등)? 악한가(부정적인가, 비이성적인가, 유해한가 등)? 또는 중립적인가? 아니면 이것들이 혼재하는가?

게슈탈트이론에서 인간은 중립적인 존재이다. 인간은 사고 · 감정 · 행동에 대해 긍정적이거나 부정적인 성향을 갖지 않고 태어난다(Fall et al., 2010).

2. 성격은 어떻게 형성/구성되는가?

a. 성격형성에 영향을 미치는 요인은 무엇인가?

게슈탈트이론에 따르면, 성격형성 요인은 욕구충족과 자기조절을 향한 노력, 개인과 환경 간의 관계, (부모로부터 잘못된 내사를 포함하는) 접촉경계장애(contact boundary disturbances)의 발달, 환경과 자신에 대한 알아차림으로 향하는 움직임이다(Fall et al., 2010; Oaklander, 2015; Perls, 1970).

b. 본성인가, 양육인가?

게슈탈트이론에서 성격은 유전과 환경의 영향이 혼합되어 구성된다고 믿는다. 모든 경험은 성격발달에 기여한다. 각각의 개인은 성격에 관한 독특한 유전적 설계도를 가지는데, 이 설계도는 경험이 지각되고 구별되는 방법을 형성하도록 돕는다(Fall et al., 2010). "새로운 자기감은 아동의 생물학적 성향과 환경 간의 상호작용에 의해 영향을 받는다(Carmichael, 2006, p. 122)." 우리는 본성과 양육의 비율을 각각 40 대 60으로 추정한다.

c. 자유의지인가, 결정론인가?

개인은 자신의 행동과 선택에 책임이 있다(Naranjo, 1970). 이것은 게슈탈트 심리학이 자유의지의 입장을 취한다는 것을 의미한다(Carmichael, 2006; Fall et al., 2010).

d. 사고 · 감정 · 행동의 관계는 어떠한가?

게슈탈트치료에서 강조하는 것은 감각 · 신체 · 정서 · 지성으로 정의되는 전체적(whole) 인간이다(Oaklander, 2015). 이것은 자기의 여러 측면 간에 선형적 관계가 없다는 것을 암시하며, 성격의 한 측면이 다른 측면보다 더 중요한 것은 아니라는 믿음을 이끈다. 대부분의 게슈탈트치료사는 치료와 놀이치료에서 감각 · 신체 · 정서에 초점을 두고, 지성에는 초점을 덜 두는 경향이 있다.

e. 행동의 기본 동기는 무엇인가?

게슈탈트 놀이치료사는 인간행동의 기본 동기에 대해 자신의 욕구를 충족시키면서 삶의 항상성에 도달하는 것이라고 믿는다(Fall et al., 2010; Perls, Hefferline, & Goodman, 1951). 아동은 자신의 기본 욕구를 스스로 충족할 수 없음을 깨닫고, 자신의 생존을 위해 성인에게 의존한다. 거절과 거부를 피하고 자신에게 의미 있는 성인의 인정을 얻기 위해 여러 측면을 제한하고, 억제하고, 차단하는 증상을 발달시킨다(Oaklander, 1993). 많은 경우, 성인의 거절과 거부를 피하고 인정을 얻고자 하는 노력만으로도 행동의 동기에서 많은 부분을 차지한다. 아동기나 청소년기에 이러한 이슈가 다루어지지 않는다면 이것은 성인기까지 연장된다.

f. 성격의 기본 요소는 무엇인가?

게슈탈트는 성격을 구성요소로 구분하지 않았지만 성격을 이해하기 위해 몇 가지 중요한 개념, 즉 유기체적 자기조절(organismic self-regulation, 건강과 욕구충족 사이의 균형), 강한 자기감의 발달(타인과 분리, 타인의 행동이나 감정을 책임지지 않음, 욕구를 인식하고 적절한 공격성을 이용하더라도 욕구를 충족시킬 수 있음), 건강한 접촉경계(건강한 마음, 신체, 지능, 안전감을 가져올 수 있도록 모든 감각이 현재에 관여하고 있을 때), 전체론(holism, 부분의 합보다 강력한 전체로 개인의 모든 측면은 중요하며, 고려하고, 지지할 가치가 있다)을 제시하였다.

3. 현실지각은 주관적인가, 객관적인가?

각 개인은 자신만의 필터를 통해 세상을 지각한다. 게슈탈트치료사의 임무 중 일부는 내담자의 입장이 되어 내담자가 즉각적으로 경험한 것을 이해하고 인식하는 것이다. 치료사는 내담자의 지각을 존중하며, 내담자의 모든 측면을 이해하기 위해 노력한다(Fall et al., 2010).

4. 치료적 관계의 역할은 무엇인가?

게슈탈트치료(게슈탈트 놀이치료)에서 치료적 관계는 치료과정의 중심역할을 한다. 치료사는 내담자와 협력 관계를 확립해야 한다. 두 사람이 만나는 나-너(I-Thou) 관계는 힘과 자격 내에서 동등하며, 모든 자기를 기꺼이 그 관계로 가져올 것이다(Oaklander, 1994, 2003, 2015). 이것은 공경·존중·진실성·일치성의 관계이며, 치료사는 내담자가 위험을 감수하고 새로운 시도(예: 대화, 마음챙김)를 할 수 있도록 격려한다. 이러한 관계는 내담자와 '접촉'을 만들고 유지하려는 치료사의 의지와 능력에 달려 있다. 치료적 관계는 치료과정에서 필요조건이지만, 그 자체만으로 많은 내담자가 최적의 기능을 발휘하고 건강하게 변화하기 위한 충분조건은 아니다.

5. 과거에 초점을 두는가, 과거의 맥락에서 현재에 초점을 두는가, 아니면 현재에만 집중하는가?

게슈탈트치료의 초점은 과거의 맥락 안에서 현재를 이해하는 것이다(Fall et al., 2010; Naranjo, 1970). 과거의 상호작용, 경험, 자기수용은 현재 한 개인의 감정·사고·행동에 영향을 미친다. 치료사는 많은 감정이 과거와 관련이 있다는 것을 인식하면서(때로는 내담자에게 인식하게 하면서) 내담자가 현재의 감정을 다루도록 돕는다. 많은 치료 회기에서 초점은 과거에 대한 언급 없이 현재의 감각과 신체에 집중하는 것이다.

6. 변화를 만들기 위해 통찰/의식화가 필요한가?

게슈탈트치료에서 내담자는 건강한 변화를 위해 과거가 현재에 미치는 영향 뿐 아니라, 현재의 순간에 대한 알아차림을 얻어야 한다(Fall et al., 2010; Oaklander, 1992, 1994, 2003). 게슈탈트치료에서 강조하는 것은 환경, 개인의 과정 및 감정, 욕구, 경계, 자기에 대한 알아차림이다. 게슈탈트 놀이치료사는 놀이치료 기법의 도입을 통해 다양한 경험과 실험을 제시하며, 이를 바탕으로 내담자가 알아차림의 수준을 높이도록 돕는다. 게슈탈트치료에서 알아차림이란 마음과 신체, 정서와 감각을 포함하는 전체성의 경험이다.

7. 치료의 일차적 초점은 무엇인가?

변화를 이끄는 내담자의 능력에 알아차림은 필수적인 요소이기 때문에 치료의 일차적 초점이 된다(Fall et al., 2010; Oaklander, 1992, 1994, 2003). 치료사는 내담자의 주의로 현재의 순간으로 안내하여 내담자가 환경과 자기에 대해 알아차릴 수 있도록 작업한다. 이는 내담자가 자신의 욕구를 적절하게 충족시키는 방법을 배우도록 하고, 내담자가 최선의 긍정적인 방향으로 진전하도록 도울 수 있다. 게슈탈트치료의 많은 회기에서, 초점은 감정과 신체 감각이다. 치료사는 "느낌이 어떤가요?"와 "지금 신체의 어느 부위에서 그것을 느끼나요?" 등을 질문한다. 그 후에 내담자가 그 감정에 대한 의미를 만들고, 수용하는 작업을 하도록 돕거나, 관리할 수 있는 경험으로 가져오도록 돕는다(예: 긴장 풀어내기, 마음의 짐 내려놓기 등).

8. 심리적 부적응은 무엇인가?

많은 경우, 심리적인 부적응은 접촉경계침범(contact boundary violations, 타인과 환경으로부터 자신을 적절하게 구별하는 능력의 부족 및 약한 자기감), 부모나 사회로부터의 잘못된 내사(자신에 대한 부정적인 신념), 또는 자신의 욕구를 충족하지 못하는 무능감을 수반한다(Fall et al., 2010; Oaklander, 1992, 1994, 2003). 일부 청소년과 성인 내담자에게 부적응이란 불안이나 심리적 불편감을 초래하는 '미해결된 과제'로 정의된다.

9. 치료목표는 무엇인가?

게슈탈트치료의 주된 목표는 통합이다. 여기에는 개인의 욕구나 긍정적인 잠재력 충족시키기, 개인의 삶에서 균형과 일치감에 도달하기, 자기조절 배우기, 자기알아차림과 자기수용 수준 높이기, '지금-여기'에 살기, 이전에 수용하지 못했던 자기의 일부 수용하기 등을 포함한다(Fall et al., 2010). "정서장애 아동이 건강한 유기체의 자기조절 능력을 회복하고, 내외적 사건을 알아차리며, 개인의 환경에서 이용 가능한 자원을 통해 자신의 욕구를 충족하도록 돕는 것이 필요하다(Carroll & Oaklander, 1997, p. 188)." 게슈탈트 놀이치료의 목표는 아동이 건강한 자기감을 회복하고, 이전에 거부했던 자기의 일부를 수용하는 방법을 익히며, 자기를 온전히 지원하는 방법을 배우고, 고통과 불편함을 기꺼이 경험하는 능력을 갖게 하는 것이다(Carroll, 2009; Carroll & Oaklander, 1997).

10. 어떻게 진전을 측정하는가?

게슈탈트 놀이치료사는 진전을 측정하기 위해 주로 내담자를 관찰하며, 부모와 교사의 간헐적인 보고를 참고한다. 게슈탈트 놀이치료사는 다음의 요소를 확인한다. ① 과거와 미래에 집중하면서 현재 순간에 대한 집중이 증가한다, ② 욕구충족을 위한 기술이 향상된다, ③ 새로운 것을 기꺼이 실험하고 시도해 보려는 의지가 증가한다, ④ 행동을 책임지려는 의지가 증가한다, ⑤ 내담자의 적절한 공격 에너지, 접촉경계, 자기수용, 자기양육 등의 발달을 암시하는 행동이 나타난다(Carroll, 2009; Carroll & Oaklander, 1997; Oaklander, 1994, 2003).

11. 지시적인가, 비지시적인가?

게슈탈트 놀이치료는 내담자의 욕구 및 치료진전에 따라, (어떤 때에는) 지시적이고, (어떤 때에는) 비지시적이다.

a. 놀이치료에서 공간을 창조하는가, 또는 구조화된 기법을 사용하는가?

안전과 보살핌의 공간을 창조하는 것도 중요하지만, 게슈탈트 놀이치료에서는 스토리 텔링, 음악, 미술, 동작/춤, 사진 등을 통해 치료사가 소개하는 경험과 실험에 초점을 둔다. 게슈탈트 놀이치료에서 지시적인 상호작용과 비지시적인 상호작용의 균형을 이루기 위한 열쇠는 아동을 향한 치료사의 알아차림과 존중이다. 치료사에게 회기 목표와 계획이 있지만, 종종 이것이 아동이나 아동의 행동에 기대감을 갖는다는 의미는 아니며, 치료사는 내담자의 의지를 넘어 압박하지 않도록 노력한다(Oaklander, 1994, 2003, 2011, 2015).

b. 놀이치료에서 내담자와 함께 놀이하는가?

게슈탈트 놀이치료사는 (대개 내담자의 요구에 따라) 내담자와 함께 놀이할 수 있지만, 치료사의 주기능은 특정한 훈련이나 '실험'을 개발하고 도입하는 것이다. 그 후 내담자의 알아차림이 향상되도록 촉진하기 위해, 경험의 전개에 비계를 설정한다. 비계는 결과물(미술이나 모래놀이 활동 등)에 대한 질문이나 실험에 수반되는 모든 과정을 포함한다. 게슈탈트 놀이치료사는 여러 감정을 반영하지만, 내담자가 자신의 경험에 대한 의미를 이해하도록 돕기 위해 '부드러운' 해석 만을 사용한다.

12. 부모/교사와 작업하는가?

게슈탈트 놀이치료사는 기꺼이 부모/교사와 작업한다. 놀이치료사는 아동내담자의 삶에서 의미 있는 성인을 신뢰하며, 아동의 기능과 사회적 지원에 대한 정보를 제공한다. 치료사는 부모/교사에게 교육과 격려를 제공하며, 필요한 경우에는 개인상담을 의뢰하기도 한다(Carroll & Oaklander, 1997).

융학파 놀이치료

융학파 놀이치료는 프로이트와 동시대를 살았던 칼 융(Carl Jung)의 업적을 바탕으로 존 앨런(John Allan, 1988)이 처음 개발하였다. 융학파 놀이치료는 "정신(psyche)에는 자기치유적인 잠재력이 있고, 원형(archetype)은 아동행동의 조직화에 도움이 되며, 놀이, 미술, 연극, 글쓰기의 창의적 과정은 아동을 치유의 방향으로 개입하고 변화시킨다(Carmichael, 2006, p. 90)."는 신념을 토대로 구축되었다. 이론의 근간이 되는 사상이 깊고, 융의 개념 및 용어가 때로는 이해하기 어렵기 때문에, 융의 분석심리치료를 간단하게 설명하는 것은 쉽지 않다. 그럼에도 불구하고, 다음을 이해하는 것은 매우 중요하다.

> 이 접근법은 '치료방식'을 구술한다기보다 모든 아동을 고유한 개인으로서 치료의 세계로 안내한다. 개인은 자신에게 독특하고 의미 있는 방식으로 삶을 살아가며 처리해 간다. 우리는 아동의 치유가 외부 요인의 산물이 아닌, 진실되고 진정한 변화가 되도록 치유의 힘을 일깨우고자 한다. 우리의 목표는 증상의 제거가 아니라, 진정으로 변화된 치유이다. 증상의 감소와 제거는 변화된 치유의 자연스러운 산물이다(Lilly, 2015, p. 49).

이것은 어떤 면에서는 이 책의 전제(많은 양의 목표 지향적인 놀이치료 기술과 기법을 제공하는 것)가 융학파 놀이치료의 핵심 목적에 어긋난다는 것을 의미한다. 융학파 놀이치료의 대상은 모든 연령대의 내담자이기보다 거의 항상 아동내담자이다. 만약 여러분이 놀이치료를 사용하여 성인과 작업하기를 원한다면, 융학파 놀이치료를 이용한 (우리가 생각하기에 너무 멋질 것 같은) 새로운 방법을 개척하지 않는 한, 최선의 접근이 아닐 수도 있다.

1. 인간의 기본 본성에 대해 어떤 신념을 갖고 있는가? 인간은 본질적으로 선한가(긍정적인가, 자기실현적인가 등)? 악한가(부정적인가, 비이성적인가, 유해한가 등)? 또는 중립적인가? 아니면 이것들이 혼재하는가?

융학파 이론에서 인간의 기본 본성은 선함이나 악함이라기보다 중립적인 것으로 간주된다. (성격의 의식과 무의식의 구조로 구성된) 정신은 생존을 위해 발달했고, 이는 개인을 긍정적이고 자기실현적인 행동과 부정적인 행동의 양면으로 이끈다. 자아가 성장하고 발달하는 과정에서 사람들은 어떤 성격특성을 취하고, 어떤 것을 버릴지 선택한다. 이렇게 버려지는 특성은 '그림자', 즉 자기(Self)가 형성될 때, 자기 안으로 속하는 것이 거부된 자아의 특성이 된다(Jung, 1969; Netto, 2011). 또한 융은 인간이 자신의 문제에 대한 모든 답을 가지고 태어난다고 믿었다(Allan, 1988, 1997).

2. 성격은 어떻게 형성/구성되는가?

a. 성격형성에 영향을 미치는 요인은 무엇인가?

융의 분석심리치료에서 성격형성에 영향을 미치는 요인은 다양하다(Allan, 1988, 1997; Green, 2009; Peery, 2003). 이 요인 중 하나는 부모-자녀관계와 부모가 자녀의 욕구를 충족시켜 주는지에 대한 자녀의 지각이다. 어린 아동은 억압, 투사, 환각, '선과 악'의 분열 등과 같은 방어기제를 발달시킨다(Carmichael, 2006). 일상적인 생활 압력(예: 배고픔, 추위, 고통, 피로)은 그 압력에 대한 타인(특히 부모)의 이상적이지 않은 반응과 결합하여 아동의 자아파편화(ego fragmenting)를 일으킬 수 있다. 이러한 파편화(탈통합과 재통합)가 아동과 부모에 의해 다뤄지는 과정은 아동의 애착패턴과 적응 및 부적응의 발달로 이어진다. 성격형성에 영향을 미치는 또 다른 요인 중 하나는 '성격의 기본 구조를 형성하는 보편적 조직 원리(Peery, 2003, p. 23)'인 원형이다. 원형은 문화와 세대에 걸쳐 공유되는 의미인 심상이나 상징이다.

b. 본성인가, 양육인가?

우리는 대부분의 융학자가 성격형성에 있어 본성과 양육의 영향이 동등하다는 생각을 지지할 것이라 믿는다. 집단무의식은 모든 사람이 인류의 경험과 문제를 물려받는다는 것을 의미하기 때문에, 사람들은 정신과 같이 자아와 자기로 이루어진 선천적인 구조를 가지고 태어난다. 그러나 부모-자녀관계는 다른 정신구조로부터 자아분화를 형성한다.

c. 자유의지인가, 결정론인가?

융은 자유의지 및 결정론에 크게 연연하지 않았다. 융의 관점에서 본다면 모든 사람은 자신만의 의식적인 결정을 할 수 있지만, 개인무의식과 집단무의식의 영향을 받는다.

d. 사고 · 감정 · 행동의 관계는 어떠한가?

융학파 이론에서 사고 · 감정 · 행동의 관계는 선형적이지 않다. 감정은 개인의 경험이나 확인된 원형의 결과일 수 있다. 이러한 감정은 자신을 어떻게 생각하는지에 영향을 준다(Douglas, 2008). 행동은 (아동기와 성인기에) 부모나 자기와의 미해결된 투쟁에 대한 반응이다. 사람들이 자기를 보다 많이 인식하고, 균형을 가지며, 수용해 감에 따라 문제행동이나 방어기제의 필요성은 줄어들게 된다(Allan, 1997).

e. 행동의 기본 동기는 무엇인가?

융학파 이론에서 행동의 동기는 대체로 집단무의식(시간과 문화에 걸쳐 진화해 온 원형패턴)이나 개인무의식(억압된 기억과 본능적인 추동)에서 비롯된다(Allan & Levin, 1993). 정신의 주요 추동은 개성화(individuation)이다. "융에게 있어 개인은 끊임없이 진화하는 여정 안에 있다. 이 여정에는 자신의 과거와 미래뿐 아니라, 유전과 환경의 간섭을 받는 집단의 과거와 미래도 포함된다(James, 1997, p. 127)."

f. 성격의 기본 요소는 무엇인가?

융학파 이론에서 정신은 자아, 개인무의식, 집단무의식의 세 부분으로 구성된다. 자아는 "개인 의식의 중심에서 정체성과 연속성을 제공하는 표현의 복합체이다(Punnett, 2016, p. 70)." 자아의 주요 기능은 사고 · 감정 · 감각 · 직관이다. 자아는 스스로 개인의 성격을 형성할 수 없으며, 성격형성의 또 다른 요인은 자아-자기축(ego-Self axis)을 형성하며 자아에 영향을 주는 자기이다(Lilly, 2015). 개인무의식은 억압되거나 잊혀진 기억, 또는 경험의 저장소이고, 집단무의식은 원형, 은유, 심상, 환상, 꿈 등을 통해 드러나는 시간을 초월하는 인류 경험의 저장소이다(Green, 2009; Lilly, 2015; Punnett, 2016).

3. 현실지각은 주관적인가, 객관적인가?

융학자들은 개인이 주관적으로 현실을 지각한다는 생각에 동의하겠지만, 이것이 융학파 이론에서 의미 있는 개념은 아니다.

4. 치료적 관계의 역할은 무엇인가?

융학파 놀이치료에서 치료적 관계는 진실, 신뢰, 동등함을 통해 형성된다. '안전하기 때문에 변화가 일어날 수 있는 신성한 공간(J. P. Lilly, personal communication, February 2010)', 즉 테메노스의 공간을 창조하는 것이 놀이치료사의 역할이다.

5. 과거에 초점을 두는가, 과거의 맥락에서 현재에 초점을 두는가, 아니면 현재에만 집중하는가?

융은 개인의 과거가 미래에 영향을 미칠 수 있지만, 미래에 대한 염원도 개인의 행동방식으로 형성될 수 있다고 믿었다. 치료의 초점은 현재에 있다. "이것은 우리의 매우 강력한 신념이다. 아동이 치료실에 들어오는 순간, 우리의 역할은 아동이 압도적인 재료에 안전하게 참여할 수 있도록 돕는 것이며, 내재된 자기치유력을 활성화하고, 우리가 놀이치료실에서 만들어낸 상징을 통해 자기와 자아가 만나며, 치유과정을 표현하도록 돕는 것이다(Lilly,

2015, p. 55)."

6. 변화를 만들기 위해 통찰/의식화가 필요한가?

융학파 치료에서 치유가 일어나기 위해서는 의식화가 필요하다. 릴리(Lilly, 2015; personal communication, February 2010)에 따르면, 융학파 놀이치료사는 '부드러운 해석'을 사용하여, 인지과정에 대한 피드백을 주고 내담자의 정서를 확인하며, 때로는 놀이재료나 은유의 상징적인 내용을 추측하기도 한다.

7. 치료의 일차적 초점은 무엇인가?

융학파의 분석학적 치료에서 일차적인 초점은 내담자가 자신의 고유한 정체성을 발달시키고, 상실을 수용하고 극복하며, 가족·학교·사회의 요구에 잘 적응하도록 돕는 것이다 (Allan, 1997). 융학파 놀이치료에서는 내담자에게 성격의 재통합이 일어나도록 개성화과정 활성화하기, 자아발달하기, 의식과 무의식 간의 의사소통 개선하기, 유연한 방어기제를 발달시키도록 돕기, 자기치유기제 활성화하기를 강조한다(Green, 2009; Lilly, 2015; Punnett, 2016).

8. 심리적 부적응은 무엇인가?

융학파 이론에서 심리적 부적응은 자아-자기축의 혼란이 개성화과정을 방해할 때 발생한다. 자신을 불안하게 만드는 재료나 경험을 다룰 만한 자아강도가 없는 내담자는 자신을 탈통합으로부터 보호하기 위해 너무 경직되거나 존재하지 않는 방어구조를 사용하면서 재통합에 어려움을 겪는다(Allan, 1988, 1997; Carmichael, 2006; Lilly, 2015). 때때로 부적응은 역할과 아니마(여성성), 아니무스(남성성) 측면의 불균형적인 시너지(개인의 반대성 측면)의 결과로 나타날 수 있다(Carmichael, 2006; Evers-Fahey, 2016).

9. 치료목표는 무엇인가?

융학파 놀이치료에서 치료목표는 ① 아동의 정신 안에 있는 자기치유 잠재력 활성화하기, ② 자아강화하기, ③ 내담자의 창의성과 상상력을 자극하고 발달시키기, ④ 내담자의 상처를 치유하고 초월하기, ⑤ 내담자가 내면세계를 발달시키도록 돕기, ⑥ 내담자가 수행능력과 숙련감을 발달시키도록 촉진하기, ⑦ 내담자가 미래의 문제에 대처할 수 있는 기술을 개발하도록 돕기, ⑧ 내담자가 삶의 복잡성을 이해하고 변화에 개방되도록 돕기이다(Allan, 1997).

10. 어떻게 진전을 측정하는가?

융학파 치료사는 자기실현과 치유를 성취하기 위한 내담자의 진전을 검토한다. 치유가 일어남에 따라, 내담자는 실제 자기(예: 그림자 측면, 아니마/아니무스의 균형)를 드러낼 가능성이 높아지고, 유연한 방어구조를 개발할 가능성이 높아진다. 무의식적인 욕구와 욕망을 인식하는 것은 개인의 의식을 되찾도록 돕고, 개인의 삶에서 중요한 긍정적인 변화를 시작하게 한다(Douglas, 2008).

11. 지시적인가, 비지시적인가?

대부분의 전문가는 융학파 놀이치료가 비지시적이라고 간주하지만, 일부 융학파 놀이치료사는 지시적이다.

a. 놀이치료에서 공간을 창조하는가, 또는 구조화된 기법을 사용하는가?

융학파 놀이치료에서 치료사의 일차적 역할은 테메노스의 공간을 창조하는 것이며, 치료사는 명료화를 위해 질문을 하고 약간의 부드러운 해석을 한다(Allan, 1988, 1997; Green, 2009; Lilly, 2015; Peery, 2003). 치료사는 구조화된 기법을 거의 사용하지 않지만, 만약 사용한다면 모래상자, 미술, 은유적인 스토리텔링을 통해서일 것이다. 융학파 놀이치료사가 구조화된 기법을 사용한다면 활동을 소개하는 방식이며, 그 이상의 활동을 치료사가 안내하거나 지시하지 않는다.

b. 놀이치료에서 내담자와 함께 놀이하는가?

융학파 놀이치료사는 내담자의 초대가 있을 때만 내담자와 놀이한다. 치료사는 참여관찰자로 놀이에 참여하면서 변화에 대한 압력 없이 내담자를 수용한다. 이러한 안전감은 신성하고 안전한 공간인 테메노스의 일부이다(Lilly, 2015; Peery, 2003).

12. 부모/교사와 작업하는가?

융학파 놀이치료사는 부모와 함께 작업한다. 그들은 대체로 3~4회기마다 부모를 만나 양육전략에 관한 지침을 제공하고 아동의 어려움이나 진전에 대한 정보를 수집하며, 부모를 지원하거나 다른 곳으로 상담을 의뢰한다(Peery, 2003). 앨런(Allan, 1997)은 아동이 온전한 개성화를 이루기 위해서는 부모의 투사로부터 자유로워져야 하므로, 융학파 놀이 치료를 받는 아동의 부모는 항상 그들 스스로 융의 분석적 치료 안에 존재해야 한다고 제안했다.

내러티브 놀이치료

내러티브(narrative) 놀이치료에는 상당히 다른 두 가지의 접근법이 있다(Cattanach, 2008; Mills, 2015). 앤 카타나흐(Ann Cattanach, 2006, 2007)는 마이클 화이트(Michael White)의 내러티브 치료 모델을 기반으로 내러티브 놀이치료 접근을 개발하였다. 이 형태의 놀이치료는 삶의 경험을 생생히 묘사하기 위한 수단으로 내담자에게 질문을 한다. 조이스밀스(Joyce Mills, 2015)는 내러티브를 놀이치료의 기반으로 사용하는 별도의 방식인 스토리플레이(StoryPlay)를 개발했다. 스토리플레이에서 치료사는 밀튼 에릭슨(Milton Erickson)의 작업을 토대로 내담자의 증상과 스토리를 모두 '행동 및 정서적 변화'를 일으키는 요소로 사용한다(Mills, 2015, p. 171). 우리는 두 가지 관점에서 철학적이고 실용적인 질문에 대답하려고 한다. 그리고 이 접근 방식은 몇몇 질문에 답을 제공하지 못할 수도 있다. 인간발달과 정신병리에 대한 이 두 관점의 기본 철학은 대체로 유사하지만, 주된 차이점은 놀이치료실에서 내담자와의 상호작용 방법이라고 생각한다.

1. **인간의 기본 본성에 대해 어떤 신념을 갖고 있는가? 인간은 본질적으로 선한가(긍정적인가, 자기실현적인가 등)? 악한가(부정적인가, 비이성적인가, 유해한가 등)? 또는 중립적인가? 아니면 이것들이 혼재하는가?**

   (시작부터 난관이다!) 우리는 내러티브치료 접근에 대한 참고문헌에서 이 질문과 관련된 어떤 정보도 찾지 못했다. 그래서 우리는 인간의 기본 본성에 대한 이슈는 이 접근에서 중요한 구조가 아니라고 가정한다. 카타나흐(Cattanach, 2006)는 "자기는 관계적으로 정의되며, 사람은 자신의 삶과 정체성을 지속적으로 구성한다(p. 80)."고 제안하였다(그러므로 우리는 인간의 본성에 대해, "인간은 선하지도 악하지도 않으며 중립적이다."라고 생각했다).

2. 성격은 어떻게 형성/구성되는가?

a. 성격형성에 영향을 미치는 요인은 무엇인가?

내러티브치료의 두 접근 모두 우리가 태어날 때부터 들었던 스토리(동화, 가족 스토리, 어린이 도서, 역사 스토리, TV 프로그램, 영화 등)가 성격형성에 기여한다고 제안한다(Cattanach, 2006; Mills, 2015; Mills & Crowley, 2014; White, 2007; White & Epston, 1990; Taylor de Faoite, 2011). 우리는 우리가 들었던 스토리의 의미를 시간과 문화의 맥락 속에서 우리의 방식대로 지각한다. 예를 들어, 카밀라(6세 소녀)가 들게 되는 소녀(유능한 소녀, 겁에 질린 소녀, 영리한 소녀, 포기하는 소녀, 끈기 있는 소녀)에 대한 스토리는 소녀 역할에 대한 자신의 지각과 소녀인 자신에 대한 조망에 영향을 미칠 것이다. 카타나흐의 제자였던 에이딘 테일러 드 페오이트(Aideen Taylor de Faoite, 2011)에 따르면, 아동은 놀이하고자 하는 본성을 가지고 태어난다. 개인의 내러티브는 형상화된 놀이(감각을 통한 학습과 놀이), 투사적인 놀이(경험, 소망, 감정, 생각을 대상안으로 투사하는 언어, 상징, 은유 전개하기), 역할놀이(새로운 역할 시도하기, 공주 · 수퍼영웅 · 교사 · 부모 · 선한 사람 · 악당 되기, 순서를 바꿔 역할을 공유하며 사회적 기술 발달시키기)를 통해 자연스러운 발달 과정에서 창작된다. 이 두 접근 모두 문화 · 가족 · 지각 · 해석이 성격발달에 중요한 영향을 미친다고 제안했다.

b. 본성인가, 양육인가?

밀스는 실제로 본성 대 양육에 관해 다루지 않았으나, 스토리가 성격발달에 중추적인 역할을 한다고 믿었기에, 우리는 그녀가 본성보다 양육을 더 중요시했을 것이라고 생각한다. 우리는 테일러 드 페오이트(Taylor de Faoite, 2011)의 내러티브 놀이치료에 대해 본성과 양육의 비율을 30%의 본성(유전적으로 가지게 되는 우울, 불안, 조울장애와 같은 특정 어려움)과 70%의 양육(가족, 환경, 문화 내에서 듣게 되는 스토리와 스토리로부터 개인이 만들어 내는 의미)이라고 해석한다.

c. 자유의지인가, 결정론인가?

자유의지는 내러티브 놀이치료의 두 접근에서 중요한 요소이다. 개인은 다양한 스토리를 선택하고, 스토리 해석을 변경할 수 있으며, 개인이 스토리에서 만드는 의미를 변환할 자유가 있다.

d. 사고 · 감정 · 행동의 관계는 어떠한가?

이 또한 내러티브 놀이치료에서 주요 고려 사항은 아니다. 내러티브 놀이치료의 한 두 가지 접근 모두 이 세 요소들 사이의 선형적이고 인과적인 관계를 제시하지는 않는 것처럼 보이며, 두 접근 모두 개인이 말하고 듣는 스토리의 의미에 집중하며, 주로 사고에 초점을 맞추는 것같다. 감정과 행동은 사고에 비해 부차적인 것으로 보인다. 감정은 개인이 자신을 어떻게 바라보는지에서 비롯되기 때문에 사고에 따라 나타나며, 행동은 자신이 누구인지 사고하는 것에 대한 반응이다(Cattanach, 2006; Mills & Crowley, 2014; Taylor de Faoite, 2011).

e. 행동의 기본 동기는 무엇인가?

내러티브 놀이치료의 두 접근 모두 이 질문에 명확히 답하지는 않는다(우리는 이것이 스토리활동과 관련이 있다고 추측하고 있다).

f. 성격의 기본 요소는 무엇인가?

내러티브 놀이치료는 성격을 구성요소로 구분하지 않기 때문에, 이 질문은 이 접근과는 관련이 없다. 내러티브치료의 두 접근법에 따르면, 자기는 관계와 체계의 맥락에서 사회적으로 구성된다. 성격은 사람들이 스스로 믿거나 말하는 스토리를 통해 발달된다(Mills & Crowley, 2014; Taylor de Faoite, 2011; White, 2000; White & Epston, 1990; Zimmerman & Dickerson, 1996).

3. 현실지각은 주관적인가, 객관적인가?

밀스(Mills, 2015)와 카타나흐(Cattanach, 2006)는 모두 현실에 대해 사회적 구성주의의 관점을 취하였다. 비록 감각을 통해 객관적인 세계가 지각될 수도 있지만, 우리는 계속적으로 존재의 의미를 만들기 위해 시도하며, 지속적으로 경험을 해석한다.

4. 치료적 관계의 역할은 무엇인가?

내러티브 놀이치료의 두 접근법에서, 치료사는 내담자가 자유롭게 감정을 표현하고 타인과 함께 스토리를 만들 수 있도록 판단으로부터 자유롭고 안전한 공간을 만들기 위해 노력한다(Cattanach, 2006; Mills, 2015; Mills & Crowley, 2014; Taylor de Faoite, 2011). 놀이치료사는 호기심을 갖지만 알지 못함(not-knowing)의 자세를 취하고, 스토리를 말하고 들으며, 내담자의 스토리를 변환하기 위해 고안된 활동을 제안한다.

5. 과거에 초점을 두는가, 과거의 맥락에서 현재에 초점을 두는가, 아니면 현재에만 집중하는가?

내러티브 놀이치료사는 내담자의 과거 스토리에도 기꺼이 귀를 기울이지만, 회기의 초점은 현재에 있다. 밀스(Mills, 2015)가 강조했듯이 그녀는 "과거나 정신병리의 분석에 초점을 두지 않고 현재에 집중하며, 긍정적인 변화를 촉진하기 위해 숨겨진 잠재력과 내적 자원에 주의를 기울인다."는 전통적인 에릭슨학파의 치료원칙을 따르며 현재에 집중한다(p. 173). 카타나흐는 치료사가 내담자에게 어떤 방향이 더 적합한지 파악하기 위해 회기에서 구성되고 있는 새로운 스토리를 과거의 스토리와 비교해 보도록 요청할 수 있다고 제안했지만, 그녀는 분명히 과거 속에 머물러 있지 않는다.

6. 변화를 만들기 위해 통찰/의식화가 필요한가?

내러티브 놀이치료에서 인식과 통찰의 증가가 일부 내담자에게 도움이 될 수 있지만, 의식 안에서 일어나는 어떤 변환이 지시적이나 해석적인 방법이기보다 대부분 스토리, 은유적인 미술, 모래상자, 동작을 통해 전달된다.

7. 치료의 일차적 초점은 무엇인가?

내러티브 놀이치료에서 내담자는 '문제중심' 스토리를 갖고 치료에 참여하는데, 치료사의 일차적 관심은 내담자가 자신과 문제를 분리하도록 돕는 것이다. 내러티브 놀이치료의 모든 접근에서 내담자는 놀잇감, 소품, 감각재료 등의 다양한 선택을 통해 내러티브를 창작하도록 초대된다. 치료사와 내담자는 치료활동, 대화, 관계를 통해 내러티브를 공동으로 구성한다(Cattanach, 2006; Mills, 2015). 또한 놀이치료사는 자신의 내러티브 테마를 반복하는 내담자를 위해 스토리를 만들거나 각색할 수 있다.

8. 심리적 부적응은 무엇인가?

내러티브치료는 심리적 부적응에 초점을 두지 않지만, 문화적 역동과 개인내 및 개인간 역동이 문제로 가득한 스토리나 내담자를 문제로 여기는 스토리의 전개에 기여한다. 많은 경우, 내담자의 어려움은 자신을 능력 있고, 유능하며, 가치 있는 존재로 여기는 스토리를 전개할 기회, 능력, 승인이 부족했기 때문이다(Cattanach, 2006; Mills, 2015; Taylor de Faoite, 2011; White, 2000; White & Epston, 1990; Zimmerman & Dickerson, 1996).

9. 치료목표는 무엇인가?

내러티브 놀이치료의 두 가지 목표는 내담자를 문제로부터 분리하고, 치료과정에서 내담자가 자신의 스토리를 변형하도록 돕는 것이다. 상황에 따라 새로운 스토리를 만드는 것이 목표가 되기도 하고, 내담자의 현재 스토리를 보다 건강하고 강력한 수정된 스토리로 대체하는 것이 목표가 되기도 한다. 이를 위한 한 가지 방법은 문제의 표면화(Cattanach, 2006; Taylor de Faoite, 2011)이며, 또 다른 방법은 내담자를 자신의 내적 자원, 숨겨진 잠재력, 문화를 초월하는 지혜와 치유의 철학, 자연세계, 고유의 창의성과 연결하는 것이다(Mills, 2015).

10. 어떻게 진전을 측정하는가?

진전은 내담자의 스토리를 듣고, 회기에서 놀이치료사가 전하는 스토리에 대한 내담자의 반응을 관찰함으로써 측정된다. 긍정적이거나 합리적인 스토리의 증가, 초기의 부정적인 결말 보다 긍정적이거나 대안적인 결말, 내담자가 자신을 문제로부터 성공적으로 분리했음을 드러내는 스토리는 내러티브 놀이치료에서 진전을 나타내는 징후들이다(Mills & Crowley, 2014; Taylor de Faoite, 2011).

11. 지시적인가, 비지시적인가?

치료사, 내담자, 현재 문제, 놀이치료의 전개 과정에 따라 치료사는 지시적일 수도 있고, 비지시적일 수도 있다.

a. 놀이치료에서 공간을 창조하는가, 또는 구조화된 기법을 사용하는가?

내러티브 놀이치료의 두 접근 방식에서 치료과정의 첫 걸음은 치료사가 판단으로부터 자유롭고 안전한 공간을 창조하는 것이라고 믿지만, 두 접근 모두 이것만으로 충분하다고 생각하지 않는다. 내러티브 놀이치료사는 내담자가 다양한 치료적 상호작용을 연출하도록 허용한다. 카타나흐의 놀이치료에서, 치료사는 호기심 많고 진실한 입장을 취하며 내담자가 자신의 내러티브를 전개하고 대안적인 결말을 탐색하도록 돕기 위해 고안된 질문을 하며 스토리를 인도한다(Cattanach, 2006). 치료사는 내담자에게 치료사와 공동의 스토리를 만들도록 요청하기도 하고, 치료사의 스토리를 창작하여 내담자에게 들려 주기도 한다. 치료사는 내담자의 스토리를 녹음하는 역할을 할 수도 있다. 전통적인 카타나흐학파 놀이치료사는 내담자가 스토리를 구체화하도록 돕기 위해 감각적인 재료를 사용하고, 작은 피규어와 퍼펫을 제공하면서 스토리가 있는 역할놀이와 극놀이를 장려한다. 밀스(Mills, 2015; Mills & Crowley, 2014)에 따르면, 스토리플레이 임상가는 질문 전략을 피하고, 대신에 "스토리텔링, 놀이, 예술적 은유, 스토리크래프트(storycraft) 그리고 치유적인 의식과 은유를 포함하는 다양한 강점기반(strength-based) 내러티브 창작을 위해 고안된 은유적 전략에 의존한다(p. 178)."

b. 놀이치료에서 내담자와 함께 놀이하는가?

내러티브 놀이치료에서 내담자와 함께 놀이하는 주된 형태는 함께 스토리를 창작하는 것이다. 그 외의 경우 대부분, 치료사는 놀이의 적극적인 참여자보다 내담자의 스토리와 놀이의 목격자 역할을 한다.

12. 부모/교사와 작업하는가?

대부분의 내러티브 놀이치료사는 아동에 대한 정보와 아동이 들어왔던 스토리에 대한 정보를 얻기 위해 아동내담자의 부모/교사와 자문회기를 갖는다(Mills & Crowley, 2014; Taylor de Faoite, 2011). 이를 통해 놀이치료사는 아동의 내러티브를 더 잘 이해하고, 의미를 만들 수 있다. 놀이치료사는 때때로 부모가 자녀와 함께 대안적인 스토리를 탐색할 수 있도록 교육하기 위해 자문회기에 초대한다. 종결이 가까워지면 부모는 아동이 새로운 스토리를 시도하도록 돕고, 아동의 변화를 위한 안전한 공간을 창조하며, 아동이 동일한 스토리/존재 방식에 갇히지 않도록 돕기 위해 격려받는다. 필요한 경우 부모는 개인상담에 의뢰되기도 한다.

정신역동 놀이치료

정신역동 놀이치료를 기술할 때 어려운 점 중 한 가지는 매우 다양한 '풍미'의 정신역동이론과 치료가 존재한다는 것이다. 성격이론과 치료에 대한 정신역동적 접근이 지그문트 프로이트(Sigmund Freud)에 의해 설립되었다는 것은 대부분의 사람들이 알고 있다. 프로이트나 그의 제자와 함께 연구를 했던 치료사들[예: 안나 프로이트(Anna Freud), 헤르민 허그-헬무스(Hermine Hug-Hellmuth), 멜라니 클라인(Melanie Klein), 마가렛 로웬펠트(Margaret Lowenfeld)]은 프로이트의 사상을 확장했

고, 아동내담자와 실제로 함께 작업했다(Punnett, 2016). 정신역동 놀이치료의 많은
과정은 비지시적이지만(예: 치료사는 지시적인 활동을 거의 시작하지 않음), 정신역동
놀이치료사는 행동과 동기의 기저에 있는 무의식적 과정을 공유하기 위해 해석을
사용하기 전에, 확고한 관계형성을 맺으면서 내담자의 놀이와 언어의 기저 의미를
지속적으로 분석한다.

1. 인간의 기본 본성에 대해 어떤 신념을 갖고 있는가? 인간은 본질적으로 선한가(긍정적
   인가, 자기실현적인가 등)? 악한가(부정적인가, 비이성적인가, 유해한가 등)? 또는 중립적인
   가? 아니면 이것들이 혼재하는가?

   대부분의 정신역동 이론가는 인간이 악하게 태어난다고 믿는다. 이 이론에 따르면, 인간은
   타고난 생물학적 욕구인 죽음의 추동과 삶의 추동을 충족하기 위해 이기적으로 노력한다
   (Fall et al., 2010; Freud, 1949). 죽음의 추동은 인간의 공격성과 파괴성을 지향하는 경향
   성이 있으며, 삶의 추동은 (종종 성적쾌락을 통한) 쾌락추구와 고통의 회피로 구성된다(Fall
   et al., 2010; Mordock, 2015; Punnett, 2016).

2. 성격은 어떻게 형성/구성되는가?

   a. 성격형성에 영향을 미치는 요인은 무엇인가?

   정신역동이론을 적용할 때 대부분의 이론에서 인간은 구강기, 항문기, 남근기, 잠복
   기, 생식기의 복합적인 심리성적 단계를 거친다(Cangelosi, 1993; Fall et al., 2010;
   Punnett, 2016). 구강기는 출생 이후부터 2세 전후까지이며, 이 단계의 발달과업은 생
   존과 애착형성에 중점을 둔다. 항문기는 2세부터 (대략) 4세이며, 과업은 신체적 통제감
   의 발달과 자율성의 시작이다. 남근기는 약 4세부터 6세이며, 정신에너지는 생식기 부
   위에 집중된다. 이 단계 동안 아동은 이성 부모를 '소유'하고 싶은 소망으로 구성된 오이
   디푸스/엘렉트라 콤플렉스를 해결해야 한다. 아동은 이 단계를 성공적으로 통과하기 위
   해 동성 부모와 동일시를 시작하고, 이성 부모에 대한 소유욕을 포기해야 한다. 오이디
   푸스/엘렉트라 콤플렉스의 해결에서부터 청소년기까지 이어지는 잠복기 동안 아동은 휴
   식기를 가지며, 그 시점까지 일어난 모든 일을 통합한 뒤, 인생의 나머지 단계인 생식기
   로 이동한다. 이 마지막 단계의 발달과업은 성인의 성적 관계 구축이다. 개인이 단계를
   이동하고, 서로 다른 시기의 갈등에 직면하면서 성격이 발달된다. '어떻게' 이 단계를 충

족했는지가 성격발달에 영향을 미치며, 만족스럽게 해결되지 않은 단계에서 고착된다(Cangelosi, 1993; Fall et al., 2010; Freud, 1949; Mordock, 2015; Punnett, 2016).

b. 본성인가, 양육인가?

정신역동이론은 인간이 성적 만족과 공격성을 향한 내적 추동에 의해 형성되기 때문에 대부분의 정신역동 이론가들은 본성이 성격형성에 더 강력하다고 믿는다. 그러나 이 이론은 아동기의 경험과 심리성적 단계의 이동이 성격형성에 영향을 미친다는 점을 지지한다. 우리는 대부분의 정신역동 놀이치료사들이 본성과 양육의 비율을 70 대 30으로 추정할 것이라고 생각한다.

c. 자유의지인가, 결정론인가?

생물학적 추동/아동기 경험이 현재 행동에 미치는 영향과 이들의 직접적인 인과관계를 받아들이기 때문에, 정신역동이론은 선택의 여지 없이, 결정론적인 것으로 간주된다(Fall et al., 2010; Safran & Kriss, 2014).

d. 사고 · 감정 · 행동의 관계는 어떠한가?

이 질문은 실제로 정신역동이론에는 적용되지 않는다. 인간의 행동은 무의식적인 충동에서 비롯되며, 인간은 왜 자신이 특정한 방식으로 행동하는지를 이해하기 전에 행동한다. 역기능적인 행동을 인식한 후에, 그 행동을 이끌어 낸 무의식을 분석하고 이슈를 해결하기 위한 치료가 이루어진다. 사고 · 감정 · 행동은 강조하지 않았다. 변화를 돕는 치료의 초점은 내담자의 무의식적인 동기를 의식화하고, 내담자가 본능적 추동에 대한 통제력을 가지도록 돕는 것이다(Fall et al., 2010; Punnett, 2016).

e. 행동의 기본 동기는 무엇인가?

정신역동이론에 따르면, 모든 행동은 원초아에서 기인한 두 가지 본능적 추동인 에로스(Eros)와 타나토스(Thanatos)에서 비롯된다. 에로스는 성적 추동이며 삶의 본능인 반면, 타나토스는 공격적 추동이며 죽음의 본능이다. 따라서 행동의 기본 동기는 쾌락을 높이고, 고통을 피하는 것이다. 이러한 추동은 원초아에 근간을 두기 때문에, 정신역동이론은 행동이 무의식에서 비롯된다고 제시한다(Carmichael, 2006; Fall et al., 2010; Freud, 1949; Safran & Kriss, 2014).

f. 성격의 기본 요소는 무엇인가?

정신역동이론에서 성격의 세 가지 기본 요소는 원초아, 자아, 초자아이다. 태어날 때부터 존재하는 유일한 요소인 원초아는 인간의 본능적 추동, 특히 성적 · 공격적 추동의 원

천이다. 쾌락원리인 원초아는 고통을 피하고 쾌락을 극대화하려는 본능에 따라 행동하도록 사람들을 움직인다. 자아는 방어, 지각, 인지·행동, 집행기능을 포함하는 성격의 구성요소이다. 자아는 세계감을 만드는 성격의 일부이며, 원초아의 어떤 욕구와 욕망이 최소한의 부정적인 영향만을 남기고 충족될 수 있는지 현실적인 평가를 한다. 초자아는 사회가 정한 규칙의 내면화로, 일반적으로 부모와 가족에 의해 자녀에게 교육되고, 이후 학교에 의해 강화된다. 초자아는 옳고 그름을 다루는 성격의 구성요소, 즉 양심의 자리이다(Corey, 2017; Fall et al., 2010; Freud, 1949).

3. 현실지각은 주관적인가, 객관적인가?

정신역동이론에 따르면, 현실지각의 상당 부분이 비의식적이기 때문에 현실은 주관적으로 지각된다. 그러나 이것이 이 이론의 중요한 측면은 아니다.

4. 치료적 관계의 역할은 무엇인가?

정신역동 치료사는 안내와 해석을 책임지는 참여-관찰자이다. 안나 프로이트를 시작으로, 아동과 함께 작업했던 정신역동 치료사들은 치료동맹을 맺기 위해 놀이를 사용했고, 이후 놀이에서 아동이 통찰을 얻도록 언어적인 상호작용을 시도한다(McCalla, 1994). 치료적 관계는 내담자를 자신의 무의식에 접근하도록 하고, 무의식을 표현할 수 있는 불안으로부터 자유로운 공간을 창조하기 위해 필수적이라고 여겨진다. 그러나 내담자의 전이를 위해 치료사가 자기개방을 피하는 것도 중요하다(Carmichael, 2006; Cangelosi, 1993). 치료사는 공감, 직관, 자기성찰의 세 가지 특성을 반드시 발휘해야 한다(Fall et al., 2010).

5. 과거에 초점을 두는가, 과거의 맥락에서 현재에 초점을 두는가, 아니면 현재에만 집중하는가?

정신역동이론의 초점은 과거에 있다. 성인의 감정과 행동은 모두 아동기의 경험에 근간을 두고 있다(Fall et al., 2010).

6. 변화를 만들기 위해 통찰/의식화가 필요한가?

통찰은 정신역동이론에서 매우 중요하다(Fall et al., 2010; Safran & Kriss, 2014). 치료사는 내담자의 통찰과 의식화를 돕기 위해 일반적으로 언어화를 사용한다. 아동과의 작업에서 놀이는 관계형성과 내담자의 자기표현을 돕는 도구이다. 놀이치료사는 통찰을 위해 놀이를 해석하고, 언어화한 해석을 내담자에게 다시 돌려준다(McCalla, 1994; Mordock, 2015). 성인과의 작업에서 치료사는 꿈분석과 자유연상(대화, 놀이, 예술 등)을 사용하여, 치료사가 내담자의 이슈와 내적 갈등을 이해하고 해석하도록 돕는다(Fall et al., 2010).

7. 치료의 일차적 초점은 무엇인가?

성인 내담자의 치료에서 일차적 초점은 '방해와 중단 없이 의식의 흐름을 보고하는' 자유연상에 있다(Fall et al., 2004, p. 55). 아동상담에서 놀이는 자유연상이고, 놀이치료사의 과업은 아동내담자에게 놀이를 해석해 주는 것이다(McCalla, 1994). 머독(Mordock, 2015)은 정신역동 놀이치료사가 오로지 해석에만 의지하기보다 아동이 "억눌린 감정을 표현하고 불안에 대항하기위해 보다 성숙한 방어기제를 사용하는 더 나은 방법을 찾도록 도움으로써 적응기술을 향상시키도록 작업한다(p. 75)."고 주장했다. 정신역동이론에서는 내적 갈등의 해결을 강조하기 때문에, '치료사는 자아에게 발달적인 지원을 하고, 자아를 강화하며, 아동이 발달적인 재구성을 성취하도록 돕고, 갈등과 방어를 해소하게 하며, 자기출현의 길을 만들도록 돕는 위치에 있다(Punnett, 2016, p. 76).'

8. 심리적 부적응은 무엇인가?

"자아가 원초아, 초자아, 외부현실의 요구를 관리하는 과업을 수행하지 못한다(Fall et al., 2004, p. 53)." 정신역동이론에 따르면, 성격의 다른 구조들이 끊임없이 갈등 속에 있을 때 불안과 부적응이 초래된다. 심리적 부적응의 또 다른 원인은 특정 심리성적 단계의 고착, 오이디푸스/엘렉트라 콤플렉스의 미해결과 방어기제의 오남용이다.

9. 치료목표는 무엇인가?

정신역동치료의 일차적 목표는 통찰이다. 내담자는 성격변화를 위해 자기패배적인 행동과 고통스러운 감정의 기저가 되는 무의식적인 내적 갈등을 인식해야 한다(McCalla, 1994; Fall et al., 2010). 내담자가 미성숙한 방어기제의 오남용을 포기하고 보다 성숙한 방어기제로 이동하는 것도 도움이 된다(Mordock, 2015).

10. 어떻게 진전을 측정하는가?

정신역동 놀이치료의 진전은 놀이 관찰과 양육자 보고를 통해 측정된다. 존재하던 문제들
이 더 이상 문제로 보이지 않을 때, 아동내담자가 적절히 공격적이고 의존적이며 적응 능
력을 형성할 때, 불안에 대처할 수 있을 때 그리고 성숙한 방어기제를 사용하고 있을 때
치료가 효과적이라고 본다(Carmichael, 2006; Fall et al., 2010; Mordock, 2015).

11. 지시적인가, 비지시적인가?

정신역동 놀이치료는 어떤 때는 지시적이고, 어떤 때는 비지시적이다(McCalla, 1994;
Mordock, 2015; Punnett, 2016). 정신역동 놀이치료는 지시적인 특정 개입, 해석, 직면,
질문 등을 허용하고, 비지시적인 놀이를 통한 발견을 중요시한다. 해석은 보통 놀이하는
아동에게 상징적인 은유로 시도한다.

a. 놀이치료에서 공간을 창조하는가, 또는 구조화된 기법을 사용하는가?

정신역동 놀이치료사는 내담자가 자유롭게 자신을 표현할 수 있도록 불안으로부터 자
유로운 공간을 창조한다. 놀이치료사는 특정 역동에 대한 정보를 수집하고, 내담자가
통찰력을 얻도록 도우며, 기존의 방어기제를 변화시키도록 지원하기 위해 지시적인 기
법을 도입할 것이다(McCalla, 1994; Mordock, 2015; Punnett, 2016).

b. 놀이치료에서 내담자와 함께 놀이하는가?

전이의 우려로, 정신역동 놀이치료사는 내담자와 적극적으로 놀이할 것인지에 상당한
분별력을 가진다. 정신역동 놀이치료사는 가끔 아동과 '함께' 놀이하겠지만, 일차적인
역할은 '참여-관찰자'다. 만약 놀이치료사가 내담자와 놀이하기를 선택했다면, 그 목적
은 대체로 정보를 얻거나 은유를 통해 해석을 전달하기 위해서다.

12. 부모/교사와 작업하는가?

정신역동 놀이치료의 이상적인 치료 횟수는 일주일에 2~3회이며, 정신역동 놀이치료사
는 적어도 일주일에 한 번 부모자문을 실시한다(Lee, 2019). 정신역동 놀이치료사는 부모
가 아동의 내적 갈등을 더 잘 이해하고, 아동에게 미치는 영향을 보다 명확히 파악하도록
돕기 위해, 일반적으로 가족 내 정서 균형에 영향을 미치는 이슈와 아동과 관련된 이슈에
관해 부모와 작업한다(Carmichael, 2006). 정신역동 놀이치료사는 아동의 발달과정이나
성격형성에 교사가 부모만큼 중요하다거나, 영향력이 있다고 생각하지 않기 때문에 교사

와는 작업하지 않는다.

테라플레이

테라플레이(Theraplay)는 앤 전버그(Ann Jernberg, 1979)에 의해 개발되었다. 그녀
는 일리노이주 시카고에서 수백 명의 헤드스타트 아동과 작업하였는데, 이들 중 상
당수가 부모와 애착형성에 결손을 가지고 있음을 발견하였다. 그녀는 어스틴 데스
로리어스(Austin Des Lauriers, 1962)와 비올라 브로디(Viola Brody, 1978, 1993)의 작
업을 적용해, 부모와 자녀가 함께 작업하며 부모-자녀 애착을 형성하고 강화하는,
구조화된 접근법인 테라플레이를 개발하였다. 테라플레이는 애착이론에 근거한 놀
이치료 접근법으로, 부모와 자녀 사이의 건강한 상호작용을 촉진하도록 고안되었
다. 전버그는 테라플레이가 놀이치료의 집중적이고 간결한 형태가 되도록 의도하
였다. 테라플레이는 부모-자녀 간의 건강하고 상호 조율적인 관계를 기초로 하는
놀이로 가득하고, 참여적이며, 관계중심적인 치료모델이다(Bundy-Myrow & Booth,
2009).

테라플레이는 가족과의 작업을 위해 특별히 고안되었고, 특정 성격심리이론을
근거로 하지 않기 때문에, 우리의 몇 가지 질문은 이 접근법에서 다루고 있지 않았
다. 테라플레이에 해당되지 않는 질문은 각 문항에서 언급할 것이다.

1. **인간의 기본 본성에 대해 어떤 신념을 갖고 있는가? 인간은 본질적으로 선한가(긍정적**
   인가, 자기실현적인가 등)? 악한가(부정적인가, 비이성적인가, 유해한가 등)? 또는 중립적인
   가? 아니면 이것들이 혼재하는가?
   테라플레이는 인간의 기본 본성에 대한 입장을 취하지 않는다. 전버그는 부모가 자녀와 애
   착형성에 어려움을 겪고 있을 때, 부모를 비난하거나 판단하지 말아야 한다고 강조했다. 부
   모는 주어진 삶의 환경에서 자신이 할 수 있는 최선을 다하고 있기 때문이다(Jernberg,
   1979; Jernberg & Jernberg, 1993).

2. 성격은 어떻게 형성/구성되는가?

a. 성격형성에 영향을 미치는 요인은 무엇인가?

테라플레이에서 "부모-자녀 간 초기 상호작용은 자기와 성격이 발달하는 시련의 장이다(Koller & Booth, 1997, p. 206)." 부모-자녀 간의 긍정적이고, 놀이로 가득하며, 재미있고, 애정 어린 상호작용을 통해 자녀는 강한 자기감, 가치감, 안정애착을 형성한다. 부모-자녀 간의 부정적이고, 산발적이며, 비일관적이고, 방임/학대적이며, 생기 없는 상호작용은 개인내 및 개인간 어려움으로 이어진다(Bundy-Myrow & Booth, 2009).

b. 본성인가, 양육인가?

이 질문은 테라플레이에서 직접적으로 다루지 않았다. 그러나 테라플레이에서 인간은 관계맺기 위한 욕구를 가지고 태어났으며, 건강한 발달을 위해 필요한 조율적이고 반응적인 돌봄이 제공되었는지에 따라 성격이 형성된다는 점을 강하게 강조(Bundy-Myrow & Booth, 2009)하기 때문에, 테라플레이 임상가는 성격발달에서 본성과 양육의 기여를 25 대 75 정도로 간주할 것이라고 추측할 수 있다.

c. 자유의지인가, 결정론인가?

테라플레이 문헌에 자유의지와 결정론의 개념은 제시되어 있지 않다. 그러나 테라플레이에서는 인간의 선택을 중요하게 여기는 것처럼 보인다.

d. 사고 · 감정 · 행동의 관계는 어떠한가?

이 질문에 대한 대답도 제시되어 있지 않다. 이 접근은 항상 애착형성을 강조하고 있으며, 개입은 인지나 정동보다 행동에 초점을 둔다.

e. 행동의 기본 동기는 무엇인가?

테라플레이는 애착이론에 근거를 두고 있기 때문에, 행동의 기본 동기는 부모-영아 관계 측면에서 설명된다. 이 관계는 두 가지 선천적인 추동에 의해 뒷받침되는데, 한 가지는 안전하기 위해 가까이 머물려는 추동이며, 다른 한 가지는 의미와 애정을 공유하려는 추동이다(Booth & Winstead, 2015).

f. 성격의 기본 요소는 무엇인가?

테라플레이 지지자는 성격의 구성 요소에 관심을 갖지 않는다. 테라플레이는 "민감하며 반응적인 보살핌과 놀이로 가득한 상호작용은 아동의 뇌에 영양분을 공급하고, 아동 자신과 타인에 대한 내적 표상으로부터 아동의 행동과 느낌에 전 생애적인 영향을 미친다는 것을 입증하는 애착 연구에 기초하고 있다(Booth & Jernberg, 2010, p. 4)."

3. 현실지각은 주관적인가, 객관적인가?

이 또한 테라플레이 문헌에서 다루지 않고 있다.

4. 치료적 관계의 역할은 무엇인가?

테라플레이는 양육자와 아동/청소년이 간 관계에 초점을 두며, 양육자와 아동은 모두 회기에 참여한다. 부모/양육자와 아동이 치료적 관계를 맺는 것은 매우 중요하기 때문에, 테라플레이 치료사는 성인양육자와 아동 사이에 조율되며 지지적인 관계를 만들고, 기대에 대한 모델링을 하며, 성인과 아동 모두를 온전히 수용한다(Munns, 2011). 치료사는 성인과 아동이 모두 놀이, 즐거움, 안전과 안정성이 가득한 상호작용 방법을 학습하고 연습하도록 고안된 상호관계 기반의 경험을 제공한다(Booth & Winstead, 2016).

5. 과거에 초점을 두는가, 과거의 맥락에서 현재에 초점을 두는가, 아니면 현재에만 집중하는가?

테라플레이의 초점은 현재이며, 지금-여기에서 일어나는 상호작용이다(Booth & Winstead, 2016; Munns, 2011). 성인양육자와 아동 간의 관계가 과거에 조율되지 못했거나, 치료실에 오기 전 애착에 손상이 있었다고 가정한다. 그러나 과거를 다루지는 않으며, 치료에서 중요한 고려사항도 아니다. 애착의 손상 시기와 상황은 양육자에게 양육기술을 교육하기 위한 치료계획의 맥락에서만 중요하다. 예를 들어 애착의 초기 손상은 흔들어주기(rocking) 및 먹여주기의 모델링과 손상이 일어난 시기에 부모-자녀가 일반적으로 경험하는 과업에 대한 모델링을 이끌 것이며, 이러한 행동을 통해 애착을 재형성하도록 추후 양육자코칭으로 이어질 것이다(Munns, 2011).

6. 변화를 만들기 위해 통찰/의식화가 필요한가?

테라플레이에서 변화를 일으키기 위해 아동이 통찰을 얻을 필요는 없다. 공동조절의 경험을 제공하는 체계적이고 지지적인 수단으로 양육자의 의식화가 도움이 될 때도 있다(Booth & Winstead, 2015, 2016). 양육자는 아동의 내적 상태와 마찬가지로 자신의 내적 상태를 반영할 수 있어야 한다. "충분한 돌봄을 받지 못한 양육자는 민감한 반응을 위해 필요한 마음챙김 수준에 도달하는 것이 매우 어렵다는 것을 깨닫는다. 양육자와의 작업에서 주요 목표는 양육자 자신과 아동의 경험을 반영하기 위해 양육자의 능력을 발달시키도록 지원하는 것이다(Booth & Winstead, 2016, p. 169)."

7. 치료의 일차적 초점은 무엇인가?

테라플레이의 일차적 초점은 양육자와 아동 간의 상호작용에 있다(Munns, 2011). 테라플레이 치료사는 조율적인 양육자의 행동과 반응을 모델링하고, 양육자를 코칭함으로써, 건강한 양육자-아동 상호작용에 관한 치료적 차원을 통합하여 양육자가 회기 내외에서 이러한 행동과 반응을 재현할 수 있도록 매 회기를 계획한다. 조율적인 양육자-아동 상호작용에는 네 가지 차원이 있다. 테라플레이 치료사는 대부분의 회기에서 네 가지 차원을 모두 사용할 수 있지만, 아동의 필요에 따라 특정 가족에게 특정 차원을 보다 강조하여 제공한다. 테라플레이의 네 가지 차원에는 구조(structure, 명확한 규칙과 경계 확인하기 및 예측 가능한 일상 만들기: 아동의 질서, 안전, 공동조절의 요구를 충족하기 위해 고안되었다), 개입(engagement, 놀이와 즐거움이 가득한 방법으로 아동과 연결되기: 거울놀이나 면공 싸움 등의 활동과 코 경적 울리기와 같은 신체 부위 소리내기 활동은 아동의 조율적인 관계에 대한 요구를 충족하기 위해 고안되었다), 양육(nurture, 아동에게 물리적인 안락함 제공하기: 서로 먹여주기, 로션 발라주기/상처에 연고 발라 주기, 흔들어주기, 요람 태우기 등과 같이 아동의 안락함, 지지, 진정에 관한 요구를 충족시키기 위해 고안되었다), 도전(challenge, 자기효능감 및 자신감 향상시키기: 풍선 잡기와 풍선 테니스 등과 같이 타인과 협력하고, 새로운 것을 학습하기 위한 활동을 통해, 연령에 적절한 위험을 감수하고, 새로운 기술을 습득하며, 자신감을 높이고자 하는 요구 충족을 위해 고안되었다)이 있다(Booth & Jernberg, 2010; Booth & Winfield, 2016; Munns, 2011).

8. 심리적 부적응은 무엇인가?

심리적 부적응은 아동기 초기에나 현재에도 계속되고 있는 무반응적이고, 방임적이며, 학대적인 돌봄의 결과이다. 아동은 자신을 사랑받지 못하는 존재로 여기며, 타인을 애정이 없고, 신뢰할 수 없는 존재로 생각하고, 세상을 안전하지 않은 곳으로 여긴다(Bundy-Myrow & Booth, 2009).

9. 치료목표는 무엇인가?

테라플레이의 목표는 ① 양육자와 아동내담자 간에 긍정적이고 양육적인 관계 조성하기,

② 양육자가 아동과 안정애착을 형성/재형성하는 방법을 학습하도록 돕기, ③ 양육자가 아동의 욕구에 조율되도록 돕기, ④ 양육에 대한 양육자의 부정적인 지각을 긍정적으로 바꾸는 새로운 상호작용방법의 학습을 돕기, ⑤ 양육자가 치료실 내외에서 아동에게 구조, 개입, 양육, 도전을 제공하도록 돕기, ⑥ 아동과 공동조절을 할 수 있도록 양육자가 자신과 아동의 정서적 경험을 반영하는 방법을 배우도록 돕기이다(Booth & Winstead, 2015; Bundy-Myrow & Booth, 2009; Munns, 2011).

10. 어떻게 진전을 측정하는가?

테라플레이에서 진전은 주로 관찰과 양육자보고를 통해 측정된다. 치료사는 때때로 가족 상호작용의 개선 여부를 파악하겠지만, 치료의 일차적 목표가 양육자-아동의 관계개선에 있기 때문에 진전은 양육자-아동의 관계개선 측정에 초점을 둔다.

11. 지시적인가, 비지시적인가?

의심할 여지도 없이 지시적이다. 테라플레이는 놀이치료 접근법 중 가장 지시적인 접근일 것이다. 경쟁자는 오직 생태학적 놀이치료뿐이다.

a. 놀이치료에서 공간을 창조하는가, 또는 구조화된 기법을 사용하는가?

테라플레이는 매우 지시적이며, 모든 회기는 치료사가 준비한 활동으로 채워진다. 담요나 매트가 깔려 있고, 참가자가 앉을 수 있도록 방석이나 쿠션이 있는 방에서 진행된다. 치료사는 구조화된 활동을 위해 선별된 재료와 소품(예: 깃털, 로션, 파우더, 면 공)을 준비한다. 테라플레이 치료사는 아동과의 관계개선을 위해 무엇을, 언제, 어떻게 해야 하는지 양육자에게 알려 준다. 대부분의 회기는 치료사의 자녀양육활동 모델링하기, 양육자에게 양육활동법 코칭하기, 비계와 피드백 제공하기, 양육자의 노력 격려하기로 진행된다.

b. 놀이치료에서 내담자와 함께 놀이하는가?

테라플레이 치료사는 부모/양육자에게 조율적인 양육행동을 모델링하기 위해 주로 아동과 놀이한다. 궁극적인 목표는 양육자가 구조, 양육, 개입, 도전의 제공을 일반화할 수 있도록 '함께 놀이' 하며 행동을 연습하는 것이다.

12. 부모/교사와 작업하는가?

(이것에 대한 대답은 너무나 명백하고, 우리는 이미 이 질문에 대답한 것 같지만, 다시 대답하겠다) 그렇다! 테라플레에서는 모델은 적어도 양육자(보통 부모지만 양부모, 조부모, 보호자가 될 수도 있다) 한 명의 참여를 절대적으로 요구한다. 테라플레이 치료사가 교사와 작업하는 경우는 매우 드물다.

통합적/처방적 놀이치료

처방적 놀이치료는 특수한 요구에 맞춰 설계된 내담자 맞춤형 놀이치료 개입으로, 다양한 이론과 기법을 활용하는 놀이치료 방법이다(Schaefer & Drewes, 2016). 통합적/처방적 놀이치료 지지자는 이 접근이 "긍정적인 치료 결과를 야기하는 심리치료모델의 변화 요인이나 역량을 탐색하게 하고, 특정 개입으로 효과를 얻을 수 있는 치료 영역을 식별하기 위한 종합사정을 수행할 때 임상적인 유연성을 요구한다(Gil, Konrath, Shaw, Goldin, & Bryan, 2015, p. 111)"고 주장한다.

많은 놀이치료사들이 놀이치료에 이 접근을 적용하기 시작했지만(Kenney-Noziska, Schaefer, & Homeyer, 2012), 때로는 이러한 시도가 우리가 앞서 설명했던 '이론적 모델의 체계적 사용'과 모순될 수 있다고 생각한다. 처방적 놀이치료는 두 가지 형태를 취할 수 있다. 선택된 문제를 목표로 하여 설계된 구체적인 개입의 체계적이고 의도적인 적용이되거나, '오만가지' 절충주의('kitchen-sink' eclecticism)가 될 수 있다(Norcross, 2005). 통합적/처방적 놀이치료는 다양한 놀이치료 접근을 통합함으로써 내담자에 대해 그리고 내담자와 어떻게 작업할 것인지에 대해 조직화된 방법을 고민하게 하는 복합적인 방법이 될 수 있다. 만약 치료사가 이 접근을 선택한다면, 통합하려는 이론의 철학적 가설이 서로 일치하는지 탐색해야 한다. 그렇지 않으면 놀이치료실에서 자신이 하고 있는 것을 왜 선택했는지 이해하지 못한 채, 무작위로 기법을 적용하는 '오만가지' 절충주의로 끝나게 될 것이다.

1. 인간의 기본 본성에 대해 어떤 신념을 갖고 있는가? 인간은 본질적으로 선한가(긍정적인가, 자기실현적인가 등)? 악한가(부정적인가, 비이성적인가, 유해한가 등)? 또는 중립적인가? 아니면 이것들이 혼재하는가?

(여러분이 이 대답을 좋아할 수도 있고, 어쩌면 아닐 수도 있다. 이 접근에서 모든 질문에 대한 우리의 대답은 "경우에 따라 다르다."이다) 이것은 놀이치료사에 따라 다르며, 확인된 문제를 가진 특정 내담자와 특정 치료 단계에서 사용하기 위해 치료사가 선별한 이론적 접근에 따라 달라진다.

2. 성격은 어떻게 형성/구성되는가?

이것은 놀이치료사에 따라 다르며, 확인된 문제를 가진 특정 내담자와 특정 치료 단계에서 사용하기 위해 치료사가 선별한 이론적 접근에 따라 달라진다.

a. 성격 형성에 영향을 미치는 요인은 무엇인가?

경우에 따라 다르다.

b. 본성인가, 양육인가?

경우에 따라 다르다.

c. 자유의지인가, 결정론인가?

경우에 따라 다르다.

d. 사고 · 감정 · 행동의 관계는 어떠한가?

경우에 따라 다르다.

e. 행동의 기본 동기는 무엇인가?

경우에 따라 다르다.

f. 성격의 기본 요소는 무엇인가?

경우에 따라 다르다.

3. 현실지각은 주관적인가, 객관적인가?

경우에 따라 다르다.

4. 치료적 관계의 역할은 무엇인가?

경우에 따라 다르다.

5. 과거에 초점을 두는가, 과거의 맥락에서 현재에 초점을 두는가, 아니면 현재에만 집중

하는가?

경우에 따라 다르다.

6. 변화를 만들기 위해 통찰/의식화가 필요한가?

경우에 따라 다르다.

7. 치료의 일차적 초점은 무엇인가?

경우에 따라 다르다.

8. 심리적 부적응은 무엇인가?

경우에 따라 다르다.

9. 치료목표는 무엇인가?

경우에 따라 다르다.

10. 어떻게 진전을 측정하는가?

경우에 따라 다르다.

11. 지시적인가, 비지시적인가?

경우에 따라 다르다.

　　a. 놀이치료에서 공간을 창조하는가, 또는 구조화된 기법 사용하는가?

　　경우에 따라 다르다.

　　b. 놀이치료에서 내담자와 함께 놀이하는가?

　　경우에 따라 다르다.

12. 부모/교사와 작업하는가?

경우에 따라 다르다.

옮겨 가면서

우와! 대단하다! 우리는 여러분이 여전히 우리와 함께 있다는 것에 감사하며 감동하고 있다. 이 장의 첫머리에서 우리가 언급했던 것을 기억해 보자. '놀이치료사의 이론'을 찾기 위한 궁극적인 목표는 선택 가능한 이론적 접근 중 어떤 것이 치료사의 개인적 신념, 확신, 성향에 가깝게 일치하는지 심사숙고 하는 것이다. 또한 우리가 모든 놀이치료 접근을 다루지 않았다는 것을 다시 언급하고 싶다. 그러니 만약 여러분의 대답이 진지하게 "여기서 다룬 이론들은 아니야."라고 하더라도 포기하지 말아라. 다른 놀이치료 접근들에서 자신의 답을 찾기 위해 우리의 질문과 검색 기술을 사용하여 계속 탐색해라. 그리고 이 책을 다 읽을 때까지, 이 장에서 다룬 질문의 대답과 놀이치료 접근법을 마음에 새겨 두어라. 이후에 제시되는 기술과 기법을 사용할 것인지, 만약 사용한다면 언제, 어떻게 사용할 것인지는 어떻게 사람이 성장하고, 변화하고, 건강하게 되는지에 대한 치료사의 생각과 이론적 정향에서 나올 것이기 때문이다.

Interlude 2
관심 보여 주기

우리는 우리가 사정도(The Four-Fold Way[1])에서 이미 '관심 보여 주기'를 언급했다는 것을 알고 있다. 관심 보여 주기는 매우 중요한 놀이치료 도구이기 때문에 다시 강조하기 위해 이 인터루드를 만들었다. 우리는 관심 보여 주기를 위한 몇 가지 구체적인 방법을 설명하고, 치료사가 명확하게 관심을 보여 주기 위해 알아야 할 특정 주제의 예시를 찾아보고자 한다. 치료사는 미해결된 문제 질문하기, 특정 내담자에게 의미 있는 주제를 발견하고 회기에서 해당 주제로 대화할 수 있도록 준비하기, 치료사의 목소리와 비언어적인 의사소통을 내담자의 정동에 일치시키기, 열의를 전달하기 위해 억양과 보디랭귀지 사용하기 등을 할 수 있다.

- **미해결된 문제 질문하기:** 우리가 대화치료를 하는 것은 아니지만, 질문을 하는 것도 도움이 된다는 것을 상기시키고 싶기에, 이것은 꽤 혼란스럽다. 우리는 질문을 하는 것이 괜찮다고 생각하지만, 질문의 수는 제한하는 것이 필요하다고 생각한다. 한 회기당 4~6개의 강력한 질문으로 제한해라(일부 놀이치료 접근에서는 질문을 적절하지 않다고 여기며, 심지어 매우 반대하기도 한다). 질문은 ① 내담자의 삶에 관련된 사람들(예: 내담자에게 중요한 사람이 누구인지, 무엇이 이 사람을 중요한 사람으로 만드는지, 내담자는 누구에게 돌봄을 구하는지, 누가 내담자를 자극하는지 등), ② 내담자의 삶에 영향을 미치는 현재 사건들(좋은 일, 나쁜 일, 괴로운 일 등), ③ 내담자가 시간을 보내는

---

1) 역자 주: Arrien, A. (1992). The four-fold way: walking the paths of the warrior, teacher, healer, and visionary. New York: HarperCollins.

방법(예: 일터, 학교, 비디오 게임, 스포츠, 지역 연극 행사, 과외활동 등)에 관심을 보여 주도록 초점을 두어야 한다.

- **내담자에게 중요한 것을 발견하고, 회기에서 대화할 수 있도록 준비하기:** (비록 치료사가 관심이 없더라도 내담자가 관심을 보인다면 배울 필요가 있다) 이것은 치료사가 특정 TV 쇼 시청하기, (직접 게임하기를 포함한) 비디오 게임 배우기, 내담자가 읽고 있는 책 읽기, 내담자가 언급한 영화 보기, 내담자가 좋아하는 만화책 읽기 등을 한다는 것을 의미한다. 우리는 이것이 시간(어쩌면 경제적 비용도)을 투자해야 하는 일임을 알고 있다(우리는 내담자가 중요하게 여기는 것들에 대해 치료사에게 알려달라고 요청하는 것으로는 충분하지 않다고 생각한다. 내담자에게 이러한 요청에 답하도록 하는 것이 내담자를 '전문가'로 만들어 줄 수도 있지만, 내담자에게 중요한 것을 알고자 할 때 치료사가 내담자를 충분히 배려하지 않는 것처럼 느껴질 수도 있다).

- **치료사의 목소리와 자세를 내담자의 정동에 일치시키기:** (우리는 여러분이 이와 관련된 훈련을 받아 왔을 것이라고 확신한다) 우리는 많은 놀이치료사들이 자신의 비언어적인 의사소통을 내담자의 정동에 일치시키기 위해 고군분투 한다는 것을 알고 있다. 우리가 학생들과 놀이치료 녹화자료를 보거나 라이브 수퍼비전을 할 때, 특히 어린 아동과 교류하는 많은 놀이치료사들이 스스로 활기차고 행복해야 한다(심지어 운율을 섞어야 한다)고 생각하는 경향이 있음을 관찰하였다. 관심을 전달하면서 치료사의 목소리와 자세를 내담자의 정동에 일치시키는 것은 필수적이다. '부정적'으로 분류되는 감정인 슬픔, 실망, 짜증의 경우 특히 그렇다. 이것은 치료사가 자신의 감정도 조절해야 할 필요가 있음을 의미한다. 때때로 놀이치료사들이 이러한 감정을 불편해하고, 종종 자신이 내담자를 이 감정으로부터 구해야 한다고 생각하며, 내담자가 이런 감정을 경험하지 못하게 하는 것처럼 보이기도 한다.

- **열의를 전달하기 위해 비언어적인 상호작용 사용하기:** (여러분은 이미 몸을 앞으로 숙이거나, 눈을 마주치는 것과 같은 고전적인 방법을 알고 있을 것이다. 내담자가 중요하게 생각하는 것에 대한 열의를 자신의 목소리와 자세를 통해 전달하기를 바란다. 여러분은 이것이 앞서 언급한 내용과 모순된다고 느낄 수 있을 것이다. 우리는 내담자가 슬

프고, 화나고, 우울한 상황에 대해 말하는 것이 아니다) 내담자가 무언가에 흥미진진한 상태로 회기에 왔을 때, 그 열정적인 분위기에 동참하는 것이 중요하다. 때때로 놀이치료사에게 흥미 없는 것을 내담자가 하고 있을 때(말할 때), 일부 놀이치료사는 지루해하거나 단절하는 행동을 한다. 우리가 치료사에게 거짓된 열의를 요청하고 있는 것이 아님을 명확히 하고 싶다. 치료사가 내담자의 긍정에너지와 연결되도록 자신 안에서 열의를 찾도록 제안하고 있는 것이다. 예를 들어 샵킨즈 장난감을 사랑하는 아동과 작업하고 있다면, 그녀가 흥미진진하기 때문에 치료사도 흥미진진할 수 있다. 만약 콜오브듀티 게임에서 높은 킬/데스 비율을 무척 자랑스러워하는 청소년과 작업하고 있다면, 치료사는 그 성취를 함께 느낄 수 있을 것이다.

$$* \quad * \quad *$$

놀이치료의 어느 단계에서든, 놀이치료사는 몇 가지 다양한 놀이치료 전략을 사용할 수 있다. 일부 전략(예: 모래상자, 미술활동)은 능숙하게 사용하기 위해 전문화된 훈련이 필요하다. 우리는 놀이치료를 위해 폭넓고 다양한 분야에서 차용한 전략들을 활용한다. 비록 우리가 춤·미술·모험치료·모래상자에 대한 전문적인 훈련을 받았지만, 우리가 미술치료사·무용치료사·음악치료사는 아니다. 우리는 이러한 영역에 있는 기법을 사용하는 놀이치료사다. 이 광범위한 전략은 이론적인 것이 아니기 때문에, 치료사 자신의 고유한 이론적 정향에서 이 전략을 조정할 필요가 있다. 우리가 활용하는 전략은 모험치료, 스토리텔링과 치료적 은유, 동작, 춤, 음악경험, 모래상자 활동, 미술기법, 구조화된 놀이경험 범주 안에 있다. 우리는 이 장에서 이러한 전략의 개요를 제공하고, 이어지는 각 장에서 놀이치료의 특정 단계에 초점을 맞춰, 각 전략에 어울리는 몇 가지 기법을 소개할 것이다.

모험치료

모험치료는 '집단과정의 발달, 대인관계, 개인의 성장, 치료적 효과를 촉진하기 위한 게임, 활동, 주도권, 절정경험의 사용'이다(Ashby et al., 2008, p. 1). 모험기법은 다양한 이론적 관점에서 개념화되고 설명될 수 있다. 이 책에서 기술된 방법을 치료사가 어떻게 자신의 이론적 정향에 따라 기틀을 잡을 것인지 고민해 보기를 바라기 때문에, 이 기법은 우리의 관점에서 매우 매력적이다. 성취하려는 목표와 내담자에 따라, 그리고 무엇이 내담자를 '사로잡을 것'이라고 생각하는지에 따라, 치료사는 그 활동을 어떻게 도입하고, 촉진하며, 다룰 것인지 조정할 수 있다. 모험치료 활동은 개인, 가족, 집단, 아동, 청소년, 성인과 할 수 있다. 내담자가 대화로 이어지는 경험을 하도록 모험치료를 할 수도 있고, 또는 하기(doing)를 통해 배우도록 그 경험을 단독으로 사용할 수도 있다(Kottman, Ashby, & DeGraaf, 2001). (결국 우리는 놀이치료를 하고 있는 것이다) 가족과 집단에서 사용할 때, 구체적인 치료목표 외에도 구성원이 재미를 공유할 수 있도록 공동의 즐거운 시간을 창조한다(예: 가족/집단의 에너지 은행에 긍정적인 에너지 저축하기). 모험활동은 항상 개인, 가족, 집단을 위한 개입과 평가의 두 가지로 활용되어야 한다. 치료사는 내담자와 구체적인 목표 달성을 위해 활동하는 동시에, 이 활동을 진행하는 동안 내담자가 어떻게 행동하는지 주목해야 한다. 치료사는 이를 통해 내담자의 문제해결, 상호작용, 갈등해결 방법 등에 대한 상당한 양의 정보를 얻을 수 있다.

모험치료 활동은 쇼엘과 메이젤(Schoel & Maizell, 2002)이 확인한 네 가지 범주, 즉 친해지기, 빗장풀기, 신뢰/공감, 도전계획/문제해결 활동으로 분류될 수 있다(일부는 중첩되기도 한다). 이것은 한 회기, 또는 여러 회기에 걸쳐, 우리가 활동을 배열하는 순서이다. 만약 치료사가 이미 관계형성을 했고 다른 도구로 신뢰를 구축했다면, 모험치료에 의존할 필요는 없다. 내담자가 변화만들기를 배우거나 연습할 수 있도록 도전계획/문제해결 활동으로 건너뛸 수 있다. 각각의 모험치료 활동은 구체적인 목표를 달성하기 위해 독자적인 방법으로 수행되거나, 내담자의 진전을 위해 고안된 순차적인 과정의 일부만 수행할 수도 있다.

친해지기(ice-breaker) 활동은 재미있고, 성공 지향적인 활동이다. 과제는 최소한의 좌절로 쉽게 성취될 수 있으며, 최소한의 언어적 상호작용 기술과 의사소통 기술이 요구된다. 개별 놀이치료와 가족놀이치료의 관계형성 단계에서 친해지기는 내담자와 놀이치료사의 관계형성을 돕는다. 집단에서 친해지기는 내담자들이 서로를 알아 가고, 편안하게 느끼기 시작하는 기회를 제공하기 위해 고안되었다. 보통 친해지기는 자신의 이름과 같은 음절로 시작하는 형용사와 이름을 순서대로 말하는 일종의 이름 게임이다(예: Terrific Terry, Kapable Kristin, 우리는 capable이 k로 시작하지 않는다는 것을 알지만 크리스틴을 소개하기 위해 k로 시작하는 형용사를 생각해 내지 못했다).

빗장풀기(deinhibitizers) 활동은 내담자에게 불편감과 좌절감을 일으킬 수 있는 정서적·신체적 위험을 포함한다. 만약 치료사가 적절하게 활동을 제공한다면, 성공과 실패는 노력과 시도보다 덜 중요하다. 이것은 내담자가 적어도 한 명의 타인(치료사) 앞에서 자신을 보다 유능하고 자신감 있는 사람으로 보이게 하는 재미있는 활동이다. 빗장풀기 활동은 내담자에게 위험을 감수할 기회를 주고, 다른 사람 앞에서(그 '다른 사람'이 놀이치료사뿐이라 하더라도) 서툴게 행동할 수 있는 의지와 책임의 기회를 제공한다. 가족이나 집단과 작업하는 경우, 치료사는 협력적이고 지지적인 분위기를 만들어 참여를 격려하고, 모든 구성원의 자신감을 높이고자 할 것이다. 예를 들어, 잡기놀이(상대방에게 잡히면 '술래'가 되고, 상대방을 잡으면 상대방이 술래가 되는 놀이)는 모두를 뛰어다니게 만든다. 치료사는 이 활동을 개인, 가족, 집단과 할 수 있다. 이 활동은 관계형성이나 역동탐색을 위해 사용될 수 있다. 간혹 억제된 내담자가 있다면, 치료사는 이러한 활동을 통해 내담자가 통찰을 얻도록 돕거나 새로운 행동 · 인지 · 감정패턴을 연습할 기회를 제공하며, 행동변화를 촉진할 수 있다.

신뢰/공감(trust/empathy builders) 활동을 통해 내담자는 신체적 · 정서적 위험을 감수하며, 신체적 · 정서적 안전을 위해 타인(치료사나 다른 가족/집단구성원)을 신뢰해 보는 기회를 갖는다. 일반적으로 신뢰/공감 활동은 재미와 불안감을 동시에 일으킨다(이것이 가능한지 의아하겠지만, 가능하다). 모두의 안전과 보호를 위해 내담자는 치료사, 가족, 집단구성원을 신뢰해야 한다. 또한 신뢰하는 사람과 신뢰받는 사람의 역할을 바꿔봄으로써, 타인과 공감을 형성한다. 이 분류에서 우리가 가장 좋아하는 활동은 (제5장에서 소개될) '안전한 자동차' 활동이다. 이 활동은 주로 내담자의 역동을 탐색하거나 내담자가 통찰을 얻도록 돕기 위해 사용된다.

도전계획/문제해결(challenge initiatives/problem-solving) 활동은 내담자가 문제를 해결할 때 서로 의사소통하고, 협력하며, 타협할 수 있는 기회를 제공한다. 이 활동은 일반적으로 가족이나 집단과 실시하며, 약간의 상상력을 동원하면 개인에게 적용할 수 있다. 가족이나 집단구성원 모두가 밟고 서 있는 테이블보 뒤집기, 구성원의 몸 사이에 풍선을 끼우고 손을 대거나 떨어뜨리지 않고 운반하기와 같은 특정 과제의 해결을 위해 경청하고, 협력하고, 타협하는 활동을 모든 구성원들이 함께 할 수 있다. 종종 리더의 역할은 명시된 문제해결이나 목표달성을 위한 시도를 통해 진화한다. 우리는 제7장에서 이러한 활동 중 몇 가지를 기술할 것이다. 이 활동은 종종 내담자가 변화를 만들도록 돕기 위해 사용한다.

다음은 모험치료 기법에 도움이 될 만한 지침들이다(Ashby et al., 2008; Kottman et al., 2001; Rohnke, 2004).

1. 안전에 유의한다. 항상 내담자의 정서적 · 신체적 안전에 주의해야 한다.

2. 활동을 설명하면서 치료사도 직접 참여하고, 가능하다면 게임을 시연한다. 이
   것은 내담자가 활동을 시작하기 전에 지시사항을 이해하도록 돕는 방법이다.

3. 게임규칙을 이해하고 숙지하며, 규칙을 최소화한다. 의문점이 생겼을 때, 내담
   자와 구성원에게 게임 방법을 결정하게 한다. 가끔 몇 가지 규칙을 타협하거나
   변경할 수 있다. 내담자가 규칙을 제안하거나 변경할 수 있도록 초대한다.

4. 필요한 도구는 시작 전에 세팅한다. 이는 (시작도 하기 전에 활동을 방해하는) 치
   료사가 준비될 때까지 내담자를 기다리게 하는 것을 피할 수 있다.

5. 게임을 신선하고 새로운 것으로 유지한다. 참가자에게 익숙하지 않은 도구를
   사용한다. 익숙한 활동은 변형하여 새로운 것으로 만든다.

6. 열의를 가지고 참여한다. 치료사는 개인, 가족, 집단과의 작업에서, 놀이에 참
   여할 수 있다(개인내담자와의 회기에서 치료사는 놀이에 참여해야 하기 때문에, 우
   스꽝스러워지고 위험을 감수하는 일에 익숙해져야 한다. 내담자에게 요청하는 모든
   것을 치료사도 기꺼이 해야 하며, 할 수 없다면 요청하지 말아야 한다고 생각한다).

7. 활동을 마무리한다. 치료사가 이 활동을 다시 선택했을 때 내담자도 게임을
   다시 하고 싶어 할 것이라는 확신이 드는 시점, 즉 활동의 인기가 절정에 있을
   때 항상 활동을 마무리한다. 만약 선택한 활동이 효과가 없다면, 다른 활동으
   로 전환한다.

8. 가족/집단과 활동하는 경우, 가능한 내담자를 참여시키고 도전하게 한다. 경
   쟁이 필요한 경우 자신과의 경쟁을 강조하고, 게임에 공정하게 임하도록 격려
   한다.

9. 가족/집단과 활동하는 경우, 내담자의 놀이가 유지되어야 한다. 내담자를 영
   구히 탈락시키는 규칙을 포함시키지 않는다. 탈락형 게임을 하는 경우, 참여
   자가 다시 참여할 수 있는 창의적인 방법을 찾는다.

내담자가 모험치료에 참여할 때, 치료사는 다음의 요소를 관찰한다(Rohnke,
1991). 일부는 치료사가 내담자의 개인내 및 개인간 역동을 이해하는 데 도움을 주
고, 일부는 구성원과의 활동에서 일어난 일을 언어과정으로 다룰 것인가 결정할 때
도움이 될 것이다.

- **리더십과 팔로우십**: 누가 주도하며 왜 주도하는가? 이는 어떻게 결정되었는가? 어떤 상황에서 역할이 다르게 나타나는가? 내담자는 '따르는 사람'이 되는 것을 어떻게 수행하는가? 따르는 사람일 때, 그들은 기꺼이 리더에게 힘을 실어주는가? (이 질문에 대한 대답은 가족과 집단에서 더 명확하지만, 우리는 이것이 개인 회기에서도 나타난다는 것을 관찰해 왔다).

- **지원(support)**: 어디에서 오는가? 가족/집단 안에서 지원은 어떻게 성립되는가? 어떻게 구성원에서 구성원으로 이동하는가? 어떻게 전달되는가? 구성원들은 의사소통이 어떻게 변화되거나 개선되기를 바라는가?

- **압박감**: 도움이 되거나 해가 되는가? 언제 그러한가? 이것이 도움이 되는지 또는 유해한지 결정하는 것은 무엇인가? 어떻게 전달되는가? 어떻게 인식되는가? 가족/집단 내 어디에서 비롯되는가? 이것의 발달 패턴이 있는가?

- **부정주의-적대감**: 어떻게 표현하는가? 왜 그러한가? 치료사는 어떻게 대처하였는가? 누가 표현하고, 대상은 누구이며, 패턴은 어떠한가?(부정주의나 적대감을 발산하는 사람이 치료사가 아니기를 바란다) 부정주의는 구성원의 일상생활에서 일어나는 일과 어떠한 관련이 있는가?

- **경쟁**: 자신, 치료사, 다른 팀, 모호한 집단, 기록에 발생하는가? 이들에 대한 내담자의 편안함 수준은 어떠한가? 치료사는 경쟁을 어떻게 유용한 방법으로 활용할 수 있는가?

- **두려움/불안**: 내담자는 무엇을 두려워하였는가? 두려움은 물리적인 것인가, 심리적인 것인가? 내담자는 어떻게 두려움에 대처했는가? 치료사나 다른 구성원은 어떻게 도움을 주는가/방해하는가? 두려움과 불안을 돕기 위해 내담자에게 필요한 것은 무엇인가?

- **기쁨과 즐거움**: 무엇이 재미있었나? 기쁨과 즐거움은 어떻게 전달되었는가? 무엇이 그것을 재미있게 만들었는가? 어떻게 했다면 더 재미있었을까?

- **연결하기**: 조작된 문제는 실제 생활과 어떠한 관련이 있는가? 내담자가 배운 것을 일상생활에 적용하려는 생각이 들도록, 치료사는 어떻게 가교역할을 할 수 있을까?

스토리텔링과 치료적 은유

내담자가 통찰을 얻거나 변화를 일으키도록 돕기 위해 사용하는 광범위한 지시적 놀이치료 전략 중 하나는 스토리텔링과 치료적 은유이다(치료사가 자신의 심상을 사용한다면, 이를 통해 관계형성과 역동탐색이 가능하다). 스토리말하기, 책 읽기, 내담자의 부정적 은유를 긍정적 은유로 변환시키도록 돕기를 통해 치료사는 내담자가 어려운 재료로부터 안전한 거리를 유지하도록 허용하면서 중요한 개념이나 기술을 전달할 수 있다. 이를 통해 내담자는 그 스토리가 자신에 관한 것이 아닌 척하면서도, 스토리로부터 교훈을 얻을 수 있다. 우리는 기존의 스토리를 사용하는 것보다 특정 내담자와 그의 이슈를 바탕으로, 스토리나 치료적 은유를 맞춤설계하는 것이 더 도움이 된다고 믿는다. 모든 놀이치료 스토리텔링 형태에서 캐릭터는 사람, 로봇, 여우와 토끼, 외계인 등 특정 내담자와 작업할 수 있는 어떤 것도 될 수 있다. 우리는 몇 가지 종류의 다양한 스토리텔링과 치료적 은유를 사용한다. 우리는 치료적 스토리(therapeutic stories) (Kottman & Meany-Walen, 2016; Mills & Crowley, 2014), 상호스토리텔링(mutual storytelling) (Gardner, 1993; Kottman & Meany-Walen, 2016), 공동의 스토리(co-telling stories), 은유의 구체적 변화(specific change metaphor) (Lankton & Lankton, 1989), 창작캐릭터(Creative Character) (Brooks, 1981; Kottman & Meany-Walen, 2016), 독서치료(bibliotherapy) (Malchiodi & Ginns-Gruenberg, 2008; Karges-Bone, 2015), 은유변환(metaphor shifting)을 사용한다. 일반적으로 치료사는 내담자와 관계형성을 위해 공동의 스토리를 사용하고, 내담자의 개인내 및 개인간 역동을 탐색하기 위해 상호스토리텔링을 하며 내담자의 스토리를 경청한다. 이러한 광범위한 전략들은 내담자가 통찰력을 얻도록 돕고, 부적응적인 양식을 변화하도록 돕기 위해 자주 사용된다.

동작, 춤, 음악경험

놀이치료실에 오는 상당수의 아동, 청소년, 성인은 신체활동형/촉각형 학습자이거나, 움직임을 좋아한다. 우리는 시각이나 청각을 활용하여 소통하는 기법이 이러한 내담자에게 특히 효과적이지 않다는 것을 알아챘다(우리는 주시해 왔다). 동작/춤의 활용을 통해(내담자에 따라 음악을 활용할 수 있다. 음악은 동작/춤과 매우 잘 어울리지만, 음악을 좋아하지 않는 내담자에게 꼭 필요하지는 않다), 감각통합의 이슈, ADHD, 행동문제, 의사소통의 어려움, 학습장애, 사회기술 부족, 기분장애 증상을 가진 내담자를 도울 수 있다. 이러한 전략은 신체나 신체 내부에 불편감을 겪는 내담자와도 사용할 수 있고, 사정과 개입을 위해 사용할 수도 있다. 치료사는 이 전략을 내담자와의 관계, 신체이미지, 자신감, 창의성, 자기조절, 신체의 편안함, 문제해결 능력의 사정을 위해 사용할 수 있다. 개입으로써 동작, 춤, 음악 기법은 내담자가 자신의 감정·태도·행동의 패턴을 스스로 발견하고, 몸의 지혜에 접근하며, 타인과 상호작용하는 새로운 방법을 연습하고, 신뢰를 쌓고, 통제력을 공유하며, 협력을 증진시키고, 문제 상황을 처리하고, 타인과 관계를 강화하도록 도울 수 있다(Devereu, 2014; LeFeber, 2014).

만약 치료사가 '춤'이라는 단어를 사용하여 내담자에게 움직여 보도록 요청한다면 어떤 내담자는 기겁할지도 모른다. '자석' 단어를 사용하여 금속판 위에 시를 만들도록 하는 것(자석 시 키트는 우리가 청소년과 작업할 때 가장 선호하는 놀이치료 전략 중 하나이다)은 내담자를 당황시키지 않지만, 직접 시를 쓰도록 했을 때 어떤 내담자는 매우 부정적인 반응을 보이는 것처럼 말이다. 따라서 치료사는 '춤추기' 대신 '움직이기'로 지칭할 것을 기억해야 한다.

특정 내담자와 내담자의 성향에 따라, 동작/춤과 함께 음악을 사용하거나, 음악 없이도 활동을 할 수 있다. 우리는 높은 연령의 아동, 청소년, 수많은 성인들이 음악 가져오기를 좋아하거나, 우리에게 특정 음악 요청하기를 좋아한다는 것을 발견했다. 때때로 우리는 놀이치료실에서 드럼을 사용하여 내담자가 춤출 수 있도록 리듬을 만들거나, 내담자가 우리를 위해 리듬을 만들도록 초대한다.

치료사는 개인내담자의 춤추기 활동에 참여할 것인지 고민한다(여러분도 알고 있겠지만, "제가 ~해야 하나요?"에 대한 모든 대답은 "경우에 따라 다르다."이다). 자의식이 강하거나 주저하는 내담자에게 동작을 통해 자신을 몸 안에 모물게 하고, 스스로 자유로운 표현을 허용하는 모델링은 효과적일 수 있다(또한 우리는 치료사가 동작을 통해 자신을 몸 안에 머물게 하고, 자유롭게 자신을 표현하는 것에 대한 불편감을 느낄 수도 있음을 지적하고 싶다. 그러니 그것에 대해 작업해라). 자신을 치료사와 비교하는 내담자도 있을 수 있으며, 치료사가 뛰어난 춤꾼이라면, 자신이 치료사의 기준을 충족하지 못한다고 생각하며 그런 위험은 감수하지 않겠다고 결정하는 내담자도 있을 수 있다. 다른 사람과 춤추는 것은 즐기지만 혼자 춤추는 것을 좋아하지 않는 내담자도 있으며, 혼자서 춤추는 것을 좋아하는 내담자도 있다. 내담자가 이 활동을 통해 무엇을 배울 수 있는지 이해하도록 돕기 위해 결과물(동작/춤)과 과정(동작을 만들어 내는 행동)을 모두 살펴보는 것이 도움이 된다.

우리는 함께하기 춤(being-with dance), 발산하기 춤(releasing dance), 축하하기 춤(celebrating dance), 회상하기 춤(invoking dance), 연결하기 춤(connecting dance), 연습하기 춤(practicing dance), 스토리텔링 춤(storytelling dance) 등을 놀이치료에 통합할 수 있는 동작/춤 전략으로 간주한다(이러한 춤이 어떤 규칙을 가진 공식적인 범주는 아니며, 우리가 명명한 것들이다). 연결하기 춤은 내담자와 관계형성을 위한 수단으로 활용되기 때문에 제4장에서, 스토리텔링 춤은 내담자의 역동을 탐색하는 방법이 될 수 있기 때문에 제5장에서 설명한다. 함께하기 춤, 발산하기 춤, 축하하기 춤, 회상하기 춤, 연습하기 춤은 주로 내담자의 변화를 돕기 위해 사용하기 때문에 제7장에서 설명하겠다. 치료사는 치료사와 내담자를 위해 가장 효과적인 치료 시점에서 이 전략들을 사용할 수 있다.

모래상자 놀이치료

우리는 모래상자 놀이치료(sand tray play therapy)를 이 광범위한 전략들과 함께 사용한다. 모래상자 놀이치료는 놀이치료 안에서 탐색과 표현의 수단으로 작은 놀잇감과 모래상자를 사용하는 방법이다. 우리는 이 과정을 내담자가 작은 놀잇감이 있는 선반에서 피규어를 골라 모래상자 안에 넣는 것으로 생각한다(우리는 다른 모래상자에 대한 접근들보다 이 방법이 덜 형식적이라는 것을 알고 있으며, 치료사의 이론적 정향에 따라, 우리의 과정보다 더 형식적일 수 있다는 것도 인정한다). 모래상자 놀이치료는 상징적으로 사고하는 내담자에게 효과적이다(피규어가 내담자의 삶에 있는 사람, 사건, 생각, 관계 등을 나타내도록 의도되었기 때문이다). 우리는 종종 모래상자 놀이치료가 예술적 창작물을 만드는 것보다 모래 위에 대상을 선택하고 배치하는 것을 더 선호하는 사람을 위한, 일종의 미술치료와 비슷한 활동이라고 생각한다. 중요한 범주[사람, 동물, 식물, 건물, 차량, 가정용품, 울타리와 표지판, 자연물, 공상캐릭터, 영적/신화적 존재, 실외구조물 등 피규어 목록에 대해서는 호메이어와 스위니(Homeyer & Sweeny, 2017)를 참조해라]를 나타내기 위해 몇 개의 피규어만으로도 모래상자 놀이치료를 할 수 있고, 또는 많고 많고 더 많은 피규어들을 각 범주별로 사용할 수도 있다(만약 이 방법을 선택했다면, 우리가 피규어에 대한 치료사의 중독을 책임질 수 없다는 것도 기억하기를 바란다). 선반 위에 피규어를 배치하는 방법은 매우 다양하다. 치료사는 다양한 전문가들의 제안(예: Boik & Goodwin, 2000; Carey, 2008; DeDomenico, 1995; Turner, 2005)을 연구해 보고, 자신에게 적합한 방법을 선택해야 한다.

우리는 모래상자 놀이치료를 사용하여 내담자와 작업할 때, 『Sandtray; A Practical Manual』(Homeyer & Sweeney, 2017)에서 적용한 다음의 단계를 사용한다. ① 과정을 위해 치료실과 치료사 자신을 준비한다. ② 내담자에게 모래상자를 소개한다. ③ 내담자는 모래상자를 꾸민다. ④ 내담자가 모래상자를 경험하고 재배치하도록 안내한다. ⑤ 내담자는 모래상자에서 여정을 떠난다. ⑥ 치료사는 내담자가 모래상자를 경험하도록(원한다면 재배치하도록) 돕는다. ⑦ 치료사나 내담자는 모래상자를 기록한다. ⑧ 치료사나 내담자는 모래상자를 정리한다. 모래상자 과정을 위해 치료실과 치료사 자신을 준비하고, 피규어들을 살펴보면서 평상시 위치에 있는지 확인한다. 자신을 준비하기 위해 치료사는 스스로를 차분하게 유지하면서, 집중하고 있는지 확인해야 한다. 모래상자를 꾸밀 때 치료사의 역할은 모험치료, 동작/춤, 스토리텔링 활동에서처럼 적극적인 참여자가 되기보다는 내담자와 그의 여정에 목격자가 되는 것에 무게를 둔다.

모래상자의 소개는 치료사가 상자의 특정 주제를 제안한다는 것을 의미한다. 소개는 비지시적일 수도 있고(예: "너의 세계를 만들어 보렴." "네가 모래상자 안에 넣고 싶은 것이 있다면 상자 안에 넣어 보렴." "네게 끌리는 피규어와 밀어내고 싶은 피규어를 골라 상자 안에 넣어 보렴."), 또는 훨씬 더 구체적이고 지시적일 수 있다(예: "너의 각 가족구성원을 나타내는 피규어를 골라 보렴." "당신의 직장 상사, 몇 명의 동료들, 그리고 자신을 보여주는 피규어를 골라 보세요." "수학과 수학 선생님에 대한 너의 마음을 보여 줄 피규어를 골라 보렴."). 우리는 내담자의 반응에 따라 보통 한두 가지의 주제를 선택하도록 한다. 가끔 우리는 단지 모래상자를 꾸미도록 요청하는 것으로만 지시적인 수준을 한정하고, 내담자에게 주제를 선택하게 한다(물론 우리는 내담자가 이해할 수 있도록 항상 발달적으로 적절한 언어를 사용한다. 6세 아동은 아마도 '끌리는/밀어내고 싶은'을 이해하지 못할 수 있기 때문에, 치료사는 보다 단순하게 지시를 만들어야 할 것이다).

'내담자는 모래상자를 꾸민다' 단계에서 치료사는 한 발 물러나서 내담자가 '시도하도록' 허용한다(우리는 이것에 대해 다른 어떤 말을 해야 할지 모르겠다. 내담자는 피규어를 골라 모래상자에 담는다. 치료사는 내담자가 어떻게 하는지, 즉 어떤 피규어를 조심스럽게 대하는지, 어떤 것을 골랐다가 다시 내려놓는지, 피규어를 선택할 때 보이는 보디랭귀지가 무엇을 의미하는지 등을 관찰하기 위해 주의를 기울인다).

내담자가 피규어를 선택하고 배치한 후에, 치료사는 내담자가 모래상자를 '경험'하도록 안내하기를 원할 것이다. 내담자에게 모래상자를 살펴보면서 그 안에 잠시 머물도록 요청한다. 이후 모래상자 안에 무엇이 있는지 다른 조망에서 볼 수 있도록 내담자에게 모래상자 주위를 이동하면서 모든 측면에서 모래상자를 보도록 제안한다. 이것을 마친 뒤 우리는 내담자에게 "가끔 어떤 사람들은 모래상자 안에서 피규어를 옮기거나, 피규어를 모래상자 밖으로 꺼내거나, 다른 피규어를 모래상자 안에 더 넣고 싶어 하기도 해. 너는 어떠니?"라고 질문하면서 모래상자를 재배치하고 싶은지 묻는다(모래상자에 이상이 있다는 것을 암시하지 않고, 피규어의 재배치를 통해 모래상자를 고쳐야 한다는 생각이 들지 않도록 주의하면서 질문한다).

이 과정을 마치면, 치료사는 내담자가 상자의 '여행'을 시작하기를 원할 것이다[내(테리)가 모래상자를 처음 배울 때, 나는 내담자에게 "나를 여행시켜 주세요."라고 요청하도록 배웠다. 청소년과 성인 내담자들은 이 말을 빠르게 이해했지만, 아동내담자들은 나를 멍한 눈으로 바라보았다. 지금 나는 그들에게 "모래상자 안에 있는 것에 대해 말해 줘."라고 말한다. 이것이 훨씬 더 효과가 있다].

사례에 따라, 치료사와 여행하는 동안 모래상자의 언어과정(모래상자가 의미하는 것에 대해 말하기)이 시작되는 내담자도 있겠지만, 항상 언어과정이 일어나는 것은 아니기 때문에 이 과정에 비계설정이 필요한 경우도 있다. 내담자가 언어과정을 시작하도록 도움이 필요하다면, 우리는 보통 "나는 알아챘어요."라고 부르는 기법을 사용한다. 이것은 치료사가 모래상자에서 무언가 알아챘음을 단순히 언어로 표현하는 방법이다(해석하지 않기 위해 다소 자제력이 필요하지만, 해석에 뛰어 들기 전에 우리는 단순하게 시작하고 내담자에게 의미를 떠올릴 기회를 주려고 한다). "나는 알아챘어요." 기법은 다음의 내용을 포함하고 있다. ① 간격(예: 피규어들은 얼마나 떨어져 있는가? 피규어의 배치에는 패턴이 있는가? 어떤 피규어들이 더 가까이 있는가? 다수의 피규어로부터 분리되어 있는 피규어가 있는가?), ② 피규어의 상대적인 크기, ③ 내담자가 한 장소에서 다른 장소로 이동시키는 피규어, ④ 파묻는 피규어, ⑤ 어떤 식으로든 눈에 띄는 피규어(예: 피규어들과 다른 피규어가 있는가? 모래상자 안에 의외의 피규어가 배치되어 있다고 보이는가?), ⑥ 피규어의 방향(예: 상자의 바깥쪽을 향하고 있는 피규어가 있는가? 다른 피규어와 마주하고 있는 피규어가 있는가? 어떤 피규어가 다른 피규어들과 다른 방향을 보고 있는가? 어떤 피규어는 수직으로 배치되고, 어떤 피규어는 수평으로 배치되었는가?), ⑦ 피규어 집단화(예: 명확히 드러나는 피규어 집단화가 있는가? 각 집단에는 어떤 피규어가 배치되어 있는가? 집단 속 피규어들의 공통점은 무엇인가? 집단은 서로 어떻게 다른가?), ⑧ 모래상자 안에 선택된 피규어나 피규어의 배치 패턴, ⑨ 모래상자의 정동적인 분위기(예: 무엇이 그 분위기를 설정하는가?) 치료사는 이 과정을 직접적으로 할 수도 있고, 은유적으로 할 수도 있다. 직접적이라는 것은 피규어가 나타내는 사람이나 관계를 명명하는 것을 의미하며, 은유적이라는 것은 피규어가 나타내는 사람이나 관계가 아닌 내담자가 명명한 피규어의 명칭을 사용한다는 것을 의미한다.

"나는 알아챘어요." 과정이 끝나갈 때, 치료사는 알아차렸지만 내담자가 대답하지 않은 질문이 있다면, 치료사의 이론적 정향에 따라 모래상자를 만든 과정이나 모래상자 안에 있는 것에 대해 추가로 질문할 수 있다. 이런 질문은 치료사가 "나는 알아챘어요."를 사용할 때와 같은 방법으로 한다. 내담자와 나누고 싶은 것을 관찰한 경우, 모래상자가 가지는 다양한 요소의 의미에 대해 잠정적인 가설을 만들거나 '부드러운' 해석을 사용하여 해석 단계로 갈 수도 있다. 모래상자 과정을 통해 내담자를 이해할 때는 놀이치료의 접근 방식마다 명백히 다른 주안점을 가지기 때문에, 치료사의 해석은 치료사의 이론적 정향에 따라 달라질 것이다. 질문은 종종 내담자와 활발한 대화로 이어질 수 있는데, 이것은 대화치료와 유사해 보일 수도 있다. 언어과정은 직접적으로 하거나, 은유적으로 할 수 있다. 언어과정이 끝나면, 내담자가 발견한 맥락 안에서 모래상자를 재배치하고 싶은지 다시 물어볼 수 있다. 만약 재배치를 원한다면, 더 많은 과정이 전개될 것이다. (모래상자와 모래상자 속 의미를 탐색할 필요가 없거나, 탐색하길 원하지 않는 내담자도 있다는 것을 인식하기를 바란다. 이것에 대해 고민할 필요는 없다. 많은 사람들은 단지 모래상자 과정을 통해 모래상자로부터 자신이 필요한 것을 정확히 얻는다)

'과거'에 우리는 폴라로이드 카메라로 모래상자 사진을 찍었다[음, 나(테리)는 그랬다]. 카메라가 달린 휴대전화가 등장하면서 모래상자의 기록이 보다 수월해졌다. 연령이 높은 내담자들은 종종 자신의 휴대전화로 사진을 찍는다. 그리고 만약 모래상자 사진을 보관하고 싶다면, 우리는 보통 디지털 사진을 찍는다. 모래상자의 정리에 관해서도 치료사의 이론적 정향에 따라 다양한 선택이 있다. 융학파들은 일반적으로 내담자가 회기를 떠난 후 모래상자를 정리하기 위해 기다린다. 아들러학파인 우리는 내담자에게 스스로 정리할 것인지, 치료사와 정리할 것인지 선택권을 주며 치료사가 정리하는 경우 내담자가 놀이치료실에 있을 때 정리할 것인지, 떠난 후 정리할 것인지 선택하도록 한다.

미술전략

대부분의 놀이치료사들은 놀이치료실에서 몇 가지 미술전략을 사용한다. 많은 내담자들이 자발적으로 미술 창작물을 만들지만, 어떤 내담자들은 창작물을 만들기 위해 초대되어야 한다. 내담자의 감정 · 관계 · 인지 등을 탐색하기 위해, 내담자의 개인내 및 개인간 역동을 이해하기 위해, 내담자의 패턴에 대해 통찰을 얻기 위해, 내담자가 새로운 행동이나 태도를 연습할 수 있는 방법을 설정하기 위해 등의 목적으로 사용할 수 있는 방대한 미술기법 자료들이 있다(예: Brooke, 2004; Buchalter, 2009; Malchiodi, 2007, 2015). 재미있게도, 미술기법은 미술 활동을 좋아하는 내담자에게 더 효과적으로 보인다. 우리는 항상 미술 프로젝트에 참여하려는 내담자의 의지를 사정하기 위해 초기 회기 중 한 번은 미술활동을 한다. 사람들은 각기 다른 종류의 미술 형태에 끌리기 때문에, 사정의 일환으로 몇 가지 다양한 선택권을 주는 것은 종종 도움이 된다. 우리는 그리기/채색하기, 스티커로 심상만들기,

구성하기, 조형하기, 콜라주, 퍼펫이나 가면 만들기 등이 놀이치료실에서 할 수 있는 효과적인 미술적 표현 범주라고 생각한다(우리는 스티커로 심상을 만드는 활동을 '스티커링'이라고 부른다).

내담자와 그리기/채색하기 작업을 할 때 다양한 재료를 사용할 수 있다. 그리기를 위해 연필, 두꺼운 마커, 얇은 마커, 색연필, 파스텔 또는 숯, 오일 파스텔 등을 사용할 수 있다. 채색하기를 위해 템페라 물감, 아크릴 물감, 수성 물감, 핑거 페인트 등을 사용할 수 있다. 우리는 내담자에게 미술 활동에 사용할 재료의 선택권을 주기를 좋아한다. 내담자가 선택한 것의 의미는 선택된 재료의 의미를 알아차리도록 훈련받은 미술치료 스페셜리스트의 영역이지만, 우리는 내담자가 지저분한 (messy) 재료를 선택하는지, 깔끔한 재료를 선택하는지 또는 명확한 재료를 선택하는지, 애매한 재료를 선택하는지 알고자 한다. 우리는 항상 내담자가 자신을 표현하는 방법에 대해 우리에게 무엇을 알려 주는지 패턴을 찾는다.

지시적인 놀이치료사에게, 이 활동은 지시적인 접근을 광범위하게 활용할 수 있는 영역이다(예: "이제 우리는 그림을 그릴 거야. 너는 그리고 싶은 것을 고를 수 있어."). 또는 보다 구체적인 방법으로 대상의 선택권을 제공함으로써 지시를 만들 수 있다 (예: "너는 가족 모두를 그릴지, 가장 좋아하는 사람과 가장 싫어하는 사람을 그릴지 선택할 수 있어." "네가 공주라고 상상해 봐. 네가 살고 싶은 성이나 네가 가고 싶은 곳으로 너를 데려다 줄 마차를 그려 보렴." "너는 미치광이 과학자야. 너의 발명품을 그려 보렴."). 창의적인 작업을 준비할 때, 우리는 항상 내담자에게 구체적으로 표현하기를 원하는지(예: "너는 실제 생활에서 볼 수 있는 것과 같은 것을 그릴 수 있어."), 또는 추상적이기를 원하는지(예: "실제 생활에서 볼 수 있다고 생각하는 것을 그려야 하는 건 아니야. 네가 표현하고 싶다면 단지 색, 모양, 질감만을 사용할 수도 있어.") 선택하도록 제안한다.

미술 프로젝트를 마친 후에 언어과정을 좋아하는 내담자와 과정이나 결과물, 또는 둘 모두에 초점을 두어 상호작용할 수 있다. 그것은 내담자의 성향과 치료사의 이론적 정향에 따라 달라진다. 우리는 과정과 결과물을 위한 대화에 내담자를 초대하는 경향이 있고, 일반적으로 모래상자에서 사용하는 "나는 알아챘어요."를 통해 확장을 시작한다. 그 후 질문을 하거나 해석을 나눈다(우리는 보편적인 상징성을 믿지 않기 때문에, 매우 드물게 해석한다. 우리는 개인이 자신의 미술작품에 고유한 의미를 가지고 있다고 생각한다).

최근 많은 내담자들이 그리기/채색하기를 주저한다는 것을 알아챘다(사실 지난 10년간 인식하고 있었다). 우리는 내담자와 스티커를 사용하기 시작했는데, 내담자들이 스티커를 더 안전하다고/덜 위험하다고 느끼는 것 같았다. 우리는 단지 내담자가 만들거나 표현하길 바라는 과제를 위해 스티커를 제공하고, 스티커를 선택하여 종이에 붙이도록 한다. 그리고 모래상자, 그리기/채색하기와 같은 과정을 한다(믿기 어렵겠지만, 이것이 이 주제에 대해 소개할 수 있는 전부이다. 우리는 사용 가능한 방법 한 가지를 제안하고자 했다).

우리는 구성하기를 좋아하는데, 참여시키기 어려운 대상인 10세에서 14세의 남자아이에게 이 활동이 특히 효과적이라는 것을 발견했다. 또한 이 활동은 ADHD를 가진 내담자에게 효과적이다. 우리는 이 두 집단의 내담자(그리고 청소년과 성인을 포함한 다양한 내담자)들이 구성하기를 좋아한다는 것을 발견했다(그러니 다양한 내담자와 이 기법을 시도해 보아라). 우리는 특별히 구성하기를 위해 만들어진 다양한 상업용 구성 재료들(레고, 팅커토이, 링컨로그 등)과 주변에서 찾을 수 있는 재활용품(재활용 달걀판, 스티로폼 포장 용기와 박스, 약통 등), 이쑤시개, 모루, 아이스크림 막대, 빨대, 설압자 등을 사용한다.

우리는 조형하기를 위해 가루와 물로 종이반죽을 만들고, 점토, 모델매직, 플레이도우, 유토 등의 다양한 재료를 준비한다. 또한 우리는 내담자에게 일반적인 지시(예: "이것으로 무언가를 만들어 보렴.")와 구체적인 지시(예: "슬퍼서 녹고 있는 눈사람을 만들어 봐." "네가 최근에 느꼈던 우울감에서 네가 느끼고 싶다고 말했던 기쁨의 감정으로 널 데려다 줄 다리를 만들어 봐." "무엇이든지 네가 원하는 것을 해 주는 로봇을 만들어 봐.")를 한다. 우리는 먼저 일반적인 지시를 하고 작업이 어떻게 진행되는지 확인한 후, 내담자와 함께 달성하려는 목표와 관련된 목표 지향적인 지시를 만든다.

콜라주 작업은 일부 특별한 운동기술이 필요하기 때문에, 어린 아동보다 청소년과 성인에게 효과적이다(그렇다. 우리가 말하는 '특별한 운동기술'이란 가위질과 풀칠을 의미한다). 또한 잡지에서 단어와 이미지를 찾아서 오려 내는 작업은 많은 시간이 걸린다. 이것은 보통 한 회기 안에 콜라주를 완성할 수 없음을 의미하는데, 어린 아동에게 프로젝트를 여러 회기에 걸쳐 연장하는 것은 어려운 일이다. 우리가 시간 연장 문제를 해결하는 방법은 사무실에 미리 오려낸 잡지 사진 파일을 만들어 놓는 것인데, 이것은 시간을 절약해 준다(우리는 우리가 사진과 단어를 오려 낼 '시간적 여유'가 있다고 생각하지만, 여러분은 그렇지 않을 수도 있다). 내담자에게 일반적인 콜라주(예: "사진을 둘러보고 네가 끌리는/밀어내고 싶은 사진을 골라 봐.")를 만들도록 요청할 수 있고, 목적이 있는 콜라주(예: "가족 각각을 나타내는 동물 사진을 골라 봐." "네 성격에 대해 나에게 무언가를 알려 줄 수 있는 단어를 골라 봐." "친구에게 원하는 것을 나타내는 사진을 골라 봐.")를 만들도록 요청할 수도 있다. 치료사는 모래상자 만들기, 그리기, 채색하기와 같은 방법으로 콜라주 과정을 할 수 있다.

퍼펫/가면 만들기는 놀이치료실에 오는 모든 내담자에게 효과가 있는 미술기법이다. 종이접시, 종이가방, 마커나 크레파스 같은 재료를 사용하여 아주 단순한 퍼펫이나 가면을 만들도록 할 수 있다. 종이접시, 종이가방, 폼시트, 오래된(물론 깨끗한) 양말(퍼펫을 만들기 위한 것이다), 또는 시중에서 구할 수 있는 가면 등으로 퍼펫을 만들고, 반짝이, 반짝이풀, 보석, 구슬과 같은 재료를 추가하여 장식할 수 있다. 연령이 높은 내담자와는 나무숟가락을 사용하여, 실, 리본, 반짝이, 보석, 구슬 재료로 꾸민 퍼펫을 만들 수도 있다.

치료사는 내담자에게 자신이나 주변 인물을 나타내는 퍼펫을 만들게 할 수 있고, 자신의 과거 모습, 최고의 모습, 최악의 모습, 이상적인 단짝 친구, 세상에서 가장 싫어하는 사람 등을 나타내는 퍼펫을 만들도록 할 수 있다. 치료사를 제한할 수 있는 것은 치료사의 상상력뿐이니 상상력을 발휘해 다양한 시도를 해 보길 바란다.

10세 이상의 아동과 작업하는 경우, 부러진 팔에 깁스를 하는 것처럼 두상 마네킹 위에 석고 거즈를 올리고 마른 뒤 색칠하거나 장식하면 보다 정교한 가면을 만들 수 있다(만약 전자레인지가 있다면, 한 회기 안에 건조와 장식까지 끝낼 수 있다. 단지 두상 마네킹을 폭발시키지만 말아라). 두상 마네킹 위에 바셀린을 바른다. 석고 거즈를 물에 담근 뒤 거즈에서 여분의 물을 짜내고 두상 마네킹에 거즈를 겹겹이 올린다. 두상 마네킹을 전자레인지에 넣고 4분간 작동시킨 뒤 1분 정도 흔들어 식힌 후 1~2회 더 반복한다. [우리는 일부 임상가들이 실제로 내담자의 얼굴에 직접 석고 거즈를 바르고, 실제 얼굴 모양으로 가면을 만든다는 것을 알고 있다. 나(테리)는 이 과정을 하는 치료집단에 참여한 적이 있었는데, 한 구성원이 공황발작을 일으킨 것을 목격한 이후로 두상 마네킹을 사용하는 것이 좋겠다고 생각했다] 이제 이것이 놀랍지도 않겠지만, 치료사는 보다 일반적인 지시(예: "가면을 만들어 보렴.")를 할 수도 있고, 목적지향적인

지시(예: "가면의 바깥 면에는 네가 세상에 보여 주는 얼굴을 그리고, 가면의 안쪽에는 네가 간직하고 있는 얼굴을 그려 봐." "샤피펜을 사용하여 가면의 바깥 면에는 일이 잘 될 것이라고 느낄 때 스스로에게 하는 말을 쓰고, 안쪽에는 일이 잘 되지 않을 때 스스로에게 하는 말을 써 봐." "너의 남동생/오빠/형이 너를 속상하게 할 때, 그가 어떻게 보이는지 가면을 만들어 봐.")를 할 수도 있다. 퍼펫, 가면, 결과물을 만드는 활동에 대해서도 언어과정(이 과정에 잘 반응하는 내담자의 경우)을 할 수 있다. 이 과정은 직접적으로 할 수도 있고, 은유적으로 할 수도 있다.

구조화된 놀이경험

구조화된 놀이경험은 그 명칭이 함축하고 있는 것과 상당히 일치한다. 이것은 자유놀이가 아닌 치료사에 의해 소개되고 구조화되는 놀이경험이다. 치료사는 이 활동을 개인내담자(일반적으로 아동 · 청소년), 가족, 집단과 함께 할 수 있다. 개인내담자의 경우 구조화된 놀이활동을 내담자의 개인내 및 개인간 역동을 이해하기 위한 평가과정으로 사용할 수 있고, 내담자가 통찰을 얻도록 돕기 위한 수단으로 사용할 수도 있으며, 내담자의 변화를 돕기 위한 방법으로 사용할 수도 있다. 구조화된 놀이경험은 던지고 잡는 놀이나 비누방울 불기와 같이 단순한 활동에서부터 퍼펫쇼, 역할놀이, 테이블탑 게임, 인형의 집이나 주방 영역에서 일어나는 시나리오와 같이 보다 정교한 활동까지 가능하다.

옮겨 가면서

여러분은 자신에게 끌리는 광범위한 전략에 대해 숙고하기를 원할 것이다.

- 치료사의 신념과 상호작용 스타일에 맞는 이론적 정향과 가장 적합한 전략은 무언인가?
- 내담자와 함께 하기에 재미있을 것 같은 전략은 무엇인가?

- 내담자에게 도움이 될 것 같은 전략은 무엇인가?
- 더 탐색해 보고 싶은 개입방법은 무엇인가?

우리는 치료사에게 가장 흥미로운 활동을 보다 쉽게 찾을 수 있도록, 각 전략을 강조하며 다음 장들을 구성하였다. 놀이치료의 네 단계에서 기술된 모든 기법은 광범위한 전략 중 하나의 제목으로 소개하였다. 예를 들어, 특히 모험치료에 관심이 있다면 관계형성하기, 역동탐색하기, 통찰하기, 변화를 만들도록 돕기를 위한 몇 가지 모험치료 기술들을 찾을 수 있을 것이다.

즐기라…….

Interlude 3
의도성을 가지고 개입하기와 '무엇'을 만들어 내기

놀이치료실 작업에서 의도성을 가진 개입은 믿을 수 없을 만큼 매우 중요하다. 많은 비지 시적인 놀이치료사들은 모든 내담자에게 기본적으로 같은 기술을 사용하기 때문에, 이것이 상대적으로 쉽다. 그들은 놀이치료의 기본 기술(추적하기, 내용 재진술하기, 감정반영하기, 내담자에게 책임 돌려주기, 제한하기)을 사용하여 내담자의 긍정적인 성장과 변화를 촉진할 수 있는 관계를 형성하고, 새로운 공간을 창조할 것이다. 지시적인 놀이치료사는 이러한 기본 기술 외의(또는 대신하는) 기법과 활동을 사용하기 때문에 의도성을 가진 개입은 보다 어려워진다. 우리는 놀이치료사가 내담자와 함께 가려는 방향에 근거하여 기술과 활동을 신중하게 선택해야 한다고 믿는다. 우리는 놀이치료사가 특정 회기에서, 그리고 전반적인 작업에서 특정 내담자와 달성하려는 것이 무엇인지 실제로 생각해 보도록 격려하고자 한다. 많은 경우 지시적인 놀이치료사는 모든 내담자와 동일한 활동을 하거나, 동일한 기법을 사용하는 패턴에 빠지게 된다. 즉, "지난 주말 워크숍에서 배운 것들을 모든 내담자와 사용해 봐야겠다." 라거나, "시도해 보고, 효과가 있는 것을 찾아봐야겠다."하는 식의 접근 방식이다.

활동을 선택하기 위해, 우리는 치료사들이 이러한 것을 지양하고, 내담자에게 중요한 것과 치료사가 관찰한 것을 활용하여 구체적인 활동을 선별하고, 내담자의 필요에 따라 활동을 조정하기를 격려하고자 한다. 이 특정 내담자가 미술활동을 좋아하는지, 어떻게 하는지(그리기/채색하기, 스티커 사용하기, 구성하기, 조형하기), 내담자가 대화를 위해 가져오는 주제는 무엇인지(비디오 게임, 스포츠, 로봇공학, 보드게임, 스케이트보드), 그리고 내담자가 자신을 드러내는 방식은 무엇인지(춤추기, 퍼펫쇼, 모래상자 만들기, 역할놀이, 드럼연주, 음악 만들기)에 주의를 기울임으로써, 치료사는 의도적으로 개입을 설계하고 전달할 수 있다.

빅A아젠다와 스몰a아젠다는 코칭훈련협회의 공동리더십 프로그램에서 내(테리)가 배운 단어이다. 치료의 빅A아젠다는 내담자의 장기적인 목표와 목적으로 이루어져 있으며, 여기에서 치료사는 (긴 회기 동안) 내담자를 어디로 안내하기 위해 노력하고 있는지 고민해야 한다. 스몰a아젠다는 회기에서 하는 작업의 잠정적인 계획이다. 회기 동안 내담자는 자신이 머무는 곳에서 자신과 만나야 하기 때문에, 치료사는 스몰a아젠다에 얽매이지 않고 유연할 필요가 있다. 즉, 이것은 회기의 시작 전에 치료사가 이미 알고 있는 것을 바탕으로 한 잠정적인 계획이다. 치료사는 내담자의 삶에서 어떤 일이 일어나느냐에 따라 철저하게 준비한 계획을 포기해야 할 수도 있고, 내담자가 그 순간 필요로 하는 것에 따라 계획을 조정해야 할 수도 있다. 치료사는 빅A아젠다로 나아갈 때 흔들림이 없어야 한다(물론, 내담자와 상황의 변화에 따라 빅A아젠다가 변경되어야 할 것도 이해해야 한다). 그리고 훨씬 더 유동적으로 스몰a아젠다를 실행해야 한다.

우리는 '무엇인가를 만들기 위한' 의지와 능력이 좋은 놀이치료사를 만드는 요소라고 생각한다. 수년간 놀이치료를 가르치고 감독해 오면서 발견한 사실 중 한 가지는 매우 창의적이고, 독창적이고, 재미있는 사람들이 훈련을 받은 후에 창의성과 독창성, 그리고 (때로는 심지어) 재미있음을 잃는다는 것이다. 또한 우리는 놀이치료 개입에서 결코 "모든 상황에 적용되는 한 가지 방법은 없다."는 것을 알아냈다. 이것은 새로운 개입을 시작하는 것 외에도 이미 알고 있는 다양한 개입을 내담자에게 맞추어 적용해야 함을 의미한다. 이것은 치료사가 내담자에게 맞춤설계하여 매회기를 준비하는 것이 매우 중요하다는 것을 의미한다.

우리는 치료사가 놀이치료에 대해 가지는 낡고 제한적인 생각(규칙도)을 버리고, 상상력을 통해 놀이치료실에서 사용할 수 있는 활동, 스토리, 춤과 모험을 개발하도록 초대하고 싶다(실은 권고한다). 치료사가 내담자의 요구를 충족하기 위해 무엇인가를 만들 수 있다(또는 적용할 수 있다)는 생각과 믿음을 시도할 때, 우리는 치료사의 독창성을 지원하기 위해(이 모든 자유가 치료사를 기겁하게 만들 경우를 대비해서) 그 생각의 구조화를 도울 몇 가지 가능성을 제안하고자 한다. 새로운 개입을 설계할 때(혹은 이 책이나 다른 곳에서 배운 것을 적용할 때), 스스로에게 다음 질문을 해 보아라.

1. 내담자가 (치료사를 포함한) 타인과 관계 맺는 방법에 대해 치료사가 이해하고 있는 것은 무엇인가?
2. 내담자에게 중요한 것에 대해 치료사가 알고 있는 것은 무엇인가?
3. 내담자의 개인내 및 개인간 역동에 대해 치료사가 알고 있는 것은 무엇인가?

4. 치료사가 내담자와 성취하기 위해 노력하는 것은 무엇인가? 이 회기에서 무엇을 성취 (스몰a아젠다)하고자 하는가? 이 내담자와의 전반적인 목표(빅A아젠다)는 무엇인가?

5. 치료사는 내담자가 인생에서 성공하기 위해 (특정 내담자에게 의미 있다면 무엇이든) 배우는 것이 중요하다고 생각하는가?

6. 치료사는 내담자가 인생에서 성공하기 위해 (특정 내담자에게 의미 있다면 무엇이든) 연습하는 것이 중요하다고 생각하는가?

7. 내담자를 위한 치료목표의 우선순위는 어떻게 정하는가? 내담자와 함께 하는 순간에 무엇이 치료사(내담자)에게 가장 큰 치료적 가치가 될 것인가?

8. 오늘, 이 치료시간에 내담자에게는 무엇이 진행되고 있는가?

9. 내담자는 보통 어떻게 의사소통하는가? 은유적인가, 직접적인가?

10. 감정을 전달할 때, 내담자의 규칙은 무엇인가?

11. 내담자는 놀이치료실에서 무엇(그리기/채색하기, 기타 미술전략, 퍼펫, 피규어, 모래상 자, 스토리, 동작, 음악, 프로젝트, 게임, 독서 등)을 하는가?

12. 내담자의 평소 사고패턴은 어떠한가? 추상적인가, 구체적인가? 선형적인가, 접선적 (tangential)인가?

13. 내담자에게 최선의 학습양식은 무엇인가? 듣기, 보기, 하기, 움직이기인가? 아니면 이 들 중 일부의 혼합인가?

14. 놀이치료실 밖에서 내담자의 관심사는 무엇인가?

이 질문(및 내담자 맞춤개입을 위해 중요할 것 같은 그 밖의 질문들) 중 일부(혹은 모두)에 대답 한 뒤, 치료사는 내담자와 무엇인가를 만들기 위한 시작을 하거나 시도를 할 수 있다. 치료사가 의도성을 가지고 개입하며, 자신의 개입이 내담자에게 미치는 영향에 주의를 기울 이는 한 이러한 시도는 내담자에게 어떤 해로운 영향도 미치지 않을 것이다. 그리고 때로는 용기를 발휘하여 불완전하고 새로운 것을 시도해야 할 때도 있다.

제4장

관계형성

*　　*　　*

　인간발달과 성격을 이해할 때, 이론마다 차이가 있고, 놀이치료 기술과 기법의 적용에 차이가 있음에도 불구하고, 놀이치료사들은 성공적인 치료과정을 위해 이론적 정향을 넘어 치료적 관계가 필수 요소라는 것에 대부분 동의한다. 많은 놀이치료사들이 관계'하기(doing)'가 치료목표를 충족하기 위한 기술의 은폐가 아닌 자신의 일부임을 증명하고자 하는 것처럼, 치료적 관계의 발달을 정의하고 설명하는 것은 어렵다. 많은 놀이치료사들에게 관계는 하나의 존재방법이다.

　우리 둘은 다른 사람과 자연스럽게 관계를 맺는다(여러분은 그것이 우리의 초능력 중 하나라고 말할지도 모르지만, 우리는 그것이 여러분의 초능력이 될 수도 있다고 생각한다). 여러 가지 초능력과 기술을 타고난 놀이치료사들이 있지만, 그들은 여전히 내담자와의 관계형성을 도울(그리고 다른 과정에도 도움이 되는) 약간의 지침(구체적인 놀이치료 기술, 전략, 기법)이 필요하다. 이 장의 내용은 이것에 관한 것이다.

사정도의 활용

　한 개인의 선천적이거나 후천적인 관계형성 기술과 관계없이, 우리는 내담자와 진실된 치료적 관계를 형성하기 위해 다음의 태도가 필요하다고 믿는다. 사정도(Four-Fold Way)는 자신을 치유하고, 타인 및 환경과 조화를 이루는 삶의 과정을 기술하기 위해 애리엔(Arrien, 1993)이 개발한 원칙이다. 애리엔은 인류의 존재 전반에 걸쳐 (치료사뿐 아니라) 모두가 서로의 치유를 위해 연결되어 있고, 책임이 있다고 믿었다. 사정도는 다음의 네 가지 지침으로 구성된다.

1. 현존함을 보여 주고, 선택하라.
2. 마음과 의미를 가지는 것에 주목하라.
3. 비난이나 판단 없이 진실을 말하라.

4. 결과에 연연하지 말고, 유연하라.

애리엔은 치료사가 아니기 때문에, 그녀의 글은 치료적 관계에 관한 것이 아니다. 그것은 삶의 방식에 관한 것이다. 내(테리)가 처음 사정도에 관한 그녀의 책을 읽었을 때, 나는 이것을 '나의 가족과 친구들에게 적용하고 싶다.'고 생각했다. 시간이 흐르고 그 원칙이 나의 업무 외 생활에 스며들면서, 내가 업무 관계(동료들, 상담과 교육, 수퍼비전)에서도 이 원칙을 사용하고 있다는 것을 깨달았다. 그리고 나는 관계 안에서 이것이 매우 도움이 되었다는 것을 깨달았다. 그래서 나는 제자들에게 이 원칙을 가르치고 있고, 지금 여러분과도 공유하고 있다.

✽ 현존함을 선택하라

여러분에게는 선택권이 있다. 여러분은 자신과 내담자와의 관계, 내담자가 표현하는 모든 것에 온전히 주의를 기울이고, 관여하며, 집중하고, 관심을 가질 수 있다. 또는 정신적으로 다른 관심사나 해야할 일(저녁식사로 무엇을 준비할 지, 오늘 경기에서 누가 이길 지, 병든 동생을 어떻게 돌볼 지 등)을 떠올릴 수 있다. 이 지침을 따르기 위해서는 그 순간 통제할 수 있는 것을 고려하여 회기 중에 의도적으로(우리가 의도성을 가지라고 강조했던 것을 기억하는가?) 내담자와 현존하기를 선택해야 한다.

여러분의 삶에서 다른 영역이 중요하지 않다는 것이 아니다. 사실 우리는 치료사가 최적으로 기능하기 위해 삶의 모든 영역에 관심을 가져야 한다고 믿는다. 또한 우리는 경험을 통해 다른 것(예: 개인이나 가족의 질병, 스트레스, 의무)에 압박받을 때, 내담자와 현존하는 것이 어렵다는 것을 잘 알고 있다. 내(크리스틴)가 효과가 있다고 발견한 전략은 나의 삶에서 관심이 필요한 영역 목록을 만드는 것이다. 긴급함과 중요도를 다루는 코비(Covey, 2013)의 매트릭스를 이용하여, 나는 각 영역을 어떻게 다룰 것인지 우선순위를 정해 놓고 계획을 세운다. 이것은 다른 일을 제쳐 두고 내담자와 현존하는 데 도움이 된다. 나는 체계적인 사람은 아니다. 단지 내담자에게 집중할 수 있도록 회기 동안 개인적인 걱정이나 생각을 떨쳐 버리기로 결심했을 뿐이다. 여러분은 자신이 내담자와 현존할 수 있게 해 주는 것을 스스로 찾을 필요가 있다.

❀ 마음과 의미를 가지는 것에 주목하라

놀이치료사는 귀와 눈, 직감, 마음으로 듣는다. 우리는 내담자에게 중요한 것을 알아차린다. 내담자는 우리에게 말하거나 보여 줄 수 있다. 또한 조율된 놀이치료사는 내담자가 공유하고 있는 것을 느낀다. 우리는 내담자가 마음을 드러내고 표현하는 것에 주의를 기울인다. 때로는 부모의 이혼, 애완동물의 죽음, 학교에서 괴롭힘을 당하는 것과 같이 내담자에게 명확하고 직접적인 중요한 사건이 있을 수 있고, 내담자로부터 나오는 미묘하고 근본적인 감정, 태도, 신념의 잔류가 있을 수도 있다. 내담자는 어쩌면 소속되지 못하거나 거부당하거나 중요한 존재가 아니라는 두려움을 가지고 있을 수 있다. 많은 내담자, 특히 아동은 이러한 사실을 지각하지 못하거나, 이것이 너무 추상적이어서 직접적으로 표현하지 못할 수도 있다. 이 메시지에 조율되는 것이 놀이치료사의 임무이다.

우리가 여러분에게 내담자가 느끼는 것이나 내담자에게 의미 있는 것이 무엇인지 정확하게 알게 해 줄 구체적인 방법을 알려 줄 수는 없지만, 무엇이 내담자의 마음에 있고, 의미를 가지는지 알아차리도록 도와줄 몇 가지 전략은 제공할 수 있다. ① 반복되는 테마나 놀이패턴, ② 놀이중단(내담자가 갑자기 활동을 중단하고 다른 활동으로 전환하는 경우), ③ 놀이치료실에서 동일한 대상의 지속적인 사용, ④ 특정 활동이나 놀잇감에 대한 회피나 집중, ⑤ 내담자가 대상을 만지고 잡는 방법 등에 주목한다. 내담자에게 중요한 것이 무엇인지 사정하기 위해 치료사에게 가장 중요한 도구는 자신의 느낌과 직감적인 반응이다. 이것은 훈련을 통해, 그리고 자신을 신뢰할 때 가능하다(경고: 내담자의 반응과 자신의 반응을 구분하기 위해 자신의 '것'을 인식해라. 발생하는 일이 치료사의 것이 아니라 내담자의 것이라고 확신하기까지 우리는 자주 자기점검을 해야 한다).

❀ 비난이나 판단 없이 진실을 말하라

여러분이 아동이라고 잠시 상상해 보자. 얼마나 자주 비난이나 판단 없이 정보나 피드백을 얻는가? 아니, 성인으로서도 얼마나 자주 비난이나 판단이 없는 피드백을 얻는가? 아마 원하는 만큼 자주는 아닐 것이다. 내담자와의 관계에서 놀이치료사가 해야 하는 일은 알아차리는 것이다. 비난이나 판단은 치료사의 역할이 아니며, 내담자가 마음과 의미를 드러내며 자신을 표현하는 것을 방해할 수 있다. 우리는 언어와 보디랭귀지로 공감을 전달하기 위해 의도성을 가지고 작업한다.

여러분은 아마도 "어떻게 그것을 할 수 있나요?"라고 질문할 수도 있다. 우선, 자신의 목소리 톤과 얼굴 표정이 중립적인지 확인해라. (비난이나 판단 없이) 정직한 피드백을 줄 친구와 함께 연습해 보자. 여러분은 '상담자의 얼굴'에 대해 들어 본 적이 있을 것이다. 그것은 판단이 없고, 동요가 없는 표정의 얼굴이다. 무관심하거나 지루해 보이지 않도록 주의하면서 그 표정을 자주 사용해라(말은 실천보다 쉽다. 그렇지 않은가?). 동의하지 않음을 나타내는 보디랭귀지는 쉽게 드러날 수 있기 때문에, 치료사는 자신의 보디랭귀지를 중립적으로 유지할 필요가 있다.

또 다른 제안은 "나는 알아챘어요." 기법을 사용하는 것이다. 이것은 치료사가 판단 없이 내담자가 하고 있는 것에 정말로 주의를 기울이고 있다는 것을 의미한다. "나는 네가 코끼리 가족과 놀이하는 것을 좋아한다는 걸 알아챘어." "내가 너를 데리러 대기실에 갔을 때 네가 웃는 걸 알아챘어."와 같은 진술은 치료사가 내담자를 지켜보고 있지만, 판단하고 있지는 않다는 것을 전달한다.

치료사는 내담자에게 정직한 피드백을 주어야 한다. 치료사의 반응과 감정, 타인이 내담자에게 어떻게 반응할 것인지에 대한 치료사의 생각, 내담자의 행동이 가져올 결과에 대한 치료사의 추측을 비난하지 않고 전달할 수 있다. 예를 들어, 치료사는 "나에게 어떤 결정권도 없는 게임은 재미없어. 나는 우리가 놀이규칙을 함께 정할 건지 궁금해."라거나, "다른 아이들에게 소리를 지르면, 그 아이들은 너와 어울리고 싶어 하지 않을 거야." 또는 "당신이 지각할 때 당신의 상사는 아마도 당신과 계속 일하기가 어려울 것 같군요."와 같은 피드백을 줄 수 있다. 다시 말하지만, 치료사는 자신의 말, 목소리, 얼굴 표정, 보디랭귀지가 판단적이지는 않은지 확인해야 한다.

❀ 결과에 연연하지 말고, 유연하라

결과에 유연하라는 것은 말처럼 쉽지 않다. 치료사가 바랐거나 계획했던 방식대로 되지 않을 때, 그 과정을 신뢰하며 괜찮다고 생각하는 것은 어려울 수 있다. 이것은 시간이 지남에 따라 좀 더 수월해진다. 이 원리는 단일 회기와 전체 과정에 모두 적용된다. 비지시적인 놀이치료사는 때때로 내담자의 행동을 예상하며 회기에 임하지만, 내담자가 치료사를 실망시킬 수도 있다. 만약 치료사가 과정의 전개에 유연하라는 지침을 따르고 있다면, 그 실망감과 기대를 떨쳐 버리기 위해 노력할 것이다. 만약 여러분이 지시적인 놀이치료사라면 아마도 아젠다를 가지고 회기에 임할 것이다. 계획된 활동과 그 활동의 작용에 집착을 갖지 않으려는 것이 중요하다. 때때로 내담자는 치료사가 계획한 활동을 좋아하지 않을 수도 있다. 많은 경우 내담자는 치료사가 기대한 대로 반응하지 않으며, 혹은 치료사가 계획했던 기법이 기대했던 대로 작용하지 않을 수 있다. 회기에서 어떤 일이 일어나는지와 상관없이 그것을 배우기 위해 개방된 자세를 가져야 한다. 내담자의 반응과 상관없이 치료사는 항상 그들로부터 배운다. 단지 치료사가 의도했던 것을 배우지 못할 뿐이다(그리고 치료사는 타인이 어떻게 반응하고, 활동이 어떻게 이루어지는지 통제할 수 있다고 강하게 주장하는 대신 무엇이 전개되든 허용하면서 자신에 대해 배운다. 그러니 냉정해지라).

　모든 놀이치료 과정의 전개에 개방되어 있는 것도 중요하다. 치료는 느린 과정이다. 치료사는 자신이 원하는 방식으로 내담자가 개선되고 있는지 조급해하거나 자신의 역량을 판단할 필요가 없다. 우리의 경험상 치료사가 놀이치료 과정을 신뢰하고, 개방적인 목격자가 되어 내담자와 협력할 때, 치료는 더 재미있어진다! 놀이치료는 우리가 무엇을 발견할 것인지 알 수 없는 여행이다. 어떤 보물을 발견하든 이 여행은 중요하고 의미 있을 것이다. 특정 결과에 대한 집착은 치료과정을 방해하고, 내담자와 치료사의 창의성을 억압한다. 치료사 자신, 내담자 그리고 그 과정을 신뢰하라.

관계형성을 위한 놀이치료 기술

　우리는 지금까지 내담자와 치료적 관계를 맺기 위한 기본 지침을 기술하였다. 이제 우리는 관계를 형성하고 강화하기 위해 내담자와 함께 할 수 있는 기본적인 놀이치료 기술로 방향을 돌리고자 한다. 코트먼(Kottman, 2011)에 따르면, 지시적이든 비지시적이든 대부분의 놀이치료 접근은, 내담자와 관계맺기를 위해 추적하기, 내용 재진술하기, 감정반영하기, 책임 돌려주기, 제한설정하기를 사용한다. 놀이치료의 몇몇 접근에서는 관계형성을 위한 방법으로 내담자 격려하기, 놀이치료실 함께 정리하기, 내담자와 함께 놀이하기를 사용한다.

✤ 추적하기

추적하기는 내담자가 하고 있는 것을 놀이치료사가 묘사하는 것이다(Kottman, 2011; Landreth, 2012; Ray, 2011; VanFleet et al., 2010). 이 기술의 목표는 치료사가 주의를 기울이고, 알아차린다는 것을 내담자에게 전달하는 것이다. 이것은 대화치료의 바꾸어 말하기(paraphrasing)나 최소한의 격려하기와 유사하다. 놀이치료 초심자들은 이 기술을 사용할 때 자주 어색하고 경직된다고 말한다. 안심해라. 시간이 흐를수록 점점 자연스러워질 것이다. 이 기술을 사용하기 위해서는 내담자가 무엇을, 어떻게 하고 있는지 묘사해야 한다. 예를 들면, "저쪽으로 그것을 옮겼구나." "색을 많이 사용했구나." "빠르게 옮겼구나." 등으로 묘사하는 것이다. 또한 치료사는 놀잇감의 조망에서 추적할 수 있다. "(사자의 행동을 추적하면서) 그것이 저쪽으로 이동했구나."라거나 "그가 빠르게 움직였어."로 반응할 수 있다. 치료사가 자신의 생각으로 놀잇감을 지칭하기 보다 놀잇감이 무엇인지 내담자가 결정하도록 놀잇감에 이름을 붙이지 않는 것도 중요하다.

✤ 내용 재진술하기

내용 재진술하기는 대화치료의 바꾸어 말하기와 같다(Glover & Landreth, 2016; Kottman, 2011; Landreth, 2012; Ray, 2011; VanFleet et al., 2010). 치료사는 내담자가 말한 것을 내담자에게 다시 진술한다. 앵무새처럼 말하기(내담자가 말한 것을 똑같이 말하는 것)를 피하고, 내담자가 치료사에게 공유했던 것을 치료사 고유의 언어로 되풀이하여 말하려는 시도이다. 만약 내담자가 "나는 오늘 아빠 집에 가야 해요."라고 했다면 치료사는 "너는 오늘 아빠 집에 있어야 하는구나."라거나 "너는 평소에는 아빠 집에 있지 않구나."라고 반응할 수 있다. 놀잇감에 대한 내용도 재진술될 수 있다. 만약 마법사 퍼펫이 경찰관 퍼펫에게 "감옥으로 가버려! 너는 나쁜 아이였어!"라고 말한다면, 놀이치료사는 "그는 규칙을 지키지 않아 어려움을 겪고 있구나."라고 재진술할 수 있다. 추적하기와 마찬가지로, 내용 재진술하기의 목표도 내담자가 전달하는 내용에 치료사가 주의를 기울이며, 이해하기 위해 노력하고 있다는 것을 전달하는 것이다.

✽ 감정반영하기

놀이치료 회기에서 감정을 반영하는 목적은 대화치료에서 감정을 반영하는 목적과 동일하다(Glover & Landreth, 2016; Goodyear-Brown, 2010; Kottman, 2011; Landreth, 2012; Ray, 2011; VanFleet et al., 2010). 치료사는 내담자가 명확하게 표현하는 감정과 내담자가 전달하는 숨겨진 감정을 반영한다. 만약 내담자가 자신을 묘사하는 감정 단어를 사용하지 않는다면, 내담자가 어떻게 느끼는지 추측한다. 추적하기나 내용 재진술하기와 마찬가지로 놀이치료사는 내담자나 놀잇감의 감정을 반영할 수 있다. 대기실에서 만났을 때, 미소를 짓고 있는 내담자에게 "여기 온 것이 행복하구나."라거나 "너는 우리가 함께 하는 시간을 기대하고 있구나."라고 말할 수 있다. 모래상자에 공격적으로 트럭을 던져 넣는 아동에게, "너는 그것 때문에 속상하구나."라거나 "네 뜻대로 되지 않아 기분이 나쁘구나."라고 말할 수 있다. 또한 치료사는 놀잇감의 감정을 반영할 수도 있다. 아기코끼리가 큰 코끼리에게 파고들고 있다면, "오, 그녀는 엄마를 정말로 사랑하는구나." 라거나 "작은 것이 큰 것과 함께 있을 때 안전하다고 느끼는구나."라고 말할 수 있다.

✽ 책임 돌려주기

책임 돌려주기는 내담자에게 권한을 부여하기 위해 사용하는 기술이다(Kottman, 2011; Kottman & Meany-Walen, 2016; Landreth, 2012; Ray, 2011). 놀이치료사는 내담자가 결정을 내리거나 과업을 시도할 능력이 있다고 믿는다. 이 기술은 내담자가 고유의 능력을 사용하고 경험하도록 부드럽게 독려한다. 내담자를 위해 결정을 내려야 한다는 책임감을 갖지 않는 것이 중요하며, 이를 다루는 최선의 방법은 아마도 내담자에게 책임을 돌려주는 것이다. 놀잇감을 집어 들고 "이게 뭐예요?"라고 질문하는 아동이 있다면, 치료사는 아동에게 "여기서는 네가 결정할 수 있어."라고 말하거나, "그것이 무엇인지 네가 결정할 수 있어."라고 말함으로써 권한을 부여할 수 있다. 만약 청소년내담자가 자신이 그린 그림을 버려야 하는지 묻는다면, "그 그림을 어떻게 해야 하는지 궁금한 것 같구나."라며 책임을 돌려줄 수 있다. 내담자 스스로 할 수 있는 일을 해 주지 않고, 내담자에게 책임을 돌려줌으로써 내담자에게 권한을 부여할 수 있다. 한 성인 내담자가 반짝이풀을 열지 않고, 치료사에게 건네주며 "열어 주실래요?"라고 말한다면, 책임을 돌려주는 놀이치료사는 "저는 당신이 그것을 할 수 있다고 생각해요."라고 말할 것이다. 만약 내담자가 어떤 일을 할 수 있는지 확신하기 어렵다면, 치료사는 내담자에게 "어떻게 하면 되는지 나에게 보여 주렴."이라고 말할 수 있다. 이런 식으로 내담자가 과업을 시도하도록 격려하면서, 기술에 대한 내담자의 능력을 평가한다. 많은 경우 치료사가 내담자에게 무엇을 해 주거나 정보를 주는 편이 더 쉽지만, 이것이 그들에게 배움이나 권한을 주지는 않는다. 우리는 '누군가가 날 위해서 해 줄 거야.' '나는 무기력하고 뭐가 뭔지 잘 모르겠어.' '실수를 하는 것보다 도움을 구하는 게 나아.'라는 생각이 강화되기를 원치 않는다. 책임 돌려주기는 내담자가 스스로 결정하고 무언가를 시도해 보는 경험을 제공한다.

❋ 격려하기

격려하기는 내담자가 내적평가소재와 동기를 구축하도록 돕는 기술이다(Kottman, 2011; Kottman & Meany-Walen, 2016; Nelsen, Nelsen, Tamborski, & Ainge, 2016). 칭찬이나 다른 평가적인 단어와 말을 대신한다. 치료사는 "훌륭해." "잘했어." "바로 그거야." 등의 말을 한다. 칭찬은 활동이나 과업의 결과와 산출물에 초점을 맞춘다. 격려는 노력(예: "정말 열심히 했구나." "정말 많이 노력했어." "포기하지 않았구나."), 과정(예: "어제는 포기했지만 오늘은 해냈구나." "지난 주에는 그 퍼즐을 어려워했는데, 오늘은 모두 완성했구나."), 성취에 대한 내담자의 감정(예: "시험을 잘 봐서 너는 네가 정말 자랑스럽구나." "무서웠지만 트램펄린 위에서 점핑한 것이 기쁘구나."), 내담자 개인의 자산(예: "너는 네가 원하는 것을 어떻게 얻을 수 있는지 알고 있구나." "너는 색칠하는 법을 아는구나.") 등에 초점을 맞춘다. 놀이치료의 몇 가지 접근에서 이 기술이 사용되지만, 아들러학파 놀이치료에서 주로 사용된다. 인지행동 놀이치료와 같은 다른 접근 방식에서는 아동의 바람직한 행동을 이끌거나 강화하기 위한 기술로 칭찬을 사용한다.

❋ 제한설정하기

놀이치료에서 관계를 깊이 있게 하는 한 가지 방법은 예측가능성, 안전, 경계를 설정하기 위해 제한설정을 하는 것이다. 제한에 대한 전략은 다르지만, 놀이치료 전문가들은 필요한 때에만 제한해야 하며, 치료의 시작에서 규칙을 장황하게 설명해서는 안 된다고 동의한다(Bixler, 1949; Glover & Landreth, 2016; Kottman, 2011; Ray, 2011; VanFleet et al., 2010). 놀이치료사는 내담자의 행동이 ① 내담자, ② 치료사, ③ 놀이치료실과 재료, ④ 내담자와 치료사의 관계를 해칠 위험이 있다고 생각할 때 제한설정을 해야 한다. 제한설정을 위해 일반적으로 사용되는 두 가지 방식은 아들러학파 놀이치료 모델(Kottman & Meany-Walen, 2016)과 아동중심 놀이치료 모델(Landreth, 2012; Ray, 2011)이다. 아들러학파 놀이치료사는 ① "이것은 _____이라는 놀이치료실 규칙에 어긋나는 일이란다."라고 말함으로써 제한을 전달한다. ② 내담자의 감정을 반영하고, 내담자의 행동목표를 메타커뮤니케이션 한다. ③ 수용가능한 대안을 함께 만들기 위해 내담자를 초대한다(대안을 만드는 것이 필요한 경우에만 해당된다. 만약 치료사가 제안한 대안을 내담자가 받아들인다면 필요하지 않다). ④ 놀이치료실 규칙을 계속 지키지 않을 경우 발생할 수 있는 결과를 내담자가 결정하도록 돕는다(내담자가 ③ 단계에서 만든 대안을 따르지 않기로 선택한 경우에만 해당된다). 아동중심 놀이치료에서 치료사는 ① 내담자의 감정을 인정한다. ② 제한을 전달한다. ③ 적절한 대안을 제시한다.

이제 제한의 작동방법을 알아보자. 한 아동이 퍼펫에 풀칠을 한다고 가정해 보자. 이것은 놀이치료실이나 놀잇감을 손상하지 않는다는 규칙을 위반하기 때문에, 치료사들은 이 행동이 받아들일 수 없다는 것에 대부분 동의할 것이다. 아들러학파 놀이치료사는 다음과 같이 말할 것이다. "○○아, 퍼펫에 풀칠을 하는 것은 놀이치료실 규칙에 어긋난단다. 내 생각엔 네가 창의적인 아이디어를 보여 주고 싶은 것 같기도 하고, 또 네가 인형에 풀칠을 하면 내가 뭐라고 할지 궁금한 것 같기도 해. 놀이치료실 규칙에 어긋나지 않게 풀칠을 할 수 있는 것에는 무엇이 있을까? 우리

같이 생각해 보자." 아동중심 놀이치료사는 "○○아, 너는 퍼펫에 풀칠을 하는 것이 재미있다고 생각하는구나. 그러나 퍼펫은 풀칠을 위한 것이 아니란다. 너는 종이에 풀칠을 할 수 있단다."와 같이 말할 것이다. 중요한 것은 두 접근 모두 내담자를 존중하고 내담자의 소망, 동기, 감정을 인정한다는 것이다. 두 접근법의 목적은 내담자가 수용 가능한 대안을 찾도록 돕는 것이다. 두 접근 방식의 차이점은 아들러학파에서는 능동태를 사용하고, 규칙을 명확히 기술하며, 대안(필요시 결과까지도)을 제시하도록 내담자를 참여시킨다는 점이며, 아동중심 놀이치료에서는 수동태를 사용하여 내담자를 적절한 행동으로 재안내한다는 점이다.

✿ 아동과 함께 놀이하기

놀이를 할 것인가 말 것인가, 그것이 문제로다(우리는 이것이 고민해야 하는 문제라고 생각한다. 그러나 여러분은 모든 전문가들이 우리의 생각에 동의하지는 않는다는 것을 알 필요가 있다). 놀이치료에서 치료사가 내담자와 상호작용하는 방법은 치료사의 성향과 내담자의 욕구에 대한 치료사의 신념에 따라 결정될 수 있다. 어떤 놀이치료사는 운동 경기에서 스포츠 캐스터가 하는 것처럼 놀이치료실에서 기능한다. 그들은 내담자가 독립적으로 놀이할 때 내담자의 생각·감정·행동을 중계한다. 또 다른 놀이치료사는 내담자에게 협력적으로 참여하며 놀이한다. 내담자와 함께 놀이하기를 선택한 치료사조차도 내담자가 치료사에게 놀이를 요청할 때까지 기다릴 것인지, 내담자와 함께 놀이를 시작할 것인지 결정해야 한다. 반드시 어떤 방법이 다른 방법보다 더 나은 것은 아니지만, 치료사는 의도성과 진실성을 가지고 길을 선택해야 한다. 아들러학파로서 우리는 내담자와 적극적으로 놀이하기도 하고, 놀이를 권하기도 하며, 때로는 내담자가 우리에게 요청할 때까지 기다리기도 한다. 나(크리스틴)는 '나쁜 녀석들'로부터 숨기 위해 바닥에 웅크리고, 위험으로부터 우리 자신을 보호하기 위해 내담자와 동맹해 왔다. 나(크리스틴)는 아동내담자와 숨바꼭질을 하고, 청소년/성인 내담자와는 주기적으로 보드게임과 모험치료 전략을 사용한다. 또한 우리에게 우리의 직관이 '내담자에게 독립적으로 작업할 시간이 필요하니 그저 지켜보라.'고 말해 줄 때도 있다.

❀ 놀이치료실 정리하기

놀이치료실 정리에 관한 것 역시 놀이치료 과정에 대한 치료사의 생각과 전개 방법에 따라 결정된다. 믿든, 믿지 않든 놀이치료사가 내담자와 함께 정리할 것인지, 그리고 어떻게 정리할 것인지를 결정하는 것은 이론에 내재되어 있다.

일부 놀이치료 접근(예: 아동중심이론, 융학파, 정신분석이론)에서는 놀이치료실에서 어떤 놀잇감이 사용되었고, 남겨졌는지가 치료과정을 구성하는 일부분이다(Axline, 1969; Landreth, 2012; Ray & Landreth, 2015). 이런 생각의 연장선으로 회기가 끝날 때 정리를 요청하는 것은 내담자에게 놀이치료실에서 공유했던 것을 다시 가져가도록 요청하는 것과 같다.

다른 놀이치료 접근(예: 아들러학파, 게슈탈트이론, 통합이론, 테라플레이)에서는 치료가 현실에 정착되고, 협력 활동을 통해 관계가 강화되도록 정리하기 과정을 사용한다(Booth & Jernberg, 2010; Kottman, 2011; Kottman & Meany-Walen, 2016). 아동(성인의 경우도 마찬가지이다)들이 어지럽힌 것을 타인이 정리하도록 내버려 두고 떠나는 것을 허용하는 사회적 상황은 거의 없다. 이 생각에 동의하는 치료사는 내담자와 협업하여 놀이치료실을 함께 정리할 것이다. (이제 기억해라. 정리는 주관적인 용어이다) 나(크리스틴)는 종종 어린 아동, 반항 행동문제를 가진 내담자, 오직 세 개 정도의 놀잇감이나 피규어만을 꺼내는 치료를 처음 접하는 내담자를 만난다. 정리는 내담자에게 협동과 사회적 책임을 연습할 기회를 주고, 치료사에게는 내담자의 협력을 격려할 기회를 제공한다. 내담자에게 정리를 요청하지 않는 경우도 있다. 외상 경험이 있거나, 완벽주의자거나, 상호작용이 의미가 없을 만큼 낙담해 있거나, 잠재적으로 치료적 관계에 손상을 가져올 것 같은 경우가 이에 해당한다.

관계형성을 위한 놀이치료 기법

놀이치료 기술뿐 아니라 모험치료, 스토리텔링과 치료적 은유, 동작/춤 경험, 모래상자 활동, 미술기법, 구조화된 놀이경험 등 내담자와 관계형성을 위해 폭넓은 놀이치료 전략 기법들을 사용할 수 있다. 이 모든 기법은 다양한 연령, 집단, 드러난 문제에 따라 알맞게 적용될 수 있다. 다양한 이론적 접근에 기초해서 이 기법을 사용할 수 있다. 놀이치료 과정의 다른 단계에서도 상상력을 동원하여 이 기법을 도구로 적용할 수 있다. 우리가 각 활동에서 다양한 목표를 기술했다는 점에 주목해라. 우리는 주로 관계형성을 위해 이 기법들을 사용하지만, 우리가 함께 기술한 다른 목적을 위해서도 사용한다. 우리의 사용법에만 국한되지 말고, 기법들을 활용할 다양한 방법을 자유롭게 발견해 보아라. 여러분에게도 이것을 허락한다.

이 기법의 대부분은 실제로 지시적이라는 것을 기억하는 것이 중요하다. 대부분의 기법이 놀이치료 회기에서 그냥 '일어나는' 일만은 아니다. 치료사는 놀이치료 과정의 일부로 내담자에게 몇 가지 참여방법을 제공하거나, 몇 가지 다양한 기법에 참여하도록 초대함으로써 활동을 설정할 필요가 있다. 우리는 항상 내담자에게 선택을 거부할 수 있는 선택권과 함께 수많은 지시적인 기법의 메뉴를 제공한다. 다시 말하자면, 우리가 사용하는 어떤 기법도 내담자를 하도록 '만드는' 일을 지지하지는 않는다. 모든 놀이치료 접근이 지시적인 기법을 동일한 방법으로 제시하는 것은 아니다. 생태학적 놀이치료와 테라플레이 치료사는 지시적인 활동에 대한 선택지를 보여 주며 활동을 선택하도록 하지 않는다. 그러나 지시적인 기법을 사용하는 모든 놀이치료 접근들은 내담자의 흥미를 고려해서 활동이 만들어져야 한다는 의견에 동의할 것이다. 우리는 내담자에게 소개되는 모든 지시적인 기법이 내담자 맞춤으로 설계되어야 한다는 의견을 지지한다.

❀ 모험치료 기법

■ 당신의 이름을 그려 보세요

이 활동의 주된 목표는 관계형성이다. 이 활동은 치료사와 사람들을 웃게 하는 재미있는 방법이며, 당연히 관계형성을 위한 훌륭한 방법이다. 또한 이 활동은 자신에 대한 긍정적인 감정과 자신감을 높여 주고, 집단 활동에서 협력을 위해 필요한 기술을 향상시키도록 도우며, 대인관계에서 (작은) 위험을 감수해 보도록 내담자를 부드럽게 초대하기 위한 매개 역할을 할 수 있다.

이것은 자신의 이름쓰기가 가능한 내담자에게 효과적인 친해지기 게임이다. 이 게임은 개인내담자, 가족, 집단과 함께 할 수 있다. 가족이나 집단 단위로 하는 경우, 먼저 참여자들을 원형(가족과 소 집단의 경우 작은 원형이 될 수 있다)으로 배열한다. 개인내담자의 경우, 두 사람이 두 줄로 서면 된다. 구성원(내담자)에게 허공에 상상의 붓을 오른손(왼손잡이라도)으로 잡고, 자신의 이름을 가능한 크게 그리는 것이 과제라고 설명한다. 치료사는 이름의 첫 글자를 만들기 위해 (발끝으로 서서) 상상의 붓이 공중에 높이 닿게 하고, 또 무릎까지 내려오게 하면서 시범을 보일 수 있다. 가족이나 집단과 함께 하는 경우, 글자를 쓸 때 원형 안에서만 움직일 수 있다고 설명한다. 따라서 글자들은 허공에서 서로 위에 있는 것이 아니라 옆에 있게 된다. 개인내담자의 경우, 두 사람 모두 이름을 나란히 그리면서 직선으로 움직이게 될 것이다(치료사와 내담자, 가족, 집단구성원들은 그들의 움직임을 조정하며, 유대와 협력을 구축해야 한다). 오른손 그림이 끝난 후 상상의 붓을 왼손에 든 것처럼, 그리고 치아 사이에 물고 있는 것처럼, 또 (원한다면) 배꼽 위에 있는 것처럼 변형하여 활동을 반복할 수 있다.

■ 거울게임

이 활동의 목표는 특정 내담자의 욕구에 따라 달라진다. 타인과 관계맺기를 어려워하는 내담자에게 이 활동은 유대감 형성을 위한 수단이 될 수 있다. 순서 기다리기, 권력 공유하기, 협력하기를 연습해야 하는 내담자, 특히 ADHD 증상을 보이는 내담자에게 유용하다. ADHD 증상을 보이는 내담자에게는 충동성, 부주의한 행동, 불순응을 감소시키는 작업의 기회가 된다. 이 활동에서 요구되는 협력은 (ADHD 내담자를 포함해) 힘겨루기에 사로잡혀 있는 내담자에게 상대방을 제압하려는 시도 없이 관계를 맺을 수 있는 기회를 준다. 이 놀이의 행동요법은 스트레스가 될 수도 있는 평소 행동과 반대되는 행동을 요구하기 때문에, 스트레스 대처 전략을 배워야 하는 내담자에게 스트레스 면역 훈련을 할 수 있다. 이 활동은 개인내담자, 가족, 집단과 할 수 있다.

개인내담자와 작업하는 경우 치료사는 내담자의 파트너가 되며, 가족과 집단의 경우 구성원에게 파트너를 선택하게 한다(선택이 어떻게 일어나는지 관찰해라. 치료사는 관찰에 대해 언급할 수도 있고, 이후 활동을 위한 참고자료로 활용할 수도 있다). 내담자와 마주 보고 선다(가족과 집단에게는 파트너끼리 서로 마주 보고 서도록 한다). 개인내담자의 경우 대화를 통해 누가 '먼저' 할 것인지 결정하고, 가족과 집단의 경우 파트너와 함께 순서를 결정한다. 먼저 하는 사람이 첫 '리더'가 되고, 상대방은 '따르는 사람'이 된다. '리더'는 어떤 신체 동작을 만들고(리더는 파트너가 이 동작을 모방할 것을 알고 있다), '따르는 사람'은 리더의 행동이 거울처럼 보이도록 그 움직임을 모방한다(서로 마주 보고 '리더'가 오른손을 들어 올릴 때, 그것을 비춰 주기 위해 '따르는 사람'은 실제로 왼손을 들어 올려야 한다. 내담자에게 이것을 설명할 필요는 없으며, 행동요령 1에서 이 설명이 도움이 될 것이다). 이것은 협력활동이며, 목표는 침묵 속에서 모두가 관찰하고, 소통하고, 협력하는 것임을 강조한다. 약 4~5분(어린 아동이 있는 경우 더 짧아지고, 연령이 높은 내담자와는 더 길어진다) 후, 활동을 중지하고 파트너와 역할을 바꾼다. 첫 리더와 동일한 시간만큼 다음 리더도 역할을 수행한다. 참여자들과 순서를 바꿔 가며 활동을 여러번 할 수 있다. 활동에 참여하지 않는 내담자가 있다면, 한 번만 할 수도 있다.

행동요령 1

파트너를 위해 '거울'이 되는 대신, 따르는 사람에게 반대로 행동하게 한다(리더가 왼손을 들면, 실제로 따르는 사람은 왼손을 들어 반대로 행동하는 것처럼 보이게 한다). 이러한 변형은 이전 활동에서의 미러링보다 훨씬 더 어려우며, 따르는 사람은 보이는 것과 반드시 반대로 해야 하므로 더 많은 스트레스를 받는다. 그런 다음, 리더와 따르는 사람의 순서를 바꾼다. 활동을 마친 후, 이 활동이 변형 전 활동보다 더 어려웠는지, 그렇다면 어떻게 어려웠고 왜 그런지 언어과정을 하고 이 활동이 변형 전 활동보다 스트레스를 더 많이 받게 했는지 질문할 수 있다. 만약 그렇다면 불안관리 전략(신체 내부에 스트레스가 존재하는 곳에 머물기, 호흡 기억하기, 주의 기울이기, 이완시키기 등)을 설명하고 교육할 수 있는 순간이다. 치료사와 내담자는 이 전략을 연습하면서 활동을 반복한다(즉, 치료사는 시범을 보이고, 내담자는 연습한다).

행동요령 2

(ADHD 내담자 및 힘겨루기를 하는 내담자에게 매우 도움이 되는) 이 활동에서 두 파트너는 같은 방향을 보고 앞뒤로 선다. 이 활동에서 치료사는 리더에게 파트너가 리더의 동작을 할 수 있는지 미리 확인해야 한다는 것과 이 활동이 협동적인 모험이라는 것을 반복해서 알려야 한다. 그 다음, 리더에게 동작(팔 들어 올리기, 깡충깡

충 뛰기, 고개 끄덕이기, 엉덩이 씰룩거리기 등)을 하게 하고, 따르는 사람에게 리더의 행동을 따라하게 한다. 약 3~5분 후, 역할을 교체한다. 이 활동은 침묵하며 할 수 있다. 치료사는 따르는 사람이 좋아하고 싫어하는 동작을 리더에게 말하게 함으로써, 이 활동을 피드백 훈련으로 활용할 수 있다. 또한 이 활동은 음악과 함께 사용할 수도 있다. 가족이나 집단의 경우, 두 명씩 짝을 짓는 대신 모든 구성원이 같은 방향을 보며 한 줄로 서서 진행할 수 있다. 줄의 맨 앞 사람이 리더가 되고, 다른 사람들은 모두 리더의 동작을 모방한다.

❄ 스토리텔링과 치료적 은유 창조하기

■ 공동의 스토리(Co-Tell Stories)

이 활동은 관계형성과 협업의 기회를 제공하는 것이 목표이다(이 장에서 이 활동을 다루는 이유이다). 또한 이 활동은 내담자가 타인의 정동 및 인지적 조망 취해 보기, 사회적 정보를 인식하고 해석하기, 타인과 권력 공유하기, 순서를 지키고 공유하기, 적극적으로 경청하기, 대화 내용을 적절하게 유지하고 전달하기를 연습하기 위한 상황설정에서 사용할 수 있다. 특히 ADHD, 학습장애, 사회적 기술이 부족한 내담자에게 효과적이며, 개인내담자, 가족, 집단과 사용할 수 있다.

공동의 스토리는 내담자(가족/집단구성원)와 교대로 스토리를 말하는 것이다. 공동의 스토리를 하는 방법에는 여러 가지가 있다. 치료사는 제목을 선택하여 스토리를 시작하고, 자신의 스토리 설정이 완료되었을 때 내담자에게 넘겨줌으로써 스토리의 주제와 도입을 설정할 수 있다. 또는 내담자에게 주제를 선택하여 스토리를 시작하도록 할 수도 있다. 치료사는 스토리의 도입부를 받아 스토리를 이어가고, 내담자에게 스토리를 추가로 이어 가도록 다시 넘겨줄 수 있다. 때때로 내담자와 협력하여 스토리의 주제를 결정하고, 등장인물과 배경을 선택하고, 누가 스토리를 시작할 것인지 결정하면서, 내담자와 대화를 나누는 것도 재미있다. 한 번에 한 문장씩 번갈아 가며 말할 수도 있고, 각 단락의 끝에서 순서를 바꾸며 한 번에 한 단락씩 말할 수도 있다. 어떻게 스토리를 말할 것인지를 정하지 않고 할 수도 있다. 한 사람이 퍼펫이나 피규어를 사용하여, 마치 기자처럼 스토리 속의 다양한 등장인물(다른 사람이 역할을 하는)의 감정, 사고, 동기에 대해 면담[창작캐릭터(Creative

Character)와 같이할 수도 있다(Brooks, 1981; Kottman & Meany-Walen, 2016). 또한 가족이나 집단의 경우, 원형으로 앉아 다음 사람에게 스토리를 이어 가도록 하거나, 다음에 무슨 일이 일어날지 추가하여 이야기할 수 있는 사람에게 스토리를 이어 가도록 하면서 공동의 스토리 활동을 할 수도 있다.

■ 나에게/우리에게 스토리를 들려 줘

내담자에게 스토리 활동을 하도록 요청하는 일차적인 목표는 말하는 사람과 듣는 사람 사이의 유대감 형성이다. 또 다른 목표는 내담자의 자기이미지, 위험을 감수하려는 의지, 타인과 의사소통하는 능력, 주의집중 범위, 불안 수준, 적극적 경청 능력을 사정하는 것이다. 이 스토리 활동은 내담자가 적극적인 경청을 연습하고, 대인관계의 위험을 감수하며, 대화의 내용을 적절히 유지하고 전달하도록 돕기 위해 사용될 수 있다. 이러한 스토리들은 치료과정에서 상호스토리텔링(mutual storytelling) 단계에 이르렀을 때, 활동을 위한 발판 역할을 할 수 있다. 이 활동은 아무도 자신의 말을 들어 주지 않는다고 믿는 내담자, 불안이나 수줍음으로 힘들어하는 내담자, 자신은 능력이 없다고 믿거나 자신의 능력을 인정하지 않는 내담자에게 훌륭한 개입방법이다. 이 활동은 개인내담자, 가족, 집단에게 적합하다.

이 기법에 대한 설명은 당황스러울 정도로 간단하다. 치료사는 내담자에게 시작, 중간, 끝이 있는 스토리를 말하도록 요청한다. 내담자가 좋아하는 활동(채색하기, 퍼펫, 동물 피규어 등)에 주의를 기울이고, 그 정보를 토대로 말하기 양식을 설정하여, 내담자가 편안하게 스토리를 말하도록 한다. 그리고 치료사는 그 스토리를 듣는다. 내담자에게 긍정적인 영향을 줄 것 같다면, 치료사의 진심 어린 경청을 전달하기 위해 스토리를 요약하거나 시연할 수 있다. 만약 내담자가 질문에 대답하기를 좋아한다면(그리고 활동을 소개하기 전에 치료사가 알아야 하는 것이 있다면), 스토리에 대한 몇 가지 질문을 할 수도 있다. 만약 그 스토리가 '사실적인' 스토리(내담자에게 일어났던 일)라면, '실제 생활'과 관련된 질문을 할 수 있다. 만약 그것이 '만들어진' 스토리라면, 스토리 속에 내담자의 실생활과 관련된 요소가 있더라도 스토리 속 은유에 머물러 질문을 한다. 가족이나 집단과 작업하는 경우, 각 구성원에게 일정한 시간(초등학생은 약 5분, 청소년과 성인은 약 7~10분)을 주어 자신의 스토리를 말하도록 할 수 있다. 다른 구성원의 '과업'은 질문없이 스토리를 듣는 것이다. 치료사는 필요하다면, 스토리의 내용을 요약할 지원자를 요청할 수 있다. 그러나 요약할 사람이 실제로 대부분의 내용을 정확하게 이해할 수 있는 경우에만 시도한다. 만약 지원자가 많은 내용을 잘못 이해하고 말한다면, 다른 구성원들이 스토리를 말한 사람과 함께 하고 있음을 전달하려는 목표는 실패하게 된다.

■ 동굴벽화

우리는 이 기법을 존 영(John Young, personal communication, November 2016)에게 배웠다. 존 영은 내담자와 관계를 형성하고, 내담자가 부정적인 감정과 신념을 변환하도록 도우며, 미술과 스토리텔링을 이용하여 내담자의 경험을 처리하도록 돕기 위해 동굴벽화를 개발했다. 동굴벽화는 스토리텔링과 그리기가 결합된 기법으로 보다 긍정적으로 느끼고, 생각하고, 행동하기와 자기표현을 돕는다. 동굴벽화는 막대 그림과 상징 기호로 이루어졌기 때문에, 실제 그림이 아닌 그림의 표상에 초점을 둔다. 이것은 내담자와 놀이치료사의 유대감을 형성하며, 내담자는 이 과정에서 단지 이완과 재미를 경험할 수 있도록 초대된다. 치료사가 동굴벽화 과정에 협업한다면 더욱 그렇다. 이 개입은 자신을 부족하며, 제대로 하지 못하고, 가치가 없다고 믿는 내담자에게 도움이 된다. 이 개입의 목표는 내담자가 자기패배적인 자기대화를 인식하고, 이를 긍정적인 자기대화로 대체하도록 돕는 것이다. 내담자는 목표를 성취하기 위해, 동굴벽화 활동을 하면서 스토리를 만들고, 치료사는 부정적인 사고나 부정적인 자기평가에 대치되는 스토리를 추가하거나 편집할 수 있다. 치료사는 스토리 리텔링(retelling)을 통해, 대안적인 설명을 하거나 내담자의 조망에 부드럽게 이의를 제기할 수 있다. 동굴벽화 활동은 변동성이 많고 세밀하지 않기 때문에, 주의집중 시간이 짧거나 세부사항에 무심한 내담자에게도 도움이 된다. 이러한 내담자에게 스토리를 처음부터 끝까지 말하게 하거나 프로젝트를 완료하게 함으로써, 충동성과 과업 외의 행동감소를 활동목표로 할 수 있다. 이 개입은 모든 연령대의 아동, 성인, 가족, 집단에게 효과가 있다. 이 활동을 위해 아크릴 물감, 템페라 물감이나 핑거 페인트, 큰 신문지나 흰 종이, 포스터 보드와 같이 다양한 그리기 재료가 필요하다(더럽혀지는 것을 꺼리는 내담자를 위해 마커지우개와 보드지우개도 사용할 수 있다).

내담자에게 이 기법을 소개하면서 동굴벽화에 대한 지식을 묻는다. 만약 내담자가 동굴벽화에 대해 들어 본 적이 없다면, 동굴 사람들이 자신의 부족이나 동굴을 방문할지도 모를 미래의 여행객과 소통하기 위해 동굴 벽에 상징이나 막대 그림을 이용하여 스토리나 메시지를 적은 것이라고 설명할 수 있다. 미술적 재능이 아닌 소통이 중요하다는 것을 강조하기 위해 동굴벽화 그림을 보여 줄 수도 있다(물론, 우리는 예술 작업의 질에 대한 평가 없이 모든 예술적 표현을 가치 있게 여기는 치료사이 다. 일반적으로 많은 사람들은 예술작품이 '좋은' 평가를 받기 위한 특정 방식이 있다고 믿 는다. 우리는 내담자가 예술의 '우수함'에서 벗어나 예술의 스토리에 관심을 가지도록 돕 고자 한다. 동굴벽화는 이것이 가능한 방법이다). 우리는 종종 원시적인 동굴벽화의 분 위기를 얻기 위해 붓 대신 핑거 페인팅을 사용하도록 내담자를 초대한다.

이 활동의 설정과 소개 방법은 개입목표에 따라 달라진다. 예를 들어, 만약 샐리 의 가족에 대해 알고 싶다면, 그녀의 부족을 그려 보도록 요청할 수 있다. 디마니가 자신이나 다른 사람을 어떻게 보고 있는지 알고 싶다면, 직접 그에게 관련된 동굴 벽화를 그려 보도록 요청할 수 있다. 내담자에게 자신의 두려움, 목표, 자신을 곤경 에 빠뜨리게 하는 것, 자신에 대해 타인이 알아 주기를 바라는 것 등을 그리도록 요 청할 수 있다. 내담자에게 자신의 부족이 다른 도시로 이주해야 했던 스토리나 부 족장(할아버지)의 죽음에 대한 스토리를 만들도록 요청할 수도 있다. 치료사는 스토 리를 안내하고 대안적인 결말(예: 무슨 일이 일어났는지, 내담자는 무슨 일이 일어나기 를 바랐는지, 내담자가 그 상황을 어떻게 처리하는지, 내담자가 그 상황에 더 잘 대처하기 위해 무엇이 필요한지)을 맺을 수 있다.

내담자가 이 기법을 즐긴다면, 동굴벽화에 묘사된 스토리를 확장하도록 요청할 수 있다. 내담자에게 내담자가 그린 그림 이전과 이후에 무슨 일이 일어났는지 그 려 보도록 요청할 수 있다. 치료사는 내담자(또는 내담자 주위의 타인들)가 문제나 해 결책에 어떻게 기여하는지, 누가 벽화 속의 인물이나 부족들 또는 그들의 감정을 지지하고 보살피는지 알고 싶을 수 있다. 내담자는 어쩌면 동굴의 미래 방문자에게 주는 경고를 그렸을 수도 있다. 그 경고는 무엇이며, 미래 사람들은 자신을 안전하 게 지키는 방법을 어떻게 알 수 있을까? 이 활동의 장점은 내담자가 동굴벽화 형태 로 제시된 미술 프로젝트를 더 선호할 것 같다면, '동굴벽화 양식'이 다른 미술/그림 활동을 대체할 수 있다는 것이다.

❉ 동작, 춤, 음악경험

■ 협동 안무

이 활동의 일차적 목표는 동작이나 춤을 좋아하는 내담자에게 치료사(또는 가족이나 집단의 다른 구성원들)와 안전하고 재미있게 연결되는 방법을 제공하는 것이다. 또한 이 활동은 내담자의 자아상, 위험을 감수하려는 의지, 타인과 의사소통하기 위한 능력, 자기조절, 협력 기술, 타인의 인지적 조망을 수용하고 자신의 욕구를 인식하며 사회적 정보를 인식하고 해석하려는 의지, 사회적 상호작용을 원활하게 시작하고 맺으며 순서를 지키고 공유하는 능력을 탐색하기 위한 사정 도구로 사용될 수 있다. 이 기법은 변화를 만들어 가는 단계에서 내담자가 다른 사람과 의사소통하기, 자기통제하기, 협력하기, 타인의 인지적 조망 수용하기, 자신의 욕구 인식하기, 사회적 정보를 인식하고 해석하기, 사회적 상호작용을 원활하게 시작하고 맺기, 순서 지키기를 연습할 기회를 제공한다. 협동 안무는 개인내담자, 가족, 집단과 함께 할 수 있는 활동이다.

이 전략을 사용하기 위해, 치료사가 음악을 제공하거나 내담자에게 좋아하는 음악을 가져오도록 초대할 수 있다. 두 사람은 스텝을 만들고 함께(또는 둘 중 한 명이 이미 스텝을 알고 있다면 알려 주며) 춤을 계획할 수 있다. 춤을 어떻게 구성할 것인지[나(테리)의 춤은 시작, 중간, 끝이 있는 대체로 복잡하지 않은 춤이다], 누가 설계할 것인지 함께 결정하는 것은 종종 도움이 된다. 또는 공동의 스토리처럼 교대로 할 수도 있다. 실제로 이것은 공동으로 춤을 창작하는 것이다. 치료사가 한두 스텝을 시작하고, 내담자는 이를 이어받아 한두 스텝을 만든다. 춤이 끝날 때까지 이것을 반복할 수 있다. 그 후 교대로 춤을 추거나 함께 춤을 추면서 '공연'할 수 있다. 어린 아동의 경우, 함께 할 동작을 계획하기보다는 자연스러운 댄스파티를 할 수 있다. 가족과 집단의 경우, 구성원 중 한 명이 스텝을 만들고 다른 구성원에게 따라 추도록 하거나 모든 구성원에게 춤에 대한 아이디어를 내도록 할 수 있다.

■ 기계가 되어 보자

치료의 관계형성 단계에서, 이 기법의 목표는 내담자와 협력관계를 강화하는 것이다. 우리는 보통 이 전략을 사정이나 통찰을 위해 사용하지는 않지만, 내담자가 사회적 단서를 인식하고 해석하기, 대인관계에서 책임 받아들이기, 적절한 한계와 경계 설정하기, 타인과 권력 공유하기, 가족의 역할 인식하기, 타인과 협력하기를 돕기 위한 방법으로 사용한다. 이 활동은 보통 가족이나 집단과 작업하는 즉흥적인 기법이지만 개인내담자와도 할 수 있다.

　한 사람이 치료실 중앙에서 시끄러운 소리를 내며 동작을 시작한다. 두 번째 사람이 첫 번째 사람에 합류하여 또 다른 소음과 동작을 더한다. 이것은 마지막 사람이 기계의 일부로 합류할 때까지 계속된다. 개인내담자의 경우, 치료사는 소음과 동작을 만들고 내담자는 또 다른 소음과 동작을 만들며 합류한다. 다시 치료사는 소음과 동작을 변화시켜 활동을 이어 간다. 내담자도 자신이 만들고 있는 소음과 동작을 변화시킨다. 둘 중 한 명, 또는 둘 모두가 "그만!"이라고 할 때까지 활동을 이어가면서 기계의 움직이는 부품이 된다. 기계가 완성된 후 이 기계의 목적이 무엇인지, 기계가 그 목적(무엇이든지 간에)을 이루도록 각 개인은 어떻게 기여하는지 함께 작업(대화치료를 원하지 않는다면 여기서 멈출 수 있다)할 수 있다. 활동의 설정 방법은 활동 목표에 따라 달라진다. 사회적 단서의 인식과 해석을 돕기 위해 집단과 작업하고 있다면, 치료사는 한 사람을 지목하여 "그만!"이라고 말하지 않고 다른 구성원에게 활동의 종료를 알리도록 요청할 것이다. 이를 통해 다른 구성원들은 종료를 나타내는 비언어적인 사회적 단서에 주의를 기울일 수 있다. 경계설정을 위한 작업일 경우에는 치료사가 기계의 다른 부품이 되어 합류할 때, 내담자에게 필요한 거리감의 정도를 알려주도록 요청할 수 있다. 가족구성원과 가족역할에 대해 작업 중이라면, 가족 내 자신의 역할을 반영하여 기계에 합류하도록 할 수 있다(여러 아이디어를 활용할 수 있다).

■ 연결하기 춤

　연결하기 춤은 관계에 관한 것(이미 명칭이 모든 것을 의미하고 있음을 우리도 알고 있다), 즉 내담자가 시작하고 싶은 관계, 분리하고 싶은 관계, 회복하고 싶은 관계 등에 관한 것이다. 내담자에게 연결하기 춤을 추도록 하는 것은 타인과 연결되고 싶은 방법으로 동작을 만들도록 제안하는 것이다. 이 춤은 관계에 관한 것이기 때문에 내담자가 타인을 나타내기 위해 퍼펫이나 놀잇감을 사용하더라도, 일반적으로 치료사는 타인을 나타내는 동작에 참여해야 할 필요가 있다. 우선, 내담자에게 어떻게 타인과 연결되기를 원하는지 묘사하도록 한다. 연결하기 춤을 설계한 후 누군가와 이러한 방식으로 연결되려면 어떻게 움직일 수 있을지 상상해 보도록 한다. 만약 내담자가 치료사에게 타인의 역할을 요청한다면, 치료사가 그 사람이 되었을 때 어떻게 움직일 것인지 내담자가 코칭하고 치료사는 따른다. 내담자는 자신의 역할을 하고, 치료사는 타인이 되어 두 명의 움직임을 만든다. 작업을 마친 후에, 변경하고 싶은 것이 있는지 묻고, 만약 그렇다면 변경된 움직임을 다시 만든다. 때로는 내담자가 타인이 되고, 치료사가 내담자가 되는 역할 바꾸기도 도움이 된다. 활동을 설명하기 발달에 적합한 언어를 사용할 필요가 있겠지만, 이 활동은 모든 연령대에게 효과적이다.

✻ 모래상자 활동

우리는 제3장에서 모래상자를 만드는 단계와 모래상자를 다루는 방법에 대한 개요를 제공했다. 여러분이 지시적인 놀이치료에 편안함을 느낀다면, 우리가 놀이치료의 각 단계에서 지시적인 모래상자를 설정하도록 제공하는 주제 목록이 도움이 될 것이다. 다음은 내담자와 관계를 맺기 위해 사용할 수 있는 모래상자 주제 목록이다.

1. 치료사에게 내담자 자신을 소개하는 '나 상자'
2. 일반적인 '나의 세계' 모래상자
3. 상담실에 오는 것에 대해 내담자가 아는/들은 것에 관한 모래상자
4. 내담자의 세계를 공유하는 사람(생물)에 관한 모래상자
5. '나를 괴롭히는 것들' 또는 '내 인생의 문제' 모래상자
6. '내가 내 인생에서 좋아하는 것' 모래상자
7. 내담자의 자산이나 업적에 관한 모래상자
8. 가정, 학교, 직장에서 내담자의 기여에 관한 모래상자

모래상자 놀이치료에 대한 수많은 접근과 달리, 우리는 내담자에게 종종 특정한 사람, 상황, 패턴, 관계에 대한 생각을 보여 주기 위해 상자를 꾸민다. 이것은 모래

상자를 만들기 위한 모델링이 되며, 다소 위협적일 수 있는 과정을 시도해 보도록 내담자를 초대한다. 만약 관계형성의 한 부분으로 내담자를 위해 모래상자를 만드는 것에 편안함을 느낀다면, 치료사는 다음의 모래상자를 시도해 볼 수 있다.

1. 내담자에게 치료사 자신을 소개하는 모래상자
2. 보여지는 문제에 대해 치료사가 아는/들은 것에 관한 모래상자
3. 놀이치료(모래상자)가 작용에 관한 모래상자

✿ 미술기법

■ 스티커 세계

스티커는 모든 내담자에게 적합한 활동 중 하나이다. 스티커가 가득한 봉투나 서랍을 보여 줬을 때 모든 내담자(아동 · 청소년 · 성인)가 흥분하는 것 같다. 이 활동의 설정 방법에 따라 모든 내담자, 모든 문제, 그리고 놀이치료의 모든 단계에서 사용할 수 있다. 스티커를 사용하지 않을 유일한 내담자는 실제로 그리기/채색하기 활동을 더 선호하는 내담자일 것이다. 스티커 활동의 일차적인 목표는 관계형성이며, 이차적인 목표는 내담자가 자신의 삶, 주변인, 환경에 대해 느끼는 '감각'을 사정하는 것이다. 이 활동은 개인내담자, 가족, 집단과 할 수 있다.

이 기법에는 스티커가 필요하다. 우리는 동물, 사람, 영웅, 나무, 표지판, 나비와 기타 곤충들, 공주, 프로레슬러, 스포츠용품 등 다양한 스티커를 선호한다. 우리는 단어가 있는 스티커는 사용하지 않는데, 이것은 대화치료를 유도(특히 청소년과 성인에게)하기 때문이다. 스티커는 어디에서나 구할 수 있다. 스티커의 가격이 부담스러울 수 있기 때문에, 우리는 세일 중인 스티커를 사거나 달러트리, 패밀리달러 등 저렴한 가게에서 구입하고 마이클스나 하비라비 같은 곳에서 세일 중인 스티커를 구입하기도 한다. 우리는 스티커를 붙이는 배경으로 일반 복사용지보다 두꺼운 카드스톡용지를 선호한다.

먼저 내담자에게 카드스톡용지 한 장과 스티커 꾸러미를 주고 사람, 활동, 사물 등 자신의 세계를 나타내는 스티커를 선택하도록 한다. 어린 내담자에게는 보다 구체적으로 친구, 가족, 학교, 놀이 등을 나타내는 스티커를 선택하도록 요청할 필요

가 있다. 연령이 높은 내담자의 경우, 내담자의 세계에 포함시키고 싶은 것을 선택하게 할 수 있다. 그리고 내담자의 세계에 포함시킨 것을 설명하도록 요청한다. 만약 내담자가 개방적이라면 스티커의 배치, 상대적인 크기, 방향, 상징 등에 대해 치료사가 알아차린 것을 나눌 수 있다. 우리는 보통 의미에 대한 판단이나 해석 없이, "나는 알아챘어요."를 사용하여 전달한다. 이 전략은 내담자가 작품을 정교화할 가능성을 열어 준다. 배치, 상대적 크기, 방향 등에 궁금한 점이 있다면 질문한다. 내담자가 설명하고, 치료사도 관찰을 마쳤다면, 치료사는 내담자에게 추가하거나 제거하거나 이동하고 싶은 스티커가 있는지 질문할 수 있다. 수정까지 마치면 지금 거기에 무엇이 있으며, 무엇이 변화를 만들었는지 다시 언어과정을 한다.

■ 건설 프로젝트

건설 프로젝트는 내담자와 관계를 형성하는 재미있고, 상호적인 방법이다. 이 활동은 자기이미지, 위험을 감수하려는 의지, 개인 자산을 '소유'하려는 의지, 문제해결을 위한 태도와 기술, 문제에 책임을 지려는 의지와 같은 내담자의 개인내 역동을 탐색하기 위해 사용될 수 있다. 또한 이 활동은 가족 역동(가족과 작업하는 경우), 친구관계 기술(집단과 작업하는 경우), 의사소통 기술을 포함하는 대인관계 역동을 사정하는 도구로 활용할 수 있다. 치료사는 통찰 단계에서 내담자가 자신에게 일어나는 일을 명확히 알도록 돕기 위해 해석적인 언급을 하거나 건설 과정에 은유를 사용할 수 있다. 또한 건설 프로젝트를 사용하여 내담자의 충동성, 권위적임, 힘겨루기, 문제를 타인의 탓으로 돌리는 것 등을 감소시킬 수 있으며 요구수용, 협력, 적절한 위험의 감수, 협상기술, 문제해결 능력, 자기비계 능력, 자기통제력, 책임의지, 문제 발생 후 재설정 의지 등을 향상시키도록 도울 수 있다. 건설 프로젝트는 ADHD, 분노조절, 사회적 기술 부족, 문제해결 능력, 자신의 행동을 책임지기 등과 관련된 문제를 가진 내담자에게 특히 효과적이다. 이 활동은 개인내담자, 가족, 집단과의 작업에 적합하다.

건설 활동으로 내담자와 관계를 진전시키거나 심화시키는 방법은 매우 다양하다. 레고, 블록, 팅커토이, 기타 건설 놀잇감들로 건축물을 만들며 내담자와 협력할 수 있다. 도미노로 건물을 세우거나, 줄을 세워 쓰러뜨리는 것(아동내담자들은 이것을 너무 좋아한다)도 재미있다. 하지만 내(테리)가 개인적으로 가장 좋아하는 것은 재활용 재료를 사용하는 것이다. 나는 스티로폼 용기, 화장지 롤, 플라스틱 상자, 알약병, 플라스틱 빨대와 같이 깨끗한 재활용품을 준비하고, 내담자와 함께 건축물을 만든다. 내담자의 상황과 관심사에 따라 우리는 마인크래프트 건축물, 쥐가 달려가는 미로, 경주용 자동차 트랙, 인형의 집, 미치광이 과학자가 만든 로봇, 청소년 또래집단의 관계를 보여 주는 모형 등을 건설한다. 건설 재료를 연결하기 위해 마스킹 테이프, 스카치테이프, 모루, (초등 고학년 아동, 청소년, 성인과의 작업에서) 글루건을 사용할 수 있다. 나는 종종 건설 재료를 잡고 있으면서 내담자에게 재료의 연결을 요청하거나 내담자가 재료를 잡고 있는 동안 연결해 주기도 한다. 이렇게 우리는 관계형성을 촉진하는 한 팀으로 작업한다(그리고 이후 회기에서 문제해결 기술과 협업 기술을 촉진한다). 가족의 '긍정에너지 은행'에 긍정에너지를 저장하기 위한 활동이 필요할 때, 우리는 종종 이 활동을 과제로 준다.

■ 벽화작업

공동으로 내담자와 미술 작품을 만들며 관계를 형성하는 방법에는 여러 가지가 있는데, 한 가지 재미있는 방법은 공동의 벽화를 만드는 것이다. 이 기법은 협력·상호작용·협상·문제해결 기술을 구축해야 하는 내담자에게 사용할 수 있으며, 개인내담자, 가족, 집단과 할 수 있다.

이 활동의 첫 번째 단계는 벽에 큰 백지나 신문 인쇄용지를 테이프로 붙이고, 마커, 크레파스, 물감, 오일 파스텔 등(특정 내담자가 흥미를 가질 만한 것은 무엇이든)을 준비하는 것이다. 치료사와 내담자(가족/집단구성원)가 교대로 그림을 추가하면서 활동을 구조화하거나, 치료사와 내담자(가족/집단구성원)가 동시에 그림을 그리면서 비교적 비구조화된 작업으로도 진행할 수 있다. 내담자는 테마나 주제 없이 자발적으로 함께 그림을 그릴 수 있으며, 작업을 마친 후 협력하여 제목을 생각할 수 있다. 또는 순서를 바꿔 작품을 만들기 전에 제목이나 주제에 관해 의사소통하면서 작품에 대한 테마를 가질 수 있다. 내담자가 그림 실력 때문에 불안해할 수 있기 때문에 내담자에게 결과물이 아닌 과정이 중요하다는 것을 알려야 한다. 만약 이런 상황이 발생하고, 과정의 재미가 초점이 되어야 한다는 치료사의 조언이 내담자의 두려움을 진정시키지 못한다면, 치료사는 그림을 그리게 하기보다 스티커를 사용하도록 초대할 수 있다. 치료사는 내담자의 완벽주의나 수행 불안과 관련된 두려움을 반영할 수 있다.

■ 그림 대화

언어 표현을 하려고 하지 않거나 목소리 내지 않으려는 내담자를 참여시키는 한 가지 방법은 그림으로 대화하는 것이다. 이 기법의 주된 목표는 언어 대화를 원치 않는 내담자를 아이디어와 정보 교환에 참여시키는 것이다(기억해라. 우리가 이미 몇 차례 언급했듯이, 내담자는 말하지 않아도 괜찮다. 따라서 이 활동은 내담자에게 대화를 강요하려고 고안된 것이 아니다. 이것은 다른 시도들보다 직접적으로 내담자에게 의사소통할 기회를 주기 위한 것이다). 이 활동은 변화만들기에 집중하고 있는 내담자에게 감정에 관해 소통하고, 타인의 감정을 인식하며, 타인의 감정적 조망을 수용하고, 욕구좌절 인내심을 연습하는 수단이 될 수 있다. 개인내담자, 가족, 집단과 이 작업을 하는 것은 멋진 일이다. 이 활동은 다양한 연령대의 내담자에게 효과적이며, 우리는 4세부터 80세까지의 내담자와 이 활동을 해 왔다.

이 활동은 종이에도 할 수 있지만, 우리는 화이트보드가 유용하다는 것을 발견했다. 화이트보드를 사용하면 자신이 의미하는 것을 변경하거나 추가하기 위해 그린 것을 빠르게 지우거나 수정할 수 있다. 이 활동의 진행 방법은 다음과 같다. 치료사가 먼저 그림을 그리고, 내담자가 그린다. 그 후에 다시 치료사가 그림을 그리고, 내담자가 그린다. 이런 식으로 활동이 진행된다. 예를 들어, 나(테리)는 발렌티나의 지난 일주일에 대한 나의 궁금증을 표현하기 위해 일주일의 주력과 물음표를 그릴 것이며, 발렌티나는 찡그린 얼굴을 그릴 수 있다. 그 후 나는 다른 물음표를 그리거나 큰 사람이 작은 사람을 걱정하는 그림을 그릴 수 있다. 그리고 그녀는 두 사람 중 한 명이 다른 한 명을 주먹으로 때리는 그림을 그릴 수 있다. 이 작업은 어떤 유형의 결론에 도달할 때까지 또는 둘 중 한 명이 종료를 원할 때까지 지속할 수 있다. 작업이 끝난 후에 내담자가 동의한다면, 과정에 대해 대화를 나누거나 명확하지 않았던 그림의 의미를 말할 수 있다. 또는 언어적 토론을 생략하고 경험과 결과물을 그대로 둘 수도 있다.

✿ 구조화된 놀이경험

■ 미니 스포츠 이벤트

이것은 특정 내담자의 관심에 따라 적용방식이 달라지는 기법이다. 이 활동은 스포츠에 관심이 있는 내담자와 유능성을 갖기 위해 고군분투하는 내담자에게 효과적이며, 좌절에 대한 인내심, 순서지키기, 행동에 책임지기, 문제 발생 후 재설정하기, 승패 받아들이기 등의 연습이 필요한 내담자에게 효과적이다. ADHD 진단을 받은 내담자의 경우 주의력 향상, 충동성 감소, 요구를 수용하고 따르기 등을 연습하기 위해 사용할 수 있다. 가족과 집단에서 이 활동을 하는 경우 지나친 경쟁을 일으키고, 놀이치료실 밖의 상호작용처럼 느낄 수 있기 때문에 개인내담자에게 보다 효과적이다. 또한 이 기법은 성인 내담자보다 아동이나 청소년에게 더 효과적이다.

소집단으로 진행할 수 있고, 내담자의 참여가 가능한 활동이라면 어떤 스포츠라도 가능하다. 우리는 캐치볼, 농구, 볼링, 트랙 경기와 필드 경기를 한다. 캐치볼(이 활동은 단순해 보이며, 실제로 단순한 활동이다)을 하기 위해 너프공, 스트레스공, 양말공 같은 폭신한 공을 사용한다. 부드러운 스포츠용 양말을 발목에서 발끝까지 말아 양말공을 만들 수 있다. 내담자가 양말공을 만들기 전에 세탁 여부를 물어볼 수 있기 때문에 깨끗한 양말을 준비하는 것이 좋다[우리는 항상 내담자에게 양말을 세탁했다고 말한다(윙크)]. 치료사는 내담자와 공을 던져 주고받는데, 공을 거칠게 던지는 내담자와는 공을 굴리며 주고받는다. 이 작업에는 눈맞춤이 필요하며 꽤 많은 협력과정이 뒤따른다. 서로 협력하지 않는다면 상대방이 잡을 수 없게 공을 던지게 되고, 상대방이 공을 던질 때 잡을 수 없기 때문이다(우리의 경험상 폭신한 공을 사용할 때도 다칠 수 있다).

너프 농구는 매우 재미있는 활동이다. 이 활동에는 협력(공을 주고받고, 골대가 넘어지면 다시 세우는 등)과 친숙한(일반적인) 경쟁이 모두 포함되어 있다. (어렸을 때 누구나 해보았던 플라스틱 핀과 공으로 하는) 볼링 역시 즐겁고, 협업과 경쟁을 통해 유대감을 구축할 수 있는 활동이다. 볼링핀을 세우고 차례로 쓰러뜨리면서 협력을 경험할 수 있다. 또한 나(테리)는 내담자 선수를 참여시키기 위해 슬로모션 경주, 양말공 원반던지기, 반으로 접힌 종이 장애물 넘기, 가짜 태극권이나 가라데 같은 이상한 트랙 경기와 필드 경기를 한다[나(테리)는 운동을 잘 하는 사람이 아니기 때문에, 나와 놀이하는 내담자는 자신감 형성에 도움을 받는다. 크리스틴은 스포츠에 꽤 능숙하기 때문에, 그녀와 이런 게임을 하는 내담자는 겸손해질 것 같다).

■ 비눗방울

내담자와 비눗방울을 부는 것은 대화에 대한 부담 없이 내담자와 관계맺는 즐거운 방법이다. 치료사와 내담자는 교대로 한 명이 비눗방울을 불고 다른 한 명은 비눗방울을 터뜨리거나, 날아온 비눗방울을 불거나, 팔을 흔들어 비눗방울이 떨어지지 않도록 할 수 있다(다른 방법도 있지만, 우리는 이 정도만 생각해 냈다. 우리의 방법에 제한되지 말고 치료사만의 창의적인 방법을 만들어 보아라). 이 활동에 복잡한 의미나 대단한 목표가 있는 것은 아니다. 단지 재미있을 뿐이다. 이 활동은 가족, 집단과도 할 수 있으며, 우리는 자신에게 '너무 엄격한' 청소년과 성인을 유연하게 만들기 위해 이 활동을 한다. 또한 치료사는 가족구성원에게 재미를 주고 구성원 들 간에 유대감 형성을 위해 이 활동을 과제로 줄 수 있다.

■ 피규어 소개

우리는 이 기법을 관계형성 단계에서 사용한다. 다른 단계에서는 거의 사용하지 않기 때문에, 이 활동의 목표는 오직 관계형성이다. 우리는 이 기법을 매우 어린 아동부터 연령이 높은 성인에 이르기까지 사용해 왔으며 개인내담자, 가족, 집단과 함께 해 왔다. 이 활동은 적용이 쉬운 훌륭한 활동이다.

피규어 소개는 이 책에 소개된 기법 중 특정한 재료가 필요한 유일한 기법이다(이 점은 유감스럽지만, 우리는 이 활동이 그만한 가치가 있다고 생각한다). 치료사는 20~30개의 작은 플라스틱 피규어가 필요하다. 우리는 보통 동물(야생동물, 농장동물, 애완동물, 곤충, 바다생물) 피규어와 낯선 피규어를 다양하게 사용한다. 우리는 가끔씩 이상한 생물체, 군인, 우주비행사, 슈퍼영웅 등을 포함시킨다. 유에스토이(www.ustoy.com)와 컨스트럭티브 플레이싱(http://products.constructiveplaythings.com)에서 여러 종류의 저렴한 피규어를 구입할 수 있다. 우리는 활동에서 일어난 일을 상기시키기 위해, 활동이 끝날 때까지 피규어를 그대로 두기 때문에 작은 플라스틱 피규어를 사용한다. 그러나 꼭 이렇게 할 필요는 없다. 치료실 상황에 따라 동물 봉제 인형, 손가락 인형, 폼 인형 등이 더 효과적이라면 이 인형들을 대신 사용할 수 있다.

이 활동을 시작할 준비가 되었다면 테이블에 피규어(또는 동물 봉제 인형, 손가락 인형, 폼 인형 등)를 올려놓는다. 내담자에게 좋아하는 피규어나 본인과 연결된다고 느끼는 피규어를 고르도록 한다(우리는 가끔 '공명하는' 이라는 표현을 쓰기도 하는데, 이것은 성인이나 꽤 유식한 청소년이 아닌 이상 너무 화려한 단어고, 개념이다). 내담자에게 그 피규어가 말을 할 수 있다고 상상하고, 그 동물(사람, 생물체, 생명체)인 척하며 몇 가지 질문에 대답 함으로써 자신을 소개하도록 한다(치료사는 다음 목록에서 질문을 선택할 수도 있고, 자신만의 질문을 만들 수도 있다).

"너는 이름이 뭐야?"

"네 일상에 대해 말해 줘."

"너는 몇 째(첫째, 둘째 등)니? 네가 _____째라서 좋은 점은 무엇이니?"

"너에게 재미있는 일은 뭐야?"

"다른 사람들과 관계는 어때?"

"무엇이 네게 기쁨/행복을 주니?"

"다른 사람/동물/생물에게 네가 기쁜/행복한 것을 어떻게 표현하니?"

"무엇이 너를 화나게 하니? 다른 사람에게 화가 난 것을 어떻게 표현하니?"

"화가 났을 때, 너는 어떻게 하니?"

"네가 화가 났을 때, 주변 사람이 너에게 어떤 말을 할 수 있을까?"

"네 뜻대로 되지 않을 때, 너는 어떻게 반응하니?"

"너를 어렵게 하는 일은 뭐니?"

"어려운 상황이 생겼을 때, 너는 어떻게 대처하니?"

"무엇이 너를 실망시키니?"

"실망스러울 땐 어떻게 하니?"

"무엇이 너를 슬프게 하니? 네가 슬플 때 무슨 일이 일어나니?"

"너의 걱정은 뭐야? 네가 걱정이 있을 때, 주변 사람들이 어떤 말을 해 줄 수 있을까?"

"관심을 받고 싶을 땐 무엇을 하니?"

"무력하다고 느낄 땐 무엇을 하니?"

"다른 사람은 너의 어떤 점을 좋아할까?"

"너의 어떤 점을 좋아하니?"

"언제 네가 무가치하다고/특별하지 않다고/중요하지 않다고 느끼니?"

"네가 성취했던 것 중에 가장 자랑스러운 것은 무엇이니?"

"네가 가장 좋아하는 일은 뭐니?"

"언제, 어디서 가장 편안함을 느끼니?"

"너는 행복할 때 무엇을 하니?"

"네가 행복하다는 것을 다른 사람들이 어떻게 알까?"

"너는 무엇에 열광하니?"

"너의 삶/세계/생활에서 네가 가장 좋아하는 것은 무엇이니?"

"만약 네가 너에 대한 어떤 것을 바꿀 수 있다면, 무엇을 바꾸고 싶니?"

"만약 네가 너의 삶/세계에서 어떤 것을 바꿀 수 있다면, 무엇을 바꾸고 싶니?"

"네가 세상에 어떤 영향을 미친다고 생각하니?"

"너는 세상에 어떤 영향을 주고 싶니?"

치료사는 피규어/퍼펫에게 하는 질문이 발달적으로 적절한지 확인하고, 놀이치료에서 일어날 수 있는 대화치료가 되지 않도록 한 번에 질문하는 횟수를 제한해야 한다. 한 회기에 질문은 5~6개를 넘지 않는 것이 좋다. 또한 내담자가 대답하고 싶지 않다면, 어떤 것도 대답하지 않을 수 있다는 것을 알리는 것도 중요하다.

■ 테이블탑 게임

최근 들어 우리는 내담자와 관계맺기를 위해 테이블탑 게임을 하는 것에 관심이 있다. (우리는 게임을 통한 관계형성 방법이 꽤 명백하다고 생각하기 때문에, 내담자와 어색함을 깨기 위한 게임 활용에 대해 따로 설명하지 않겠다) 테이블탑 게임은 놀이치료(그렇다, 여기에는 놀이가 포함된다)와 대화치료(일반적으로 내담자와 게임을 할 때 치료사와 내담자는 게임에서 일어나는 일과, 내담자 삶의 다른 측면에 대해 대화를 하게 된다)의 요소를 결합한다. 게임과 내담자에 따라 내담자의 문제 및 패턴 사정하기, 자신의 이슈와 패턴 안에서 통찰을 얻기, 사고·감정·행동에 대한 보다 효과적인 패턴을 배우고 연습하기 등을 위해 테이블탑 게임을 사용할 수 있다. 테이블탑 게임의 사용법은 다양하기 때문에 여기서 구체적으로 다루기는 어렵다. 다시 말하지만, 치료사를 제한할 수 있는 것은 오직 자신의 상상력뿐이다. 우리가 마법지팡이로 여러분에게 창의성을 허용했다고 상상하고, 도전해 보아라! 테이블탑 게임은 어린 아동부터 성인 및 개인내담자, 가족, 집단과 유용하게 사용할 수 있다.

초등 저학년 아동을 위해 최근에 우리가 가장 좋아하는 테이블탑 게임은 블링크, 우노, 얼음깨기, 젠가, 레이스투더트레저 등이다. 초등 고학년 아동의 경우 우노어택, 만칼라, 쿼들러, 커넥트4, 파클 등을 사용한다. 청소년내담자와 놀이치료에서 사용할 수 있는 몇 가지 훌륭한 게임에는 티켓투라이드, 세틀러오브카탄, 포비든아일랜드, 포비든데저트, 팬데믹, 킹오브도쿄, 딕싯, 먼치킨 등이 있다. 모든 아동, 청소년, 성인과 사용할 수 있는 게임에는 쓰로, 치킨플리킨, 오스냅, 스토미시즈 등이 있다[아동, 청소년, 가족과 할 수 있는 게임을 추천해 주고, 우리의 시야를 넓히도록 도움을 준 내(테리)친구 닐 피터슨(Neal Petersen)에게 고마움을 전한다].

관계형성을 위한 이론적 고려 사항

나(테리)는 특정 놀이치료 이론의 전문가들을 대상으로, 어떤 접근법에서 어떤 기술을 더 많이 사용하는지 조사했다(Kottman, 2011). 전문가들의 응답에 따르면, 일반적으로 인지행동 놀이치료, 생태학적 놀이치료, 게슈탈트 놀이치료, 테라플레이를 고수하는 놀이치료사들은 회기에서 추적하기나 재진술하기 기술을 사용하지 않았다. 반면, 놀이치료의 모든 접근 방식은 내담자와의 상호작용에서 감정반영을 지지하였다. 모든 접근법이 제한설정을 지지했지만 그 방법은 접근법에 따라 다양했으며, 제한이 필요하다고 간주되는 행동 범위도 꽤 달랐다. 내담자에게 책임 돌려주기 기술은 아들러학파 놀이치료, 아동중심 놀이치료, 융학파 놀이치료, 게슈탈트 놀이치료, 정신분석 놀이치료에서는 사용되지만 내러티브 놀이치료와 테라플레이에서는 일반적으로 사용되지 않았다.

우리가 다루었던 세 가지 비지시적인 접근법 중, 아동중심 놀이치료 임상가들이 내담자와 상호작용에서 전략이나 기법을 가장 적게 사용하는 경향이 있었다. 왜냐하면 ① 치료적 관계의 핵심 요소(공감, 진실성, 온정)가 놀이치료 기술을 통해 나타날 수 있다고 믿으며, ② 내담자를 이끄는 어떤 것도 하지 않으려고 하기 때문이다 (Ray & Landreth, 2015). 대부분의 융학파 놀이치료 임상가들은 보통 (치료사가 아닌 내담자의 시작을 통해) 비지시적이고 비구조화된 방법으로 내담자의 은유, 모래상자, 미술기법을 사용한다(Lilly, 2015). 많은 정신분석 놀이치료 임상가들은 내담자를 위한 표현양식으로 비구조화된 은유, 모래상자, 미술을 사용하며, 구체적인 치료목표를 달성하기 위해 구조화된 놀이경험을 도입할 수 있다(Mordock, 2015).

아들러학파 놀이치료, 인지행동 놀이치료, 게슈탈트 놀이치료, 통합적 놀이치료의 임상가들은 모두 내담자와의 관계형성을 위해 내담자 및 놀이치료사의 편안함과 훈련 수준에 따라 모험치료, 스토리텔링, 치료적 은유, 동작/춤/음악경험, 모래상자, 미술기법, 구조화된 놀이경험의 전략과 기법을 사용하는 경향이 있었다. 명칭에서 알 수 있듯이, 내러티브 놀이치료는 보통 스토리텔링과 치료적 은유에 초점을 두었으며, 간헐적으로 미술기법과 구조화된 놀이경험을 적용하였다. 생태학적 놀이치료와 테라플레이 놀이치료사들은 모두 동작·춤·음악 활동을 사용하기도 했지만, 구조화된 놀이경험에 초점을 두었다.

옮겨 가면서

이제 여러분은 '그래, 나는 내담자와 관계형성을 위한 순조로운 시작을 했고 이젠 뭘 해야 하지?'라고 생각할 것이다. 다음 장에서 그에 관한 내용을 다룰 것이다.

Interlude 4

숨 고르기

숨을 내쉬어 보자.

자, 한 번 더 내쉬어 보자.

자, 이제 한 번 더 내쉬어 보자.

놀이치료사로서, 여러분에게 가장 중요한 것 중 하나는 자신을 돌보는 것임을 기억해라. 여러분은 비행기 탑승에 관한 은유를 들어 본 적이 있을 것이다. 승무원들은 "객실에 기압이 떨어질 경우, 다른 사람의 산소마스크 착용을 돕기 전에 반드시 자신의 산소마스크를 착용하십시오."라고 말한다. 이것은 무척 중요하다. 다른 사람을 돕기 위한 에너지를 가지도록 자신을 건강하고 확고히 유지하는 것은 중요한 일이기 때문이다.

우리는 여러분에게 수많은 정보를 제공하고 있고, 여러분이 지금까지 하지 않았던 방식으로 뇌를 움직이도록 초대하고 있다. 자, 숨을 고를 시간이다. 밖으로 나가자. 거품 목욕을 해도 좋다. 산책을 하자. 사람들에게 미소 짓고 눈을 맞춰 보자. 정말로 그들을 바라보고, 그들이 정말 당신을 보게 하자. 숨을 내쉬어 보자. 해가 지고, 뜨는 것을 보자(자신의 취향에 맞는다면 말이다). 자신의 신체를 느껴 보자. 산책을 하자. 자기 자신을 대접하자(여러분은 충분히 그럴 자격이 있다). 기지개를 켜라. 밖으로 나가서 (스스로를 위한) 놀이를 하자. 재미있는 책을 읽자. 숨을 내쉬어 보자. 그리고 또 다른 것들을 해 보자.

좋다. 이제 책으로 돌아와도 좋다. 다시 뇌에 과부하가 걸린다면, 숨을 한 번 더 내쉬고 모든 것을 다시 해 보자. 여러분도 보살핌을 받을 자격이 있다는 것을 기억하라.

개인내 및 개인간 역동탐색

＊　　＊　　＊

　　만약 여러분이 "그래, 이제 나는 이론을 선택했고, 내담자와 관계형성을 시작했어. 그럼 이제 어디로 가야 하지?"라는 생각으로 홀로 황야에서 헤매고 있다면, 여러분과 공유하고 싶은 우리의 성장스토리가 있다. 우리는 대학원 초기에 우리 자신을 치료사로 정의하고 이해하기 위해 실습 과목을 수강했다. 이것은 우리가 '(우리의 기니피그 동기에게 실습하는 것이 아닌) 진짜 내담자'를 만나는 것을 의미했다. 우리 둘 모두 관계형성에 꽤 능숙했기 때문에 시작은 좋았다. 우리는 신뢰를 형성하고, 진실성과 긍정적인 관심을 전달하기 위해 수업 시간에 배운 관계 기술에 우리의 타고난 관계 능력을 더했다. 하지만 곧 우리는 굳어 버린 채 헤메기 시작했다. 우리는 "이제 어쩌지?"라고 묻는 우리를 발견했다. 실습에 참여할 즈음, 크리스틴은 인간중심이론과 자신이 잘 맞는다고 생각했고, 테리는 실존이론이 자신의 이론이라고 믿고 있었다. 따라서 기술적으로 우리가 할 일은 치료관계를 맺고 심화시키는 일(이것이 인간중심치료와 실존주의치료의 주된 도구이기 때문이다)에만 집중하면 되었는데, 그럼에도 불구하고 우리는 그것이 우리(내담자)에게 충분하지 않다고 느꼈다. 우리는 (꽤 강박적으로), "다음에는 내담자와 어디로 가야 하고, 어떻게 해야 하지?"라고 생각했다. 우리 둘 다(함께는 아니다. 우리의 재학 시기는 몇 년 차이가 난다) 다른 이론에 대해서도 좀 더 자세히 살펴볼 필요가 있다고 결정했다. 치료적 관계가 중요하다고 생각하면서도, 그것만으로는 충분하지 않다고 느꼈기 때문이다. 우리는 더 필요한 것이 있다고 느꼈다. 내담자와 관계형성 후에 어디로, 어떻게 갈 것인지 결정을 도운 더 많은 지침이 필요했다.

　　만약 여러분이 아동중심 놀이치료에서 공명을 받았거나 실존주의 이론을 놀이치료에 적용하고 있다면, 기본적으로 이미 이 두 가지 질문에 답을 가지고 있을 것이다. 여러분은 내담자와 관계를 더욱 깊게 하고, 공감·진실·무조건적인 긍정적 관심을 유지하며, 내담자를 지지할 것이다. 내담자의 실현경향성은 치료적 관계에 의해 활성화되며, 이는 내담자를 건강하게 이끌 것이다. 그러나 만약 여전히 "이제 뭘 해야 하지?"라는 의문이 든다면, 문헌연구를 통해 질문에 대답하기 위한 몇 가지 도구를 찾으려고 할 수도 있다.

　무엇보다도 내담자를 위한 치료사의 목표와 이론이 실제로 치료사의 방향과 방법에 수많은 대답을 가져올 수 있다. 치료사의 이론은 광범위하게 치료사가 내담자와 함께 가야 할 방향과 치료사(내담자와 내담자의 부모)가 설정해야 하는 목표를 찾도록 돕기 위한 몇 가지 지침을 제공할 것이다. 치료사의 이론은 "이곳으로 가세요."라고 알려 주는 네온사인처럼 상징적인 역할을 해야 한다. 치료사의 이론, 내담자의 관심사와 성향, 치료사의 수련 정도와 경험은 치료적 방향에 관한 막연한 로드맵에 윤곽을 제시해 줄 것이다. 이 책에 제시된 전략과 기법이 그 길을 가려는 치료사에게 도구의 일부가 되고, 치료사의 상상력과 문헌연구는 내담자의 변화의지 및 동기와 결합되어 나머지 도구가 되기를 바란다.

　대부분의 놀이치료 접근방식에서 내담자가 보이는 문제는 치료목표를 위한 몇 가지 단서를 제공할 것이다. 아동/청소년 내담자의 경우, 내담자와의 상호작용(또는 모래상자, 그림, 퍼펫쇼)과 부모와의 대화 (내담자에게 중요한 성인들이 내담자에게 바라는 변화를 포함하여)를 참고하여 그들이 작업하려는 것을 찾아낼 수 있다. 현재 문제는 단지 '가려운' 표면에 불과하다. 치료사와 내담자의 방향과 방법을 보여 주는 구체적인 로드맵을 찾기 위해, 현재 문제의 이면에 있는 내담자와 내담자에게 중요한 타인들의 개인내 및 개인간 역동을 보는 것은 언제나 도움이 된다.

개인내 및 개인간 역동: 무엇인가(왜 중요한가)

　역동의 탐색 전에 우리는 역동을 정의하는 것이 좋겠다고 생각했다. 이 장에서 설명하려는 역동에 적합한 정의를 찾으려고 애썼지만 우리는 이것이 불가능하다는 것을 알게 되었고, 우리의 정의를 제시하기로 결정했다(여러분이 우리의 정의에 국한되어야 한다는 의미는 아니다. 우리의 정의는 단순히 우리가 의미하는 개인내 및 개인간 역동에 대한 '감'을 줄 뿐이다. 치료사가 역동의 정의에 추가해야 한다고 생각하는 것이 있다면 무엇이든 추가할 수 있다. 우리는 이 장을 집필하면서, 목록에 추가할 것들을 계속해서 생각해 냈다).

　우리의 정의에 따르면 개인내 역동(intrapersonal dynamics)은 한 사람의 마음, 가슴, 정신에서 일어나는 '무엇인가'에 관한 것이다. 보다 멋지게 말하자면, 타인과의 교류와 무관하게 한 개인의 마음속에서 일어나는 심리적인 역동이다. 우리는 정서 패턴(예: 우울, 불안, 분노, 절망, 낙담), 인지패턴(예: 잘못된 믿음, 비합리적인 신념, 접선적, 추상적, 구체적), 행동패턴(예: 회피, 고립, 비협조적, 충동적, 공격적), 신체패턴(예: 웅크린 어깨, 긴장, 어지러움), 태도패턴(예: 쉽게 포기하기, 권력 다툼, 자신의 실수 인정하지 않기) 등을 개인내 역동의 일부로 살핀다.

또한 우리는 내담자의 개인내 역동 측면, 즉 자기이미지, 성격특성, 개인의 강점과 약점에 대한 인식, 정서적 자기인식, 자기조절 능력, 의사결정 능력, 목표를 향한 과정을 설정하고 모니터하는 기술, 적절한 위험을 평가하고 감수하려는 의지, 자기실현을 향한 움직임 등을 중요하게 생각한다. 자기이미지는 한 개인으로 스스로에 대한 신념, 인생에서 수행하는 다양한 역할에 대한 자기감, 자신감, 자기효능감, 자기책임감을 포함한다. 성격특성은 창의성, 상상력, 유희성, 유머감각, 회복탄력성, 정직함, 용기, 책임감, 독립심, 결단력, 적응성, 결정력, 관대함, 충성심. 아량, 분별력, 인내심, 친절함, 긍정성[성격특성 목록은 끝이 없다. 여러분이 중요하다고 생각하는 특성과 내담자와 (필요하다면) 내담자의 부모 및 교사가 중요하다고 생각하는 특성을 추가할 수 있다] 등을 포함한다. 개인의 강점 인식에는 자신의 강점을 '소유'할 수 있는 능력과 자신의 자원에 대해 현실감을 갖는 것이 포함되며, 약점의 인식에는 어려운 시기에 책임을 감수할 수 있는 의지와 자신의 한계에 현실감을 갖는 것이 포함된다. 정서적 자기인식은 자신의 감정, 그 감정의 촉발요인, 특정 정서가 감지 되는 신체 부위, 정기적으로 경험하는 감정패턴, 감정의 강도를 인식할 수 있게 되는 것을 포함한다. 자기조절 능력에는 정서·사고·행동을 모니터링하고 통제할 수 있는 능력이 포함되며, 자신이 '너무 관대한지' 또는 '너무 엄격한지'도 영향을 미친다(Kissel, 1990). 스스로 결정을 내릴 수 있고 목표를 향한 과정의 설정과 모니터링에 능숙해지기 위해서는 (여러분도 추측하고 있듯이) 자신의 선택에 책임을 지며, 장단기적인 목표를 설정하고자 하는 의지가 있어야 하고, 목표를 향한 변화를 사정함에 유능해야 한다. 적절한 위험(신체적·지적·정서적·대인관계적)을 사정하고 기꺼이 감수하려는 의지에는 어떤 위험이 '실제'이고, 어떤 위험을 감수하는 것이 타당한지 사정하는 능력이 포함된다. 자기실현을 향한 길은 최선의 자기가 되기 위해 긍정성을 가지고, 긍정적인 방향으로 성장하고, 변화하고자 하는 바람과 함께 실제적이고 긍정적인 추진력을 결합하는 것을 포함한다.

우리에게 개인간 역동(interpersonal dynamic)은 한 사람이 다른 사람과 상호작용하는 방법을 의미한다. 이 주제에서 우리가 탐색해야 한다고 생각하는 주요 영역은 가족역동, 학교(아동·청소년의 경우)나 직장(성인의 경우)에서의 관계, 친구를 사귀고 유지하는 능력, 타인과 상호작용하는 능력, 대인관계 문제를 인식하고 해결하는 능력, 개인행동과 그것이 타인에게 미치는 영향에 책임을 지려는 의지와 기술이다. 아동·청소년과 함께 놀이치료를 하는 경우, 내담자의 삶에서 의미 있는 타인들, 특히 내담자의 부모나 다른 가족구성원(학교에서 어려움을 겪고 있다면, 교사를 포함한다. 우리는 이것을 제8장에서 다루려고 한다)의 개인내 및 개인간 역동을 고려하는 것도 도움이 된다.

개인내 및 개인간 역동에 대해 우리가 의미하는 바를 설명했으니, 이제 여러분이 생각해 볼 차례이다(이제 잠시 멈춰서 여러분이 자신의 개인내 및 개인간 역동을 고려할 때 무엇을 포함할지 생각할 시간을 주고자 한다). 여러분이 그것을 발견했다면, 다음 단계는 내담자의 건강과 치유를 향한 여정에 동행하고, 내담자의 역동을 이해하기 위해 그것이 필요한지 고려하는 것이다. 내담자의 사고·감정·행동을 이해하는 것이 현재 문제의 '기저'에 있는 근본 이슈에 접근하는 데 도움이 된다고 믿는가? 내담자에게 의미 있고, 성취 가능한 목표를 세우기 위해 치료사가 이러한 역동을 탐색하는 것이 도움이 된다고 생각하는가? 만약 그렇지 않다면, 이 장을 건너뛰어도 좋다. 그러나 만약 그렇게 생각한다면, 읽기를 계속하자. 이 장은 여러분을 위한 것이다.

또한 치료사는 역동탐색에서 다른 요인을 고려할 것인지 결정해야 한다. 치료사의 이론적 정향은 이 결정에 지침을 제공할 것이며, 인간에 대해 무엇을 이해하는 것이 중요한지에 관한 치료사의 생각과 신념은 치료과정의 전개에 도움을 줄 것이다. 아들러학파로서 우리는 ① 행동목표, ② 중요한 Cs[용기(Courage), 유능함(Capable), 관계(Connect), 의미(Count)]와 Cs의 발달 정도, ③ 성격 우선순위와 성격 우선순위에 따른 강점 및 책임 표현 방법, ④ 열등감을 다루는 방법 등을 이해하고자 한다(Kottman & Meany-Walen, 2016). 또한 우리는 출생순위, 내담자가 지각하는 자신의 심리적 위치 그리고 행동·태도·정서·사고에 영향을 미치는 가족 분위기에도 세심한 주의를 기울인다(우리는 이 장의 후반부에서, 각 이론의 임상가들이 탐색하려는 정보를 다룰 것이다).

치료사의 이론적 정향이 탐색하도록 제시하는 요소 외에도, 치료사는 자신이 중요하다고 믿는 요소들을 가지고 있을 수 있다. 예를 들어, 우리는 내담자가 가장 잘 학습되는 감각(예: 시각, 청각, 촉각/운동 감각)과 자기표현을 위해 선호하는 방식(예: 스토리, 미술, 동작, 음악, 놀이)에 관심을 갖는다. 또한 우리는 내담자가 직접적인 소통을 더 편안해하는지, 은유적인 소통을 더 편안해하는지에도 관심을 기울인다. 그리고 내담자의 속도(말하기, 처리하기, 행동하기 등)에 집중하는 것도 중요하다. 내담자를 탐색하기 위해 어떤 요소가 중요한지 생각해 볼 필요가 있다. 치료사는 이러한 과정을 통해 내담자의 진전을 도우며, 치료과정에서 이 요소와 관련된 정보를 수집하는 방법을 찾을 수 있을 것이다[1~2주 안에 목록을 완성할 수 없다고 걱정하지 말아라. 나(테리)는 30년간 놀이치료를 해 왔고, 크리스틴도 10년째 하고 있다. 우리는 내담자들을 위한 목록을 여전히 추가하고 있다].

여러분은 여전히 이 장을 읽고 있다. 우리는 여러분이 ① 이 정보를 아는 것이 중요하다고 믿거나, ② 이 정보가 중요한 것인지 확신할 수 없어서 더 알고 싶거나, ③ 수업 과제이기 때문에 부주의하고 무심하게 단어들을 읽고 있거나, ④ 불면증에 시달리고 있는데 잠들기 위해 아무 책이나 읽는 중이라고 추측한다. 이유가 무엇이든, 여러분에게 도움이 되기를 바란다.

개인내 및 개인간 역동탐색을 위한 놀이치료 기술

먼저 역동탐색 기술을 우리는 살펴보고, 그 후에 기법을 다룰 것이다. 이 책에서 다루는 역동탐색 기술은 관계형성 기술에 비해 종류가 적다. 역동탐색의 두 가지 주요 기술은 질문하기와 관찰하기이다.

❀ 질문하기

질문하기의 첫 번째 순서는 놀이치료에서 질문을 하는 것이 괜찮다고 생각하는지 결정하는 것이다. 놀이치료의 몇 가지 접근(예: 아동중심, 분석심리)은 놀이치료실에서 질문을 하는 것이 부적절하다고 생각한다. 그러므로, 만약 이 접근 중 하나에 동의한다면 이 주제는 지나쳐도 좋다.

만약 놀이치료실에서 질문이 용인된다고 믿는다면, 다음은 질문하기를 사용하여 유용한 정보를 얻기 위해 도움이 될 만한 지침들이다.

- 얻으려는 정보에 대해 생각한다. 치료사의 이론과 개인적인 호기심에 따라 원하는 정보가 각각 다를 것이다. 인지행동 놀이치료사는 내담자의 사고패턴(예: 어떤 것이 자기패배적인가? 어떤 것이 패턴에 작용하는가?)과 행동(예: 특정 행동의 이차적 이익은 무엇인가? 특정 행동을 강화하는 것은 무엇인가?)에 대해 알고자 한다. 아들러학파 놀이치료사는 초기에 보인 주호소 문제(예: 치료를 의뢰하게 했던 행동에는 어떤 변화가 있는가? 관계가 행동이나 태도의 변화에 어떤 영향을 미치는가?)에 치료과정이 영향을 미쳤는지 알고 싶어 한다. 또한 내담자의 생활양식에 대한 정보(예: 가족규칙은 무엇이고, 가족규칙이 내담자에게 어떤 영향을 미치는가? 내담자가 자신의 삶에서 의미를 얻는 방법은 무엇인가?)를 알고 싶어 한다. 치료사는 자신의 이론이 강조하지 않더라도, 스스로 알고 있어야 하는 중요한 것에 여전히 가치를 둘 수도 있다. 치료사는 자신의 이론과 내담자에 대해 발견하고자 하는 것을 충분히 숙지해야 한다. 이를 통해 내담자를 이해하기 위한 정보 수집에 필요한 질문을 선택할 수 있다. 그리고 내담자와 어디로 갈 것인지, 내담자가 그곳에 도착하도록 어떻게 도울 것인지 계획을 세울 수 있다.
- 원하는 정보를 얻기 위해 질문하기가 최선의 방법인지 확인한다. 내담자의 패턴에 대한 답을 찾기 위해 더 좋은 방법이 있을 수 있다. 예를 들면, 관찰하기, 모래상자 만들기나 그리기, 구조화된 놀이활동 설정하기, 또는 그 외 특정 내담자에게 활용할 수 있는 다양한 활동이 있을 수 있다. 또한 치료사가 질문하기로 얻으려는 정보가 이미 알고 있는 것은 아닌지 생각해 본다. 때때로 이런 일이 발생하기도 한다. 이미 답을 얻은 질문은 하지 않아야 한다.
- 질문의 수를 세어 본다. 내담자와의 상호작용을 질문으로 전환하는 것은 피해야 한다. 특히 치료사는 아동·청소년과 작업하면서 주고받는 상호작용이 일반적인 아동·청소년과 성인의 상호작용(대체로 성인이 질문하고 아동이 대답해야 하는 식의 상호작용)과는 다르기를 원한다. 이 질문이 강력하고, 원하는 정보

를 끌어낼 가능성이 가장 높은지 확인한다. 내담자가 감당하기 어렵다고 느끼거나, 성가시다고 느끼지 않도록 질문의 수를 제한해야 한다. 내(테리)가 박사과정에 있을 때, 나의 멘토였던 바이런 메들러(Byron Medler) 박사는 질문을 하기 전에 항상 스스로에게 "이 질문의 대답이 내가 내담자를 더 잘 이해하는 데 어떻게 도움이 될까?" 또는 "내담자가 자신을 더 잘 이해하도록 어떻게 도울 수 있을까?"에 대해 스스로에게 질문해야 한다고 말했다. 만약 둘 중 어느 것에도 해당되지 않는다면, 그 질문은 하지 말아야 한다고 조언했다. 나는 그 충고를 따른다. 나는 유난히 호기심이 많아서 한 회기당 질문을 여섯 개로 제한하고, 이보다 적게 질문하기 위해 노력한다.

- 개방형 질문을 사용한다. 많은 사람이 폐쇄형 질문을 하는 버릇이 있다. 심지어 이것을 더 잘 알아야 하는 상담 훈련을 받은 사람들조차 말이다. 그러니 개방형 질문을 기억하라. "＿＿＿＿＿을 했나요?"라는 질문 대신에 "무엇(무슨)"이나 "어떻게(어떤)"로 질문을 한다면 더 많은 대답을 얻을 수 있을 것이다 (예: "그 후에 당신이 경찰에 신고를 했나요?" 대신에 "그 후 무슨 일이 일어났나요?" 또는 "그 일로 화가 났나요?" 대신에 "그 일이 일어났을 때 어떤 기분이 들었나요?"로 질문한다). (상상력을 발휘해 보자. 우리는 여러분이 놀이치료 기술 수업에서 이미 개방형 질문을 배웠다는 것을 알고 있기에 재교육이 필요한지 다소 고민했지만, 여기서 반복하는 것이 좋겠다고 생각했다)

- '왜'라는 질문을 피한다(이 역시 여러분이 한 번 이상 들었을 조언이다. 그러나 너무 중요하기 때문에 다시 언급한다). 우리는 질문을 위한 어휘 목록에서 '왜'라는 질문이 금지되어야 한다고 생각한다. 우선 "왜?"는 마치 비난처럼 들린다. 누군가 "왜?"라고 질문했을 때, 이 질문에는 "무슨 생각이었던 거니?" 라는 숨은 의미가 있는 것처럼 느껴진다. 치료사가 정말 의미하는 것이 "＿＿＿＿＿을 하겠다고 결심한 계기가 궁금해."라고 하더라도 '왜' 질문은 특정한 결정이나 행동의 동기를 이해하는 데 실제적으로 효과가 거의 없다. '왜' 질문의 또 다른 단점은 사람들이 왜 그렇게 결정하고, 행동하는지 잘 모른다는 점이다. 근원적인 역동탐색을 위한 도움이 없다면, 내담자(특히 아동내담자)는 대부분 자신의 선택이나 행동의 이유에 대해 의식적으로 접근하기 어렵다.

- 'The 질문(The Question)'을 한다. 연령이 높은 아동, 청소년, 성인을 대상으로

질문을 하는 한 가지 방법은, 아들러학파들이 'The 질문'이라고 부르고 해결중
심 치료사들이 '기적질문(The Miracle Question)'이라고 부르는 방식으로 질문
하는 것이다. 아들러학파 관점에서는 "만약 네가 ＿＿＿＿＿＿(증상)이 없다
면, 너의 삶은 어떻게 달라질까?"와 같은 질문을 할 것이다(Griffith & Powers,
2007, p. 87). 해결중심치료 관점에서는 "오늘 밤 잠을 자는 동안 기적이 일어나
서 너의 모든 문제가 해결되었어. 만약 그렇다면 네가 일어났을 때 그 기적이
일어났다는 것을 어떻게 알 수 있을까? 너의 삶, 너의 친구관계, 학교와 직장
에서 기적이 일어났다는 것을 알려 줄 너의 행동·생각·신념은 무엇일까?"와
같은 질문을 할 것이다(Metcalf, 2006). 물론 치료사는 그리기와 모래상자 그리
고 특정 내담자가 흥미로워할 것 같은 다양한 형태의 활동과 이 질문을 사용할
수 있다. 내담자의 대답은 내담자가 문제를 어떻게 지각하고 있는지 이해하는
데 도움을 주며, 치료과정을 위한 목표 설정에 지침을 줄 것이다.

- 내담자가 단어를 사용하지 않고 대답하더라도 괜찮다. 말보다 내담자의 행동
  이 놀이치료에서 중요한 의사소통 수단이라는 것을 기억하자. 많은 경우 내담
  자는 단어 없이 질문에 대답할 수 있다. 질문에 대한 내담자의 반응(특히 단어
  를 사용하지 않고 대답하는 성향이 있는 내담자)에 세심한 주의를 기울일 필요가
  있다. 행동의 대답이 명백한 경우가 있다. 예를 들어, 일곱 살 셰인에게 아빠
  가 술을 마시는 엄마에게 어떻게 했는지 물었을 때, 큰 인형을 인형의 집 욕조
  에 넣는다면, 대답은 꽤 명백하다. 어떤 경우에는 그 행동에 내재화된 대답이
  보다 모호하기도 하다. 17세 엘리야에게 여자친구와 주말에 무엇을 했는지 물
  었을 때, 들고 있던 책을 덮어 버린다면, 치료사는 그 행동의 의미를 이해하기
  어려울 수도 있다. 이런 경우 최선의 행동은 다른 질문을 하기보다 단순히 그
  행동을 추적하는 것이다. 치료사는 엘리야에게 아마도 이렇게 말할 것이다.
  "캐시와 주말 동안 무슨 일이 있었는지를 물었을 때, 너는 책을 덮었구나." 그
  리고 (이것이 핵심이다) 치료사는 침묵을 지키며, 그 침묵의 시간을 내담자가
  채울 수 있도록 기다린다.
- 내담자가 치료사의 질문에 대답하지 않는 것도 괜찮다. 자유와 안전이 놀이치
  료에서 관계의 필수요소라는 것을 기억하라. 내담자가 어떤 식으로든 질문에
  대답하도록 압박받는다고 느끼지 않는 것이 중요하다. 내담자는 다른 상황과

관계 보다 자신과 자신의 행동에 더 큰 책임을 가져야 한다. 놀이치료 내담자는 치료사의 이야기를 못 들은 체할 수 있어야 하고, 치료사에게 등을 돌릴 수 있어야 하며, 화제를 전환할 수 있어야 하고, 질문에 대답하지 않는 편이 낫겠다고 말할 수 있어야 한다. 질문에 대답하지 않으려는 욕구를 언어로 표현하든, 대답하지 않음으로써 비언어적인 방법으로 표현하든, 치료사는 내담자의 대답하지 않으려는 권한을 허용해야 한다. 물론 그 질문이 내담자와 타인의 안전과 관련되어 있다면 치료사는 대답을 들어야만 한다. 이 상황에서 규칙은 바뀌고, 내담자가 대답하지 않아도 된다는 치료사의 허용은 철회되며, 치료사는 내담자에게 언어로 대답하기를 요구할 수 있다.

• 내담자가 스스로를 표현하는 방식에 맞추어 질문한다. 은유를 사용하여 자신을 표현하는 내담자에게는 은유를 사용하여 질문한다. 호랑이에게 무엇 때문에 화가 났는지 묻고, 인형의 집에 숨어 있는 어린 남자아이가 어떻게 자신의 안전을 지켰는지 질문하며, 내담자의 '친구'와 '친구의 여자친구' 사이에 무슨 일이 있었는지 질문한다. 또한 창문에 부딪힌 곤충이 어떻게 반응할지 묻는다. 자신의 문제를 직접적으로 말하는 내담자에게는 직접적으로 질문할 수 있다. "너희 엄마가 아빠를 때린 후에 무슨 일이 일어났니?" "선생님이 소리쳤을 때 네 기분이 어땠어?" "여자친구가 헤어지겠다고 했을 때 너는 어떻게 했니?" "상사와의 관계를 바꿀 수 있는 방법은 무엇이라고 생각하십니까?" 등의 질문을 한다. 자신의 상황에 대해 은유적인 의사소통과 직접적인 의사소통을 넘나드는 내담자에게는 그 표현 형태에 일치시켜 질문을 한다.

• 누구에게 무엇을 질문할 것인지 결정한다. 일부 질문은 부모, 조부모, 교사, 의사 등 내담자의 주변인들이 더 잘 알고 있을 수 있다. 이 경우 치료사는 비밀보장을 분명히 고려할 필요가 있다. 내담자나 내담자의 법적 보호자가 아닌 사람과 대화하기 위해 승인이 필요한 경우, 서명된 동의를 얻어야 한다.

• 질문에 대답하고, 질문에 대한 답을 얻는다. 일부 이론적 접근은 치료사가 대답을 하는 것이 내담자를 특정 방향으로 이끌거나(예: 아동중심이론), 역전이를 해칠 수 있기 때문에(예: 정신분석이론) 지지하지 않지만, 때로는 내담자의 질문에 답하면서 내담자로부터 정보를 얻을 수 있다. 한 가지 예로, 치료자는 내담자의 질문 유형을 통해 내담자에 대한 정보를 얻을 수 있다(Kottman, 2011).

또한 내담자의 질문에 치료사가 답한 뒤 내담자가 보이는 반응은 종종 내담자의 사고·감정·태도에 대한 단서가 된다.

✿ 관찰하기

역동탐색을 위한 또 다른 기술은 회기에서 내담자의 행동, 내담자가 말하는 것, 내담자의 정서표현, 내담자의 자기기술, 내담자가 대기실에서 보이는 행동방식, 내담자와 가족구성원 간의 상호작용, 부모의 양육기술, 교사의 교실 관리 스타일, 상사나 직장 동료의 행동과 태도를 묘사하는 내담자의 표정이나 보디랭귀지 등에 주의를 기울이는 것이다. 우리는 치료사의 임무가 모든 것을 알아차리는 것이라고 말해 주고 싶다. 모든 것은 관련성이 있고, 의미가 있다(이는 우리가 상담을 바라보는 시각이며, 모든 상담이론에 적용되지 않을 수도 있음을 인정한다. 치료사의 이론은 실제로 치료사가 세상을 보는 방식의 일부이며, 그것은 치료사가 누구인지에 대한 자연스러운 연장선이다).

무엇이 중요한지에 대한 치료사의 생각과 이론적 정향의 기본 원칙은 중점적으로 관찰해야 하는 것의 지침을 제공할 것이다. 예를 들어, 인지행동 놀이치료사는 아마도 내담자의 인지 및 행동패턴에 주의를 기울일 것이며(여러분은 이 책을 읽지 않더라도, 이 정도는 추측할 수 있다는 것을 알고 있다), 대인관계 문제를 인식하고 해결하려는 노력과 행동에 책임을 지려는 의지 및 기술에 관련된 개인간 역동에 집중할 것이다. 만약 치료사가 게슈탈트 놀이치료사라면, 내담자의 정서 및 몸/신체패턴, 정서적 자기지각, 자기조절 능력에 초점을 둘 것이다. 내러티브 놀이치료사들의 관찰에서 가장 중요한 요소는 내담자가 스토리 안에서 말하는 자신과 타인, 자기이미지, 친구 관계를 만들고 유지하는 능력, 타인과 상호작용하는 능력을 포함하는 인지패턴일 것이다.

개인내 및 개인간 역동탐색을 위한 놀이치료 기법

이 단계에서 치료사가 정보를 수집하기 위해 선택하는 기술도, 치료사의 이론적 정향과 개인적인 성향에 따라 달라질 것이다. 물론 같은 기법으로부터 개인내 및 개인간 역동에 대해 얻을 수 있는 정보는 일부 중복될 수 있다. 우리는 우리가 제시했던 각 기법의 목표와 이러한 기법들이 놀이치료의 각 단계에서 어떻게 사용될 수 있는지 개략적으로 설명하기 위해 노력해 왔다. 여러분은 우리가 기술하는 기법과 새로운 기법을 함께 사용하도록, 새로운 방법을 만들어 낼 수 있음을 기억해라. 또한 우리는 각 기법이 가장 효과적이라고 생각하는 대상과 상황을 다루어 왔다. (짐작하고 있겠지만) 우리의 제안에 얽매이지 말고, 치료사 자신의 임상적 판단과 경험을 활용해라.

❊ 모험치료기법

■ 안락한 원

안락한 원(Ashby et al., 2008)은 내담자의 정서패턴을 탐색하고, 내담자의 감정과 반응패턴에 대한 감을 얻는 데 도움이 되는 재미있는 방법이다. 이 활동은 개인내담자, 가족, 집단에게 효과적이다. 가족구성원들이 종종 다른 구성원의 대답에 놀라기도 하기 때문에 이 활동은 실제로 가족을 일깨우는 데 매우 도움이 된다. 또한 이 활동은 모든 연령에 적합하다. 단지 적용하는 상황이 참여자의 발달수준에 적합한지 확인하면 된다.

내담자에게 이 기법을 소개하기 전에, 특정 내담자로부터 정서적인 반응을 불러일으킬 수 있는 활동, 경험, 관계 목록을 만들어 두는 것이 도움이 된다. 다음은 치료사가 사용할 수 있는 목록이다.

- 교실에서 연설하기
- 100명의 십대들 앞에서 연설하기
- 상사 앞에서 프레젠테이션하기
- 합창 공연에서 독창하기
- 사장님 앞에서 프레젠테이션하기
- 대통령 앞에서 프레젠테이션하기
- 교회에서 독창하기

- 통계/수학/역사/영어 쪽지 시험 보기
- 아는 사람이 아무도 없는 파티에 참석하기
- 비행기를 타고 날아가기
- 남자친구의 부모님 만나기
- 비행기에서 뛰어내리기
- 열기구타고 여행하기
- 데이트 신청하기
- 나를 교장실로 호출하는 교장 선생님의 방송
- 엄마의 출산
- 아내의 출산
- 나의 출산
- 새로운 도시로 이사
- 전학

　내담자의 일상에서 실제로 발생할 수 있는 상황을 활용한다. 만약 아이디어가 고갈된다면, 언제라도 내담자에게 자신만의 아이디어를 내도록 요청할 수 있다. 그 목록은 당연히 내담자의 유형, 규모, 연령, 경험 수준에 따라 달라진다.

　이 활동을 위해 개방된 공간과 원을 그릴 도구가 필요하다. 우리는 보통 마스킹 테이프나 실을 사용하지만, 띠나 밧줄도 사용할 수 있다. '원을 표시해 줄 도구'를 사용하여 과녁처럼 보이는 동심원(한 개의 원 안에 다른 원이 들어 있는 원)을 그린다. 안에 있는 원은 집단 전체가 꼭 끼어 들어갈 수 있을 정도의 크기여야 한다. 바깥 원의 바로 밖에 모든 구성원이 어깨를 나란히 하고 서 있을 정도면, 완벽하다(개인 내담자와 이 활동을 하는 경우 원의 크기는 훨씬 작아진다. 당연해 보이는 일이지만, 우리는 혹시 모를 경우를 대비해서 이것을 언급해야 한다고 생각했다).

　두 개의 원 내부와 외부의 영역이 서로 다른 수준의 안락함을 나타낸다고 설명하며 활동을 시작한다. 가운데 작은 원 안의 영역은 '안락 영역'이다. 이곳은 사람들이 스트레스나 불안감을 전혀 느끼지 않고, 절대적인 이완과 편안함을 느낄 때 머무는 곳이다(내담자에게 '안락함'을 설명하기 위해 발달적으로 적절한 어휘를 사용한다). 작은 원과 큰 원 사이의 영역은 '도전 영역'이라고 설명한다. 사람들은 이 영역에 있을 때, 불편함과 정서적인 도전을 느낀다. 스트레스를 받으며 불안을 느끼지만, 압도당하거나 불쾌한 정서만은 아니다. 마지막으로 큰 원의 바깥 공간은 '혼돈 영역' 또는 '광기 영역'이라고 설명한다. 이 영역에서 사람들은 통제 불능의 감정을 느끼며, 극도로 스트레스를 받고, 불안해한다. 어쩌면 약간 미칠 것 같다고 느낄 수도 있다. 필요하다면 다시 처음으로 돌아가 안락 영역, 도전 영역, 혼돈 또는 광기 영역 등 각 원에 대해 복습할 수 있다. 치료사가 특정 활동이나 경험에 대해 내담자에게 소개할 때, 내담자가 어떻게 반응할 것인지에 따라 각각의 영역(안락, 도전, 혼돈/광기)으로 이동한다. 목록의 각 문항을 언급할 때, 참여자에게 자신의 느낌이나 반응을 나타내는 원으로 이동하도록 한다. 어떤 것이 그들에게 '안락' '도전' 또는 '혼돈/광기'의 경험인가? 가족이나 집단과 이 활동을 하고 있다면 구성원에게 해당되는 원에 들어가게 한 뒤, 누가 같은 원 안에 있고 누가 그렇지 않은지 확인하도록 한다. 만약 개인내담자와 이 활동을 한다면, 내담자에게 가족과 친구 중 누가 어떤 원 안에 있을 것 같은지 상상해 보도록 할 수 있다.

■ 안전한 자동차

안전한 자동차(Kottman et al., 2001)는 개인내담자나 집단 회기에서 정서 · 행동 패턴, 내담자의 성격특성, 정서적 자기인식, 자기조절 능력을 탐색하기 위해 사용할 수 있는 신뢰 활동이다. 이 활동은 개인내담자, 가족, 집단이 짝을 이루어 할 수 있다. 따라서 만약 홀수의 가족이나 집단과 작업 중이라면 치료사가 참여해야 한다. 우리는 모든 연령대의 내담자와 이 활동을 해 왔다.

이 활동을 개인내담자와 하는 경우, '먼저 갈' 사람을 선택한다(가족/집단과 할 경우, 짝을 지어 누가 먼저 갈 것인지 선택한다). 먼저 가기로 한 사람이 다른 사람의 앞에 서고, 둘은 같은 방향을 바라보고 선다. 앞선 사람이 팔꿈치를 구부린 상태로 두 손을 가슴 높이에 두어 보호 자세를 취한다. 이 사람이 '자동차'이다. 뒷 사람(일명 '운전사')은 앞사람 어깨에 손을 얹는다. 운전사의 임무는 자동차의 안전을 유지하고 자동차가 안전감과 편안함을 느끼도록 돕는 것이며, 자동차의 임무는 (피드백과 제안을 통해) 자신의 안전감과 편안함을 유지하기 위해 필요한 것을 알려 주는 것이라고 설명한다. 자동차의 안전감과 편안함을 위해 필요한 것에 대해 자동차와 운전사가 간단히 대화를 나눈 뒤, 자동차에게 눈을 감도록 한다(필요시 눈가리개를 제공할 수 있다. 우리는 참여자들이 눈을 뜨지 않을 것이라고 믿는다. 필요한 경우 눈 뜨는 것을 허용하기도 하지만, 이것에 대해 말하지는 않는다). 운전사는 계속 눈을 뜨고 있을 것이다(안전을 위해 중요한 요령이다). 참여자들이 자세를 취한 채로 주변을 '주행'하도록 한다. 놀이치료실 안을 '주행'하도록 2~3분 정도의 시간을 주고 멈추게 한다. '주차'를 한 후에 자동차가 운전사가 되고, 운전사가 자동차가 되도록 역할을 바꾸도록 한다. 각자의 위치와 책임을 상기시키고, 몇 분의 시간을 주어 자동차가 운전사에게 안전감을 느끼기 위해 필요한 것을 전달하도록 한다. 자동차에게 눈을 감고, 두 손으로 보호 자세를 취하게 한다. 운전사에게는 눈을 뜨고 운전할 것을 상기시킨다. 2~3분 후에 멈추게 한다. 개인내담자의 경우, 각 역할에서 자신이 좋아하고 싫어했던 것에 대한 피드백을 하게 한다. 그리고 내담자의 감정, 자기조절, 타인에 대한 책임감이나 자신을 통제하기 어려웠던 것과 관련한 정보를 공유하도록 한다. 가족이나 집단과 이 활동을 하는 경우, (참여자가 짝수여서, 치료사가 참여하지 않는다면) 참여자들이 이 활동을 하는 동안 각 요소의 지표를 관찰한다. 그 후 참여자들과 모든 요소에 대한 대화를 나눌 수 있다.

■ **수줍은 허벅지**

이 활동의 주요 목표는 내담자의 신체패턴, 정서적 자기인식, 적절한 위험을 사정하고 감수하려는 의지를 탐색하는 것이다(Ann Randolph, personal communication, January 2015). 이것은 개인내담자, 가족, 집단과 함께 할 수 있는 활동이다. 이 활동은 모든 연령대와 가능하지만, 어린 아동과는 단순한 감정 형용사를 사용할 필요가 있다. 우리는 주로 초등 고학년 아동, 중 · 고등학생, 일부 성인과 이 활동을 해 왔다.

활동의 시작 전에 수줍은, 대담한, 공격적인, 화난, 기쁜, 자랑스러운, 평화로운, 초조한, 무서운, 외로운, 호기심이 많은, 흥분된, 힘이 센 등의 형용사로 감정단어 목록을 만든다. 그리고 내담자에게 놀이치료실 주위를 걷게 한다. 내담자가 걷고 있을 때 치료사는 신체 부위와 감정단어 하나씩을 짝지어 말한다(예: 수줍은 허벅지, 대담한 팔꿈치, 공격적인 눈썹, 화 난 발목, 기쁜 어깨 등). 내담자가 좋아하고, 싫어하는 조합을 관찰한다. 수행하지 않으려는 조합이 있는지 주의 깊게 살핀다. 어떤 조합을 꺼리는 것은 내담자가 느끼는 심리적 위협의 식별 능력에 관한 정보를 주기 때문이다. 활동을 마친 후, 정서적 자기인식을 심도 있게 탐색하기 위해 내담자가 편안했던 조합에서 좋아했던 것과 불편했던 조합에서 싫어했던 것에 대한 대화를 할 수 있다. 또한 치료사가 명명한 감정이 내담자의 어떤 신체 부위와 연결되어 있는지 생각해 보도록 요청할 수 있다. 내담자의 특정 감정과 연결되는 신체 감각의 위치를 신체 윤곽 그림 위에 그리는 활동을 추후에 할 수 있다.

■ 발목용접

발목용접(Ashby et al., 2008)을 개인내담자와 한다면, 이 활동은 내담자의 자기이미지, 성격특성, 정서적 자기인식, 자기조절 능력, 정서·인지·행동·태도의 패턴을 탐색하기 위해 사용할 수 있다. 가족이나 집단의 경우, 이 활동으로 가족역동과 집단(친구와 학급)역동을 탐색할 수 있다. 이 활동은 모든 연령대의 내담자와 가능하며, 매우 어린 아동의 경우, 부드러운 천 조각이나 스카프를 이용하여 발목을 느슨하게 묶을 수 있다.

개인내담자와 이 기법을 하는 경우, 두 사람의 발목을 마치 용접된 것같은 상태로 유지하면서, (20~40피트 정도의) 공간을 가로질러 걷는다. 만약 발목이 '용접되지 않은' 상태가 되면, 처음부터 다시 시작해야 한다는 규칙(내담자의 자기조절 능력을 탐색하기에 좋은 방법이다)을 만들 수 있다. 상상의 넥타이만으로 발목을 묶어 둘 수도 있고, 초기 한두 번의 활동에서는 부드러운 천이나 스카프로 발목을 묶어 한 팀으로 걷는 경험을 할 수도 있다. 효과적인 '용접'을 위한 가장 좋은 방법을 대화하는 것도 종종 도움이 되지만, 반드시 활동의 시작 전에 논의해야 하는 것은 아니다. 효과가 있고 없는 것에 대한 브레인스토밍 전에 활동을 잠시해 보는 것이 더 효과적일 수 있다.

가족이나 집단과 이 활동을 하는 경우, 참여자에게 치료사를 마주 보도록 일직선으로 서게 하고, 발(또는 신발)의 옆면이 서로의 발에 닿도록 하여, 집단 전체가 발목을 '용접'해 모두 '붙어 있게' 한다. 양 끝의 두 명은 옆에 있는 한 사람의 발목에만 용접된다. 참여자에게 '용접된 상태'를 유지하고 공간을 가로지르는 것이 과제임을 설명하고, 서로 발목이 떨어지면 처음부터 다시 시작해야 하는 규칙을 설명한다. 필요하다면 가족이나 집단에 따라 처음 한두 번은 부드러운 천으로 발목을 묶을 수 있다. 치료사는 비계를 설정하여 효과가 있고 없는 시도, 공간을 효율적으로 가로

지르기 위해 바꿔야 할 방법 등에 대해 구성원 간의 대화를 촉진할 수 있다.

✳ 스토리텔링과 치료적 은유 창조하기

■ 스토리 지어내기

이 기법은 자기이미지, 성격특성, 개인의 강점과 약점, 정서적 자기인식, 자기조절 능력, 의사결정 및 목표설정, 위험에 대한 분별력, 자기실현 경향성 등을 탐색하기 위해 사용될 수 있다. 또한 이 활동은 관계(가족, 학급친구, 직장동료, 친구) 및 문제해결 능력을 탐색하는 방법으로 사용될 수도 있다. 이것은 개인 내담자(아동·청소년·성인), 가족, 집단과 사용할 수 있는 기법이다. 우리는 종종 직접적인 의사소통보다 은유로 의사소통하는 것을 선호하는 내담자와 이 활동을 한다. 스토리를 '지어내는 것'은 '실제'와 관련된 스토리에서는 불가능한, 내담자가 필요로 하는 만큼의 충분한 거리감을 제공한다.

활동 방법은 터무니없이 간단하다. 내담자가 이야기해 주기를 바라는 스토리라면 무엇이든지 '스토리를 지어내게' 하는 것이다. 치료사는 내담자에게 동물이나 사람에 대한 스토리, 책이나 영화 또는 TV쇼나 비디오 게임 등에서 나오는 가상의 인물에 대한 스토리, 내담자 자신에 대한 허구적인 스토리 등을 지어내게 할 수 있다. 잡지에서 오려낸 사진을 보여 주면서 이 사진의 촬영 전, 촬영 시점, 촬영 후에 무슨 일이 있었는지 스토리를 지어 보게 할 수 있다. 단어가 있는 스토리텔링 카드(예: 스토리매틱, 스토리매틱키즈, 스파크유어이미지네이션스토리스타터카드)나 그림이 있는 스토리텔링 카드(예: 이미지네이션스토리카드)를 사용할 수 있고, 스토리텔링 게임(예: 루구, 딕싯, 텔테일페어리테일즈, 원스어폰어타임카드게임, 텔어스토리)을 하거나 스토리텔링 주사위(예: 스토리타임다이스, 로리스스토리큐브, 매직앤페어리테일 다이스)를 활용할 수 있다. 아동은 동물에게 쉽게 매료되기 때문에, 우리는 때때로 스토리 촉발에 도움이 되는 아동용 스피릿애니멀카드를 사용한다. 청소년이나 성인과 작업하는 경우, 250마스터피스인웨스턴페인팅, 페이머스페인팅카드, 프로페서노긴스히스토리오브아트 등과 같은 명화 카드를 사용할 수 있다. 인터넷(www.flashcardmachine.com/art-history.html)에서 미술사 카드를 다운받을 수도 있다. 스토리 지어내기를 하는 또 다른 방법은 모래상자 안에 몇 개의 피규어를 넣고 상자 속에서 무슨 일이 일어났고, 무슨 일이 일어나는지 스토리를 지어내게 하는 것이다. 치료사는 내담자에게 스토리를 '지어내도록' 요청하고 있기 때문에, 그 스토리에서 활용할 수 있는 정보는 분명히 은유적인 형태일 것이다. 따라서 치료사는 그 스토리가 내담자와 내담자의 삶에 대해 의미하는 것을 알아차리기 위해 은유적으로 그 스토리를 경청해야 할 것이다.

■ _____에 관한 스토리를 들려 줘

이 기법의 목표는 '스토리 지어내기'와 비슷하다. 이 버전은 직접적으로 관련된 정보를 선호하는 내담자에게 사용되며, 치료사는 정보가 날것의 형태로 전달되기보다, 여전히 '스토리'의 형태로 적절한 거리감을 가지길 원할 때 사용한다.

이 기법을 사용하기 위해 내담자에게 "스토리를 들려 줘."라고 말한다. 내담자에게 "너의 열 살 생일에 관한 스토리를 들려 줘." "너의 부모님이 어떻게 만나셨는지 스토리를 들려 줘." "네가 어떻게 그 이름을 갖게 되었는지 가족의 스토리를 들려 줘." "새와 벌에 대해 알고 있는 스토리를 들려 줘."와 같이 스토리를 말하도록 할 수 있다. 실생활 스토리는 무궁무진하게 만들 수 있다. 내담자에게 종이와 그림 재료를 주어 스토리를 그려 보도록 할 수도 있고, 스토리 속에서 일어난 일을 모래상자를 통해 표현하도록 할 수도 있으며, 스토리의 전달을 위해 퍼펫쇼를 제안하거나 단추를 사용하여 스토리 속 인물을 재현하는 아이디어를 소개할 수도 있다.

내담자에게 가족의 스토리나 신화 등과 같이 내담자가 들었던 스토리를 들려 달라고 요청할 수 있다. 예를 들어, 내(테리) 아들 제이콥은 그의 입양에 대한 스토리를 천 번 정도는 들었다. 많은 경우, 실제로 내가 "이 스토리 좀 들어 볼래? 아빠랑 엄마가 예전에……."로 시작한다면, 그는 내가 이 주제에 대한 문장을 끝내기도 전에 끼어든다. 많은 내담자들이 자신의 어린 시절이나 가족구성원에 대해 들었거나 자신에게 일어난 일에 대한 스토리에 대해 반복하기를 좋아한다. 모든 스토리는 치료사가 내담자를 이해하기 위한 정보가 된다.

■ 한 단어 스토리

이 기법의 목표는 정제된 감각을 얻는 것이다. 그것은 개인내 및 개인간 역동과 관련이 있을 수 있다. 나(테리)는 빠르고 간단한 이 활동을 개인내담자(아동 · 청소년·성인), 가족, 집단과 사용하기를 매우 좋아한다. 우리는 전혀 대화를 하지 않으려는 내담자(뚱하고 귀찮아하는 청소년과 같이)와 대화를 멈추지 않는 내담자(여러분은 그들이 누군지 알 것이다)에게 이 활동을 한다.

활동 방법은 다음과 같다. 내담자에게 한 단어로 _____에 대한 스토리를 말하도록 요청한다. 스토리는 특정 상황, 관계, 문제에 대해 가능한 해결책, 과거에 있었던 일, 내담자의 지난 일주일 등(무엇이든지 치료사가 알고 싶어 하는 것)에 관한 것일 수 있다. 원한다면 스토리를 두세 단어 또는 (너무 원한다면) 한 문장으로 확장할 수도 있다. 내담자에게 한 단어 스토리를 말하도록 하고, 필요하다면 그 한 단어 스토리에 대해 한 단어로도 스토리를 말하도록 할 수 있다. 때때로 우리는 내담자에게 한 단어 스토리를 신체 동작이나 몸짓으로 시연하도록 요청하기도 하고, 한 단어 스토리에 어울리는 모래상자 피규어를 선택하도록 한다(다양한 방법을 고민해 보자).

■ 다행히도/불행히도

다행히도/불행히도 기법(Ashby et al., 2008; Beaudion & Walden, 1998)은 우리가 자주 사용하는 활동으로, 내담자의 성격특성을 추측하고 내담자가 자신의 어려움에 어떻게 책임을 지며 문제 해결책을 도출하는지 확인하기 위해 사용한다. 원버전은 홀수 인원이 필요하기 때문에, 우리는 보통 이 활동을 가족이나 집단과 한다. 약간의 창의력을 사용한다면 개인내담자에게도 이 활동을 적용할 수 있다. 많은 어린 아동은 운이 좋다거나 나쁘다는 추상적인 개념을 제대로 이해하지 못하기 때문에, 어린 아동보다는 초등 고학년, 청소년, 성인에게 효과적이다. 규모가 큰 집단과 활동 하는 경우, 참여자를 세 명씩 한 조로 나눈다(또는 다섯 명이나 일곱 명 등 집단 인원을 구성하여 조를 나눈다. 그러나 각 조의 구성원은 꼭 홀수여야 한다). 만약 집단원이 짝수라면 이것은 치료사가 참여해야 함을 의미하는데, 이 경우 치료사가 방법에 대한 시범을 보일 수 있어 좋다.

내담자와 원형으로 앉아 누가 스토리를 시작할 것인지 묻는다(지원자가 없다면 치료사가 스토리를 시작한다). 시작하는 사람에게 '불행히도'로 시작하는 한두 문장의 스토리를 만들도록 요청한다(예: 불행히도! 타미가 개를 산책시키기 시작했을 때, 비가 쏟아지기 시작했어). 스토리를 시작한 사람의 오른쪽 사람에게 '다행히도'로 시작하는 한두 문장의 운이 좋은 스토리를 이어가도록 요청한다(다행히도! 타미의 개 버질이 둘이 쓸 수 있는 매우 큰 우산을 물어 왔어). 다음 사람에게 불운한 상황을 찾아 '불행히도'로 시작하는 스토리를 이어가도록 한다(불행히도! 바람이 너무 세서 버질의 우산이 뚝 부러졌어). 스토리가 자연스러운 결론에 도달할 때까지(또는 치료사가 시간이 다 되었음을 알릴 때까지) 참여자에게 운이 좋은 상황과 나쁜 상황을 번갈아 가며 이어가도록 한다. 마지막 문장은 '다행히도'로 시작하는 긍정적인 문장으로 끝을 맺는다.

내담자를 경청하는 것은 필수적이다. 내담자가 스토리에 덧붙이는 내용은 내담자의 성격특성, 문제에 대한 책임 소재 여부, 문제를 다루기 위한 해결책의 유형에 대한 정보를 주기 때문이다. 누가 '다행히도' 문장 말하기를 좋아하고, 누가 '불행히도' 문장 말하기를 좋아하는지 대화를 나눌 수도 있다. 또한 치료사는 이 대화를 관찰함으로써, 화자의 성격적 특성에 대해 감을 가질 수 있다. 개인내담자와 이 활동을 하는 경우, 치료사와 내담자는 각각 '다행히도'로 시작하는 한두 문장을 말하고 '불행히도'로 시작하는 한 문장을 하는 식으로 번갈아 가며 진행할 수 있다.

■ 초기기억

초기기억(ERs: Early Recollections)은 보통 만 4세에서 8세 사이의 경험 중 개인이 기억하기로 선택한 순간이다. 초기기억을 불러오고 해석하는 것은 내담자의 개인내 및 개인간 역동의 이해에 도움이 된다(Kottman & Meany-Walen, 2016; Watts, 2013). 초기기억을 통해 내담자는 자신에 대한 태도, 타인과의 관계, 인생관을 드러낸다. 이 아들러학파 기법을 사용할 때(아들러학파가 아니더라도 내담자의 과거가 내담자의 현재에 대한 정보를 주고, 현재에 영향을 미친다고 믿는다면 도움이 될 것이다), 이 기법의 목표가 단순한 정보 수집이라면 내담자와 해석을 공유할 필요는 없다. 이 활동의 목표가 초기기억 전역의 패턴을 이용하여 내담자의 통찰을 돕는 것이라면, 초기기억의 의미에 대한 치료사의 추측을 내담자와 공유하고자 할 것이다. 어린 아동에게 기억 속 한 가지 사건을 떠올려 설명하게 하는 것은 어려울 수 있기 때문에, 이 기법은 적어도 8세 이상의 아동, 청소년, 성인에게 효과적이다. 우리는 이 기법을 개인내담자와 사용하는 경향이 있지만, 어떤 치료사는 가족 및 집단 회기에서 구성원들이 서로를 이해하도록 돕는 수단으로 사용한다.

치료사는 자신·타인·세상에 대한 신념 안에서 내담자의 패턴을 찾아야 하기 때문에, 최소 여섯 개에서 여덟 개의 기억을 모아야 할 것이다. 한 회기에서 이 작업을 모두 할 필요는 없으며, 여러 회기를 통해 할 수 있다. 내담자에게 기억을 언어로 묘사하도록 할 수도 있고, 기억을 적도록 요청할 수도 있다. 또는 그림을 그리거나, 모래상자를 만들거나, 퍼펫쇼를 하도록 요청할 수도 있다. "네가 어렸을 때 일어났던 일에 대해 말해 줘." 라거나, "네가 기억할 수 있는 첫 기억을 말해 주겠니?" 등의 말로 기억에 대해 묻는다. 필요한 모든 정보를 얻기 위해 내담자가 말하는 대로 초기기억을 상세하게 기록한다. 기억 묘사가 끝나면, 기억 속에 있는 그 당시의 느낌과 그것에 대해 말하는 지금의 느낌, 그 경험이 일어났던 당시의 연령에 대해 질문한다.

초기기억의 의미를 파악하기 위해 각 기억의 중심 테마를 찾은 후, 그 기억 전체의 전반적인 패턴을 찾는다. 기억 속의 사람들, 상황, 의사소통, 문제해결 방법 등의 상호작용 패턴을 찾는다. 초기기억 전역에서 패턴의 의미를 찾기 위해 다음의 질문에 답을 찾는다(Dewey, 1979; Kottman & Meany-Walen, 2016).

1. 초기기억의 '감정 톤'은 어떠한가? 초기기억에 반복되는 패턴이 있는가?
2. 각 기억의 초점은 무엇인가? 두드러지는 가장 중요한 요소는 무엇인가? 초기기억에 반복되는 패턴이 있는가?
3. 기억 속에 누가(내담자, 다른 아동, 가족구성원 등) 존재하는가? 그 기억 속에 내담자가 있다면 내담자는 보통 관찰자인가, 참여자인가? 기억 속 내담자가 참여자라면 내담자는 능동적 참여자인가, 수동적 참여자인가?
4. 기억 속 타인과 내담자의 관계(정서적 관계와 가족관계 모두를 고려한다)는 어떠한가?
5. (기억 속에 내담자가 존재한다면, 내담자를 포함한) 기억 속 사람들은 어떻게 상호작용하는가? 타인과 상호작용할 때 특정 패턴이 있는가?
6. 기억 속 사람들의 태도는 어떠한가? 초기기억에 반복되는 패턴이 있는가?
7. 기억 속에 내담자가 존재한다면, 내담자의 역할은 무엇인가? 초기기억에 반복되는 패턴이 있는가?
8. 기억 속에 내담자가 존재한다면, 순응과 반항의 관점에서 내담자에게는 무슨 일이 일어나고 있는가? 다른 사람을 돌보거나 돌봄 받고 있는가? 다른 사람

이나 상황을 통제하거나 통제받고 있는가? 초기기억에 반복되는 패턴이 있는가?

9. 내담자가 기억하는 정서는 무엇인가? 얼마나 강한가? 무엇에 관한 것인가? 내담자가 기억을 말하면서 느끼는 정서는 무엇인가? 초기기억이나 현재 정서패턴이 있는가?

✽ 동작, 춤, 음악경험

■ 보디 스토리

이 활동은 내(테리)가 여성 수련회를 위해 스토리텔링과 동작을 결합해 개발한 방법으로 (청소년과 성인을 포함한) 여성들이 자신의 몸에 대해 어떻게 느끼는지, 신체패턴이 삶의 전반에 어떤 영향을 미치는지 탐색하기 위한 수단이다. 이 활동은 남성과도 할 수 있다. 이 활동은 꽤 추상적인 개념을 포함하기 때문에, 아동에게 적용할 수 있을지는 확신이 서지 않는다. 그러나 특정 아동에게 효과가 있을 것 같다면, 틀림없이 시도할 수 있을 것이다.

내담자에게 그들이 태어났을 때(또는 모태)부터 현재까지 자신의 몸에 대한 스토리를 들려 달라고 요청한다. 이 활동은 실제로 이렇게 할 수도 있지만, 나는 스토리를 시연하는 것이 이 경험을 보다 깊이 있게 한다는 것을 깨달았다. 내담자는 자신의 스토리를 시연하기 위해 동작을 이용하면서 구체적인 사건이 자신의 몸에 미치는 영향을 더 잘 감지하게 되고, 치료사는 내담자의 신체패턴을 이해하는 데 도움이 되는 많은 정보를 얻는다. 따라서 몸에 대한 스토리를 들려 달라고 요청한 후 내담자에게 온몸을 이용하여 그 스토리를 행동으로 보여 달라고 한다. '온몸을 이용하는 것'이라는 말은 매우 중요하다. 내가 이 지침을 언급하지 않았을 때, 내담자는 스토리를 전달하기 위해 종종 자신의 표정, 팔, 손만을 사용한다. 이러한 활동은 신체적 자기를 모두 사용하는 것과 동일한 효과를 가져오지는 못한다.

■ 스토리텔링 춤

내담자의 유년기 스토리, 최근 발생한 일에 관한 스토리, 미래 비전에 관한 스토리, 자기를 바라보는 방법에 관한 스토리, 인생에서 중요한 사람과의 관계스토리 등 내담자에게 동작과 춤으로 자신의 스토리를 전달하도록 요청하는 것은 재미있다 (때로는 심오하다). 이 기법은 스토리에 등장하는 사건에 대한 내담자의 감정을 구체화하거나, 기억 속 특징을 구체적으로 기억하도록 돕거나, 아이디어나 꿈의 세부사항을 구체화하는 데 도움이 될 수 있다. 스토리의 주제 설정 방법에 따라, 이 기법을 자기이미지의 탐색과 개인의 강점 및 약점 알아차리기, 정서적 자기인식을 위한 목적으로 사용할 수 있다. 치료사와 내담자는 개인간 영역에서 가족역동, 학교나 직장에서의 관계, 또래관계 기술, 의사소통 패턴 그리고 문제와 어려움을 탐색하도록 스토리를 설정할 수 있다. 필요한 정보와 관련된 내담자의 개인내 및 개인간 역동을 살펴보면서, 스토리의 주제를 치료사가 탐색하고자 하는 것에 맞추어 설명하는 것이 중요하다. 이 전략은 모든 발달단계의 내담자에게 사용할 수 있다. 우리는 일반적으로 개인내담자와 이 활동을 사용하지만(우리는 내담자들이 타인 앞에서 동작을 만들 때 자신을 보다 억제한다는 것을 발견했기 때문이다), 이 활동은 가족 및 집단과도 함께 할 수 있다.

내담자가 스토리를 시연하기 때문에, 때때로 스토리는 말하는 것보다 더 길어질 수 있다(따라서 치료사는 좀처럼 자세한 정보를 제공하지 않는 내담자와 사용할 수 있다). 형상화에 불편함을 느끼는 내담자의 경우, 때때로 이 활동은 언어로 스토리를 전달할 때보다 훨씬 짧아진다(우리는 스토리를 중단시켜야 할 정도로 스토리가 너무 장황한 내담자들을 '골자'에 도달하도록 돕기 위해 이 기법이 유용하다는 것을 발견했다).

이것은 아마 설정하기 가장 쉬운 춤일 것이다. 이미 내담자에 대해 알고 있는 것에 따라 말이나 소리 없이 오로지 몸으로만 스토리를 전달하게 하거나, 동작과 소리를 동반한 말로 스토리를 전달하게 하거나 말없이 동작과 소리만으로 스토리를 전달하도록 요청할 수도 있다.

예를 들어, 만약 다섯 살 아멜리아가 한 사람으로서 자신에 대해 어떻게 생각하고(느끼고) 자신의 자원과 약점을 무엇이라고 생각하는지(느끼는지) 알고자 한다면, "너 자신에 대해 좋아하는 것을 언어와 몸으로 나에게 보여 주렴."과 같이 말할 것이다. 그리고 "이제 너 자신에 대해 싫어하는 것을 언어와 몸으로 보여 줘."라고 말할 수 있다. 자신감 문제로 힘들어하는 15세 청과 작업하는 치료사는 "자기확신이 드는 순간 너의 움직임을 보여 줘."라고 한 뒤, "확신이 서지 않을 때의 움직임을 보여 줘."라고 말할 수 있다. 직장에서 어려움을 겪고 있는 26세의 마카일라에게 "직장에서 자신의 모습, 즉 직원인 자신에 대해 어떻게 느끼는지 움직임으로 보여 주세요. 그 동작은 어떤 모습인가요?"라고 말할 것이다. 개인간 영역에서 7세 벤자민과 그의 가족역동에 대해 고민하고 있다면, "네가 엄마와 있을 때 움직이는 것처럼 움직여 보렴. 아빠와 있을 때처럼……. 누나나 여동생과 있을 때처럼……. 형이나 남동생과 있을 때처럼……." 등과 같이 말할 수 있다. 이것이 순조롭게 진행된다면, 치료사는 이해를 높이기 위해 "이제 엄마와의 관계를 어떻게 느끼는지 춤과 소리를 사용해서 보여 주렴. 아빠와의 관계에 대해……. 누나나 여동생과의 관계에 대해……. 형이나 남동생과의 관계에 대해……." 등으로 말할 수 있다. 치료사는 내담자의 발달수준에 맞춰 직접 수정한 '언어화'를 통해 또래관계, 의사소통 패턴, 문제에 대해서도 같은 작업을 진행할 수 있다.

■ 음악

우리는 종종 내담자(특히 초등 고학년 아동, 청소년, 성인)에게 함께 들을 음악을 가져오도록 요청한다. 치료사는 아무런 질문없이 사람들이 자신 · 타인 · 세상에 대해 가지는 생각, 문제해결 방법, 타인과 상호작용하는 방법, 자신의 감정을 다루고 표현하는 방법과 그 외의 수많은 것을 전달할 수 있다(내담자에 대해 보다 많은 것을 발견할 수 있는 도구로서 음악을 생각했다면, 탐색하고자 하는 것이 무엇이든지 치료사는 내담자가 좋아하는 음악을 들음으로써 실제로 그것을 탐색할 수 있다). 춤과 노래를 좋아하는 사람들과 음악에 맞춰 춤을 추거나 노래를 부르는 것도 이러한 발견을 가능하게 한다. 내담자를 더 잘 이해하기 위해 질문의 수를 제한해야 한다는 것을 기억하면서, 내담자가 꼭 대답해야 할 몇 가지 질문을 할 수 있다. 다음은 치료사를 위한 질문 목록이다(언제나처럼 우리가 제시하는 질문에 얽매이지 않기를 바란다. 치료사 자신의 질문을 추가하고, 목록에 있는 질문이 마음에 닿지 않는다면 질문하지 마라).

1. 이 노래/음악에 대해 무엇을 좋아하는가/싫어하는가? 이런 유형의 음악에 대해 무엇을 좋아하는가/싫어하는가? 이 음악의 가수/그룹에 대해 무엇을 좋아하는가/싫어하는가?
2. 무엇이 이 노래/음악을 특별하게 만드는가?
3. 처음 이 노래/음악을 들었을 때 어땠는가?

4. 이 노래/음악은 무엇을 떠오르게 하는가?

5. 자신이 중요하게 여기는 것에 대해 이 노래/음악이 (우리에게) 무엇을 말해 주는가?

6. 이 노래/음악은 자신의 삶에 어떤 영향을 주는가?

7. 이 노래/음악을 들으면 무슨 일이 일어나는가?

8. 이 노래/음악을 들으면서 무슨 생각을 하는가? 이 노래/음악을 들으면 머릿속에서 무슨 일이 일어나는가?

9. 이 노래/음악을 들을 때 어떤 느낌이 드는가?

10. 이 노래/음악이 어떤 감정을 불러일으키는가? (그 노래/음악을 들으면 어떤 느낌이 드는가? 듣고 난 후 느낌은 어떠한가? 나중에 그것에 대해 생각할 때 느낌은 어떠한가?

11. 자신이 이 노래/음악을 좋아한다는/싫어한다는 것을 우리가 안다면 우리는 뭐라고 말할 수 있을까? 이 노래/음악은 자신에 대해 (우리에게) 무엇을 말해 주는가?

12. 이 노래/음악은 자신의 전반적인 삶에 대해 (우리에게) 무엇을 말해 주는가? 이 노래/음악은 자신의 인생에 있었던 구체적인 상황에 대해 (우리에게) 무엇을 말해 주는가?

13. 이 노래/음악은 자신의 관계에 대해 (우리에게) 무엇을 말해 주는가? 또래관계에 대해서는 어떠한가?

14. 이 노래/음악은 자신의 삶에서 특정 관계에 대해 (우리에게) 무엇을 말해 주는가?

15. 이 노래/음악이 자신의 삶에 있어서 어떤 이슈를 (우리에게) 말해 주는가?

16. 이 노래/음악은 자신의 문제해결 방법에 대해 (우리에게) 무엇을 말해 주는가?

17. 이 노래/음악으로 어떤 변화가 있었는가?

18. 이 음악을 들을 때 무엇을 하고 싶은가? 음악을 들은 후에는 무엇을 하고 싶은가?

19. 언제 이 노래/음악을 듣고 싶은가?

20. 가사에 더 끌리는가, 리듬에 더 끌리는가?

21. 노래/음악을 그냥 듣는 편인가, 따라 부르는 편인가? 만약 따라 부른다면 큰

소리로 부르는가, 속으로만 부르는가?

22. 노래를 따라 부르는 것과 따라 부르지 않는 것에는 어떤 차이가 있는가?

23. 그 노래/음악의 음악가는 그 노래/음악을 즐기거나 싫어하는 데 어떤 영향을 주는가?

24. 만약 이 노래/음악의 다양한 버전이 있다면, 어떤 느낌일 것 같은가?

25. 그 노래가 자신이 선택했던 후회되는 일이나 다른 길을 떠오르게 하는가?

또한 치료사는 내담자에게 자신의 삶에서 중요한 사람을 나타내거나, 특정인과의 관계를 나타내는 노래/음악을 가져오도록 요청할 수 있다. 만약 내담자가 자신의 삶에서 타인이나 관계를 나타내는 노래/음악을 가져온다면 다음의 질문을 할 수 있다.

1. 이 노래/음악은 누구를 떠올리게 하는가? 이 노래/음악의 무엇이 그 사람을 떠올리게 하는가?

2. 그 사람도 자신을 나타내는 노래/음악으로 이것을 선택하겠는가? 만약 그렇다면, 그 사람을 나타내는 노래/음악으로 선택한 것에 대해 그 사람은 어떻게 생각할까?

3. 그 사람은 자신을 나타내기 위해 어떤 노래/음악을 선택할 것 같은가?

4. 그 사람을 나타내기 위해 선택한 음악의 무엇이 마음에 드는가?

5. 그 사람을 나타내기 위해 선택한 음악의 무엇이 마음에 들지 않는가?

6. 그 사람(또는 자신의 삶에 있는 타인)과의 관계를 나타내기 위해 어떤 노래/음악을 선택하고 싶은가?

7. 그 사람과의 관계에 대해 이 노래/음악이 우리에게 말해 주는 것은 무엇인가?

8. 그 사람과 원하는 관계를 드러내기 위해, 선택하고 싶은 노래/음악은 무엇인가?

❀ 모래상자 활동

모래상자의 기본 절차는 제3장에 기술되어 있다. 다음은 탐색을 위해 사용하도록 모래상자 활동을 구체적인 분야로 분류한 목록이다.

정서에 관한 상자

1. 살아오면서(또는 주중에, 그 날에, 현재) 느꼈던 감정
2. 특정 정서와 그 정서가 삶의 여러 측면에 미치는 영향
3. 특정 정서의 의인화

정서패턴에 관한 상자

1. 두려워하는 것이나 걱정하는 것
2. 두려울 때나 걱정할 때 일어나는 일
3. 두려움이나 걱정에 대한 대처 방법
4. 스트레스를 주는 상황/관계
5. 스트레스를 받을 때 느끼는 감정
6. 불편한 상황/관계
7. 스트레스, 불편한 상황, 관계를 처리하는 방법
8. 일이 '예상대로' 되지 않을 때의 감정/반응
9. 실수를 하는 것에 대한 감정
10. 통제불능의 감정을 회피하기 위해 사용하는 방법
11. 자신을 당황스럽게 만드는 것
12. 당황스러움이나 굴욕스러움이 의미하는 것
13. '통제불능'일 때의 느낌
14. '통제불능'이라고 느끼는 상황
15. 자신에게 '통제불능'의 느낌이 의미하는 것
16. 자신이 충분히 좋은(good enough) 사람이 되지 못한다는 느낌
17. 자신이 충분히 좋은 사람이라고 느끼려면, 어떤 삶을 살아가야 하는지
18. 남들에 비해 열등하다고 느꼈던 순간
19. 거절당했을 때의 느낌
20. 거절당했던 상황이나 관계
21. 거절당하지 않기 위해 하는 노력

22. 화가 났거나 화가 나는 상황/관계

23. 자신에게 화는 어떤 느낌/모습인지

24. 누군가 자신에게 화를 내는 상황이나 관계

행동패턴에 관한 상자

1. 곤경에 빠지게 만드는 행동 유형

2. 곤경에 빠졌을 때 나타나는 행동

3. 곤경에 빠졌을 때 의미 있는 주위 사람들의 반응

4. (긍정적이고 부정적인) 관심을 받는 방법

5. 원하는 것을 얻는 방법(긍정적인 방법과 그렇지 않은 방법)

6. 통제감을 느낄 때와 통제불능을 느낄 때 상황

7. 통제될 때의 느낌, 통제불능일 때의 느낌

8. 괴롭힘(학대나 따돌림)을 당했던 순간의 느낌

9. 괴롭힘(학대나 따돌림)을 당했던 때의 반응

10. 타인을 괴롭히거나 따돌리거나 학대했던 순간

11. 타인을 괴롭히거나 따돌리거나 학대하기 이전, 순간, 이후의 감정

12. 자신에게 상처를 준 사람에게 어떤 식으로든 '다시 돌려주기' 위해 하는 행동

13. 자신이 할 수 없거나, 형편없거나, 더 잘하길 소망하는 모든 행동

14. 자신이 할 수 없거나, 형편없거나, 더 잘하길 소망할 때의 느낌

15. 자신이나 타인에 대한 불만을 표출하는 행동

16. 자신이 충분히 좋은 사람이라는 것을 증명하는 행동

17. 자신을 타인과 비교하는 상황

18. 자신을 추켜세우거나 타인을 깎아내렸던 순간

19. 타인의 욕구를 자신의 욕구보다 우선시해야 한다고 느끼는 상황이나 관계

20. 타인의 욕구를 돌보는 방법

21. 자신의 욕구를 돌보는 방법

태도패턴에 관한 상자

1. 긍정적이거나 낙관적인 태도를 취했다고 느끼는 상황/관계

2. 부정적이거나 비관적인 태도를 취했다고 느끼는 상황/관계

3. 부정적인 태도를 취했다는 말을 들은 상황/관계

4. 자신의 태도가 자신이나 타인에게 도움이 되었던 상황/관계

5. 자신의 태도가 자신이나 타인에게 해를 끼쳤던 상황/관계

6. 쉽게 포기했던 상황/관계

7. 절대로 포기하지 않는 상황/관계

8. 타인과 힘겨루기를 하게 되는 상황/관계

9. 타인과 힘겨루기를 피하게 되는 상황/관계

10. '내 잘못이 아니야.'라고 생각하거나 말하게 되는 상황/관계

11. 감정 · 행동 · 태도 · 반응에 대해 책임이나 권리를 갖게 되는 상황/관계

자기이미지에 관한 상자

1. 자신을 어떻게 바라보는지

2. 자신에 대해 좋아하는 것

3. 자신에 대해 싫어하는 것

4. 자신의 긍정적인 특성을 알리는 방법

5. 자신의 포스터가 긍정적이지 않은 특성을 부각한다면, 무엇을 포함시키겠는가?

6. 자신의 삶에서 좋다고 느끼는 것

7. 자신의 삶에서 못마땅한 것

8. 타인(교사, 친구, 조부모, 부모)이 자신에 대해 긍정적으로 말하는 것

9. 타인이 자신에 대해 긍정적이지 않게 말하는 것

10. 자신감을 느끼는 상황

11. 자기회의감이 드는 상황

12. 자신은 어떤 딸(아들, 자매, 형제, 손녀, 엄마, 아빠, 상사, 직원, 학생, 교사 등)인가?

13. 자신이 유능하다고 느끼는 상황/관계

14. 자신이 무능하다고 느끼는 상황/관계

15. 자신의 행동과 반응에 책임이 있다고 느끼는 상황/관계

16. 자신의 행동과 반응에 책임이 없다고 느끼는 상황/관계

강점/자원의 탐색을 위한 상자, 또는 강점/자원을 소유하는 순간에 관한 상자

1. 자신이 잘 해 왔거나 자랑스러웠던 일

2. 좋아하는 자신의 성격특성

3. 좋아하는 활동

4. 친구가 자신을 수상자로 지명할 만한 일

5. 가정/학교/직장에 기여한 점

6. 가정/학교/직장에서 도움이 되는 방법

7. 가정/학교/직장에서 긍정적인 영향을 미치는 방법

가족역동탐색을 위한 상자(직접적이거나 은유적인 방법으로 탐색)

1. 가족구성원(각 구성원을 나타내는 피규어 1~3개, 각 구성원이 가족에게 제공하는 것을 나타내는 피규어 1~3개, 각 구성원이 스스로를 어떻게 바라보는지 나타내는 피규어 1~3개)

2. 가족이 잘 지내는 방법

3. 내담자가 다른 가족구성원과 잘 지내는 방법

4. (현재 또는 과거에) 자신이 다른 가족구성원에게 겪고 있는 갈등

5. (현재 또는 과거에) 다른 가족구성원이 자신에게 겪고 있는 갈등

6. (현재 또는 과거에) 다른 가족구성원들이 서로 겪고 있는 갈등

7. 다른 가족구성원과의 갈등대처 방법

8. 가족구성원의 갈등대처 방법

9. 다른 가족구성원 간의 갈등시 자신의 대처 방법

10. 가족구성원의 문제해결 방법(가족이 경험하는 특정 문제나 보다 일반적인 문제)

11. 형제자매 사이에서 맏이, 둘째 등의 역할을 하는 것이 어떤 것인지

12. 특정 출생순위에 있는 것이 어떤 것인지

13. 외계인이나 완전히 낯선 사람들이 자신의 가족을 어떻게 바라보는지

14. 마을 사람이나 이웃이 자신의 가족을 어떻게 지각하는지

15. 가족의 가치("가족구성원에게 중요한 것은 무엇인가?")

16. 부모의 양육태도에 대한 자신의 생각

17. 다른 가족구성원이 사랑을 어떻게 표현한다고 생각하는지

14. (행동, 태도, 감정, 갈등, 문제해결, 의사소통 등에 관한) 가족규칙

19. 가족의 자원이나 강점

20. 가족의 갈등이나 문제

21. 가족 위계("가족의 대표는 누구인가?")

22. 가족의 의사소통 방식("서로 어떻게 대화하고 소통하는가?")

23. 가족 내 동맹("가족 내 팀이 있다면, 누가 어느 팀에 있는가?" "각 팀은 무엇에 동의하며, 무엇을 위해 싸우는가?" "각 팀의 대표는 누구인가?")

24. 부모의 결혼에 대해 자산이 지각하는 것

25. 부모의 갈등해결 패턴("부모님은 무엇 때문에 싸우는가?" "부모님은 서로 의견충돌을 어떻게 해결하는가?" "부모님의 의견이 엇갈리면 무슨 일이 일어나는가?" "이기는 사람은 누구인가?" "어떻게 이기는가?")

또래관계 탐색을 위한 상자

1. 나의 친구들

2. 우정의 의미

3. 친구를 사귀는(유지하는) 방법

4. 자신이 친구를 사귀는(유지하는) 방법

5. 친구에게서 원하는 것

6. 자신은 어떤 친구인가

7. 친구들은 자신을 어떻게 바라보는가

8. 친구로서 개인적인 강점

9. 친구와 어울리는 방법

10. 친구의 다른 친구를 향한 감정이나 자신도 그 친구와 어울리는지

학교/직장에서의 태도 및 경험 탐색을 위한 상자

1. 교사/상사

2. 학교/직장에서 가장 좋아하는/싫어하는 경험

3. 학교/직장에서 자신의 문제 형태

4. 학교/직장에서 타인의 문제 형태

5. 학교/직장에서 구성원들은 어떻게 문제를 해결하고자 하는지(구체적일 수도 있고, 일반적일 수도 있다)

6. 학교/직장 사람들의 문제해결 방법

7. 학교/직장 규칙(좋아하는 규칙, 싫어하는 규칙, 지키는 규칙, 무시하는 규칙, 위반하는 규칙)

8. 학교(교실/운동장)와 직장에서 지내는 방법

경험 및 삶에 대한 태도 탐색 상자

1. 멋지고 환상적인 날, 또는 나쁘고 끔찍한 날

2. 세 가지 소원

3. 가장 좋아하는 책, 동화, 영화, TV쇼, 비디오 게임

4. 자신이 갖고 있는 꿈

5. 자신을 괴롭히는 것들

6. 성공을 느꼈던 순간/순간들

7. 성공적으로 문제를 해결했다고 느꼈던 순간/순간들

8. 문제해결을 위한 노력이 좌절됐던 순간/순간들

9. 나의 인생, 나의 한 주, 나의 한 해 등

10. 대노하는 캐릭터와의 만남(또는 자신의 삶에서 다루어야 하는 타인이나 상황을 상징적으로 나타내는 것들). 이 설정에는 "이 캐릭터를 다루기 위해 무엇이 필요한가?"의 질문이 포함될 것이다.

11. 새로운 세계(공룡 세계, 새로운 행성, 우주 공간, 좋아하는 영화 · 책 · 비디오 게임과 관련된 장소 등 전혀 가 본 적이 없는 장소)로 가기. 내담자는 자신을 나타내는 캐릭터를 선택한 뒤 이 세계에 대해 무엇인가를 알고, 내담자와 함께 하며, 조언을 제공할 수 있는 캐릭터를 선택한다. 이 상자는 내담자의 여정과 여정을 위한 준비물을 계획하는 상자이다.

❀ 미술기법

■ 안전한 장소 그리기/채색하기

많은 내담자에게 사용하는 초기 미술기법 중 하나는 안전한 장소 그리기/채색하기(또는 스티커 그림)이다. 이 활동은 내담자의 안전감을 위해 무엇이 중요한지 이해하도록 돕는 매력적인 수단이다. 이 과정은 종종 심도 깊은 역동탐색 이전에 중요하다.

내담자에게 '안전한 장소'를 그리거나 채색하게 한다(이 설명이 좀 뻔하다는 것을 알지만, 이 활동을 묘사할 다른 방법을 생각하지 못했다. 이것은 매우 간단하다). 치료사는 (보다 급진적인 방법을 사용하고 싶다면) 내담자가 안전하다고 느낄 만한 장소에 대해 소개해 줄 모래상자를 만들게 할 수 있다. 내담자가 작업을 마친 후 치료사는 그 경험을 경험 자체로 둘 것인지, 또는 그 장소가 내담자의 안전감에 어떻게 기여하고, 확립했는지를 살피기 위한 언어과정을 할 것인지 선택할 수 있다. 우리는 보통 개인내담자와 이 활동을 하지만 가족이나 집단과도 할 수 있다.

우리는 때때로 활동을 마무리하면서 회기의 시작시점이나 내담자가 불안을 느낄 때 볼 수 있도록, 그림을 보관하거나 모래상자 사진을 찍어도 되는지 묻는다. 어떤 경우에 내담자는 작품을 집으로 가져가고 싶어 한다(우리는 내담자가 실제로 모래상자와 모래상자 피규어를 집에 가져가도록 허용하지는 않는다. 우리는 내담자에게 관대하지만, 그것과는 다른 관대함이다. 치료사는 사진을 찍어 보내 줄 수 있다). (자신의 안전을 지킬 수 있는 연령이 되었거나, 주위 성인들이 아동을 안전하게 지켜 주는 일을 하지 않기 때문에) 자신의 안전에 대한 책임을 배워야 하는 내담자의 경우, 안전을 지키기 위해 할 수 있는 일을 다루는 별도의 그림그리기/채색하기/스티커 그림/모래상자 등을 추가로 작업할 수 있다.

■ 동적 가족화, 동적 학교화, 동적 직장화

동적 가족화(Kinetic Family Drawings: KFD, 가족 모두가 무언가 하고 있는 모습을 그리는 것)의 목표는 가족역동을 탐색하는 것이고, 동적 학교화(Kinetic School Drawings: KSD, 내담자, 교사, 몇 명의 학급 친구가 무언가 하고 있는 모습을 그리는 것)의 목표는 학교에서의 태도·경험·관계를 탐색하는 것이며, 동적 직장화(Kinetic

Work Drawings: KWD)의 목표는 직장에서의 태도 · 경험 · 관계를 탐색하는 것이다. 대인관계 역동을 살펴보는 가장 좋은 방법 중 한 가지는 내담자에게 KFD나 KSD를 해 보도록 하는 것이다(Brooke, 2004; Knoff & Prout, 1985; Kottman & Meany-Walen, 2016; Nurse & Sperry, 2012). 우리는 전통적인 KFD와 KSD의 투사기법에 사용된 기본 절차를 일상적인 탐색 전략으로 수정하고, 표준 질문들을 아들러학파 놀이치료에서 우리에게 필요한 질문으로 바꾸었다(Kottman & Meany-Walen, 2016). 다음은 아들러학파 놀이치료사들이 가족역동에 대한 중요한 정보를 얻기 위해 KFD에서 사용하는 질문 목록이다. 이 질문들이 효과가 있다면 사용할 수 있고, 또는 보다 효과적으로 내담자의 역동을 탐색할 수 있는 자신만의 질문 목록을 만들 수도 있다.

1. 이 사람은 누구인가? (각 사람을 지목한다)
2. 자신과는 어떤 관계인가?
3. 이 사람의 연령은 어떠한가?
4. 이 사람에 대해 설명해 보시오.
5. 이 사람은 무엇을 하고 있는가?
6. 이 사람의 기분은 어떠한가?
7. 이 사람이 가장 필요한 것은 무엇인가?
8. 자신은 이 사람에 대해 어떻게 생각하는가?
9. 이 사람은 다른 사람과 어떻게 지내는가?

개별 인물에 관한 질문

1. 이 사람의 소원은 무엇인가?
2. 이 사람은 무슨 생각을 하고 있는가?
3. 자신은 이 사람의 어떤 점을 좋아하는가?
4. 자신은 이 사람의 어떤 점을 싫어하는가?
5. 이 그림 직전에 이 사람에게는 무슨 일이 있었는가?
6. 이 그림 직후에는 무슨 일이 일어날까?
7. 앞으로 이 사람에게는 무슨 일이 일어날까?
8. 이 사람이 잘하는 것은 무엇인가?

9. 이 사람은 무엇 때문에 곤경에 빠져 있는가?

10. 이 사람이 두려워하는 것은 무엇인가?

11. 자신은 다른 자녀들 중 누구와 가장 닮았는가? 어떻게 닮았는가?

12. 그들 중 누가 내담자와 가장 다른가? 어떻게 다른가?

13. 그들 중 누구와 가장 많은 시간을 보내는가? 무엇을 하면서 보내는가?

14. 엄마가 가장 좋아하는 자녀는 누구인가?

15. 아빠가 가장 좋아하는 자녀는 누구인가?

16. 엄마를 가장 많이 닮은 자녀는 누구인가? 어떻게 닮았는가?

17. 아빠를 가장 많이 닮은 자녀는 누구인가? 어떻게 닮았는가?

18. 부모님 중 누구를 더 좋아하는가? 얼마나 좋아하는가?

가족에 관한 질문

1. 가족은 무엇을 하고 있는가?

2. 이 그림 직후에 이 가족에게는 무슨 일이 일어났을까?

3. 이 그림 직전에 이 가족에게는 무슨 일이 있었을까?

4. 앞으로 이 가족에게는 무슨 일이 일어날까?

5. 만약 이 가족에 대해 무언가 바꿀 수 있다면, 무엇을 바꾸고 싶은가?

다음은 아들러학자들이 중요하게 고려하는 학교 및 교실 역동에 관한 정보를 수집하기 위해 KSD와 함께 사용할 수 있는 질문 목록이다.

1. 이 사람은 누구인가? (각 사람을 지목한다)

2. 이 사람에 대해 설명해 보시오.

3. 이 사람은 무엇을 하고 있는가?

4. 이 사람의 기분은 어떠한가?

5. 이 사람에 대해 어떻게 느끼는가?

6. 이 사람은 다른 사람과 어떻게 지내는가?

개별 인물에 관한 질문

1. 이 사람의 소원은 무엇인가?

2. 이 사람은 무슨 생각을 하고 있는가?

3. 이 사람의 어떤 점을 좋아하는가?

4. 이 사람의 어떤 점을 좋아하지 않는가?

5. 이 사람에게 이 그림 직전에 무슨 일이 있었을까?

6. 이 사람에게 이 그림 직후에 무슨 일이 일어났을까?

7. 앞으로 이 사람에게 무슨 일이 일어날까?

8. 이 사람이 잘하는 것은 무엇인가?

9. 이 사람은 무엇 때문에 어려움을 겪는가?

10. 이 사람이 어려움을 겪을 때 무슨 일이 일어나는가?

11. 이 사람이 두려워하는 것은 무엇인가?

12. 이 사람은 재미를 위해 무엇을 하는가?

13. 이 사람은 학교에 대해 어떻게 생각하는가?

14. 이 친구들 중 누구를 가장 좋아하는가? 어떤 점을 좋아하는가?

15. 자신과 가장 다른 친구는 누구인가? 어떻게 다른가?

16. 이 친구들 중 가장 많은 시간을 함께 보내는 친구는 누구인가?

17. 이 친구들 중 선생님이 가장 좋아하는 친구는 누구인가? 왜 선생님은 이 친구를 가장 좋아하는가?

18. 이 친구들 중 선생님이 좋아하지 않는 친구는 누구인가? 왜 선생님은 이 친구를 좋아하지 않는가?

19. 학교생활은 어떠한가?

학교생활에 관한 질문

1. 이 학급은 무엇을 하고 있는가?

2. 이 그림 직후에 이 학급에서는 무슨 일이 일어났을까?

3. 이 그림 직전에 이 학급에서는 무슨 일이 있었을까?

4. 앞으로 이 학급에는 무슨 일이 일어날까?

5. 만약 이 학급에서 무언가를 바꿀 수 있다면, 무엇을 바꾸고 싶은가? 이 학교에

서는 무엇을 바꾸고 싶은가?

나(테리)는 청소년 및 성인과도 놀이치료를 하기 때문에, 이 동적 그림을 수정해서 KWD를 만들었다. 여러분은 이웃, 교회, 친구, 집단 등 탐색하고자 하는 상황에 대한 지시사항을 수정할 수 있다. KWD를 시작하기 위해 다음과 같이 말할 수 있다. "당신의 직장에 대해 그림을 그려 보세요. 만약 당신에게 상사와 직장 동료가 있다면 자신, 상사 한 명, 한두 명의 직장 동료가 무언가를 하고 있는 그림을 그려 주세요." 내담자가 그림을 마무리하면 각 인물에 대해 다음과 같은 질문을 한다.

1. 이 사람은 누구인가?
2. 이 사람에 대해 설명해 보시오.
3. 이 사람은 무엇을 하고 있는가?
4. 이 사람의 기분은 어떠한가?
5. 이 사람에 대해 어떤 감정을 느끼는가?
6. 이 사람은 다른 사람과 어떻게 지내는가?

개별 인물에 관한 질문
1. 이 사람의 소원은 무엇인가?
2. 이 사람은 무슨 생각을 하고 있는가?
3. 이 사람의 어떤 점을 좋아하는가?
4. 이 사람의 어떤 점을 좋아하지 않는가?
5. 이 사람에게는 이 그림 직전에 무슨 일이 있었을까?
6. 이 사람에게는 이 그림 직후에 무슨 일이 일어났을까?
7. 직장에서 무엇이 이 사람을 어렵게 하는가?
8. 이 사람은 무엇을 잘하는가?
9. 무엇이 이 사람을 곤경에 빠지게 하는가?
10. 이 사람이 곤경에 빠졌을 때, 무슨 일이 일어나는가?
11. 이 사람이 두려워하는 것은 무엇인가?
12. 이 사람은 재미를 위해 무엇을 하는가?

13. 이 사람 중 자신에게 지지적인 사람은 누구인가? 그들은 어떤 지지적인 일을 하는가?

14. 이 사람들 중 자신과 가장 닮은 사람은 누구인가? 어떤 점이 닮았는가?

15. 이 사람들 중 자신과 가장 다른 사람은 누구인가? 어떻게 다른가?

16. 이 사람들 중 자신과 갈등이 가장 심한 사람은 누구인가? 무엇에 대한 갈등인가? 그 갈등은 어떻게 해결되는가?

17. 이 사람들 중 상사가 가장 좋아하는 사람은 누구인가? 상사는 왜 그 사람을 좋아하는가?

18. 이 사람들 중 상사가 좋아하지 않는 사람은 누구인가? 상사는 왜 그 사람을 좋아하지 않는가?

19. 자신은 직장에서 어떻게 지내는가?

20. 자신의 직업에서 어떤 점을 좋아하는가?

21. 자신의 직업에서 어려운 점은 무엇인가?

22. 직업과 관련하여 바꿀 수 있다면, 바꾸고 싶은 것은 무엇인가?

23. 직장과 관련하여 바꿀 수 있다면, 바꾸고 싶은 것은 무엇인가?

24. '완벽한' 상사를 설명해 보시오.

25. '완벽한' 직장 동료를 설명해 보시오.

26. 자신이 '꿈의 직업'을 가질 수 있다면, 어떤 직업일까? 어떤 직장이며, 자신은 그 직장에서 어떤 일을 하고 싶은가?

27. 무엇 때문에 자신은 '꿈의 직업'을 갖지 못하는가?

28. '꿈의 직업'을 갖기 위해 기꺼이 무엇을 하겠는가?

활동을 그림으로만 한정하지 말고, 창의성을 활용하라(이것은 매우 중요하다). 특정 내담자의 관심을 끌 수 있다면 어떤 형식으로든 작업 할 수 있다. 우리는 동적 가족 댄스파티(내담자에게 가족구성원이 어떻게 춤을 추는지 보여 달라고 요청하는 것), 동적 직장 거짓 노래(직장 상사, 직장 동료, 자신에 대한 '거짓' 노래나 거짓 가사를 만들어 보도록 하는 것), 동적 학교 플레이도 조각품(학교에서 교사, 학급 친구, 자신에 관한 조각품을 만들도록 요청하는 것) 등을 한다. 어떤 식으로든 자기표현을 좋아하는 내담자와 작업하고 있다면, 치료사의 창의성을 활용하여 가족역동을 탐색하기 위해 동적 가족 _____활동을 고안해 낼 수 있다. 그 외에도 탐색하고자 하는 것에 따라 동적 이웃 _____활동, 동적 또래 집단 _____활동 등의 동적 활동들을 고안해 낼 수 있다.

■ 단추가족

가족역동을 탐색하기 위한 또 다른 활동은 단추가족 기법이다. 이 사정도구는 여러 형태로 변형하여 사용할 수 있다. 나(테리)는 이 활동을 아일랜드 아들러학파 네트워크(Adlerian Network of Ireland)의 하계 강좌에서 배웠다(나는 당혹스럽게도 강사의 이름을 기억하지 못한다. 나의 할머니는 "나이를 먹는다는 건 지옥이야."라고 말하곤 하셨다). 이 활동은 개인내담자, 가족, 집단과 함께 할 수 있다.

큰 단추, 작은 단추, 오래된 단추, 새로운 단추, 금속 단추, 플라스틱 단추, 깨진 단추 등을 수집한다. 테이블 위에 단추들을 펼쳐 놓고 내담자에게 가족구성원에 해당되는 단추를 각각 선택하도록 한다(두세 개의 단추를 고르도록 할 수 있다). 종이 한 장을 주고(나머지 가족과 분리되어 다른 종이 위에 놓이는 단추가 있는지 확인하기 위해 두세 장의 종이를 줄 수 있다), 단추를 종이 위에 배치하도록 한다. 모래상자의 기본 절차인 경험하기, 재배치하기, 여행하기, 과정 다루기, 알아채기, 재배치하기 과정을 할 수 있다. 내담자가 더 이상 단추를 옮길 필요가 없고, 회기 후 결과물을 가져가기를 원하는 경우, 만약 치료사가 매우 관대하다면(그리고 단추를 많이 가지고 있다면), 단추를 종이에 붙이게 할 수도 있다. 또한 우리는 스토리 속 캐릭터를 나타내는 '단추 스토리' 만들기를 좋아한다. 이것은 은유적인 의사소통을 선호하는 내담자에게 스토리로부터 안전한 거리감을 갖게 하는 방법이다.

■ 포켓몬 캐릭터 만들기

이것은 포켓몬 비디오 게임(일부 내담자는 포켓몬 카드로 게임을 한다)에 대한 높은 관심을 반영하여 내(테리)가 개발한 활동이다. 이것은 개인내 역동(특히 자기이미지, 강점과 약점의 인식, 적절한 위험을 평가하고 감수하려는 의지)과 개인간 역동(특히 또래관계) 탐색을 위해 사용할 수 있다. 이 활동은 주로 초등학생들이 하는 비디오 게임 캐릭터에 초점이 맞춰져 있어 초등학생들(특히 함께 작업하기 쉽지 않은 9~12세 소년들)에게 가장 효과적인 것 같다. 또한 우리는 이 활동을 청소년 및 성인

게이머들과도 성공적으로 사용해 왔다.

　이 활동은 매우 간단하다. 내담자에게 몇 장의 종이와 크레파스나 마커를 주고 자신의 포켓몬 캐릭터를 만들도록 한다. 포켓몬 캐릭터에 친숙한 내담자들은 자신의 캐릭터를 어렵지 않게 만들 것이다. 이 과정에 관심은 있지만, 포켓몬 캐릭터에 익숙하지 않은 내담자들은 캐릭터의 모습을 상상하기 위해 약간의 도움이 필요할 수도 있다. 이 경우 몇 가지 예시를 제공하는 것도 도움이 될 수 있다. 우리는 포켓몬도감에 있는 스티커나 포켓몬 카드를 사용했다. 캐릭터 만들기가 끝나면 내담자에게 (포켓몬 카드와 일치하는) 세 가지 공격 방법과 (포켓몬 카드에는 없으나 내가 개발한) 자신을 안전하게 지키기 위한 세 가지 방어 방법을 만들도록 한다. 포켓몬카드나 비디오 게임에서와 같이 캐릭터들은 체력 포인트(Health Point: HP)도 가질 수 있다. HP는 다른 캐릭터와 싸우는 동안 고갈되는 체력을 나타내며, 포켓몬 캐릭터의 평균 HP는 약 100(±20)이다. 일부 내담자에게 이 활동은 여기까지 설명한 미술활동으로도 충분하다. 또 다른 내담자들은 이 캐릭터를 소개하고, 배경이 되는 스토리를 만들며, 캐릭터의 무기와 방어가 어떻게 작동하는지 설명하고 싶어 한다. 실제로 이 활동에 참여하는 내담자(많은 내담자들이 참여하길 원한다)를 위해 캐릭터 군대를 (원한다면 두 개까지) 만들게 하고 포켓몬카드나 비디오 게임에서처럼 포켓몬끼리 싸우게 하거나, 다른 군대와 싸우게 할 수 있다. 이 활동은 집단에서도 할 수 있는데, 각 구성원은 자신만의 포켓몬 캐릭터 군대를 만들고, 다른 구성원에 대항해 겨루거나 배틀을 위해 동맹팀과 협력팀을 만들 수 있다.

　새로운 포켓몬 캐릭터가 게임 밖 '실제'에서 만들어질 수 있다는 생각이나, 포켓몬 캐릭터가 공격력뿐 아니라 방어력도 갖출 수 있다는 제안에 불쾌해하는 경직된 내담자가 있다면 주목해라. 이러한 내담자는 다양한 게임작동법을 제안하는 치료사의 대담함에 때때로 격분할 수 있다. 이것은 이 내담자와는 이 활동을 더 이상 할 수 없다는 것을 의미하기도 하지만, 이 반응은 내담자가 가진 규칙을 타인에게 침해당했을 때 보여주는 반응에 대한 통찰을 줄 수 있다. 이러한 반응은 분명히 치료실 밖의 관계에서 다양한 어려움을 야기하며, 치료사는 "놀이치료실에서는……."의 예시를 활용하여 추후에 다시 다루어야 할 것이다. 또한 이후 놀이치료의 '변화 만들기' 단계에서 이를 염두에 두고 내담자가 융통성과 관용을 연습할 수 있도록 해야 한다.

■ **자화상**

자화상은 내담자의 자기이미지와 지각된 성격특성에 관한 정보를 줄 수 있으며, 모든 연령과 모든 형태의 놀이치료에 활용될 수 있다. 자화상을 그리는 방법에는 여러 가지가 있다. 자화상은 대표성을 가질 수도 있고, 그렇지 않을 수도 있다. '현실적인' 그림을 좋아하는 내담자는 자신의 몸 전체나 얼굴을 나타내는 그림을 그릴 수 있다. 또한 내담자에게 자신에 대한 느낌을 나타내는 모양이나 무늬를 그려 보도록 요청할 수도 있고, 색상지를 찢어서 자화상을 만들게 할 수도 있다. 스티커로도 '자화상'을 만들 수 있으며, 자신을 동물, 식물, 건물, 차량 등으로 표현하여 그림을 그릴 수도 있다. 그 목록은 끝이 없다. 내담자에게 다양한 상황이나 관계 안에서 자신의 에너지를 그려 보게 할 수 있으며, '현실적' 자화상과 '이상적' 자화상, 두 가지를 그려 보도록 제안할 수도 있다. 미술작품 만들기를 좋아하지 않는 내담자들은 오려낸 동물이나 인물 사진이, 단어 등을 사용하여 자신이 누구인지를 나타내는 콜라주를 만들 수 있다.

■ **정원**

정원은 내담자에게 자신을 장미 덤불이라고 상상하도록 하는 활동으로, 바이올렛 오클랜더(Violet Oaklander)의 장미 덤불 기법에서 영감을 얻었다(Oaklander, 1978, 1992). 가족 및 집단역동에 적용하기 위해 나는 이 기법의 명상과 질문을 가족, 또래집단, 학교, 직장과 관련된 문제에 초점을 두어 수정했다. 이 활동에는 잠재적인 여러 목표가 있다. 이 활동은 자기이미지 탐색을 위해 모든 연령대의 내담자와 할 수 있다. 가족, 학교, 친구 문제로 어려움을 겪고 있는 아동이나 청소년, 또는 직장 문제(가족/친구 문제)로 어려움을 겪고 있는 성인과 함께 가족역동, 학교/직장에서의 관계, 친구 관계를 탐색하고 대인관계 문제를 검토하기 위해 사용할 수 있다. 치료사는 변화를 만들기 위한 놀이치료 단계에서, 내담자가 사회적 정보를 인식하고 해석하며, 대인관계에서 책임을 받아들이는 방법을 배우게 하는 수단으로 사용할 수 있다. 또한 이것은 내담자의 개인적 욕구 충족, 한계와 경계설정을 돕기 위한 도구로 사용될 수 있다.

진행 과정은 다음과 같다. 우선 내담자에게 적합한 미술 재료를 준비한다. (치료실 상황에 따라) 내담자에게 편안하게 앉거나 눕도록 한다. 치료사가 내담자를 상상의 여정으로 안내할 것이라고 설명하고, 치료사의 안내를 시각화해 보도록 한다. 치료사는 다음의 시각화 안내문을 읽는다[줄임표(……) 표시가 있을 때마다 약 10초간 멈춘다. 내담자가 실제로 정원을 상상하기 위해 걸리는 시간을 예측하면서 멈춤 시간을 조절할 수 있다].

"눈을 감아 보자. 네 몸을 느껴 봐. 네 주변에서 일어나고 있는 일은 잊고……. 네 안에 무슨 일이 일어나고 있는지 생각해 보자. 너의 호흡을 생각해 보렴……. 공기 가 코와 입을 통해 가슴으로 내려가는 것을 느껴 보렴……. 너의 호흡이 마치 바닷 가에서 찰랑거리는 부드러운 파도 같다고 상상해 봐……. 파도가 밀려들수록 너는 보다 편안해질 거야."

"오른팔에 대해 생각해 보자. 점점 무거워지고, 또 무거워지고 있어……. 그 무 거움이 팔을 타고 손끝까지 내려가고 있음을 느껴……. 너의 왼팔에 대해 생각해 보자……. 점점 무거워지고, 또 무거워지고 있어……. 그 무거움이 아래로 아래로 손끝까지 내려가고 있음을 느껴 봐……. 왼쪽 다리에 대해 생각해 보자……. 그것 이 점점 무거워지고, 또 무거워지고 있어……. 그 무거움이 아래로 아래로 너의 발 까지 가고 있음을 느껴 봐……. 오른쪽 다리에 대해서 생각해 보자……. 무거워지 고 또 무거워지고 있음을 느껴 봐. 무거움이 아래로 아래로 가며 발끝까지 가고 있 어……. 몸이 편안해지고 무거워지는 느낌을 느껴 보자……."

"자, 이제는 네가 정원에 있는 식물이라고 상상해 보자. 그 정원에 있는 식물 중 하나가 되어 식물이 된다는 것에 대해 알아보자 …… 너는 어떤 종류의 식물일 까? 크기는 작은가? 큰가? 잎이 넓은가? 키가 큰가? …… 꽃을 가지고 있나? 꽃 을 가졌다면 어떤 종류의 꽃을 가졌나? 너는 네가 원하는 어떤 식물도 될 수 있단 다……. 잎을 가지고 있을까? …… 어떤 종류일까? …… 너의 줄기와 가지들은 어 떠한가? …… 가시도 있나? …… 뿌리는 어떠한가? 어쩌면 가지고 있지 않을 수도 있어……. 만약 뿌리가 있다면, 그것은 길고 곧은가? 꼬여있는가? 뿌리는 깊은가? …… 주위를 둘러보고 정원에 다른 식물들이 있는지 살펴보렴. (15초 멈춤) 만약 다른 식물이 있다면, 그것들이 어떻게 생겼는지 상상해 보자. (15초 멈춤) 오직 몇 개의 식물만 있는가? 아니면 많은가? 다른 식물은 자신과 같은 식물인가? 아니면 다른 식물인가? 다른 식물은 잎이 있는가? …… 꽃이 있는가? …… 줄기가 있는

가? …… 뿌리는? …… 가시는? (20초 멈춤) 다른 식물은 자신이 있는 곳과 얼마
나 가까이 있나? 크기는 자신과 같거나 큰가? 작은가? 화분 안에서 자라고 있나,
땅 위에서 자라고 있나? 아니면 시멘트 길을 따라 자라고 있는가? 그것도 아니라
면 다른 어딘가에서 자라고 있는가? (20초 멈춤) 주변을 한 번 둘러보자. (20초 멈
춤) 무엇이 보이는가? (20초 멈춤) 정원에 동상이 있나? …… 동물이 있나? ……
사람은? …… 새는? …… 주변에 울타리 같은 것이 있나? 만약 있다면, 그 울타리
는 어떻게 생겼을까? …… 누군가 자신을 돌봐주고 있는가? 만약 자신을 돌봐주는
사람이 있다면 그 사람은 어떤 사람처럼 보이는가? …… 그 사람은 너를 돌보기 위
해 무엇을 하는가? (20초간 멈춤) 그 사람은 다른 식물들도 돌보는가? 지금 날씨
는 어떠한가? …… 너의 삶은 어떠한가? …… 기분은 어떠한가? …… 계절이 바뀜
에 따라 무엇을 경험하며, 또 어떤 일이 일어나는가? (20초간 멈춤) 정원의 식물로
서 자신을 인식해 보자……. 주변을 주의 깊게 살펴보자. 정원에서의 삶에 대해 어
떻게 느끼는지 찾아보자. (1~2분간 멈춘다. 멈춤 시간은 치료사의 임상적 직관에
따라 달라질 수 있다)"

"잠시 후 나는 너에게 현재의 몸으로 돌아오도록 요청할 거야. 자, 이제 돌아오
자……. 눈을 뜨고 머물러 보렴. 이제 그림 재료를 이용해서 식물이었던 너의 모습
과 정원에 대한 그림을 종이에 그려보자."

내담자가 그리기를 마쳤을 때, 유용한 정보를 얻을 수 있는 질문을 한다(치료사
가 묻고 싶은 다른 질문도 할 수 있다. 우리는 다음의 질문들이 상당히 많다는 것을 알고
있다. 따라서 내담자에 따라 적절히 질문의 수를 조절해야 한다).

1. 어떤 종류의 식물이고, 어떻게 생겼는가?
2. 꽃에 대해 설명해 보시오.
3. 잎에 대해 설명해 보시오.
4. 줄기와 가지에 대해 설명해 보시오.
5. 가시가 있나? 만약 있다면 그것은 어떠한가? 만약 없다면, 어떻게 자신을 보호
   하는가? 친근한 식물인가, 그렇지 않은 식물인가?
6. 뿌리에 대해 설명해 보시오.

7. 정원에 있는 다른 식물에 대해 말해 보시오. 그 식물들은 자신과 같은가, 다른가(크기, 종류 등)?

8. 정원에서 위치는 어떠한가? 다른 식물들과 가까이 있는가, 멀리 있는가? 정원의 어느 곳에 위치하는가(가운데, 바깥, 가장자리)?

9. 자신이 사는 곳은 어떠한가? 주변에는 어떤 것들이 보이는가? 자신이 있는 곳에 산다는 것은 어떠한가? 정원에는 또 뭐가 있는가?

10. 누가 자신을 돌봐주는가? 돌봄에 대해 어떤 느낌이 드는가? 그들은 어떻게 자신을 돌보는가?

11. 다른 식물은 누가 돌보는가? 그것에 대해서는 어떤 느낌이 드는가? 그들은 다른 식물을 어떻게 돌보는가?

12. 지금 날씨는 자신에게 어떠한가? 계절이 바뀔 때 자신은 어떻게 되는가?

13. 식물이 된 기분은 어떠한가? 식물로써 자신의 삶은 어떠한가?

14. 이 정원에서 사는 것에 대해 어떻게 생각하는가? 만약 정원을 바꿀 수 있다면, 무엇을 바꾸고 싶은가?

15. 다른 정원으로 이사 갈 수 있다면, 그렇게 하고 싶은가? 어떤 정원이 자신에게 완벽한 정원일 것 같은가?

그림에서 중요한 것을 탐색하기 위해 제3장의 모래상자 놀이치료에서 설명된 "나는 알아챘어요." 기법을 사용할 수 있다. 이 모든 활동이 은유를 통해 표현된다는 것에 주목해라. 치료사는 대부분의 내담자와 함께 모든 진행 과정을 '현실 세계'로 가져오지 않고 은유로 남겨 두기를 원할 것이다. 은유와 현실 세계 넘나들기를 좋아하는 내담자의 경우, 치료사는 내담자가 이끄는 대로 따라가며 그림의 다양한 요소가 의미하는 것이 무엇인지, 또는 내담자가 자신의 '실제' 삶에 대해 치료사에게 말해 주는 것은 무엇인지 몇 가지를 추측할 수 있다.

✿ 구조화된 놀이경험

■ 우정 조리법
우정 조리법은 또래관계 역동을 탐색하기 위해 아동(개인과 집단)과 할 수 있는 재미있는 활동이다. 이 활동은 청소년이나 성인과 하기에는 꽤 단순하다. 치료사는 내담자에게 친구를 사귀기 위해 필요한 '재료' 목록을 만들게 하고, 친구를 사귀고 유지하는 데 필요한 각 재료들이 몇 '컵'씩 필요한지 생각해 보도록 돕는다.

■ 우정 규칙

이 활동의 목표도 우정 조리법처럼 또래관계 역동을 탐색하는 것이다(또한 가족 내에서 가족구성원의 '규칙'이나, 집단에서 집단구성원의 '규칙'으로 활용할 수 있다). 이 활동은 역동탐색 과정뿐 아니라, 놀이치료에서 내담자가 패턴에 대한 통찰을 얻도록 작업하는 단계에서 사용할 수 있다.

이 활동 역시 꽤 기초적인 활동으로, 우리는 초등 저학년 아동과(심지어 유아와도) 이 활동을 즐겁게 해 왔다. 우리는 내담자에게 친구가 되기 위해 해야 하는 일과 해서는 안 된다고 믿는 일의 목록을 '친구'의 신체 윤곽을 사용하여 작성하도록 한다 (이것은 간단한 활동이기 때문에 더 이상 복잡하게 설명할 수 없다). 이 활동만으로도 만족할 수 있지만(어떤 내담자는 이 활동만으로도 충분하다), 목록을 완성한 후에 내담자와 대화를 나눌 수도 있고, 내담자의 친구 중 누가 이 규칙을 따르는지, 내담자 자신은 이 규칙을 따르는지, 모든 규칙이 유지되기를 원하는지, 일부를 바꾸고 싶은지에 대해서도 대화를 나눌 수 있다.

■ 친밀감의 원

이 기법의 목표는 개인간 역동의 탐색이며, 탐색하려는 역동에 해당되는 활동을 하면 된다. 친밀감을 탐색하고 싶다면 친밀감이나 우정이 중심인 원을, 안전을 탐색하고 싶다면 안전에 대한 원을, 재미를 탐색하고 싶다면 재미에 대한 원을 설계하면 된다. 어린 아동은 원으로 상징되는 추상적인 개념을 이해하기 어렵기 때문에, 이 기법은 초등학교 고학년, 청소년, 성인에게 보다 효과적이다. 우리는 가족이나 집단과 이 기법을 했을 때 내담자들이 다소 긴장하는 것을 발견했다. 그래서 우리는 주로 개인내담자와 이 활동을 한다.

활동의 시작 전에, 약 여섯 개의 동심원을 그린다. 치료사는 내담자를 위해 원을 그리거나, 그리는 방법을 설명할 수 있다. [나(테리)는 인쇄만 하면 되도록 이 동심원 그림을 컴퓨터에 저장해 두었다. 여러분도 약 5분이면 이 동심원을 만들 수 있을 것이다]

만약 친밀감이나 친근감 버전을 하고 있다면 내담자에게 자신의 이름을 가운데 원 안에, 자신의 삶에서 가장 가깝다고 느끼는 사람을 그 밖의 원에, 그다음 가깝게 느끼는 사람을 그 다음 원에 계속해서 쓰도록 한다. 그 후 내담자에게 원 안에 포함시킨 사람들에 대해 각각 설명하도록 한다. (만약 내담자의 발달에 적절하다면) 특정 원 안에 위치한 인물들의 특징, 특성, 행동에 대해 설명하게 한다. 치료사가 개인내 역동(예: 내담자의 성격특성)에 대한 정보를 얻고자 한다면, 그 인물의 어떤 성격이나 행동에 끌려 가깝게 지내는지 내담자에게 질문할 수 있다.

얻은 정보에 만족한다면 활동을 멈출 수 있다. 그러나 내담자의 개인간 역동을 보다 깊이 이해하고자 한다면 원 안에 포함시킨 인원에 만족하는지, 아니면 추가하거나 빼고 싶은 인물이 있는지 질문할 수 있다. 또한 내담자에게 누구를 가운데 원(내담자 자신)으로 더 가까이 옮기고 싶은지, 누구를 더 멀리 이동시키고 싶은지 질문할 수 있다. 만약 치료사가 정말 대담해지기를 원한다면(그리고 우리의 규칙 중 하나를 위반해도 괜찮다면), 내담자에게 옮기고 싶은 이유에 대해 자세히 설명해 달라고 요청할 수 있다. 이 활동의 지시사항을 조정하여 활용방법에 따라 탐색하려는 역동을 탐색할 수 있다.

■ 역할극 역동

(내담자에게 역할놀이를 하게 하는) 역할극은 개인간 역동을 탐색하기 위한 또 다른 구조화된 놀이치료 기법이다(이 기법이 꽤 직접적인 활동이라는 것을 알지만, 우리는 사람들의 행동방식과 그에 따른 내담자의 반응을 실제로 관찰하기를 원한다). 이 활동은 모든 연령의 개인, 가족, 집단에게 효과적이다.

이 기법을 활용하는 몇 가지 방법이 있다. 한 가지 방법은 내담자에게 인생에서 중요한 사람(가장 친한 친구, 가장 싫어하는 사람, 주변에서 내담자를 괴롭히는 사람, 내담자를 지지해 주는 다른 구성원, 내담자의 할머니 등)처럼 행동하게 하는 것이다. 치료사는 이 활동을 (내담자가 사람들에게 반응하는 방법을 직감하며) 단독으로 사용하거나 후속 활동으로 할 수도 있다. 내담자가 모방하고 있는 행동을 다른 사람들이 할 때, 내담자가 보이는 반응을 표현해 보도록 요청할 수 있다. 역할극을 활용하는 또 다른 방법은 의상을 사용하는 것이다. 우리는 보통 모자(이것은 모자를 골라 다른 사람을 '연출'해 보거나, 모자를 고르고 그 대상에 대한 내담자의 감정과 반응을 보여 주는 활동을 포함한다)를 사용하며, 필요한 경우 다른 의상, 페이스 페인트, 거울을 사용할 수도 있다. 또한 (놀이치료실에 구비되어 있다면) 무기 같은 소품, 모래상자 피규어, 기타 다른 놀잇감을 사용할 수 있다. 그 사람이나 행동에 대한 반응을 표현하기 위해 내담자에게 이 소품들을 사용하도록 한다.

개인내 및 개인간 역동탐색을 위한 이론적 고려 사항

수많은 이론적 접근들은 역동을 탐색하기 위해 각 놀이치료 스타일에 특화된 정보와 방법을 가지고 있다. 우리는 이미 아들러학파 놀이치료사들이 알고자 하는 중요한 Cs, 행동목표와 잘못된 행동목표, 성격 우선순위, 인생 과제의 기능에 대한 정보를 다루었다.

대부분의 아동중심 놀이치료 임상가들은 내담자가 '실제적 자기'와 '이상적 자기' 간의 차이를 이해하도록 돕기 위해 관찰을 사용하지만, 정보 수집에 많은 시간을 소비하지는 않을 것이다. 가치의 조건은 내담자가 무조건적 긍정적 관심을 사용할 수 있게 하는 안내자 역할을 할 것이며, 치료사는 가치의 조건을 알아차리기 위해 관찰을 사용할 것이다.

인지행동 놀이치료 임상가들은 관찰기술과 표준화된 검사로, 내담자의 정동/감정, 인지, 행동 및 언어 요인에 대한 정보를 수집한다(Cavett, 2015; Carmichael, 2006; Knell, 2016). 인지행동 놀이치료사들이 자주 사용하는 표준화된 도구에는 아동행동평가척도(Child Behavior Checklist), 미네소타 아동발달 검사(Minnesota Child Development Inventory), 퍼펫 문장완성검사(Puppet Sentence Completion Task)가 있다. 행동관찰, 감정온도계 등과 같은 놀이평가로 이 도구들을 보완할 수 있다. 인지행동 놀이치료에서 탐색의 일차적 초점은 내담자의 행동이며, 그 행동과 내담자의 사고패턴을 강화시키는 내담자의 환경요인들이다.

생태학적 놀이치료 임상가들은 이 장에서 설명한 것보다 훨씬 더 형식적인 평가과정을 거친다. 그들은 내담자의 현재 기능과 내담자가 살고 있는 생태체계의 사정을 위해 고안된 양육자와의 형식적인 면담, 아동내담자와의 면담, 가족면담을 한다. 생태학적 놀이치료사들은 행동, 상호작용, 사회화, 학업수련을 측정하기 위해 발달치료 관찰평가표 개정판(Developmental Therapy Objective Rating Form- Revised: DTORF)을 부모와 완성하며(Developmental Therapy Institute, 1992; O'Connor, 1993, 2016), 마샥 상호작용평가(Marschak Interaction Method: MIM)를 시행하고(Marschak, 1960), 부모-자녀 상호작용 패턴을 측정하는 도구를 사용한다(O'Connor, 2016). 또한 기타 표준화된 평가 도구[예: 아동용 웩슬러 지능검사(Wechsler Intelligence Scales for Children), 아동용 인성검사(Personality Inventory for Children), 발달치료 목표 평가표(Developmental Teaching Objectives Rating Form), 코너스 평정척도(Connors Rating Scale)]와 투사 도구[예: 아동용 투사그림검사 배터리(Children's Projective Drawing Battery), 로버츠 아동용 주제통각검사(Roberts Apperception Test for Children)]를 사용한다(Carmichael, 2006).

　게슈탈트 놀이치료 임상가들은 역동탐색을 위해 관찰, 질문, 미술기법, 은유와 스토리텔링, 구조화된 놀이기법 등을 사용하며, 형식적인 평가 도구는 거의 사용하지 않는다(Carmichael, 2006; Oaklander, 1994). 게슈탈트 놀이치료 임상가들은 앞서 설명한 일반적인 역동 요인 외에도, 내담자의 과정과 접촉경계 혼란에 대한 내담자의 인식 탐색에 관심이 있다.

　융학파 놀이치료 임상가들은 놀이치료 과정에서 형식적인 평가를 거의 하지 않는다. 그들은 비지시적이기 때문에 회기에서 내담자의 행동과 반응을 관찰하는 것이 주된 탐색 방법이다(Carmichael, 2006; Green, 2009; Lilly, 2015). 융학파 놀이치료사들은 내담자의 놀이에 나타나는 상징, 특히 무의식의 원형을 찾기 위해 항상 방심하지 않는다(Lilly, 2015). 또한 그들은 내담자에게 모래상자를 만들도록 요청할 수 있지만, 대부분의 경우 (내담자에게 피규어를 선택하여 상자에 넣도록 요청하는 것 이외의 구조화된 활동이 없는) 비지시적인 모래상자를 만든다(Punnett, 2016).

　내러티브 접근의 놀이치료 임상가들은 내담자 자신에 대한 스토리, 타인과 세계에 관한 스토리, 내담자와 자연 세계와의 연결, 내담자의 문화와 지혜 및 치유 철학, 창의성을 수용하려는 내담자의 의지와 능력에 대해 알고 싶어 할 것이다(Cattanach, 2006; Mills, 2015). 내러티브 놀이치료 임상가들은 정보 수집을 위해 가끔 질문을 할 수도 있지만, 거의 전적으로 관찰(스토리를 만드는 동안 내담자의 비언어적 표현 및 치료사가 스토리를 만들 때 내담자가 보이는 반응)과 은유 및 스토리텔링 기법에 의존할 것이다.

정신역동 놀이치료 임상가는 내담자가 특정 심리성적 단계에 고착되었는지, 오이디푸스/엘렉트라 콤플렉스에 빠져 있는지, 내담자가 자신의 욕구(애정과 승인, 권력, 사회적 인정, 개인적 존경, 개인적 성취, 자기만족, 독립심, 완벽성)를 어떻게 충족하는지 탐색한다(Cangelosi, 1993; Mordock, 2015).

테라플레이에서 탐색의 일차적 초점은 내담자의 애착 수준과 구조, 개입, 양육, 도전과 관련된 부모/자녀 요인에 있다(Booth & Winstead, 2015, 2016; Jernberg & Jernberg, 1995). 테라플레이에서 사용되는 탐색 도구는 마샥 상호작용평가로, 이 도구는 부모와 자녀의 상호작용 방법과 가족에 관한 정보를 제공한다. 또한 일부 테라플레이 임상가들은 내담자의 행동과 애착패턴을 평가하기 위해 아동행동평가척도, 벡의 우울척도(Beck Depression Inventory), 코너스 평정척도, 학령기 애착 평가(School-Aged Assessment of Attachment)와 같은 형식적이고 표준화된 평가도구를 사용한다.

통합적/처방적 놀이치료의 치료과정은 역동에 대한 놀이치료사의 이해 정도에 따라 결정되기 때문에, 놀이치료사가 개인내 및 개인간 역동을 탐색하는 것이 매우 중요하다. 여러분은 통합적/처방적 놀이치료사가 사용하는 평가도구에 대해 우리가 무엇을 말할 것인지 알고 있을 것이다. 그것은 경우에 따라 다르다. 내담자의 현재 문제와 이슈에 대한 초기 평가, 평가와 개입에 대한 치료사의 훈련 및 전문성, 다른 가족구성원의 협력, 그리고 그 외 다양한 요인에 의해 결정된다.

옮겨 가면서

내담자의 역동을 이해하기 위해 무엇이 중요한지 알게 되었다 하더라도, 여전히 "이제 뭘 해야 하지?"라는 의문이 들지도 모른다. 여러분은 아마도 자신의 이론적 틀, 인간에 대한 신념, 그리고 어떻게 나아갈 것인지에 대한 신념에 따라, 치료계획을 세우고 놀이치료 과정의 다음 단계로 전진하기를 원할 것이다. 다음 장은 놀이치료 과정에서 내담자가 통찰을 얻도록 돕는 방법을 다룬다(만약 내담자의 통찰이 놀이치료에서 중요하다고 생각한다면 말이다).

내담자 개념화 전개하기

치료사는 질문하기와 관찰하기의 기술, 개인내 및 개인간 역동탐색을 위해 고안된 기법을 사용하면서, 수집하고 있는 정보에 대한 감을 얻기 위해 작업할 것이다. 치료사는 자신의 이론을 적용하여 내담자의 이슈가 어디에 있는지, 치료목표는 무엇이어야 하는지, 그리고 진전을 위한 최선의 방법이 무엇인지에 대해 내담자의 개인내 및 개인간 역동 패턴이 전달하는 것을 알아내려고 할 것이다. 치료사는 수많은 정보를 수집한다. 치료사가 초점을 두는 세부사항은 치료사가 가지고 있는 인간에 대한 신념, 인간의 발달기제와 변화 방법에 대한 신념, 상담과 놀이치료 과정에 대한 신념을 반영해야 한다.

치료사는 수집된 정보를 조직화하기 위해 치료사는 스스로에게 "다음의 목록을 관찰하는 것이 나에게 무엇을 알려주는가?"에 대한 답을 찾을 필요가 있다.

- 정서패턴은 어떠한가? 사정의 일환으로 내담자가 우울, 불안, 분노, 절망, 낙담, 긴장, 불안정, 부끄러움, 혼란, 혐오감, 두려움, 불신, 죄책감, 희망 없음, 연약함, 상처를 경험하고 있는가를 자문해 볼 수 있다(여기에는 즐겁거나 긍정적인 감정이 포함되지 않았다는 것에 주목해라. 놀이치료에서 우리가 만나는 대부분의 내담자들은 행복한 여행객들이 아니다). 내담자의 정서패턴은 다른 상황이나 관계에서 변화하는가? 내담자가 겪고 있는 정서는 얼마나 강렬한가? 내담자의 정서 패턴이 내담자의 기능을 방해하는가? 무엇이 내담자의 다양한 정서를 불러일으키는가?
- 인지패턴은 어떠한가? 예를 들어, 내담자는 자신·타인·세상에 대해 잘못된 신념, 잘못된 확신, 비합리적인 신념을 가지는가? 선형적인 사고를 하는가, 접선적인 사고를 하는가? 사고는 추상적인가, 구체적인가? 내담자의 인지패턴은 자신·타인·세상에 대

한 일반적인 사고이며, 그 사고방식은 정서 및 행동과 상호작용한다.

- 행동패턴은 어떠한가? 회피적, 고립적, 비협조적, 충동적, 공격적인가? 언쟁벌이기, 힘겨루기, 부적절한 관심끌기를 하는가?
- 몸/신체패턴은 어떠한가? 생각과 정서를 자신의 몸으로 어떻게 표현(예: 웅크린 어깨, 긴장감으로 인한 불편감, 어지러움 등)하는가? 내담자에게 신체증상을 남긴 외상적 사건이 있는가?
- 태도패턴은 어떠한가? 타인에 대한 태도는 어떠한가? 직장이나 학교에서의 태도는 어떠한가? 가족에 대한 태도는 어떠한가? 쉽게 포기하거나 힘겨루기에 빠지거나, "내 잘못이 아니야."라는 신념패턴을 가지고 있는가?
- 자기이미지는 어떠한가? 한 인간으로서 자신에 대한 믿음은 무엇인가? 삶에서 수행하는 다양한 역할에 대한 자기이미지는 무엇인가? 치료사는 내담자의 자신감, 자기효능감, 자기책임감에 대해 무엇을 알아챘는가?
- 개인의 강점과 약점에 대한 인식은 어떠한가? 자신의 강점을 인식하고 있으며, 그 강점을 '소유'할 수 있는가? 자신의 자원에 현실적인가? 자신의 개인적인 약점을 인식하고 있는가? 자신의 한계에 현실적인가? 어려움을 겪고 있을 때, 그 시간에 대해 기꺼이 책임을 지려고 하는가?
- 정서적 자기인식은 어떠한가? 자신의 감정과 그 감정의 촉발 요인을 인식하는가? 자신의 몸 안에서 정서가 경험되거나 저장되는 장소를 알고 있는가? 주기적으로 경험하는 정서패턴을 자각하고 있는가? 자신의 정서가 가지는 강도패턴을 자각하고 있는가? 정서강도를 조절할 수 있는가?
- 자기조절 능력은 어떠한가? 자신의 정서, 사고, 행동을 감독하고 통제할 수 있는가? 내담자는 '너무 느슨하다'와 '너무 엄격하다'의 연속선 중 어디 즈음에 위치하는가?
- 결정을 내리고, 목표를 설정하고, 목표를 향한 진전 과정을 모니터링하는 역량은 어떠한가? 어떻게 결정을 내리고, 목표를 설정하며, 목표를 향한 진전 과정을 모니터링하는가? 결정하고 책임지는 역량이 있는가? 단기 및 장기 목표 설정을 위한 내담자의 재능과 의지는 어떠한가? 얼마나 유능하게 목표를 향한 움직임을 사정하는가?
- 적절한 위험을 사정하고 감수하려는 의지는 어떠한가? 신체적 · 지적 · 정서적 · 대인관계적 위험을 감수하려는 의지는 어떠한가? '실제'적인 위험과 심리적인 위험을 사정하는 능력은 어떠한가? 감수해야 하는 위험을 사정하는 능력은 어떠한가?

- 자기실현을 향한 움직임은 어떠한가? 자기실현을 향한 태도는 어떠한가? 최선의 자기가 되기 위해 긍정적인 방향으로 성장하려 하고, 긍정적이고자 하며, 변화의 욕구를 나타내며, 실제로 긍정적인 추진력을 분명하게 나타내는가? 자기실현의 방향으로 나아가고 있는가?

각 이론적 접근들은 이 질문에 대답하기 위한 고유패턴을 가질 것이다. 어떤 이론은 감정을 강조하고, 다른 이론은 사고와 상호작용을 강조한다. 어떤 이론은 정서적 자기인식에 비중을 두는 반면, 어떤 이론은 자기조절 능력에 더 많은 관심을 기울인다. 치료사는 내담자 개념화를 전개해 갈 때 치료사의 이론적 접근, 인간에 대한 생각 그리고 인간이 어떻게 변화하는지에 대한 개인적인 생각을 적용할 방법을 결정해야 할 것이다. 우리는 대부분의 놀이치료 이론들이 각 이론의 개념화에 포함시키는 요소를 다루고자 했다. 여러분이 중요하다고 생각하는 요소들이 있을 수 있으며, 그것들은 여러분의 개념화에 포함되어야 한다. 치료사는 인간에 대한, 그리고 인간이 어떻게 변화하는지에 대한 생각을 자신의 이론과 통합하기 위해 제2장을 참조하고, 원출처까지도 찾아볼 필요가 있다.

치료사는 내담자와의 첫 만남에서부터 개념화를 시작할 것이다. 그러나 개념화의 핵심은 내담자의 개인내 및 개인간 역동에 관한 많은 정보를 수집한 후에야 가능하다. 우리는 우리의 이론적 관점에서 정서ㆍ인지ㆍ행동 수준에 개입하기 때문에, 수집된 정보를 사용하여 내담자의 통찰에 가장 도움이 된다고 믿는 방법을 선택한다. 그 후에 우리는 내담자의 고유한 학습스타일에 맞춰 기술을 사용하고, 개입방법을 조정하여 상담목표를 향해 나아간다. 치료사는 치료계획을 전개하기 위해 일관적인 수집방법으로 정보를 정리하고 조직화할 필요가 있을 것이다.

우리는 치료사에게 중요한 영역과 치료사를 안내하는 이론을 적어 보고, 이 후 어떻게 (이론의 안내에 따라) 나아갈 것인지 결정하는 것이 도움이 된다는 것을 발견했다. 정보를 수집하고 내담자에 대해 알고 있는 것을 추적함으로써 치료사는 진전을 위한 충분한 정보를 가졌는지, 어떤 방식으로 나아갈 것인지 결정할 수 있다. 치료사의 이론적 구조에 따라 내담자 개념화를 하는 것은 우리가 어디에 있고, 어디로 가고 있으며, 어떻게 그곳에 도달할 것인지 로드맵을 만드는 것과 같다. 행동수칙의 개발은 효율적이고 지시적인 치료과정에 도움이 된다.

제6장

내담자의 통찰 지원

내담자의 통찰을 지원하기 위한 놀이치료 기술
내담자의 통찰을 지원하기 위한 놀이치료 기법
내담자의 통찰을 지원하기 위한 이론적 고려 사항
옮겨 가면서

*   *   *

이미 짐작하고 있겠지만 내담자가 통찰을 얻도록 돕는 것을 서술할 때, 우리는 내담자가 자신의 행동·정서·인지·태도·동기의 패턴을 더 잘 인식하도록 돕는 것에 주목한다. 자신의 놀이와 언어의 기저 의미를 내담자가 이해하도록 돕는 것도 포함될 수 있다. 이 장에서는 내담자가 자신의 패턴과 기저 의미에 대한 통찰을 얻도록 돕기 위해 고안된 놀이치료 기술과 기법을 다루고 있으며, 내담자의 인식을 증가시키기 위해 치료사와 치료사의 이론이 중요하게 여기는 것들을 다룬다. 내담자의 통찰을 돕기 위한 기술과 기법을 상세히 살펴보기 전에, 몇 가지 질문을 고민해 보는 것이 가치있을 것이다. 여러분은 내담자가 변화를 일으키기 위해 통찰을 얻는 것이 필요하다고 믿는가? 만약 그렇다면, 변화를 위해 통찰을 얻는 것이 모든 내담자에게 필요하다고 생각하는가, 또는 특정 연령대나 특정 발달 단계의 내담자에게만 해당된다고 생각하는가? 내담자가 통찰을 얻도록 돕는 것이 놀이치료사의 임무 중 중요한 요소라고 생각하는가?

변화를 위한 통찰이 필수조건이 아니라는 전제하에 내담자의 인식을 높이지 않아도 변화가 가능하다고 믿는 테라플레이나 인지행동 놀이치료와 같은 접근이 있다는 것을 아는 것이 치료사의 생각에 영향을 줄 수 있다. 아동중심 놀이치료사는 종종 해석을 하기도 하지만, 지시적인 개입 없이도 내담자의 인식이 상당히 증가할 수 있다고 믿기 때문에 통찰을 돕기 위한 기법이나 활동은 하지 않는다. 놀이치료의 다른 접근(아들러학파, 생태학이론, 게슈탈트이론, 융학파, 정신역동이론, 통합이론)에서는 '많은 내담자의 경우, 자신의 패턴에 대한 인식을 향상시키는 것이 긍정적인 변화를 지원하는 핵심요소이다.'라는 생각에 동의하며, 이러한 접근을 지지하는 치료사는 이 아젠다를 향해 기술과 기법을 사용한다. 따라서 우리는 여러분이 내담자의 인식 증가를 중요한 요소라고 믿고, 내담자가 통찰을 얻도록 돕는 것에 관심이 있다는 전제하에 집필을 이어 가겠다.

이 장은 놀이치료에서 변화를 가져오기 위해 많은 내담자에게 통찰이 필요하며, 통찰 수준은 내담자의 발달수준에 따라 다르고, 내담자가 통찰을 얻도록 돕는 것이 놀이치료사의 중요한 역할이라는 것을 전제하고 있다. '내담자의 인식을 돕기 위해 특정 재료를 제공하는 것이 도움이 되는가?'에 대한 대답이 (답을 얻기 위해 준비해라) "경우에 따라 다르다."는 것을 본질적으로 기억해라. 이러한 몇 가지 요인에는, ① 내담자의 발달수준, ② 인식의 증가를 위해 경청하고 수용하려는 준비도, ③ 인식이 필요한 패턴의 유형, ④ 증가된 인식의 잠재적인 영향 등이 있다. 치료사는 내담자의 통찰을 돕기 위해 설계된 개입의 시기, 깊이, 그리고 전달과 관련한 최선의 임상적 판단을 해야 한다.

내담자의 발달수준이 특정 패턴의 인식 증가에 미치는 영향을 고려할 때, 어린 아동과 지적장애를 가진 내담자에게는 언어와 개념이 은유적으로 전달될 때도 단순하고 구체적이어야 한다. 어린 내담자나 지적장애를 가진 내담자에게 통찰이 너무 높은 수준이라고 판단된다면, 특정 패턴에 대한 치료사의 생각을 내담자에게 직접 전달하기보다 부모나 교사와 공유할 필요가 있다.

내담자의 발달수준과 관계없이 치료사가 알아차린 것을 내담자와 공유하거나 어려움을 야기할 수 있는 특정 패턴을 인식하도록 돕기 위해 활동을 설정하기 전에, 통찰에 대한 내담자의 준비도를 평가하는 것은 필수적이다. 내담자는 준비되었을 때 자신의 패턴에 더 개방적이고, 호기심을 갖는 경향이 있다. 이러한 점은 놀이 회기에서 나타나는 코멘트, 놀이 안에서 보여 주는 내레이션, 놀이의 실제 내용을 통해 드러날 수 있다. 준비도가 불명확한 내담자의 경우, 때로는 해석이나 은유적인 스토리를 통해 통찰을 돕는 시도가 필요하다. 치료사는 내담자가 인식을 높이기 위해 개방되어 있는지 판단하기 위해서 내담자의 반응에 세심한 주의를 기울여야 한다. 만약 부정적이거나 혼란스러운 반응을 보인다면, 내담자가 준비되지 않았다고 판단되기에, 관계형성이나 역동탐색으로 되돌아갈 수 있다(그 시도가 어떤 손상을 가져오는 것은 아니다. 내담자가 너무 연약해서 타이밍에 실수를 하면 안 된다는 걱정은 하지 말아라).

다른 패턴들보다 내담자의 인식 수준을 증가시키기에 더 쉬운 패턴들이 있다. 많은 경우, 외상 사건을 경험한 내담자는 그렇지 않은 내담자보다 통찰에 더 저항한다. 어린 아동에게 이해가 더 쉬운 패턴이 있다. 예를 들어, 대부분의 어린 아동은 인지패턴(예: "너는 아빠에게 너의 안전을 의지하는 것이 힘들다고 생각하는 것 같구나.")보다 감정패턴(예: "너는 아빠와 함께 올 때면 걱정스러워 보이는구나.")을 더 잘 이해한다. 특정 패턴이 자신과 자신의 삶에 영향을 미친다는 것을 듣고도 수용이 어려운 내담자의 경우 가족, 사회적 규칙, 가치관이 그 원인일 수 있다. 예를 들어, 어떤 가족은 특정 감정을 수용될 수 있다고 여기고(예: 슬픔, 기쁨), 다른 감정은 수용될 수 없다고(예: 화) 여긴다. 치료사는 내담자가 특정 패턴에 대한 통찰을 얻고 싶어 하지 않으면서, 다른 패턴에 대한 통찰은 기꺼이 수용할 가능성에 대해 고려해야 한다. 다시 말해, 치료사는 통찰을 위한 작업에서, 내담자의 반응을 관찰하면서 치료사가 하는 것을 조절할 수 있어야 한다.

내담자의 통찰을 돕기 위해 이 장에서 다루는 기술과 기법을 사용할 것인지 결정할 때, 치료사는 내담자의 인식 증가가 가져올 영향을 고려해야 한다. 특정 패턴의 통찰을 얻는 것이 어떻게든 상당한 인지적 불협화음이나 감정적 격변을 일으킬 것 같다고 판단된다면, 그 시기를 치료과정 이후나 어쩌면 내담자의 삶에서 꽤 이후까지도 기다리는 편이 더 나을 수도 있다. 이 과정은 내담자에게 이사, 가족의 죽음, 전학이나 이직의 시기처럼 불안정하거나 스트레스가 높은 시기에 해당된다.

내담자의 인식을 돕기 위해 전달되는 모든 메시지는 직접적이든, 은유와 상징을 통해서든 그들의 평소 표현방식과 처리방식에 일치시켜 전달해야 한다. 내담자에 대한 존중을 표현하기 위해 필요하다면, 상징과 은유를 통한 거리감을 제공한다. 야세닉과 가드너(Yasenik & Gardner, 2012)에 따르면, 어떤 경우 내담자는 인식의 증가를 위한 직접적인 개입에 개방적일 수도 있고, 또는 그의 다른 개입이 필요할 수도 있다. 때때로 아동의 놀이는 "언어화가 수반된 매우 직접적이고 직설적인 형태일 수 있는데, 이것을 이는 아동이 특정 수준의 의식화된 인식으로 작업하고 있음을 나타내는 것이다. 또 다른 때에 아동은 성가신 생각이나 감정으로부터 보호와 거리감이 필요하며, 덜 의식적이고 보다 상징적인 방식으로 놀이 시나리오와 대상을 활용한다(p. 46)." 또한 우리는 일부 내담자가 자신의 삶에서 나타나는 문제, 관계, 상황에 대해 거의 항상 직접적으로 표현하기를 선호한다는 것을 발견했으며, 일부 내담자는 의식적이고 직접적으로 자신을 표현하기보다 항상 은유에 의해 만들어지는 거리감을 필요로 했다. 또한 어떤 주제와 상황에서는 직접적으로 소통하고 다른 주제와 상황에서는 은유적으로 소통하며 이 둘 사이를 넘나드는 내담자들도 있었다.

직접적으로 소통하는 내담자와는 내담자의 사고·감정·행동의 패턴에 대해 대화를 나누는 것이 적절하며, 은유와 상징을 통해 소통하는 내담자와는 그들의 방식을 따라 소통해야 한다. 예를 들어, 자신의 경험을 항상 직접적으로 전달하는 6세 제레미아와 충동성에 대해 작업하고 있다면, 행동하기 전에 속도를 늦추고 생각할 시간을 갖게 하는 던지고 받기 게임을 할 것이라고 직접 말할 수 있다. 그러나 만약 제레미아가 은유적으로 소통하는 내담자라면, 행동을 하기 전에 속도를 늦추고 생각하는 것이 어려운 사람들에게 던지고 받기 놀이가 어떻게 도움이 될 수 있을지 질문할 수 있다. 만약 16세 샐리가 직접적으로 소통하는 내담자라면, 나이가 훨씬 많은 남자와 데이트하는 상황을 꾸민 모래상자에 대해 대화할 때 어린 아빠에게 유기된 경험과 그녀의 이성 선택 사이의 관계성을 추측해 볼 수 있다. 만약 그녀가 은유적으로 소통하는 내담자라면, 그녀에게 일어나고 있는 일에 대해 직접적으로 언급하는 대신 모래상자 안에 있는 한 피규어의 동기를 짐작해 볼 수도 있을 것이다.

주로 상징이나 은유를 통해 소통하는 내담자와 작업하는 경우, 내담자를 현실로 끌어내는 질문이나 제안을 하면서 은유를 '깨는' 것을 피하고 내담자의 표현방식에 일치시키기 위해 노력해야 한다(예: "나는 인형의 집에서 여자를 때리는 저 남자가 네 아빠라고 추측해."라거나, "자신의 여자친구와 문제가 있다던 그 '친구'가 실제로는 너구나. 맞지?" 등은 우리가 '나쁜 기법'이라고 부르는 방법들이다. 부디 하지 않도록 노력해라). 우리의 경험상, 심지어 내담자가 어떤 때는 직접적으로 소통하고, 또 어떤 때는 상징과 은유를 사용하더라도, 그들의 은유를 '깨지' 않는 것은 필수적이다. 내담자가 현재 사용하고 있는 소통 방식에 일치시키는 것이 중요하다.

내담자의 통찰을 지원하기 위한 놀이치료 기술

내담자가 패턴에 대한 통찰을 얻도록 돕기 위해 놀이치료에서 사용할 수 있는 몇 가지 기술이 있다. 이 중 일부는 다른 형태의 치료에서도 사용되는 기술이지만 놀이치료에 적용할 수 있는 기술(해석하기, 내담자의 은유 사용하기, 불일치에 직면하기)이며, 또 다른 한 가지는 놀이치료에 특화된 기술(치료적 은유 설계하기)이다. 모든 접근에서 모든 기술을 사용하는 것은 아니며, 같은 기술을 사용하더라도 접근마다 그 응용법이 다르다. 다음은 각각의 기술과 놀이치료 기술의 사용에 대한 설명이다.

✽ 해석하기

내담자는 자신이 특정한 방식으로 행동하거나 반응하고 있음을 잘 인식하지 못한다. 또한 자신의 개인내 및 개인간 역동의 패턴이 자신과 자신의 삶에 미치는 영향도 인식하지 못한다. 자신의 패턴을 인지하고 있는 사람들조차도 이러한 패턴이 자신과 자신의 상호작용에서 의미하는 것과 패턴을 변화시키기 위해 해야 하는 것을 개념화하기 위한 추상적 언어추론 능력이 부족할 수 있다. 해석은 내담자가 자신의 고유한 패턴을 알아채고, 이해하도록 돕기 위해 고안된 기술이다. 놀이치료사는 해석을 할 때, 놀이치료실 안에서 내담자가 하고 있는 것의 의미를 만들고, 내담자의 패턴에 대한 통찰을 얻도록 돕기 위해 놀이치료실 안과 밖에서 나타나는 내담자의 놀이와 언어화를 관찰하고 의도된 코멘트를 한다. 무슨 일이 일어나고 있는지(얼마나 자주 일어나는지, 의미는 무엇인지) 언급함으로써, 놀이치료사는 내담자가 자신의 행동, 정서, 인지, 반응, 태도, 동기, 관계, 의사소통, 문제 등을 보다 명확히 생각해 보도록 도울 수 있다.

밴플리트와 동료들(VanFleet et al., 2010)은 놀이주제의 해석에 초점을 두었다. 놀이활동이 반복되는 경우, 내담자가 다른 놀잇감으로 비슷한 활동을 하는 경우, 일반적이지 않은 강도로 집중하여 놀이하는 경우, 특정 놀이장면이 여러 다른 놀이치료 회기에 나타나는 경우, 그 놀이가 회기를 넘어 계속되는 경우, 정서적 어조에 변화가 있는 경우에는 놀이는 내담자에게 특별한 의미가 있을 수 있다고 제안하였다. 이러한 특징이 나타나는 놀이에 주의를 기울이면서, 치료사는 어떤 놀이주제가 내담자에게 중요한지 알아낼 수 있고, 그 놀이의 의미를 내담자가 인식하도록 돕기 위해 놀이의 해석을 고려할 수도 있다. 밴플리트와 동료들(VanFleet et al., 2010)은 아동이 일반적으로 나타내는 몇 가지 놀이주제를 열거했다. 힘과 통제, 공격성, 정서, 나쁜 것과 악에 대항하는 선, 승리와 패배, 발달과업의 숙달, 불안이나 두려움의 숙달, 외상의 재현, 정체성의 탐색 및 형성, 경계와 제한, 슬픔과 상실, 양육과 사랑, 퇴행, 애착과 연결되기, 위협 및 위험과 함께 나타나는 안전이나 보호, 회복탄력성, 지속성, 문제의 식별 및 해결, 소망, 문화적 상징 등이다. 우리는 청소년/성인 내담자와의 작업에서도 동일한 놀이주제가 나타난다는 것을 관찰했다(오랜 놀이치료 경력에도 불구하고, 우리가 내담자의 연령과 상관없이 항상 놀이의 의미를 아는 것은 아니다. 그러니 여러분이 그 의미를 모른다 하더라도 초조해하지 말라. 내담자에게 그것이 왜 중요한지 실마리를 찾지 못했다 하더라도, 그것이 내담자에게 중요한 것 같다고 알아차렸다면 내담자와 공유할 수 있다).

오코너(O'Connor, 2002)는 해석하기가 문제해결을 돕기 위한 내담자의 통찰에 도움이 된다면, 발달상 적절한 언어로 전달되어야 하며, 내담자가 압도되지 않을 만큼 작은 단위로 전달되어야 한다고 제안했다. 그는 놀이주제와 패턴에 대한 몇 가지 수준의 해석을 제시했다. 놀이치료사는 1수준(내용: 명시적인 행동과 활동), 2수준(감정: 비언어적 단서, 얼굴 표정, 목소리의 억양 등 내담자의 정서 표현), 3수준(의도성: 내담자의 놀이 목적), 4수준(심리학적 의미: 심리학 이론에 기초한 심도 깊은 놀이의 동기 및 이유), 5수준(이전 회기에서 나타난 놀이와의 관련성: 회기 간 패턴 및 패턴의 의미), 6수준(일상 및 사건과 놀이와의 관련성: 실제 사건, 상황, 관계와 회기에서 보여주는 행동 사이의 연관성)에 대해서 코멘트를 할 수 있다(O'Connor, 2000). 1수준과 2수준은 확실히 다른 수준에 비해 의미에 관한 해석이 덜 요구된다.

코트먼(Kottman, 2011; Kottman & Meany-Wallen, 2016)에 따르면, 치료사의 해석은 다음에 초점을 둘 수 있다.

1. 비언어적 의사소통(예: "그 동물을 모래 속에 파묻어도 내가 괜찮다고 할지 확인하는 것처럼 이쪽을 보았구나.")
2. 치료사의 진술과 질문에 대한 반응(예: "우리가 퍼펫 공연을 한다고 하니 긴장한 것처럼 보여요. 스무살이 퍼펫 공연을 해도 되는지 확신이 들지 않는 것 같군요.")
3. 치료사와 내담자 사이의 상호작용에 대한 미세한 반응이나 감정(예: "내가 '같이 비눗방울을 불 거예요.'라고 말한 것이 터무니없다고 생각하는 것 같아요. 성인이 비눗방울을 부는 것이 이상하다고 느끼는 것 같네요.")
4. 내담자와 치료사 사이의 관계나 놀이치료 과정에 대한 미세한 반응 (예: "나와 놀이하는 것이 너에게 어떻게 도움이 되는지 궁금한 것 같구나.")
5. 의사소통 방식의 뉘앙스(예: "네가 긴장했을 때, 내가 너의 말을 못 듣기를 바라는 것처럼 더 작게 말한다는 것을 알아챘어.")
6. 행동의 근본적 의미(예: "내가 고슴도치 부인에게 짜증나거나 화난 것 같아 보인다고 반영할 때마다 그녀는 매번 숨는구나. 고슴도치 부인은 자신이 화를 내면 안 된다

고 생각하는 것 같아. 그래서 내가 그녀의 감정을 알아채면 그녀가 숨나 봐.")

7. 언어화의 기저 의미(예: "나에게 올해에도 텍사스에 갈 것인지를 물었을 때, 너는 내가 이번에는 오랫동안 떠나지 않았으면 좋겠다고 말하고 싶었던 것 같구나.")

한 회기 안에서 나타난 패턴을 해석할 수도 있고(예: "내가 오늘 당신의 일을 언급할 때마다 당신이 다소 불안해하는 것 같다는 것을 알아챘어요."), 또는 여러 회기에 걸쳐 해석을 할 수도 있다(예: "그 작은 토끼는 가끔씩 같이 놀 누군가를 찾는 데 어려움을 겪는구나. 그리고 그럴 때마다 항상 슬퍼 보여."). 또한 치료사는 내담자의 성격, 대처전략, 의사소통 방식, 문제 해결 및 갈등 해결에 대한 접근, 전반적인 개인내 및 개인간 역동의 다른 측면에 대한 패턴 해석도 할 수 있다. 일부 이론적 접근에서는 놀이치료실 밖의 관계나 상황으로 이어지는 내담자의 패턴에 대한 해석도 한다(예: "나는 네가 놀이치료실에서 통제 안에 있기로 결정했다는 것을 알아챘어. 너는 가정과 학교에서도 통제 안에 있는 것을 좋아하는 것 같아.").

다양한 놀이치료 접근은 해석에 대한 몇 가지 다른 명칭을 가지고 있다. 대부분의 접근은 해석하기를 '해석'이라고 부르지만(마치 '장미를 다른 이름으로 불러도 똑같이 향기로운 것'과 같은 이치이다), 아들러학파 놀이치료사는 이것을 '메타커뮤니케이션'이라고 부르며(Kottman & Meany-Walen, 2016), 일부 아동중심 놀이치료사는 '의미의 확장'(Ray, 2011), 또는 단지 '해석'(VanFleet et al., 2010)이라고 부른다. 그것의 명칭과는 상관없이, 내담자를 최선으로 돕기 위해 해석을 구조화하는 몇 가지 지침이 있다.

- 내담자가 표현방식과 처리방식에 일치시킨다(우리가 이미 다른 맥락에서 이것을 언급했다는 것을 알지만, 여기서 다시 반복한다). 치료사는 해석을 직접 할 수도 있고, 내담자의 은유 속으로 들어갈 수도 있다. 치료사가 해석을 위해 은유에서 벗어나는 것은 해석을 '듣기 위한' 내담자의 의지를 잃게 만드는 것과 같기 때문에 이것은 매우 중요하다. 만약 치료사가 해석을 할 때, 내담자의 은유속 인물과 설정을 사용한다면 그 영향력은 더욱 커질 것이다. 4세 레오나르드가 언제나 자신을 사자로 나타낸다면, 사자의 감정과 의미에 대한 해석을 만든다. 34세 조시가 자신의 삶에 대해 쥐의 경주라고 묘사한다면, 치료사는 쥐들

이 항상 쉬지 않고 움직여야 하고 서로 경쟁해야 하기 때문에 몹시 피곤할 것임을 시사한다.

• 치료사의 언어가 내담자의 발달수준에 적절한지 확인한다. 내담자의 언어적 정교함을 파악하고, 내담자가 이해하기 가장 쉬운 어휘와 개념을 사용한다. 심지어 여러분이 세상에서 가장 통찰력 있고, 훌륭한 해석을 했을 때(우리는 여러분이 그럴 것이라고 확신한다)조차도, 내담자가 여러분의 말을 이해하지 못한다면, (아마도 치료사와의 단절 이외에) 어떤 통찰도 얻기 어려울 것이다.

• 해석을 전달할 때는 항상 잠정적이어야 한다. 치료사의 생각이 내담자의 목을 조르지 않도록 주의할 필요가 있다. 잠정적인 방법(예: "나는 추측하고 있어." "그럴 수도 있어." "사실일지도 몰라." "나는 생각하고 있어" "그렇게 보여.")으로 치료사의 생각을 공유하고, 치료사의 의견이나 해석을 강요하지 않으면서 내담자의 패턴, 패턴의 의미, 놀이의 기저 의미를 추측한다.

• 무엇을 해석할지 신중하게 선택한다(우리는 우리가 의도성에 대해 반복하고 있음을 알지만, 한동안 언급하지 않았다고 생각하기 때문에 여기서 다시 언급하겠다). 특정 생각과 주제에 대한 내담자의 준비도와 개방성에 주의를 기울이고, 내담자가 거부하거나 저항하는 패턴보다 알아 갈 준비가 되어 있는 패턴과 상황에 대해 해석한다.

• 내담자가 소화할 수 있는 양의 해석을 공유한다. 내담자에게 압도적이고, 복통(문자 그대로, 또는 은유적으로)을 초래할 수 있는 범세계적인 해석은 피하는 것이 도움이 된다.

• 치료사의 해석에 대한 내담자의 반응을 주시한다. 치료사가 해야 할 말을 들을 수 있을 만큼 개방적인지, 치료사의 언급을 불편해하거나 저항하는지 주목한다. 일반적으로 치료사의 해석이 도움이 된다고 생각할 때, 내담자는 치료사의 해석에 경청하며 동의를 나타내는 무언가를 할 것이다. 이를 흔히 인식 반사라고 하는데(Kottman & Meany-Walen, 2016), 미소나 고개 끄덕임에서부터 언어적 동의에 이르기까지 어떤 것이든 될 수 있다. 치료사의 해석에 동의하지 않거나 해석이 너무 많거나 시기가 이르다면, 내담자는 대체로 가시적인 반응을 보일 것이다. 치료사는 어떤 반응이 나타나는지 살펴야 한다. 그것은 (내담자가 하던 것을 멈추고 갑자기 다른 활동으로 전환하는) 놀이중단(Kottman,

2011), 얼굴 찡그리기, 어깨 으쓱하기, 고개 흔들기, 또는 치료사가 말한 것을 거부하는 그 외 미묘한 비언어적 반응으로 나타날 수 있다. 또한 내담자는 치료사가 말한 것이나 그 방식에 반박하면서 되받아칠 수도 있다. 이런 일이 발생한다면, 그 반응에 주의를 기울여야 한다. 치료사가 관찰한 내용이 대체로 맞겠지만 만약 내담자가 과잉반응을 보인다면 해석을 너무 이르게 했거나 그 해석이 충분히 조심스럽지 않았을 수 있다. "음, 그것은 생각해 볼 만한 문제군요."를 말할 기회이다[이것은 내(테리)가 나의 멘토인 바이런 메들러 박사에게 배운, 나의 박사과정을 통틀어 가장 귀중한 구절이다]. 치료사가 옳은지 아닌지 힘겨루기를 하지 말고 그대로 두어라. 치료사의 마음 한켠에 그것을 저장하고, 이후에 다른 형태로 다시 시도해라. 만약 내담자가 단순히 동의하지 않는다면, 그것은 치료사가 틀렸다는 것일 수도 있다. 만약 치료사가 잘못 알았을 가능성이 있다면, 언제든지 인정하고 원점으로 돌아가야 한다.

- 치료사의 해석에 대한 내담자의 동의에 집착하지 않는다. 때때로 치료사는 틀릴 수 있으며, 치료사와 내담자는 어떤 의미에 대해 다른 생각을 가질 수도 있다. 실수를 하는 것도 괜찮고, 내담자가 치료사와 의미를 다르게 이해하는 것도 괜찮다. 비록 치료사가 옳다고 하더라도, 많은 경우 내담자는 여전히 치료사에게 동의하지 않을 수 있다. 그것도 괜찮다. 어떤 경우에는 치료사가 옳고, 내담자는 그저 집중하지 않고 있을 수도 있다(실제로 이것은 우리가 수많은 제자들과 경험하는 매우 일반적인 상황이다). 다시 말하지만, 그냥 두자. 치료사를 긍정하거나 치료사에게 확신을 주는 것이 내담자의 일은 아니다. 자신을 옳다고 말해 줄 타인을 찾는 것을 포기하는 것이 매우 중요하다. 그것은 치료(놀이치료든 아니든)에 관한 것이 아니다(치료에 매료된 우리 중 많은 이들은 실제로 다른 누군가가 우리에게 우리가 옳다고 말해 주기를 원하고 있지만 말이다).

❋ 내담자의 은유 사용하기

은유적으로 말하는 내담자에게는 내담자의 은유를 사용해라(같은 말이 반복된다고 느끼겠지만, 우리는 이것이 얼마나 중요한지 명확히 하고자 한다. 우리의 의도를 이해하겠는가?). 만약 로난이 자신을 나타내기 위해 상어 퍼펫을 사용한다면 치료사는 상어에게 질문을 할 수 있고, 상어 행동의 의미를 해석할 수 있으며, 상어의 감정을 반영할 수 있다. 또한 치료사는 상어에 대한 스토리를 말할 수도 있으며, 상어의 관계, 문제, 모험, 해결책 등에 관한 스토리도 말할 수 있다. 시시가 남자친구를 나타내기 위해 토네이도 피규어를 사용할 때, 치료사는 토네이도에 대해 말할 수 있고, 토네이도에 대한 질문을 할 수 있으며, 삶에서 토네이도를 겪는 경험에 대한 사람들의 반응을 대화할 수 있다. 성인 내담자가 비유적인 표현(예: "구르는 돌에는 이끼가 끼지 않는다." "헛다리 짚는다." "뜨거운 감자를 잡는다." "이미 엎질러진 물을 보고 후회한다." "진퇴양난")을 사용한다면, 치료사도 함께 사용한다. 그들은 더 이해받는다고 느낄 것이며, 보다 열린 마음으로 치료사의 '지혜'를 듣고자 할 것이다.

✣ 불일치에 직면하기

내담자들은 자주 비일관적이다. 많은 경우 이러한 모순(예: 이번 주에 말한 것과 지난주에 말한 것, 행동하는 것과 말하는 것, 운동장에서 있었던 일을 데이빗의 선생님이 말하는 것과 데이빗이 말하는 것, 그들이 느끼는 것을 언어로 표현하는 것과 신체로 표현하는 것)에 직면시킬 필요가 있다. 치료에서 직면은 일상의 직면과는 다른 의미를 갖는다. 이것은 이멜다의 얼굴을 마주 보고 소리를 질러야 한다는 의미가 아니다. 단지 내담자가 간과했거나 회피했을 무언가를 인식할 수 있도록 부드럽게 불일치를 보여 주는 것을 의미한다. 다음은 놀이치료에서 직면을 효과적으로 사용하기 위해 도움이 될 수 있는 몇 가지 지침이다.

- **부드럽게 접근한다.** 놀이치료든 다른 양식의 치료든 부드러운 접근을 치료적인 직면에서 중요하다. 치료사가 내담자의 불일치를 직면시킬 때, 내담자의 초기 반응은 종종 꽤 방어적이다. 내담자가 전면적인 반격에 들어가는 것을 막는 한 가지 방법은 치료사가 내담자를 공격하는 것이 아니라, 단지 알아차린 불일치를 공유하고 있음을 명확히 하는 것이다.
- **유머를 사용한다.** 치료사가 자신을 공격하고 있다고 생각하지 않게 하는 한 가지 방법은 직면보다 유머를 사용하여 불일치를 직면시키는 것이다. 치료사는 작은 미소나 친절한 웃음과 함께 "그리고 지난주에 너는 이렇게 말했단다."

"화가 난 건 아니라고 했지만, 주먹으로 바닥을 내리치고 있구나." "정확히 무슨 일이 있었는지 너와 네 엄마는 서로 같은 상황을 본 것 같지 않구나."라고 말할 수 있다. 특히 아동/청소년과 작업하는 경우 놀림이나 비아냥으로 보일 수 있는 유머는 사용하지 않도록 주의해야 한다. 이것은 실제로 역효과를 가져오며, 피하려고 했던 바로 그 방어적인 반응을 불러일으킬 수 있다.

- **혼란을 이용한다.** 우리는 1970년대 TV 쇼 주인공의 이름을 딴, '콜롬보' 기법을 자주 사용하는데, 이 TV 쇼에서 로스앤젤레스 출신의 형사 콜롬보는 종종 '혼란' 기법으로 일부 문제를 해결했다(우리는 내담자에게 우리가 TV 탐정을 모방하고 있다고 말하지는 않는다. 비록 일부 성인 내담자들이 이 전략을 알아채기도 하지만 말이다). 이 기법을 사용할 때, 우리는 "호랑이야, 난 좀 혼란스러워. 지난 주에 너는 친구가 없어도 상관없다고 말했고, 이번 주에는 다른 동물들이 너와 놀고 싶어 하지 않기 때문에 화가 나고 슬프다고 말 하는구나."와 같은 문장으로 시작한다. 또는 "이것은 정말 혼란스러워. 너는 너를 소중히 여기는 여자친구를 원한다고 말하면서, 카트리나가 너를 함부로 대해도 여전히 그녀와 함께 있구나."와 같이 말한다(우리가 언어선택에 주의하고 있으며, '그러나'라는 단어를 사용하지 않는다는 것에 주목해라. '그러나'는 방어적인 반응을 불러일으키기도 한다).
- **시기 및 준비도에 유의한다.** 치료사가 직면을 위해 해야 할 말을 들을 준비가 되어 있는지 주목한다. 때로는 상황에 대응하기 위해 내담자에게 부정(denial)이 필요하기 때문에, 다른 상황보다 직면 상황에서 부정이 더 많이 작동할 수 있다는 것을 인식하고 있어야 한다. 직면을 사용하기 전에 먼저 내담자와 확고한 관계를 맺어야 한다. 또한 직면하고 있는 구체적인 내용을 내담자가 다룰 준비가 되어 있는지도 반드시 확인해야 한다.

✿ 치료적 은유 설계하기

내담자의 통찰과 변화를 돕기 위한 과정에서 필수적인 기술 중 하나는 치료적 은유를 설계하는 것이다(이것은 제7장에서 다룰 것이다). 우리는 효과가 없는 패턴을 간접적으로 전달하거나, 드러나지 않게 교육하기 위해 꾸며낸 스토리를 설계한다.

우리는 전략의 전체적인 범주가 스토리텔링과 치료적 은유에 있다는 것을 알지만, 기본적인 은유를 만드는 것이 기법이라기보다 기술임을 믿는다. 치료적 은유의 설계는 다음 단계를 거친다(Gil, 2014; Kottman & Meany-Walen, 2016; Mills & Crowley, 2014).

1. 스토리의 목표를 정한다. 이는 전 과정 중 가장 중요한 단계다. 치료사가 어떤 모호한 영역이나, 또는 모든 영역의 성취를 위해 스토리를 사용한다면(예: '테이트가 낮은 자존감을 가졌음을 보여 주는 것' '소피아에게 엄마와의 역기능적인 관계를 인정하게 돕는 것' '안토니에게 분노관리 기술을 가르치는 것' '브리아나의 행복을 보장하는 것' 등), 스토리는 틀림없이 그 목적에 실패할 것이다. 목표는 구체적이고, 복잡하지 않으며, 성취 가능한 것이어야 한다. 그러므로 '분노 조절을 위한 도구로 다코타에게 심호흡 가르치기' '엄마에게 욕 하는 것이 관계에 어려움을 가져온다는 것을 소피아에게 강조하기' '마테오의 부정적인 자기대화가 학업 수행에 영향을 주는 상황에 대해 인식하도록 돕기' 등과 같이 목표를 단순하게 유지한다. 우리는 실제로 "이 스토리의 목표는 아카코가 특정 사람이나 상황에 대해 두 가지 모순된 감정을 경험하는 것이 정상이라는 것을 인식하도록 돕는 것이다."와 같이 스토리의 목표를 구체적인 한 문장으로 만들도록 추천한다. 만약 스토리의 중간에 길을 잃는다면, 치료사는 목표로 다시 돌아와 스토리의 과정을 교정함으로써 자신의 위치를 재정립할 수 있다.

2. 내담자와의 상호작용 경험을 바탕으로 ① 스토리 전달시 놀잇감이나 소품을 사용할 것인지, ② 내담자가 현실기반 스토리에 더 잘 반응할 것인지, 공상기반 스토리에 더 잘 반응할 것인지, ③ 실제 상황에 관한 스토리를 전달할 때, 내담자의 삶에서 얼마나 거리감을 둘 것인지, ④ 은유를 어떻게 전달할 것인지(스토리만 나눌 것인지, 스토리를 묘사하기 위해 그림을 그릴 것인지, 내담자와 함께 또는 내담자를 위해 책을 만들 것인지, 퍼펫 공연을 할 것인지, 치료사가 말한 스토리를 내담자에게 시연해 보도록 요청할 것인지 등)을 결정한다.

3. 스토리의 배경이 되는 시기와 장소를 결정한다. 스토리와 경험 사이에 내담자가 원하는 정서적 거리를 유지할 수 있도록 시·공간 안에서 스토리를 분리하는 것이 가장 좋다. 마치 그 일이 과거나 미래의 일인 것처럼 시간적으로 스토

리를 분리함으로써, 내담자는 그 스토리가 자신에 대한 스토리임을 부정할 수 있다. 다른 마을이나 나라를 스토리의 배경으로 이용하여 공간적으로 스토리를 분리할 수도 있다. 가까운 과거나 미래(예: '지난주'나 '다음 달'), 또는 내담자가 살고 있는 곳에서 그리 멀지 않은 장소(예: '옆 마을'이나 '가까운 나라')에서 스토리가 전개되더라도, 시 · 공간의 분리는 그 스토리가 내담자에게 자신의 스토리일 수도 있다는 생각을 자동적으로 갖게 하지 않으면서, 스토리를 들을 수 있도록 허용하는 정서적 거리감을 만든다.

4. 매우 명확하고 구체적으로 스토리의 물리적 설정을 설명한다. 그 설정이 아동의 상황과 유사하면서도 완전히 동일하지 않은 것이 중요하다. 그 장면은 자연에서의 설정일 수도 있고("정글에서⋯⋯."), 가상에서의 설정일 수도 있으며("모든 동물이 말을 할 수 있는 곳에서⋯⋯."), 또는 현실에서의 설정일 수도 있다("내가 어렸을 때 살던 동네에서⋯⋯.").

5. 스토리의 등장인물을 매우 구체적으로 묘사한다. 각 등장인물의 이름과 신체적 · 정서적 특징을 설명한다. 등장인물에는 적어도 주인공(주로 아동을 나타내는 동물이나 사람)과 대립자(주인공을 곤경에 빠뜨리는 동물, 사람, 상황)가 포함되어야 한다. 때로는 지략가(주인공을 위해 조언이나 도움을 줄 수 있는 사람, 놀이치료사나 내담자에게 중요한 타인을 나타낼 수 있음.)와 한두 명의 협력자(주인공을 지지하거나 격려할 수 있는 동물이나 사람)를 포함시키는 것도 유용하다.

6. 주인공이 겪는 어려움이나 딜레마를 구체적인 용어로 서술한다. 이것은 주인공의 어려움을 야기시키는 인물 · 관계 · 상황과 관련된 문제일 수 있다. 이 문제는 내담자가 직면한 상황과 유사할 수 있지만, 너무 명백하게 유사해서는 안 된다. 치료사가 내담자의 삶과 스토리 사이에 어떤 유사한 것을 지목하지 않는 것이 중요하다. 의식적으로 유사성을 인식하거나 인정하는 힘은 내담자의 몫이어야 한다.

7. 만약 내담자가 초등 고학년, 청소년, 성인이고, 시각 · 청각 · 후각 · 운동감각 · 촉각적 자료를 포함한 감각적 정보를 정교화하면서 경험을 증대시킬 수 있다면, 내담자는 스토리를 보다 현실적으로 느낄 수 있다(그리고 도움이 될 것이다). 예를 들어, 치료사는 시각적 측면(예: "삼나무보다 높은 파도가 일렁이는 그 바다는 청록색이었어."), 청각적 특성(예: "해적 가브리엘라는 갈매기 울음소

리와 파도가 부딪치는 소리를 들었어."), 후각적 경험(예: "그녀는 해초 썩는 냄새와 죽은 물고기 냄새를 맡았지."), 운동감각적 정보(예: "밀려오는 파도 위를 걸으면서, 가브리엘라는 거대한 파도에 계속 부딪혔고, 비틀거리다. 거의 넘어질 뻔했어."), 촉각적 경험(예: "그녀는 피부에 닿는 소금기와 모래가 불편하고 따가웠어.")을 강조할 수 있다.

8. 스토리를 나눌 때, 주인공은 문제를 극복하기 위해 진전을 보여야 하는 동시에 장애물을 극복해야 한다. 단순히 마법이 일어나 문제가 해결되는 스토리보다 주인공이 최종 해결책을 찾아냈다고 느끼도록 어느 정도 고군분투하는 과정이 포함되어야 한다. 지략가와 협력자가 존재한다면 주인공을 도울 수도 있다. 그리고 궁극적으로 주인공은 장애물의 극복과 어려움의 해결을 위해 가장 큰 결단을 내리고, 책임을 져야 한다.

9. 구체적이고 명확하게 정의된 용어로 문제 해결을 기술하여, 스토리의 처음보다 상황이 개선되었다는 것을 내담자가 인식해야 한다. 그 해결책이 원래의 난관을 완전히 제거할 필요는 없으며, 주인공이 진전을 통해 그 상황에 대처했다는 것을 보여 주어야 한다.

10. 스토리 속 모든 것(초기 설정, 장애물, 진전, 해결책, 도덕성)은 스토리를 통해 내담자에게 전달하고자 했던 교훈과 연관되기 때문에, 스토리를 만드는 동안에도 성취하고자 했던 목표를 지속적으로 참고한다.

11. 문제가 해결된 후 등장인물들에게 주인공의 변화에 대한 축하와 긍정의 말을 하게 할 수 있다. 우리의 경험에 따르면, 주인공이 배운 것을 스토리의 결말에서 명확히 밝히며 진술하는 것이 유용하다(즉, "가브리엘라는 때때로 자신의 선택이 자신을 곤경에 빠뜨린다는 것을 이해하게 되었어." "그 해적은 겁이 나는 상황에서도 자신을 돌볼 수 있다는 것을 알게 되었어." "가브리엘라는 화가 났을 때 자신을 진정시키려고 열까지 천천히 셀 수 있다는 것을 알게 되었어."). (이 세 가지를 전부 언급하라는 것은 아니다. 그것은 너무 압도적이며, 스토리를 위해 구체적인 목표 하나를 가져야 한다는 우리의 조언과 모순된다) 추상적인 교훈을 더 잘 이해하는 연령이 높은 아동, 청소년, 성인의 경우 도덕적이거나 학습적인 내용이 눈에 띄게 명시될 필요는 없다. 그러나 여전히 스토리 속에서는 명확하게 묘사되어야 한다.

12. 스토리를 나누는 동안, 치료사는 내담자의 비언어적인 반응을 살핀다. 스토리에 대한 내담자의 반응(보디랭귀지, 시선의 이동과 눈 맞춤, 활동 및 에너지 수준, 언어적 코멘트, 참여 수준)에 따라 스토리 속 내용이나 사건, 스토리의 길이 등을 변화시킬 수 있다. 지루해 보이는 내담자에게는 극적으로 말하고, 흥미로운 정보를 추가하거나, 스토리의 길이를 줄여야 한다. 스토리를 듣고 있는 것처럼 보이는 내담자에게는 보다 상세한 내용을 스토리에 추가하거나, 추후 회기에서 후속 스토리를 다루면서 스토리를 연장할 수 있다.

13. 내담자와 함께 언어과정을 할 것인지 여부와 방법을 결정한다. 일부 내담자는 스토리를 나누는 것만으로도 충분하며 치료사의 스토리가 끝난 후 그 스토리에 대한 대화를 원하지 않을 수도 있다. 어떤 내담자는 스토리에 관한 대화를 원할 것이며, 동시에 이 스토리가 실제 자신이나 자신의 삶에 관한 것임을 그럴듯하게 부정할 수도 있다. 따라서 치료사는 이 내담자를 위해 등장인물과 내용에 관한 과정을 내담자에게 일어나고 있는 일과 유사하지 않게 유지하며 다루어야 한다. 일부 내담자는 그 스토리가 자신에게 일어나고 있는 일과 유사한 요소를 가진다고 말하거나, 어쩌면 그 스토리가 자신에 관한 것임을 인식하고 이에 관한 대화를 원하기도 한다. 내담자는 어쩌면 스토리 해결책을 자신의 삶에서 이용할 수 있도록 브레인스토밍을 원할 수도 있다(이 순간은 진정한 진전이 일어났음을 축하할 때이다).

내담자의 통찰을 지원하기 위한 놀이치료 기법

이제 여러분은 성취하려는 목표를 위한 각각의 기법과 그 기법이 가장 효과적인 연령대, 그리고 적용대상에 대해 알게 되었을 것이다. 내담자의 통찰을 돕기 위해 우리는 대체로 은유적인 기술을 사용하기 때문에, 다른 기법보다 스토리텔링과 치료적 은유 창조하기에 관련된 많은 활동을 한다. 진정한 은유를 실천하기 위해 여러분은 진정성 있게 자신을 놓아 주고 창의력을 발휘할 필요가 있다.

✽ 모험치료 기법

■ 벌룬 밥

몇 해 전, 나(테리)는 아일랜드에서 열린 콘퍼런스에서 아들러 놀이치료에 대해 발표한 적이 있다. 나는 뭔가 소통하는 활동을 하고 싶었지만, 평소 가지고 다니던 놀잇감과 재료로 가득한 가방을 갖고 있지 않았다. 여행 가방에 들어있던 것은 풍선 몇 개와 설압자(이유는 묻지 마라)뿐이었고, 나는 청중과 놀이하기 위해 이 게임을 개발했다. 이것은 규칙에 얽매이거나 경직된 내담자, '너무 엄격한' 내담자, 습관적으로 다른 사람에게 화를 내는 내담자, 타인의 정서적·인지적 조망수용이 어려운 내담자, 다른 내담자와의 협력이나 소통에 어려움을 겪는 내담자에게 유용하다. 이 활동의 목표는 내담자가 (대체로 인식하지 못하는) 자신의 사고·정서·행동을 지배하는 수많은 규칙이 있음을 이해하도록 돕는 것이다. 이 기법의 이면에 있는 아이디어는 이 규칙을 내담자가 인식하도록 하는 것이다. 또한 이 활동은 내담자가 자신을 화나게 '만든다고' 생각하는 것을 확인하고, 어쩌면 다른 사람들은 자신과 다른 인지적·정서적 조망을 가질 수 있다는 것을 고려하도록 돕기 위해 사용한다. 이 활동은 '변화를 만드는 단계'에서 '너무 엄격한' 내담자를 느슨하게 하는 데 도움이 되고, 내담자에게 타인과 소통하고 협력하는 연습 기회를 제공할 수 있다. 이 과정에는 일정 수준의 추상적인 사고가 필요하기 때문에 형식적 조작기의 사고에 도달한 내담자에게 가장 효과적이다. 이 활동에는 개념이 구체적이지 않은 규칙도 포함되기 때문에, 어린 아동보다 사춘기 직전의 아동, 청소년, 성인에게 적합하다. 이 활동은 개인내담자, 가족, 집단과도 할 수 있기에, 우리는 두 가지 다른 방법(개인용, 가족 및 집단용)을 제안한다.

개인내담자, 8인 미만의 가족이나 소집단과 활동을 한다면, 설압자 한 개와 풍선 한 개가 필요하다. 대집단이나 대가족의 경우, 6~8인당 설압자 한 개와 풍선 한 개를 갖도록 한다(치료사가 많은 사람에게 놀이치료를 소개하고 있고, 그들을 생각하게 만드는 활동을 하고싶다면 대규모 집단과 이 활동을 할 수 있다).

개인내담자와의 과정은 다음과 같다.

1. 내담자에게 설압자와 풍선을 주고, 풍선은 불어서 묶도록 한다.

2. 활동 규칙을 설명한다.

　가. 다치지 않는다.

　나. 활동을 시작하면, 설압자로 풍선을 건드릴 수 있다. 손으로는 건드릴 수 없다.

　다. 설압자로 풍선을 건드릴 때마다 자신에 대한 긍정적인 말을 한 가지씩 해야 한다.

3. 다른 규칙은 없는지 내담자가 질문한 가능성이 매우 높다. 치료사는 이미 언급한 규칙만 반복하면 된다.

4. 5분 동안 활동을 한다. 활동을 멈추었을 때, 활동 규칙이 무엇이었는지 말하게 한다.

5. 내담자가 규칙을 말한 후, 스스로 만든 다른 규칙은 없는지 질문한다. 규칙을 만들지 않았다고 한다면, 풍선을 바닥에 떨어뜨리지 않기, 팔꿈치나 머리로 풍선 건드리지 않기, 특정 공간을 벗어나지 않기 등 치료사가 알아챈 규칙을 자유롭게 전달할 수 있다(내담자가 규칙을 만들었다고 인정했더라도, 그들이 만든 규칙을 치료사가 알아챘다면 전달할 수 있다. 내담자가 말한 목록에 모든 규칙이 포함되어 있지 않을 수 있다).

6. 우리 모두에게는 일상생활에서 지켜야 하는, 우리가 만들었거나 다른 누군가가 만든 규칙이 있음을 언급한다. 내담자에게 몇 가지 예시를 주고 생각해보도록 한다(예: 나는 고속도로에서 법이 정한 제한속도보다 10마일 이상은 초과할 수 없다는 규칙을 만들었다. 나의 아들은 페이스북 계정을 확인하지 않고 하루를 시작할 수 없다는 규칙을 만들었다. 나의 조카는 머리카락을 곧게 펴지 않고는 집 밖으로 나갈 수 없다는 규칙을 만들었다. 나의 가족은 매우 화가 나 있더라도 누군가의 포옹을 거절할 수 없다는 규칙을 만들었다. 만약 누군가 포옹을 요청하면 받아들여야 한다).

7. 내담자는 자신이 만든 어떤 규칙에 따라 생활하고 있는지 말해보고, 그 규칙 중 어떤 것은 도움이 되며, 어떤 것이 도움이 되지 않는지 고려해 본다. 여기가 우리의 규칙을 변화시킬지 고민하기 위한 도약점이다.

8. 비록 다른 사람이 자신과 같은 규칙을 갖고 있지 않고, (많은 경우) 자신의 규칙을 알려 주지 않았음에도 불구하고, 다른 사람이 자신의 규칙을 따르지 않

을 때 자주 화가 난다는 사실을 토론하는 것도 도움이 된다. 또한 스스로에게 화가 나는 것은 대개 자신의 규칙을 따르지 않았기 때문이며, 불안해지는 것은 따라야 한다고 생각하는 자신의 규칙이나 다른 누군가가 정한 규칙을 위반하고 있기 때문이라는 것도 주목한다.

가족이나 8인 미만 집단의 경우, 구성원 한 명에게 설압자와 풍선을 준다. 8인 이상 가족이나 집단의 경우, 집단을 더 작은 집단으로 나누고, 구성원 한 명에게 설압자와 풍선을 준 뒤, 불어서 묶도록 한다.

1. 활동 규칙을 설명한다.
   가. 다치지 않는다.
   나. 활동을 시작하면, 설압자로 풍선을 건드릴 수 있다. 손으로는 건드릴 수 없다.
   다. 누군가 설압자로 풍선을 건드렸다면, 그 사람은 설압자를 다른 구성원에게 주어야 한다. 한 사람이 두 번 연속으로 풍선을 건드릴 수 없다.
   라. 모든 가족/집단구성원이 참여해야 한다.
2. 구성원 중 누군가 다른 규칙은 없는지 질문할 가능성이 매우 높다. 치료사는 이미 언급한 규칙만 반복하면 된다.
3. 약 8~10분 동안 활동을 하게 한다. 활동을 멈추었을 때, 구성원에게 활동 규칙을 말하게 한다.
4. 규칙을 말하면, 그들 스스로 만든 다른 규칙은 없는지 질문한다. 규칙을 만들지 않았다고 하거나, 만든 규칙 중 몇 가지만 열거한다면, 치료사가 알아차린 규칙에 대해 자유롭게 대화를 나눈다(예: 풍선을 바닥에 떨어뜨리지 않기, 두 번 연속으로 풍선을 건드리지 않도록 대처 방법 만들기, "모든 구성원이 참여해야 한다."는 규칙을 모든 구성원이 설압자를 사용해야 한다는 의미로 이해하기 등).
5. 개인내담자와의 과정 중 6, 7, 8번을 참고한다. 가족/집단과도 유사한 대화를 나눌 수 있다.

내담자가 규칙을 인식하도록 돕기 위해 이 활동에서는 언어과정이 중요하다(이 기법은 대해 없이도 번개 같은 통찰을 얻게 되는 활동이 아니다). 다음은 언어과정에서 사용할 수 있는 질문들이다.

1. 활동 규칙을 처음 들었을 때, 어떤 반응이었나?
2. 규칙을 만든 사람이 없는지 물었을 때, 어떤 기분이었나?
3. 활동을 하기 위해 어떤 규칙을 만들었는가?
4. 활동에서 자신이 규칙을 만들었다고 깨달았을 때, 어떤 기분이었나?
5. 가족/집단과의 놀이에서, 자신이 만든 규칙을 다른 구성원에게 어떻게 전달했는가? 누군가 자신의 규칙 중 하나를 지키지 않았을 때, 당신은 어떻게 반응했는가?
6. 가족/집단과의 놀이에서 다른 누군가가 규칙을 만들었을 때, 당신은 어떤 반응이었나?
7. 가족/집단과의 놀이에서, 다른 누군가가 당신의 규칙 중 하나를 따르지 않았을 때, 당신은 어떤 반응이었나?
8. 가족이 정한 규칙에 대해 당신은 보통 어떻게 반응하는가? 학교/직장에서 정한 규칙에는 어떠한가? 친구들이 만든 규칙에는 어떠한가? 사회가 정한 규칙에는 어떠한가?
9. 당신은 어떤 규칙을 따를 것인지, 어떻게 결정하는가?
10. 생활 속에서 따르고 있는 자신이 만든 규칙은 무엇인가?
11. 그 규칙 중 여전히 효과적인 것이 있는가? 어떻게 그 규칙을 지키고 유지할 수 있겠는가?
12. 그 규칙 중 더 이상 효과가 없는 것은 무엇인가(자신에게 전혀 효과가 없었는가)? 규칙을 내려놓기 위해 무엇을 하겠는가?
13. 더 이상 효과가 없는 규칙 중 한두 가지를 골라보고, 그 규칙을 내려놓기 위해 필요한 변화가 일어났다고 상상한다면, 자신의 삶은 어떻게 달라질까?"

만약 라텍스 알러지로 풍선을 사용할 수 없는 내담자가 있다면 비치볼과 막대자를 사용할 수 있고, 또는 애쉬비와 동료들(Ashby et al., 2008, pp. 82-85)이 제시한

'지침'을 활용할 수 있다.[1]

✿ 스토리텔링과 치료적 은유 창조하기

■ 잘못된 행동목표 보여 주기

이것은 아들러학파의 기법(Kottman & Meany-Walen, 2016; Manly, 1986)이지만, 다른 접근의 놀이치료사도 사용할 수 있다. 우리는 이 기법을 가족/집단보다는 개별 아동과 주로 사용한다. 이 활동은 청소년/성인보다 어린 아동을 위해 고안되었지만, 연령과 상관없이 지적장애를 가진 개인과도 할 수 있다. 이 활동의 주요 목표는 내담자가 잘못된 행동 목표를 통찰하도록 돕는 것이다. 이것은 치료사가 내담자에게 무엇을 하도록 요청하기보다 내담자를 위해 무엇을 해 주는 기법이라는 점에서 다른 활동과는 차이가 있다.

드라이커스와 솔츠(Dreikurs & Soltz, 1964)에 따르면, 아동은 관심, 권력, 보복, 부적절함 입증하기의 네 가지 잘못된 행동목표를 보여 준다. 이 기법에서는 퍼펫이나 인형 또는 모래상자 피규어를 사용하여, 잘못된 행동목표를 가진 인물들이 등장하는 짧은 공연을 한다. '잘못된 행동을 하는' 등장인물은 특정 목표를 위해 잘못된 행동을 하는 아동의 '입장'에서 전형적인 사고 · 감정 · 행동의 패턴을 보여준다. 이 인물은 그들의 '입장'을 말하고, 잘못된 행동을 연기하면서 자신의 감정과 생각을 전달한다. 이 활동에서 아동의 통찰을 돕기 위한 과정으로 첫 공연이 끝난 뒤, 등장인물에 대한 생각을 물을 수 있고, 등장인물의 행동이 타인에게 미치는 영향에 대한 아동의 피드백을 등장인물에게 하도록 할 수 있으며, 해당 인물에게 반응하는 다른 인물을 연기해 보겠는지 제안할 수 있고, 비슷한 행동을 했던 인물을 연기하도록 할 수도 있다. 구체적인 목표를 위해 잘못된 행동을 하는 인물에게 반응하는 타인 (성인 및 다른 아동)을 상황극에 추가하는 것도 도움이 된다. 그리고 이에 대한 아동의 반응을 관찰하거나 등장인물들의 상호작용에 대해 대화를 나눈다.

관심을 추구하는(attention-seeking) 인물은 관심을 끌기 위한 행동을 한다. 그는 타인을 괴롭히거나, 으스대거나, 과시하며, 우스꽝스러운 행동을 하거나, 소란스

---

[1] 역자 주: Ashby, J., Kottman, T., & DeGraaf, D. (2008). Active intervention for kids and teen. Alexandria, VA: American Counseling Association.

럽게 굴고, 엉망진창으로 만들거나 이와 유사한 행동을 한다. 다른 인물이 부적절한 행동을 지적하면, 잠시 멈추지만 다시 같은 행동을 한다. 다른 인물들은 이 패턴에 불만과 짜증을 드러낼 것이다. 관심을 추구하는 인물은 "남들이 나를 알아줬으면 좋겠어." "남들이 나에게 더 많은 것을 해 주면 좋겠어." "나는 특별해지고 싶어." "나는 모든 관심을 받아야 해." "왜 남들이 나에게 관심을 주지 않는 걸까?" "나는 충분한 관심을 못 받고 있어." "나에게 아무도 주목하지 않을 때 나는 슬프고/ 미칠 것 같고/ 좌절스러워." 등을 말할 것이다.

권력을 추구하는(power-seeking) 인물은 분노발작을 일으키고, 언쟁을 벌이며, 거짓말을 하고, 힘겨루기를 하고, 협력을 거부하며, 불복하거나 반항하는 등의 행동을 할 것이다. 누군가 그 행동을 지적한다면, 더 심한 행동을 해서 결국 다른 인물들을 화나게 만든다. 권력을 추구하는 인물은 "내가 대장이 되고 싶어." "내가 원하는 것을 남들이 했으면 좋겠어." "아무도 나를 통제할 수 없다는 것을 보여 주고 싶어/보여줄 필요가 있어." "남들이 나에게 이래라 저래라 하지 않았으면 좋겠어." "나는 권력을 원해/권력이 필요해." "나는 나 자신을 안전하게 하기 위해/보호하기 위해 권력/통제력을 가져야 해."와 같은 말을 할 것이다.

보복을 추구하는(revenge-seeking) 인물은 (신체적이든, 감정적이든) 의도적으로 타인을 해치고, 잔인하거나 악의적인 말을 하며, 타인에게 위협이 되거나 폭력적인 행동을 한다. 만약 누군가 멈추라고 하거나 어떤 처벌의 결과가 내려진다면, 이 인물은 훨씬 더 폭력적 · 공격적이 되며, 보복을 하려고 할 것이다. 보복을 추구하는 인물은 "나는 부당한 대우를 받아 왔어." "되갚아 주겠어." "남들이 나를 상처준 것/괴롭힌 것을 돌려줘야 해." "상처받는 것이 무엇인지 남들도 느끼게 해 줄 거야." "그들은 나에게 한 짓의 대가를 치르게 될 거야." "남들이 나에게 상처주지 않도록 그들과 거리를 두어야 해." "그들에게 상처를 주겠어."와 같은 말을 할 것이다.

부적절함을 드러내거나 입증하려는(proving inadequacy) 인물은 실제로 그다지 하려는 행동이 없을 것이다. 그들은 쉽게 포기 하거나 심지어 어떤 시도도 하지 않을 것이다. 할 수 없다고 말할 수도 있고, 다른 사람의 질문에 입을 닫고 대답을 거부할 수 있으며, 새로운 시도를 꺼리고, 극단적인 자기회의감을 표현하며, 기본적으로 좌절감을 나타낼 것이다. 그는 타인으로부터 고립되려고 할 수도 있으며, 극단적인 경우에는 자살 충동을 느끼거나, 자기파괴적인 경우도 있다. 그러나 이것은 아마도 어린 아동과의 공연 주제로는 부적절할 수 있다. 다른 등장인물이 그를 격려하거나 그에게 피드백을 할 때, 이 인물은 자기회의감과 좌절감에 더 깊이 빠져들 것이다. 자신의 부적절함을 입증하려는 인물은 "나에게 무언가를 하도록 요구하는 것을 그만 멈췄으면 좋겠어." "더 열심히 노력해 보라는 말은 그만해." "사람들은 나에게 측은함을 느껴야 해." "날 좀 내버려 둬." "나는 성공하지 못할 테니 노력하지 않는 게 나을지도 몰라." "나는 제대로 하는게 하나도 없어." "나는 할 수 없어." "나는 패배자야." "나는 중요하지 않아." 등의 말을 할 것이다.

■ 상호스토리텔링

상호스토리텔링(mutual storytelling)은 리차드 가드너(Richard Gardner, 1993)에 의해 처음 개발되었다. 가드너는 스토리를 이해하고, 스토리 리텔링(retelling)을 설계하기 위한 필터로 정신역동이론을 사용했다. 나(테리)는 이 활동을 아들러식으로 개념화하고, 재정립하기 위해 그의 접근법을 적용하였다(Kottman & Meany-Walen, 2016). 치료사는 내담자의 스토리가 내담자 자신의 이슈, 자원, 투쟁을 어떻게 대변하는지, 치료사의 이론 안에서 이해한 것을 기반으로 경청할 것이다. 그리고 내담자가 자신의 이슈를 해결하고, 강점을 활용하며, 어려움에 대처하는 법을 배우도록 스토리 리텔링을 사용하도록 격려할 것이다. 이 활동은 내담자가 상황이나 관계를 다루는 방법을 익히거나 내담자의 통찰을 돕기 위한 활동으로 통찰 단계나 마지막 단계에서 사용할 수 있다. 치료사는 단지 스토리 리텔링을 통해 성취하려는 메시지를 명확한 목표로 삼아야 한다. 개인내담자와 이 활동을 할 경우 여러 사람에게 미치는 영향을 고려할 필요가 없어 보다 수월하지만, 가족이나 집단과도 할 수 있다. 치료사는 가족이나 집단과의 작업에서 스토리 리텔링을 시작할 사람을 어떻게 선택할지 또는 모든 구성원이 협업해서 스토리를 말하게 할 지 결정해야 한다. 우리는 모든 연령대의 내담자와 이 활동을 해왔다. 아마도 대부분의 청소년과 성인은 스토리 리텔링의 목적을 눈치 챌 것이다(눈치 챈 것을 허용하는 분위기를 조성하지 않는다면, 이것은 문제가 되지 않는다. 그러니 그렇게 하지 말아라).

상호스토리텔링을 위한 (교차이론적인) 기본단계는 다음과 같다.

1. 내담자에게 시작, 중간, 끝이 있는 스토리를 말하도록 한다. 내담자의 연령과

발달 정도에 따라 동물 피규어나 퍼펫 또는 인형을 고르게 하고, 등장인물이 말하는 것처럼 스토리를 표현하도록 한다. 또는 소품 없이 스토리를 말하도록 할 수도 있다. 만약 내담자가 새로운 스토리를 만드는 것에 저항하고, 이미 치료사에게 들려 준 스토리가 있다면, 스토리 리텔링의 기본 스토리로 활용할 수 있다. 만약 내담자가 원래 스토리가 기억나지 않는다고 말한다면, 가장 좋아하는 TV 쇼, 영화, 비디오게임, 책의 줄거리 등을 말하도록 한다(내담자의 기억나지 않음이 '순수한' 것이 아님을 알지만, 이 활동은 여전히 효과가 있다. 내담자는 무엇을 기억하고 어떻게 말할 지를 자신의 세계관을 통해 걸러내고 있기 때문이다).

2. 내재된 의미를 얻기 위해 스토리를 경청한다. 그 스토리는 내담자의 성격 특성, 현재 삶의 상황, 의미 있는 타인과의 관계, 자신 · 타인 · 세상에 대한 일상적인 사고방식, 내담자의 통상적인 문제해결 방법, 내담자와 그의 여정을 이해하는 데 중요한 삶의 다른 측면일 수 있다.

3. 내담자와 내담자의 삶에 대해 다음 요소를 고려하여 스토리를 듣는다.

   • 스토리의 전반적인 정동적 어조는 무엇인가? 스토리의 정동적 어조가 내담자의 삶에 대해 무엇을 말해 주는가?

   • 스토리 속 인물의 행동은 내담자나 주변인들에 대해 치료사가 알고 있는 것들과 어떻게 연결되는가?

   • 스토리 속 상황이나 문제들은 내담자가 일상에서 마주하는 상황이나 문제와 어떻게 닮았는가?

   • 만약 존재한다면, 어떤 등장인물들이 내담자를 대변하는가?

   • 내담자를 대변하는 등장인물이 마주한 어려움은 무엇인가? 그 어려움은 내담자가 일상에서 겪는 어려움과 어떤 관련이 있는가?

   • 스토리 속에서 내담자를 대변하는 인물의 감정은 어떠한가?

   • 스토리 속 다른 등장인물은 내담자를 대변하는 인물의 행동에 대해 어떻게 느끼는가?

   • 이 스토리는 내담자의 자기관에 대해 무엇을 말하는가?

   • 이 스토리는 타인을 위한 내담자의 관점과 태도에 대해 무엇을 말하는가?

   • 이 스토리는 내담자의 일상적인 관계 접근 방식에 대해 무엇을 말하는가?

- 이 스토리는 삶에 대한 내담자의 태도에 대해 무엇을 말하는가?
- 이 스토리는 내담자의 일상적인 문제해결 접근 방식에 대해 무엇을 말하고 있는가?

4. 내담자에게 같은 등장인물로 다른 스토리를 만들기를 원한다고 설명한다(내담자의 스토리가 부족했기 때문에 다시 만들기를 원한다는 의미로 전달하지 않아야 한다. 그것은 좋지 않다). 내담자의 스토리와 동일한 등장인물, 설정, 도입을 사용하여 스토리 리텔링을 한다. 치료사는 스토리의 중간과 끝을 변화시키려고 할 것이다. 내담자의 통찰을 위해 스토리를 사용하는 경우, 스토리 리텔링에는 ① 한 명 이상의 등장인물이 자신의 생각, 감정과 행동에 대해 말하는 내적 독백, ② 내담자가 인식해야 하는 것과 유사한 상황에 대해 통찰을 얻는 한 명의 등장인물, ③ 어려움을 야기하는 패턴을 알아채는 한 명의 등장인물, ④ 내담자를 대변하는 등장인물에게 건설적인 피드백을 제공하는 한 명 이상의 등장인물, ⑤ 내담자에 의해 표현된 불일치나 내담자를 대변하는 등장인물의 불일치에 직면하는 한 명 이상의 등장인물, ⑥ 내담자의 놀이 속 놀이 테마에 대해 말하는 등장인물 한 명이 포함될 수 있다. 내담자의 행동변화를 위해 이 스토리를 사용하는 경우 스토리 리텔링에는 ① 스토리 속 갈등에 대한 보다 적절한 해결책, ② 자기관, 세계관 그리고 그 외 관점에 대한 대안적인 방법, ③ 다른 사람과 관계를 형성하고, 함께 어울리는 다양한 방법, ④ 내담자가 기능하기 위해 필요한 능력을 방해하는 개인적 이슈에 대한 다양한 해석, ⑤ 사회적으로 보다 적절한 갈등해결 방법, ⑥ 문제에 대처하기 위해 보다 적절한 전략 등이 포함될 수 있다. 스토리 리텔링을 설계할 때 다음을 고려한다.

- 스토리를 사용하는 목표는 무엇인가? 그 스토리로 내담자가 무엇을 배우길 바라는가?
- 어떤 인물을 유지시킬 것인가? 이 인물로 무엇을 성취하고자 할 것인가? 어떤 인물을 추가하겠는가? 추가된 인물에 어떤 특성을 포함시키겠는가? 내담자에게 이 인물이 왜 중요한가?
- 내담자의 강점을 어떻게 강조할 수 있을까?
- 타인과 관계맺기, 유능하게 되고 유능감을 느끼기, 의미 있는 존재로 자신감 얻기, 용기내기와 같은 전략을 어떻게 설명할 수 있을까?

- 스토리 안에 잘못된 행동의 결과를 포함시킬 것인가? 어떤 결과를 포함시키는 것이 현실적이며, 스토리와 연관이 있고, 내담자를 존중하는 결과인가?
- 긍정적인 행동에 대한 긍정적인 결과를 스토리에 포함시킬 것인가? 어떤 종류의 결과가 긍정적인 행동의 중요성을 드러내는가?
- 스토리 리텔링에서 어떤 갈등해결 방법이나 문제해결 전략을 보여 주려고 하는가? 스토리 리텔링에서 어떻게 갈등을 적절하고 현실적인 방법으로 해결할 수 있는가?
- 보다 긍정적인 문제해결 태도를 모델링 하기 위해 인물들을 어떻게 활용할 수 있는가?
- 어떻게 인물들이 적절하고 현실적인 방법으로 갈등을 해결 할 수 있는가?
- 등장인물이 자신·타인·세상에 대해 보다 긍정적인 시선을 갖게 하는 방법을 어떻게 스토리 안에 포함시킬 수 있는가? 어떻게 등장인물이 보다 긍정적인 태도를 가질 수 있는가?
- 타인과 보다 적절한 관계를 형성하고, 잘 어울릴 수 있는 방법을 어떻게 설명할 수 있는가?
- 기능하기 위한 내담자의 능력을 방해하는 개인적 이슈에 대한 다양한 해석을 어떻게 설명할 수 있는가?
- 스토리 리텔링을 통해 보여 주려는 사회적 기술이나 다른 기술은 무엇인가?

5. 스토리를 조기에 종료할 지, 연장하거나 확장할 지, 내담자와 나누기 위해 스토리를 잠시 지 결정하기 위해 스토리 리텔링을 하는 동안 내담자의 비언어적인 반응에 주의한다.

6. 스토리 리텔링이 끝났을 때, 내담자와 스토리에 대한 언어과정을 가질 것인지, 가진다면 어떻게 할 것인지 그리고 스토리 리텔링이 내담자에게 어떤 영향을 미치는지 고려한다.

■ 창작캐릭터

창작캐릭터(creative character)는 로버트 브룩스(Robert Brooks, 1981), 크렌쇼, 브룩스 그리고 골드스타인(Crenshaw, Brooks, & Goldstein, 2015)이 창안한 은유/스토리텔링 기법으로, 다양한 등장인물로 내담자와 공동의 스토리를 만드는 기법이다.

이 활동은 내담자에게 내면의 생각이나 감정에 대한 통찰을 얻게 하고, 내담자의 사고 · 감정 · 행동 · 스토리의 패턴에 대한 통찰을 돕는 매력적인 방법이다. 치료사는 리포터를 통해 해석이나 계획된 질문을 함으로써 내담자가 자신의 행동에 '내재된' 기저 역동을 깨닫고, 자신의 패턴을 인식하도록 도울 수 있다. 우리의 경험상 이 기법은 다양한 발달수준의 내담자와 할 수 있지만, 사춘기 직전 아동과 십대 초반 개인내담자에게 가장 효과적으로 보인다. 또한 우리는 가족/집단과도 이 활동을 성공적으로 해 왔다. 치료사는 모든 구성원이 공동의 스토리를 창작할 수 있는 기회를 갖도록 스토리의 화자만 교체하면 된다. 모든 사람이 리포터가 되게 한다. 각 구성원은 종종 리포터의 질문만큼이나 흥미로운 답변을 찾아낸다. 우리는 내담자가 이후 회기에서나 가정으로 돌아가서 볼 수 있도록 종종 스토리를 녹음하거나 녹화한다. 다음은 이 기법의 적용 방법이다.

1. 스토리의 설정, 등장인물, 도입부를 설명한다.

    가. 설정은 실제일 수도 가상일 수도 있지만, 내담자의 삶과 관련된 몇 가지 요소를 포함해야 한다. 스토리의 설정과 도입부를 자세히 설명할수록, 대부분의 내담자(특히 아동)들이 쉽게 스토리에 빠져든다.

    나. 스토리 속 배역을 선정할 때 ① 내담자, ② 놀이치료사(치료사는 현자 역할을 한다)나 문제 상황에서 내담자에게 자문을 줄 수 있는 다른 현명한 사람, ③ 내담자의 삶에서 어려운 상황이나 대립자, ④ 주인공을 위한 최소 한 명 이상의 협력자, ⑤ 스토리 속에 등장인물들의 정보, 반응, 감정, 태도, 계획 등을 수시로 질문하는 리포터를 포함한다.

    다. 아동내담자의 경우, 퍼펫, 인형, 동물봉제인형, 모래상자 피규어 또는 각각의 등장인물을 나타내는 다양한 놀잇감을 선택하도록 초대한다. 놀잇감을 사용하는 대신 캐릭터 그리기를 할 수도 있다. 등장인물을 묘사할 때, 놀잇감의 외형에 대한 세부 사항도 묘사한다. 자발적이라면 연령이 높은 내담자(청소년, 성인)와도 같은 방법으로 작업할 수 있지만, 비자발적이라면 소품이나 미술작업 없이 스토리만을 만들 수도 있다.

    라. 치료사와 내담자가 번갈아가며 스토리를 만들며 각각의 등장인물은 스토리를 말할 수 있다고 설명한다. 치료사와 내담자는 각각의 등장 인물을 맡

아 교대로 스토리를 말할 수 있고, 한 사람이 잠시 동안 스토리의 모든 등장인물을 대변하여 스토리를 말한 뒤, 그 스토리를 상대방에게 넘겨주는 방식으로 진행할 수도 있다.

　　마. 주인공이 직면한 딜레마로 스토리를 시작한다(그렇다. 그 주인공이 내담자를 나타내는 인물이다). 그 딜레마는 내담자가 직면한 문제나 도전과 유사할 수 있다. 내담자의 삶과 유사하다는 것이 강조되지 않도록, 비교적 완곡하고 미묘한 관계구조를 만든다.

2. 스토리를 말하기 시작한다. 이 기술을 처음 사용할 때 과정의 진행방법을 모델링하기 위해서 치료사는 도입부에 모든 등장인물을 대변하며 스토리를 말할 수 있다. 내담자가 스토리를 '파악'한 것처럼 보였을 때, 치료사는 스토리를 넘겨줄 수 있다. 등장인물을 대변하여 스토리를 말하는 방법을 이해하지 못했거나 스토리 속에 질문이나 조언을 끼워 넣지 못하는 경우, 스토리의 도입부에서 치료사가 리포터와 현명한 사람을 대변하는 것은 특히 중요하다.

3. 치료사와 내담자 중 누가 스토리를 말하고 있든지, 스토리가 전개됨에 따라 리포터는 다른 등장인물의 감정과 사고를 알기 위해 면담을 하고, 스토리가 진행됨에 따라 현명한 사람은 다른 등장 인물에게 조언, 다양한 관점, 정보를 제공한다.

4. 과정을 명확히 이해하게 되면 마침내 내담자는 리포터나 현명한 사람 중 한 역할을 맡고 싶은 바람을 표현할 것이다(타인의 생각과 감정을 궁금해 하는 것은 매우 멋진 일이다. 내담자는 타인과 공유할 현명한 생각을 하고 있을 수도 있다. 그러니 이를 허용해라!).

5. 스토리의 결말은 치료적 은유의 결말과 유사해야 한다. 주인공이 직면하고 있는 딜레마나 도전에 대해 사회적으로 수용되는 해결책, 그 과정에서 배운 교훈, 주인공과 동료들이 발휘한 기술을 축하하면서 스토리의 결말은 치료적 은유의 결말과 비슷해야 한다.

■ 독서치료

독서치료에서 치료사는 독서를 통해 내담자에게 메시지나 가르침을 전달하기 위한 치료적 스토리를 제공한다(Karges-Bone, 2015; Kottman & Meany-Walen, 2016;

Malchiodi & Ginns-Gruenberg, 2008). 독서치료에서 내담자는 자신의 삶 속 상황과 관계에 대해 통찰을 얻고, 자신을 이해하며, 타인의 인지적·정서적 조망을 수용하고, 타인과 관계하는 새롭고 다양한 방법을 고민한다. 내담자에게 책의 스토리를 들려주거나 독서를 제안하면서, 독서를 통해 인식을 끌어내고, 정보를 제공하며, 대화를 촉진하고, 어려움에 대한 해결책을 제안하고, 공감을 증진시키며, 다른 사람도 내담자와 유사한 어려움을 가질 수 있다는 것을 인지하도록 돕는다. 독서치료는 모든 연령대와 모든 놀이치료 대상, 즉 개인, 가족, 집단에게 적합하다. 또한 이 활동은 어린 아동(보호자가 읽어 준다)이나 스스로 독서할 수 있는 학령기 이상 내담자들과는 과제로 활용될 수 있다(장애가 있는 내담자의 경우, 작업하려는 책이 그들의 읽기 수준에 적합한지 확인한다).

아동과 작업하는 경우 매력적인 삽화, 흥미로운 내용, 아동이 이해하고 사용할 수 있는 유용한 정보, 아동의 흥미가 유지되도록 반복되는 후렴구가 있는 책을 선택한다(Kottman & Meany-Walen, 2016). 다양한(그리고 뻔한) 유머와 예측이 불가능한 상황을 포함한 책이 많은 아동들에게 도움이 된다. 청소년과 성인의 경우, 흥미롭고 매력적인 상황 및 인물이 포함된 잘 짜여진 스토리를 추천할 필요가 있다(다시 말하지만, 연령과 상관없이 책의 스토리는 내담자가 처한 상황과 일부 유사해야 하고, 내담자의 발달수준에 적합해야 한다).

회기에서나 과제로 독서를 하는 경우, 후속 활동의 제공 여부와 종류를 결정해야 한다. 경험에 대한 언어과정을 선호하는 내담자의 경우 ① 책 속에서 무슨 일이 일어났는지, ② 책 속의 상황이나 관계가 어떻게 내담자의 삶과 유사한지 토론하는 것이 도움이 된다. 어떤 내담자는 언어과정을 위해 설계된 구체적인 활동을 선호할 수 있다. 예를 들어, 책 속에 언급된 사람, 장소, 동물, 또는 그 외 대상을 묘사하거나, 책 속 등장인물이나 책에 반응하는 내담자의 감정을 나타내는 그리기/채색하기가 될 수도 있고, 스토리 속 주요 사건이나 등장인물 또는 감정이나 활동을 묘사하는 그림 그리기 및 사진으로 콜라주 구성하기가 될 수 있으며, 스토리 속 주요 사건이나 등장인물 또는 감정이나 활동을 묘사하기 위한 퍼펫 만들기 활동이나 상업적 퍼펫을 활용하는 활동이 될 수도 있다. 내담자는 스토리의 등장인물, 등장인물의 상황 또는 내용에 대한 자신의 감정을 스스로 적거나 치료사에게 받아 적도록 할 수 있으며, 스토리 속 인물 중 한 명에게 편지를 쓰거나 치료사에게 받아 적도록 할 수 있다. 스토리의 대안적인 결말을 만들수도 있다. 다양한 등장인물과 상황을 역할극으로 풀어내기 위해 내담자와 작업하는 것도 재미있다(활동의 가능성이 무궁무진하다는 것을 기억하고, 상상력과 창의력을 마음껏 발휘해 보자).

부록 B는 구체적인 목표를 위한 아동내담자와의 작업에서 우리가 가장 좋아하는 도서 목록이다. 청소년/성인들은 개인의 흥미와 취향이 다양하기 때문에, 도서목록을 제안하기에 확신이 서지 않았다. 서점 직원, 공공 도서관 사서, 학교 사서들은 훌륭한 정보원들이다(내담자를 위해 책을 찾고 있다고는 말하지 말자. 비밀보장은 여러분의 단골 서점에서도 적용된다).

✿ 동작, 춤, 음악경험

■ '내 느낌대로' 춤

이 활동은 내담자가 자신의 감정을 더 잘 인식하도록 돕기 위해 고안되었으며, 모든 연령의 대상에게 사용할 수 있다. 치료사가 춤추기 위한 음악을 제공하거나 내담자에게 음악을 가져오게 할 수 있다. 젊은 내담자의 경우, 보통 패드나 핸드폰으로 음악을 틀고 춤추게 한다. 이 활동은 음악 없이도 할 수 있다.

기본 활동은 매우 간단하다. 다양한 상황에 대한 내담자의 감정을 동작으로 만들거나/춤추도록 요청한다. 초기에는 내담자에 대해 알고 있거나 내담자가 탐색해야 하는 것을 바탕으로 상황이나 경험 목록을 제공할 수 있다(예: 엄마·교사·상사·배우자와 문제가 생겼을 때, 집안일을 해야 할 때/출근해야 할 때, 형·상사·아빠·아내·연인과 다퉜을 때, 문제해결 방법을 모를 때, 슬픔·외로움·분노·행복·짜증·좌절을 경험할 때, 자신을 이해하는 사람이 아무도 없다고 느낄 때, 감정을 억제할 수 없을 때, 자신을 통제 할 수 없다고 느낄 때, 아무도 자신을 사랑하지 않는다고 느낄 때, 과제를 하거나 마감기한을 맞추거나 연인을 찾는 것이 불가능할 것 같아 걱정이 될 때 등). 필요하다면, 내담자에게 특정 감정이나 반응을 유발하는 상황이나 경험에 대한 목록을 만들게 할 수 있다. 춤을 추면서, 또는 춤을 추고 난 후, 언어과정을 선호하는 내담자와는 대화를 나눌 수 있다. 내담자가 언어과정을 좋아하지 않더라도, 다양한 상황이나 경험과 관련된 감정을 더 인식하도록 돕기 위해 이 활동은 그 자체만으로도 충분하다.

■ 역할 춤

우리는 모두 학생, 상사, 직원, 엄마, 자매, 아들, 여자친구 등 다양한 역할을 수행한다. 또한 우리는 책임감 있는 사람, 다른 이들을 돌보는 사람, 반항적인 사람, 잘못된 것을 바로 잡는 사람, 제대로 하는 것이 없는 사람, 완벽한 사람, 불평이 많은 사람 등의 덜 체계화된 역할들을 항상 갖고 있다. 이 활동(Dan Leven, personal communication, February 2015)에서 치료사는 각각의 역할이 신체적/정서적 차원에서 미치는 영향에 대해 통찰을 얻도록 기회를 제공한다. 우리는 (역할 목록을 아주 간단히 유지하면서) 어린 아동과도 이 활동을 해 보았지만, 사춘기 직전 아동부터 성인에 이르는 내담자들과 주로 사용한다. 그들은 어린 내담자보다 자신이 수행하는 역할을 추상적인 수준에서 더 잘 이해하기 때문이다. 가족이나 집단과 이 활동을 할 수 있지만, 타인과 있을 때보다 혼자 있을 때 더 기꺼이 동작을 만드는 경향이 있기 때문에, 우리는 일반적으로 개인내담자와 이 활동을 한다.

역할 춤도 '내 느낌대로' 춤처럼 꽤 간단한 활동이다.

자신이 가진 역할 중 한 가지에 대해 동작을 만들거나/춤을 추도록 내담자를 초대한다. 춤을 구조화하고, 춤 안에서 내담자가 만드는 것을 구조화하는 다양한 방법이 있다. 그들은 그 역할 안에서 행동하는 대로 춤추고, 그 역할 안에서 느끼고 역할에 대해 느끼는 대로 춤출 수 있다. 그리고 어떻게 그 역할을 가지게 되었는지 자신이 지각하는 것과 타인이 지각하는 것에 대해 춤출 수 있다. 요령을 터득한 후에, 내담자가 갇혀 있거나 불편하다고 느끼는 역할에서 벗어나기 위해 동작/춤을 사용해 보도록 초대할 수 있다. 내담자가 그 역할 밖으로 조심스럽게 이동하도록 작은 움직임을 만들게 할 수 있고, 완전히 벗어나 그 역할과 정반대라고 느껴지는 방법으로 움직이게 할 수 있다. 한 가지 역할로만 동작을 만들거나, 다양한 역할 안에서 만들어 볼 수 있다. 치료사는 이 활동에서 언어과정을 할 수도 있고, 하지 않을 수도 있다. 두 가지 방법 모두 효과적이다.

■ 작곡하기

음악을 좋아하는 내담자의 경우, 자신에게 일어나는 다양한 일을 가사로 써 보는 것이 매우 도움이 된다. 뮤직메이커나 루팍스 같은 앱을 사용하여 자신을 표현하고, 자신의 삶에서 특정 이슈에 대해 통찰을 얻게 하는 수단을 제공할 수 있다. 우리의 경험상, 이것은 사춘기 직전 아동과 청소년에게 매우 효과적이다. 이 활동은 개인내담자, 가족, 집단에게 사용할 수 있다. 내담자가 자신의 음악을 작곡하거나 작사한 후에, 원한다면 그 음악에 대한 동작을 만들도록 초대할 수 있다. 일부 내담자에게 이 활동은 또 다른 통찰을 얻도록 해 준다.

✿ 모래상자 활동

내담자의 통찰을 돕기 위해 고안된 모래상자에는 놀이치료사가 내담자를 위해 만드는 모래상자와 공동으로 만드는 모래상자가 있다. 다음은 내담자의 통찰을 돕기 위해 만들 수 있는 몇 가지 지시적인 모래상자이다.

■ 치료사가 내담자를 위해 만드는 모래상자
1. 내담자의 자기조망에 대한 치료사의 지각을 보여 주는 모래상자
2. 내담자의 타인조망에 대한 치료사의 지각을 보여 주는 모래상자
3. 내담자의 세상조망에 대한 치료사의 지각을 보여 주는 모래상자
4. 내담자가 의미감을 갖는 방법에 대한 치료사의 지각을 보여 주는 모래상자
5. 내담자의 감정패턴에 대한 치료사의 지각을 보여 주는 모래상자
6. 내담자의 문제해결 방법에 대한 치료사의 지각을 보여 주는 모래상자
7. 내담자의 관계형성 방법에 대한 치료사의 지각을 보여 주는 모래상자
8. 방해가 되는 내담자의 사고패턴 방식에 대한 치료사의 지각을 보여 주는 모래상자
9. 내담자가 해결하려는 특정 문제와 문제해결을 방해하는 요인에 대한 치료사의 지각을 보여 주는 모래상자
10. 내담자가 어려움을 겪고 있는 특정 관계와 어려움을 초래하는 요인에 대한 치료사의 지각을 보여 주는 모래상자
11. 현재 문제가 해결된다면, 내담자의 삶이 어떻게 달라질 것인지 치료사의 생각을 보여 주는 모래상자

통찰을 가능하게 하는 은유적인 방법이 필요한 내담자의 경우, 내담자와 내담자

의 어려움을 직접 드러내지 않으면서, 등장인물에 관한 모래상자를 만들 수 있다. 이 장에서 다루는 기술들의 세부 절차에 따라 모래상자 안에서 사용될 은유를 설계할 수 있다.

치료사와 내담자는 공동으로 모래상자를 만들면서, 교대로 피규어를 넣거나, 모래상자에 넣고자 하는 피규어에 대해 충분한 대화를 나눈 후 피규어를 넣는 식으로 모래상자를 함께 만든다.

■ 내담자와 공동으로 만들 수 있는 상호 모래상자

1. 내담자를 위해 문제 상황을 재구성하는 모래상자

2. 문제 상황을 묘사한 후, 해결책을 탐색하기 위해 상자 속에 피규어를 추가하거나 상자 밖으로 피규어를 꺼내는 모래상자

3. 스토리를 함께 만드는 모래상자- 내담자가 먼저 모래상자 안에 피규어를 넣고, 그 피규어를 요소로 하여 한두 문장의 스토리를 이어간다. 그 다음 치료사는 그 스토리의 진행에 도움을 줄 피규어를 선택하고 한두 문장을 말한다. 치료사와 내담자는 번갈아 가며 피규어를 선택하고 한두 문장의 스토리를 이어간다.

4. 유사한 문제를 겪는 누군가의 상황이 묘사된 모래상자 안에 내담자가 피규어를 넣는다. 치료사는 그 문제에서 중요하게 고려될 수 있는 몇 개의 피규어를 넣는다.

5. 상호스토리텔링- 내담자는 모래상자 안에서 스토리를 말한다/세계를 창조한다. 치료사는 스토리 리텔링을 하거나, 보다 건설적인 방법으로 세계를 재창조한다.

6. 창작캐릭터- 치료사(또는 치료사와 내담자)는 인물을 대표하는(내담자를 나타내는 피규어 한 개, 내담자가 직면한 문제를 나타내는 피규어 한 개, 지략가나 협력자를 나타내는 피규어 한 개, 다른 등장인물들을 면담할 리포터를 나타내는 피규어 한 개) 피규어를 선택하고, 내담자와 번갈아가며 스토리를 나눈다. 치료사는 가끔 그 활동에 끼어들어 질문이나 코멘트를 리포터에게 하도록 하거나, 스토리 안에서 무슨 일이 일어나는지 해석하게 한다.

7. 치료사는 치료적으로 의미가 있는 피규어를 선택하고 내담자가 스토리를 말

할 때 피규어를 사용하도록 한다.

■ 내담자가 만드는 모래상자

1. 모래상자 안의 피규어를 장애물로 사용하여 미로(또는 장애물 코스)를 만든 상자: 내담자는 목적지를 정하고, 난관에 대처하기 위한 해결책을 찾으면서 미로를 횡단하는 인물 피규어를 선택한다.

2. 현재 문제가 해결된 후 자신의 삶(직장, 가족, 세상, 학교, 타인과의 상호작용 등)을 나타내는 모래상자

3. 문제를 해결/완화하는 대안적인 방법을 고려하는 '해결책' 상자

4. 내담자의 이상적인 세계, 자기, 직장, 배우자, 가족, 학급 등을 보여 주는 모래상자

5. 내담자가 모든(또는 고군분투하고 있는 특정한) 일의 해결 방법을 알고 있는 세계를 묘사하는 상자

6. 상황이나 문제를 다양한 방향에서 보는 '조망' 상자(또는 '조망' 상자 시리즈), 내담자가 한 주 동안 기꺼이 수용하려는 관점을 한 가지 선택한다.

7. 문제 상황이나 관계를 재구성하기 위해 또는 다른 조망을 얻기 위해 세상을 다양한 렌즈(선글라스? 장밋빛 안경?)로 본다는 은유를 이용하는 모래상자

✿ 미술기법

■ 신체 윤곽 그리기

내담자의 통찰을 도우려는 영역에 따라 이 활동의 목표가 달라진다. 치료사의 목표에 따라 다양한 대상과 이 기법을 사용한다. 예를 들어, 자신의 감정이 어떤 신체 부위에 저장되는지 인식하지 못하는 내담자, 왜곡되거나 부정적인 신체 이미지를 가진 내담자, 불안정한 내담자나 자산을 소유하지 못한 내담자와의 작업에서 유용하다. 우리는 이 활동을 모든 연령대의 개인내담자, 가족, 집단과 사용해 왔다.

필요한 재료는 몇 개의 마커나 크레파스, 그리고 내담자의 키만큼 큰 종이(흰 종이 롤이나 신문 인쇄용지) 한 장이다. 윤곽 그리기를 꺼리는 내담자가 있다면 스티커를 사용하거나, 스탬프와 스탬프 패드를 사용할 수 있다. 내담자를 종이 위에 눕게

하고 마커나 크레파스로 몸 주위를 따라 그린다(생식기 주변 사적 공간을 침해하지 않도록 무릎에서 멈춘다). 윤곽을 완성한 후, 내담자를 일어나게 하고 다리 사이를 연결한다. 그 후 내담자와 신체 윤곽 그림 위에 무엇을 채우길 원하는지 브레인스토밍하거나, 치료사가 지침을 줄 수 있다. 다음은 내담자와 함께 사용할 수 있는 몇 가지 지침이다.

1. 자신에 대해 좋아하는 점
2. 감정이 저장되어 있는 신체 부위
3. 간직하고 있는 비밀
4. 몸에 대해 스스로에게 말하는 것
5. 몸에서 사랑하는 것
6. 몸에서 부끄러운 것
7. 가족으로부터 얻은 것(윤곽의 내부), 입양가족으로부터 얻은 것(윤곽의 외부)
8. 생각하는 것(머리), 느끼는 것(심장), 행동하는 것(몸의 나머지 부분), 말하는 것(말풍선)

특정 내담자의 통찰을 돕기 위해 상상력을 활용하여 지침을 만든다. 강한 자의식으로 자신의 실제 몸 윤곽을 사용할 수 없는 내담자의 경우, 마치 내담자의 몸인 것처럼 진저브래드맨 윤곽을 사용하여 안을 채우는 방법으로 활동할 수 있다.

■ 비밀 감정

비밀 감정의 목표는 서로 모순되는 한 가지 이상의 감정을 동시에 느낄 수 있다는 것을 내담자가 인식하도록 돕는 것이다. 또한 이 활동은 내담자가 특정 상황에서 받아들이는 감정과 부정할 수도 있는 감정, 특히 '부정적'이며 수용할 수 없다고 믿는 감정의 층을 통찰하도록 돕기 위해 사용된다. 이 활동은 8세 이상의 아동부터 성인에 이르기까지 매우 효과적이다(그림이 주는 시각적 지원이 있음에도, 경험상 어린 아동은 서로 조화롭지 않은 감정의 공존을 여전히 혼란스러워 한다). 이 활동은 개인, 가족, 집단과 할 수 있다.

흰색의 명함용지(크레파스를 여러 겹 덧칠하기에 얇은 복사용지보다 적합하다), 흰색 크레파스 1개, 주황색이나 노란색 크레파스 1개, 어두운 색(검은색이나 파란색이 가장 좋다) 마커 1개가 필요하다. 흰색 크레파스로 특정 관계·사람·상황에 대한 감정을 표현하는 모양, 낙서, 단어를 그리도록 한다. 좋아하지 않는 감정이나 불편한 감정을 그리기 위해 흰색이 가장 효과적인 것 같다. 모순된 감정이나 겹겹이 쌓인 감정의 원인이라고 믿는 구체적인 관계·사람·상황을 치료사가 제시해야 할 수도 있다. 즉, 치료사가 느끼기에 내담자가 부정하거나 승화시키는 강한 감정과 관련된 관계·사람·상황을 그리게 하는 것도 도움이 될 수 있다. 완성된 그림을 보면서, 그린 그림을 실제로 볼 수 없다는 것에 대해 느낌을 말해 보도록 한다(일부 내담자는 그림을 알아볼 수 없다는 것에 안도할 것이며, 일부는 그림이 보이지 않음에 불만스러워할 것이다).

내담자에게 노란색이나 주황색 크레파스를 사용하여 동일한 관계·사람·상황에 대해 다른 감정을 나타내는 모양, 낙서, 단어를 그려보도록 한다. 이 감정은 보다 편안하게 느껴지거나 표면화된 것일 수 있으며, 내담자에게 익숙한 감정일 수도 있다. 이 감정을 종이 위 원하는 곳에 그릴 수 있으며, 처음 그렸던 감정 위에 덧그릴 수도 있다. 그림을 다 그린 후 처음 그렸던 그림과 동일한 관계·사람·상황에 대해 보다 쉽게 관찰할 수 있는 그림을 추가하는 것이 어떤 느낌인지 말해 보도록 한다.

이제 내담자에게 종이 전체를 마커(어두운 마커일수록 효과적이다)로 덧칠하게 한다. 내담자가 앞서 그린 그림을 덮을 수도 있다. 마커를 덧칠하면서, 그림에 대해 무엇을 알아차리고 있는지 질문한다. 내담자는 덧칠을 할 때 나타나는 두 개의 그림 모두를 볼 수 있어야 한다. 비록 내담자가 밝은 색으로 그렸던 처음 감정이 발견되지 않더라도, 여전히 두 가지 감정이 모두 남아 있음을 알아차리기를 바란다. 같은 상황에 대한 두 개의 감정/반응이 어떻게 동시에 일어날 수 있는지 대화하도록 돕는다. 많은 경우 한 가지는 숨겨지거나, 거부되거나, 억압된다(이 개념의 탐색을 돕기 위해 발달적으로 적절한 언어를 사용한다).

■ 수족관

수족관은 APT 콘퍼런스 워크샵에서 엘리아나 길(Eliana Gil)에게 배운 기법을 변형한 것이다. 이 버전은 엘리아나의 기법보다 더 은유적이다. 우리는 이 활동을 개인내담자, 가족, 집단과 사용해 왔다(가족 및 집단을 위한 지침은 후반부에서 다룰 것이다). 만약 치료사가 내담자의 역동탐색 단계에 있다면 관계에 대한 정보를 수집하기 위해 이 활동을 할 수도 있고, 통찰 단계에 있다면 내담자가 자신의 관계를 더 잘 이해하도록 돕기 위해 사용할 수도 있다. 활동을 어떻게 설명하느냐에 따라, 가족관계에 초점을 맞출 수도 있고, 학급, 이웃, 직장, 또래 집단 같은 내담자 삶의 다른 영역에 초점을 맞출 수도 있다. 가위를 사용하여 종이를 자르거나 찢는 것이 활동의 일부라는 점에 주의하면서, 모든 연령대와 이 활동을 할 수 있다.

한 개의 큰 포스터 보드와 다양한 색의 색상지, 가위, 접착제(딱풀이나 고무시멘트가 효과적이다)가 필요하다. 포스터 보드를 테이블 위에 놓고, 내담자에게 포스터 보드는 수족관이고, 내담자가 할 일은 수족관에 물고기를 채우는 것이라고 말한다. 내담자에게 가위와 색상지를 주고 가장 심술궂은 물고기, 가장 많이 숨는 물고기, 다른 물고기가 싫어하는 물고기, 가장 용감한 물고기, 항상 겁을 내는 물고기, 다른 물고기를 돌보는 물고기, 물고기들이 다른 수족관으로 옮겨가기를 바라는 물고기, 아무도 알아채지 못하는 물고기, 모두가 귀여워하는 물고기, 다른 물고기들이 진지하게 받아들이지 않는 물고기, 잘못된 것에 대해 다른 물고기들이 탓하는 물고기 중 몇 마리를 만들도록 한다(내담자의 상황에 대한 정보를 바탕으로 내담자와 목록을 만든다. 상상력을 활용해라. 열거된 목록에만 한정될 필요는 없다). 내담자의 작업을 관찰한다. 놀이치료 과정에 도움이 된다고 판단되면, 내담자의 활동에 해석적인 코멘트를 한다. 물고기를 다 만들면 포스터 보드 위에 붙인다. 물고기를 모두 붙인 후에 내담자가 원한다면, 내담자는 물고기의 이름을 지어 주고 각 물고기의 특성을 설명하면서 각 물고기를 구별해 볼 수 있다.

언어과정에 적극적인 내담자의 경우에는 미술기법과 결과물을 다룰 수 있다. 내담자에게 각 물고기의 위치, 색, 크기 등을 어떻게 결정했는지 질문할 수 있다. 또한 치료사는 다양한 물고기들 사이의 관계를 논의하도록 내담자를 안내한다. 치료사는 "나는 알아챘어요." 기법을 사용하여 언어과정에 초대하거나, 누가 다정하고 적대적인지 등의 질문으로 각기 다른 물고기들이 서로 어떻게 지내는지 질문할 수 있다. 또한 치료사는 수족관 속 물고기들의 문제해결 방법, 욕구충족을 위한 협상 방법, 갈등해결 방법을 질문할 수 있다. 수족관이 공정한 해결책을 가지고 있지 않다고 느낄 때, 치료사는 어쩌면 물고기의 은유로 이 이슈를 다루기 위한 방법을 제안할 수도 있다.

만약 어떤 물고기가 내담자를 나타내고 있다면(가장 겁이 많은 물고기나 눈에 잘 띄지 않는 물고기가 내담자라면), 그 물고기의 삶을 최적화하기 위한 변화를 만들 수 있는 방법을 브레인스토밍할 수 있다. 예를 들어, 내담자에게 물고기의 위치를 조정하거나, 구조물을 추가하고, 약한 물고기를 보호할 다른 물고기를 만들 수 있다고 제안할 수 있다. 은유를 넘나들 수 있는/기꺼이 은유를 넘나드는 내담자의 경우, 자신의 삶에서 각 물고기는 누구를 나타내는지, 문제 상황에서 직접적으로 의견을 제시하는 물고기는 어떤 물고기인지 말할 수 있다.

이 활동의 다른 버전을 원한다면, "너의 가족구성원(또는 학급, 이웃, 직장이나 또래집단 등 내담자와 함께 탐색하기를 원하는 집단)을 나타내는 물고기로 그 수족관을 채워보렴."과 같이 지시할 수 있다. 보다 경계적인 내담자의 경우, ('너의 가족'이라고 말함으로써) 소속감을 요청하는 대신, '가족' '교실 안 아이들과 선생님' '가까이 사는 이웃들' '함께 일하는 몇 명의 사람들' 또는 '또래집단'이라고 말함으로써 재료로부터 안전한 거리감을 제공한다.

완벽주의 성향이 있는 내담자와 작업하는 경우, 가위로 오리기보다 색상지로 찢기를 한다. 종이를 완벽하게 찢기는 어렵기 때문에, 내담자는 이 활동을 통해 부적응적인 완벽주의와 관련된 이슈에 통찰을 얻을 수 있으며, 상황이 완벽하지 않거나 원하는 대로 진행되지 않을 때도 괜찮다는 것을 연습할 수 있다.

가족이나 집단과 작업하는 경우, 최소 두 가지의 다른 방법을 활용 할 수 있다. 치료사는 모두에게 각각의 포스터 보드를 주고 가족/집단구성원 모두를 나타내는 물고기로 자신의 수족관을 채우게 한다. 수족관이 모두 완성되면, 구성원들은 자신의 작업을 설명하고 서로 의견을 나눈다. 자신을 나타내는 물고기라고 언급하지 않고 '물고기 한 마리'를 추가하게 할 수 있다. 가족/집단구성원 모두가 물고기를 추가한 후에, 각자 자신이 만든 결과물과 이 활동에 대한 언어과정을 한다.

■ 동물 사진치료

이 활동은 내(테리)가 1991년 텍사스주 달라스에서 열린 '결혼 및 가족치료 연례 학회' 워크숍에서 로버트 세겔(Robert Segel)에게 배운 활동을 각색한 것이다(내가 이 활동을 수없이 변경했기 때문에 그가 이 기법을 알아볼지는 확신할 수 없다. 나는 배운 것의 출처를 밝히는 것을 좋아한다. 그러나 나이가 들수록 점점 더 어려워지고, 뇌도 점점 약해지고 있다). 이 활동은 청소년과 성인에게 가장 적합한 기법이다. 때때로 나는 이 활동을 개인내담자에게 사용하기도 하고, 집단과 하기도 한다. 나는 어떤 성격 특성이 내담자에게 중요한지, 이러한 특성을 구축하기 위해 내담자가 변화되어야 하는 것은 무엇인지, 이 특성의 변화를 방해하는 요인은 무엇인지 등에 대한 인식을 높이기 위해 거의 항상 이 활동을 사용한다.

이 활동의 유일한 사전 단계는 야생동물, 가축, 공격적인 동물, 사랑스러운 동물, 농장 동물, 정글 동물, 숲 동물, 사막 동물, 바다 동물, 포유류, 조류, 곤충, 도마뱀, 양서류 등의 사진이 있는 잡지를 모으고, 사진을 잘라 다양한 '종류'의 동물 사진 파일을 준비하는 것이다(나는 항상 사진이 많을수록 좋다고 생각하기 때문에, 수백 장의 사진을 가지고 있다. 그러나 이것은 나에게만 해당될 수 있다). 내담자에게 강하게 끌리는 사진을 찾게 한다. 내담자가 공명을 느끼는 동물을 선택하면, 다음과 같은 질문을 한다.

1. 동물에 대해 설명해 보시오.
2. 이 동물을 선택하게 된 계기는 무엇인가?
3. 자신과 이 동물이 공통적으로 갖는 긍정적인 특성은 무엇인가?
4. 이 동물의 긍정적인 특성 중 닮고 싶지만 닮지 못한 것은 무엇인가?
5. 만약 이 긍정적 특성을 가졌다면, 삶은 어떻게 달라졌겠는가?
6. 이 긍정적 특성을 갖지 못하는 이유는 무엇인가?
7. 이 긍정적 특성을 구축하기 위해 삶에서 어떤 변화를 만들고 싶은가?

이 활동의 변형된 버전은 내담자(보통 십대 직전의 아동·청소년·성인)로 하여금 원가족 내의 관계패턴을 인식하고, 가족 안에서 자신이 어떻게 어우러지는지 이해하도록 돕기 위해 고안되었다. 이 버전은 내담자가 은유와 문자를 넘나들 수 있음을 전제로 한다. 이것이 불가능한 내담자의 경우, 자신의 가족 대신 '가족'을 구성하기 위한 동물을 선택해 보자고 할 수도 있다. 그리고 지시사항의 첫 설명을 생략하고, 은유적으로 질문 할 수 있다. 내담자에게 동물 사진 중 자신을 나타내는 동물 한 마리 원가족구성원을 나타내는 동물을 각각 선택하도록 요청한다. 동물의 강점과 약점에 초점을 두어 각각의 동물을 묘사하고, 가족구성원의 성격이 그 동물과 어떻게 비슷한지 설명하며, 각각의 동물과 내담자를 나타내는 동물 사이의 관계를 설명하도록 한다. 그 후 다음의 질문을 한다.

1. 이 동물 가족 중 엄마가 가장 좋아하는 자녀는 누구인가?
2. 이 동물 가족 중 아빠가 가장 좋아하는 자녀는 누구인가?
3. 이 동물 가족 중 엄마 동물과 가장 닮은 자녀는 누구인가?
4. 이 동물 가족 중 아빠 동물과 가장 닮은 자녀는 누구인가?
5. 이 동물 중 자신이나 자신의 동물과 가장 닮은 동물은 누구인가? 어떻게 닮았는가?
6. 이 동물 중 자신이나 자신의 동물과 가장 다른 동물은 누구인가? 어떻게 다른가?
7. 이 동물 중 서로 싸우는 동물은 누구인가? 무엇 때문에 싸우는가?
8. 이 동물 중 함께 놀이하는 동물은 누구인가? 어떤 종류의 놀이를 하고 있는가?
9. 각 부모와 나머지 가족구성원과의 관계는 어떠한가?
10. 각 부모와 자녀 사이의 관계는 어떠한가?
11. 이 가족의 강점은 무엇인가?
12. 이 가족의 어려움은 무엇인가?
13. 만약 이 가족이 어려움을 겪고 있다면, 관찰자는 이것을 어떻게 알 수 있는가?
14. 이 가족 안에서 바꿀 수 있는 것이 있다면, 무엇을 바꾸겠는가?

이 활동의 또 다른 변형은 원가족 내 관계를 살펴보도록 돕기 위해 고안되었다. 활동을 위해서는 동물 잡지에서 선택한 다양한 사진 세트가 필요하다. 나는 같은 종의 동물 집단 사진과 몇 가지 다른 종의 동물 집단 사진을 좋아한다. 같은 집단 안에 포식자와 피식자가 있을 때, 이것은 내담자의 흥미를 끈다. 내담자에게 여러 동물 사진 중에서 가족을 고르게 한다(내담자의 가족이라고 명시할 수도 있고, 내담자에게 필요한 거리감에 따라 '가족'이라고만 할 수도 있다). 그리고 다음의 질문을 할 수 있다.

1. 이 가족에 대해 설명해 보시오.

2. 이 가족의 강점과 약점은 무엇인가?

3. 이 가족이 잘하는 것은 무엇인가? 이 가족이 못하는 것은 무엇인가?

4. 이 가족의 구성원은 가족에게 무엇이 변화되길 바라는가?

5. 이 가족이 직면한 주된 어려움은 무엇인가?

6. 이 어려움이 없어지면 가족구성원의 삶은 어떻게 달라지는가?

7. 이 가족은 어떻게 어려움을 없앨 수 있는가?

은유적으로 소통할 필요가 없는 내담자의 경우, 다음의 (덜 은유적인) 질문을 할 수 있다.

1. 이 가족은 자신의 가족과 어떻게 닮았는가?

2. 자신의 가족과 이 가족이 공통으로 가지는 감정은 무엇인가?

3. 자신의 가족과 이 가족이 공통으로 가지는 약점은 무엇인가?

4. 자신의 가족에게서 변화시키고 싶은 것은 무엇인가?

5. 자신의 가족이 가진 주된 어려움은 무엇인가? 그 어려움은 사진 속 가족의 어려움과 어떻게 유사한가?

6. 이 어려움이 사라진다면 가족의 삶은 어떻게 달라질까?

7. 이 어려움이 사라져도 가족구성원의 삶에서 여전히 변하지 않는 것은 무엇인가?

■ 퀵 드로잉

퀵 드로잉은 그림을 잘 그려야 한다는 불안감을 극복하고, 그림을 통해 특정 주제·관계·감정·상황에 대한 통찰을 얻도록 돕는 기법이다. 이 활동은 아동, 청소년, 성인과 사용할 수 있다(그리고 우리는 아동용과 청소년/성인용으로 구체적인 지침을 구분하고 있다). 이 활동은 개인내담자뿐 아니라 가족, 집단과도 할 수 있다.

설정은 어렵지 않다. 먼저 내담자에게 종이를 주고 1/2 또는 1/4로 접도록 한다. 그리고 치료사가 제시하는 상황에 맞게 각 부분에 무언가를 그릴 것이라고 말한다. 이 상황을 묘사하기 위해 형태·질감·색을 사용할 수 있으며, 구체적인 방법이나 추상적인 방법으로 그릴 수 있다. 내담자가 할 수 없는 유일한 것은 스마일 표정이나 찡그린 표정과 같은 극히 평범한 감정의 얼굴을 그리는 것이다. 그보다는 더 많은 것을 그려야 한다. 마지막으로 그림을 그리기 위한 상황 목록을 제시하기 전에, 각 그림의 제한 시간은 1분임을 알린다. 다음 중 최소 두 가지(여덟 개까지도 가능하지만, 언어과정을 위한 시간이 필요하기 때문에 그렇게까지 하는 경우는 거의 없다)를 선택하여 그리도록 한다.

아동용

1. 최근에 누군가에게 화 났던 때
2. 최근에 슬펐던 때
3. 최근에 믿을 수 없을 정도로 행복했던 때
4. 최근에 자신에게 실망했던 때
5. 최근에 자신이 자랑스러웠던 때
6. 최근에 누군가 자신에게 화를 냈던 때
7. 최근에 자신이 한 일에 대해 기분 나빴던 때
8. 가장 사랑받는다고 느꼈던 때
9. 가장 좋아하는 친구
10. 가장 좋아하는/ 싫어하는 성인
11. 가장 좋아하는/ 싫어하는 친척
12. 최근에 무서웠던 때
13. 가장 걱정되는 것
14. 무언가 마음에 걸리는 행동을 했던 것
15. 가장 행복한 시간을 함께 하는 사람
16. 정말 좋다고 느꼈던 직장/ 학교 경험
17. 그 어느 때보다 화가 났던 시간
18. 가장 흥미진진했던 경험
19. 지금까지 가장 즐거웠던 경험
20. (교회를 다니는 아동을 위해) 교회에서 최고의 시간
21. 교회에서 최악의 시간

22. 학교에서 최악의 시간

23. 자신이 가장 자랑스러웠던 순간

24. 가장 크게 실망했던 것

25. 최고의 순간

26. 최악의 두려움

27. 자신의 삶에서 가장 힘들었던 것

28. 자신의 삶에서 가장 변화시키고 싶은 것

29. 자신의 삶에서 가장 유지하기를 원하는 것

청소년/성인용

1. 최근에 누군가에게 화가 났던 때

2. 최근에 슬펐던 때

3. 최근에 믿을 수 없을 정도로 행복했던 때

4. 최근에 자신에게 실망했던 때

5. 최근에 자신이 자랑스러웠던 때

6. 최근에 누군가 자신을 못마땅하게 여겼던 때

7. 최근에 자신이 누군가를 못마땅하게 여겼던 때

8. 최근에 죄책감을 느꼈던 때

9. 최근에 영적 경험을 했던 때

10. 최근에 자신이나 타인을 온전히 사랑한다고 느꼈던 때

11. 최근에 겁에 질렸을 때

12. 최근에 무서웠을 때

13. 가장 걱정되는 것

14. 가장 죄책감을 느끼는 것

15. 가장 행복하다고 느끼는 관계

16. 가장 성공적이라고 느꼈던 직장/ 학교 경험

17. 그 어느 때보다 화가 났던 때

18. 가장 흥미진진한 경험

19. 지금까지 가장 즐거웠던 것

20. 첫 영적 경험 또는 종교적인 경험

21. 가장 의미 있는 성취

22. 가장 크게 실망했던 것

23. 최고의 순간

24. 최악의 공포

25. 가장 위대했던 도전

26. 사랑하는 사람에게 미치고 싶은 영향

27. 세상에 미치고 싶은 영향

28. 최고의 자기

29. 자신의 사악한 모습

30. 가장 부끄러워하는 것

31. 타인이 알까 봐 두려운 것

32. 자신에게 가장 중요한 관계

33. 만약 나 스스로가 빛을 낸다면, 그것은 _____처럼 보일 것이다.

34. 만약 자신이 잠재력의 최고치에 도달한다면, _____처럼 보일 것이다.

이 목록은 우리의 아이디어다. 그러니 (여러분이 이미 알고 있겠지만, 다시 언급한다) 우리의 목록에만 국한되지 말아라. 완성된 그림을 대화의 기초로 삼아, 그림을 그리면서 어땠는지, 왜 그리기로 선택했고, 어떻게 그렸는지 살펴보면서 자신에 대해 알아차린 점을 다룬다. 이 활동은 대화, 퍼펫쇼, 다른 그리기 활동, 동작/춤 등 다양한 활동을 위한 발판으로 활용할 수 있다.

■ 만다라

만다라의 전통적인 의미는 힌두교나 불교에서 우주를 형상화한 것으로, 전체성과 통일성을 의미하는 원의 윤곽이 경계를 이루는 것이다. 실제로 만다라가 치료에서 이용될 때, 치료사는 내담자에게 원모양을 그려 다양한 삶의 측면을 나타내도록 한다. 치료사는 내담자에게 그림에 무엇을 포함할 것인지 매우 구체적인 방향을 제시하거나, "네 삶에 대한 그림을 그려 보렴." "네 삶에서 중요한 것을 그려 보렴." 등의 보다 자유로운 형태로 지시할 수 있다. 목표설정을 위한 지시 방법에 따라 내담자는 만다라로부터 자신의 감정, 생각, 행동 패턴, 태도, 가치관 그리고 모든 종류의 통찰을 얻을 수 있다. 대부분의 놀이치료사가 십대 직전의 아동, 청소년, 성인과 만다라를 사용하지만, 우리는 더 어린 아동과도 만다라 작업을 한다. 우리는 어린 내담자에게 보다 자유로운 형태의 간단하고 직접적인 지시를 주며, 연령이 높은 내담자는 보다 구체적인 지시를 준다. 다음에서 다루게 될 지시사항은 청소년과 성인에게 사용할 수 있는 예시이다. 개인, 가족, 집단 모두가 만다라로부터 '깨우침'을 얻을 수 있다.

치료사가 큰 종이에 원의 윤곽을 그려줄 수도 있고(초등학생 내담자와 작업하는 경우 원의 윤곽을 대신 그려준다), 또는 내담자에게 자신의 원을 그리도록 할 수도 있다. 만다라에 색을 입힐 것이라고 설명한다. 보다 지시적인 형태의 만다라(Edna Nash, personal communication, 2006)를 위해, 다음의 지시를 활용할 수 있다.

"만다라는 당신의 삶에 대한 그림이에요. 그림을 그리기 전에 삶의 각 영역(물리적 환경, 건강, 돈/재정, 직장, 친밀한 관계/연애, 원가족, 아동, 개인적 성장, 정신적/정서적, 재미/오락, 친구)을 대표할 다양한 색을 선택할 거예요. 선택한 색이 특정 영역에 대한 당신의 감정을 나타내는지 확인해 보세요. 그 다음 당신이 그 특정 영역에서 느끼는 것과 그 삶의 양상에서 일어나는 일들을 표현하는 무언가(당신은 상징, 사실적인 형상, 모양, 질감 등을 사용할 수 있어요)를 그려 보세요. 그림을 그리면서 삶의 각 영역에서 얼마나 많은 에너지와 시간을 할애하고 있는지 생각해 보고, 이에 따라 원 안을 채워보세요(만약 직장에서 대부분의 시간을 보낸다면, 당신은 원의 대부분에 일을 나타내는 색을 칠할 수 있을 거예요). 단지 원그래프를 그리려는 것은 아니에요. 원그래프를 그리는 것이 당신에게 당신의 삶에 대한 감을 주지는 않을 거예요."

일부 내담자는 단지 그림을 그리는 것만으로도 삶의 다양한 부분에 대한 통찰을 얻을 수 있다. 또한 어떤 내담자는 과정과 결과물에 대해 대화를 나누는 것이 도움이 되기도 한다. 내담자에게 다음의 질문을 할 수 있다.

1. 자신의 삶에 관한 그림을 그리면서 알아차린 것은 무엇인가?

2. 가장 많은 에너지와 가장 많은 시간을 차지하는 영역은 무엇인가?

3. 특정 영역을 나타내기 위해 선택한 색이나 상징 중 놀라웠던 것은 무엇인가?

4. 자신을 놀라게 한 것은 무엇인가?

5. 어떤 상징/색에 가장 편안함을 느꼈는가?

6. 어떤 상징/색이 불편했는가?

7. 아무것도 하지 않는 공간이 얼마나 남아 있는가?

8. 자신의 시간과 에너지를 지배하는/너무 많이 차지하는 특정 영역이 있는가?

9. 시간과 에너지를 적게 차지하는 중요한 영역이 있는가?

10. 변화시키고 싶은 것이 있는가?

다음과 같은 질문도 할 수 있다.

11. 각 영역에 대해 어떻게 생각하는가/무슨 감정이 드는가? 더 많은 시간이나 에너지 또는 더 적은 시간이나 에너지를 할애하기를 원하거나/할애할 필요가 있는 영역이 있는가?

12. 그림에 있는 각각의 상징/사물은 무엇이며, 자신에게 이것이 의미하는 바는 무엇인가?

13. 그 색은 자신에게 무엇을 의미하는가?

14. 다른 방향으로 그림을 돌려보고, 다른 조망에서는 무엇이 보이는가?

만다라 활동의 또 다른 버전은 '이슈'에 초점을 둔 만다라를 그리거나, 내담자가 느끼는 그 이슈를 다루는 다음 단계에 초점을 맞춘 만다라를 그리게 하는 것이다. 또 다른 활동은 내담자에게 이상적인 삶, 관계, 직업에 대한 만다라를 그리도록 요청할 수 있으며, 미래에 대한 그들의 소망을 그리도록 요청하는 것도 가능하다. 활동의 가능성은 무한하다.

❖ 구조화된 놀이경험

■ 친구 구인 광고

우리 둘은 초등 고학년과 청소년을 대상으로 친구에게서 원하는 것에 대한 구인 광고를 만들게 하여 효과를 보았다. 이 활동은 몇 가지 다양한 목적으로 사용할 수 있다. 예를 들어, 내담자에게 자신이 친구로 선택한 사람들이 실제로 친구에 대한 자신의 기준을 충족시키는지 확인하도록 돕고, 만약 그렇지 않다면 약간의 현실 검증을 돕기 위해 사용한다. 부모와 자녀는 종종 자녀의 친구가 '진실한 친구'이거나 '진정한 친구'인가에 대한 논쟁을 벌이는데, 자녀가 관계패턴에 대해 통찰을 얻게 하기에 이 활동은 논쟁보다 훨씬 효과적인 방법이다. 이 활동은 때때로 바람직한 친구가 되기 위한 자신의 기준을 스스로 충족하고 있는지 돌아보도록 일깨워 준다. 이 활동을 통해 청소년들을 자신이 그다지 좋아하지 않는 이성과의 만남을 자주 선택한다는 것을 인식하고, 그 과정을 통해 남자친구/여자친구 관계를 바라볼 수 있다. 때때로 이 활동은 내담자의 '친구 영역' 속 특정인들에 대한 인식을 돕는다. 내담자는 아마도 그들과 더 가까워지는 것을 재고 할 수 있다. 집단과 이 활동을 하는 경우, 자신이 친구로 조차 곁에 두고 싶지 않은 누군가를 이성친구로 선택해 왔다는 것을 다른 또래들 앞에서 인정하고 싶어하지 않기 때문에, 우리는 개별 회기에서 이 활동을 하는 경향이 있다.

(설명하지 않아도 활동 방법을 짐작하겠지만, 다음과 같이 활동할 수 있다). 치료사는 내담자에게 신문(또는 웹사이트)에 실을 광고를 만들도록 한다. 내담자가 그 광고에 대해 알 수 있도록 치료사는 몇 개의 구인광고를 가져오거나, 광고에 포함되는 내용을 볼 수 있도록 데이트 웹사이트를 방문할 수 있다(아동과 웹사이트를 방문하기 전에 그 사이트가 적절한지 반드시 확인해야 한다). 그 후 내담자가 만나는 사람이 그 구인광고 기준을 충족하는지 대화를 나눌 수 있다. 또한 내담자 스스로 구인광고에 나열한 기준에 부합된다면, 자신을 친구로 사귈 것인지도 질문할 수 있다.

■ 우선순위 항아리

종종 사람들은 긴급한 것에 관심을 기울이고, 중요한 것에 관심을 덜 기울인다. 이 활동은 자신에게 중요한 것을 알아보는 물리적 절차를 통해, 자신의 우선순위를 통찰해 보도록 고안되었다. 상대적 중요도는 꽤 추상적인 개념이므로 이 활동은 사춘기 직전의 아동, 청소년, 성인에게 보다 효과적이다. 그러나 우리는 3, 4학년 아동과도 이 활동을 사용했다. 집단에서 중요한 것에 대해 모든 구성원의 동의를 얻는 것은 어렵기 때문에, 이 활동은 개인내담자 및 가족과 사용하는 것이 보다 효과적이다.

이 활동에는 세 개의 병이 필요하며, 재활용 병으로도 가능하다. 세 개의 병에 매우 중요함, 중요함, 중요하지 않음의 라벨을 붙인다. 내담자에게 병을 보여주기 전에 20~30개의 작은 종이조각(2×5인치)을 주고 각각의 종이조각 위에 '해야 할 일' 목록처럼 살아가면서 해야 할 일을 하나씩 쓰게 한다. 이번 주, 이번 달, 매일 등 특정 내담자에게 효과가 있다면 어떤 기간이라도 그동안 내담자가 해야 할 일을 적게 할 수 있다. 목록을 작성하면 병을 보여 주고, 해당되는 병 안에 종이조각을 분류하도록 한다. 이것을 모두 마친 후, 한 번에 하나의 병을 비우게 하고, 무엇이 그 업무를 '매우 중요하게 하고' '중요하게 하고' '중요하지 않게 하는지' 대화를 나눌 수 있다. 그리고 이 활동을 다시 한다면, 다른 병으로 옮기고 싶은 조각이 있는지 대화할 수 있다.

모든 것과 모든 사람을 통제하려는 노력이 실제로는 별로 효과가 없다는 것을 인식해야 하는 내담자에게 사용할 수 있는 변형된 방법으로 통제하기를 원하는 목록을 만들고, '내가 통제할 수 있는 것'과 '내가 통제할 수 없는 것'이라고 적힌 병에 종이조각을 분류하는 것이다. 지나치게 걱정이 많은 내담자에게는 합리적인 걱정과 합리적이지 않은 걱정을 결정하도록 돕기 위해 변형할 수 있으며, 내담자에게 걱정거리 목록을 만들어 병에 담도록 한다. 이처럼 다양하게 활동을 변형할 수 있다.

■ 애완동물 만들기

애완동물 만들기는 관계형성을 위해 놀이치료 초기 단계나 통찰 단계에서 사용할 수 있다. 이 활동은 자신의 정서적 욕구를 발견하고, 적절한 방법으로 욕구를 충족시키도록 돕기 위해 사용한다. 애완동물 만들기는 이 주제를 탐색하기 위해, (주변 사람에 의해 충족이 될 수도 있고 되지 않을 수도 있는) 욕구 목록을 작성하는 것보다 안전한 방법이다. 이 활동은 모든 연령대의 개인내담자, 가족, 집단에게 사용할 수 있다.

이 활동에서는 공예재료(폼폼, 실, 스티로폼 볼, 이쑤시개, 리본, 펠트, 눈알 재료, 모루), 달걀 상자나 약병 같은 재활용품, 반짝이, 접착제, 가위 등 준비물이 필요하다. 만약 여러분이 모험심이 강하고, 내담자가 초등 고학년 이상 이라면 글루건을 사용할 수도 있다(그러나 달구어진 글루건은 뜨겁다는 것을 기억하고, 내담자에게 상기시켜라!). 내담자에게 자신이 사랑받는다고 느끼기 위해 필요한 것의 목록을 만들도록 한다. 가족이나 집단의 경우, 브레인스토밍을 통해 구성원들은 합의된 욕구 목록을 만들어야 한다. 그리고 욕구를 충족시켜 줄 애완동물을 만들기 위해 어떻게 재료를 사용할 것인지 고민해 보도록 한다. 애완동물이 완성된 후, 언어과정을 좋아하는 내담자와 새로운 애완동물이 가족의 욕구를 충족시켜 준다는 것에 대해 어떻게 생각하는지 질문할 수 있고, 애완동물이 내담자의 욕구를 충족시킬 수 있다는 것에 대해 어떻게 생각하는지 완성된 애완동물들에게 말해 보도록 할 수도 있다. 만약 내담자가 동의한다면, 이 욕구를 내담자가 어떻게 충족시킬 수 있을지 실제 생활 속에 보편화시킬 수 있을 것이다. 그러나 여러분이 도전하기 전에 내담자가 준비되어 있고, 목표에 닿을 수 있을지 우선 확실히 알고 있어야 한다.

■ 얼룩

우리는 레베카 디킨슨(Rebecca Dickinson, personal communication, January 2017)에게서 이 활동을 배웠다. 그는 신체·감정·인지·관계적으로 '흔적'을 남긴, 삶의 나쁜 경험(때로는 트라우마를 포함한)을 가진 초등 고학년, 청소년, 성인 내담자와 작업하기 위해 이 활동을 개발했다. 이 활동은 과거의 경험이 현재 내담자에게 주는 영향에 대해 통찰하고, 부정적인 경험에서 긍정적인 것(심지어 아름다운 것)이 만들어질 수도 있음을 인식하도록 돕기 위해 고안되었다.

이 활동은 특성상 여러 회기에 걸쳐 진행되기 때문에, 활동이 시작되기 전에 한 회기로 끝나지 않을 수도 있음을 알리는 것이 도움이 된다. 이 활동을 위해, 밝은 색의 무지 천 가방, 옷감을 얼룩지게 할 수 있는 다양한 재료(흙, 겨자, 케첩, 토마토소스, 잔디 등), 샤피펜이나 염색 물감, 세탁 세제가 필요하다. 천 가방에 영구적인 자국을 남기는 것이 무엇인지 알아보기 위해, 내담자에게 '얼룩을 남기는' 재료를 실험해 보도록 한다. 내담자의 연령, 언어능력, 은유 속에 머물려는 욕구에 따라 어떤 얼룩이 과거의 부정적인 특정 경험을 나타내는지 생각해 보도록 할 수 있다(내담자가 원한다면 공유할 수 있다). 어떤 재료가 가방에 영구적인 흔적을 남기는지 추측이 가능한 내담자라면, 추측해 보도록 초대할 수 있다. 얼룩이 남을 것 같은 재료를 다음 회기까지 가방에 남겨 두고, 내담자는 다음 회기에 세탁세제로 손세탁을 한다. 어떤 재료가 실제로 얼룩을 남기고 어떤 것은 그렇지 않았는지, 얼룩을 세탁하던 경험은 어땠는지 대화할 수 있다. 놀이치료실에 건조기가 있지 않은 한, 가방이 마르려면 다음 회기까지 기다려야 한다. 다음 회기에 내담자에게 샤피펜이나 염색 물감을 사용하여 가방에 그림을 그리게 하고, 그 얼룩을 내담자가 좋아할 만한 아름다운 창조물로 변신시키도록 한다. 변신이 완료되었을 때, 내담자가 언어과정에 동의한다면 다음의 질문을 할 수 있다.

1. 얼룩을 만드는 건 어땠는가?
2. 각각의 얼룩은 어떤 경험을 나타냈는가?
3. 얼룩을 씻어내려고 할 때 기분이 어땠는가?
4. 어떤 것은 다른 것보다 더 지우기 쉬웠는가?
5. 다른 얼룩보다 지우기 위해 더 노력했던 얼룩은 무엇인가?
6. 남은 얼룩에 대해 무슨 생각이 드는가? 가방의 모습에 얼룩이 영향을 미치는가?
7. 우리 삶에 일어났던 어려운 일들을 우리가 완전하게 지우지는 못한다. 특히 원래의 얼룩이 완전히 사라지지 않았다는 사실을 알고 있음에도, 자신이 만족할 수 있는 것으로 그 얼룩을 바꾼 것은 스스로에게 어떤 변화를 만드는가?

내담자의 통찰을 지원하기 위한 이론적 고려 사항

　모든 놀이치료 접근들이 변화를 위해 통찰이 필요하다는 입장에 동의하는 것은 아니다. 테라플레이 치료사는 애착형성을 위해 치료적 관계에 초점을 두며, 아동기나 사춘기 자녀를 둔 부모들이 자녀와 애착을 발달시키는 방법을 배울 수 있도록 함께 작업한다. 테라플레이 치료사는 내담자가 애착의 방해 요소를 인식해야 한다고 생각하지 않으며, 치료과정 안에서 애착형성을 돕는 요소에 대해 이해할 필요가 있다고도 생각하지 않는다.

　인지행동 놀이치료 임상가는 내담자가 놀이의 의미를 깊이 이해하도록 약간의 해석을 사용할 수는 있지만, 통찰이 변화를 위한 필요조건이라고 믿지는 않는다. 인지행동 놀이치료사는 부적응적 패턴의 초기 원인을 내담자에게 이해시킬 필요 없이, 새롭고 보다 적응적인 사고패턴과 행동패턴을 개발하기 위해 함께 작업하는 경향이 있다.

이미 언급했듯이, 아동중심 놀이치료 임상가는 때때로 해석과 내담자의 은유라는 놀이치료 기술을 사용하기도 하지만, 직면은 명백하게 치료사가 내담자를 이끄는 경향이 있어 사용하지 않는다. 같은 이유로 아동중심 놀이치료사는 이 장에서 기술된 기법과 활동을 사용하지 않을 것이다.

이 책에서 기술하고 있는 그 외 놀이치료 접근들은 모두 내담자의 은유, 직면, 고안된 치료적 은유를 사용하면서 해석의 기술을 사용할 것이다. 놀이치료사들은 이 장에서 설명된 기술들도 사용할 것이다. 아들러학파 놀이치료 임상가는 이 장에서 기술된 잘못된 행동 보여주기와 모래상자 기법을 사용할 가능성이 높다. 특히 융학파 놀이치료 임상가는 모래상자 기법(우리가 소개한 지침보다 비지시적인 모래상자를 사용할 가능성이 높다)과 만다라(다시 말하지만 우리가 제시한 지침보다 덜 구조화된 만다라를 사용할 것이다)를 사용하여 내담자와 작업하는 것을 선호한다. 정신역동 놀이치료 임상가는 '부드러운' 해석, 직면과 내담자의 은유를 사용한다. 정신역동 놀이치료사는 일반적으로 지시적인 기법은 거의 사용하지 않을 것이다. 게슈탈트 놀이치료 임상가는 미술기법에서 다룬 신체 윤곽 그리기 기법과 동작/춤 활동에 특히 관심이 있을 것이다. 통합적/처방적 놀이치료 임상가는 이 장에서 소개된 대부분의 기술을 내담자와 사용할 것이며, 치료사와 내담자의 관심에 따라 내담자의 통찰을 돕기 위해 고안된 어떤 기술도 기꺼이 포함시킬 것이다.

옮겨 가면서

우리는 이제 어디로 가고 있는지 알게 되었고, 어떻게 갈 것인지 길을 찾아 걷기 시작했으며, 아직 배울 것이 더 남아 있다. 만약 내담자의 사고·감정·행동에 변화를 일으키도록 돕는 것이 놀이치료사의 주요한 역할이라고 믿는다면, 이어지는 장은 그 과정을 위한 기초를 제공할 것이다.

Interlude 6

언어선택하기

놀이치료에서 언어선택은 매우 중요할 수 있다. 치료사가 의도적으로 언어를 선택하는 구체적인 예로는 ① '그러나' 라는 단어 사용하지 않기("그렇구나. 그리고……."로 대체하기), ② 놀이치료 어휘에서 "노력해 보세요." 제거하기, ③ (실제로 '우리'를 나타내는 상황이 아니라면) '우리'라고 표현하지 않기, ④ 일부 예외인 경우를 제외하고, 자신의 경험을 묘사하기 위해 내담자가 사용하는 단어와 (주로) 같은 단어 사용하기 등이 있다.

• '그러나'의 사용은 피한다(대신에 "그렇구나. 그리고……."를 사용한다). 내담자와의 상호작용에서(그리고 자신의 삶에서 중요한 타인과의 상호작용에서) '그러나'를 사용하지 않는 것은 중요하다. 대신에 즉흥극(Improv theater, 역자 주: Improvisational theater는 일반적으로 사전준비 없이 즉흥적으로 연출되는 연극을 의미하지만, 심리학에서는 사람들이 사고 · 감정 · 관계 안에서 통찰을 얻기 위한 도구이다)의 중심 철학 중 핵심 요소인 "그렇구나. 그리고……." 접근법을 사용할 수 있다. 문장에서 '그러나'를 사용할 때, 다른 사람들, 특히 아동들은 '그러나'의 사용 이후 치료사가 했을지도 모를 긍정적인 말에 대해 무가치하다거나 무효하다고 느끼는 경향이 있다. 예를 들어, 만약 치료사가 페넬로페에게 "너는 정말 열심히 노력했어. 그러나 아직 성공하지 못했구나." 라고 말한다면, 내담자는 "넌 실패했구나" 라거나 "넌 패배자야."라고 듣는다. 만약 치료사가 조르즈에게 "너는 정말 그 탑을 쌓는 것이 즐겁구나. 그러나 매우 높지는 않아."라고 말한다면, 내담자는 "네가 했어야 할 만큼 잘하지는 못했구나."라고 듣는다.

"그렇구나. 그리고……." 접근법을 사용하는 두 가지 방법이 있다. '그러나'를 '그리고'로 대체함으로써 '그러나'가 가져오는 단절을 피하고, 연결을 격려하며 강화하는 보다 긍정적인 무언가를 전달할 수 있다. 이 단락의 예를 들자면, 페넬로페의 경우 치료사는 "너는 열심히 했구나. 그리고 아직 성공하지 못했어. 그것이 네게는 실망스러웠던 것 같아."라고 말할 수 있다. 조르즈에게는 "너는 그 탑을 쌓는 것이 즐겁구나. 그리고 그것이 더 높았으면 하고 바라고 있구나."라고 말할 수 있다. "그렇구나. 그리고……"를 사용하면서, 내담자를 낙담시키는 대신 놀이치료사는 무슨 일이 일어났는지 단순히 알리고, 이에 수반되는 감정을 인정하고 있는 것이다.

"그렇구나. 그리고……" 전략을 사용하는 또 다른 방법은(내담자의 말이나 행동에 동의하지 않는 상황에서도), 내담자의 말이나 행동에 치료사가 격려하거나 동의할 수 있는 방법을 찾는 것이다. 그 후 "그렇구나."로 문장을 시작함으로써(실제 단어를 사용하거나, 동의를 전달하는 식으로 문장의 일부를 표현하면서), 동의한다는 것을 내담자에게 알리고, 필요한 경우 "그리고"를 사용하여 수정되어야 하는 것들과 연결한다. 예를 들어, 게임에서 속임수를 쓰는 내담자에게 "네가 규칙을 해석하는 방법은 매우 창의적이구나. 그리고 그것은 다른 사람을 이길 수 없게 만들기 때문에, 함께 게임하는 사람을 화나게 할 수도 있어."라고 말할 수 있다. 때때로 우리는 감정을 반영하면서 "그렇네요."로 우리의 반응을 시작한다. 지각할 때마다 급여를 삭감하는 상사가 부당하다고 불평하는 내담자가 있다면 "그렇네요. 저는 급여를 삭감하는 상사 때문에 당신이 몹시 화가 나 있다는 것을 알 수 있어요. 그리고 당신은 당신이 늦게 출근한다는 것을 인정하고 있네요."라고 말한다.

• "노력해 보세요."라고 말하는 것을 피한다. 우리는 종종 수퍼비전 회기와 상담 회기에서 스타워즈의 요다를 인용한다. "하면 하고, 말면 마는 거다. 노력해 보겠다는 없다." 이것은 실제로 스타워즈가 나오기 몇 년 전에 알프레드 아들러가 제시했던 생각을 상기시킨다. "노력해 볼게요."라고 말할 때, 사람들은 그 노력이 성공할 것이라고 기대하지 않는다는 것을 의미한다고 제안했다. 그들은 실패를 인정하고(어쩌면 심지어 환영하고) 있는 것이다. 따라서 우리는 "노력해 보세요."라고 말하는 것을 피하고, 자주 내담자에게 '노력'에 내재되어 있는 본질적인 의미를 언급한다(알고 있겠지만, 내담자에게 '노력'을 직면시킬 때, 요다의 인용문을 언급하는 것이 아들러의 인용문을 언급하는 것보다 더 좋은 생각인 듯하다).

• '우리'의 사용을 피한다(우리가 피해야 할 것들 속에 여러분을 가두고 있다는 것을 안다. 그리고 여전히, 우리는 이것이 중요하다고 생각한다). 우리는 간호사들이 '우리'가 주사

를 맞을 것이라고 말하고, '우리'가 잘 잤는지 궁금해하는 등 장엄복수[royal we, 역자 주: 과거 왕조시대에 왕이 백성에게 질문을 던질 때 단수형(I 또는 you) 대신 1인칭 복수형(we)을 사용했던 것]를 사용하는 경향이 있음을 알아냈다. 만약 여러분이 환자로 병원에 방문했던 적이 있다면, 이것이 이해될 것이다. [내(크리스틴)가 둘째 아이를 출산할 때, 무통주사 없이 빠르고 갑작스럽게 출산이 진행되었고, 간호사는(공감을 시도하고 격려하면서) "우리는 해낼 거예요."라고 말했다. 나는 그녀를 보면서 "당신이 해내려는 일이 정확히 뭔가요?"라고 물었다] 치료사가 내담자에게 가족 그림을 그리도록 제안하고 있다면 "우리는 가족 그림을 그릴 거예요."라고 말하는 대신 "당신의 가족 그림을 그려보세요."라고 말할 필요가 있다.

- 예외인 경우를 제외하고, 치료사의 단어를 내담자의 단어와 일치시킨다. 내담자가 사용하는 단어를 알고 이해하는 것은, 내담자와 연결고리를 구축하는 데 도움이 될 것이다 (물론, 내담자가 비속어에 유창하고, 치료사가 그 비속어에 매우 불편함을 느끼거나, 그 단어를 그대로 사용하는 것이 역효과를 낳는다고 생각하는 경우가 아니라면 말이다). 예를 들어, 비디오 게임을 하는 내담자와 작업하는 경우, 치료사는 게이머들이 사용하는 단어를 알고 사용하는 것이 필요하다. 마찬가지로, 내담자가 기차에 관심이 있다면, 기차와 관련된 용어를 아는 것이 도움이 된다. 어린 아동의 경우, 내담자의 행동을 추적할 때, 내담자가 사물을 명명하는 단어와 같은 단어를 사용하는 것이 도움이 된다. 골프채의 역할을 하는 것이 골프채가 아니라 검이라는 것을 알고 있더라도, 검이 아닌 골프채로 불러야 한다. 내담자가 강아지라고 부르는 퍼펫이 실제로 늑대 인형이라 하더라도 치료사는 그것을 강아지라고 불러야 한다.

그러나 우리는 이 지침에 예외가 있다고 믿는다. 내담자가 놀이 안에서 인물을 묘사하기 위해 평가적이거나 판단적인 단어를 사용할 때(예: '좋은 사람'과 '나쁜 놈', 또는 '착한 고양이'와 '나쁜 고양이'), 우리는 이분법적인 도덕적 사고의 강화는 원치 않기 때문에 이 같은 단어를 사용하지 않으려고 노력한다. 사람들이 모두 다 선한 것도, 모두 다 나쁜 것도 아님을 인식하는 것이 내담자에게 도움이 되기 때문에, 내담자가 선 대 악의 단정적인 사고를 변화시키고, 세상에 대해 사고하는 방식을 바꿀 수 있도록 돕는 것이 중요하다. 놀이치료에 의뢰된 많은 내담자는 자신이 '나쁘기' 때문에 놀이치료실에 오고 있다고 믿으며, 스스로를 '말을 안 듣는 아이'라거나 '나쁜 아이'라고 생각하는 경향이 있기 때문에, 이러한 사고패턴을 바꾸도록 돕는 것은 필수적이다. 언어선택을 통해 이것이 가능하다. 한 아동이 은행 강도 역할을 하면서 치료사에게 경찰관 역할을 하게 할 때, 치료사는 강도를 '나쁜 사람'이라고 부르는 대신 '법을 어긴 사람'이라고 부르고, 경찰관을 '착한 사람'이라고 부르는 대신 '사람들이 규칙을 지키게 하는 사람'이라거나 '경찰관'이라고 명명할 수 있다. 때때로 이것은 '나쁜 악당'이라는 단어보다 더 많은 의미를 포함하고 있으며, 이것이 가능하기 위해 치료사는 '좋은' '나쁜' '악한' '못된' '착한'과 같은 단어를 변환하는 방법에 대해 창의적으로 생각할 필요가 있다(그리고 우리는 이러한 노력이 가치 있다고 믿는다).

제7장

내담자의 변화 지원

내담자의 변화를 지원하기 위한 놀이치료 기술

내담자의 변화를 지원하기 위한 놀이치료 기법

내담자의 변화를 지원하기 위한 이론적 고려 사항

옮겨 가면서

* * *

    어떤 측면에서 이제 우리는 내담자가 변화를 만들도록 도와야 하는 핵심에 도달했다. 행동·인지·정서·상호작용의 변화를 돕기 위해 특정 놀이치료 이론(예: 아동중심이론)은 치료사에게 지시적인 활동을 하도록 강조하지 않지만, 모든 놀이치료 접근의 최종 목표는 실제로 내담자의 이러한 측면이 변화하는 것이다(변화를 원치 않는다면 사람들이 왜 우리를 만나러 오겠는가? 우리는 기존의 상태를 유지하기 위해 치료실에 오는 사람을 본 적이 없다. 누군가는 내담자가 어떤 변화를 만들어 내기를 원한다. 아동/청소년 내담자의 경우, 부모나 교사 같은 누군가는 내담자의 변화를 원하지만 내담자도 반드시 같은 변화를 원하는 것은 아니다). 우리는 놀이치료에서 변화를 만들기 위해 치료사가 의도성을 가지고 내담자를 안내하거나 직접 개입하는 것이 중요하다고 생각하는지, 내담자의 변화를 돕기 위한 놀이치료사의 역할은 무엇인지 고민하도록 여러분을 초대하고 싶다. 또한 우리는 치료사가 "사람들의 변화를 돕기 위해 기술과 기법을 사용하는 것이 적절하다면, 어떤 기술과 기법이 자신과 내담자에게 가장 적합하다고 생각하는가?"에 대해 묻고 싶다.

    이 책의 집필을 준비하면서, 우리는 놀이치료실에 오는 사람들(또는 놀이치료에 내담자를 의뢰하는 사람들)이 일반적으로 변화시키고 싶어 하는 비효율적인 행동·사고·감정·상호작용의 패턴 목록을 만들었다. 그리고 우리는 놀이치료로 변화될 수 있다고 여기는 목록을 만들기 위해 앞서 언급한 것들을 시작점으로 활용하였다. 우리는 우리가 바라는 변화들이 일반적인 지향성을 가지고 있음을 알아차렸고, 이에 따라 증가시키는 것이 좋겠다고 생각하는 목록과 감소시키는 것이 좋겠다고 생각하는 목록을 만들었다(어떤 경우에는, 위험 감수와 같이 증가와 감소 모두에 해당하는 항목도 있다). 이러한 목표 중 일부는 성인보다 아동이나 청소년에게 해당하기 때문에, 우리는 필요한 경우 어떤 집단에게도 적용할 수 있도록 꽤 포괄적인 목록을 만들려고 노력했다. 이 변화목록 중에서 우리가 생각하지 못한 항목도 많다는 것을 알고 있다. 채택과 조절을 기억하라. 치료사는 이 장에 서술된 기술과 기법을 특정 문제를 가진 어떤 내담자에게도 사용할 수 있으며, 치료사와 내담자를 위해 효과적이라면 어떤 목표도 채택할 수 있다. 내담자에게 도움이 되도록 필요한 방법으로 수정하거나, 자신만의 활동을 개발해 보자(우리가 여러분에게 권한을 주겠다). 다음은 이와 관련된 목록이다.

■ 행동과 관련하여 감소시킬 것
1. 충동성, 착석의 어려움/주어진 과제 외 행동, 부주의함
2. 규칙, 요청/명령의 미준수
3. 반항 행동
4. 신체적인 공격성
5. 타인과의 힘겨루기/논쟁
6. 우두머리 행세, 과도한 요구
7. 남 탓하기, 책임지려는 의지 부족
8. 허풍
9. 부적절하거나 위협적인 위험 감수

■ 행동과 관련하여 증가시킬 것
1. 협력 기술
2. 협상 기술
3. 자기주장 기술
4. 문제에 가능한 해결책을 따르려는 의지/따라 행동할 의지
5. 자기통제
6. 주의력, 과업유지 능력
7. 책임지려는 의지
8. 적절한 학문적 · 신체적 · 대인관계적 위험을 감수하려는 의지
9. 문제 발생 후 '재설정'하려는 의지와 기술
10. 새로운 학습과 행동에서 자기비계(self-scaffolding)와 관련된 의지 및 기술

■ 사고와 관련하여 감소시킬 것

1. 부정적인 자기대화

2. 부정적인 자기대화

3. 부정적인 자기대화

4. 부정적이고 비관적인 사고

5. 부정적이고 비관적인 사고

　　(미안하다, 우리가 감소시키고자 하는 사고패턴과 연관된다고 생각되는 거의 모든

　　것은 부정적인 자기대화나 부정적이고 비관적인 사고와 관련이 있다)

6. 개인 자원의 '부정'

7. 타인의 인지적 조망수용이 어려움

8. 개인의 욕구를 부정하거나 망각함

■ 사고와 관련하여 증가시킬 것

1. 부정적인 자기대화를 대체하는 긍정적인 자기대화

2. 긍정적이고 낙관적인 생각

3. 개인 자원의 '소유'

4. 타인의 인지적 조망수용과 관련된 기술

5. 상황과 경험의 낙관적 재구성과 관련된 기술

6. 자신의 욕구 인식과 관련된 기술

7. 위험과 결과의 정확한 평가와 관련된 기술

8. 문제해결 기술

■ 감정과 관련하여 감소시킬 것

1. 정서 부정

2. 분노, 슬픔, 우울감 속에 '갇히기'

3. 정서의 신체적 징후 망각

4. 자신에 대한 부정적 감정

5. 좌절, 분노/스트레스 관리의 어려움

6. 타인의 정서적 조망수용이나 타인의 감정인식이 어려움

7. 자기회의

■ 감정과 관련하여 증가시킬 것

1. 감정 어휘

2. 복합적인(때로는 모순된) 감정의 인식

3. 감정-신체의 연관성 인식

4. 구체적인 감정 인식

5. 분노, 슬픔, 우울감의 경험과 극복

6. 감정에 대한 적절한 의사소통 기술

7. 타인의 감정인식과 관련된 기술

8. 타인의 정서적 조망수용과 관련된 기술

9. 자기에 대한 긍정적인 감정, 자신감, 자기효능감

10. 좌절감의 용인 및 관리를 위한 기술

11. 분노에 대한 적절한 대처와 관련된 기술

12. 스트레스 대처기술

■ 상호작용과 관련하여 감소시킬 것들

1. 개인 행동이 타인에게 미치는 영향을 망각하거나 부정함

2. 사적인 경계설정이 어려움

3. 책임회피

4. 스포츠맨십의 부재

5. 도움 요청을 꺼림

■ 상호작용과 관련하여 증가시킬 것들

1. 사회적 정보의 인식 및 해석과 관련된 기술

2. 대인관계 상호작용에서 책임수용과 관련된 기술

3. 충족되어야 할 개인적인 욕구 인식 및 적절한 요구와 관련된 기술

4. 적절한 한계 및 경계 설정과 관련된 기술

5. 타인과 권력을 공유하려는 의지 및 능력

6. 또래와 가족 내에서 적절하고 긍정적인 역할 인식

7. 자신과 타인의 특성을 현실적으로 사정하기 위한 기술

8. 책임을 지려는 의지

9. 정중하게 이기고 지는 기술, 순서를 지키는 기술, 매너 있는 사람이 되기 위한 기술

10. 적극적으로 타인을 경청하기 위한 기술

11. 집단 및 가족구성원과의 협력에 필요한 기술

12. 타인을 격려하기 위해 필요한 기술

13. 사회적 기술(대화의 시작과 끝, 적절한 대화의 전개 및 유지, 정중하게 사과하기 등)

14. 사회적 상황에서 싸움을 피하기 위해/자기통제력을 발휘하기 위해 필요한 기술

우리는 이 목록 외에도 더 많은 항목들이 있다는 것을 잘 알고 있다. 그리고 이제는 실제로 내담자의 변화를 돕기 위한 방법으로 이동할 때이다. 더 이상 지체 없이 (우리는 이 내용의 집필을 기다려 왔다), 기술과 기법으로 넘어가겠다.

내담자의 변화를 지원하기 위한 놀이치료 기술

당연하게도 여러분은 내담자의 변화를 돕기 위해 지금까지 배운 기술들을 사용하고자 할 것이다. 놀이치료 과정에서 내담자의 변화 단계와 관련이 깊은 기술들이 있다(물론 이 기술들은 이전 단계에서도 사용할 수 있지만, 단지 여기가 이 기술의 위치로 적절해 보였다). 타이밍에 주의하기, 이차적 이익 살피기, 현실감 갖기와 타인이 현실감을 갖도록 돕기, 교육하기가 그 기술들이다.

✿ 타이밍에 주의하기

이 기술은 꽤 간단하다. 타이밍에 주의를 기울이는 것이다. 내담자가 변화를 위해 준비되어 있고, 변화를 시작할 수 있는 시점에 활동을 도입하는 것이 중요하다

(우리가 이렇게 간단히 설명할 줄은 몰랐을 것이다. 그렇지 않은가?).

✤ 이차적 이익 살피기

많은 경우, 사람들이 변하지 않는 이유는 어려움을 야기하는 행동(또는 사고 · 감정 · 상호작용)으로부터 무언가를 얻고 있기 때문이다. 이차적 이익은 갈망하거나 (적어도 내담자가 지각하기로) 긍정적이라고 여기는 사고 · 정서 · 행동 · 상호작용의 부수적인 효과이다. 늦은 출근의 이차적 이익은 지루한 아침 회의나 동료와의 어색한 상호작용을 피하는 것일 수 있다. 알코올이나 마약을 남용의 이차적 이익은 과거의 고통이나 트라우마 다루기를 피하는 것일 수 있다. 부모가 자녀의 행동을 멈추기 위해 타임아웃을 하고, 호통을 치고, 엉덩이를 때림에도 불구하고 가게에 갈 때마다 초코바를 사주지 않는다는 이유로 생떼 부리기를 지속한다면, 이것은 이차적 이익 때문이다. 자녀에게 이차적 이익은 아마도 벌을 받으며 부모의 관심을 받는 것일 수 있고, 드러누울 때마다 부모가 항복하여 초코바를 사주기 때문일 수도 있다. 내담자는 이차적 이익을 인식하고 있을 수도 있고, 그렇지 않을 수도 있다. 이차적 이익이 무엇이든지, 내담자의 부적절한/비효율적인 패턴을 유지시키는 것을 깨닫게 하는 것이 변화를 위한 유일한 방법이니, 내담자가 이를 인식하도록 돕는 것이 변화과정에서 필수적이다.

개인의 이차적 이익이 무엇인지 이해할 때, 개인의 동기를 탐색하기 위해 치료사의 이론이 유용할 수 있다. 이차적 이익이 모든 이론에서 중요한 것은 아니다. 내담자의 변화를 돕기 위한 수단으로 이차적 이익을 이용할 가능성이 가장 높은 이론은 아들러학파, 인지 행동이론, 정신역동이론일 것이다. 아들러학파들은 모든 행동은 목적을 가진다고 믿는다. 따라서 '이차적 이익'이 내담자를 '갇히게' 한다고 여기며 이차적 이익에 주의를 기울이도록 내담자로 부드럽게 이끌어 내어 갇힌 상태에서 자유로운 상태로 변화되기를 바란다. 인지행동 놀이치료사들은 항상 부적응 패턴을 강화하는 상황을 찾기 때문에, 내담자에게 이차적 이익을 검토하게 하고 포기하게 한다. 정신역동이론의 지지자들은 사람들이 자신의 욕구충족을 위한 추동을 가지며, 이러한 욕구는 무의식적인 경우가 많다고 믿는다. 이 이론에서 이차적 이익은 아마도 (적어도 순간적으로는) 고통을 피하고, 쾌락을 극대화하려는 무의식적인 동기와 관련이 있을 것이다.

치료사의 이론은 사람들이 사고·감정·행동·상호작용의 부적응 패턴 속에 갇히게 되는것을 어떻게 설명하는가? 이것에 대해 치료사는 무엇을 믿는가? 이 질문의 대답은 내담자의 변화를 돕기 위한 도구로 이차적 이익을 탐색할 것인지, 내담자에게 이차적 이익에 대한 가설을 알릴 것인지 결정하는 데 도움이 될 것이다.

❀ 현실감 갖기와 타인이 현실감을 갖도록 돕기

이것 역시 어렵지 않다. 우리는 기적을 행하는 사람이 아니고, 놀이치료는 마술이 아니다. 놀이치료가 꽤 멋진 일이지만, 마법은 아니다[30년의 경력 동안 나(테리)는 세 번의 기적적인 치유를 경험했다. 내담자가 '기적적으로' 좋아지기 전에 나는 놀이치료, 부모/교사자문, 가족놀이치료에 수많은 노력을 기울였기 때문에 이것이 실제로 기적은 아니었다고 생각한다]. 놀이치료 과정에서 좌절하지 않으려면, 치료사는 내담자의 모든 문제가 하루 밤 사이에 사라지지 않는다는 것을 알아야 한다(그리고 일부는 결코 사라지지 않는다는 것도 알아야 한다). 이것은 치료사가 잘못하고 있다는 의미가 아니다. 우리가 인간임을 의미하는 것이다. 변화에 저항하는 행동·정서·인지·태도·상호작용의 패턴이 있을 수 있고, 오직 적은 변화만이 가능한 패턴도 있을 수 있다. 부모/교사(청소년/성인 내담자)가 놀이치료 과정의 결과에 만족하기 위해서는 그들에게 합리적이고 수용가능한 변화가 무엇인지 생각하도록 도와야 한다. 놀이치료의 초기 과정에 이것이 필요하다. 내담자(부모/교사)를 기적의 치료법에 대한 희망에 매달리게 하기보다, 초기부터 과정에 대한 합리적이고 현실적인 기대를 갖도록 하는 것이 더 도움이 될 수 있다.

❀ 교육하기

내담자에게 새로운 기술을 교육하거나 새로운 사고·감정·행동·상호작용 방법을 습득하도록 돕는 방법에는 여러 가지가 있는데, 실제로 그것만으로도 책 한 권 분량이 된다(우리가 집필하고 있지도 않지만, 쉽게 하지도 못할 것 같다). 우리는 단지 우리가 놀이치료 안에서 내담자를 교육하기 위해 사용하고 있는 몇 가지 도구인

비계설정, 모델링, 교훈적인 직접교육, 교훈적인 간접교육, 강화/격려 등을 소개하고자 한다.

■ 비계설정

발달심리학자인 레프 비고츠키(Lev Vygotsky)는 '근접발달영역(Zone of Proximal Development: ZPD)'이라는 영역에서 새로운 행동이 학습되고, 새로운 기술이 터득된다고 주장하였다. 그는 근접발달영역을 '독립적인 문제해결을 위한 실제 발달수준과 성인의 지도나 능력 있는 또래와의 협력을 통해 문제를 해결하는 잠재적 발달수준과의 차이'라고 정의했다(Vygotsky, 1978, p. 86). (이것은 학습의 시작 시점과 숙달 시점 사이에 차이가 있음을 멋지게 설명한 것이다) 치료사는 근접발달영역에서 꾸준한 개선을 경험할 수도 있고, 어려움을 겪을 수도 있으며, 어쩌면 실패하고 있다고 느끼거나 포기하고 싶을 수도 있다.

발달심리학자였던 비고츠키는 무슨 일이 일어날 것인지는 설명했지만, 개선을 위해 무엇을 해야할지에는 특별히 관심 갖지 않았다. 우드, 브루너, 로스(Wood, Bruner, & Ross, 1976)는 '비계설정'이라는 개념을 떠올렸다. 이것은 사람들이 가능한 적은 고통으로 근접발달영역을 통과하게 돕는 방법이다. 비계설정에는 기술을 숙달을 돕는 기술 모델링하기, 힌트나 단서 제공하기, 재료와 활동 조정하기 등이 포함될 수 있다. 특히 우리는 도표, 목록, 제스처, 얼굴 표정 등과 같은 힌트나 단서 제공하기를 좋아한다. 우리는 비계설정이 어디에서나 일어날 수 있다는 것을 알아차렸다. 가정에서 부모들은 자녀를 위해, 신혼부부들은 원하는 가정을 꾸리기 위해, 학교에서 교사는 학생의 기술습득을 위해, 놀이치료실에서 놀이치료사는 아동, 청소년, 성인, 가족구성원, 부모/교사들이 변화를 만들 수 있도록 비계설정을 한다.

치료사는 특정 기술이나 사고 · 감정 · 행동 · 상호작용의 패턴에 대한 비계설정을 시작할 때 다음 몇 가지 사항을 고려해야 한다.

① 특정 개인은 특정 기술이나 패턴의 숙달을 위해 특정 시기에 비계설정을 할 필요가 있는가?

② 어떤 종류의 비계설정이 특정 기술과 패턴에 효과적이겠는가?

③ 특정 개인에게 가장 효과적인 비계설정은 무엇인가?

④ 특정 개인이 근접발달영역에서 특정 기술이나 패턴을 숙달하기 위해서는 어느 정도의 비계설정이 필요한가[이것은 비고츠키나 우드 등이 언급한 것은 아니고, 내(테리)가 만든 것이지만 우리에게는 효과가 있었다]?

■ 모델링

모델링은 내담자에게 작업수행 방법을 보여 주는 것이다(여러분은 이미 모델링에 대해 알고 있겠지만, 놀이치료에서 모델링이 교육을 위한 중요한 기술임을 강조하려고 한다). 때때로 치료사가 회기 안에서 모델링을 통해 시연할 수 있고, 내담자 삶의 다른 누군가에게 시연하게 할 수도 있으며, 때로는 시연을 위해 다른 사람을 (물론 동의하에) 회기에 초대하기도 한다. 때때로 다른 사람의 수행 방법을 내담자가 볼 수 있도록 TV 쇼, 영화, 교육용 비디오를 보게 하기도 하며, 내담자가 회기 안에서 했던 것을 집에서 볼 수 있도록 녹화해 주기도 한다. 우리는 불완전해 보기, 정중하게 이기고 지기, 실수로부터 회복하기, 관계형성하기, 지시받기와 지시하기, 좌절하기, 자랑스럽게 여기기, 슬퍼하기, 행복해하기, 적절하게 접촉하기, 타인 경청하기 그리고 회기에서 자연스럽게 일어나는 (또는 회기 전에 계획된) 것들에 대해 모델링하거나 모델을 찾는다.

■ 교훈적인 직접교육

이 도구는 내담자에게 수행 방법을 알려 주거나, 치료사가 수행 방법에 대한 논의를 구조화하거나, 내담자가 새로운 기술 또는 패턴을 습득하거나 연습하도록 고안된 활동을 설정하는 상황으로 구성된다. 만약 치료사가 사용하는 어떤 활동이 교훈적인 직접교육이 되려면 내담자에게 경험을 언어로 다룰 기회를 제공해야 한다.

■ 교훈적인 간접교육

이 도구는 내담자에게 새로운 기술 또는 패턴을 습득하거나 연습하도록 활동을 설정한 뒤, 언어과정을 하지 않는다. 내담자가 새로운 것을 습득하도록 돕기 위해 스토리텔링, 설계된 은유, 독서치료를 활용할 수 있다.

■ 강화/격려

대체로 성장은 내담자가 원하는 속도보다 느리기 때문에(그리고 우리가 원하는 속도보다도 느리므로), 작은 변화에도 많은 격려가 필요하다. 그러므로 회기에서 강화와 격려를 구축한다. 그것은 고개를 끄덕이거나 미소를 짓거나 등을 쓰다듬는 것과 같이 간단한 것일 수도 있고, 진전을 언급하며 노력을 인정하는 것과 같이 보다 복잡한 것일 수도 있다. 이러한 모든 요소는 사람들을 포기하지 않게 하며, 내담자가 치료사의 교육에 관심을 기울이도록 동기를 부여한다. 우리는 내담자의 삶에 있는 타인들도 이것을 할 수 있도록 교육한다. 부모는 자녀에게, 형제자매는 다른 형제자매에게, 교사는 학생에게, 파트너는 파트너에게, 자녀는 부모에게 환상적인 강화자나 격려자가 될 수 있다.

내담자의 변화를 지원하기 위한 놀이치료 기법

치료사들은 내담자가 스스로 변화를 만들도록 돕기 위해서 지금까지 설명된 다양한 기술과 기법을 분명히 사용할 것이다. 특히 이 장에 소개된 기법은 앞서 언급했던 목표를 향한 전진에 초점을 두고 있다. 더불어 치료사와 내담자를 위해 보다 효과적인 치료사 만의 기법을 만들거나, 이를 적용하도록 초점을 맞추었다.

✽ 모험치료 기법

■ 슬로모션 경주

우리 둘은 초등학교에서 자원봉사를 하면서, 자원봉사가 아니면 놀이치료 서비스를 받기 어려운 아동들과 작업한다. 이 활동은 학생들이 (학교 어디에서도 허용되지 않는 행동인) 먼지를 일으키며 복도를 뛰어다니지 않고 교실로 돌아가도록 돕기 위해 만든 기술이다. 이것은 ADHD의 특성인 충동성과 짧은 주의력 문제를 가진 취학 전 아동과 초등학생들이 자신의 어려움을 다룰 수 있도록 돕기에 매우 효과적이다. 이 활동의 또 다른 목표는 힘겨루기를 하는 아동에게 힘겨루기에 빠지지 않으면서 다른 사람(심지어 권위적인 인물)과 상호작용하는 방법을 익히도록 하고, (경쟁의 요소가 여전히 존재함에도) 협력기술을 실천할 수 있도록 돕는 것이다.

이 활동은 꽤 간단하다. 치료사는 내담자들에게 가능한 천천히 특정 장소로 걸어가는 도전과제를 준다. 마지막으로 목적지에 도착하는 사람이 경주에서 이긴다. 우리는 이 집단의 아동들에게서 나타나는 과장된 성향 활용하기를 선호한다. 즉, 눈에 띄게 힘을 주어 찌푸린 얼굴 표정을 만들며, 천천히 움직이는 활동을 시도하고 도전하게 하면서 보다 긍정적인 과장된 행동으로 재구성하는 것을 좋아한다.

■ 눈 가리고 농구하기

신뢰감을 쌓기 위한 이 활동은 (모든 연령대의) 내담자에게 주의 기울이기, 책임지기, 위험과 결과에 다가가기, 타인의 정서적·인지적 조망 수용하기, 타인과 힘 공유하기, 타인 경청하기, 타인과 협력하기, 욕구충족을 위해 타인에게 부탁하기, 매너 있게 행동하기 등을 실천하도록 격려한다. 이 활동은 개인내담자와 하는 것이 더 쉽지만, 어느 정도 적응이 되면 가족이나 소집단과도 가능하다.

개인내담자의 경우, 너프 농구공, 눈가리개, 쓰레기통이 필요하다. 두 사람 중에 누가 먼저 '갈' 것인지 결정한다. 먼저, '가는' 사람이 안내자가 되고, 다른 사람이 농구선수가 된다. 상대방을 신체적·정서적으로 안전하게 지켜주고, 농구선수를 건드리지 않으면서 골대까지 이끄는 것이 안내자의 책임이며, 안내자에게 자신의 안전감을 위해 무엇이 필요한지 알려주고, 득점을 만드는 것이 농구선수의 임무라고 설명한다. 농구선수는 눈가리개를 하고 쓰레기통(일명 농구골대) 방향으로 서서 농구공을 잡는다. 점수를 얻는 사람은 농구공을 가진 사람이 아니라 안내자이므로, 실제 경기를 시작하기 전에 점수를 얻는 유일한 방법은 농구선수가 득점하도록 안내하는 것임을 명확히 한다. 득점에 성공하면 안내자와 농구선수의 역할을 바꾼다(교대로 하기 때문에 이기는 사람이 없으니 점수를 기록할 필요는 없지만, 내담자에게 이런 세부 사항까지 설명하고 알릴 필요는 없다).

가족이나 소집단과 하는 경우에는 구성원들이 눈을 가린 농구선수와 안내자의 역할을 교대로 하게 된다. 그래서 각 구성원은 선수가 득점을 하도록 지시를 한 차례 하고, 다음 구성원에게 안내자의 임무를 넘겨준다. 기꺼이 언어과정에 참여하는 내담자와는 다음의 질문으로 언어과정을 할 수 있다. "다른 사람을 책임진다는 것이 어떤 기분이었나?" "자신의 안전을 지키면서 성공적으로 임무를 완수하기 위해 다른 사람을 믿어야 한다는 것이 어떤 기분이었나?" "득점할 수 있는 유일한 방법이 팀으로 작업하는 것이라는 건 어땠는가?" "어떻게 다른 사람을 건드리지 않으면서 움직이게 하는 방법을 알아낼 수 있었는가?"

■ 너의 감정을 보여 줘

이 활동의 목표는 광범위하다. 이것은 감정어휘 확대, 감정-신체의 연관성에 대한 인식의 증가, 적절한 감정표현 기술 강화, 타인의 감정인식 기술의 강화, 사회적 정보의 인식 및 정확한 해석과 관련된 기술의 증가, 자신과 타인의 특성을 현실적으로 사정하기 등을 위해 사용할 수 있다. 또한 이 활동은 모든 연령대의 내담자 및 치료 집단과 함께 할 수 있다.

이 활동을 위해 3×5인치의 카드 한 묶음이 필요하다. 카드를 반으로 잘라 감정 단어 목록을 만들고, 카드당 하나의 감정단어를 적는다(인터넷 자료를 활용할 수 있다). 순서대로 묶음에서 카드를 꺼내어 그 감정단어를 연기하고, 다른 개인/참여자들은 연기자가 어떤 감정을 연기하고 있는지 추측한다. 연기자는 소리내지 않고 몸으로만 표현하기, 오직 얼굴 표정만 사용하기, 문장표현 없이 목소리만 사용하기, 소리를 내며 온몸으로 표현하기 등의 규칙을 알릴 수 있다. 만약 내담자가 언어과정에 관심이 있다면, 표현하기 쉬웠던 감정과 추측하기 쉬웠던 감정, 그 감정을 느껴본 상황과 다른 사람의 감정을 알아낼 수 없었던 순간 등에 대해 대화를 나눌 수 있다.

❀ 스토리텔링과 치료적 은유 창조하기

우리가 여기에서 설명하려는 첫 번째 기술은 구체적인 변화를 일으키는 은유다. 이 은유는 내담자가 ① 자기이미지 사고, ② 정동, ③ 구체적인 행동변화를 만들도록 돕기 위해 명확한 공식과 형식을 갖는다(Lankton & Lankton, 1989). 이 과정의 핵심은 랭크턴과 랭크턴(Lankton & Lankton, 1989)에 의해 개발되었지만, 나(테리)는 그 기본적인 은유 공식을 놀이치료에 적용하려고 수정하였다. 모든 구체적인 변화를 일으키는 은유는 특정 내담자의 필요에 맞게 맞춤 설계되기 때문에 개인내담자에게 보다 효과적일 수 있다. 내담자들이 유사한 이슈나 문제를 공유하는 경우라면 소집단에서도 사용할 수 있다. 우리는 이 활동을 모든 연령대에게 사용하였다.

■ 자기이미지 사고 은유

자기이미지 사고 은유의 목표는 부정적인 자기대화를 보다 긍정적인 자기대화로 바꾸고, 자신에 대한 긍정적인 감정·자신감·자기효능감을 높이며, 강점을 '소유' 하려는 내담자의 의지를 높이는 것이다. 자기이미지 사고 은유를 만들기 위한 단계는 다음과 같다.

1. 긍정적이고 중심적인 자기이미지를 나타내는 중심적인 인물(자신을 위한 문학 작품의 주인공)을 구성한다. 어린 내담자의 경우, 이 인물을 나타내기 위해 퍼펫이나 피규어를 사용할 수 있고, 연령이 높은 내담자의 경우 퍼펫이나 피규어의 사용이 적절할지 선택할 수 있다. 만약 적절하지 않다면 소품 없이 스토리를 나눌 수 있다.

2. 주인공이 내담자의 긍정적인 특성과 유사한 특성을 갖도록 묘사한다. 심지어 내담자가 인정하지 않더라도 말이다. 내담자가 원하는 몇 가지 자질이나 특성(또는 내담자가 실제로 원하지 않더라도 치료사가 내담자에게 개선하기를 바라는 특성)을 주인공에 대한 묘사에 포함시킨다.

3. 그 주인공이 원하는 각각의 자질을 구현하는 방법과 자질에 대한 구체적인 시각적 단서(예: '밝은 미소' '강한 팔' '다른 사람의 눈을 바라본다')를 스토리의 도입부에 포함한다.

4. 스토리가 진행됨에 따라 주인공의 긍정적인 자기이미지와 문제해결을 위한 자신 및 자신의 능력에 대한 믿음에 초점을 두어 주인공의 내적 독백을 언어로 표현한다(예: "조금 무섭지만, 내가 할 수 있다는 것을 알아." "지난주에는 그렇게 멀리 뛸 수 없었지만, 지금은 할 수 있다는 것을 알아.").

5. 지지적인 협력자/친구를 만들고, 주인공이 이 협력자와 긍정적인 태도로 상호작용하는 모습을 보여 준다. 부정적인 자기이미지를 약간 경험하고 있으면서 여전히 주인공에게 도움이 되는 친구일 때, 이 설정은 꽤 유용하다(어린 내담자와는 퍼펫이나 피규어로 스토리를 시연할 수 있다).

6. 자기이미지에 대한 긍정적인 특징과 긍정적인 자기대화를 보여 주면서, 주인

공이 다양한 상황을 처리하는 여러 시나리오를 전개한다.

7. 자기효능감을 나타내는 내적 독백과 함께 주인공의 긍정적인 자질을 보여 주면서 긍정적이거나 일상적인 상황을 묘사하고, 그 상황에 성공적으로 대처하는 주인공의 모습을 묘사한다. 주인공이 해결책을 찾아갈 때 협력자가 도움을 준다.

8. 심한 스트레스와 불안을 유발하는 상황을 묘사하고, 긍정적인 자질을 보여 주며 성공적으로 대처하는 주인공의 모습을 묘사한다. 문제상황에서 유발된 감정을 말해 보고, 내적 독백과 협력자와의 대화 속에 수반된 자기대화를 한다. 상황을 해결하는 과정에서 실제적 어려움이 있어야 한다. 아마도 약간의 자기회의감이 동반될 수 있으며, 이는 내적 독백이나 협력자와의 대화에서 나타날 수 있다.

9. 주인공과 친구가 상황을 해결할 때, 주인공의 긍정적인 자질과 자기이미지가 어떻게 도움이 되는지 요약하면서, 주인공과 협력자가 경험한 것을 축하한다.

■ 정동 은유

정동 은유 설계 시, 특정 상황에서 발생하는 감정 층을 탐색하기 위해 은유를 사용할지(복합적이며 모순되는 감정을 인식하도록 돕는 것이 목표인 경우), 감정 상태의 변화나 변환을 돕기 위해 은유를 사용할지(분노, 슬픔, 우울 등 내담자가 갇혀 있다고 느끼는 감정의 경험과 극복을 돕는 것이 목표인 경우), 또는 특정 감정관리 방법을 배우도록 돕기 위해 사용할지(적절한 방법으로 분노나 좌절을 다루게 하는 것이 목표인 경우) 결정하는 것이 중요하다. 만약 치료사가 내담자와 층을 이루는 정서(특정 사람이나 상황에 대해 가지게 되는 두 가지 모순된 감정, 또는 표면적인 감정과 다른 이면 정서를 가지면서 표면 감정만으로 반응하는 것)에 대해 작업하고 있다면, 다음 단계를 따른다.

1. 주인공과 지략가를 묘사한다. 퍼펫이나 피규어로 인물을 표현하는 경우, 외형적인 묘사와 함께 인물의 정서에 대해 묘사한다(예: "그는 다양한 정서를 가진 사람이었어. 그는 자신의 삶에서 사람과 상황에 대한 느낌을 정확히 알고 있는 사람이었지."). 지략가는 현명하고 이해심이 있어야 하며, 주인공에게 격려와 정서

적 지원을 제공해야 한다. 지략가의 활동을 묘사할 때, 주인공이 경험하는 문제를 지략가가 대신 해결하지 않도록 한다. 오히려 지략가는 감정을 반영하고, 주인공의 정서적 경험을 정상화해야 한다.

2. 몇 가지 상황을 마주하게 한다. 이 상황을 묘사할 때, 인물의 정서적인 반응에 초점을 맞춘다.

　가. 등장인물이 긍정적이거나 일상적인 사람 또는 상황과 마주하게 한다. 이 상황을 묘사할 때, 등장인물이 느끼는 정서의 다양한 층을 포함한다. 예를 들어, "어느 행복한 날, 데이빗은 강아지 한 마리를 갖게 되었어. 그는 그 강아지를 어떻게 키울 것인지 설레고 약간 긴장 되었어. 그는 강아지를 먹이는 것에는 자신이 있었지만, 매우 추운 겨울에 산책시키는 것은 걱정이었어. 데이빗은 아빠에게 행복하면서도 긴장된다고 말했어."라고 말한다 (이 묘사에는 긍정적이거나 일상적인 상황에서 자주 느끼는 두 가지 감정이 공존하며, 실제로 이 정서가 특별한 문제는 아니라는 것에 주목한다).

　나. 이때 주인공이 여러 감정을 가진다는 것을 인정하고, 동시에 두 가지 감정을 갖는 것이 문제가 아니라는 인식을 명확히 묘사한다. 때때로 치료사는 주인공 스스로가 이를 인식하기를 바라고, 때로는 이 현상을 이해하도록 돕기 위해 지략가의 등장이 필요할 수도 있다. 예를 들어, "데이빗의 아빠는 많은 아이들이 애완동물을 갖는 것에 설레지만, 돌보는 것은 걱정한다고 알려 주었어. 데이빗의 아빠는 데이빗의 걱정과 관련된 감정을 말하게 했고, 그의 행복과 두려움에 귀를 기울였어."라고 말한다.

　다. 다음으로 내담자에게 부정적이거나 스트레스를 주는 사람 또는 상황을 마주하게 한다. 이 상황의 묘사에는 복잡한(그리고 때로는 모순된) 정서의 본질을 인정하면서 등장인물이 느끼는 정서 층을 포함한다. 예를 들어, "실라의 아빠는 실라를 때린 죄로 감옥에 갔고, 실라의 할머니가 면회를 가라고 했을 때, 실라는 아빠가 밉기 때문에 가지 않겠다고 했어. 그날 밤 실라는 울면서 잠이 들었어. 왜냐하면 실라는 아빠가 정말 보고 싶었거든. 실라는 아빠를 사랑했지만 미워했고, 그래서 그녀는 매우 혼란스러웠어."라고 말한다.

　라. 주인공이 혼자서 정서의 층을 살펴볼 수도 있지만, 보통 지략가에게 주인

공의 다양한 감정을 듣게 하고, 주인공을 위해 그 감정을 명확히 하며, 층을 이루는 감정들이 좀 무섭거나 혼란스럽더라도 정상이라는 것을 이해하도록 돕는다. "실라가 할머니에게 자신의 감정을 말했을 때, 할머니는 실라가 때로는 아빠를 사랑하고, 또 동시에 아빠를 미워하는 것을 이해한다고 말했어. 물론 실라의 할머니도 아빠가 술에 취해 실라를 때린 것에 화가 났다고 말했어. 그렇지만 아빠가 술에 취하지 않았을 때 함께 보냈던 즐거운 시간을 여전히 그리워한다고도 말해 주었어. 할머니는 '그것은 혼란스러운 일이란다, 아가야. 나도 가끔 네 아빠에 대해 혼란스러워. 네 아빠에 대한 분노와 사랑이 뒤섞여서 말이야.'라고 말했어."

어려움을 일으키는 감정 상태를 변화시키기 위해 스토리를 사용하거나 기능적인 방법으로 특정 감정에 대처할 수 있도록 돕는다면, 퍼펫이나 피규어를 사용하여 다음의 과정처럼 촉진할 수 있다(또는 특정 내담자에게 보다 효과적이라면 소품 없이 스토리만 전달할 수 있다).

1. 특정 감정으로 어려움을 겪는 주인공을 묘사한다. 그 인물을 '구체화하기' 위해 세부적인 인물묘사를 하고, 다루고 싶은 구체적인 감정을 강조하여 그 인물이 이 감정에 어떻게 반응하는지, 이 감정이 몸 안에서 어떻게 발현되는지 묘사한다. 표정 묘사와 다양한 비언어적 단서를 통해 주인공이 그 감정을 어떻게 경험하고 있는지 보여 주는 것도 꽤 도움이 된다. 예를 들어, "페르난다는 학교를 싫어했어. 그녀는 학교 갈 생각을 할 때마다 배가 아팠어. 페르난다의 엄마가 학교에 가야 한다고 그녀를 깨우자, 그녀는 학교 가는 게 너무 싫어서 얼굴을 찡그리고 이불 속으로 다시 들어가 버렸어."라고 말한다.
2. 주인공과 관계를 맺고 있는 다른 인물이나, 주인공에게 정서적인 반응을 불러일으키는 장소 · 대상 · 상황을 묘사한다. 예를 들어, "페르난다의 선생님은 매우 엄격했고, 많은 숙제를 내 주었어. 영 선생님은 목소리가 매우 크고, 참기 어려울 때면 언제나 페르난다에게 큰 소리로 말했어. 페르난다는 영 선생님에게 좌절감을 느꼈고, 한 학기가 지나갈 즈음 그녀를 조금씩 싫어하게 되었어."라고 말한다.

3. 상호작용에서 유발되는 주인공의 정동 상태(슬픔, 좌절, 우울, 공포 등)에 초점을 맞추어 주인공과 다른 등장인물(또는 장소, 대상, 상황) 사이의 상호작용을 다룬다. 반드시 주인공이 감정 자체나 그 감정을 다루는 방법에 어려움을 겪고 있음을 암시한다. 예를 들어, "어느 날 페르난다는 숙제를 했지만 학교에 가져가는 것을 잊었어. 영 선생님은 숙제가 없는 것에 대해 큰 소리로 '또!'라고 말했어. 영 선생님이 숙제를 했다는 것을 믿지 않았기 때문에, 페르난다는 매우 낙담했고, 선생님에게 화가 났어. 그녀는 숙제를 하지 않은 것에 대해 영 선생님이 항상 소리를 지른다고 느꼈어. 그리고 페르난다는 선생님이 숙제에 대해 말할 때마다 자신에게 '미움의 시선'을 보낸다고 느꼈어. 다음 날 페르난다는 숙제를 학교에 가지고 가서 찢고 선생님에게 던졌어. 영 선생님은 매우 침울하고 실망한 듯 보였지만 고함을 치지는 않았어. 그녀는 어깨만 으쓱하고 가 버렸어. 페르난다는 숙제를 찢은 행동이 부끄러웠고, 선생님과 더 잘 지낼 수 있는 방법을 알 수 없어서 슬펐어."라고 말한다.

4. 특정 관계나 상황을 바꾸는 변화 또는 움직임을 스토리 속에 소개한다. 이것은 등장인물들이 더 멀어지거나 가까워지는 움직임이나, 주인공이 사람, 장소, 대상, 상황에 대한 반응을 변화시키는 경험을 포함할 수 있다. 또한 주인공은 문제와 관련된 정서를 다룰 대처전략 몇 가지를 배울 수 있다. 예를 들어, "페르난다는 이 문제를 논의하기 위해 학교상담사인 레이 선생님을 찾아갔어. 레이 선생님은 페르난다의 감정에 귀를 기울이며, 선생님에게 느꼈던 좌절과 분노를 이해한다고 말했어. 그는 페르난다가 숙제를 가져오지 않아서 당황했겠다고 말해 주었어. 그는 페르난다에게 숙제를 잊지 않고 챙기는 방법을 알고 싶은지 물었고, 페르난다의 엄마가 페르난다에게 숙제를 책가방에 넣도록 상기시키는 방법을 함께 생각해 냈어. 페르난다는 자신에게 소리를 지른 영 선생님에게 여전히 화가 나 있다고 말했어. 레이 선생님은 페르난다, 영 선생님, 그리고 다른 학생을 나타내는 퍼펫 몇 개를 고르라고 했고, 영 선생님이 그녀에게 어떻게 말했는지, 그리고 학급의 다른 아이들에게는 어떻게 말했는지 보여 달라고 요청했어. 영 선생님이 다른 아이들에게 어떻게 했는지 재연했을 때, 페르난다는 영 선생님의 목소리가 매우 크다는 것과 어쩌면 선생님이 실제로 소리를 질렀던 것이 아닐 수도 있다는 것을 깨달았어. 그러나 영 선

생님이 숙제를 했다는 것을 믿어 주지 않은 것에는 여전히 화가 났어. 레이 선생님은 만약 영 선생님이 상담실에 와서 둘 사이의 일에 대해 대화를 나눈다면 페르난다가 불편하지 않을지 물었어. 페르난다는 그렇게 하고 싶다고 했고, 레이 선생님은 영 선생님을 초대했어. 레이 선생님은 페르난다에게 용기를 내어 자신의 감정을 말해 보도록 했어. 이것은 페르난다에게는 힘든 일이었어. 그러나 그녀는 학교 생활이 더 나아지기를 원했기 때문에 시도해 보기로 결정했어. 그래서 그녀는 영 선생님에게 숙제를 했다는 것을 선생님이 믿지 않았을 때 감정이 매우 상했고, 몹시 화가 났다고 말했어. 또한 그녀는 영 선생님이 소리를 지르는 것도 싫다고 말했어. 영 선생님은 페르난다에게 감정을 상하게 해서 미안하다고 했어. 그녀는 페르난다가 얼마나 똑똑한지 알고 있고, 숙제를 가져오지 않아 스스로를 난처하게 만들고 믿었기에 낙담했다고 말했어. 레이 선생님은 숙제를 학교에 가져오기 위한 페르난다의 계획을 영 선생님에게도 말하도록 했어. 영 선생님은 미소지으며 좀 더 조용한 목소리로 말하겠다고 약속했어."라고 말한다.

5. 주인공이 경험하는 변화에서 비롯된 신체감각, 신체표현, 행동을 포함하는 관찰 가능한 변화와 함께 내담자가 경험한 교훈을 묘사하며 스토리를 마무리한다. 또한 치료사는 과거에 어려움을 야기했던 감정을 처리하는 등장인물의 능력이 향상되었다는 것에 초점을 둔다. 예를 들어, "페르난다는 자신과 레이 선생님이 만든 계획으로 매우 들떠 있었어. 다음 날 엄마가 그녀를 깨웠을 때 미소 지었고, 배도 아프지 않았어. 그녀는 전날 밤 숙제를 마치고 이미 책가방에 넣어 두었거든. 그녀는 옷을 입고 학교 버스를 타기 위해 침대에서 깡충 뛰어나왔어. 그녀가 교실에 들어서자 영 선생님은 그녀를 보고 미소를 지었고, 그녀도 미소로 답했어. 영 선생님은 부드러운 목소리로 숙제를 가져온 그녀가 자랑스럽다고 말했어. 페르난다는 자신이 학교에서 좋은 하루를 보낼 수 있다는 것을 알았어. 그녀는 자신과 영 선생님에게 문제가 생긴다면, 레이 선생님을 찾아가 대화할 수 있다는 것을 기억할 거야."라고 말한다.

■ 행동변화를 일으키는 은유

행동변화를 일으키는 은유는 내담자가 구축하기를 바라는 행동 증가에 효과적이다. 행동변화를 일으키는 은유를 전개하기 위해 치료사는 다음의 단계를 따른다 (다시 말하지만, 퍼펫이나 인형을 적절히 사용할 수 있다).

1. 내담자가 습득하기를 원하는 명확하게 정의된 관찰 가능한 행동을 결정한다.
2. 신체적 외형, 행동·인지·정서적 반응을 최대한 강조하는 수많은 세부 사항으로 주인공을 묘사한다. 그 인물의 연령과 상황은 내담자와 유사하게 설정한다(그러나 지나치게 비슷해서 주인공이 내담자를 '대신한다'는 인식이 강요되지 않도록 한다).
3. 주인공이 목표행동을 보이는 상황을 설정한다. 상황에 대응하려는 이 행동의 시도를 지지하기 위해, 등장인물의 독백에 설명을 추가한다.
4. 주인공이 목표행동을 보여줄 수 있도록 여러 상황들을 변화시키면서, 몇 '편'의 다양한 스토리를 전개한다. 새로운 행동을 하겠다는 주인공의 몇 가지 자기확신을 독백의 일부로 포함시킨다.

■ 악몽

나(테리)는 초등학생 때 악몽을 많이 꾸던 나의 대자 켄트를 위해 이 활동을 개발했다. 켄트가 이제 서른이 다 되어 가니, 나는 이 기법을 꽤 오랫동안 사용해 왔다. 이 전략은 아동내담자의 악몽을 멈추게 하거나, 나쁜 꿈에 대한 불안을 감소시키기 위해 사용할 수 있는 도구이며, 다른 두려움에 대한 통제감 발달에 도움을 줄 수 있다. 이 기법의 일차적 수단은 두려움을 표면화하여 보다 관리하기 쉽게 만드는 은유를 창조하는 것이다. 이 활동을 통해 내담자는 부정적인 생각을 인식하여 긍정적인 생각으로 대체하고, 상황의 낙관적인 재구성을 위해 필요한 기술을 전개할 수 있다. 이 기법은 문제 발생 후 '재설정'을 가능하게 하고, 자기비계 설정과 관련된 기술을 연습하며, 협동기술을 훈련하고, 가능한 해결책을 실천할 기회를 준다.

은유적인 스토리는 치료사가 아동을 위해 창작할 수도 있고, 치료사와 아동이 공동으로 창작할 수도 있다. 치료사와 내담자가 공동으로 스토리를 창작하는 경우, 위험의 감수와 문제해결을 향한 내담자의 의지를 격려하며, 내담자의 욕구, 자신감, 자기효능감을 인식하도록 돕기 위해 사용될 수 있다. 치료사는 학습의 일반화를 위해 부모와 교사에게 이 기법을 회기 밖에서 함께 해 보도록 교육할 수 있다.

이 기법을 위해 4~5개의 말 피규어와 그 외 몇 가지 피규어(내담자에 따라 이끌리거나 흥미를 가질 것 같은 사람 또는 동물 피규어), 여러 가닥의 끈이나 실(10~12인치), 여러 개의 작은 울타리(플라스틱, 나무, 금속 등)가 필요하다. 말, 기타 피규어, 끈이나 실, 울타리를 테이블이나 바닥에 놓는다. 암컷 말(mares)은 보통 밤(night)에 야성이 드러나는데, 야성이 드러날 때마다 스스로 겁이 나서, 다른 동물들을(아마 사람까지도) 겁나게 만든다고 설명한다. 아동이 원한다면 밤의 암말(night mares)과 다른 피규어의 이름을 짓게 할 수 있다. 만약 치료사가 아동에게 스토리를 들려 주고 있다면, 그 암말이 얼마나 거칠고 미친 듯이 날뛰는지 설명한다(치료사는 암말이 통제 밖에 있을 때, 얼마나 두려운지 언어화할 수 있다). 야생마가 다른 피규어(동물이나 사람)에게 매우 가깝게 다가가도록 한다. 어쩌면 말은 다른 피규어를 차 버릴 것처럼 행동하거나, 다른 피규어를 뛰어넘거나 넘어뜨리거나, 어딘가에 부딪혀 다칠 것처럼 행동할 수도 있다. 다른 피규어의 감정(예: 겁을 먹고 있거나, 무방비상태라고 느끼거나, 안전하지 않다고 느끼는 등)도 언어로 표현한다. 만약 치료사와 아동이 공동의 스토리를 창작하고 있다면, 아동에게 암야생마나 다른 피규어를 옮기고 싶은지, 또는 암야생마나 다른 피규어의 감정에 대해 언어로 표현하기를 원하는지 물어본다. 치료사는 아동이 원하지 않는 부분에 대한 스토리텔링을 한다.

아동에게 암야생마를 진정시키고, 안전하게 하며, 다른 피규어를 안전하게 만들 방법을 물어본다. 안전한 공간을 위해 구조(규제, 규칙, 경계)가 필요하기도 하다는 것을 언급하고, 모두가 안전하고 안심할 수 있도록 끈이나 실, 펜스를 이용해 도움을 줄 방법을 찾는다. 만약 암야생마를 울타리로 만든 우리 안에 넣는다면 야성을 덜 느끼고/보다 안전하다고 느낄 것이며, 다른 동물이나 사람들도 안전할 수 있다고 제안하면서, 암야생마가 진정하도록 돕기 위해 끈이나 실을 이용해 매어 두는 아이디어를 탐색하도록 안내할 수 있다. 치료사는 우리를 만들고, 끈이나 실을 이용해 암야생마를 울타리 안으로 몰면서 아동이 이 작전을 끝내도록 돕는다. 아동은 다른 피규어의 도움을 받아 이 작전을 완수할 수도 있고, 혼자 완수할 수도 있다. 야생마가 우리 안으로 들어갈 때 말이 보다 안전하고, 진정되며, 평화롭다고 느낀다는 것 등을 언어로 표현한다. 동시에 치료사는 다른 피규어가 경험하는 감정(안도, 불안 감소, 스트레스 감소 등)도 언어화할 수 있다. 치료사는 문제를 해결하기 위한 아동의 노력, 특히 위험의 감수, 문제의 해결, 자신의 욕구와 자신감 및 자기효능감을 인식하려는 의지와 관련된 노력을 격려하며 강조할 수 있다.

이 기법은 몇 가지 변형된 형태로 사용할 수 있다. 통제와 안전을 만들고 유지하기 위한 울타리를 제작하기 위해 베개나 의자로 암야생마 중 한 마리를 아동이 직접 시연하게 할 수도 있다. 야생마가 거칠게 뛰어다닐 수 있으면서도 자신이나 다른 사람을 해칠 위험이 없는 안전한 장소를 그리도록 하거나, 야생마가 규칙을 잘 알고 있기 때문에 자신과 남을 해치지 않을 장소를 그리도록 요청할 수 있다. 아동이 경험한 악몽의 재현을 돕기 위해 그림을 그리거나 채색을 하거나 스티커를 사용하할 수 있고, 그 후에 악몽 속에서 안전을 유지할 수 있는 아이디어나 악몽에서 깨어났을 때 자신을 진정시키기 위한 전략을 만들게 할 수 있다. '악몽 퇴치제'라고 적은 종이를 방향제 스프레이에 붙인 뒤, 아동의 집으로 가져가 악몽(또는 괴물)이 방에 접근하지 못하도록 침실 주변에 스프레이를 뿌리게 한다. 아동에게 통제가 안 된다고 느낄 때를 그려 보도록 하고, 보다 통제 안에 있다고 느끼게 하는 요소들을 강조하면서 상황의 전·상황이 일어난 순간·상황의 후에 일어난 일에 대해 말하도록 할 수 있다.

'은유 밖으로 나오는 것'이 가능한 내담자의 경우, 그 스토리와 놀이치료실 밖에서 일어나는 사건 사이의 관련성에 대한 대화를 위해, 치료사는 꿈의 일부로 그 야생마를 실제로 묶거나 우리 안으로 모든 방법을 나눌 수 있다. 때때로 내담자가 잠들기 전 자기대화를 통해 긍정적인 꿈을 암시하도록 해서 실제로 꿈을 준비하도록 교육할 수도 있다.

스토리말하기를 마친 후, 언어과정을 좋아하는 아동에게는 다음의 질문을 할 수 있다.

1. 암야생마가 거칠게 뛰어다니며 남을 해치고, 때때로 자신을 해치기도 할 때, 그들의 감정은 어땠을까?
2. 그들은 거칠게 뛰어다니며 무슨 생각을 했을까?
3. 암야생마가 거칠게 뛰어다닐 때 다른 동물의 감정은 어땠을까?
4. 암야생마가 거칠게 뛰어다니며 다른 동물과 사람들을 겁나게 하고 있을 때, 그 동물과 사람들은 무슨 생각을 하고 있었을까?
5. 암야생마가 진정될 수 있는 방법은 무엇일까?

6. 다른 동물과 사람들이 암야생마를 진정시키기 위해 도울 수 있는 방법은 무엇
인가?

■ 마음의 소리

이 기법은 잡지에서 오린 인물 사진을 이용하여 (연령과 집단에 상관없이) 내담자
가 자신의 '마음의 소리'를 신뢰하도록 초대한다. 이 활동의 주요 목표는 내담자가
사회적인 정보를 인식하고 정확히 해석하는 연습을 하고, 다른 사람의 특성을 현실
적으로 평가하도록 돕는 것이다. 또한 이 활동은 내담자가 자기비계 설정하기, 안전
한 대인관계의 위험 감수하기, 대인관계에서 책임 수용하기, 타인과 권력 공유하기,
타인 경청하기, 협력하기, 타인의 정서적·인지적 조망 수용하기, 상황과 경험을 긍
정적으로 재구성하기를 돕기 위해 사용할 수 있다.

이 활동을 위해 잡지에서 오린 사진 모음이 필요하다. 이 사진은 함께 하는 사람,
혼자인 사람, 집단 안에 있는 사람, 서로 마주 보고 있는 사람, 등 돌리고 있는 사람,
대화하는 사람, 웃는 사람, 싸우는 사람 등 사람들의 특징을 포함해야 한다. 감정·
관계·상황에 대한 다양한 사진이 필요하다. 내담자에게 사진 중 하나를 선택하
게 하고(무작위로, 또는 자세히 살펴본 후) 사진에 대한 스토리(이미 알고 있겠지만, 시
작·중간·끝을 가진 스토리)를 전개하도록 한다. 그 사람들이 누구이며 어떤 관계인
지, 사진을 찍기 전·찍는 순간·찍은 후에 무슨 일이 일어났는지, 사람들이 서로
무슨 말을 하고 있는지 등에 대해 몇 가지 질문을 함으로써(그렇다. 우리는 스토리텔
링의 비계를 설정하고 있는 것이다), 활동을 시작하는 것이 종종 도움이 된다. 내담자
에게 여러 장의 사진을 골라 어떤 순서대로 놓게 한 뒤, 여러 편의 스토리를 전개하
도록 할 수도 있다. 인물 사진에 불편감을 느끼는 내담자의 경우에는 동물 사진치
료 활동에서 사용했던 동물 집단 사진을 활용할 수도 있다.

■ 은유 변환

모든 사람은 젊든, 나이가 많든 은유적으로 말하고 생각한다. 라코프(Lakoff)와
존슨(Johnson)이 시사했듯이, 은유는 실제로 우리의 인식과 이해를 구조화한다. 예
를 들어 자신을 나무늘보처럼 여기는 성취도가 낮은 학생과 작업하는 경우, 나무늘
보로 생각하는 사고방식은 본인의 선택과 생활의 방식에 변명거리를 제공한다. 나

무늘보는 천천히 움직이며 많은 것을 하지 않기 때문에, 결국 그는 많은 노력을 기울일 필요가 없다. 만약 확인된 내담자를 토네이도로 묘사하는 가족과 작업하고 있다면, 치료사는 가족구성원이 그 아동을 (기본적으로) 어떻게 지각하는지 알 수 있고, (치료사가 놀라울 정도로 타인의 생각에 쉽게 영향을 받지 않는 매우 객관적인 사람이라 할지라도) 아동이 통제가 어려운 행동문제나 ADHD 특성을 지니고 있을 가능성을 고려할 것이다.

은유 변환은 내담자가 특정한 사람, 관계, 상황에 대해 생각하고 느끼는 방법을 변환하기 위해 상징적 언어를 재구성하는 방법이다. 자신에 대해 은유적으로 말하는 내담자에게 경청하는 것은 탐색단계에서 내담자의 개인내 역동을 이해하는 데 도움이 되며, 다른 사람의 은유에 대한 내담자의 스토리에 귀 기울이는 것은 내담자의 개인간 역동탐색에 도움이 될 것이다. 치료사는 내담자의 은유적 의미를 언급함으로써 내담자가 통찰단계에서 인식을 높이도록 도울 수 있다. 변화를 만드는 단계에서 내담자가 자신에 대한 은유를 변환하도록 도울 수 있다면, 비관적이고 자기패배적인 사고패턴이 보다 낙관적인 생각과 태도로 수정되고, 부정적인 자기대화가 보다 긍정적인 자기대화로 바뀌며, 역기능적인 상호작용 패턴이 변화될 수 있다. 이것은 비교적 정교한 개입이므로 치료사는 내담자의 발달수준에 주의를 기울이고 있는지 스스로 확인할 필요가 있다. 이 활동에는 보통 12세가 되어야 발달하는 추상적 언어추론 기술이 필요하기 때문에, 일반적으로 자녀·부모 자신·가족을 위해 작업하는 부모들에게 사용하며, 사춘기 직전의 아동, 청소년, 성인 내담자에게 사용한다.

내담자의 은유 변환을 돕기 위한 치료사의 임무 중 일부는 내담자가 자신과 타인 그리고 자신의 상황과 관계를 묘사하는 은유적 방법에 귀를 기울이는 것이다. 치료사는 내담자를 경청하면서, 어떤 은유가 내담자에게 도움이 되고(예: "나의 아들은 보석이에요." "내 차는 제트기처럼 날아가요." "내 인생은 여행과 같아요. 때로는 순탄하고 때로는 거칠지요."), 어떤 것이 걸림돌이 되는지(예: "내 딸은 악마의 자식이에요." "우리 가정은 모든 동물들이 탈출해 버린 동물원 같아요." "우리 선생님은 마녀에요.") 고려한다. 어떤 은유가 긍정적인 태도를 손상시키는지 또는 어떤 은유가 필요한 변화를 만들어 내는지 확인한 후, 다음 단계로 내담자가 동일한 사람·상황·관계에 가능한 대체 은유를 탐색하도록 돕는다. 그래서 "내 딸은 악마의 자녀에요." 대신에 '롤

러코스터'나 '카니발 놀이기구', 또는 어쩌면 '내가 숙달할 수 있는 재미있는 도전'과 같은 대체 은유를 고려해 보도록 도울 수 있다. "모든 동물이 탈출해 버린 동물원 같아요."에는 '멋진 공연을 하는 개와의 서커스 연기' '떠내려가는 얼음 위에서 노는 펭귄', 또는 '물가에서 놀고 있는 수달'을 제안할 수 있다.

❋ 동작, 춤, 음악 경험

■ 이집트인 처럼 걷기

이 활동은 내(테리)가 사회적 상호작용으로 어려움을 겪던 몇몇 내담자를 위해 만들었다. 그들은 친구를 사귀고, 관계를 유지하는 것을 어려워했다. 그들은 (대부분) 호감이 가는 아이들이었기 때문에, 나는 매우 낙담했다(음, 적어도 나는 그들을 좋아했다). 또한 그들은 운동감각형 학습자였기 때문에 친구를 사귀는 방법에 대해 대화를 나누거나, 인형극을 하는 것만으로는 변화에 도움이 되지 않았다. 이 기법은 연령과 상관없이 개인내담자, 가족, 집단과 변형하여 사용할 수 있다. 이 활동의 설정 방법에 따라 개인 자산 '소유'하기, 정서와 신체 연결하기, 기꺼이 책임지기, 자기비계 설정하기, 사회적 기술 향상시키기, 자신감과 향상된 자기효능감 얻기 등의 다양한 목표를 위해 작업할 수 있다.

자신감이 떨어지고 패배감을 느끼기 시작한 아동과 작업할 때, 나는 '인기 있는' 6학년 아이들이 복도를 어떻게 지나가는지 함께 생각해 보기로 했다. 그래서 나는 내담자에게 일상에서 (또는 적어도 학교에서) 그 진귀한 유형을 관찰할 의향이 있는지 물었다. 내가 인기 있는 아이들은 그렇지 않은 아이들과 다른 방법으로 복도를 지나간다고 설명했을 때, 내담자의 머리 위로 전구가 켜지는 듯했다. 그 다음 주에 내담자는 인기 있는 아이들이 복도를 어떻게 지나가는지 (자신의 온 몸을 이용해서) 나에게 보여 주기를 무척이나 열망했다. 특히 인기 없는 아이들이 인기 있는 아이들처럼 복도를 누비면, 인기가 생기게 될 것인지 궁금해졌을 때[(큰 목소리로) 가끔 나는 실험정신이 꽤 강하다], 나는 여러 명의 자원봉사자를 소집했다. 그리고 자, 보라. 인기투표 결과, 다른 방식으로 복도를 이동하려고 시도한 아이들의 인기가 실제로, 많이 높아졌다. 이것을 시도한 학생들은 '인기 있는 아이들의 방식'으로 움직이면, 다른 사람들이 더 긍정적인 반응을 보인다고 피드백을 하였다. 그래서 나는 이 기법을 다양하게 변형해 확장하기로 했다. 나는 나의 내담자들을 성공한 은행원, 함께 데이트하고 싶은 이성 청소년, 스펠링 시험에서 A를 받는 학생, 결혼 생활을 잘 이끌어 가는 아내, 축구에서 MVP를 받는 선수처럼 걷게 했다. 내게 최소의 비용으로 최대의 효과를 얻게 한 기법이 있다면, 그것은 이 기법이다. 이 기법은 아동, 청소년, 성인의 삶을 여러 긍정적인 방향으로 바꾸어 놓았다.

■ 함께 존재하기 춤

특정한 감정이나 기억과 단순히 '함께 있도록' 내담자를 허용하는 것이 필요한 경우도 있다. 내담자가 어떤 감정을 밀어내거나 무시하는 대신 실제로 경험하도록 하는 것이 중요한 때가 바로 그 경우이다. 감정이 의식 안으로 들어올 수 있도록 속도를 늦추고, 의식 안으로 들어올 수 있는 공간을 마련함으로써, 내담자는 그 감정을 실제로 느끼고 탐색하게 된다. 때때로 이 활동은 내담자의 저항을 내려놓게 하고, 저항이 일어날 때 그 감정을 받아들이게 하는데, 활동을 통해 내담자에게 그 감정을 경험하고 다루도록 돕는다. 감정을 인식하고 수용하는 과정에서 도움이 되는 가장 좋은 방법 중 한 가지는 함께 존재하며 춤추는 것이다. '함께 존재한다'는 것이 꽤 추상적이기 때문에 이 기법은 초등 고학년, 청소년, 성인 내담자에게 보다 효과적이다. 서로 제약을 받지 않는다면, 가족이나 집단과도 이 활동을 할 수 있다. 우리의 경험상, 이 기법은 개인내담자에게 더 효과적인 것 같다. 이 기법의 주요 목표는 내담자가 화, 슬픔, 우울, 비통함과 같은 특정 감정을 다룰 수 있도록 돕는 것이다. 또한 이 기법은 내담자가 자신의 감정 인식하기, 정서와 신체의 연결 인식하기, 동일한 이슈나 관계에 대한 복잡한 감정 알아차리기, 보다 건강하게 스트레스와 좌절에 대처하는 방법 연습하기 등을 돕기 위해 사용할 수 있다.

내담자에게 함께 존재하기 춤을 소개하기 위해, 자리에 앉아 신체에 주의를 기울여 보게 한다. 아마도 자신의 몸 살피기를 하도록 초대할 수도 있을 것이다. 내담자가 점점 몸에 중심을 두고 뿌리를 내리게 되면, 치료사는 내담자가 저항해 온 감정을 위해 공간을 만들도록 초대한다. 내담자가 준비되었다면, 이제 일어나서 그 감정과 함께 움직여 볼 것을 제안할 수 있다. 그렇지만 그 감정은 몸 안에서 느껴진다. 이것이 발산하기 춤이 아니라 함께 존재하기 춤이라는 것을 강조할 필요가 있다. 어린 아동의 경우, 더 적은 수의 단어를 사용하여 덜 형식적으로 설명한다. 치료사는 내담자에게 본인이 가지고 있는 불편한 감정을 기꺼이 받아들일 수 있는지 묻는다. 받아들일 수 있다면, 내담자에게 그 감정이 이끄는 대로 단순히 움직이도록 한다. 언어과정에 적극적인 내담자에게는 '함께 존재하기'로 선택한 감정을 명명해 보도록 요청할 수 있고, 이 특정 감정이 신체의 어디에서 느껴지는지, 감정에 맞서지 않고 함께 움직일 때의 느낌은 어떠한지 질문할 수 있다. 또한 치료사는 춤을 추기 전과 후, 경험한 특정 감정의 편안함 수준을 묻기 위해 일종의 척도를 사용할 수 있다.

■ 발산하기 춤

발산하기 춤은 내담자가 무언가를 발산하도록 돕기 위해 고안되었다(이 명칭은 우리가 지은 것이다). 발산하기 춤은 일반적으로 함께 존재하기 춤이 끝난 뒤에 하지만, 특정 내담자에게 효과가 있다면 단독으로 사용할 수도 있다. 다시 말하지만, 이러한 춤은 추상적이기 때문에 대체로 취학 전 아동이나 초등 저학년 아동보다는 초등 고학년, 청소년, 성인 내담자에게 효과적이다. 그러나 전제에 대한 설명 없이 어린 내담자와도 할 수 있다. 자의식이 감정의 발산을 방해하지 않도록 우리는 서로가 편한 가족 및 집단과 이 활동을 해 왔고, 일반적으로는 개인내담자와 이 활동을 한다. 우리는 내담자가 자신의 어려운 감정(화, 좌절, 비통함)을 떨쳐버리거나 고통스러운 기억을 발산하고, 더 이상 작동하지 않는 오랜 패턴을 놓아주거나 대인관계 문제를 일으키는 태도를 발산하도록 이 춤을 사용한다(이 활동은 우리가 열거한 것보다 더 많은 목표를 가질 수 있으며, 때때로 여러분은 모든 것을 바꾸고 우리의 규칙을 따르지 않을 수도 있다는 것을 알고 있다. 특히 여러분이 규칙을 만드는 치료사라면 더욱 그렇다. 만약 여러분이 내담자에게서 발산되어야 할 무언가를 인지했다면, 우리의 '발산하기' 목록에 스스로를 제한하지 말자. 다시 말하지만 최선의 임상적 직관으로 창의적인 자신이 되도록 허용하자).

발산하기 춤을 소개하는 것은 꽤 쉽다. 내담자에게 발산하고 싶은 감정의 크기, 색, 질감, 소리, 움직임 등이 어떠한지 감각으로 세분화하고 확장하여 표현해 보도록 한다. 그 후 어떻게 동작이나 춤으로 감정을 놓아줄 수 있을지 탐색해보게 하고, 놓아주길 원하는 감정이 무엇이든지 상상했던 방법으로 놓아주기 위해 움직여 보라고 말한다(때때로 우리는 탐색 단계를 건너뛰고 감정을 발산하기 위해 움직여 보도록 요청하기도 한다. 사상가보다 실천가에게는 단순히 움직이는 것이 탐색하는 것보다 훨씬 효과적이다). 이 기법은 습관적으로 화를 내는 아동에게 효과적이며, 아동에게 집, 이웃, 학급에서 사용할 수 있는 '분노 발산' 춤이나 동작을 개발하도록 장려한다[치료사는 대중이 있는 곳에서 발산을 '표출'하도록 내담자를 초대하기 전에 부모/교사(필요 시 다른 가족구성원과 학급 친구)에게 미리 알려 주어야 한다].

■ 축하하기 춤

치료 회기(대화치료 및 놀이치료)에서 자주 소홀해지는 것 중 하나가 축하하기이다. 우리는 내담자의 삶에서 문제가 있는 측면뿐 아니라 긍정적인 측면에 주의를 기울이는 것이 중요하다고 믿는다. 그래서 우리는 축하하기 춤을 춘다. 우리는 내담자의 삶에서 승리, 장점, 좋았던 추억, 재미있던 시간을 축하하고 싶다. 이 춤을 제안하는 것은 꽤 쉽다. 내담자에게 일어서서 자신의 행복, 기쁨, 자랑거리 등 축하하고 싶은 것과 관련된 춤을 추도록 한다. 때때로 내담자는 축하할 만한 일을 인식하지 못할 수 있기 때문에 교장실로 불려 가지 않고 보낸 한 주, 전 남자친구가 어떻게 지내는지 알기 위해 페이스북을 확인하고 싶은 유혹을 뿌리친 순간, 친구에게 도움을 준 행동 등 축하할 가치가 있는 것들을 치료사가 제안할 수도 있다. 이 춤은 어떤 내담자와도 할 수 있다. 그저 즐기기만 하면 된다. 또한 이것은 가족들이 긍정에너지 은행에 긍정에너지를 자주 모을 수 있게 하는 좋은 과제이다.

■ 회상하기 춤

회상하기 춤(춤에 대한 우리의 작명 실력이 충분히 창의적이지 않다는 것을 인정한다)은 특정한 사람이나 관계에서의 감정, 기억이나 에너지를 불러일으키기 위해 고안되었다. 이 활동은 내담자를 고무시키는 회기 밖의 특정 감정, 시간이나 사람과 내담자를 연결하기 위해 의도되었다. 이 춤은 내담자가 자산을 '소유'하고, 보다 긍정적이고 낙관적인 사고패턴으로 전환하며, 타인의 감정을 인식하고, 타인의 정서적ㆍ인지적 조망을 수용하고, 자신의 욕구를 인식하며, '부정적인' 감정을 경험하고 빠져나올 수 있도록 돕기에 유용하다. 초등 저학년 아동에게 '회상하기'라는 개념이 다소 추상적일 수 있으니 이 동작은 어린 아동보다 청소년이나 성인과의 놀이치료에서 더욱 적합하다. 그러나 만약 어린 아동에게 자신이 좋아하는 사람이 춤출 것 같은 방식으로 춤을 춰 보도록 한다면, 아마도 치료사가 의미하는 것을 이해할 수 있을 것이다(모험을 계속해라. 실패했을 때 일어날 최악의 상황이 무엇이겠는가?).

회상하기 춤을 설정하기 위해 내담자에게 느끼고 싶은 구체적인 감정이나 과거에 좋았던 시간, 또는 자신을 고무시켰던 사람들을 생각해 보도록 요청한다. 만약 내담자에게 느끼고 싶은 구체적인 감정이나 과거에 좋았던 시간이 있다면, 떠오르는 감정이나 기억을 동작으로 만들어 보도록 한다. 만약 내담자가 어떤 사람을 떠올리기를 원한다면, 그 사람이 움직이는/움직였다고 상상하는 방법으로 움직이거나, 내담자가 그 사람에 대해 생각할 때 느껴지는 동작을 만들어 보도록 한다. 예를 들면 나(테리)는 콘퍼런스 발표 준비로 긴장될 때, 내 영웅 중 한 명인 셰어(Cher)처럼 움직이라고 스스로에게 말한다. 또한 나는 특별히 불안한 경우에 종종 영화 탱크걸에서 로리 페티(Lori Petty)가 연기한 캐릭터의 에너지를 끌어와 춤을 춘다. 또한 치료사는 타인 신뢰에 어려움이 있는 내담자가 타인을 신뢰할 수 있도록 고무하기 위해 세상을 떠난 사랑하는 할머니의 에너지를 불러와 떠올리기 춤을 추도록 할 수 있다. 또는 대학원 진학 시험을 준비하고 있는 내담자에게 대학교 졸업 시험에 합격하기 직전의 움직임을 기억하게 하여 같은 방식으로 움직여 보도록 할 수 있다. 다음의 예를 주목해라. 때때로 치료사는 내담자에게 자신의 삶에서 특정 순간의 움직임을 기억하여 동작을 만들어 보게 한다. 때때로 치료사는 내담자에게 특정 인물이 움직이는 방식으로 동작을 만들어 보게 한다. 때때로 치료사는 내담자에게 특정한 사람을 떠올릴 때 느껴지는 동작을 만들어 보도록 요청한다. 그리고 어떤 때는 내담자에게 시간이나 사람의 '에너지'처럼 움직여 보도록 한다. 내담자가 그 특정 인물이 어떻게 움직였는지 믿지 못하거나 기억나지 않더라도, 그냥 꾸며 낼 수 있다(내담자가 동작을 만들고 있다면, 그것이 그가 알고 기억하는 것이다).

■ 연습하기 춤

우리는 내담자가 새로운 행동과 태도를 연습하도록 돕기 위해 연습하기 춤을 사용한다. 이 춤은 일반적으로 언어지향적이기보다 신체지향적인 내담자와 역할극 대신 사용할 수 있다. 성취하기를 바라는 목표를 향해 내담자를 이끌기 위해 '설정'(하고 진행)하기만 하면 된다. 우리는 주로 상호작용을 증가시키기 위해 이 활동을 사용한다.

연습하기 춤은 기본적으로 대화가 없는 역할극이다. 실제로 내담자가 새로운 행동이나 태도를 도입하고 싶어 한다면, 원하는 방법으로 동작을 만들어 보게 한다. 예를 들어, 주먹다짐을 하지 않고 적대적인 사람을 피하는 방법을 배우고 있는 여섯 살 모니카와 작업한다면, 그녀에게 단지 돌아서서 걸어가는 것을 연습시키면 된다. 보다 긍정적인 학교생활을 위해 노력하는 십대 드메트리우스와 작업하고 있다면, 부정적인 학교생활을 나타내고 동작과 보다 긍정적인 학교생활을 나타내는 동작을 표현해 보도록 할 것이다[치료사는 내담자가 부정성에 갇혀 있기를 원하지 않을 것이기에 반복해서 긍정성을 연습하게 할 것이다(우리 둘은 모두 청소년 자녀가 있기 때문에, 이것에 꽤 열성적이다)]. 타인의 기분을 맞추려는 경향이 있는 5학년 클로에의 경우, 전신을 활용한 제스처와 함께 '싫어'를 더 크고, 더 크게 내뱉게 하면서, '싫어 싫어 춤'을 추게 할 수 있다. 데이트 신청하는 방법을 배우고 싶어 하는 체이스의 경우, 상대방에게 개방적이며 호감 가는 방법으로 어떻게 다가갈 것인지 연습하게 할 수 있다(여러분은 예시들을 통해 이 활동이 모든 연령에게 효과적인 기법임을 알아챘을 것이다).

❁ 모래상자 활동

▪ 내담자가 만드는 문제 중심의 모래상자

1. (특정 문제나 일반적인 문제일 수 있는) 문제해결을 위해 내담자에게 필요한 모래상자
2. 어려움을 야기하는 행동을 대체할 잠재적·대안적 행동을 탐색하는 모래상자
3. 놀이치료사가 유사한 문제를 가진 다른 내담자의 '자문'으로써, 놀이치료사에 의해 정의된 문제나 갈등을 해결하는 방법을 보여 주는 모래상자
4. 사람들이 문제해결을 위해 사용하는 다양한 전략에 관한 모래상자
5. 내담자가 타인과의 갈등해결을 얼마나 갈망하는지에 관한 모래상자
6. 타인이 문제를 어떻게 지각한다고 생각하는지에 대한 모래상자
7. 타인이 문제를 어떻게 느낀다고 생각하는지에 대한 모래상자
8. 자신의 대인관계 갈등이 해결되기를 얼마나 갈망하는지에 관한 모래상자

■ 치료사가 내담자에게 구체적인 기술을 보여 주기 위한 모래상자

1. 문제해결 전략이나 갈등해결 전략을 보여 주는 모래상자
2. 구체적인 관계 기술, 의사소통 기술, 분노관리 기술, 자기주장 기술, 협상 기술 등에 대한 모델링을 보여 주는 모래상자

■ 내담자가 새로운 행동을 연습할 수 있도록 치료사와 내담자가 협업하는 모래상자

1. 치료사가 모래상자 안에 구체적인 상황을 설정한다(예: 갈등상황, 내담자에게 좌절이나 불안을 불러일으키는 상황, 내담자가 경계를 설정하거나 자기주장을 해야 하는 상황, 내담자가 다른 사람과 협상하는 상황, 내담자가 사과하는 상황 등). 설정된 상황에 필요한 일련의 기술을 연습하기 위해 놀이치료사는 모래상자에 다른 피규어를 추가하고, 그 피규어를 사용하여 과정을 이어간다.

✤ 미술기법

■ 무드듀드 그림

이모츠라고 불리는 작은 피규어(어디서나 흔히 볼 수 있는 것은 아니지만, 우리를 믿어라. 우리는 새로운 자원을 찾기 위해 인터넷을 검색하면서 이것을 보았다)나 무드듀드라고 불리는 스펀지 공을 본 적이 있는가? 이 피규어들은 다양한 용도로 사용될 수 있지만, 우리는 이것을 그림 기법에 사용한다. 만약 치료사가 강한 감정의 고통을 겪고 있는 것처럼 보이는 모래상자 피규어를 가지고 있다면, 이 활동을 위해 모래상자 피규어를 사용할 수 있다. 우리는 이 기법을 개인내담자(아동 · 청소년 · 성인), 가족, 집단과 사용해 왔다. 이 활동의 주된 목표는 보다 감정을 인식하고, 적절히 표현하는 기술을 습득하여 연습하는 것이다. 치료사가 이 활동을 어떻게 지시하는가에 따라 감정어휘 늘리기, 강한 감정에 갇히지 않고 **빠져나오기**, 타인의 감정 알아차리기, 적절한 경계 설정하기, 자기주장 기술 개발하기, 타인 격려하기 등을 배우기 위해 사용할 수 있다. 만약 인지패턴을 강조하는 치료사라면 내담자가 낙담적인 자기대화를 인식하고, 보다 긍정적인 자기대화로 변환시키도록 돕기 위해 이 활동을 할 수 있다. 이 활동을 위해 종이 한 장(우리는 12×18인치 크기를 선호하지만, 원한다면 더 작은 종이를 사용할 수 있다), 그리기 도구, 플라스틱 이모츠 피규어나 무드듀드

스펀지 공 또는 감정이 표현된 모래상자 피규어가 필요하다. 내담자에게 피규어(또는 얼굴)를 종이 위 어딘가에 올려 놓도록 한다. 그 후 내담자에게 "이 종이는 피규어가 살고 있는(또는 직장, 학교, 놀이하는 장소 등의 다양한 아이디어를 생각해 보자) 세상이야."라고 말한다. 내담자가 그림 도구를 이용하여 자신을 둘러싼 세상을 만들어 보도록 초대한다. "그 세상(직장, 학교, 이웃, 행성)에서 피규어의 감정을 불러일으키면서, 우리가 알아챌 수 있는 무슨 일이 일어나고 있는 그림을 그려 줘."라고 말한다(치료사는 감정 대신 사고, 태도, 행동에 초점을 두어 지시를 줄 수 있다는 것을 기억해라). 그림을 완성한 후 그 피규어에 대한 스토리와 피규어가 놓여지기 이전, 놓여 있는 동안, 놓여진 이후에 일어난 일에 관한 스토리를 말해 달라고 요청한다. 치료사는 내담자에게 스토리나 그림에서 자기대화, 감정, 대처전략 등을 구체화하도록 요청할 수 있다.

■ 안전한 방패

이 활동은 아동이 스트레스를 다루고 개인적인 경계를 설정하는 도구로 고안되었다. 또한 이 활동은 아동내담자가 대인관계에서 책임 인정하기, 개인의 욕구를 알아차리고 충족하기 위해 적절히 요구하기, 현실적으로 다른 사람의 특성 사정하기, 자기주장 기술 개발하기, 대인관계 기술 및 자신의 안전을 유지하고 보호하는 기술 평가하기 등을 훈련하도록 돕기 위해 사용할 수 있다. 이 활동은 꽤 기초적인 활동이기 때문에 대부분의 청소년과 성인에게는 효과적이지 않을 수 있지만, 저기능 고연령 내담자의 경우 유용할 수 있다. 우리는 이 활동을 개인내담자뿐 아니라 가족 및 집단과 함께해 왔다.

이 활동을 위해 문구점에서 구입할 수 있는 약 30~46cm의 얇은 폼시트와 다양한 색상의 샤피펜이 필요하다. 내담자에게 폼시트 위에 시트 크기만한 방패를 그리고 자르게 한다. 그 후 내담자를 안전하게 지켜 줄 행동들, 내담자가 안전하다고 느끼도록 도와주는 생각들, 보호되도록 도와줄 사람들, 안전을 보장받기 위해 자신이나 타인에게 말해야 하는 것들 등 내담자가 확실하게 '방어'되기 위해 사용할 수 있는 모든 것에 대해 브레인스토밍하도록 돕는다. 그리고 안전을 위한 여러 도구가 준비되었다는 것을 상기시키기 위해 방패 위에 그림을 그리거나 단어를 적는다. 언어과정을 좋아하는 내담자의 경우, 안전 방패에 그렸던 아이디어를 놀이치료실 밖에서 실천할 수 있는 방법에 대해 대화를 나눌 수 있다.

■ _____ 주변 지도 만들기

이 활동은 내담자의 고통에 기여한 모든 패턴의 인식과 대처전략에 초점을 맞춘 미술기법이다. 이 활동은 특정한 감정(예: 공포, 불안, 우울)과 정서 · 인지 · 행동 패턴 등 내담자의 어려움에 기여한 모든 영역에서 사용할 수 있다. 우리는 이 활동을 다양한 연령대와 사용해 왔다. 연령이 높은 내담자의 경우, 문제에서 빠져나오는 길이나 주변의 새로운 길을 개발하도록 요청하기 전에, 그림과 무관한 세부 사항을 보다 자세히 설명한다. 이 활동은 유연하기 때문에 구체적인 감정 인식하기, 화 · 슬픔 · 우울 극복하기, 다른 사람의 감정 알아차리기 등의 수많은 목표를 향해 내담자가 나아가도록 도울 수 있다. 만약 내담자의 사고패턴을 변화시키고자 한다면, 내담자가 자기패배적인 자기대화를 인식하여 긍정적인 자기대화로 대체하고, 낙관적으로 상황과 경험을 재구성하며, 자신의 욕구를 인식하고, 문제해결 기술을 향상하도록 돕기 위해 이 활동을 할 수 있다.

활동을 위해 필요한 재료는 종이와 그리기 도구이다. 먼저 내담자가 가지고 있는 정서 · 인지패턴, 태도, 관계와 관련된 문제를 그리도록 한 뒤, 치료사에게 그 이슈에 대해 설명하도록 한다. 해당 이슈에 대한 설명이 끝나면 빠져나오기 힘든 문제 주변의 '늪' 지대, 여행의 시작점, 살아있는 동안 가보고 싶은 목적지 등 몇 가지 장소를 추가할 필요가 있다고 제안한다. 내담자에게 이 이슈를 빠져나갈 수 있는 '지도'를 설계하게 한다. 이 때 내담자를 도울 수 있는 사람, 대처전략, 사고 · 감정 · 행동의 변환, 자원 등 내담자가 '문제의 늪'에 빠지지 않고 출발지에서 목적지까지 가기 위해 필요한 것은 무엇이든지 추가할 수 있음을 상기시킨다. 특정 내담자에게 효과적이라면 내담자가 그림을 그릴 때 과정에 대한 질문을 할 수도 있고, 조용히 기다릴 수도 있다. 또한 치료사는 내담자의 여정에 변화를 통합시키는 방법을 제안하면서, 그리기 과정에 비계를 설정할 수 있다. 이 활동은 은유적인 거리감을 선호하는 내담자를 여행과 지도의 은유 속에 머무르게 하는 활동이다. 또한 치료사는 내담자가 그린 것을 회기 밖 현실로 가져갈 수 있는 방법을 탐색해 보도록 도울 수 있다.

■ 에너지 그림

일부 내담자는 이 활동에 대해 "에이~ 뭐야~."라고 할 수도 있지만, 이런 유형의 활동을 좋아하는 사람들에게는 매우 도움이 된다. 우리는 내담자가 타인의 특성을 사정하는 방법을 익히도록 돕기 위해 주로 이 활동을 사용한다. 다른 사람이 가진 '에너지'를 그린다는 생각이 다소 추상적이므로 우리는 이 활동을 초등 고학년, 청소년, 성인과 하는 경향이 있다. 우리는 이 활동을 개인내담자 및 연령이 높은 아동이 있는 가족과 청소년 집단과 함께해 왔다. 치료사가 지시적으로 내담자를 적절히 '겨냥'한다면, 이 활동은 내담자의 대인관계 사정과 경계설정을 도울 수 있다.

이 활동은 그림 기법이기 때문에 종이와 그리기 도구가 필요하다(채색을 선호하는 내담자가 있다면 채색화를 할 수도 있다). 이 활동의 방법 중 일부는 내담자가 누구의 에너지 유형을 검토할 것인지 결정하고, 그 에너지가 내담자와 내담자의 에너지에 미치는 영향을 결정하는 것이다. 만약 내담자가 사람의 형상을 그리는 것에 편안함을 느낀다면, 사람의 몸 윤곽을 그리도록 요청할 수 있다. 만약 내담자가 그리기에 자신이 없어 한다면, 몸을 나타내기 위해 진저브래드맨을 그리게 하거나, 원이나 사각형을 이용할 수 있다. 색, 질감, 모양을 사용하여 내담자가 그린 몸을 (어떤 형태로든) 에워싸는 그 사람의 '에너지'를 그려 보게 한다. 그림을 그린 뒤 언어로 다루고 싶은 내용이 있다면 언어과정을 한다. 필요하다면 같은 종이 위에 내담자 자신과 자신의 에너지를 그리고, 내담자와 타인 사이에 존재하는 에너지를 그리게 함으로써 활동을 연장할 수 있다. 또한 내담자에게 처음 그렸던 사람과 관계가 있는 두 번째 사람을 같은 종이에 그리게 할 수도 있다. 그리기를 마친 후, 내담자가 그림에 대한 대화를 원한다면, 첫 번째 사람에게서 관찰된 에너지, 두 번째 사람에게서 관찰된 에너지 그리고 두 사람 사이에서 관찰된 상호에너지에 대해 질문할 수 있다. 만약 상호에너지라는 개념이 내담자에게 어렵다면, 두 사람 사이의 장애물이나 경계선을 그리게 한다. 내담자에게 인물들 위에 말풍선이나 생각 풍선을 그려 각각의 말이나 생각을 나타내게 할 수도 있다. 가족이나 집단회기에서 이 활동을 한다면, 가족구성원에게 각 참여자를 나타내는 피규어, 다양한 구성원 간의 상호작용을 나타내는 피규어, 가족이나 집단 전체를 나타내는 에너지 등을 그리게 할 수 있다.

■ 문제 나누기

이 장의 다른 기법들과 마찬가지로 문제 나누기는 다양한 목표에 따라 지시와 (만약 언어과정을 한다면) 과정을 변형하여 활용할 수 있는 활동이다. 제목이 암시하듯, 이 기법의 일반적인 목표는 내담자의 문제해결 능력을 향상시키고, 가능한 해결방안을 찾고, 문제해결을 향해 포기하지 않으려는 의지를 함양하는 것이다. 또한 이 활동은 자기비계, 문제발생 후 '재설정하기'와 관련된 기술, 욕구의 인식, 경험의 낙관적 재구성을 위해 필요한 기술, 타인의 인지적 조망수용 능력 등의 향상을 위해 사용할 수 있다. 우리는 이 활동을 보통 가족과 집단에게 사용한다. 치료사는 이 기법을 수정하여 개인내담자에게 활용할 수 있다. 이 기법은 청소년 이상 내담자에게 매우 효과적이며, 특히 자신만 어려움을 겪고 있다고 생각하고, 성인보다 또래의 말에 경청하는 청소년내담자와의 집단 활동에서 도움이 된다.

가족이나 집단과의 작업에서, 각 구성원은 종이 한 장과 그리기 도구가 필요하다. 모든 사람에게 현재의 문제를 그리게 하는 활동으로 시작한다. 우리는 내담자에게 이 기술의 작동방법에 대한 아이디어를 주기 위해, 내담자가 현재 경험하고 있는 비교적 간단한 어려움에서 시작하는 것을 선호한다. 그리기 활동은 짧은 시간 안에 이루어지기 때문에 미술작업 자체에 너무 집착하지 않아도 된다는 것을 전달한다. 각 구성원은 5분 동안 그림을 그리고 원형으로 앉아 돌아가며 자신의 어려움을 설명한다. 모두가 설명을 마쳤을 때, 집단(또는 가족)의 각 구성원이 다른 구성원의 문제에 대해 모두 '잠재적인 해결책'을 떠올려 볼 수 있도록 옆 사람에게 그림을 넘기도록 한다. 각 그림이 원래 주인에게 돌아오면, 각 구성원은 모든 다른 구성원의 어려움에 가능한 해결책을 제안해야 한다. 구성원 모두가 돌아가며 자신의 그림을 보여 주며 문제를 요약하면, 한 번에 한 명씩 다른 구성원의 문제를 해결하기 위한 자신의 방법을 제안한다. 가능한 해결책을 모두 들은 후(도움이 된다고 생각하는 경우) 각 구성원은 이 제안 중 한 가지를 그대로 또는 수정된 형태로 준수할 것을 약속한다.

내담자와 일대일로 작업하는 경우에도 이 기법을 사용할 수 있다. 내담자가 문제에 관한 그림을 그릴 때, 치료사는 자신의 문제도 기꺼이 그릴 수 있을 만큼 자신을 개방하려는 의지가 필요하다. 치료사와 내담자는 그림을 서로 주고받으며 잠재적인 해결책을 그린다. 내담자가 치료사를 위해 해결책을 그리는 동안 치료사는 내담자를 위한 해결책을 그리고, 내담자가 자신의 문제에 관한 해결책을 그리는 동안 치료사는 자신의 문제에 관한 해결책을 그린다. 우리는 보통 이 과정을 3~4회 정도 반복하며, 치료사와 내담자가 만든 6~8개 가량의 잠재적 해결책을 얻는다.

특정 내담자에게 효과적이라면 그림이 아닌 모래상자나 스티커 그림 기법을 사용할 수도 있다. 모래상자나 스티커 그림을 이용한다면, 문제를 나타내기 위해 각 내담자에게 몇 개의 모래상자 피규어(또는 스티커)를 선택하게 한다. 그리고 다른 구성원은 잠재적인 해결책을 나타내기 위해 모래상자 피규어(또는 스티커)를 사용한다.

■ 불안정 담요/애착 담요

나(테리)의 아들 제이콥이 초등학교에 다닐 때, 나는 아들에게 제공한 특수교육 서비스를 찾기위해 노력하면서, 학교에서 꽤 많은 시간을 보냈다. 특히 나는 이 전투에서 미숙함을 느꼈고, 어느 날 낙담하며 인터넷에서 산 플리스 이불로 온몸을 감쌌다. 그 담요에는 "나에게서 나는 냄새인가, 아니면 담요 냄새인가?" "내가 텔레마케터에게 너무 무례했나?"와 같은 문구들이 적혀 있었다. 그 담요의 영수증에는 '불안정 담요'라고 적혀 있었다. 학교상담사인 내 친구 안드레아 크리스토퍼(Andrea Christopher)는 중학교 진학을 매우 불안해하는 6학년 학생을 위해 비슷한 담요를 만들자고 제안했다. 나는 안드레아의 독창적인 아이디어를 받아들였고, 그렇게 이 활동이 탄생했다. 이 활동의 목표는 내담자에게 자신의 부정적인 자기대화와 비관적인 생각을 검토하게 하고, 긍정적인 자기대화와 낙천적인 사고로 대체할 수 있는 방법을 고안하도록 돕는 것이다. 또한 이 활동은 내담자가 자신의 자원을 '소유'하도록 연습하고, 자신에 대한 긍정적인 감정을 함양하며, 자신감을 높이고, 자기효능감을 향상시키도록 돕는다. 우리는 이 활동을 모든 연령대의 개인내담자, 가족, 집단과 함께해 왔다. 이 활동은 수없이 변형되어 왔다. 그리고 이제 (바라건대) 이 활동이 여러분에게 자신만의 활동을 만들도록 영감을 줄 수 있기를 바란다.

이 활동에는 매우 구체적인 재료들이 필요하다(그러나 우리가 사용한 재료를 구입하길 원하지 않는다면, 수정할 수 있다). 색상이 다른 플리스 소재의 천 두 장과 어두운 색의 샤피펜 몇 개가 필요하다. 우리가 '담요'를 만들고 있다는 것을 기억하며 플리스 천의 길이를 결정한다. 플리스 천은 내담자의 몸을 감쌀 수 있도록 충분히 길어야 할 것이다(우리가 비용 절감을 위해 배운 팁이 있다. 할인을 시작하는 봄 시즌에 플리스 천을 구입해서 세로로 자르면, 한 개의 천으로 두 개의 담요를 만들 수 있다).

　내담자에게 두 가지 다른 색의 플리스 천을 고르게 하고, 천의 길이가 내담자를 감싸기에 충분한지 확인한다. 그 후, "나에게 데이트 신청하는 사람은 아무도 없는 걸까?" "내가 2학년 시험을 통과할 수 있을까?" "우리 가족은 정말 나를 좋아할까?" "나는 충분히 좋은 아내인가?" "남들은 다 하는데 나는 왜 읽는 것이 어려울까?" "왜 아빠는 나를 떠났을까?" "나의 상사는 내가 일을 잘 한다고 생각할까?" "내가 고등학교를 졸업할 수 있을까? 아니면 영원히 여기에 갇혀 있게 될까?"와 같이 우울하거나 불안할 때 자신에게 하는 질문 목록을 만들도록 한다(우리는 일반적으로 부정적인 자기대화와 자기의심을 나타내는 10~12개 정도의 질문을 만든다. 내담자가 매우 부정적인 경우, 글씨를 작게 쓴다면 15~20개까지도 가능하다). 다음으로 불안정 담요를 만들기 위해 내담자에게 플리스 천 중 하나 위에 샤피펜으로 질문을 쓰게 한다(내담자가 글자를 모른다면 그림을 그리게 하거나, 내담자가 그림을 그리는 동안 치료사가 대신 써 줄 수도 있다. 또 다른 중요한 '안전' 팁은 글자가 얼룩지지 않도록 주의하는 것이다. 얼룩진 불안정 담요보다 더 나쁜 것은 없다). 내담자가 불안정 담요에 질문을 모두 쓰고 나면, 긍정적이고 낙천적이며, 자신감 있고, 자기확신이 들 때 스스로에게 말하는 목록을 만들게 한다(내담자가 직접 쓰거나, 치료사가 대신 써 줄 수 있다). 이 목록에는 "나는 사랑스럽다." "나는 내가 좋은 아빠라는 걸 알아." "나는 내 속도대로 읽는 법을 배우고 있어." "내 책은 분명히 집필될 거야." "엄마는 나를 사랑했어. 단지 그것을 보여 주지 못한 것뿐이야."와 같은 것들이 포함될 수 있다. 그리고 (나는 여러분이 이미 다음 순서를 파악했다는 것을 알고 있다) 다른 플리스 천 위에 샤피펜으로 애착 담요를 만든다. 때때로 내담자들이 "아! 알겠어! 나는 불안정 담요로 몸을 감싸야 할지, 아니면 애착 담요로 몸을 감싸야 할지 선택할 수 있어."와 같은 말을 한다는 것이다. 이것은 정말 멋진 일이다(이것이 흔한 일이 아님을 알지만, 우리에게 실제로 일어났고, 여러분에게도 일어날 수 있다).

■ 요정대부모/수호천사

　내(테리)가 특수교육을 가르칠 때, 우리 학교에(우리 반이 아닌) 여러 외상 사건을 겪은 아동이 있었다. 초등학교 4학년이었던 그 소년은 여섯 개의 위탁 가정에서 머

물렀다. 그는 어쩔 수 없는 상황에서 위탁가정을 여러 번 바꾸어야 했다. 그 아동
은 눈 맞춤을 거의 하지 않았고, 미소 짓지 않았으며, 선생님은 그가 자신을 돌보아
주는 사람이 없다고 여기는 것 같다고 보고하였다. 나는 '누군가 자신을 보호해 주
고, 진심으로 보살피고 있다는 것을 느낄 수 있도록 이 소년에게는 요정대부모와
수호천사가 필요해.'라고 생각했었다. 나는 이 아동을 위해 처음 이 기술을 개발했
다. 나는 그에게 요정대부모를 만들어 주었고, 선생님이 그에게 요정대부모를 주었
을 때 그의 얼굴을 지켜보았다. 그는 요정을 바라보았고, 내가 보았던 가장 환한 미
소를 지으며 밝아졌다. 나중에서야, 나는 그가 요정대부모를 더 좋아했을지, 수호
천사를 더 좋아했을지 대화를 나누고, 요정대부모를 만들어 주기보다 함께 만들었
다면 더 좋았겠다고 생각했다. 그래서 우리는 이 활동을 수정했다. 이 기술은 목표
에 따라 다양한 내담자에게 효과적이다. 특히 이 활동은 자신의 욕구가 충족될 수
없다고 믿는 내담자에게 더 효과가 있어 보인다. 치료사는 이 활동을 통해 보살핌
이나 소속감을 얻지 못하더라도 내담자가 자신을 중요하고 의미 있다고 '여기는' 개
념을 전달할 수 있다. 요정대부모와 수호천사의 기능은 내담자가 삶에서 항상 자신
을 돌보아 주는 (자신 외의) 누군가를 갖도록 하는 것이다. 또한 이들은 내담자에게
아무것도 바라지 않으면서 내담자가 비밀을 털어놓을 수 있고, 연결될 수 있는 누
군가(본질적으로 물리적인 상상 친구)를 갖도록 도울 것이다. 때때로 우리는 요정대
부모/수호천사를 치료실 밖에서 치료사를 나타내는 중간대상(transitional object)으
로 사용한다. 또한 우리는 내담자가 자신의 욕구를 파악하고, 어떻게 자신의 욕구
를 충족할 수 있는지 탐색하며, 현재 욕구의 우선순위를 정하도록 돕기 위해 이 활
동을 한다. '욕구'는 상황에 따라 특정한 방식으로 나타날 수 있다. 욕구는 내담자
의 안전, 재미, 소속감을 느끼기 위해 필요한 것과 관련이 있다. 우리는 이 기법을
어린 아동부터 높은 연령에 이르기까지 모든 연령층의 개인 및 집단에게 사용해 왔
다. 때때로 우리가 가족과 협력 및 협상 기술을 연습하는 경우, 전체 가족을 위한
요정대부모나 수호천사를 만들기도 하고, 모든 사람에게 자신만의 것을 만들도록
하기도 한다(그것은 물론, 경우에 따라 다르다).

이 활동 역시 구체적인 재료가 필요하다. 나무집게(금속이 포함되지 않은 일체형
나무집게)와 파이프 클리너(모루)가 필요하다. 또한 창작물을 정교하게 만들려는 정
도에 따라 네임펜, 물감, 깃털, 실, 기타 공예 재료를 준비하는 것도 도움이 된다.

활동 시작 전에 이 특별한 요정/천사의 목적을 결정할 필요가 있다. 치료사가 이 활동을 내담자에게 설명할 때 특정 내담자의 목적에 따라(내담자에게 관심을 갖는 누군가가 항상 그와 함께/그의 삶에 있다는 것을 전달하기 위해서인지, 내담자를 위한 중간 대상을 만들기 위해서인지, 내담자가 자신의 욕구와 욕구 충족에 대해 생각하도록 돕기 위해서인지에 따라) 다른 '어조'로 설명한다. 요정대부모와 수호천사 중 무엇이 특정 내담자에게 보다 효과적일지 결정하는 것도 도움이 된다. 이것은 내담자의 종교적 신념, 기꺼이 엉뚱해질 수 있는 마음, 치료실 환경 등에 따라 달라질 것이다. 무엇이 적절한지 분명히 알고 있을 때도 있으며, 내담자의 선호에 대해 대화하는 것이 더 좋을 때도 있다. 요정대부모를 가질 것인지 수호천사를 가질 것인지 결정한 후에 남자일지, 여자일지, 소년일지, 소녀일지 의논하는 것도 중요하다(이것은 내담자마다 다르다). 특히 욕구충족이 주요 목표인 내담자의 경우, 내담자의 욕구 목록을 만들도록 돕고, 이어 욕구충족을 돕기 위해 요정대부모/수호천사에게 어떤 힘이 필요할지 브레인스토밍을 한다.

내담자에게 나무집게를 주고, 내담자가 원한다면 집게에 물감이나 마커로 장식한다. 내담자는 한 가지 색으로 칠할 수도 있고, 여러 색으로 칠할 수도 있다. 집게 위에 얼굴을 그릴 수도 있고, 비워놓을 수도 있다. 필요하다면, 파이프 클리너 한두 개를 구부려 날개를 만들 수도 있다. 파이프 클리너를 집게에 말아서 요정대부모/수호천사의 몸에 날개를 붙일 수 있다. 다른 장식(실, 깃털, 구슬 등)을 추가하여 꾸밀 수 있다. 원한다면, 내담자는 요정대부모/수호천사의 이름을 짓고, 요정대부모/수호천사가 가지는 힘의 목록을 작성할 수 있으며, 요정대부모/수호천사가 내담자를 격려하기 위해 할 수 있는 말의 목록을 만들 수도 있다. 언어과정을 좋아하는 내담자에게는 다음과 같은 질문을 할 수 있다.

1. 요정대부모/수호천사의 이름을 뭐라고 지었는가?
2. 그 이름은 어떻게 결정했는가?
3. 요정대부모를 가질 것인지, 수호천사를 가질 것인지 어떻게 결정했는가?
4. 요정대부모/수호천사가 어떤 힘을 갖게 되면 좋겠는가?
5. 남자/여자/소년/소녀는 어떻게 결정했는가?
6. 요정대부모/수호천사를 가지면서 무엇을 얻을 것 같은가?

7. 요정대부모/수호천사가 어떤 말을 해 주기를 바라는가?

8. 요정대부모/수호천사에게 부탁하고 싶은 욕구는 어떻게 결정했는가?

9. 요정대부모/수호천사의 능력이 내담자의 욕구충족에 어떤 도움이 되는가?

10. 요정대부모/수호천사가 도와줄 수 없는 욕구가 있다면, 그 욕구는 어떻게 충족할 수 있는가?

11. 요정대부모/수호천사가 도움을 줄 수 있는 것처럼 내담자를 도와준 다른 성인이 있었는가? 그 성인은 누구였는가? 어떻게 내담자를 도와주었는가?

12. 내담자는 다른 사람을 위해 요정대부모/수호천사처럼 행동한 적이 있는가?

13. 그는 누구였는가? 내담자는 그를 어떻게 도왔는가?

14. 만약 세 가지 소원이 있다면, 그 소원은 무엇인가?

■ 나의 말실수

나(테리)는 중학교 미술 시간에 이 기술을 배웠다. 우리는 정중히 사과하는 사회적 기술이 필요한 내담자와 이 활동을 하는 것을 좋아하고, 자신의 행동에 책임을 지도록 돕기 위해 사용한다. 또한 이 활동은 타인의 정서적(어쩌면 인지적) 조망수용 연습에도 도움이 된다. 우리는 이 활동이 성인에게도 효과적일지는 모르겠지만(나는 실제로 성인에게 시도해 본 적이 없다), 자신에 대해 유머감각을 가진 초등 고학년과 청소년에게 효과적이었다. 우리는 이 활동을 개인내담자, 가족, 집단과 해 왔다. 이것은 언어과정으로 효과를 얻을 수 있는 간단한 활동이다.

내담자에게 신발을 벗고 커다란 종이 위에 한 발을 올려놓은 뒤 발 주위를 따라 윤곽선을 그리도록 한다. 그리고 발이 입 속으로 들어가는 것처럼 보이도록 발 그림 옆에 얼굴을 그리도록 한다(박스 크기를 고려하여 종이를 선택한다. 발이 큰 내담자는 더 큰 종이가 필요하다). 그 다음 말풍선을 만들고, 내담자가 다른 사람에게 했던 감정을 상하게 했을 수도 있는 말을 쓰도록 한다. 그리고 다른 말풍선을 만들어 사과할 말을 쓰게 할 수 있고, 사과를 표현하는 방법에 대한 브레인스토밍을 할 수도 있다. 어쩌면 역할극을 할 수도 있다(아직 글자를 모르는 아동과 작업하는 경우, 치료사가 아동의 말을 받아 적는 것도 효과적이다. 치료사는 말풍선 안에 글자를 쓸 수도 있고, 내담자와 상대방이 무슨 대화를 나눴는지 그리고 어떻게 화해할 수 있을지 대화를 나눌 수도 있다).

■ 사랑의 언어 그림

채프먼(Chapman, 1992, 2000), 채프먼과 캠벨(Chapman & Campbell, 1997)은 사람들이 사랑과 보살핌을 표현하기 위해 서로 다른 '언어'로 말할 때, 관계가 때때로 단절된다고 주장했다. 채프먼은 모든 저서에서 사랑에는 사랑을 표현하고 받아들이는 다섯 가지 방법, 즉 스킨십, 봉사, 인정하는 말, 함께 하는 시간, 선물이 있다고 주장했다. 실제로 채프먼은 내담자에게 전달되는 애정의 선호도 계층을 결정하기 위한 사정도구를 가지고 있는데, 많은 내담자들이 이 도구에 응답하는 것을 좋아한다. 우리는 보다 많은 사람들이 모든 사랑의 언어에 유창해질 때 세상이 더 좋아질 것이라고 믿는다. 우리는 내담자와 '욕구충족을 위해 부탁하기' 작업을 할 때, 도구로 활용된 사랑의 언어를 탐색하기 위해 그림을 사용한다. 모든 연령대의 내담자, 심지어 사랑의 언어의 기본 개념을 제대로 이해하지 못하는 어린 아동조차도 이 활동에 반응한다. 우리는 보통 이 활동을 개별 회기나 가족과의 회기에서 사용한다.

설정 방법은 다음과 같다. 내담자에게 큰 종이(12×18인치)를 주고, 다섯 개의 영역으로 나누도록 한다. 사람들은 자신의 사랑과 보살핌을 사랑의 언어라는 다양한 방법으로 표현한다는 것을 설명하고, 각 영역에 다섯 가지 언어의 명칭을 붙이도록 한다(글자를 모르는 내담자의 경우, 각 영역 위쪽에 기호를 그려 사랑의 언어를 나타낼 수 있다). 그리고 각 범주 안에 자신이 좋아하는 것을 그리도록 한다[우리는 보통 예시를 주는데, 나(테리)는 이렇게 말한다. "나는 스킨십 영역에 포옹과 손잡는 그림을 그리고, 봉사 영역에 세차하는 그림과 식기세척기를 정리하는 그림을 그릴 거예요. 그리고 함께 하는 시간 영역에 퍼즐이나 산책을 하는 그림을 그리고, 인정하는 말 영역에 '네 머리카락이 좋아.'와 '너는 나에게 영감을 주는 사람이야.'라는 말풍선을 그릴 거예요. 마지막으로 선물 영역에는 팔찌와 귀걸이를 그릴 거예요."]. 그 그림은 내담자가 '욕구충족을 위해 부탁하기' 연습을 할 때, 주변인들과 구체적으로 논의할 내용을 제공한다.

모래상자에서도 이 활동을 할 수 있다. 모래상자를 다섯 영역으로 나누어 각 영역에 두어 개의 피규어를 넣으면 된다. 혹은 목록을 만들면서 할 수도 있다. 우리는 종종 가족과 함께 이 활동을 한다. 우리는 가족에게 과제를 준다. 각 가족구성원은 한 장의 종이에 다섯 개의 목록을 만들고, 각각의 목록에는 사랑받고 있다고 느끼게 하는 다른 구성원의 행동을 약 8~10개 정도 적도록 한다.

✤ 구조화된 놀이경험

■ 그렘린/사악한 쌍둥이 퍼펫

그렘린/사악한 쌍둥이 퍼펫은 부정적인 자기대화와 비관적인 사고를 긍정적으로 바꾸기 위한 훌륭한 방법이다. 또한 이 활동을 변형('최고의 자기' 퍼펫)하며, 긍정적인 자기대화를 연습하고, 낙관적인 생각으로 변환하는 연습을 하도록 할 뿐 아니라, 자기에 대해 보다 긍정적인 감정을 갖도록 할 수 있다. 우리는 모든 연령대의 개인, 가족, 집단과 이 활동을 해 왔다. 성인이 종이가방 인형을 만드는 것이 유치해 보일수도 있지만, 대부분은 기꺼이 이 활동에 참여한다.

진행 방법은 꽤 간단하다. 내담자에게 갈색 종이가방을 주고, 내담자가 싫어하는 자신에 대한 모든 것과 가끔 머릿속에 떠오르는 부정적인 생각을 말하는 자신의 그렘린(또는 자신의 사악한 쌍둥이)을 상징하는 인형을 만들 것이라고 말한다. 내담자는 크레파스나 마커로 종이가방 위에 얼굴('사악한 얼굴')을 그리고, 종이가방의 하단을 사용하여 입을 열고 닫게 만들 수 있다. 내담자에게 모든 부정적인 자기대화와 자신·타인·세상에 대한 부정적이고 비관적인 생각 목록을 작성하게 한다(기억하고 있게 하거나, 종이에 적거나, 퍼펫에 적게 할 수 있다). 그리고 그렘린/사악한 쌍둥이의 목소리를 상상해 보고, 퍼펫을 이용해 그 부정적인 것들을 읊도록 한다. 이 작업을 마친 후(내담자의 체계 밖으로 이것을 끌어내기 위해 여러 번의 시도가 필요할 수 있다), 내담자에게 그 목소리를 잠재울 준비가 되었는지 묻는다. 만약 준비가 되지 않았다면 그것도 괜찮다고 알려 주고, 내담자가 그렘린/사악한 쌍둥이 퍼펫을 집으로 가져갈 수 있으며, 부정적인 면을 떨쳐버릴 준비가 될 때까지 가지고 있을 수 있다고 알려 준다. 만약 내담자가 준비가 되었다면, 그 퍼펫을 침묵시키거나 파괴할 수 있는 방법에 대한 브레인스토밍을 한다(예: 파쇄기에 집어넣기, 입에 스테이플러 심 박기, 입을 다물도록 풀칠하기, 바람을 불어넣고 터뜨리기 등). 내담자가 진심으로 부정적인 면을 떨쳐 버릴 준비가 되었는지 여부에 따라, 침묵시키기나 파괴하기 아이디어 중 한 가지(또는 한 가지 이상)를 실행하도록 한다. 내담자가 보다 긍정적인 자기대화와 긍정적이고 낙관적인 생각을 연습하고자 한다면, 자신감이 넘치고, 자신·타인·세상에 긍정적인 감정을 가지고 있는, '최고의 자기' 퍼펫을 추가로 만들 수 있다. 그리고 이 퍼펫에게 맞서는 생각(그렘린/사악한 쌍둥이가 뿜어내는 부정적인 생각에 대항하는 긍정적인 자기 대화와 생각)을 읊도록 한다.

■ 포켓친구

나(테리)에게는 사회성 문제로 큰 어려움을 겪는 5학년 남아 내담자가 있었다. 그는 진심으로 친구를 사귀길 원했고, 사회성 기술을 배우기 위해 함께 노력했음에도 불구하고, 우리 모두는 낙담했다. 회기에서는 자신이 해야 할 일을 암기할 수 있었지만(그리고 친구를 사귀고 유지하는 데 적절한 사회적 기술을 역할극으로 연습하고 있었지만), 학교와 이웃에서 또래와 상호작용을 해야 할 때에는 정작 포기했고, 점점 더 외롭다고 느끼며 좌절하고 있었다. 나는 우리가 직접 친구를 만들어야 한다고 결정했다. 내담자에게 이 기법을 사용하는 목표 중 한 가지는, 내담자가 친구에게서 원하는 특성과 또래관계에서 자신의 특성에 대해 생각해 보도록 돕는 것이다(이 활동은 초등학생에게 가장 효과적이다). 이 활동은 아동에게 자신과 타인의 특성을 사정하고 또래 집단에서 적절하고 긍정적인 역할을 고려해 보도록 돕고, 대인관계에서 책임지는 기회를 제공한다. 우리는 개인 및 집단과 이 활동을 해 왔다.

이 활동을 위해 각 내담자에게 최소 한 개 이상의 아이스크림 막대나 설압자, 볼펜이나 얇은 마커가 필요하다. 이 활동의 첫 번째 단계는 자신이 원하는 친구의 특성을 브레인스토밍하는 것이다. 아동이 느끼는 바람직한 친구의 특성 4~6가지(예: 잘 들어 주는 사람, 마음이 넓은 사람)를 작성한다. 아동이 선택한 특성을 작은 그림이나 상징으로 나타내는 방법을 찾도록 돕는다(예: 잘 들어 주는 사람은 귀 그림으로, 마음이 넓은 사람은 심장 그림으로 나타낼 수 있다). 그리고 아동에게 아이스크림 막대 위에 볼펜이나 얇은 마커로 상징물을 그리게 한다. 아동에게는 포켓친구를 주머니에 넣고 다닐 수 있다고 설명하고, 만약 외로움을 느끼거나, 낙담하거나, 격려와 우정이 필요할 때 포켓친구를 꺼낼 수 있다고 설명한다. 논의가 필요한 경우, 공공장소에서 이 행동이 놀림을 받을 수 있는지, 또는 아동이 혼자 있을 때나 신뢰할 수 있는 타인과 있을 때만 포켓친구와 상호작용하는 것이 더 나은지 논의할 수 있다.

언어과정에 자발적으로 참여하는 내담자에게는, 바람직한 친구로서 자신이 가진 특성 목록을 만들도록 초대할 수 있다. 만약 아동이 비현실적인 자기평가를 하고 있다면, 치료사는 아동이 자신의 특성을 어떻게 보고 있는지, 그 특성이 관계 속에서 어떻게 발현되는지 피드백을 줄 수 있다. 만약 아동이 많은 친구(또는 가까운 친구 한두 명이라도)를 사귀게 된다면, 그 관계에서 가져야 할 친구의 특성을 드러내는 상징적인 작은 그림을 그려 포켓친구를 하나 더 만들게 한다. 원한다면 치료사가 자신의 것을 만드는 것도 재미있다. 치료사는 자신의 특성과 자신을 좋은 친구로 만들어 줄 것 같은 특성의 포켓친구를 만들 수 있다. 만약 아동이 자신을 대신하는 포켓친구 만들기를 어려워한다면, 치료사가 생각하기에 내담자를 좋은 친구로 만들어 줄 수 있는 특성의 포켓친구를 아동에게 만들어 줄 수도 있다. 만약 치료사가 자신의 포켓친구를 만든다면, 우정 기술을 연습하기 위해 치료사의 포켓친구와 아동의 포켓친구가 상호작용할 수 있다. 이것은 잠재적인 친구에게 발휘되길 바라는 특성에 대한 대화일 수 있다. 내담자가 자신은 좋은 친구의 자질을 가지고 있지 않다고 생각한다면, 태도나 행동을 변화시켜 이러한 특성을 나타내기 위해 무엇이 필요한지 대화를 나눌 수 있다. 잠재적인 우정을 사정하는 능력의 개발을 위해 사귀고 싶은 몇 명의 아이들을 떠올려보며, 포켓친구를 만들 수도 있다. 만들어진 포켓친구로 한 명은 다른 아동을 연기하고, 다른 한 명은 아동을 연기하며 역할극을 통해 상호작용을 연습해 볼 수도 있다. 이것은 그 아이들도 친구가 되고 싶어 하는지, 아닌지를 탐색해 보는 데도 도움이 된다.

포켓친구 활동을 좋아하는 아동은 특정 상황에 맞는 포켓친구를 설계할 수도 있다(예: 수학 문제를 도와주는 포켓친구, 달리기 시합에서 기대에 미치지 못했을 때도 내담자를 대단하다고 격려해 주는 포켓친구 등). 치료사가 개발시키려는 기술이 실생활에 일반화되지 않을 경우를 대비하여, 내담자는 이런 식으로 온전히 안정적인 가상의 친구를 개발할 수 있다.

■ 걱정게시판

이 활동은 불안이 심한 내담자와 작업하기 위해 레베카 디킨슨(Rebecca Dickinson, personal communication, January 2017)이 개발한 기법으로, 내담자의 불안, 스스로 만든 스트레스의 관리 및 감소를 위한 학습 전략 제공이 목표이다. 또 다른 목표는 내담자 스스로가 자신의 생각과 행동에 더 많은 책임을 질 수 있도록 돕는 것이다. 가능한 문제해결책에 맞춰 행동하려는 내담자의 의지를 높이기 위해 이 활동을 사용할 수 있다. 7세 이상의 내담자에게 도움이 될 것이며, 놀이치료 회기 활동에서 과제 활동으로도 쉽게 전이될 수 있다. 청소년과 성인은 스스로 과제를 할 수 있고,

아동은 가정 활동을 위해 부모의 도움이 필요할 것이다. 가족구성원이 걱정과 스트레스를 경험하는 경우, 이 도구를 가족 전체에게 맞추어 조정할 수도 있다.

이 활동을 위해서는 중간 크기의 포스터보드, 포스트잇, 마닐라지 봉투, 마커가 필요하다. 만약 내담자가 초등 저학년이라면, 치료사가 일부 돕거나 부모나 교사를 회기에 초대하여 게시판과 포스트잇 노트 만들기를 돕게 할 수 있다. 보다 연령이 높은 아동, 청소년, 성인은 스스로 설정할 수 있다. 포스터 보드를 세 개의 세로 단으로 나눈다. 첫 번째 단에는 '나는 통제할 수 있다.' 두 번째 단에는 '나는 어느 정도 통제할 수 있다.' 세 번째 단에는 '나는 통제할 수 없다.' 라벨을 붙인다. 내담자에게 각자의 고민을 포스트잇에 적도록 한다(예: 스쿨버스 안에서 젖은 바지, 시험, 함께 놀 사람이 없는 것, 토네이도, 해고, 데이트 상대 없이 졸업 파티가기 등). 어린 내담자는 포스트잇에 자신이 걱정하는 것들을 그림으로 그리고, 연령이 높은 내담자는 각각의 걱정거리에 대한 설명을 쓸 수 있다.

이 과정이 끝나면, 각각의 포스트잇이 해당되는 게시판을 확인하도록 돕는다. 포스트잇을 해당 게시판에 붙인 뒤, 내담자가 걱정이나 스트레스에 더 잘 대처하고, 책임지는 연습을 하며, 가능한 문제해결책에 맞춰 행동하려는 의지를 높이기 위한 방법으로 내담자와 브레인스토밍을 통해 '나는 통제할 수 있다.'와 '나는 어느 정도 통제할 수 있다.'의 영역에 있는 상황에 대해 더 잘 통제할 방법을 찾는다(예: 바지가 젖는 사고를 피하기 위해 스쿨버스를 타기 전에 화장실에 가는 것, 시험공부를 하는 것, 누군가에게 초대받기를 기다리지 않고 졸업 파티에 함께 가자고 먼저 요청하는 것 등). 포스트잇으로 덮인 게시판은 압도적일 수 있다는 것을 언급하면서, 한 번에 걱정할 개수를 제한하도록 돕는다. 그 다음 마닐라지 봉투 위에 '쓰레기'라는 라벨을 붙여 게시판 아래에 붙이도록 한다. 만약 내담자가 쓰레기통에 버렸던 것을 다시 걱정게시판으로 보내기를 원한다면, 제한을 초과하지 않는 범위에서 게시판의 포스트잇을 교환할 수 있다고 알려 주며, 게시판에 남게 될 항목과 쓰레기통에 넣을 항목을 선택하도록 한다.

어린 내담자의 경우 부모/교사는 전경에 존재하는 걱정거리의 수를 제한하도록 돕고, 이와 관련된 통제력을 높이는 방법을 브레인스토밍하도록 도와야 할 것이다. 만약 모든 가족구성원이 걱정이 많다면, 큰 걱정게시판을 사용하거나 각각의 개인이 작은 걱정게시판을 하나씩 사용하여 모두 함께 이 활동에 참여할 수도 있다.

■ 미치광이 과학자

이것은 내(테리)가 5~12세 아동을 위해 개발한 기술이다. 과거에 대부분의 남아들이 이 활동에 흥미가 있다고 제안했지만, 최근에는 여아들도 흥미를 가진다는 것을 발견했다. 이 기법은 책임지기부터 순서를 지키며 매너 있는 행동하기, 타인과 협력하기, 도움 요청하기, 사회적 상황에서 싸움을 피하기 위해 자제력 발휘하기 등의 기술을 배우고 연습하는 다양한 목표를 위해 사용할 수 있는 기법 중 하나이다(여러분도 아이디어를 내 보라). 우리는 개인내담자, 가족, 집단과 이 활동을 해왔다.

이 활동은 좀 특이한 재료수집 절차를 갖는다. 집을 돌아다니면서 욕실 수납장에 남아있는 베이킹 소다, 식초, 옥수수녹말, 오래된 바스오일 · 버블바스 · 바스크리스탈 등 사용할 수 없거나 사용하지 않는 것들을 수집한다. 매우 큰 믹싱볼, 약간의 물, 재료를 섞기 위한 큰 숟가락도 필요하다. 회기 전에 재료에 대한 가짜 라벨을 만들기 위한 색상지와 테이프를 준비하는 것도 도움이 될 것이다(라벨에 무엇을 적을지는 이 기법의 목표에 따라 달라진다. 예를 들어 자기통제 작업을 하는 경우, '분노'와 '작동'이라는 라벨을 붙인 베이킹소다와 식초를 사용한다. 만약 자존감 관련 작업을 원한다면, 바스 솔트 · 버블 바스 · 바스 크리스탈을 사용하고, '도움이 되는 행동' '격려' '친절한 말'이라는 라벨을 붙인다. 아이디어를 찾아보자). 기본적으로 내담자에게 '묘약'을 만드는 큰 사고를 치도록 허용한다. 그리고 (궁극적으로) 책임지고 그 사고를 처리하도록 한다(그 사고가 거대한 사고라면, 사과하는 연습도 할 수 있다. 그리고 치료사와 내담자가 원한다면, 언어과정을 할 수도 있다).

주의해라. 선택한 성분 조합으로 원치 않거나 위험한 효과를 만들지 않도록 한다. 대부분의 목욕 재료와 위생용품은 안전하지만, 베이킹 소다와 다른 세제를 섞는 것은 때때로 위험할 수도 있다. 안전한 대폭발을 원한다면, 콜라와 멘토스를 섞어 보아라. 그러나 이 작업을 위해서는 싱크대나 많은 수건이 가까이에 있어야 할 것이다.

■ 생각 풀어내기

불안한 아동은 중요한 것에 집중하고 관심을 갖도록 하기 위해서 보다 명확한 사고가 필요한데, 생각 풀어내기 활동은 이러한 아동과 함께 작업하기 위해 멜리사

베어(Melissa Wehr, personal communication, December 2016)가 개발한 활동이다. 이 활동은 청소년과 성인 내담자에게도 유용할 수 있다. 이 활동은 불안한 내담자, 두 뇌 회전이 빠른 내담자, 주의집중이 어려운 내담자, 강렬하거나 복합적인 생각에 압도당한 내담자에게 효과적이다. 이 활동의 목표는 동시에 일어나는 여러 생각을 파악하고, 생각을 분리하며, 각각의 생각에 집중하거나 생각을 풀어내도록 돕는 것이다.

이 활동을 위해 양쪽 끝에 원이나 사각형 등 다른 모양의 종이를 한 장씩 만들어 둘 필요가 있다. 치료사는 이 모양을 그리거나 펠트지나 색상지를 잘라 만들 수 있다. 내담자는 몇 가지 다양한 색의 그리기 도구로 종이 위의 한 모양에서 다른 모양까지 선들이 엇갈리도록 구불구불한 선을 긋는다. 잘라놓은 다양한 색의 실 조각으로 도형 사이를 연결할 수도 있다. 내담자에게 각각의 색에 생각이나 감정을 부여하게 한다(예: 빨간색 – 나는 어둠을 무서워한다. 파란색 – 나는 엄마 집에 가는 것을 좋아하지 않는다. 노란색 – 나는 단어시험을 보기 전에 긴장한다. 초록색 – 새로운 상사는 얼간이다).

내담자에게 생각이나 감정 중 하나를 골라, 그 생각이나 감정을 생각하면서 선이나 실을 따라가거나 느껴 보도록 한다. 생각과 함께 선이나 실을 따라가거나 느낄 때, 내담자는 (미리 배운) 심호흡이나 이완을 연습한다. 실이나 만질 수 있는 매체를 사용하는 경우, 내담자는 이 활동을 하면서 말 그대로 엉킨 생각을 풀어낼 수 있다. 각각의 색들로 이 활동을 반복한다. 이 활동에서 언어과정을 하는 경우, 치료사는 다양한 생각과 감정에 대한 언어과정을 활동 중간에 할 수도 있고, 활동의 마지막에 모든 과정에 대한 언어과정을 한 번에 할 수도 있다. 언어과정에서 다루는 내용은 내담자가 생각이나 감정으로 선택한 색, 연습에 대한 내담자의 본능적인 반응, 활동을 하면서 한 가지 생각에 집중하는 내담자의 능력에 대한 것이다. 치료사는 내담자에게 확인된 부정적 생각과 긍정적 생각의 비율을 질문한다. 우리는 언제나 그 압도적인 생각이 긍정적인 것인지, 부정적인 것인지와 내담자의 통제 안에 있는지, 통제 밖에 있는지 그리고 합리적인 것인지, 비합리적인 것인지 궁금해 한다. 치료사는 내담자와 큰 시험을 앞둔 상황, 업무회의 도중, 새로운 사람을 만나기 전과 같은 실제 환경에서 이를 어떻게 적용할 수 있는지 연습하거나 논의할 수 있다. 부정적인 사고패턴에 갇혀 있는 경향이 있는 내담자를 위해 명상을 하면서 부정적인 생각을 긍정적인 생각으로 변환해 보도록 할 수 있다. 다양한 내담자의 걱정거리를 돕기 위해 여러 방법으로 이 활동을 통합하거나 변형할 수 있다.

■ 책임 원그래프

이 활동은 자신의 행동에 대해 책임지지 않는 아동과 작업하기 위해 시작되었다. 그러나 시간이 흐르면서 많은 청소년과 성인 내담자도 이와 같은 행동으로 어려움을 겪는다는 것을 발견했다. 그래서 우리는 이들에게로 이 활동을 확대시켜 사용하였다. 이 작업은 가족 및 집단과 함께 할 수 있지만, 사람들은 자신의 행동에 무책임했을 때, 청중들 앞에서 더 방어적으로 반응한다는 것을 발견했기 때문에, 우리는 보통 개인내담자와 이 활동하기를 좋아한다(다시 한번, 우리의 실수로부터 배워라). 또한 우리는 이 기법이 놀이치료실에서 대화치료에 가깝다는 것을 인정한다. 이 기법은 많은 대화를 포함하고 있다.

가장 먼저 필요한 것은 원이다. 우리는 이 활동을 지우는 것이 가능한 화이트보드에서 하는 것을 좋아하는데, 대화가 전개됨에 따라 원의 분할이 바뀌기 때문이다. 그러나 화이트보드가 없다면, 종이 위에 그림을 그리고 지우개가 달린 연필을 사용하여 원그래프를 그릴 수 있다. 그 후에 내담자에게 최근의 갈등이나 분쟁이 있었던 사건에 대해 말해 보도록 한다. 내담자가 상황과 관련된 사람들의 명단을 만들 때, 치료사는 원 옆에 그 이름을 적는다. 그리고 일어났던 일을 순차적으로 말하도록 한다. 내담자가 스토리를 모두 말하면 누가 그 상황을 시작했는지, 누가 지속시켰는지, 누가 상황을 해결하기 위해 노력했는지 등을 생각해 보도록 한다. 이 대화가 끝났을 때, 각각의 관련자에게 부여할 책임의 비율을 생각해 보도록 한다. 이것은 누군가를 '탓'하려는 것이 아니라 관련자들이 상황에 대해 어떤 책임을 갖는지 내담자가 발견하도록 돕는 것임을 명확히 해야 한다. 내담자가 책임을 회피하려 한다면, 이 과정에서 직면 기술을 사용하는 것이 종종 도움이 된다. 대화를 진행하면서 치료사나 내담자는 원 그래프를 만든다. 스토리가 진행될 때, 치료사나 내담자는 각 영역의 상황을 만들었거나 책임져야 하는 사람의 이름을 적은 원 그래프를 만든다(스토리가 전개되고, 각 사람의 책임이 명확해져 감에 따라 원그래프 안의 분할이 여러 번 변하기 때문에, 우리는 화이트보드를 사용하길 원한다). 최종 그래프는 발생한 일의 각 영역에 대해 내담자를 포함하여 누가 책임을 지고 있었는지를 보여 준다.

그런 다음 원그래프를 사용하여, 어떻게 개인이 그 상황을 다르게 처리할 수 있었는지, 만약 그렇게 했다면 어떤 결과를 얻었을지에 대한 스토리를 시작할 수 있다. 또한 내담자가 추후 유사한 상황에서 어떻게 다르게 처리할 수 있을지에 대해서도 의논할 수 있다.

■ 훌라후프

이 기법은 다양한 상황과 관련된 모든 형태의 사회적 기술을 탐색하기 위해 사용할 수 있다. 두 가지 주요 목표는 내담자(일반적으로 아동이나 청소년이지만, 성인도 해당된다)에게 개인적 공간 제한이나 경계설정을 실험하도록 돕는 것이다. 특히 이 활동은 사회적 기술이 부족하거나 ADHD 특성을 가진 내담자에게 유용하며, 가족이나 집단과 함께 하는 것도 재미있고, 개인내담자에게도 효과적이다. 여러분은 아마도 내담자가 싸움을 피하고 사회적 상황에서 자기통제력을 갖도록 돕기 위한 활동으로 이 활동을 확장할 수 있다.

이 활동을 위해 최소 두 개의 훌라후프(가족/집단과 하는 경우 두 개 이상의 훌라후프)가 필요하다. 훌라후프는 개인 공간의 경계이며, 훌라후프를 사용하여 다른 사람에게 얼마나 가까워질 수 있는지 그리고 어떻게 편안한 친밀감을 유지할 수 있는지 알려줄 수 있다고 말한다. 두 사람은 가까이 다가가 훌라후프를 겹치게 하고, 그렇게 했을 때 두 사람이 느끼는 것에 대해 대화하며 놀이할 수 있다. 훌라후프가 없는 상황에서 둘의 거리는 너무 가까운지, 적당한지 판단하고, 비언어적인 의사소통을 관찰하도록 연습하는 것도 흥미롭다. 이 활동은 개인 공간의 경계를 사회적으로 적절한 방법으로 전달하기, 누군가에게 너무 가깝다는 것을 알리기, 개인 공간에 대해 인식하기, 너무 가까이 다가가는 것이 많은 사람에게 공격적인 움직임으로 여겨질 수 있음을 고려하기 등을 연습하는 방법으로 사용할 수 있다.

■ 격려 전도사

이 기법은 내담자에게 격려의 기술과 긍정적인 관계의 경험을 연습하게 하는 방법이다. 이 활동은 모든 연령대의 내담자와 할 수 있지만, 우리의 경우 청소년이나 성인보다 아동에게 더 잘 '팔렸다'. 이 활동은 분명 개인내담자에게도 사용할 수 있지만 어떤 측면에서는 가족이나 집단에게 더 효과적이다.

이 활동에는 작고 판판한 나무 조각이 필요하다. 미술용품 가게에서 약 1인치에서 1½인치의 원, 별, 하트, 사각형, 삼각형 등 다양한 모양의 나무 조각을 구할 수 있다. 그 외에 필요한 재료는 볼펜이다. 내담자가 타인에게 듣고 싶거나, 말하고 싶은 긍정적인 말에 대해 브레인스토밍한다. 우리는 "굉장해!" "나는 널 아껴." "넌 특별해." "너는 많은 일을 해내는 방법을 알고 있구나." "넌 스타야." "너는 재미있어." "넌 재미있는 이야기를 해."와 같은 코멘트를 얻으려 노력한다. 평가적인 단어(대단해, 잘했어, 예뻐 등)를 배제하는 것이 도움이 되지만, 때로는 불가능할 때도 있다. 내담자가 목록을 작성한 후에, 작은 나무 조각 위에 코멘트를 쓰게 한다. 내담자가 격려를 확산하도록 돕기 위해 '격려 조각'을 줄 사람의 목록을 만들도록 돕는다. 내담자는 본인이 더 안전하다고 느끼는 정도에 따라 아는 사람에게 줄 수도 있고, 완전히 낯선 사람에게 줄 수도 있다.

■ 자기 진정

자기 진정은 실제로 기법이나 활동은 아니다. 이것은 치료사가 내담자에게 알려 줄 수 있는 도구에 가깝다. 수년간 우리는 이것에 대해 연구하거나 개발했고, 모든 내담자와 함께 사용해 왔다. 이것은 내담자가 구체적인 감정을 다루고, 불안과 스트레스를 관리하며, 자기 자신에 대해 긍정적인 감정을 개발시키고, 힘을 공유하며, 정중하게 이기고 지며, 싸움에 말려들지 않고, 자기통제력을 증가시키도록 돕는다.

다음은 우리가 사용하는 자기 진정의 목록들이다. 일부는 당신도 사용하고 있을 것이다.

1. 흔들기: 흔들의자에 앉거나 서서 중심을 잡고, 몸의 무게를 좌우로 이동시킨다.
2. 자신을 안아 주기: 한 손은 자신의 갈비뼈를 잡고, 다른 한 손으로 반대 팔꿈치의 바깥쪽을 잡으면서 두 팔로 자신을 감싼다.
3. 얼굴과 머리를 받치면서 두 손으로 얼굴 아래 반쪽까지 부드럽게 감싼다.
4. 불가사리 명상(starfish mediation)하기: 검지손가락으로 반대 손 손가락의 바깥쪽을 따라간다.
5. 작고 납작한 유리구슬이나 돌멩이를 주머니 안에 넣고 문지른다.

6. 호흡 속도를 늦추면서, 들숨과 날숨의 횟수를 센다.

7. 사틴이나 실크 조각(담요 가장자리 같은)을 주머니에 넣고 엄지와 검지손가락으로 문지른다.

8. 한 손으로 이마를 감싸고 호흡을 늦춘다.

9. 애착담요로 몸을 감싼다.

내담자의 변화를 지원하기 위한 이론적 고려 사항

이 장의 초반에 언급했듯이, 대부분의 아동중심 놀이치료사는 내담자의 행동 변화를 목표로 작업하지 않는다. 아동중심 놀이치료의 창시자인 버지니아 액슬린이 제안했듯이 "치료사는 기회가 주어진다면 자신의 문제를 해결할 수 있는 아동의 능력에 깊은 존경심을 유지한다. 선택을 만들고, 변화를 시작하는 책임은 아동의 몫이다. 치료사는 아동의 행동이나 대화를 어떤 식으로든 지시하려고 하지 않는다. 아동이 치료의 방향을 이끌고, 치료사는 그 뒤를 따른다(Axline, 1947, p. 73)." 아동중심 놀이치료사는 비지시적이기 때문에, 우리가 이 장에서 서술한 기술 중 그들이 절대로 사용하지 않는 교육하기 기술을 제외한 다른 기술을 할 수 있다 하더라도 사용하지 않을 것이다.

다른 접근법의 놀이치료 임상가들은 모두 이 장의 기술과 기법들을 사용할 수 있다. 접근법에 따라 목표는 꽤, 자주 달라질 수 있다. 아들러학파 놀이치료 임상가는 개방적으로 모든 기술을 사용할 것이다. 개선이 가능한 내담자 삶의 모든 측면, 즉 사고·감정·행동·상호작용 등의 변화를 위해 활용할 수 있는 모든 기법을 사용하는 것이 중요하다고 믿는다. 인지행동 놀이치료 임상가는 주로 내담자가 (자기대화와 같은) 자신의 사고와 (사회적 기술이나 자기주장 기술과 같은) 행동에 변화를 가져오도록 고안된 기법에 초점을 둘 것이다. 생태학적 놀이치료 임상가는 목표지향적이며 다양한 기법에 유연하다. 따라서 이 장에서 설명한 대부분의 활동에 개방적일 가능성이 높으며, 선택된 목표를 위해 특정 내담자와 작업할 것이다. 게슈탈트 놀이치료 임상가는 사람들이 보다 정서적으로 인식하고 표현하도록 돕기 위해 고안된 동작과 미술기법에 초점을 두는 경향이 있다. 융학파 놀이치료 임상가 대부분은 상대적으로 비지시적인 경향이 있기 때문에, 아마도 (교육하기 기술을 제외한) 이 장에서 서술된 기술을 수용적으로 사용할 것이며, 어쩌면 몇몇 미술기법이나 모래상자 기법에만 관심이 있을 것이다. 특히 은유 기법은 자기이미지에 대한 사고와 행동을 대상으로 작업하는 내러티브 놀이치료 임상가에게 확실히 매력적일 것이다. 정신역동 놀이치료 임상가는 내담자의 적응적 기술의 개발과 보다 세련된 방어기술의 개발을 지원하기 위해 작업하기 때문에, 이 장의 기술 중 일부를 기꺼이 사용하겠지만, 아마도 목표를 위해 우리가 기술했던 것과 다른 문구를 사용할 것이다. 비록 이 장에서 표준적인 테라플레이 개입 전략은 없지만, 테라플레이 치료사들은 내담자의 애착형성을 돕기 위한 기법에 개방적이며, 이 장에 기술된 활동 중 상당수는 그러한 목적으로 사용될 수 있다. 그리고 통합적/처방적 놀이치료 임상가는 내담자의 목적과 시기에 따라 모든 활동을 개방적으로 사용할 것이다.

옮겨 가면서

자, 이제 여러분에게 달려 있다. 우리는 내담자의 변화를 지원하기 위해 우리가 최근에 놀이치료에서 사용하는 대부분의 기술과 기법을 소개하였다. 우리가 포함하지 못한 유일한 것을 우리 둘 모두 활동법의 설명이 너무 어렵다고 생각했거나, 우리가 누군가로부터 배운 것이지만 기억이 나지 않아 출처를 밝힐 수 없거나, 아직 개발을 끝내지 못한 활동들이다. 여러분이 다른 사람으로부터 배웠거나 문헌에서 읽은 기술들을 그대로 사용하거나 수정하여 사용하려고 할 때, 우리가 제시한 목록들이 여러분에게 자신만의 것을 창조할 수 있도록 영감을 주기를 바란다. 우리는 이 책을 집필하는 가장 중요한 임무가 완수되었기를 바란다. 자신의 권한을 스스로에게 위임하라(우리가 "열중하라."고 말했던가? 열중해라!).

놀이치료를 교육하기 위한 우리의 탐구 과정에서, 우리가 전달하고자 하는 마지막 도구는 부모, 가족구성원, 교사와 아동 및 청소년의 삶에서(그리고 발달수준에 따라 성인의 삶에서) 의미 있는 사람과 작업하는 것에 관한 것이다. 우리는 놀이치료사가 되는 것에 이끌리는 많은 사람들이 권위 있는 사람과의 작업을 조금 두려워한다는 것을 알고 있다. 만약 자신이 부모/교사와의 작업을 걱정하고 있는 사람 중 한 명이라면, 우리는 당신을 안심시키고 싶다. 그들은 단지 장성한 아이들과 같다. 그들도 자주 겁을 먹는다. 그들도 상처받고, 혼란스러우며, 상실감을 느끼고, 그 외의 다른 감정들을 느낀다. 그리고 많은 경우 그들도 우리의 아동내담자처럼 많은 도움이 필요하고, 지원과 연민 어린 관심이 필요하다.

Interlude 7

자신에게 권한 주기

여러분은 이 책에서 다룬 많은 기법들이 저자 중 누군가, 또는 저자의 제자 중 누군가에 의해 개발되었다는 것을 알아챘을 것이다. 그리고 다른 많은 기법은 다른 누군가가 개발한 것을 수정한 것이다. 우리는 여러분이 이 책을 통해 권한을 얻기를 바란다. 즉, '무언가'를 만들기 위한 권한, 다른 누군가에게 배운 활동이나 기법을 변경할 수 있는 권한, 내담자에게 충분히 주의를 기울여 내담자가 좋아하는 활동의 종류와 방법을 치료사가 알고 있을 권한, 자신을 놀이치료사로서 진지하게 생각할 권한, 놀이치료실에서 재미있을 권한, 어린이가 되거나 청소년이 되는 것이 어떤 것이었는지 기억할 권한, 여생을 재미있게 보낼 권한, 놀이치료사로서 자신을 가볍게 생각할 권한, 놀이치료실에서 다른 사람으로 가장해 볼 권한, 내담자의 입장이 되어 볼 권한, 자신의 귀·마음·영혼으로 내담자와 내담자의 삶에 귀를 기울이고 바라보아 줄 권한, 내담자의 귀·마음·영혼으로 내담자와 내담자의 삶에 귀를 기울이고 바라보아 줄 권한, 놀이치료실 안에서 자신과 내담자의 안전을 지키기 위해 활기찬 경계 설정을 할 권한, 놀이치료실 안에서(그 외 모든 곳에서) 자기 자신이 되는 권한을 가지라.

(눈을 감아 보자. 우리가 거대한 마법 지팡이를 휘둘러 여러분에게 그 권한을 줄 것이다)

이제 자신의 권한을 스스로에게 위임하라!

제8장

부모, 교사, 가족과의 작업

정보 수집을 위한 부모/교사 면담

협력자로서의 부모/교사

가족놀이치료

부모/교사자문 및 가족놀이치료 기술

부모/교사자문 및 가족/소집단놀이치료 기법

부모/교사와의 작업에서 이론적 고려 사항

옮겨 가면서

*　　*　　*

　여러분은 아마도 우리가 새로운 장을 시작할 때 많은 질문들로 여러분을 심문하며 시작한다는 것을 눈치챘을 수 있다. 일관성이라는 명목하에, 이 장에서도 같은 것을 하려고 한다. 부모, 교사, 가족을 놀이치료 과정에 참여시키기 위해 고려해야 할 점이 있다. 여러분은 내담자를 어떻게 정의하는가? 아동인가, 가족인가, 아니면 동의를 제공하는 사람(즉, 부모 또는 보호자)인가? 여러분은 아동이나 청소년과의 놀이치료 과정에 부모/교사를 참여시킬 필요가 있다고 생각하는가? 누구를 참여시킬지 어떻게 결정하는가? 그들을 참여시켜야 할지, 얼마나 참여시켜야 할지 어떻게 결정하는가? 치료과정에서 부모/교사는 어떤 식으로 도움이 되는가? 부모/교사와의 작업에서 치료사의 목표는 무엇인가? 치료사를 안내하는 이론은 부모/교사를 참여시키는 것에 대해 어떻게 말하는가? 여러분은 다른 가족구성원을 치료과정에 참여시키는 것이 도움이 된다고 생각하는가? 만약 그렇다면, 얼마나 자주, 어느 정도까지 참여시키는가? 만약 아동이나 청소년이 학교에서 어려움을 겪고 있다면, 다른 학생들을 치료과정에 참여시키는 것이 도움이 된다고 생각하는가? 만약 그렇다면, 얼마나 자주, 어느 정도까지 참여시키는가? 가족구성원이나 학급 친구들과 작업할 때 목표는 무엇인가? 치료사를 안내하는 이론은 가족구성원이나 학급 친구들을 참여시키는 것에 대해 어떻게 서명하는가(우리는 대부분의 이론적 접근들이 가족구성원과 학급 친구의 참여에 대해 실제로 다루지 않는다는 것을 알고 있다. 따라서 만약 여러분을 안내하는 이론이 그것을 언급하지 않더라도, 여러분은 자신의 생각을 정리해 볼 수 있다)?

　이 장은 놀이치료 내담자를 아동으로만 제한하지 않고, 모든 연령대의 사람을 돕는 것에 초점을 두기 때문에 특별하다. 부모/교사(어쩌면 아동의 가족구성원이나 학급 친구)의 참여에 대해 말하는 것은 마치 놀이치료 내담자를 아동 또는 청소년이라고 가정하는 것과 같다. 우리는 이 기술과 기법 중 일부가 커플, 성인, 동료 등에도 적용될 수 있다고 믿는다(우리는 치료사가 설명의 범위를 확장하고, 이 장에서 다루는 요점과 아이디어를 아동 및 성인과의 관계 외에도 다양하게 사용하기를 바란다).

아동 및 청소년과의 작업에서 부모는 치료사에게 가장 가치 있는 협력자가 될 수 있다. 우리는 가족 내 관계와 역동이 아동, 청소년, 성인의 성격과 기능 형성에 영향을 미친다고 생각하는 경향이 있다(우리가 성인 내담자의 부모를 놀이치료 회기에 오도록 설득한 적은 거의 없지만, 만약 그들이 참여한다면 도움이 될 것이다). 우리는 놀이치료 과정에 부모를 참여시키기 위해 부단히 노력한다. 때때로 우리는 내담자가 없는 상태에서 부모와 함께 작업하기도 하고, 어떤 때에는 내담자와 부모 또는 모든 가족과 작업하기도 한다. 이러한 작업은 놀이치료 초반에 치료사에게 내담자가 보이는 문제에 대한 안내자 역할을 할 것이다. 또한 우리는 내담자에 대해 알게 된 것(또는 알고자 하는 것)을 활용하여 가족놀이치료와 같은 회기로 가족구성원을 언제, 어떻게 참여시킬지 결정한다.

교사 역시 아동/청소년의 기능에 영향을 미친다. 교사의 권고에 의해 우리가 아동을 만나는 것이 드문 일은 아니다. 아동이 보이는 문제들이 학교에서의 어려움이며, 때때로 교사들도 학생이 가정에서 어려움을 겪고 있고, 외부 전문가의 도움이 필요하다고 고민하기도 한다. 우리는 교사가 학생과 함께 회기에 올 것이라고 기대하지 않는다. 학교 밖 치료실이라면 더욱 그렇다. 그러나 우리는 교사와 전화 통화를 하거나, 교실에서 교사를 만나거나, 회의를 통해 만나는 것이 여러 면에서 강력한 도구가 될 수 있다는 것을 발견해 왔다.

또한 치료과정의 일부로 다른 가족구성원(그리고 학교에서 어려움을 겪고 있는 아동/청소년과 관계된 다른 학생들)을 참여시키는 것도 도움이 될 수 있다. 우리는 아동의 어려움을 체계의 맥락 안에서 살펴보는 경향이 있기 때문에, 아동이 가정에서 어려움을 겪는 경우, 다른 가족구성원을 가족놀이치료에 참여시킨다면 긍정적인 정신건강 증진에 도움이 된다. 만약 아동이 학교에서 어려움을 겪는다면, 치료과정에 종종 교사와 다른 학생들을 참여시키는 것이 유익할 수 있다[물론 이것은 학교상담사, 학교사회사업가 또는 학교 기반 정신건강 제공자가 가장 잘 수행하며, 놀이치료 집단에 다른 학생들을 참여시키려면 그들의 부모로부터 동의를 얻어야 한다(이것은 아마 언급할 필요조차 없는 것이겠지만, 유감스럽게도 우리는 이것을 언급해야만 한다고 느꼈다).

정보 수집을 위한 부모/교사 면담

부모는 어떤 문제나 상황에 대해 아동/청소년내담자와 다른 관점을 가질 수 있지만, 부모의 관점도 내담자의 문제나 상황과 관련이 있다. 심지어 온 가족이 같은 사건을 경험하더라도, 그 사건을 각 구성원마다 다르게 해석한다. 예를 들어 이혼의 경우, 한 부모는 안도하고 미래에 대해 기대감을 가질 수 있으나, 다른 한 부모는 절망하고 우울해할 수 있다. 자녀들도 다가올 미래를 확신하지 못하고, 부모 중 한 명을 선택해야 하는지, 아니면 부모 중 한 명이나 또는 부모 모두를 잃을 수도 있다는 것을 걱정하며 혼란과 갈등을 경험할 수 있다. 만약 자녀가 여러 명이라면 이혼을 각각 다르게 해석할 수도 있다. 가족면담은 가족구성원 중 누군가에게 문제가 생겼을 때, 구체적인 상황·사람·관계·변화에 대한 다른 구성원의 느낌과 생각에 대해 놀이치료사와 가족들이 알 수 있도록 돕는다.

부모는 놀이치료사에게 아동/청소년내담자의 발달에 관한 정보(예: 아동이 일반적으로 예상되는 시기에 기기·걷기·말하기를 배웠는지 여부, 아동의 질병, 선천적 이상, 학습 장애), 애착의 단절(예: 부나 모의 파병, 입양, 위탁양육), 가족구도(family constellation, 예: 아동의 출생 순위 및 연령, 아동의 성별, 자녀의 터울), 가족 내 약물 사용(예: 형제자매나 부모, 태내), 최근의 어려움이나 변화(예: 애완동물의 사망, 이혼, 이사), 그리고 트라우마 경험 등의 정보를 제공한다. 부모는 어쩌면 놀이치료 과정에서 중요한 가족 비밀을 공유할 수도 있다. 또한 우리는 드러난 문제의 맥락 안에서 문화적 가치와 신념에 대해 묻기도 한다. 예를 들어, 만약 한 가족이 가족구성원의 죽음으로 치료실에 방문했다면, 우리는 그 가족이 죽음에 대해 믿는 것과 가족의 애도방법에 대해 알기를 원한다. 그 가족은 환생을 믿는가? 그들은 고인이 천국에 간다고 믿는가? 그 가족은 고인의 삶을 기리거나 죽음을 애도하는가?

또한 교사는 아동/청소년내담자의 기능에 대한 정보를 줄 수 있다. 우리는 내담자가 또래나 성인과 관계를 형성하는 방법, 그들의 장점이나 한계 범주, 주목할 만한 내담자의 기능 변화, 학습 능력과 흥미에 대해 질문한다. 때때로 우리는 학교를 방문했을 때, 복도를 돌아다니고, 교실에서 작업을 하고, 쉬는 시간에 놀이를 하며, 점심시간에 상호작용을 하는 '활동 중인' 내담자를 관찰할 기회를 갖는다. 이러한 각 장면들은 내담자가 다양한 영역에서 어떻게 기능하는지, 다른 사람들과 어떻게 상호작용하는지, 그리고 다른 사람들은 그들과 어떻게 상호작용하는지에 대해 가치 있는 피드백을 제공한다.

우리가 아동/청소년내담자의 삶에 대해 성인과 나누는 중요한 논의는 성인이 내담자에 대해 어떻게 느끼고 생각하는가에 관한 것이다. 우리는 부모/교사가 내담자에 대해 좋아하고 싫어하는 점을 알고자 한다(불행히 많은 부모/교사는 후자에 대한 대답에 더 많은 시간을 할애한다). 이 정보를 아는 것은 우리가 내담자를 이해하는 데 도움이 된다. 내담자의 자원에 대한 질문은 성인이 내담자에게 좋아했던 점을 상기시켜 준다. 이것은 내담자와 관련된 스트레스로 성인들이 때때로 간과했던 것들이다.

다음은 우리가 부모/교사에게 자주 하는 질문이다. 당신은 현재 문제를 어떻게 정의하거나 묘사하십니까? 문제는 언제부터 시작되었나요? 문제가 시작되었을 때 아동/가족의 삶에서 무슨 일이 일어나고 있었나요? 문제행동(사고, 감정, 태도)은 언제부터 두드러지거나 심각해졌나요? 언제 잦아드나요? 이것은 누구(부모, 아동, 다른 아동들/성인들, 교사, 모두)에게 문제인가요? 과거에 당신은 어떤 노력을 했나요? 약간이라도 효과가 있었던 것은 무엇입니까? 훈육은 누가 맡으며, 어떻게 이루어집니까? 아동은 교정, 수정, 처벌, 결과에 어떻게 반응하나요? 아동은 다른 아동과 어떻게 상호작용하나요? 성인과는 어떻게 상호작용하나요? 권위 있는 사람과는 어떠한가요?

협력자로서의 부모/교사

아동내담자와 작업하는 경우, 관계형성만 가능하다면 부모/교사는 놀이치료 과정에서 가장 큰 협력자가 될 수 있다. 많은 경우, 부모는 아동/청소년을 놀이치료실에 데려다주며 "이 아이를 고쳐 주세요. 그렇지만 나는 아니고요."라고 말한다(우리가 냉소적으로 이해하려는 것은 아니지만, 이런 일이 얼마나 자주 일어나는지는 상상하기 어려운 정도이다). 만약 치료사가 놀이치료 과정의 일부로 자문, 가족놀이치료, 학생과의 소집단에서 부모/교사를 참여시키는 것이 중요하다고 믿는다면, 자발적인 협력자로 그들을 참여시키기 위해 놀이치료로 '홍보'하기 위한 약간의 전문지식을 습득해야 한다. 아동을 지원하기 위한 파트너로 이 중요한 성인을 영입하기 위해서, 우리는 몇 가지 전략을 사용한다. 우리가 가장 좋아하는 전략은 ① 관계를 형성하고 유지하기, ② 놀이치료 과정에서 역할의 중요성을 확실하게 이해시키기, ③ 흔히 놀이치료는 기적의 치유법이 아니며 오랜 시간이 걸린다는 점을 초기에 전달하기, ④ 우리가 해야 할 말의 전달방식을 듣는 사람에게 맞추어 경청할 가능성을 극대화하기, ⑤ 문제의 발생과 해결을 위해 책임을 공유해야 한다는 체제적 접근법에 대한 의견을 설명하기이다.

부모와 교사를 놀이치료 팀으로 참여시키는 첫 번째 단계는 관계형성을 위해 치료사의 치료기술을 사용하는 것이다. 그들은 누군가 자신에게 귀를 기울여 주고, 이해하며, 지지하고, 보살핀다는 것을 느낄 때, 자신의 이야기에 귀를 기울여 준 치료사의 말을 더욱 경청하는 경향이 있다. 치료사가 그들에게 보살핌을 전달했다면, 그들은 치료사에게 통찰력과 안내를 구하고, 권고를 따르려고 할 것이다.

우리는 부모(교사 및 아동/청소년내담자의 다른 가족구성원)의 참여가 필수라고 믿기 때문에, 부모의 역할이 자녀의 삶에 얼마나 중요한지 대화를 나눈다. 아동은 우리와 일주일에 한 시간 정도 교류하는 반면, 하루 중 24시간, 일주일 중 7일을 부모와 생활한다(또는 일주일 중 5일을 교실에서 함께 생활한다). 우리는 그들이 아동과 관계를 형성하는 가장 좋은 방법을 생각해 낼 수 있다고 강조하며, 그들은 우리가 아동으로부터 직접 파악하기 어려운 것들을 알고 있음을 전달한다. 즉, 그들은 아동의 발달사, 문제발생 과정, 아동의 상황을 더 나아지게 하기 위해 시도해 온 노력들, 그들의 문화가 아동에게 미치는 영향, 아동의 개인내 및 개인간 역동을 탐색하기 위해 도움이 될 만한 것들을 이미 알고 있다. 교사는 의사소통 기술, 학습스타일, 문제해결 전략, 학습의 어려움, 또래관계 등에 대해 알고 있다. 부모/교사는 아동과 밀접한 관련이 있으며 많은 시간을 함께하기 때문에, 아동의 사고·감정·행동·상호작용 안에서 만들어지는 변화와 패턴에 통찰이 가능하면서, 아동/청소년을 지원할 수 있는 특별한 위치에 있다. 부모(교사와 작업하는 경우, 교사)와의 첫 만남에서부터 치료사와 아동/청소년은 그들의 도움이 필요하며, 치료적 진전을 위해 그들이 결정적인 역할을 한다는 것을 강조하는 것이 도움이 된다. 아동의 긍정적인 성장을 촉진하기 위해 성인의 지원과 격려가 결정적이라는 생각을 상기시킬 필요가 있다. 그들은 치료사가 이 과정에서 할 수 있는 것보다 실제로 훨씬 더 중요한 일을 한다. 또한 치료사는 성인들이 홀로 노력하는 것이 아니라는 것을 확신하도록 작업해야 한다. 치료사는 이 여정에서 코칭, 격려, 피드백을 제공하면서 성인 및 내담자와 함께할 것이다.

또한 우리는 부모/교사에게 놀이치료가 점진적 과정이라는 것을 상기시킨다. 놀이치료는 빠르고 쉬운 것이 아니고, '그냥 놀이'를 하는 것도 아니며, (비록 우리 둘 다 마법 지팡이를 가지고 있긴 하지만) 마법도 아니다. 내담자를 만나기 전에 놀이치료가 무엇인지(또는 무엇이 아닌지) 예비교육을 제공하는 것도 종종 유용하다. 이것은 놀이치료실 안에서 치료사와 내담자가 티들리 윙크 게임을 하며 봉봉을 먹고 있다고 생각하는 부모/교사와의 어려운 상황을 미연에 방지하도록 돕는다.

또한 우리는 부모/교사와 의사소통하면서, 우리가 알고 있는 개인내 및 개인간 역동을 활용한다. 우리는 성격 우선순위(personality priority)에 대한 아들러의 개념을 활용하지만, 이 전략을 활용하기 위해 치료사가 꼭 아들러학파일 필요는 없다. 성격 우선순위는 소속감, 의미감, 숙달감을 얻는 방법에 대해 개인의 확신을 기반으로 한 행동과 반응의 패턴이다(Kfir, 2011). 네 가지 성격 우선순위는 편안함(comfort), 기쁘게 하기(pleasing), 통제(control), 우월(superiority)이다. 성격 우선순위는 부모의 양육방법, 자녀와의 관계, 교사가 학생과 상호작용하는 방법에 중요한 영향을 미치기 때문에(Kottman & Ashby, 1999; Kottman & Meany-Walen, 2016), 우리는 성격 우선순위에 대해 이해한 것을 활용하여 우리의 '홍보'를 그들에게 맞춤 설계한다. 각각의 성격 우선순위에 의해 불만 패턴이 설명되기 때문에, 부모/교사가 묘사하는 부모의 삶과 아동의 문제를 들을수록, 그들의 성격 우선순위는 명백해진다. 치료사는 부모의 참여 가능성을 높이기 위해, 성격 우선순위에 대한 치료사의 신념을 활용하여 상호작용 방법을 맞춤 설계할 수 있다. 이 때 전술은 성인의 말을 경청하고 그들의 성격 우선순위에 대한 가설을 세우는 것인데, 그 후에 치료사는 최선의 협력적인 관계를 만들면서 놀이치료가 어떻게 그들과 자녀의 삶을 더 나아지게 할 수 있는지, 그리고 놀이치료 과정을 어떻게 설명할 것인지 설계할 수 있다.

편안함을 지향하는 부모/교사의 주된 불만 사항은 부모/교사가 되는 것이 어렵고 스트레스와 불편을 초래한다는 것이다. 그들에게 접근하는 가장 좋은 방법은 돌봄 팀의 일원이 되는 것이 어떻게 그들의 삶을 더 수월하게 하고, 덜 스트레스 받게 하며, 더 편안하게 만들 수 있을지 설명하는 것이다. 기쁘게 하려는 부모/교사는 다른 모든 사람들을 행복하게 하려는 시도가 반복적으로 실패함에 따라 자신의 능력을 믿지 못한다. 그들의 협력을 이끌어 낼 방법은 모든 사람을 행복하게 하는 것은 불가능하지만, 모든 사람이 더 잘 지낼 수 있도록 치료사가 그들에게 지원과 권고를 한다는 것을 상기시킨다. 성격의 우선순위가 통제인 부모/교사는 자신이 타인(예: 아동, 배우자, 놀이치료사)이나 상황(예: 학교에서 아동이 어떻게 지내는지), 또는 자신에 대한 통제권이 있는지 확인하기 위해 노력하지만, 통제할 수 없다고 느낀다. 그들에게는 치료사와 함께 작업하면서 통제감을 더 느낄 수 있다는 것을 제안하는 것이 도움이 된다(우리가 더 통제적이 '된다'라고 말하지 않는다는 것에 주목해라). 그리고 치료사는 아동과의 상호작용에 도움이 될 만한 몇 가지 아이디어를 생각해야 한다. 성격의 우선순위가 우월감인 부모/교사는 자신과 자녀에 대한 기준이 꽤 높기 때문에, 자녀들이 이 기준을 충족시키지 못하는 것에 사로 잡혀있다. 이들과 협력관계를 맺기 위해서는 그들이 얼마나 열심히 일하고 있는지, 얼마나 아동의 복지에 헌신하고 있는지, 그리고 치료사가 그들의 모든 노력과 지식에 얼마나 깊은 감명을 받고 있는지 인정해 주는 것이 필요하다. 그들은 치료사에게 인정받고 있다고 느끼면서, 기꺼이 아동과의 작업에 협력적인 파트너가 될 것이다. [자! 우리는 방금 『Partners in Play: An Adlerian Approach to Play Therapy』(Kottman & Meany-Walen, 2016)의 50페이지 분량을 단 두 단락으로 요약했다. 누가 놀이치료사는 기적을 행하지 않는다고 말하는가!]

　내담자의 삶에서 중요한 사람들과 대화할 때, 우리는 내담자가 겪고 있는 어려움이 그들만의 것이 아님을 언급한다(이는 심지어 성인과의 작업에도 해당된다. 우리는 종종 내담자에게 배우자, 형제, 부모 그리고 내담자의 체계 안에 있는 주변인과 함께 치료실에 오도록 한다). 치료사가 내담자의 어려움을 바라보는 관점은 내담자와 관련된 모든 사람들이 문제의 발생과 유지에 관여하고 있다는 것이며, 확인된 내담자와 가족/학급 내 다른 구성원들의 상황을 개선하기 위해 가족/학급 내의 모든 구성원의 참여가 필요하다는 것을 설명한다. 이 논의의 일환으로 체계 내의 모든 사람은 몇 가지 요청을 받게 될 수 있다고 강조하는 것도 도움이 된다. 내담자를 향한 태도와 서로를 향한 태도의 변화, 내담자와의 상호작용에 대한 변화, 양육전략 및 가족관계 또는 부부 간 상호작용의 변화가 그것이다. 또한 우리는 아동이 만들고 있는 변화를 지원하기 위해 가족이 기꺼이 우리와 작업한다면, 참여하지 않을 때보다 더 빠르게 개선될 것이라는 믿음을 강조한다. 우리는 이 중요한 사람들에게 관계 초기에 이러한 이야기를 전달함으로써, 종종 '그냥 놀이하고 있다'는 오해에서 벗어날 수 있다.

가족놀이치료

부모/교사자문 외에, 가족놀이치료를 시작하는 것도 좋다. 가족놀이치료는 "상호 간에 만족스럽고 관계적으로 유익한 방법으로 가족이 함께 참여하도록 초대한다(Czyszczon, Riviere, Lowman, & Stewart, 2015, p. 186)." 가족놀이치료는 가족구성원 간의 관계를 구축하고, 개인간 역동을 탐색하며, 내담자가 자신의 문제 및 가족구성원과 관련된 문제에 대한 통찰을 얻도록 돕고, 내담자가 다른 가족구성원과 잘 어울릴 수 있도록 보다 적절한 새로운 방법을 익히고 연습할 기회를 제공한다. 가족과의 놀이치료 작업에 이 장에 기술된 많은 기법이 효과적일 것이다.

가족놀이치료에 초점을 맞춘 최근의 저서(Green, Baggerly, & Myrick, 2015)에서, 저자들은 많은 놀이치료사들이 놀이치료 회기 안에 모든 가족구성원을 어떻게 참여시킬 것인지 확신이 서지 않는다고 하였다. 이 불확실성은 치료사들이 성인과 아동을 동시에 참여시키는 방법을 잘 모른다는 의미로 이해할 수 있다. 그러나 가족이슈가 아동을 놀이치료실에 오게 하는 중요한 이유이기 때문에, 그 과정에 가족을 참여시키는 것은 중요하고 합당한 작업이다. 가족놀이치료는 모든 가족구성원의 참여를 유지하며, 아동과 성인의 발달 욕구를 충족시키고, 가족 문제에 대한 해결책을 만드는 데 도움이 된다. 모든 놀이치료 접근이 가족놀이치료에 대해 연구해 온 것은 아니다. 우리는 가족놀이치료에 대해 우리가 찾을 수 있는 모든 이론적 접근, 즉 아들러학파 가족놀이치료, 아동중심 가족놀이치료, 인지행동 가족놀이치료, 융학파 가족놀이치료, 내러티브 가족놀이치료, 테라플레이에 대해 다루고자 한다.

아들러학파 가족놀이치료에서, 코트먼과 미니월렌(Kottman & Meany-Walen, 2015)은 가족구성원들이 서로 영향을 미치기 때문에, 가족구성원 모두를 치료과정에 참여시키는 것이 중요하다고 설명했다. 아들러학파 가족놀이치료에서 치료사는 가족규칙, 기대, 기능을 탐색하기 위해 활동과 질문 전략을 사용한다. 치료사가 가정관리 방식을 명확히 이해함에 따라, 가족구성원들이 놀이치료 전략을 사용하여 개인과 가족구성원의 패턴을 통합할 수 있도록 도울 것이다. 놀이치료사는 그들이 선한 의지와 친절함을 가지고 서로를 더 이해하도록 돕기 위한 활동을 고안하고, 서로 관계하고 상호작용하는 새로운 방법을 교육하며, 구성원들에게 이러한 새로운 패턴을 연습할 기회를 준다.

아동중심 놀이치료사는 부모-자녀관계의 중요성을 강조하며(Landreth & Bratton, 2006), 상담서비스를 받는 아동의 증상 완화에 부모-자녀관계가 효과적임을 강조한다(Bratton et al., 2005). 전형적으로 가족놀이치료 회기는 정보 수집과 진행 상황의 사정을 넘어 수행되지는 않는다. 오히려 아동중심 놀이치료 기술을 익히고, 부모-자녀관계 개선을 위해 부모는 부모놀이치료 훈련이나 부모-자녀관계 치료에 참여하도록 권유받는다. 부모놀이치료(Guerney, 1964; VanFleet & Topham, 2016)는 개인이나 집단에게 공감적 이해와 수용을 교육하기 위해 활용된다. 부모는 회기 수가 정해지지 않은(때로는 최대 몇 년) 만남을 가지며, 그들은 모임에서 집단의 다른 구성원 및 리더/치료사로부터 지지받는다. 부모는 가정에서 수행하는 놀이에서 자녀와 활용할 수 있는 비지시적인 놀이치료 기술을 배운다. 기술을 강화하고 경험을 다루기 위해, 부모는 치료 회기에서 치료사/집단구성원과 자신의 경험을 토론한다. 부모-자녀관계 놀이치료(Landreth & Bratton, 2006)는 버나드 거니(Bernard Guerney)와 루이즈 거니(Louise Guerney)의 작업에서 개발된 10회기의 부모놀이치료 모델이다. 이 매뉴얼화된 모델에서, 놀이치료 전략을 배우기 위해 부모 집단은 매주 만남을 갖는다. 부모놀이치료 모델처럼, 그들은 모임에서 배운 기술을 사용하여 매주 자녀와 가정에서 놀이 회기를 갖는다. 부모는 자신의 회기를 녹화하고, 녹화된 내용을 집단으로 가져와 구성원이나 리더로부터 피드백을 받는다. 이 모델은 풍부한 연구자료들로 그 효과를 인정하고 있다.

셸비(Shelby, 2015)는 인지행동 가족놀이치료를 설명하면서, 부모와 자녀가 함께 협력하며 서로의 관점을 이해하도록 돕는 상호작용적이고 놀이에 기반한 활동을 강조하였다. 치료사는 부모가 합리적인 결정을 내리고, 성취가능한 기대를 가질 수 있도록 돕는다. 인지행동 가족놀이치료에서 가족구성원에게는 일반적으로 제공되는 정보와 지시 외에도 과제가 주어진다. 가족구성원들은 진전과 의문사항을 논의하기 위해 상담회기를 갖는다.

융학파 가족놀이치료사는 가족구성원의 역할, 개인신념, 가족가치관, 그리고 보여지는 문제에 대한 개인의 가족력 등을 이해하기 위해 대화의 상징적인 언어를 놀이와 융합한다(Pare, 2015). 치료사는 융의 개념과 가족체계 개념을 사용하여, 개별 가족구성원, 가족 하위체계, 전체 가족문제에 대한 가설을 세우고, 가족 및 가족구성원과 작업하는 방법을 결정하기 위해 그림자, 개인의 역할, 역동(예: 희생양, 공주, 사악한 의붓어머니 등)에 대한 가설을 제시한다. 다양한 가족의 하위체계는 다양한 시점에서 회기에 참여할 것이며, 모든 구성원은 치료의 전 과정에 일정 부분 참여할 것이다. 융학파 가족놀이치료의 궁극적인 목표는 가족구성원들이 문제 해결을 위해 치료사에게 덜 의지하고 가족구성원들에게 더 의지하게 되면서, 서로를 지지하고, 놀이로 가득하게 되며, 가족의 삶을 증진시키고, 서로 간의 관계를 강화하는 것이다.

내러티브 가족놀이치료의 기본적인 믿음은 가족구성원 개개인이 자신의 인생 스토리를 가지고 있고, 그 스토리를 만들어 갈 때 다른 가족구성원도 어떤 역할을 하고 있다는 것이다(Taylor de Faoite, 2011). 놀이치료사는 은유와 다양한 스토리텔링 기법을 통해, 각 개인 스토리의 고유성을 이해하려고 노력한다. 그 후 다 함께 가족으로서, 그들은 개인내 및 개인간 역동을 개선하기 위한 방법으로 자신의 스토리를 조정·수정·추가·변경하고, 이해하며, 스토리 리텔링을 위해 서로 돕는다. 내러티브 놀이치료 과정에 가족을 참여시킴으로써, 상담이 보다 효율적이고 효과적일 것이라고 믿는다.

먼스와 먼스(Munns & Munns, 2015)는 부모가 자녀의 기본적인 관계 욕구에 민감하게 반응하도록 돕는 것이 테라플레이의 주요 요소라고 주장했다. 부모(또는 보호자)와 자녀가 각 회기에 적극적으로 참여하기 때문에, 모든 테라플레이 회기는 가족 회기라고 볼 수 있다. 성인과 아동의 관계는 치료의 중심이다. 부모는 노래, 춤, 양육적 신체접촉을 동반하는 놀이 활동처럼 재미있고, 놀이로 가득하며, 상호작용적인 기법을 배운다. 그들은 부모-자녀관계를 개선하고 자녀와 애착을 안정화하기 위해 이러한 활동을 연습하고, 완수해야 하는 과제를 받게 된다.

부모/교사자문 및 가족놀이치료 기술

일반적으로 우리는 부모/교사자문과 가족놀이치료에서 기본적인 상담기술을 사용한다. 우리는 제4장에서 다루었던 바꾸어 말하기, 감정반영하기, 개방형 질문하기, 적극적 경청하기, 그리고 기타 관계형성을 위한 기술을 사용하고, 제5장에서 요약한 기술들로 질문을 하고 반응을 관찰한다. 우리는 제6장에서 논의한 것과 같이, 해석과 은유를 통해 불일치에 직면시킨다. 그리고 제7장에서 서술한 것처럼 약간의 교육을 할 수도 있다. 부모/교사자문의 목표가 자문이라고 하더라도, 즉 정보를 확인하고, 수집하고, 아동 및 청소년내담자와의 관계에 도움이 될 수 있는 정보를 전달하는 것이라고 하더라도, 우리는 여전히 부모/교사와 신뢰를 바탕으로 치료적 관계를 구축하고 유지할 필요가 있다. 관련된 사람(stakeholder)들과 작업하거나 가족놀이치료를 할 때, 추가적으로 도움이 되는 기술과 태도는 재구성하기와 '스테이크(stake in the ground)'의 정의 돕기이다.

❃ 재구성하기

재구성하기의 목표는 부모, 교사, 다른 가족구성원이 내담자나 문제를 다른 관점으로 볼 수 있도록 돕는 것이다. 이를 위해 치료사는 내담자, 내담자의 행동이나 태도에 대한 타인의 관점을 듣고, 그것이 어떤 측면에서는 다른 사람에게 문제가 된다는 것(예: 짜증나게 하기, 좌절시키기, 힘들게 하기)을 인식하는 것이 중요하다. 그 후 내담자는 그 문제를 보다 긍정적이고 낙관적으로 만들 수 있는 다른 방법을 고안하기 위해 노력할 것이다. 때때로 부모나 교사에게 내담자에 대한 타인의 관점을 수용하도록 요청하는 것도 필요하다(예: "나는 당신이 조지에 대해 걱정하고 있다는 것을 알아요. 그리고 나는 그의 반 친구들이 그를 좋아한다는 것을 알아챘어요. 당신은 그 친구들이 그에 대해 뭐라고 말할 것 같은가요?" "나는 당신이 그레텔은 훌륭한 꼬마였다고 말하는 것을 들었어요. 그녀는 지금 열세 살이에요. 그녀를 어떻게 양육해야 하는지 알게 되는 것이 훨씬 어려운 일처럼 느껴지네요. 그레텔은 내가 만나는 다른 청소년들에 비해 내게 큰 기쁨을 준다고 말한다면 당신에게 도움이 될까요?" "호아킨이 수업 시간에 너무 많은 질문을 해서 속을 썩고 있는 것 같네요. 전문가들이 흔히 말하기를, 영재들은 그들과 그들 자신 그리고 사물에 대한 생각을 발견하기 위해 노력하면서, 마치 성인에게 도전하는 것처럼 보이기도 한다는데, 호아킨이 그럴 가능성이 있을까요?"). 또 어떤 경우에는, 부모, 교사, 다른 가족구성원에게 문제에 대한 대안적 사고방식을 제공하는 것이 내담자나 어려움을 재구성하는데 도움을 준다. 예를 들어 치료사는 "당신은 아이슬링이 형제자매들과 경쟁이 심하다고 묘사했어요. 그것이 어떤 어려움을 가져올 것인지 확실히 알 수 있겠어요. 그런데 나는 경쟁심과 관련된 그녀의 장점은 없는지 궁금하네요." "나는 당신이 애런은 고집이 세다고 생각한다는 것을 알았어요. 애런을 설명하는 다른 방법은 '결단력이 있고, 자신감이 강한'일 것 같은데, 당신의 생각은 어떤가요?" "시빌이 수업시간에 농담을 할 때, 그것이 방해가 된다는 것을 알았어요. 그리고 다른 아이들은 그것이 재미있기 때문에 많은 관심을 보일 것이라고 짐작해요. 그런데 이것이 단지 시빌뿐 아니라 학급 모두의 문제일 수도 있을까요?" 라고 말할 수 있다. 다음의 질문들이 아동의 관점을 고려해 보도록 부모, 교사와 다른 가족구성원을 재구성하는데 도움이 될 수 있다. "첼시의 숙제가 당신과 첼시에게 큰 문제라고 느낀다는 것을 알겠어요. 첼시는 그 문제를 어떻게 묘사하거나 해석할 것 같나요?" 내담자를 고려하거나 문제를 재구성할 때, 우리가 다른 사람의 의견이나 감정을 무시하려는 것이 아님을 주목해라. 오히려 우리는 그들의 생각과 감정을 인정하고, 그들이 대안적인 관점을 고려하도록 돕고자 한다. 이렇게 함으로써, 우리가 그들의 걱정에 귀를 기울이고 있음을 전달한다. 이것은 종종 그들의 입장을 누그러뜨리고, 보다 긍정적인 다른 방법으로 느끼거나 생각하게 할 가능성을 열어 준다.

✿ '스테이크'의 정의 돕기

가족놀이치료와 부모/교사자문에서 또 다른 핵심기술은 모든 사람들이 원하는 변화(내담자의 변화와 그들 자신의 변화에 해당된다. 우리는 언제나 이상적인 꿈을 꿀 수 있다)와 치료과정을 위해 '스테이크'를 정의하도록 돕는 것이다. '스테이크'는 때때로 '죽음을 맞이하고 싶은 언덕'이기도 하며, 때로는 단지 변화를 원하는 내담자와 타인의 삶에서 중요한 무엇일 수 있다. 일반적으로, 스테이크를 정의하는 과정은 치료사에게 내담자의 행동을 변화시켜 주길 원하는 부모, 교사, 다른 가족구성원들과 시작된다. 치료사의 중요한 임무는 내담자뿐만 아니라 나머지 가족/학급 친구와 내담자의 상호작용에서, 내담자와 나머지 가족/학급친구의 상호작용에서, 그들이 가진 행동관리 철학과 전략에서, 내담자를 향한 태도 및 가족·학급 체계의 다른 구성원을 향한 그들의 태도에서 달라지길 원하는 것을 구체적인 용어로 명확하게 정의하는 것이다.

스테이크를 정의하는 것은 부모, 교사, 다른 가족구성원들로 하여금 그들이 어떤 전투를 선택하고, 어떻게 문제의 실제 '소유자'를 탐색하는지 알아내도록 돕는 방법이다. 우리는 종종 그들이 원하는 각각의 변화가 얼마나 중요한지 고려하기 위해 척도를 활용한다. 1(실제로 중요하지 않음)에서 10(절대적으로 중요함)까지의 등급은 놀이치료 과정에서 목표의 우선순위를 찾는 데 도움이 될 수 있다. 또한 이 활동은 내담자와 그들의 상호작용에서 초점을 맞추어야 할 중요한 것이 무엇인지, 또 무엇을 미루어 둘 것인지 선택하도록 도움을 줄 수 있다. 내담자와의 어려움으로 괴로움을 겪고 있는 부모, 교사, 가족구성원에게 질문을 함으로써, 그들이 문제의 실제 '소유자'를 탐색하도록 도울 수 있다. 내담자가 자신의 삶에서 괴로움을 느끼지 않는다면, 많은 경우 변화의 동기가 부족할 수 있다. 내담자가 행동변화를 위해 충분히 노력하지 않을 때는 변화를 위한 방법을 찾기 위해 주변 성인과 작업하는 것(또는 성인에게 변화를 포기하게 하는 것)이 더 나을 수도 있다(우리는 종종 돼지에게 노래 가르치기라는 말을 한다. 노래 부르기를 원하지 않는다면, 아마도 돼지가 노래를 배우는 일은 없을 것이다).

부모/교사가 자문에 참여하고, 가족구성원이 가족놀이치료를 시작하면서, 그들은 치료사가 제거시켜 주기를 바라는 목록을 가져 오지만, 제거에 집중하기보다 긍정적인 변화에 목표를 두는 것이 더 도움이 된다. 우리는 개선하거나 향상하려는 구체적인 변화를 향한 전진에 그들이 집중할 수 있도록 노력한다.

또한 내담자, 부모, 교사, 가족구성원이 놀이치료 과정을 통해 합리적이고(기적의 치료가 아닌) 도달할 수 있는 '스테이크'를 정의하도록 도와야 한다. 예를 들어, ADHD 아동과 함께 온 교사가 아동이 항상 경청하고, 순응하며, 행동하기 전에 생각하고, 하루 종일 제자리에 앉아 있도록 변화시켜 주기를 바라는 것과 자폐스펙트럼 장애가 있는 아동의 부모가 치료사에게 마법 지팡이를 휘둘러 아동을 사교적으로 변화시켜 주길 바라는 것은 불가능한 목표이다. 치료사는 내담자와 내담자의 삶에 있는 타인들이 보다 가능한 현실적인 목표를 가지도록 현실검증을 도와야 한다.

부모/교사자문 및 가족/소집단놀이치료 기법

우리는 부모, 교사, 가족(때로는 학급 친구)과 상호작용하기 위해, 놀이로 가득하고 가치있는 다양한 방법을 알고 있다. 이 기법은 쉽게 적용할 수 있도록 고안되었으며, 회기에 자연스럽게 도입될 수 있다. 부모, 교사, 가족구성원, 확인된 내담자의 학급 친구들은 많은 경우, 과거에 했던 시도가 더 나은 상황을 만들지 못해 좌절하고 있다는 것을 기억해야 한다. 꽤 많은 가족구성원/학급 친구들은 긍정에너지가 고갈되었다고 느꼈고, 통찰과 변화를 위해 긍정에너지의 주입이 필요했다. 이 기법 중 일부는 가족/집단의 긍정에너지 은행에 긍정적인 감정을 쌓기 위한 수단으로, 단지 재미를 위해 다른 사람들과 할 수 있는 활동이다. 어려운 시기를 헤쳐 나가는 유일한 방법은 긍정에너지 은행에서 긍정적인 감정을 얻는 것이기 때문이다.

제7장에서는 치료의 특정 단계에서 특정 목표를 성취하기 위한 기법을 개략적으로 기술하였다. 치료사는 치료과정 중 언제라도 부모, 교사, 가족구성원, 학급 친구들과 함께 작업할 예정이기 때문에 이 장은 제7장과는 다르다. 창의적이고 유연해야 할 것을 기억해라. 치료과정에서 치료사와 함께 작업하는 사람, 그리고 내담자의 구체적인 목표를 향한 가장 효과적인 방법이라면 어떤 기법이라도 적용해 보자. 이러한 기법 중 일부는 부모/교사자문에서 사용할 수 있고, 대부분은 가족놀이치료 회기(또는 학급 친구들과의 소집단 회기)에서 활용할 수 있다.

✿ 모험치료 기법

우리는 개인내담자와 모험치료 기법을 사용할 수 있지만, 집단과 하는 것을 선호한다. 우리는 부모, 부모와 다른 가족구성원, 교사와 아동, 아동 및 청소년과 학급 친구, 남편과 아내, 또는 그 외의 사람들과 이 활동을 할 수 있다. 애쉬비와 동료들(Ashby et al., 2008), 그리고 코트먼과 동료들(Kottman et al., 2001)은 아동·청소년·

성인과 함께 할 수 있으며, 쉽게 실시할 수 있는 활동적이고, 재미있고, 매우 도움이 되는 개입들을 다수 소개하였다.

■ 모두 일어서!

이것은 두 명 이상인 가족부터 학급구성원에 이르기까지 모두 함께 할 수 있는 모험 기술이다. 이 개입의 목표는 내담자(및 내담자와 관련이 있는 타인)가 의사소통을 개선하고, 자기인식과 자기수용력을 높이며, 책임 있는 행동과 문제해결 방법을 연습하도록 하는 것이다.

참여자들에게 짝을 만들도록 한다. 만약 회기에 참여하는 인원이 홀수라면, 한 사람은 쉬거나 치료사가 참여할 수 있다. 만약 한 명이 쉰다면, 모두의 참여를 위해 그 사람에게 다른 임무(예: 관찰하기, 긍정적인 자질 알아차리기와 피드백 제공하기, 문제해결을 위해 유용한 제안을 하는 '자문위원' 역할하기 등)를 준다. 짝을 이룬 두 사람은 바닥에 서로 마주 보고 앉아 무릎을 굽히고, 발끝을 닿게 한 뒤 손을 잡는다. 과제의 완수를 위해 둘은 발끝과 손을 떨어뜨리지 않고 일어선다. 바로 성공하는 팀이 있는 반면, 시간이 오래 걸리는 팀도 있기 때문에 치료사나 관찰자로부터 약간의 제안(관찰자로부터의 힌트: 발뒤꿈치에 엉덩이를 바짝 붙이고 있는 것이 효과적이다)이 필요할 수도 있다. 만약 두 명 이상과 이 활동을 하고 있다면, 사람들이 모두 성공한 후에 네 명의 집단 활동으로 확대할 수 있다. 집단의 모든 사람이 서로 손을 잡은 채 동시에 일어서야 한다. 홀수 집단에서는 치료사가 팀에 합류할 수도 있고, 세 사람이 둥글게 손을 맞잡은 채로 일어서게 할 수도 있다. 이것은 더 힘들지만, 가능하다.

우리가 앞서 설명한 모든 개입과 마찬가지로, 이 활동을 언어로 다룰 필요는 없다. 그러나 성인(성인 내담자, 부모, 교사)과 작업하는 경우, 언어과정을 통해 부차적인 이득을 얻을 수 있다. 우리는 종종 참여자에게 과업의 성공에 어떻게 기여했는지, 과업을 완수하기 위해 협력했는지 아니면 장애물이 되었는지, 어떻게 서로 의사소통했는지, 소통은 도움이 되었는지 등을 질문한다. 만약 그들이 일어서기를 할 수 없었다면, 그들은 과업의 미완수를 어떻게 다루는가? 만약 현저한 체격 차이가 있었다면(예: 성인과 아동), 두 참여자는 어떻게 행동했는가? 이 활동은 큰 성인과 작은 아동이 협력, 상호작용, 성공적인 과업 완수를 바라며 함께 할 수 있다. 특히 과업을 완수하기 위해 새로운 방법을 고민하면서 활동을 하는 것이 도움이 된다. 만약 참여 인원이 많아지면서 난이도가 높아졌다면, 인원 추가로 발생한 어려움을 다룰 수 있다. 만약 다른 상황과 연결고리를 만들고 싶다면, 이 활동이 다른 영역(예: 가정이나 학교)의 도전과 어떻게 비슷하거나 다른지 질문할 수도 있다. 대부분의 시간 동안 우리는 참여자의 웃음소리를 듣고, 재미있는 에너지를 느낀다. 우리는 그들이 집에서 재미있는 도전을 할 수 있도록 이 활동에 대한 브레인스토밍을 한다. 아마도 그들은 이 활동을 다른 가족구성원에게 알려 주거나 교실에서 사용할 수 있을 것이다.

■ 풍선 운반하기

이 기법은 치료사와 부모/교사가 협력하고, 의사소통을 촉진하며, 내담자와 부모/교사 사이의 관계를 강화하기 위해 치료과정의 일부로 사용할 수 있지만, 우리는 보통 가족놀이치료나 학생 소집단에서 가족이나 학급구성원들 사이의 협력과 의사소통을 장려하기 위해 사용한다. 이 활동을 하기 위해서는 몇 가지 물품을 준비해야 한다. 참여자의 수보다 한 개 적은 풍선(또는 비치볼)이 필요하다(따라서 치료사와 내담자만 있는 경우 한개, 가족이 8명이라면 7개의 풍선이 필요하며, 만약 1학년 한 반 학생들이나 고등학교 학생회 임원들과 한다면 30개의 풍선이 필요할 수도 있다). 치료사는 다음과 같이 지시한다. "모두 같은 방향을 향해 똑바로 서세요. 풍선을 자신의 몸과 앞사람 몸에 끼우세요. 풍선을 몸 사이에 끼우면 손으로 만질 수 없어요. 방(또는 어떤 구역이나 치료실 건물 등 상황에 맞게)을 걸어 다녀 보세요. 만약에 풍선이 떨어지면, 출발했던 곳으로 돌아가서 다시 시작해야 합니다." 줄의 맨 앞사람은 풍선을 가지고 있지 않으며, 너무 빨리 걸을 경우 뒤의 풍선이 떨어질 수 있기 때문에 속도 조절에 세심한 주의를 기울여야 한다. 목적지에 반 정도 왔거나 풍선을 떨어뜨려 처음부터 다시 시작해야 한다면, 내담자를 멈추게 한 뒤 무엇이 효과적이고 효과적이지 않은지 그리고 어떻게 더 높은 수준의 의사소통으로 협력하여 이 과업을 수행할 수 있는지 대화를 나누는 것이 도움이 된다(만약 이 활동에 참여하는 사람이 치료사와 내담자들뿐이라면, 치료사가 더 낫다고 생각하는 방법을 말하기보다 내담자들이 토론을 주도하는 것이 분명 더 좋을 것이다).

■ 비치볼 바운스

이 활동 역시 치료사와 부모/교사, 부모/교사와 내담자/가족(또는 소집단)과 할 수 있는 기법이다. 필요하다면, 학급 전체나 학교구성원 집단과 이 활동을 할 수 있다. 참여자가 8명 이상이라면, 집단을 소집단으로 나누고 더 많은 준비물을 준비하면 된다. 다시 강조하지만, 이 활동의 초점은 협력과 의사소통의 연습이다. 이 활동을 위해 큰 직사각형(약 137×274cm) 모양의 비닐 재질 테이블보(야외 피크닉에서 사용하는 것과 같은)를 반으로 자른 것(약 137×137cm)과 비치볼이 필요하다. 참여자에게 비치볼을 불게 하고, 테이블보 주위에 자리를 잡고 테이블보 양 가장 자리를 잡게 한 뒤, 비치볼을 테이블보 중앙에 놓는다. 참여자는 잡고 있는 테이블보 밖으로 비치볼이 넘어가지 않게 하면서 가능한 많이 튕긴다(테이블보 밖으로 비치볼이 나가는 것을 막기 위해 손으로 공을 건드릴 수는 없다). 우리는 (테리의 폭넓은 모험치료 경험에 근거하여) 공을 '헤딩'할 수 없다는 규칙을 추가했다(이것은 두 명이 '헤딩'을 동시에 시도할 때, 서로의 머리가 부딪치는 사고를 예방할 수 있다). 비치볼을 테이블보 밖으로 나가지 않게 하면서 몇 번 튕길 수 있는지 세어 보게 한다. 만약 비치볼이 테이블보를 탈출한다면, 테이블보 위로 가져와 0부터 다시 세어야 한다. 5~6분 동안 활동을 한 뒤 멈추고(활동을 재개할 때 0부터 세는 것이 아니라, 중단되었던 횟수부터 시작한다고 알려 준다. 그렇지 않으면 여러분은 반란을 보게 될 것이다), 어떤 방법이 효과가 있었고, 무엇이 없었는지, 그리고 그들의 수행은 어떻게 개선되었는지 간단히 대화를 나눈다. 우리는 보통 2분 정도 대화를 나누게 하고, 다시 활동을 이어 간다. 필요하다면, 이 활동을 여러 번 할 수 있다. 치료사가 제안할 것이 있다면 할 수도 있지만, 우리는 참여자들이 스스로 방법을 찾아낼 수 있도록 노력한다.

■ 긍정에너지 은행

이 기법의 목표는 부모, 자녀, 가족구성원(또는 소집단이나 학급구성원)에게 관계의 수많은 요인이 긍정에너지에 기여한다는 점을 인식하도록 돕는 것이다. 이것은 꽤 간단하다. 가족/학급/집단구성원에게 원형으로 서게 하고, 기분이 나아지고 낙관적이고 격려하며 살아있음을 느끼도록 기여하는 것(예: 사건, 관계, 상황, 경험)이 생각나면, 원 안으로 들어가 다른 가족/학급/집단에게 그것이 무엇인지 말한다. 첫 번째 사람이 언급한 것에 대해 같은 감정을 느끼는 다른 가족/학급/집단구성원은 원 안에 합류한다. 같은 감정을 가진 사람들이 원 안에서 만난 후, 다시 제자리로 돌아온다. 그리고 또 다른 누군가가 가족/학급/집단에게 긍정적인 감정을 가져다주는 무언가를 제시하고, 이것에 동의하는 다른 구성원들은 원의 중앙에서 만난다. 치료사는 옆에 앉아 참여자의 긍정에너지 은행에 긍정에너지를 더할 수 있는 사건, 관계, 상황, 경험 목록을 작성한다. 참여자들은 이 목록을 가정/학교에 가서 게시하고, 에너지 은행에 저축이 필요할 때 참고한다(또는 이 목록에 있는 것 중 최소 한 가지를 수행하도록 매주 과제를 내 줄 수도 있다).

너무 의욕이 없어서 가족/학급/집단구성원들이 아무 것도 생각해 낼 수 없을 것 같다면, 사람들을 원의 중앙에 모이게 하고, 오븐에서 갓 나온 따뜻한 쿠키, 함께 비눗방울 불기, 겨울날 불 앞에 서로 끌어안고 앉아 있기, 칭찬 듣기, 어깨 쓰다듬어 주기, 멋진 언덕에서 썰매 타기, 더운 여름날 레모네이드 마시기 등의 예시를 알려 주면서 참여자들을 촉진할 수 있다(여러분은 "그게 다야?"라고 질문할 수 있다. 그렇다. 이것이 전부다. 때로는 가장 간단한 것이 가장 강력하다. 모든 놀이치료가 다 어려운 것은 아니다).

❀ 스토리텔링과 치료적 은유 창조하기

■ 퍼펫 소개

퍼펫 소개는 가족/소집단과 적극적 경청하기, 순서지키기, 타인과 협력하기와 같이 긍정적인 관계기술을 형성하기 위해 가장 많이 사용하는 기법이다. 만약 부모/교사 및 아동내담자와 함께한다면, 그들이 긍정적이고 사회적으로 적절한 방식으로 상호작용하는 기술을 익히고 연습하도록 도울 수 있다.

만약 다양한 퍼펫을 가지고 있다면, 최고의 효과를 가져올 것이다(우리가 퍼펫을 구매하는 것은 크게 어렵지 않다. 퍼펫들은 너무 귀엽기 때문이다!!). 동물, 사람, 행복한 얼굴, 화가 났거나 슬픈 얼굴, 직업이 드러나는 사람(경찰관, 마법사, 소방관, 교사, 서커스단원 등), 공주나 왕자, 나무, 둥지 속 새들, 다양한 색과 크기의 퍼펫을 구비한다. 수집품의 범위를 보다 확대하고 싶다면, 양말이나 벙어리 장갑 등으로 퍼펫을 만들 수도 있고, 내담자와 함께 필요한 퍼펫을 만들 수도 있다. 나(크리스틴)는 내가 특별히 좋아하지 않는 퍼펫(예: 머리가 셋 달린 용)도 1년에 최소 한 개 이상 구입한다. 나는 귀여운 유니콘과 새끼고양이만 구입하지는 않으려고 노력한다(테리는 못생긴 머리 셋 달린 용을 좋아한다. 그래서 그녀에겐 '멋진' 퍼펫만 갖는 문제는 없다).

각 참여자(부모, 교사, 아동, 가족구성원)에게 퍼펫 하나씩을 선택하게 하고, 다른 사람에게 그 퍼펫을 소개하도록 한다. 우리는 때때로 확인된 내담자에게 먼저 하게도 하고, 집단에서 가장 힘이 있거나 가장 힘이 없는 사람에게 먼저 하게도 하며, 어떤 경우에는 참여자들이 결정하게도 한다. 우리는 이렇게 함으로써 이 결정이 어떻게 만들어졌는지, 구성원들은 발표 순서에 대해 어떻게 느꼈는지 다룰 수 있다. 발표자가 숨을 수 있는 세팅이나 퍼펫 극장이 있다면 매우 효과적이다. 발표자가 숨을 수 있다면 퍼펫만 보이게 되므로 아동, 부모, 교사는 주목받지 않는다. 퍼펫 극장이 없더라도 걱정하지 말아라. 참여자들이 퍼펫을 손에 들고 둘러 앉아 있는 것만으로도 효과가 있다.

퍼펫을 소개하면서, 이것이 퍼펫을 들고 있는 사람에 대한 소개가 아님을 분명히 한다. 부모들이 처음에는 다소 어색해 할 수 있기 때문에, 우리는 종종 퍼펫이 어떻게 작동하고 소리를 내는지 예시를 보여 준다. 마법사를 소개하기 위해 "나는 마법사야. 뾰족한 모자와 긴 가운을 가지고 있지. 나는 마법 같은 일이 일어나게 할 수 있어. 보통은 사람들의 소원을 들어 주지만, 가끔 오해를 하거나 실수를 해서 사람들을 화나게 만들 때도 있어. 실수를 하면 나는 스스로에게 화가 나서 나 자신을 사라지게 만들어."와 같은 예를 들 수 있다. 치료사와 참여자들은 퍼펫이 되면서 가장 좋았던 점이나 가장 싫었던 점에 대해 토론할 수 있다. 치료사는 사람들이 자기소개를 할 때 질문하기, 요약하기, 바꾸어 말하기, 반영하기 등의 치료기술을 사용하여 구체적인 요점을 도출하거나 소개하도록 할 수 있다. 이 때 모든 참여자들이 자신을 소개할 기회를 갖는 것이 중요하다.

한 퍼펫에게 다른 퍼펫에게서 가장 좋은 것, 다른 퍼펫에 대해 사람들이 언급하지 않은 것, 자신의 퍼펫이 다른 퍼펫과 함께 하고 싶은 것 등에 대해 대화하도록 하면서 이 활동을 다양하게 변형할 수 있다. 가족이나 부모와의 회기에서도 퍼펫에게 모든 퍼펫들이 안전하고, 가치있다고 느끼며, 그들의 욕구를 충족할 만한 거주지나 집을 묘사하도록 요청할 수 있다. 부모나 교사와 작업하는 경우, 퍼펫이 다른 퍼펫으로부터 원하는 것이 무엇인지 서로 대화하도록 요청할 수 있다. 논의를 하는 동안 은유 속에 머물러야 한다는 것이 중요하다. 연령이 높은 아동이나 성인과 작업하

는 경우, 치료사는 퍼펫을 소개한 후 은유 속에서 일어났던 일과 가정이나 학교 등
의 실생활에서 도움이 될 만한 것 사이를 연결하는 자문을 이어갈 수 있다. 치료사
가 질문하거나 논의하고 싶은 주제에 따라 관계형성, 개인내 및 개인간 역동의 이해
와 이해의 증진, 또는 대안적인 사고방식의 구축을 위해 이 활동을 활용할 수 있다.

■ 가족연대기

가족연대기의 목표는 아동에게 가족사에 대한 감을 심어 주는 것이다(부모자문
회기에서 이 기법을 사용한다면 치료사는 내담자의 가족생활 주기에 대한 감을 얻을 수
있다). 이 활동은 위탁되거나 입양된 아동에게 가족사의 맥락을 제공하며, 때때로
부모-청소년기 자녀와의 작업에서 부모의 청소년기를 상기시키고 사춘기를 이해
시키는 데 중요하게 활용된다. 그리고 이 활동은 가족이 지금까지 극복하려고 노
력해 온 것들이 예전부터 문제였다는 것을 잊고 '지금의 문제'에만 초점을 두는 가
족에게 중요하다. 만약 가족과 작업하면서 이 기법을 가족놀이치료로 고려하고 있
다면, 가족구성원들 간의 공유된 역사와 유대감 형성을 목적으로 활용될 수 있다.
그들은 연대표를 함께 만들면서 가족사에 대한 스토리를 나눈다.

이 활동은 다음과 같이 진행된다. 치료사는 가족구성원에게 흰색의 긴 종이(또
는 두꺼운 방수지)를 준다(우리는 그 종이 제조사의 주식을 갖고 싶다고 생각하기 시작했
다). 그리고 종이를 바닥에 놓거나 벽에 붙여 놓고 연대표를 그린다. 책임을 공유
하고, 모든 구성원에 대한 관심이 유지되도록 연대표에 교대로 글을 쓰거나 그림을
그리는 활동도 꽤 재미있다.

우리는 항상 부모들보다 몇 세대 전(부모의 조부모나 증조부모)부터 시작하라고
제안한다. 치료사는 기록을 위한 다양한 이정표를 연대기에 제안할 수 있다. 우리
는 사람들이 살았던 국가나 지역에 대한 정보, 자라온 환경, 언제 어떻게 파트너나
배우자를 만났는지, 자녀의 임신 시기(자녀의 수, 성별, 이름), 직업, 문화적 전통, 사
망시기(이유), (만약 산소가 있다면) 산소의 위치 등을 활동에 포함한다. 우리가 기록
하도록 요구하는 것은 모두 임의적이다. 따라서 치료사가 생각하기에 가족의 기록
과 논의에 도움이 되거나 의미 있다고 생각하는 시점을 사용하면 된다. 또한 온 가
족이 참여할 수 있는 과제로 다음 회기에서 연대표에 추가할 수 있는 정보를 얻기
위해 친지 면담을 하는 것도 많은 가족들이 재미있어 하는 활동이다.

■ 말할 수 있어

이것은 내(테리)가 약 10년 전 샌프란시스코에서 열린 인터플레이(InterPlay) 콘퍼런스에서 배운 기법이다. 내가 이 기법을 꽤 많이 변형했기 때문에 그 콘퍼런스 참석자들은 알아보지 못할 것 같다. 특히 우리는 청소년내담자, 부모, 교사, 가족구성원의 대화를 격려하기 위해 이 기법을 사용한다. 이 활동은 부모/교사자문, 가족놀이치료, 학생 소집단에서 사용할 수 있다. 이 활동은 드러난 문제와 표면적인 가족기능과 관련된 것 외에는 심도 있는 대화를 회피하고, 부끄럽거나 당혹스러운 것 드러내기를 극도로 경계하는 내담자에게 무슨 일이 일어나고 있는지 치료사가 '감'을 갖도록 돕는다. 또한 우리는 계속 말하고 싶어 하는 내담자에게 반대의 목적으로 이 활동을 사용한다. 이 활동은 요점을 파악할 수 있도록 돕는다. 치료사는 이 기법을 현명하게 사용해야 하며, 기본 전제를 위반해선 안 된다. 그렇지 않으면 동일한 내담자에게 이 기법을 반복해서 사용할 수 없을 것이다(우리의 실수로부터 배우기를 바란다).

진행방법은 다음과 같다. 만약 이 활동을 부모/교사자문의 일환으로 진행한다면, 부모/교사에게 세부설명 없이 "나는 _____ 에 대해 말할 수 있어요."나 "나는 _____ 에 대해 당신에게 말할 수 있어요."와 같이 짧은 한 문장으로 말하게 한다. 치료사의 임무는 언어로 반응하지 않고, 단지 부모/교사가 한 문장을 말하도록 공간을 창조하는 것이다. 만약 이 활동을 가족놀이 회기나 소집단놀이치료에서 실시한다면, 각 참여자에게 (한 번에 한 명씩) "나는 _____ 에 대해 말할 수 있어요." 또는 "나는 _____ 에 대해 당신에게 말할 수 있어요."의 한 문장으로 말하도록 요청한다. 다른 참여자들은 어떤 종류의 코멘트나 반응도 하지 않고 그 한 문장을 들으면서 조용히 공간을 창조하는 것이다. 즉, 단지 마음을 열고 경청하는 것이다.

활동을 지시할 때, 치료사가 참여자에게 어떤 것을 말하도록 하는 것이 아니라, 단지 말할 수 있는 것을 말해 보도록 요청한다는 것을 강조하길 바란다(만약 그들이 원한다면, 만약 시간이 있다면, 만약 치료사에게 보살핌을 받고 있다고 느낀다면, 만약 안전감을 느낀다면 등등 말이다. 그러나 치료사가 이를 직접 말로 언급하지는 않는다. 단지 가능한 많은 것을 말해주길 원할 뿐이다). 내담자에게 구체적인 주제를 주지 않고 일반적으로 말할 수 있는 것을 말하도록 요청하는 것만으로 이 활동을 할 수도 있고 선택된 주제(치료사나 참여자가 선택한 주제)를 말하도록 주제 목록을 만들게 할 수도 있다. 치료사의 임무는 이후에(그 회기에서가 아니다. 우리가 우리의 실수로부터 교훈을 얻길 원한다고 언급했던가?) 내담자와 보다 상세히 논의할 수 있는 주제에 주목하면서 내담자의 목록을 경청하거나, 내담자가 만든 목록 중에 자세히 설명하고 싶은 것이 있는지 물어본다. 가족과 이 활동을 한다면 누군가 관심이 있는 사람에게 말할 수 있는 것을 말해 보게 한다. 그리고 다른 가족구성원에게 한 가지 주제를 선택하게 하고 그것에 대해 질문한다. 이것은 가족에게 긍정적인 관계맺기 방법을 제공한다.

■ 자녀에게 무엇을 가르쳤을까

나(테리)는 내가 북미아들러심리학회(North American Society for Adlerian Psychology)에 참석했을 때, 부모교육 전문가인 제인 넬슨(Jane Nelson)에게 배웠던 경이로운 내용을 바탕으로 이 활동을 개발했다. 워크숍 도중 그녀는 "자녀에게 무엇을 가르치고자 하는지 부모에게 질문한 적이 있나요?"라고 물었다. 그녀의 질문은 실제로 우리 부부가 아들 제이콥에게 가르치길 원하는 것에 대한 일련의 대화를 촉발시켰다. 이 기법의 목표는 상담과정에서 부모/교사가 아동에게 무엇을 가르치려고 하는지 생각하게 하고, (아마도) 아동이 배우고 싶어 하는 것을 가르칠 수 있도록 돕는 것이다. 우리의 경험상 이 활동은 가족/학생 소집단 회기보다 개별 부모나 부부(또는 개별 교사나 교사 집단) 자문 회기에서 효과적이었다.

이 활동을 준비하기 위해, 부모/교사에게 자녀와의 긍정적 · 부정적 · 상호작용 방법 목록을 작성하게 하는 것이 도움이 된다. 자녀에게 소리 지르기, 안아 주기, 무시하기, 칭찬하기, 미소 짓기, 등 돌리기, 자녀는 좋아하지 않지만 부모는 좋아하는 활동하기 등과 같은 예시를 사용한다. 우리는 앞서 열거한 것을 각각 종이(2×5인치) 위에 쓰고, 자문 회기에서 이것을 몇 장의 빈 종이 묶음과 함께 보여 준다. 그 후 부모/교사에게 아동과 상호작용하는 방법을 나열하도록 한다(가끔 우리는 "당신이 원하는 것을 자녀에게 하도록 할 때……." 라고 말하지만, 대부분의 경우 그 조건을 언급하지 않는다). 그리고 우리는 그것을 빈 종이에 적는다. 다음으로 부모/교사에게 한 번에 한 장씩 종이를 가져가도록 하고, 그 행동이 아동/청소년에게 무엇을 가르칠 수 있는지 추측하는 게임을 하자고 한다. 그리고 그 행동이 아동에게 가르칠 수 있는 것에 대해 추측한다. 이 활동은 부모/교사가 아동에게 가르치고자 하는 것에 대한 유익한 대화를 이끌어 낼 수 있으며, 아동이 배웠으면 하는 것을 가르치는 최선의 방법에 대한 추가적인 논의를 이끌어 낼 수 있다.

❀ 동작, 춤, 음악경험

■ '시몬 가라사대' 게임

이 활동은 부모-자녀, 교사-아동 간의 관계형성을 위해 고안되었으며, 아동 및 성인의 행동이나 태도를 변화시키기 위해 사용될 수 있다. 이 활동은 확인된 내담자와 성인의 개별 회기, 가족이나 소집단 회기에서 사용된다(이 활동은 부모/교사자문에서 사용할 수 있는 것은 아니다. 우리는 부모나 교사가 아동을 참여시키지 않는 활동을 즐길 것이라고 생각하지 않는다). 먼저 내담자에게 '시몬 가라사대' 게임의 방법을 상기시키거나 알려 준다. 이 놀이는 행동을 지시하는 한 사람(시몬)이 있고, 다른 참여자는 그 지시에 따라야 하는 게임이다. 리더는 따르는 사람이 완수할 활동이나 과제를 선택하며, 모든 지시사항 앞에 '시몬 가라사대'를 붙여 말한다. 예를 들어, "시몬 가라사대, 당신의 머리를 쓰다듬으세요."라고 하면, 따르는 사람은 지시를 완수한다. 그리고 리더는 간헐적으로 '시몬 가라사대'로 시작하지 않는 지시를 추가한다. 만약에 리더가 '시몬 가라사대'를 말하지 않고 지시사항을 말했다면, 따르는 사람은 지시한 과제를 해서는 안 된다. 리더가 '시몬 가라사대'를 말하지 않았는데 누군가 과제를 완수했다면 그는 게임에서 아웃되고, 다시 합류하기 위해서는 뭔가 재미있는 행동을 해야 한다. 참여자들을 게임의 남은 시간 동안 영구히 아웃시키지 않아야 한다는 것을 기억해라. 우리는 항상 구성원들에게 이 재미있는 활동에 참여자를 '재 참여'시킬 아이디어를 내도록 초대한다. 그들은 어쩌면 사람들을 아웃시키지 말자고 할 수도 있는데, 이것은 완벽주의자나 '너무 엄격한' 아동이나 성인들에게 도움이 될 수 있다.

궁극적으로, 우리는 참여자가 재미를 느끼고 긍정적인 상호작용을 경험할 기회를 증가시키고자 한다. 우리는 리더십에 대한 리더의 의지와 태도에 주목하고, 따르는 사람들의 따르려는 의지와 태도에 주목한다. 참여자는 어떻게 역할을 바꾸는가? 실수는 어떻게 다루어지고 처리되는가? 참여자는 서로를 어떻게 격려하고, 낙담시키는가? 만약 게임에서 결정해야 할 일이 있었다면, 그 결정은 어떻게 내려졌으며, 각 참여자는 어떤 방식으로 의견을 냈는가?

■ 플록 댄스

플록 댄스(Dan Leven, personal communication, February 2015)는 리더 따라하기 동작 게임처럼 다른 사람을 관찰하고 따라 하는 활동이다. 이 활동은 서로 리더십 공유하기, 순서지키기, 소통하기를 훈련하는 방법이다. 두 사람만으로는 이 활동이 어렵기 때문에, 이 활동은 가족놀이치료나 집단 회기에서 가장 잘 작동한다. 가장 먼저 가족(또는 학급)에게 무리의 형태(일렬이나 거위 무리와 같은 V자 형태)를 만들도록 한 뒤, 가장 앞에 있는 사람에게 그가 '임시 지도자'임을 알린다(이것은 리더 역할만을 원하는 내담자의 생떼부림을 피하기 위한 전략이다). 그리고 다른 사람들은 '임시 무리'라고 알려 준다. 무리의 모든 구성원들이 동작이나 춤 스텝을 할 수 있도록 이끄는 것이 리더의 역할이라고 설명한다(이 지시사항은 공감을 장려하고, 타인의 능력에 온정적인 방식으로 관심을 기울이도록 하기 위한 필수요소이다). 음악이 바뀔 때, 리더가 바뀌도록 위치를 옮겨야 한다고 구성원들에게 알린다. 일반적으로 대형에서 다음 사람(또는 V 형태의 한쪽이나 다른 쪽에 있는 사람)이 리더가 되고, 리더를 했던 사람이 무리의 뒤쪽으로 이동한다. 리더가 바뀌는 방법을 논의하기 위해 대화를 나눌 기회를 준다. 음악을 1~2분 정도 재생한 뒤 리더의 교체를 알리는 다른 곡으로 음악을 전환한다. 가족/집단 내 모든 사람이 두세 번 정도 리더를 할 수 있도록 충분한 시간 동안 활동을 한다. 다른 변형 방법은 같은 음악을 연주하면서, 리더가 스스로 다른 참여자에게 리더를 물려주고 싶을 때를 결정하는 것이다. 이때 치료사의 개입이나 지도 없이 가족/집단에게 통솔권을 준다. 그들이 춤을 마치면, 치료사는 다음의 질문으로 언어과정을 할 것인지 결정한다.

1. 무리의 리더가 되는 것을 좋아했던 사람이 있는가? 어떤 점이 좋았는가?
2. 리더가 되는 것을 싫어했던 사람이 있는가? 어떤 점이 싫었는가?
3. 어떤 경우에는 이 활동이 좋았고, 어떤 경우에는 싫었던 사람이 있는가? 이 활동에서 좋았던 점과 싫었던 점은 무엇이었는가?
4. 모든 사람이 참여하기 위해, 참여자들이 할 수 있는 일을 어떻게 알아냈는가?

5. 시도해 보고 싶었지만 다른 구성원들이 할 수 없을 것 같아서 하지 않은 동작이 있는가? 그때 느낌은 어땠는가?

6. 하려고 했던 것을 다른 구성원들이 할 수 있을지 확신이 들지 않았을 때 어떻게 했는가?

7. 스스로 리더에서 물러나는 활동을 한 경우, 어떻게 리더에서 구성원이 되기로 결정했는가? 어떻게 무리의 구성원에서 리더가 되기로 결정했는가?

■ 가족 춤

(이 활동은 분명히 부모/교사자문보다는 가족놀이치료를 위한 활동이다) 우리가 가족 춤을 추는 몇 가지 방법이 있는데, 우리는 모든 방법을 공유하려고 한다. 가족 춤의 형식은 가족 춤의 목표에 따라 결정된다. 가족이 긍정적인 관계를 다지고 싶다면, 치료사나 가족구성원이 가져 오는 음악에 맞춰 자유 형식의 가족 춤을 추면 된다. 가족구성원이 가지고 온 음악을 사용하는 경우, 각자가 적어도 한 곡 이상씩 선택할 수 있도록 해야 한다. 단지 가족구성원에게 즐거움만 주고자 한다면, 이 활동을 통해 긍정정서 은행에 긍정에너지를 담을 수 있다. 이 활동으로 재미를 느끼지 않는 가족구성원이 있다면, 활동을 하지 않는 편이 낫다(뻔한 말일 수 있지만, 여러분이 이것을 알고 있는지 확신할 수 없어 언급해야겠다고 생각했다. 그리고 우리는 자유형식의 가족 춤을 어떻게 지도해야 하는지도 알려 주지 않을 것이다. 슬기로운 여러분이 그 방법을 찾을 수 있을 것이다).

가족이 다 함께 움직이거나 작업하는 방식에 대한 가족구성원의 느낌을 보고 싶다면, 보다 구조적인 가족 춤을 출 수 있다. 이 활동은 가족관계 역동의 다양한 지각에 대한 감을 얻는 탐색 활동이 될 수도 있고, 이 가족 안에서 일어나는 일을 어떻게 지각하는지 가족구성원들이 알아차리도록 돕기 위한 방법이 될 수도 있다. 우리가 주로 하는 활동은 모든 구성원에게 가족에 대한 인상을 동작으로 표현하거나 춤 추도록 하는 것이다. 또한 치료사는 가족에게 서로 등을 돌리고 춤을 추게 할 수도 있다. 이 버전은 치료사에게 개인의 지각 차이를 관찰할 수 있는 기회를 제공하지만, 구성원들이 서로 관찰할 기회는 제한한다. 가족이 타인의 조망에 대한 인식 증가를 원하고 구성원들이 심리적 위험을 기꺼이 감수할 의사가 있다면, 가족구성원들에게 원형으로 앉게 하고 가족 안에서 일어나는 일들을 한 명씩 번갈아가며 원 안에서 춤이나 동작으로 표현하게 하면서, 다른 구성원이 이를 관찰하도록 할 수 있다(이 버전은 다른 사람의 표현에 피드백을 주지 않고, 다른 의견을 내지 않는다는 규칙이 먼저 필요하다. 이 활동은 지각을 향상시키는 것이지, 싸움을 유도하는 것이 아니다).

■ 어우러지기

나(테리)는 몇 년 전 어떤 콘퍼런스에서 이 활동을 배웠다. 나는 교육기관이 어디였는지는 물론이며, 그 외의 어떤 것도 기억하지 못한다. 내가 그 콘퍼런스에 가기 위해 무엇을 감수했든지 간에, 나는 이 기법을 내담자(개별 놀이치료, 부모/교사자문, 가족/집단놀이치료) 및 나의 가족과 매일 사용하기 때문에 매우 가치 있게 여긴다. 이 기법의 보편적인 목표는 물리적인 공명을 일으키거나, 사람들이 서로 연결되어 있다는 것을 상기시키는 것이다. 긴장이나 갈등이 발생하는 상황에서 이 활동을 과제로 주는 것도 매우 좋다. 이 활동은 재연결의 다리를 구축하고, 함께 작업을 시작하거나 관계를 회복하기 위한 알림으로 사용할 수 있다(남편과 나는 논쟁 중에 종종 멈춰서 손을 잡고 함께 어우러지기를 한다. 나도 이것이 이상하게 들린다는 것을 알고 있다. 그러나 정말 효과가 있다). 이 활동은 부모/교사자문에서 관계를 확고히 하기 위해 사용할 수 있다. 우리는 보통 그들이 가족이나 학급 안에서 활용할 수 있도록 교육하기 위해 이 활동을 한다. 또한 우리는 가족놀이치료와 집단놀이치료에서 이 활동을 사용하는데, 이 활동은 음악을 사용하기 때문에 설명하는 것보다 시연하는 것이 더 쉽다. 그러나 우리는 활동을 설명하기 위해 최선을 다한다.

활동을 시작하는 일반적인 방법은 (두 사람만 있는 경우) 서로 얼굴을 마주 보거나, 원형을 만들어 서로 얼굴을 보고 앉는 것이다. 그 후 한 사람이 어우러지기를 시작하고 이끈다. 그 사람(만약 치료사가 이 활동을 시연한다면, 치료사가 시작한다)은 한 음(음? 음조?)을 부름으로써 기반을 구축한다. 우리는 장모음 소리(에에에에에, 아아아아아, 오오오오오, 이이이이이)로 시작하는 것을 추천한다. 어떤 이유에서인지 이 소리는 더 잘 어우러지고 오래 지속되기 때문이다. 그 후 다른 참여자는 그 음과 잘 어우러지는 음을 함께 낸다. 첫 번째 사람에게 숨 쉴 시간이 필요할 것이다. 괜찮다. 첫 번째 사람이 숨을 쉬는 동안 다른 사람들이 어우러지기를 지속하면서 교대가 일어날 것이다. 사람들이 멈춰서 숨을 쉬고 다시 합류하기 때문이다. 첫 사람이 음을 끝낼 준비가 되었을 때, 어떤 방법으로든 신호를 보낼 수 있다. 나는 항상 지휘자처럼 과장된 몸짓을 하는데, 내가 특별함을 느끼기 때문에 하는 것일 뿐, 이것이 꼭 활동의 일부는 아니다. 보통 같은 음조를 3~4분 정도 하는 것이 효과적이고, 내담자와 잘 맞는다면 더 짧은 시간 동안 할 수도 있다. 몇 개의 다른 음도 시도해 볼 수 있다. 우리는 때때로 단모음으로 하는 것도 좋아한다.

이 활동은 가족 및 소집단 활동에서 아주 재미있게 응용될 수 있다. 나는 때때로 목소리 교향곡이라고 부르는 활동을 하는데 내가 음악에 대한 조예가 깊지 않아서 이것이 합당한 명칭이 아니라는 것을 안다. 나는 이 활동을 종종 과제로 내 주는데 이 활동은 너무 재미있어서 이 과제를 좋아하는 가족이 긍정에너지를 저축할 수 있는 확실한 방법이다. 이 활동의 방법은 다음과 같다. 한 사람(일반적으로 호흡이 가장 긴 사람)은 자신의 목소리를 사용하여 '교향곡'의 토대 역할을 하는 음을 설정한다. 이 사람이 '지휘자'가 된다. 지휘자는 가족/집단 내 모든 사람이 교향곡의 일부가 될 때까지 교향곡을 유지하기 위한 소리를 더하면서 다른 구성원들을 초대한다(이것은 같은 음일 수도 있고, 다른 음일 수도 있다. 또는 그 구성원이 좋아하는 소리일 수도 있다). 그리고 지휘자는 음악이 끝나는 시점에 모든 사람에게 신호를 보낸다(가끔 불협화음이 되기도 하지만, 이 활동은 정말 재미있다).

■ 모래상자 활동

우리는 제3장에서 모래상자 놀이치료의 개요를 제공하고, 모래상자를 설정하기 위한 절차를 개략적으로 설명했다. 또한 우리는 치료사가 모래상자 놀이치료 기술을 개발할 때 도움이 될 만한 제안과 추가적인 자원을 제공하였다. 우리는 치료의 모든 단계에서 부모, 교사, 가족과 함께 모래상자 놀이치료 기법을 사용한다. 부모/교사자문에서 부모 및 자녀와 함께, 교사 및 아동과 함께, 또는 가족/집단 활동에서 모래상자를 사용한다.

부모/교사자문에서 관계형성하기

1. '나의 가족' 또는 '나의 학급'에 관한 모래상자
2. 아동/가족/학급에 대해 좋아하는 것에 관한 모래상자
3. 이 아동의 부모/교사가 되는 것이 어떤 것인지에 관한 모래상자
4. 아동이 놀이치료를 받는 것에 대한 감정을 묘사한 모래상자

5. 놀이치료에 대해 알고/생각하고 있는 것에 관한 모래상자
6. '나의 세계'에 대한 일반적인 모래상자

부모/교사자문에서 부모/교사의 개인내 및 개인간 역동탐색하기

부모나 교사는 다음의 모래상자를 꾸민다.

1. 아동을 곤경에 빠뜨리게 하는 것에 대한 모래상자
2. 아동이 _____(치료실로 아동을 데리고 온 이유, 부모/교사가 아동에 대해 정말 감사하게 여기는 것) 했을 때, 느끼거나/생각하는 것에 대한 모래상자
3. 아동이 개선되거나 변화되기를 바라는 것에 대한 모래상자
4. 스스로 개선하거나 변화하기를 바라는 것에 대한 모래상자
5. 아동과 특별히 연결되었다고 느꼈던 때의 모래상자
6. 아동과 특별히 단절되었다고 느꼈던 때의 모래상자
7. 부모/교사가 되는 것이 어떠한 의미인가에 관한 모래상자
8. 육아/교육 전략(효과적인 전략과 그렇지 않은 전략)에 관한 모래상자
9. 아동이 지키는 규칙과 지키지 않는 규칙에 관한 모래상자
10. 자신이 다른 사람과 연결되는 방법에 관한 모래상자
11. 아동이 다른 사람과 연결되는 방법에 관한 모래상자

부모/교사자문에서 부모/교사가 사고 · 감정 · 행동 패턴에 대한 통찰을 얻도록 돕기

이 활동의 목표는 부모나 교사가 자신과 아동에 대해 통찰을 얻고, 더 깊은 수준의 이해를 돕기 위한 것이기 때문에, 치료사도 부모/교사를 위한 모래상자를 꾸미거나 함께 모래상자를 꾸밀 것이다. 치료사가 부모/교사를 위해 상자를 직접 꾸밀 수도 있고, 치료사가 꾸민 상자를 수정하게 하거나 대안을 고려하게 하기 위해 내담자를 초대할 수도 있다.

1. 부모/교사, 아동의 자원에 대한 치료사의 지각을 보여 주는 모래상자
2. 부모/교사, 아동이 자신 · 타인 · 세계를 바라보는 방법에 대해 치료사의 이해를 묘사하는 모래상자

3. 부모-자녀관계/교사-아동관계에 대한 치료사의 지각을 보여 주는 모래상자

4. 부모/교사에게 치료사가 '현명한' 인물을 데려 오고, 그 현명한 인물은 모래상자 속 인물들이 다른 관점으로 생각할 수 있도록 도울 것이라고 알리는 모래상자

5. 치료사나 부모/교사가 '문제'를 다른 관점에서 묘사하는 모래상자

6. '문제'가 해결된다면 삶이 어떻게 달라질 것인지를 보여 주는 부모/교사의 모래상자

7. 아동의 관점에서 보는 문제점에 대해 부모/교사가 만드는 모래상자

8. 문제상황을 묘사한 모래상자, 모래상자를 만든 후 치료사와 부모/교사는 문제해결을 위한 추가적인 모래상자를 교대로 만든다.

부모/교사자문에서 부모/교사가 사고 · 정서 · 행동의 바람직한 변화를 만들도록 촉진하기

부모/교사는 문제해결을 위해 필요한 것에 대한 모래상자를 꾸민다.

1. 특정 문제의 해결을 위해 자녀와 협력하는 방법에 대한 모래상자

2. 자신을 성공적인 부모/교사라고 느낄 수 없게 만드는 문제의 해결 방법을 묘사하는 모래상자

3. 치료사가 양육과 교육에 관한 특정 기술(예: 격려하기, 문제 소유 가려내기, 의사소통하기 등)을 모델링하는 모래상자

4. 부모/교사와 아동이 함께 만드는 미래에 원하는 바에 대한 모래상자

5. 부모/교사와 아동이 함께 만드는 관계가 어떻게 변화해 왔는지에 대한 모래상자

❀ 미술기법

■ 퀵 드로잉

짐작했겠지만 이것은 제6장에서 설명했던 그림을 빠르게 그리는 활동이다. 그러나 이 활동이 부모/교사에게 초점을 두고 있기 때문에 자문 회기에서 사용될 수 있다. 이 활동은 부모/교사와의 관계형성에 사용할 수 있으며 개인내 및 개인간 역동

을 탐색하거나 부모/교사가 역동을 더 잘 알아채도록 돕기 위해 사용할 수 있다.

이 개입에서 부모/교사는 (회기나 활동의 목표에 따라 제시되는) 지시에 빠르게 반응해야 한다(프로이트 자유연상의 그림 버전으로 생각하면 된다). 이 책에서 다루는 모든 미술기법처럼 이 활동 역시 예술적인 능력을 평가하는 것이 아님을 강조한다. 부모/교사는 치료사의 지시에 따라 1분 안에 그림을 그려야 한다. 도움이 된다면, 그림은 구체적일 수도 있고, 추상적일 수도 있다고 말한다. "60초 안에 _____에 관한 그림을 그리세요."라는 지시에 생각하지 않고(또는 오래 생각하지 않고) 그림을 빠르게 그리게 한다. 다음은 여러 부모/교사에게 적용할 수 있는 예시이다. '마지막으로 아동에게 화가 났을 때' '마지막으로 양육/교육에 자부심을 느꼈을 때' '자녀/학생에 대해 가장 걱정하는 것' '자신이 제일 못한다고 생각하는 양육/교육 부분' '자녀에 대해 가장 좋아하는 것' '자녀 때문에 가장 자극받은 일' '자녀에 대해 마지막으로 즐거웠던 때' '자녀가 잘 하는 것' '자녀와의 관계' 등이다. 치료사는 다음과 같이 구체적인 상황과 관련된 퀵 드로잉 문구를 내담자에게 맞게 설정할 수 있다. "당신의 딸이 임신했다는 것을 알았을 때, 느꼈던 감정을 1분 안에 그려 보세요." "자녀가 가족/학급의 애완동물을 발로 찼을 때, 느꼈던 감정을 1분 안에 그려 보세요." "아이가 아이 엄마의 집/다른 교실로 갈 때의 감정을 1분 안에 그려 보세요." "당신이 청소년이었을 때 누구도 당신의 말을 들어주지 않는 것 같다고 느꼈던 때의 감정을 1분 안에 그려 보세요." 등이다.

언어과정을 좋아하는 부모/교사의 경우, 그림 안에 그려진 것에 대해 크기, 모양, 색상, 거리 등을 물어볼 수 있다. 그림에 접근한 방식에 대한 함의(긴장감으로, 흥미진진하게, 천천히, 자의식적으로)를 고려해 볼 수도 있고, 요소에 대해 대화를 나눌 수도 있다. 치료사는 "나는 알아챘어요."와 같은 문장으로 그림을 다룰 수 있으며, 부모나 교사에게 그림을 확장하게 하여 다룰 수도 있다. 문제를 그리는 것과 문제에 대해 말하는 것이 어떻게 다른지 질문할 수도 있다.

■ 이상적인 가족/학급 그림

이 활동은 부모/교사 자문에서 성인을 위한 활동이지만, 가족이나 학급 전체와 할 수 있다. 이 기법은 어떤 치료단계에서 사용하는가에 따라, 몇 가지 목표를 가질 수 있다. 이 활동은 부모/교사에게 무엇이 중요한지 탐색하게 하고, 가족/학급에서 효과가 있고 없는 것에 대한 통찰을 도우며, '이상'에 가까워지기 위한 변화를 유도하고 동기를 부여하기 위해 사용할 수 있다.

우리는 이러한 기법들이 꽤 명확하다고 생각했다. 이 활동도 확실히 그렇다. 치료사는 내담자에게 큰 종이 두 장(작은 종이도 괜찮다)과 몇 가지 그림 도구(또는 스티커)를 주고, 한 장에는 그들 가족(교사와 작업하는 경우 학급)의 현재, 다른 종이에는 이상적인 가족/학급에 대해 그려 달라고 요청한다. 작업이 끝나면 두 그림을 설명하고, 이상과 현실이 어떻게 다른지 자세히 설명하도록 한다. 준비가 된 것 같다면, 이상에 더 가까워지기 위해 그들이 기꺼이 변화시키고자 하는 것이 무엇인지 물어보면서 후속 활동을 할 수 있다.

가족이나 학급의 경우, 구성원이 두 개의 그림을 그린 후, 그들이 원하는 것을 합의하기 위해 고안된 대화에 참여하도록 초대한다. 활동이 끝나면, 이상에 가까워지기 위한 합의에 도달하기 위해, 행동 · 인지 · 태도 · 문제해결 · 상호작용의 측면에서 구성원이 각자 변화를 위해 책임을 가질 것인지 대화를 나누고 그 책임을 따르게 할 수 있다.

■ 가족미술 사정

가족미술 사정은 랜드가튼(Landgarten, 1981)의 작업을 수정한 것이다. 이 용어는 가족과 이 활동을 한다는 것을 암시하며, 정말 그렇다. 이 활동은 한 명의 부모와 자녀, 부모, 자녀들과 같이 가족의 하위체계에서 진행될 수 있다. 또한 교사와 아동, 또는 학급의 일부와 활동할 수 있으며, 집단놀이치료의 경우 소집단과 할 수 있다. 이 활동의 일반적인 목표는 개인간 역동의 탐색이며, 내담자(및 그의 삶에서 중요한 타인)가 자신의 역동을 통찰하도록 돕는 것이다.

가족이나 소집단과 이 활동을 하는 경우, 네 장의 큰 종이(포스터보드나 정육지 등)와 가족구성원이 각각 서로 다른 색을 가질 수 있도록 여러 색의 마커나 크레파스가 필요하다. 참여자에게 이 기법에는 세 단계가 있다고 알려 준다. 각 구성원에게 서로 다른 색의 마커나 크레파스를 선택하게 하고, 활동 내내 자신이 선택한 동일한 색을 사용할 것임을 설명한다.

단계 1에서, 참여자들에게 두 팀으로 나눌 것을 요청한다(그들은 팀을 나누기 위해 원하는 모든 방법을 사용할 수 있다). 팀이 결정되면 참여자들에게 종이 두 장을 주거나 모두가 손이 닿을 수 있는 벽에 종이를 붙여 두고 그 위에 무언가를 그리라고 한다. 미술 작업을 하면서 각 팀은 서로 말하거나 메모하는 것이 허용되지 않는다. 누군가는 함께 그려야 하는지, 따로 그려야 하는지를 질문할 것이다. 우리는 "여러분이 결정할 수 있어요." 라거나, "이것에 대한 규칙이 있는 건 아니에요."와 같은 말로 질문에 대한 즉답을 피하고 책임을 돌려준다. 그들이 그리기를 마치면 활동을 멈춘다. 참여자들은 마쳤다는 신호를 보내기 위해, 마커/크레파스를 내려놓는다. 양 팀 모두가 임무를 완수할 때까지 대화는 금지된다. 그 후 각 팀에게 작품의 제목을 정하고, 종이의 어딘가에 그들의 이름을 쓰도록 한다.

단계 2에서, 종이를 한 장 더 주거나 벽에 붙여놓는다. 참여자들에게 팀을 해체하고, 이번에는 전체 가족/집단 한 장의 종이를 갖는다. 참여자에게 대화나 메모를 통한 의사소통 없이 무언가를 그려달라고 요청한다. 그들이 그 미술 작업을 마쳤을 때, 제목을 정하고 종이 위에 쓴다.

단계 3에서, 치료사는 참여자에게 또 다른 종이 한 장을 주고, 무언가를 그리도록 한다. 그러나 이번에 그들은 대화를 할 수 있고, 원하는 방식으로 어떤 의사소통도 할 수 있다. 작업을 마쳤을 때, 제목을 정하고 종이에 제목을 적는다.

만약 이 집단을 가족의 하위집단이나 한 명의 교사와 한 명의 학생과 하는 경우, 분명히 두 팀으로 나눌 수 없기에 단계 2와 3만 진행할 수도 있다(그렇다면 두 장의 종이만 필요할 것이다).

치료사는 모든 과정이 끝날 때까지 피드백을 제공하지 않고 관찰한다. 처음에 누가 그림을 그리기 시작했는지, 어떻게 그 과정이 전개되었는지에 주목한다. 리더는 누구였고, 따르는 사람은 누구였는가? 누가 다른 구성원의 그림을 존중하고, 누가 다른 구성원의 그림 위에 그림을 덧그렸는가? 누가 규칙을 따랐고, 누가 무시했는가? 각 구성원의 참여 수준은 어땠는가? 그들이 팀을 나눈 방법에 주목한다. 팀의 구성은 치료사가 이미 알고 있는 가족 역동에 기반하여 예상한 대로였는가, 아니면 달랐는가? 구성원들은 팀을 나누는 것에 어떻게 반응했는가? 단계 2에서 참여자들은 어떻게 팀의 해체와 온 가족이 한 장의 종이를 공유해야 했던 것을 다루었는가? 누가 그림에서 가장 많은 공간을 차지했고, 누가 가장 적게 차지했는지 그리고 누가 구석이나 측면에 그렸고, 누가 중앙에 그렸는지에 주목한다. 누가 누구의 의견에 귀를 기울이는가? 누구의 제안은 받아들여지고, 누구의 제안은 무시되었는가? 독립적으로 기능하는 사람은 누구인가? 실제로 도움이 필요하지 않은 상황에서 도움을 요청하는 사람은 누구인가? 도움이 필요해도 요청하지 않은 사람은 누구인가? 사람들은 어떻게 배치되었는가(누가 누구에 의해 앉았거나 섰는가)? 메모를 전달하거나 대화를 할 수 없으니, 어떻게 의사소통을 했는가? 대화가 허용되었을 때, 참여자들은 어떻게 달라졌는가? 그들은 재미있었고, 유머를 사용했는가?

■ 마우스피스 퍼펫

　이 활동은 개별 놀이치료, 개별 부모/교사자문 그리고 가족/소집단과 사용할 수 있는 활동이다. 나(테리)는 아일랜드에서 사람들을 교육할 때 이 활동을 개발했다. 나는 성인 제자들이 가족이나 친구에게 말할 수 없었던 것을 말하게 하는 방법을 생각해 내고 싶었다(안전을 위한 중요한 팁: 실제로 나는 그들에게 가족이나 친구에게 이것을 말하도록 허용하지 않는다. 오직 나에게 또는 학급구성원에게만 말하도록 한다. 이렇게 하는 이유는 치료사가 내담자를 보호할 수 없는 상황에서, 내담자가 말한 것들이 다시 내담자를 공격하는 상황을 만들지 않기 위함이다). 이 활동의 목표는 모든 작업에 적용될 수 있다. 우리는 일반적으로 숨기거나 금지된 것에 대해 목소리를 내도록 돕기 위해 이 활동을 한다. 또한 이 활동은 가족이나 집단구성원들에게 칭찬이나 격려를 하고, 사람들이 일반적으로 부인하는 행동에 대해 책임을 지게 하며, 내담자가 두려워하는 경계설정을 연습하도록 돕기 위해 사용한다(이것은 우리가 과거에 이 활동을 했던 예시다. 여러분의 상상력을 사용하라는 우리의 권고를 기억해라).

　여러분은 퍼펫을 만들기 위해 종이 가방, 종이 접시, 페이퍼 마쉬, 아이스크림 스틱 등을 사용할 수 있고, 우리는 양말이나 나무 숟가락 같이 보다 튼튼한 재료를 선호한다. 우리는 내담자가 만든 퍼펫을 가정에서 보관하고 사용할 수 있기를 바라기 때문에, 엉성하거나 허술한 퍼펫을 원하지 않는다. 따라서 양말이나 나무 숟가락(가급적 깨끗한 양말이나 새 나무 숟가락), 몇 개의 마커, 약간의 털실, 셔닐 줄기(모루), 글루건, 반짝이 풀, 치료사나 내담자가 좋아하는 기타 공예 재료들이 필요하다. 참여자들이 경이로운 퍼펫(자기 자신, 최고의 자기, 미래의 자기, 긍정적인 자기, 사랑하는 할머니, 진실한 쌍둥이, 상상 속의 친구 등) 만들기에 푹 빠져들도록 둔다. 하고 싶거나, 해야 할 말이 있다면 (퍼펫을 통해 자기 자신, 치료사, 가족구성원, 학급 친구, 배우자 등에게) 어떤 말이라도 하게 한다.

개별 회기나 부모/교사자문 회기에서 이 활동을 하는 경우, 이러한 대화는 자신이나 치료사에게 하도록 안내된다(내담자가 자신의 침실에서 혼자 대화를 해야 하더라도, 그것은 내담자의 압박감을 어느 정도 덜어 줄 것이다). 이 활동에서 유일한 제한 사항은 내담자가 다른 가족/소집단구성원에게 무언가를 말하려면, 하려는/할 필요가 있는 말이 무엇이든지 다른 구성원의 마음을 상하게 하거나, 보복하는 방식으로 전달되지 않도록 확인하는 것이다. 퍼펫에게 건설적인 피드백을 주는 것에 동의할 수 없거나 동의하지 않는 내담자는 어쩌면 이 활동에 적합하지 않을 수 있다.

■ 해결책

이것은 내(테리)가 북미아들러심리학회(North American Society for Adlerian Psychology)에서 제인 넬슨의 워크숍에 참여한 후에 부모/교사자문을 위해 개발한 활동이다. 이 활동은 아들러학파인지와 무관하게 모든 치료사가 사용할 수 있다. 아동이 잘못된 행동을 하는 경우, 전통적으로 아들러학자들은 부모/교사가 논리적 귀결을 적용하도록 돕기 위해 많은 노력을 한다. 이 기법에서는 아동의 문제행동에 대한 해결책을 만들 수 있도록 패러다임의 변환을 제시한다. 이 활동은 '아동은 흔히 잘못된 행동을 한다. 아동에게는 충족되지 않은 욕구가 있고, 잘못된 행동은 욕구충족을 위한 잘못된 시도이다.' 라는 생각을 기초로 한다. 부모/교사는 아동의 욕구충족을 위해, 그리고 아동이 보다 적절한 욕구충족 방법을 배우도록 돕기 위해 자신의 행동을 변화시킬 것이다. 그들은 아동의 부적절한 행동이 불필요한 것이라고 설정하는 대신, 이 활동을 통해 아동의 욕구를 충족하기 위한 잠재적인 해결책을 개발할 것이다. 우리는 이 기법을 아동이 참여하지 않는 부모/교사자문에서 사용한다(우리도 왜 이렇게 했는지는 확실하지 않다. 아동이 있는 상태에서 이 기법을 사용하는 것도 흥미로울 수 있다. 만약 여러분이 이렇게 사용한다면, 어떻게 작동하는지 우리에게 알려 주기를 바란다).

이것은 그리기 활동이기 때문에 종이와 그리기 재료가 필요하다(물론 그리기를 싫어하는 성인이라면 스티커로 할 수도 있다). 먼저 성인에게 눈을 감고 가장 최근에 있었던 아동과의 힘겨루기나 아동의 잘못된 행동을 기억하게 한다. 전체 상황을 처음부터 끝까지 즉, 어려움의 촉발 상황에서부터 아동이 성인을 화나게 한 상황과 성인의 반응까지 기억하게 하는 것이 도움이 된다. 다음으로 성인에게 무슨 일이 일어났는지 모든 등장인물을 포함해서 그리도록 한다. 만약 그들이 원한다면 막대 형태로 그릴 수도 있다. 그런 다음 각 인물에게 생각 말풍선을 달아 주고, 그 상황에서 각각에게 필요하다고 짐작되는 것을 채워 넣도록 한다. 예를 들어, 집에 아기 손님이 놀러왔을 때 제이슨은 관심을 빼앗겼다고 느꼈고, 자신은 여전히 부모의 관심이 필요하며, 중요한 존재라는 것을 상기시키기 위해 행동화할 수 있다. 제시메인은 악몽을 꾼 후에 부모님이 주는 위안보다 더 많은 위안이 필요했기 때문에 자신의 침실에 머무는 것을 거부할 수 있다. 부모/교사가 이러한 욕구에 대응하기 위해 무엇을 할 수 있는지 아이디어를 찾도록 아동의 욕구를 표현하는 다른 그림을 그리게 할 수 있다. 그리고 아동의 욕구 충족을 돕기 위해 해결책을 적용한 그림을 추가한다. 또한 치료사는 성인에게 아동의 행동, 가족 체계, 학급에서의 상호작용, 상황 등을 변화시킴으로써 아동의 욕구를 충족시키는 방법을 브레인스토밍하도록 도울 수 있다.

✤ 구조화된 놀이경험

■ 역할 바꾸기

이 기법은 부모/교사가 아동과 함께 회기에 참여할 때 사용한다. 우리는 몇 가지 목표를 염두에 두고 내담자에게 역할 바꾸기를 요청한다. 아동과 성인이 즐겁게 웃으며, 연결되기를 바라고, 둘 사이의 전형적인 패턴에서 드러나는 감정·태도·행동을 찾거나, 기저에 있는 생각·감정·좌절의 영역을 밝히기 위한 것이다. 이 기법은 순서지키기, 경청하기와 같은 간단한 사회기술을 연습하고, 내담자가 사회적 정보를 인식하고 정확히 해석하도록 도우며, 자기와 타인의 특성을 평가하고, 가족이나 학급에서의 역할을 인식하도록 돕기 위해 사용할 수 있다. 아동내담자의 발달수준에 따라 이 활동이 어려울 수도 있지만(어린 아동일수록 타인조망수용 능력이 부족하다는 것을 기억해라), 우리는 그들에게 서로의 감정·인지조망수용을 연습하게 하는 것을 좋아한다. 비록 아동이 성인의 조망을 수용할 수 없더라도, 아동의 감정이나 역할극에서 나타난 성인에 대한 지각에 관해 치료사와 성인은 대화로 나눌 수 있다.

치료사는 참여자들에게 교사는 학생이 '되고', 학생은 교사가 '되고', 자녀는 부모가 '되고', 부모는 자녀가 '되는' 역할 바꾸기를 할 것이라고 안내한다. 이것이 유일한 지침이며, 참여자가 이 활동을 할 수 있는지만 확인한다. 활동이 시작되면, 우리는 과정을 관찰하고 일상적인 놀이치료 기술을 사용한다. 추가적인 설명이 필요한 경우, 치료사는 아동 및 성인과 그들이 시연하려는 구체적인 '장면'을 브레인스토밍할 수 있다. 교사에게는 맞춤법이나 독서를 지도하는 장면일 수 있고, 부모에게는 저녁 식사 시간이나 취침 시간 같은 상황일 수 있다. 역할극 도중이나 역할극이 끝난 뒤, 역할극의 관점에서 상대방에게 무엇이 필요한지, 무슨 생각을 했는지, 무엇을 느꼈는지 질문할 수 있다.

■ 영웅, 희생자, 악당

이 활동은 일반적으로 가족놀이치료 활동이지만, 개별 부모/교사 자문에서 사용할 수 있다. 어린 아동에게 이 개념은 너무 추상적일 수 있어서 초등 고학년이나 청소년이 있는 가족(또는 초등 고학년 학급)에게 보다 적합하다. 이 기법의 목표는 참여자에게 카프만의 드라마 삼각관계(Karpman, 1968)를 알려주는 것인데, 보통 사람들이 어떻게 삼각관계에 빠지게 되는지와 어떻게 빠져나올 수 있는지를 알려 준다. 교류분석의 창시자인 에릭 번(Eric Berne)의 제자였던 카프만(Karpman)은 사람들이 흔히 관계에서 희생자, 박해자(악당), 구원자(영웅)의 역할을 갖는 드라마 삼각관계에 빠진다고 주장했다.

이 활동을 준비하기 위해 놀이치료실 바닥에 큰 삼각형(각 변이 4~5피트인)을 만들어야 한다. 우리는 마스킹 테이프로 삼각형을 만든 다음 세 꼭지점에 각각 희생자, 악당, 영웅이라고 적힌 표지판을 놓는다. 그리고 우리는 참여자에게 가족/학급 내 갈등 목록을 만들도록 요청한다. 갈등에 관여된 사람과 구성원 간의 갈등이 어떻게 작용하는지 요약해 달라고 하고, 이것을 메모하는 것이 도움이 된다. 삼각관계에서 역할간 역동을 설명한 뒤, 참여자가 설명한 갈등 상황을 다시 읽어 본다. 그리고 가족(집단) 구성원에게 그 특정 드라마에서 자신의 역할에 해당되는 꼭지점에 서도록 한다. 이 활동을 두세 번 했을 때, 구성원들이 이 드라마를 그만 하고 싶어한다면, 그 삼각관계에서 벗어날 수 있다고 안내한다. 만약 그들이 이 드라마에 관심이 있다면, 삼각관계에서 벗어나기 위한 전략에 대해 브레인스토밍 회기를 진행할 수 있다.

부모/교사자문에서, 치료사는 카프만 드라마 삼각관계와 동일하게 삼각형을 소개할 수 있고, 이 패턴 안에서 다른 사람과 상호작용하는 또 다른 장면을 만들수도 있다. 또는 그들에게 삼각관계에 관여하는 다른 사람을 관찰하게 하고 그 상황을 설명할 수 있다. 그런 다음 부모/교사가 삼각관계에 관여하지 않게 되거나, 다른 사람이 삼각관계 안에 빠져들지 않도록 도울 아이디어를 탐색하는 활동을 한다.

■ 리셋 버튼

나(테리)는 나의 가족을 위해 이 기법을 개발했다. 제이콥이 두 살 때부터 나의 남편 릭과 아들 제이콥의 힘겨루기가 증가되는 듯 했다. 이러한 힘겨루기를 미연에 방지하기 위해, 나는 그들에게 각각 '리셋 버튼'을 가지도록 제안했다. 이 버튼은 두 사람 사이의 대화를 보다 건설적으로 바꾸기 위해 누를 수 있는 상상의 버튼이다. 나는 이 활동을 개별회기(아동·청소년·성인), 부모/교사자문, 가족놀이치료에서 사용한다. 이 기법의 목표는 아동과 부모/교사가 힘겨루기를 하고 있음을 인지하고, 힘겨루기에서 빠져나오도록 하여, 보다 생산적이고 적절한 상호작용 기술을 발달시키도록 돕는 것이다. 치료사를 힘겨루기에 휘말리게 하려는 아동에게도 이 활동을 사용할 수 있다(우리가 내담자와 힘겨루기를 하려는 것이 아니다. "모래는 모래상자 안에 있어야 한다." 그렇지 않은가?).

만약 회기에서 힘겨루기에 연루된 누군가(부모, 형제자매, 또래 등)가 있다면, 이 기법을 알려 줄 완벽한 기회다. 치료사가 가장 먼저 할 일은 "이것은 힘겨루기처럼 보이네요."라는 말로 이 상황이 힘겨루기임을 알리는 것이다. 그리고 치료사는 전투를 잠시 멈추게 하고, 동시에 크고, 느리고, 깊은 숨을 쉬도록 안내한다. 힘겨루기에 있는 두 참여자에게 컴퓨터나 전자기기에 있는 '리셋 버튼'을 아는지 물어본다. 만약 안다면, 다음 단계로 넘어간다. 만약 둘 다 '리셋 버튼'을 모른다면, 그것이 무엇이고 어떻게 작동하는지 설명한다. 힘겨루기 참여자에게 그들의 리셋 버튼은 어떻게 생겼는지 상상하게 하고, 치료사(힘겨루기 상대방)에게 설명하도록 한다. 그들에게 리셋 버튼의 크기, 색상, 표면의 질감, 위치, 누르는 방법(예: 새끼손가락으로, 몸 전체로 등)에 대해 구체적으로 설명하고, 효과적인 재설정을 위해 얼마나 세게 눌러야 하는지를 설명하게 한다. 그들에게 서로 눈을 맞춰 바라보고 다음 단계로 넘어가기 전에 두세 번 정도 깊고 느린 숨을 쉬도록 한다.

두 사람(또는 가족/학급구성원) 중 한명이 '재설정을 활성화'하면 그들은 실제로 재설정 절차에 합의해야 함을 설명한다(이 절차에 동의하지 않을 수 있다. 만약 그들이 동의하지 않는다면 이 기법은 작동하지 않을 것이고, 치료사는 그 과정을 중단해야 한다). 그들에게 '재설정을 활성화'하는 방법은 "이제 리셋 버튼을 누를 시간이에요."라고 말하는 것임을 알려 준다. 이 표현이 "당신의 리셋 버튼을 눌러야겠군요."라거나 누가 그것을 시작했는지, 혹은 누가 양보할 필요가 있는지와 관련된 또 다른 힘겨루기를 불러오는 문구가 아니어야 한다. 이 기법은 당사자 모두가 힘겨루기에 한 몫을 했고, 둘 모두 그 안에서 스스로 빠져나와야 한다는 의미이다.

이제 둘 중 한 사람이 상대방에게 "이제 우리의 리셋 버튼을 누를 시간이에요."라고 말하면서 '재설정의 활성화'를 연습할 것인지 묻는다. 일단 자원자가 나타나면 '활성화'를 한다. 그 활성화에 대한 반응으로 각자 자신의 리셋 버튼을 상상하여 누르고 함께 긴장을 풀면서 깊은 숨을 세 번 쉰다(이 숫자는 우리가 만든 것이다. 치료사가 원하는 만큼 숨을 쉬게 할 수 있다). 활성화 되지 못한 사람은 보다 건설적이고 상대방에게 존중을 나타내는 방법으로(아마도 나-전달법이나 반영적 경청으로) 대화를 다시 시작할 수 있다(이것이 지나친 요구일 수도 있지만, 만약 당신이 그 전투원 중 한 명이라면 이것이 완전히 가능하기를 바란다).

또한 치료사는 참여자에게 가장 최근의 힘겨루기를 했던 상황을 묘사해 보게 하고, 앞으로 힘겨루기를 벗어나기 위한 전략을 배우고 싶은지 질문함으로써, 힘겨루기를 하지 않고도 추상적으로 이 기법을 연습시킬 수 있다. 개별 아동/청소년내담자, 부모/교사자문 회기, 그리고 가족/학급/집단구성원과 함께 하는 과정에서 힘겨루기 속 그들을 재현하는 역할극을 할 수도 있다.

■ 나의 강점/가족의 강점

이 기법은 질 토머스(Jill Thomas, personal communication, December 2016)가 개발했고, 우리는 그에게 이 기법을 배웠다. 이 활동은 가족놀이치료에서 가족구성원이 개인적·대인관계적 강점에 초점을 맞추도록 돕기 위해 사용하지만, 자기개념이 빈약한 내담자가 자원을 '소유'하도록 돕기 위해 사용할 수 있다.

이 활동을 시작하기 위해서는 색인카드, 큰 종이나 포스터 보드, 얇은 마커나 색연필이 필요하다. 내담자의 긍정적인 자질에 대해 브레인스토밍하고, 그 목록을 각 카드에 적게 한다(만약 내담자나 가족구성원이 예술적인 사람이라면, 그림을 그리게 할 수도 있다). 긍정적인 자질의 예는 다음과 같다. "나는 모든 상황에서 좋은 점을 볼 수 있다." "나는 명랑하다." "나는 상황의 밝은 면을 본다." "나는 남을 돕는 것을 좋아한다." "나는 특별하다." "나는 상황이 어려워지더라도 계속 노력한다." "나는 영리하다." "나는 사람들을 웃게 만들 수 있다." "나는 열심히 일한다." "나는 동물을 사랑한다." "나는 자연에 감사한다." "나는 문제의 해결책을 찾을 수 있다." "나는 열심히 노력한다." "나는 느낌말하기를 좋아한다." "나는 나의 실수를 인정한다." "나는 예술적이다." "나와 함께 있으면 재미있다." "나는 긍정적이다." "나는 다른 사람들을 격려할 수 있다." 내담자에게 자신을 묘사하는 카드 몇 장과 각 가족구성원을 묘사하는 카드 몇 장을 고르도록 한다. 부모나 다른 가족구성원이 참여하고 있다면 각 가족구성원의 특징을 고르는 것으로 이 과정을 수정한다. 그 다음, 내담자가 자신을 묘사하는 특징 중 적어도 한 가지를 선택해서 공유하고, 자신이 이 특징을 어떻게 나타내는지 설명한다. 이후, 다른 가족구성원을 묘사하는 적어도 한 가지 특징을 선택하고, 다음과 같이 그 예를 공유한다. "누나는 우리 차가 고장났을 때, 그래도 날씨가 별로 춥지 않다는 사실에 기뻐할 만큼 긍정적이었다."

큰 종이(포스터보드) 위에 원을 그린다. 종이의 가운데에 큰 원을 그린 뒤 가족이라고 적고, 각 가족구성원을 나타내는 작은 원을 큰 원 주위에 그린다. 모든 가족구성원의 이름을 작은 원에 쓰고, '서기'를 정해 종이 위에 글자를 적는다. 가족구성원은 서기가 원 안에 각 구성원의 강점과 긍정적인 자질을 쓸 수 있도록 돕는다. 각 개인의 원부터 가운데의 '가족' 원까지 선을 그어 서로 다른 강점과 긍정적인 자질을 가지고 있음에도 각 가족구성원이 서로 어떻게 기여하며, 연결되어 있는지 보여준다. 브레인스토밍을 통해 '가족' 원 안에 가족의 강점 목록을 작성한다. 이것은 가족을 구성하는 개인들이 가족에 기여함으로써 가족 전체가 긍정적인 자질을 갖게 됨을 설명한다. 가족이 강점을 보여줬던 순간과 그것이 가족에게 의미했던 것을 공유한다.

가족 내에서 자존감이 낮거나 심각한 관계문제가 있는 내담자나 가족구성원이 있다면, 자신이나 타인의 강점 찾기를 어려워할 수 있으므로, 그들이 강점을 발견하도록 돕기 위해 치료사의 지원과 관여가 더 필요하다. 이러한 특징들이 나타나는 예시를 더 많이 제시해야 한다(만약 내담자나 가족이 긍정적 자질을 적게 가지고 있다고 생각한다면, 이 활동을 건너뛰어야 할 수도 있다).

만약 가족구성원에게 도움이 된다면, 추후 회기에서 '나의 강점/가족의 강점' 게시판을 다시 활용하여, 가족의 개선과 욕구충족을 위해 사용할 수 있는 다른 긍정적인 자질을 재논의하도록 초대한다. 예를 들어, 원래의 게시판에는 가족의 강점에 대해 열심히 일하는 것, 결단력 있는 것, 많은 규칙이 있는 것을 부각시켰지만, 가족구성원은 가족의 기능을 향상시키기 위해 가족원 안에 더 많은 '유대감'이나 '재미'가 필요하다는 것을 찾을 수 있다.

■ 가짜 포켓몬고

나(테리)는 최근에 스마트폰이 없거나, 게임을 하고 싶은데 너무 어리거나, 종교적인 이유로 포켓몬고 게임을 못하는 내담자들을 많이 만났다. 나는 포켓몬고를 가상세계에서 실제 세계로 끌어내기 위해 이 활동을 개발했다. 우리는 보통 이 활동을 개별 회기나 가족 회기에서 아동내담자나 학생 소집단과 사용한다(다시 말하면, 부모/교사자문을 위해 이 활동을 하지는 않는다). 우리는 자신에게 능력이 있다는 믿음을 구축해야 하는 구성원이나 타인과 관계맺기 어려워하는 구성원이 있는 가족/소집단과 종종 이 활동을 한다. 이 게임은 도전적인 특성을 가지고 있어서 분노조절과 좌절에 대한 인내를 배워야 하는 가족/집단과도 함께 할 수 있다. 회기에서 이 활동을 즐기는 가족의 경우, 긍정에너지 은행에 긍정에너지를 저축할 수 있도록 과제로 내줄 수 있다.

게임을 위해, 몇 개의 작은(1인치) 포켓몬 피규어(피규어를 저렴하게 구하는 좋은 방법은 아마존, 월마트나 이베이 등에서 구입하는 것이다)와 던지기 위한 고리(고리 던지기의 고리를 사용할 수 있지만, 이런 고리들은 대체로 작아서, 게임을 어렵게 할 수 있다. 우리는 스포츠용품 샵에서 고리를 구입한다)가 필요하다. 작은 포켓몬 피규어를 치료실 곳곳에 놓는다(책상 위나 컴퓨터 주변에는 놓지 않는다. 우리의 실수로부터 배워라. 우리가 전에 언급한 적이 있는가? 우리는 여러분의 비용을 아끼고, 상황의 악화를 막으며, 내담자의 죄책감을 덜어 주기 위해 노력한다). 게임을 시작하기 위해, 먼저 고리를 던진다. 고리를 가볍게 던져 고리 안으로 포켓몬 피규어가 들어가게 잡는다. 참여자에게 고리를 나누어 주고 피규어를 잡게 한다. 구성원들은 순서대로 고리를 던지고 피규어를 잡는다(치료사는 몇 번의 기회를 줄 것인지 결정할 수 있다. 우리는 세 번의 기회를 준다. 그러나 만약 가족구성원의 인내심이 부족하다면, 각 순서에 한 번씩만 던지게 할 수도 있다). 치료사는 내담자가 잡은 피규어를 가져가게 할 것인지도 결정할 수 있다. 그것이 값비싼 것일 수 있기 때문에 모두 가져가게 하는 것은 어려울 수 있다. 우리는 각 참여자에게 그들이 가장 좋아하는 피규어 한 개를 가져가게 하는 것을 좋아한다. 게임이 끝난 후, 언어과정을 좋아하는 구성원이 있는 가족(집단)의 경우 다음과 같은 질문을 할 수 있다.

1. 이 게임이 스마트폰으로 하는 포켓몬고 게임과 어떻게 비슷한가?
2. 이 게임의 어떤 점이 좋았나?
3. 이 게임에서 당신이 잘하는 것은 무엇이었나?
4. 무엇에 좌절했나?
5. 어떻게 좌절에 대처했나?
6. 좌절했을 때 사용할 수 있었던 다른 방법은 무엇이었나?
6. 피규어를 잡지 못했을 때, 자신에게 자신의 능력에 관한 어떤 말을 했는가?
7. 이 게임에서 연습한 욕구좌절 인내성을 삶의 다른 상황에서 어떻게 사용할 수 있겠는가?

부모/교사와의 작업에서 이론적 고려 사항

제2장에서 다루었던 것처럼, 다양한 이론적 접근들은 부모/교사를 치료과정에 참여시키는 정도와 방법에 대해 다양한 철학을 가지고 있다. 이 책에서 묘사된 모든 이론은 부모나 교사와의 작업이 놀이치료 과정의 중요한 일부라고 인정한다. 대체로 모든 접근은 놀이치료사가 부모나 교사에게 지원과 정보를 제공하고, 자문을 하며, 필요한 경우 개인 상담을 추천한다는 것을 암시한다.

이러한 전략 외에도 아들러학파 · 생태학적 · 정신역동적 · 통합적/처방적 놀이치료의 치료사들은 아동내담자의 기능에 성인이 중요한 영향을 준다고 믿기 때문에, 부모나 교사를 자주 치료과정에 포함시킨다. 그들은 가족구성원 모두가 놀이치료 활동에 참여하는 가족놀이치료 회기를 진행하여, 상호작용 패턴의 변화를 돕기 위해 노력한다. 아동중심ㆍ융학파 놀이치료 임상가는 자문과 지원에 초점을 두고, 매 3~5회기마다 부모/교사와 작업한다. 인지행동 놀이치료 임상가는 부모/교사와 아동내담자의 상호작용을 수정하고, 아동의 삶 속 다양한 영역에서 치료를 강화할 수 있는 방법은 코칭한다. 게슈탈트 놀이치료 임상가는 아동의 미해결된 과제와 접촉경계를 더 잘 이해하기 위해 아동에 대한 정보 수집을 목표로 부모/교사와 작업한다. 내러티브 놀이치료 임상가는 초기에 정보를 수집하고 심리적 지원을 위해 부모/교사와 작업한다. 종결에 다가오면, 부모/교사가 자문에서 이룬 변화를 어떻게 일반화시킬 수 있을지 더 많이 안내한다. 다른 접근과 달리, 테라플레이 치료사는 부모/양육자와 아동 간의 상호작용에 의존하여 치료를 진행한다. 양육자는 항상 치료과정에 참여하고, 치료실에서 아동을 위해 상호작용하는 중요한 '대상'이다.

옮겨 가면서

이제 여러분은 개인 놀이치료, 부모/교사자문, 가족/소집단놀이치료의 전문가가 되었다. 이제 놀이치료실에서 까다로운 상황에 대처할 준비가 되었는가? 우리는 준비가 되었다. 여러분도 준비를 마쳤기를 바란다.

Interlude 8
판단 피하기

대부분의 놀이치료사들은 큰 노력 없이 아동에게 공감적으로 반응하지만, 흔히 부모, 교사, 다른 가족구성원을 판단하는 것은 피하기 어렵다. 이 타인들이 문제의 발생이나 유지에 일부 책임을 가지고 있는지 여부와 상관없이, 아동의 행동이나 문제에 대해 부모, 교사, 다른 가족구성원, 학급 친구를 비난하는 것이 가끔은 더 쉽게 느껴진다. 그러나 비난과 판단은 부모, 교사, 다른 가족구성원, 또는 아동의 기능 개선에 거의 도움이 되지 않는다.

치료사는 내담자의 부모, 보호자, 가족구성원, 학급 친구, 교사에 대해 부정적인 감정이 일어날 때, 이를 인식하고 자극받는 것을 피할 필요가 있다. 아마도 자녀를 위해 새 신발을 살 수는 없지만 담배는 살 수 있다고 말하는 부모에게 그러할 것이며, 학생의 거칠고 소란스러운 행동을 불평하며 그녀에게 지속적으로 쉬는 시간을 주지 않는 교사에게 그럴 수 있다. 또한 가족 내에서 일이 잘못되었을 때, 여러분의 내담자를 희생양 삼아 비난하는 '모두의 사랑을 독차지하고 있는 다른 자녀'에게도 그럴 수 있다. 여러분을 화나게 하고 괴롭히는 다른 사람의 행동이나 태도에 익숙해져라. 치료사가 자신의 자극점을 더 잘 이해할 때, 내담자, 부모, 다른 가족구성원, 교사, 학급 친구들과 현존하게 되고, 그들을 온전히 받아들이게 될 가능성이 높아진다.

치료사가 아동내담자의 삶에서 다른 사람과 관계를 맺을 때, 그들은 자신이 할 수 있는 최선을 다하고 있음을 기억하고, 치료사가 이를 믿고 있다는 것을 그들이 인식하게 해야 한다. 놀이치료실에 오는 아동의 부모(교사, 가족구성원, 학급 친구)에 대한 비난이나 판단에 휘말리는 것은 꽤 쉽다. 만약 그들이 완벽한 부모(완벽한 교사, 가족구성원, 학급 친구)라면, 아동도 완벽할 것이고 놀이치료는 필요 없을 것이다. 우리 모두는 이것이 사실이 아님을 안다(특히 우리는 부모, 교사, 가족구성원, 학급 친구가 되는 것이 매우 힘들다는 것을 이미 깨달은 사람들이다). 치료사가 기억해야 할 또 다른 중요한 점은 놀이치료를 받으러 오는 아동의 부모(일부 교사)는 흔히 자신의 양육 기술(교사의 경우 학급 관리와 관련된 기술)이 부족하다고 느낀다는 것이다. 그들은 자주 자신에게 '실망'하고, 많은 경우 실패한 것처럼 느낀다. 그 결과로 아동의 어려움에 자책하거나, 또는 아동을 탓할 수도 있다. 따라서 치료사는 자문 회기에서 그들과 함께 하는 작업과 회기 밖에서 그들에 대해 고민하는 작업에서, 그들이 최선을 다하고 있다는 점에 초점을 두는 것이 매우 중요하다.

*   *   *

자, 이제 여러분은 놀이치료실에 뛰어 들어가 놀이를 할(스토리를 말하고, 모험을 하고, 춤을 추며, 스토리를 듣고, 노래를 만들고, 모래 안에 세계를 만들며, 미술활동을 할) 열의가 있고, 준비가 되어 있다. 뛰어들기 전에, 여러분이 놀이치료실에서 만날 수 있는 몇 가지 도전적인 상황을 다루기 위한 마음의 준비를 하도록 우리도 약간의 정보(어쩌면 약간의 조언)를 주는 것이 좋겠다고 생각했다. 치료사에게 겁을 주려는 것은 아니다. 이 모든 상황에 직면하지 않을 수도 있다. 실제로 그 어떤 상황도 마주치지 않을 가능성도 있다(이것은 꽤 낙관적인 전망이기는 하다. 여러분은 아마 적어도 몇 가지는 마주치게 될 것이다). 우리가 놀이치료실에서 만날 수 있는 모든 문제상황을 다루지는 못했다. 이것은 우리가 이 책을 쓰던 커피숍에 둘러앉아, 놀이치료실에서 다루기 어려웠던 도전적인 상황에 대한 목록을 만들기 위해 브레인스토밍한 것이다. 다음은 우리가 만든 목록이다.

- 말하지 않는 내담자
- 아무것도 하지 않는 내담자
  - 치료사(누구와도, 또는 때때로)와의 관계를 원하지 않는 내담자
  - 놀이에 관심이 없다고 말하는 내담자
- 놀이할 줄 모르는 내담자
- 고의적으로 규칙을 어기는 내담자
  - 놀이치료실의 물건을 가져가고 싶어 하는 내담자
  - 일부러 방을 어지럽히거나 놀잇감을 파손하는 내담자
  - 회기가 종료되기 전에 나가고 싶어 하는/나가려는 내담자
  - 놀이치료 회기 안에 놀잇감을 가져오려는 내담자
- 무릎 위에 앉으려는 내담자
- 회기 중 생떼(temper tantrum)를 부리는 내담자
- 대기실에서 놀이치료실로 들어가기를 거부하는 내담자

- 부모나 다른 사람(친구, 형제)과 함께 놀이치료실에 들어가려는 아동내담자
- 치료사가 자신의 엄마/아빠가 되었으면 좋겠다고 말하는 아동/청소년내담자
- 불편한 질문을 하는 내담자
- 수업에 결석하면서 부모에게 알리지 말라고 요구하는 등 비밀보장과 관련된 문제가 있는 아동/청소년내담자
- 아동과 함께 놀이치료실에 들어오고 싶어 하는 부모
- 치료사의 권고를 따르지 않는 부모/교사
- 회기 중에 일어나는 모든 일을 알고 싶어 하는 부모/교사
- 진전이 없다고 불평하는 부모/교사, 또는 치료사가 진전이 있다고 해도 모르겠다는 부모/교사
- 아동보호서비스를 요청해야 하는 가족
- 치료사에게 성적 매력을 느끼는 청소년/성인 내담자

이 장에서는 이와 같은 내용을 다룰 것이다. 우리는 각각의 도전적인 상황을 제시하고, 대부분의 놀이치료사가 그 상황을 어떻게 다루는지 설명한 다음, 이것을 다양한 놀이치료 접근에서는 어떻게 다루는지 우리의 생각을 설명할 것이다(만약 그것을 다루는 방법이 '일반적이지' 않고 독특하거나 특별하다면 말이다). 많은 상황에서 "내가 _____할 때 무엇을 해야 하나요?"에 대한 우리의 대답은 "경우에 따라 다르다!"이다. 그것은 정확한 상황적 특성(예: 치료단계, 상황의 지속기간, 치료환경, 내담자의 개인내 및 개인간 역동, 내담자의 연령, 치료사의 이론적 정향)에 따라 달라지기 때문에, 각각의 상황을 어떻게 다루어야 하는지 경우에 따라 명확하게 답하지 못할 수도 있다(그러나 우리는 최선을 다할 것이다).

말하지 않는 내담자

우리는 간단한 상황부터 곤란한 상황까지 다루고자 한다. 말하지 않는 내담자(아동·청소년·성인 누구라도)는 (말하지 않는 내담자와 만난 후 겁에 질린 채로 치료실에서 나오는 경향이 있는) 나의 제자들을 당황시키기도 하지만, 이것은 어렵지 않다.

우리가 제1장에서(및 이후 모든 장)에서 다루었던, '대화치료'를 '놀이치료'로 만들어야 하는 패러다임의 변환에 대해 기억하는가? 놀이치료의 기본전제는 놀이(및 놀이치료실에서 '하는' 것)가 놀이치료실 안에서 일어나는 상호작용이라고 말했던 것을 기억하는가? 그 놀이가 치료라는 것을? 이것은 내담자가 말을 하든 하지 않든 상호작용(치료)이 일어나고 있기 때문에, 말을 하지 않는 내담자도 문제가 되지 않는다는 것을 의미한다. 그러므로 치료사가 패러다임을 변환할 수 있다면 아무것도 걱정할 필요가 없다. 내담자가 침묵하고 있을 때조차도 치료사는 내담자와 상호작용하고 있는 것이다.

실제로 문제가 아니므로 치료사는 다른 것을 시도할 필요가 없다. 내담자가 하는 것에 집중하며 내담자로 관찰하는 것이 핵심이다. 즉, 치료사는 놀이주제, 내담자의 보디랭귀지, 행동의 변화, 놀이의 강도 변화에 세심한 주의를 기울이고 반응한다. 내담자에게 일어나는 일에 주의를 기울이고 있음을 내담자가 알 수 있도록 내담자의 행동을 추적할 수 있다(이것이 가장 명확한 것이다). 치료사는 질문을 할 수 있고(그리고 질문에 대한 내담자의 반응에서 대답을 살필 수 있다), 해석할 수도 있다(그리고 놀이를 통해 치료사의 가설을 확인하거나 모순된 것을 관찰할 수 있다).

놀이치료에 대한 대부분의 이론적 접근은 정확히 이와 같을 것이다. 그러나 많은 경우, 놀이치료사는 다른 측면에 대해서도 생각해야 한다(어쩌면 자신의 이론에서 의미하는 것을 바탕으로 질문을 하거나 해석을 할 수도 있다). 아동중심 놀이치료사는 단지 행동을 추적하고, 내담자의 비언어적 행동으로 전달되는 감정을 반영하며, 도움을 원하는 비언어적 요청이나 결정에 대한 책임을 돌려주고, 내담자가 슬며시 놀이치료실 규칙을 위반하려고 할 때 언어로 제한을 전달하기 위해 수동태의 형식을 사용할 것이다. 아들러학파 놀이치료사는 내담자가 침묵하는 목적(및 내담자의 제한된 메타커뮤니케이션)에 심사 숙고할 것이다. 놀이를 하면서 항상 대화를 하는 내담자의 경우는 더 그렇다. 게슈탈트 놀이치료사는 내담자의 침묵이 자신의 내적 과정과 접촉하고 있음을 의미하는 것인지, 아니면 일종의 놀이치료실 환경과의 단절을 의미하는 것인지 궁금해 할 것이다. 융학파와 정신역동 놀이치료사는 침묵이 실제로 치료과정에 대한 일종의 저항인지, 아니면 놀이와 치료사에게 몰입하고 편안함을 느끼는 수준인지 주목할 것이다. 내러티브 놀이치료사는 내담자의 놀이에 주목하며 대화 없는 스토리를 떠올릴 것이다. 만약 떠오르는 스토리가 없다면, 그 놀이에 어울리는 스토리를 만들어 아동에게 들려줄 수도 있다. 대부분의 테라플레이 치료사와 생태학적 놀이치료사의 경우, 아동에게 적극적으로 개입하기 때문에 침묵에 대해 무언가를 할 필요성을 거의 느끼지 않는다. 여러분도 알고 있듯이 통합적/처방적 놀이치료사는, 경우에 따라 다르다.

치료사의 이론과 상관없이, 우리가 말을 하지 않는 내담자를 대할 때 필수적인 한 가지는 말하지 않는 것이 잘못된 것임을 암시하는 어떤 행동도 피해야 한다는 것이다. 이것은 내담자에게 말을 '해야 한다'고 제안하거나 말을 하도록 유도하기 위해 고안된 질문은 피해야 한다는 의미이다. 만약 회기 안에서 말을 하지 않는 내담자가 불편하다면, 치료사가 자신의 '것'을 살펴보는 것이 중요하다. 침묵이 불편한 놀이치료사가 많다(다른 분야의 치료사들도 그렇다). 우리는 침묵이 온전히 수용될 수 있다는 것을 치료사에게 상기시켜 주고 싶다. 치료사의 임무는 내담자에게 수용을 전달하는 것이다. 만약 내담자가 침묵하고 있는데, 치료사가 그 침묵이 불편하다면, 그것은 내담자가 아닌 치료사의 문제이다. 그러므로 내담자에게 해를 주며 자신의 욕구를 돌보는 일은 피하도록 주의해라.

아무것도 하지 않는 내담자

놀이는 하지만 말을 하지 않는 내담자보다 아무것도 하지 않는 내담자의 경우 무엇을 해야 할지 알아차리기가 훨씬 더 어렵기 때문에 초보 놀이치료사에게는 종종 더 두려운 대상일 수 있다. 말하지도 않고, 놀지도 않고, 움직이지도 않고, 아무것도 하지 않은 채로 그저 놀이치료실 안에 앉아있거나 서 있기만 하는 내담자는 경험이 많은 놀이치료사도 위축되게 만든다. 우리 마음에 가장 먼저 떠오르는 반응은 내담자에게 인내심을 갖는 것이다. 내담자가 무엇을 하도록 유도하지 말아라. (아마) 그 순간 그 회기에서 내담자에게 일어날 필요가 있는 일은 아무것도 하지 않는 것일 수 있다. 아무것도 하지 않는 내담자에 대해 치료사 스스로가 자신의 불안을 관리하고, 언어적 · 비언어적 상호작용으로 수용을 전달한다면, 내담자가 자신을 보다 자유롭게 표현하기에 그것만으로도 충분할 것이다.

늘 우리가 가장 먼저 고려하는 것은 "행동의 목적이 무엇인가?"이다. 이것은 아들러식 접근법이지만(우리 둘 모두가 아들러학파라는 것을 감안하면, 놀라운 일도 아니다), 치료사가 아들러학파가 아니더라도 효과적일 것이다. 우리의 대응은 우리가 행동의 목적이 무엇이라고 생각하는지에 따라 달라진다. 그리고 여기에는 수많은 가능성이 있다. 만약 내담자가 관계형성을 피하려 하고, 우리가 인내심을 가질수록 신뢰감이 형성되고 개방성이 증가된다면, 우리는 계속 현존함을 선택하면서 인내심을 가지고 기다릴 것이다(내담자는 무엇인가를 돌려줄 것이다). (누가 내담자를 치료실로 보냈든지/데리고 왔든지) 만약 내담자가 우리에게 '나는 내 자신을 통제하고 있고, 당신은 나에게 아무것도 하게 할 수 없어.'라는 메시지를 전달하며, 우리가 내담자에게 무언가를 하도록 할 수 없다는 것을 보여 주려는 것 같다면, 내담자가 놀이를 하거나 말을 할 필요가 있는지와 관련된 힘겨루기에 휘말리기보다 인내심을 가지고 기다린다. 만약 내담자가 무엇을 잘못하거나 실수할 것 같다는 걱정으로 어떤 시도도 두려워하는 것 같다면, 우리는 "여기 놀이치료실에서는 네가 하고 싶은 많은 것을 할 수 있단다. 너는 혼자 놀이를 할 수도 있고, 나에게 놀이를 하자고 할 수도 있으며, 말을 할 수도, 하지 않을 수도 있어."라고 소개한 후, 우리가 인내심을 가질 것이고, 내담자가 우리와 치료공간에 준비할 수 있도록 허용할 것을 표현할 수 있다. 우리는 약간의 추적반응을 할 수도 있고, 내담자가 놀이하지 않을 때(아무것도 하지 않을 때)에는 우리 스스로가 놀이치료실에서 놀이를 시작할 수도 있다(우리는 이 상황에서 인내심을 갖는 것이 최선의 대응이라고 생각한다. 여러분도 이 주제를 이해하는가?).

많은 요소가 고려되어야 하므로 이 대답이 만능은 아니지만, 회기의 일부나 전체, 또는 두어 회기 동안 아무것도 하지 않는 행동이 지속된다면, 인내심을 가지고 계획을 실행해 볼 수 있다. 그러나 회기가 거듭되어도 이러한 행동이 지속된다면, 전략을 재고해 볼 필요가 있다. 우리가 가장 먼저 고려하는 것은 치료사가 제공하는 치료의 형태가 내담자에게 최선의 선택인지이다. 어쩌면 놀이치료에서 대부분의 접근방식인 자유로운 형식이 내담자에게 불안을 유발할 수 있으며, 이 내담자에게는 보다 지시적인 접근(예: 테라플레이, 생태학적 놀이치료)이 더 적합할 수도 있다. 또 어쩌면, 이 내담자는 너무 많은 트라우마를 경험했기 때문에 트라우마 기반 인지행동치료나 안구운동 민감소실 및 재처리요법(Eye Movement Desensitization and Reprocessing: EMDR)과 같은 다른 접근방식이 더 적합할 수도 있다. 또 어쩌면, 그

내담자는 치료사(다른 누군가)와 관계맺기를 원하지 않는 사람일 수도 있다. 이런 경우 내담자는 자폐 스펙트럼장애나 반응성 애착장애, 또는 경계선 성격장애일 것이다. 자폐 스펙트럼에 속하는 내담자에게는 오트플레이나 사회극 정동-관계 개입(sociodramatic affective-relational intervention), 애착장애를 가진 내담자에게는 테라플레이, 경계선 성격장애를 가진 청소년/성인 내담자에게는 변증법적 행동치료와 같은 특수한 형태의 치료가 더 좋을 수 있다. 만약 내담자가 원하지 않았는데 치료실에 보내졌고, 저항의 형태로 어떤 것도 하지 않으려고 한다면, 때로는 (만약 내담자가 아동/청소년이라면) 먼저 (개인내담자와 작업하기보다) 부모를 포함한 가족과 작업하는 것이 더 나을 수 있다. 만약 내담자가 성인(반항적인 초등 고학년 아동이나 청소년이라면), 내담자는 어쩌면 치료사가 치료방법으로 놀이를 사용하는 것이 불쾌하거나, 또는 놀이치료가 내담자에게 가장 좋은 방법이라고 생각하는 이유를 치료사가 충분히 설명하지 못했기 때문일 수도 있다. 만약 내담자가 치료사에 대해 '단지 놀이'를 한다는 이유로 내담자의 어려움을 충분히 심각하게 받아들이지 않고, 놀이치료를 하면서 잘난 체 한다고 느낀다면, 놀이치료를 하는 이유/동기에 대해 다시 설명하거나 놀이의 시작 전에 다른 치료 양식으로 재편성해 볼 수 있다. 이는 놀이에 관심이 없다고 말하는 내담자에게도 적용될 수 있다. 이런 경우, 내담자도 원하면서 치료사가 활용할 수 있는 다양한 흥미진진한 자원과 재미있는 활동을 탐색하는 것도 도움이 된다. 많은 내담자들은 이 책을 읽은 놀이치료사가 구사할 수 있는 풍부한 능력에 대해 모르고 있다는 것을 기억해라. 또한 우리는 놀이에 흥미가 없다는 10세 미만의 내담자를 만난 적이 없다는 것도 언급하고 싶다. 그리고 만약 치료사가 비디오 게임과 관련된 창의적인 활동을 만들 수만 있다면, 치료양식으로 놀이의 활용을 거부하는 15세 미만의 내담자는 없을 것이다. 그러므로 재미있는 활동을 위한 치료사의 모든 노력에도 불구하고, 치료과정의 일부로 놀이를 하고 싶지 않다는 내담자는 아마도 연령이 높은 청소년이나 성인일 것이다. 이 내담자는 놀이치료에 적합한 내담자가 아닐 수 있다(우리 모두는 누구에게 놀이치료를 도입하고, 누구에게 대화치료를 제안할 것인지 판단할 때, 가끔 실수를 한다). 따라서 치료사는 이 내담자와 언제라도 자신의 과정을 재설정하고, 대화치료로 돌아갈 수 있다. 만약 치료사가 모든 내담자와 놀이치료를 하고 있다면, 언제라도 다른 치료로 의뢰할 수 있다.

놀이할 줄 모르는 내담자

가끔 치료사는 놀이할 줄 모르는 내담자를 만나게 된다. 내담자는 어떻게 놀아야 할지 모른다고 말하거나, 아무것도 하지 않고 가만히 앉아 무엇을 해야 할지 궁금해 하며 기대에 찬 눈으로 치료사를 바라보거나, 치료사와 눈맞춤을 거부하거나, 치료사가 놀이의 기회를 제공했음에도 불구하고 대화치료를 고집할 수도 있다. 이런 내담자는 보통 어렸을 때 놀이를 익힌 적이 없는 청소년이나 성인이지만, 때때로 제한된 환경에서 살아 온 어린 아동도 놀이를 할 줄 모른다. 어떻게 놀이를 하는지 익히지 못했거나 놀이하는 법을 잊은 내담자를 만났을 때, 치료사가 놀이를 시작함으로써 모델링을 하거나, 치료사와 함께 놀이하도록 초대하고, 내담자에게 다른 아동/청소년/성인의 놀이 영상을 보게 할 수도 있다. 비지시적인(아동중심, 융학파, 정신역동) 치료사의 경우, 이러한 형태의 놀이가 수용될 수 있는 것인지, 아니면 내담자에게 지시하지 않으려는 자신의 규칙 때문인지 고려해야 한다. 만약 치료사가 매우 지시적인 이론(생태이론, 테라플레이)을 따르고 있다면, 첫 회기에 내담자에게 놀이를 가르치는 작업도 포함할 수 있다. 오리엔테이션의 일부로 교육을 활용하는 이론에서 놀이의 학습은 자연스럽게 이루어질 것이다. 이러한 접근을 하는 대부분의 놀이치료사는 아마도 놀이를 가르치면서 내담자를 놀이에 초대할 것이다. 쉽게 놀이할 수 있고, 심리적으로 가장 덜 위험한 방법은 보드게임일 것이고, 그 다음은 모래상자 만들기일 것이다. 어린 아동은 놀이치료실 밖에서 봤을 법한 실제 사물을 닮은 놀잇감, 즉 주방놀이, 공구상자, 인형의 집과 같은 놀잇감으로 기꺼이 놀이를 시작할 수 있다.

고의적으로 규칙을 어기는 내담자

놀이치료실에는 (접근방식에 따라) 다양한 규칙이 있다. "놀이치료실 규칙을 고의적으로 어기는 내담자는 어떻게 다루어야 할까?"의 대답은 예상한 대로 "경우에 따라 다르다."이다. 이제 여러분은 "무엇에 따라 다른가?"라고 묻는다. 내담자가 어기는 규칙의 종류에 따라 다르다. 우리가 엄격하게 지켜야 한다고 믿는 몇 가지 절대적인 규칙이 있다. 이것은 내담자(및 치료사)의 안전을 위한 규칙이다. 내담자는 자신, 치료사, 또는 다른 사람을 다치게 하는 것이 놀이치료실 규칙에 어긋난다는 것을 알아야 한다. 이것은 치료사의 이론과 상관없이 항상 그렇다. 만약 이 제한을 지키지 않으려는 내담자가 있다면, 내담자는 놀이치료를 실시하기에 너무 심각한 문제를 가지고 있을 수 있다. 치료사 자신과 내담자의 안전을 유지할 수 없는 경우, 내담자는 병원이나 거주형 시설로 전환해야 할 수도 있다. 또한 우리는 내담자가 고의적으로 놀잇감을 부수거나 놀이치료실을 파손하지 않는 것도 절대적인 규칙이라고 믿는다. 우리는 몇 가지 이유로 이 문제를 매우 중요하게 여긴다. 이것은 놀이치료 상황과 치료적 관계를 현실에 적용시키는데 도움이 된다(대부분의 상황과 관계에서 고의로 사물을 부수거나 파손하는 행위는 허용되지 않는다). 또한 이것은 치료사의 역전이가 내담자의 파괴적인 성향으로 활성화될 가능성을 제한한다(자신의 물건을 망가뜨리고 있는 누군가와 온전히 지속적으로 현존하고, 무조건적인 긍정적 관심을 가진다는 것은 불가능하다). 그리고 마지막으로, 놀이치료사에 대한 물리적 가해가 허용되는 것은 내담자를 오히려 위축시킬 수 있다(만약 치료적 관계가 형성된 후 내담자가 치료사를 다치게 했다면, 내담자는 자신의 이슈 외에 죄책감도 다루어야 할 것이다).

그러나 놀이치료의 접근법에 따라, 자신이나 타인을 해치지 않고 놀이치료 재료와 도구를 훼손하지 않는다는 규칙이 상대적일 수 있다. 다양한 놀이치료학파들이 놀이치료실에서 무엇을 허용하고, 허용하지 않는지(그리고 무엇이 자신과 타인에게 위험 요소이며, 무엇이 놀이치료실이나 놀이치료사를 존중하지 않는 요소인지)에 대한 규칙이 다르기 때문이다. 또한 임상가가 자신이나 타인에 대한 손상 및 놀이치료실과 물품의 훼손을 어떻게 정의하느냐에 따라 다르다. 우리는 놀이치료 훈련을 받으면서 우리가 허용하지 않는 것(선반에 있는 모든 놀잇감을 휩쓸어 바닥에 떨어뜨리거나, 벽에 그림을 그리는 것)을 허용하는 다른 놀이치료사의 녹화자료에 주목했다. 치료사는 어떤 것이 자신에게 효과적이고, 무엇을 제한해야 한다고 믿는지 자신만의 규칙과 가치관을 스스로 검토해야 한다.

우리는 치료사가 규칙에 대해 전달해야 하는 것, 규칙 전달 방법, 규칙의 적용이 가능한 일관되고 공정해야 한다고 믿는다. 무엇이 놀이치료실 규칙인지 의문이 생기지 않도록 말이다. 적절하지 않은 행동을 용인하는 것과 아동을 한 인간으로 받아들이는 것을 혼동하는 것도 잘못이라고 생각한다. 나(테리)는 내담자에게 수용과 제한을 전달하면서, 내담자가 지금 놀이치료실에서 보여주는 행동이 허용될 수 없다는 것을 어떤 비난이나 판단 없이 비언어적 의사소통으로 전달할 수 있다.

만약 내담자가 규칙에 어긋나는 일을 할 것 같다면, 치료사는 어떤 형태로든 제한설정을 시작해야 한다(Gonsher, 2016). 어떤 형태의 제한을 사용하든지(제1장 참고), 제한설정은 규칙에 타당하고, 내담자를 존중하며, 적절하게 설정되어야 한다. 그것이 아동중심치료의 수동태의 형태이든지("거울은 치기 위한 것이 아니란다. 나는 네가 거울을 치고 싶어 한다는 것을 알지만 거울은 치기 위한 것이 아니야. 너는 의자나 바닥을 칠 수 있어. 그렇지만 거울은 아니란다."), 인지행동 놀이치료의 보다 지시적인 능동태의 형태이든지("나는 놀이치료실 안에서 거울을 치는 것을 허용하지 않는단다."), 또는 아들러학파 놀이치료든지("거울을 치는 것은 놀이치료실 규칙에 어긋난단다. 네가 거울을 치겠다고 나를 위협했을 때, 내가 무슨 말을 할지 알고 싶었다는 것을 알아. 너는 분명히 놀이치료실 규칙에 어긋나지 않으면서 망치로 칠 수 있는 무언가를 찾을 수 있을 거야.") 주된 목표는 내담자가 놀이치료실에서 규칙에 반하는 어떤 행동을 한다는 것을 알리고 어떤 형태로든 제한설정을 하는 것이다.

그 외 덜 심각한 규칙의 위반 사례에는 놀이치료실 물건을 소유하고 싶어 하는 내담자, 회기가 끝나기 전에 나가고 싶어 하는 내담자, 회기에서 일찍 나가려고 시도하는 내담자, 가져온 놀잇감을 놀이치료실에 가지고 들어가려는 내담자 등이 있다(우리는 치료사에게 "단지 안 된다고 해라."라고 말하고 싶다. 그러나 어떤 경우에는 다른 때보다 융통성 있는 규칙이 필요한 경우도 있다). 놀이치료실 규칙이 적용되는 상황에는 치료사를 전혀 괴롭히지 않는 것도 있다. 이 경우, 그 행동이 전반적인 놀이치료실 규칙에는 위반되더라도 치료사에 따라 규칙에 예외를 둘 수 있다. 치료사는 내담자에게 그 물건을 집으로 가져가도 된다고 말할 수도 있고, 이 상황은 규칙이 적용되지 않는 경우라고 언급할 수도 있다. 내담자가 회기에서 무언가를 만들었거나 우리가 내담자에게 의미 있는 작은 물건이나 중간대상을 선물했다면, 내담자가 그것을 집으로 가져가도록 허용할 수 있다. 치료사가 제한을 설정하고 그것을 고수하는 것이 중요한 상황도 있다. 내담자가 매우 비싼 모래상자 피규어를 가져가고 싶어 하거나, 회기 안에서 들었던 노래 CD를 갖고 싶어 한다면, 놀이치료실 안에 있는 놀잇감과 물건은 놀이치료실 안에 머문다는 일반적인 규칙을 고수하는 것이 더 적절할 것이다.

우리는 회기를 일찍 종료하고 싶어 하는 내담자에게 시간이 얼마나 남았는지 알려주고, 시간에 대한 제한을 다시 설명하는 경향이 있다. 우리는 아들러학파이기 때문에(치료사가 이것을 사용하기 위해 꼭 아들러학파일 필요는 없다), 우리는 스스로(가끔은 연령이 높은 내담자)에게 이 행동의 목적이 무엇인지 묻는다. 때때로 내담자를 치료실에 머물게 하기 위해 필요한 것은 일찍 떠나고 싶은 내담자의 마음에 귀를 기울이고, 아직은 떠날 시간이 아님을 알게 하는 것이 전부이다. 그 후 내담자의 행동을 추측하거나 잠정적인 가설을 만드는 것이 뒤따른다. 치료사가 자신을 경청하며 이해하고 있다고 느낀다면, 많은 경우 이 자체로 내담자가 원하거나 필요로 하는 것을 충족시킬 수 있다.

이 단계를 수행한 후에도 내담자가 흥분하여 치료실을 나가려 한다면, 치료사가 내담자를 경청하고 이해한다는 것을 느끼도록 떠나고 싶은 충동의 강도를 인정하거나, 어쩌면 행동의 강도나 목적을 추측하는 것도 도움이 된다. 그것은 상황을 완화할 수 있다. 즉, 내담자에게 일어나고 있는 일을 알기 위해서, 비언어적 의사소통을 관찰한다. 내담자가 정말로 나가야 하는지(예: 급하게 화장실에 가야 하는지), 아니면 그냥 나가고 싶은 것인지(예: 지루하거나 그곳에 머물고 싶지 않은지)를 확인하는 것도 방법이다. 만약 상황이 회기의 조기 종료 이유로 타당하다고 생각된다면(옵션 1), 회기를 떠나지 않는다는 규칙에 예외를 두고 내담자를 대기실로 안내할 수 있다. 이것은 내담자의 부모와 더 긴 자문 시간을 가질 수 있는 좋은 기회가 되기도 한다. 또한 치료사에게 정말 휴식이 필요하다고 판단되어 스스로에게 휴식을 주기 위해 내담자를 일찍 떠나도록 할 수도 있다(옵션 2: 이것이 전문가의 모습은 아닐 수 있지만, 이 상황으로 치료사가 지쳐있다면, 때때로 가장 좋은 선택일 수도 있다). 옵션 3은 내담자가 떠나지 못하도록 놀이치료실이나 문 앞에 앉아 있기로 결정할 수 있다(만약 여러분이 크리스틴처럼 가볍다면, 내담자가 치료사를 들어 옮길 수 있기 때문에 이 전략은 문제가 될 수 있다. 그러나 만약 테리만큼 무겁다면 이것은 매우 효과적이다. 테리 스스로 움직이지 않는 한 아무도 테리를 옮기지 못할 것이다)

우리는 내담자가 놀이치료실에 자신의 놀잇감을 가져오는 것을 문제로 여기지 않으며, 내담자(특히 아동내담자)는 자신이 원하는 것을 회기에 가져올 수 있다. 그렇더라도 놀이치료 '작업'에 방해가 될 만한 것을 가지고 온다면, 그것은 제한할 수 있다. 만약 내담자가 폭력적인 비디오 게임을 패드에 넣어 가지고 온다면, 그 게임은 허용되지 않는다. 우리는 그 게임은 하지 않을 것이라고 주의를 주고, 놀이치료실에 가지고 들어가는 것도 허용하지 않을 것이다. 내담자가 치료적인 놀잇감을 놀이치료실로 가지고 온다면, 그 놀잇감과의 놀이는 기꺼이 허용할 수 있다. 그러나 다른 놀이치료 접근의 경우 내담자의 놀잇감을 놀이치료실로 가져오지 않게 하기도 한다. 아동중심, 융학파, 테라플레이, 정신역동, 생태학적 놀이치료사는 놀이치료실에 주의 깊게 선택된 놀잇감과의 놀이를 방해하지 않도록 회기 안에 '무언가'를 가져오는 것은 일반적으로 허용하지 않는다.

치료사의 무릎에 앉으려는 내담자

치료사의 무릎에 앉고 싶어 하는 내담자는 종종 놀이치료사를 혼란스럽게 한다. 우리는 접촉이 다른 사람에게 보살핌과 지지를 전달하는 방법 중 하나라는 것을 알고 있다. 그러나 신체적·성적 학대를 경험했거나, 예상치 못한 사고로 두려움을 경험한 내담자에게 접촉은 트라우마의 재현이 될 수 있다. 접촉은 매우 민감한 주제가 될 수 있기 때문에, 미국놀이치료학회는 회기내 접촉에 관한 놀이치료사의 의사결정을 돕기 위해 접촉과 관련된 입장문을 발표하였다(부록 C 참조).

따라서 내담자가 무릎에 앉으려고 할 때, 우리는 내담자의 개별 발달사와 상황의 맥락을 고려한다. 내담자의 연령(6세 이하 여부)과 현재 내담자의 욕구도 고려사항이 된다. 우리는 스스로에게 다음과 같은 질문을 던진다. "내담자에게 지금 필요한 것은 특별한 양육인가?" "내담자는 지금 이 순간 위안이 필요한가?" "이 아동은 사랑의 언어가 접촉인 촉각적/운동감각적 아동인가?" 우리는 종종 아동을 안아주거나 하이파이브를 한다. 우리는 가끔 어린 아동이 무릎 위에 앉는 것을 허용하지만, 얼굴을 마주 보지 않고 등이 우리를 향하도록 앉게 한다. 우리는 보통 아동을 무릎에 앉게 하기보다 옆에 앉도록 한다. 고학년 초등학생(및 청소년/성인) 내담자가 무릎에 앉으려 하거나 포옹하려고 한다면, 이것은 완전히 제한한다. 이러한 친밀감이 필요한 아동이 있다면, 가족 관계의 맥락에서 아동이 양육에 필요한 접촉을 경험할 수 있도록 회기에 부모나 다른 가족구성원을 포함시키는 것이 더 좋다.

치료사는 이것을 진지하게 결정해야 하고, 자신의 이론이 가지는 접촉에 대한 지침을 참조해야 한다. 예를 들어, 테라플레이와 게슈탈트 놀이치료의 치료사는 치료적 개입의 일부로 접촉을 사용한다. 특정 내담자와 관계를 구축하고 유지하는 과정에서 종종 접촉을 허용한다면, 부모 및 보호자(학교에서 작업하는 경우 교사)에게 알리는 것이 필수적이다.

회기 중 생떼를 부리는 내담자

여러분에게 좀 이상하게 보일 수 있지만(여러분을 탓하지 않는다. 이것은 좀 이상하기는 하다), 우리는 회기 중에 생떼를 부리는 내담자와 만나는 것을 좋아한다. 많은 경우, 놀이치료를 받으러 오는 아동(일부 청소년) 내담자가 보여 주는 문제는 화나 분노에 관한 문제이다. 대부분의 내담자는 회기에서 꽤 많은 관심을 받고, 놀이치료 과정에서 힘을 얻는다고 느끼기 때문에, 우리는 생떼를 부리거나 다른 형태로 자기조절에 실패하는 경우는 거의 보지 못한다. 그래서 실제로 생떼를 부리거나 그것을 자극하는 상황을 목격하게 되는 것은 우리에게 좋은 일이다(그렇다 하더라도, 우리가 고의로 아동내담자를 자극해서 생떼를 부리게 하거나 자기조절 능력을 상실하게 하지는 않는다). 생떼부림이 특별히 자신이나 다른 사람을 해치겠다고 위협하거나 놀잇감을 부수거나 기물을 파손하는 것이 아니라면, 우리는 때때로 행동이 전개되는 것을 관찰하고, 부모/형제/교사가 감내하는 것과 비슷한 경험을 하기 위해 감정을 반영하면서 추적하고 내용을 재진술한다. 치료사가 내담자의 현재 문제와 관련된 일부 행동을 관찰할 수 있다면, 치료사는 내담자 및 내담자의 세계 속에서 타인과의 상호작용에 대해 많은 것을 알아챌 수 있다고 생각한다. 생떼부림을 멈추고자 하는 경우, 우리는 내(테리)가 학회에서 배운 제인 넬슨(Jane Nelson, personal communication, May 2012)의 기술을 사용하길 좋아한다. 아동이 생떼를 부릴 때, 우리는 아동에게 다가가 "내가 안아 줘도 되겠니?"라고 묻는다. 많은 경우, 이 요청은 실제로 짜증을 멈추게 하고, 내담자가 자신의 행동을 재설정하도록 도울 것이다(물론 이것은 신체적 접촉을 놀이치료 전략으로 결정했을 때 가능하다). 그러나 만약 우리가 생떼부림을 멈추기 위해 어떤 것도 하지 못했고, 아동도 자기조절력을 회복하지 못했으며, 행동이 통제 가능한 범위를 벗어났다면, 우리는 (그 행동의 목적을 추측한 후에) 파괴적이고 위협적인 행동에 대한 제한을 설정한다. 때때로 내담자가 정말 통제 범위를 벗어난 경우에는 회기를 종료해야 할 수도 있다. 필요한 경우, 우리는 부모에게 개입을 요청할 수도 있으며, 내담자의 자기조절 능력과 진정기법을 작업하기 추후 회기를 준비할 것이다.

놀이치료 접근에 따라 이것을 다르게 다룰 수도 있다. 어쩌면 회기를 조기 종료하고, 놀이치료사가 물리적으로 개입할 필요 없이 부모에게 아동을 진정시키도록 요청하기도 한다. 게슈탈트 놀이치료사에게 이 행동은 인격층을 관찰하고 환경과 내담자와의 접촉을 관찰할 수 있는 기회일 것이고, 인지행동 놀이치료사에게는 촉발된 선행조건을 관찰할 수 있는 기회가 되며 내담자의 행동을 멈추거나 사고패턴을 바꾸기 위해 행동개입 전략을 사용할 수 있는 기회가 된다. 아동중심 놀이치료사는 놀이치료실의 손상과 내담자 및 치료사에 대한 위해를 방지하기 위해 필요한 경우 제한하면서, 지속적으로 추적하고, 내용을 재진술하며, 감정을 반영할 것이다. 내러티브 놀이치료사는 화나 분노에 대해 아동이 만들었던 스토리나 만들고 있는 스토리를 고려할 것이다.

대기실에서 놀이치료실로 들어가기를 거부하는 내담자

이 상황은 임상 초기에 우리 모두가 여러 번 마주친 흥미롭고도 꽤 위압적인 상황이었다. 내담자를 놀이치료실로 들어가게 하기 위해 몇 가지 방법을 시도했지만 비효율적이었고, 그 중 몇 가지는 힘겨루기를 초래하기도 하였다. 우리는 종종 "들어갈 준비가 되었니?"라거나 "들어갈까?"와 같은 질문을 했다. 이 질문은 놀이치료실로 들어갈 것인지 여부가 내담자에게 달려있다고 가정하기 때문에, 어떤 효과도 없었다. 만약 치료사가 내담자에게 준비가 되었는지, 또는 입실을 원하는지 물었을 때 내담자가 이를 거부한다면, 치료사는 다소 난처한 상황에 처하게 될 것이다. 그들의 결정을 무시한다면, 치료사는 내담자와 부모의 신뢰를 잃을 수 있기 때문이다. 입실 여부를 내담자가 선택할 수 있는 것이 아니라면, 그렇게 질문하지 말아라. 내담자가 입실을 거부하면, 치료사는 힘겨루기에 휘말리게 된다. 한동안 우리 둘은 이 현상에 고심하고 있었다. 우리는 내담자가 좋아할 만한 것을 제시하고, 간청하며, 부모의 도움을 받는 등 내담자를 놀이치료실로 들여보내기 위해 온갖 노력을 다했다. 이 모든 것 중 특별히 도움이 되는 것은 없었다.

그 후, 우리 두 사람은(우리가 이것을 경험한 시기가 서로 달랐기 때문에, 상의를 했던 것은 아니지만) 처음부터 이 힘겨루기에 휘말리지 않는다면, 벗어나기 위해 애쓰지 않아도 된다는 것을 알아냈다. 이 도전적인 상황을 다루는 첫 번째 단계는 관계 형성을 위해 대기실에서 이루어지는 상호작용을 우리 자신(및 부모)을 위해 재구성하는 것이다. 우리는 내담자와 대기실에서 놀이로 가득한 상호작용을 하며, 내담자 및 부모와 재미있는 시간을 갖는다. 날씨에 대한 질문을 할 수도 있고, 아동의 옷차림을 언급할 수도 있으며, 좋아하는 팀의 야구 경기는 어땠는지, 부모님의 출장은 어땠는지, 내담자의 단어 시험은 어땠는지 등을 물어볼 수도 있다. 우리는 대기실에 앉아 퍼즐을 맞추거나 종이 위에 틱택토 게임을 하기도 한다. 종종 놀이치료실에 있는 멋진 것들에 대해 대화를 나누며, 우리가 거기서 얼마나 즐거운 시간을 보낼 것인지 이야기한다. 내담자가 입실을 알리는 우리의 제안에 따를 가능성을 최적화하기 위해, 우리는 대기실에서 상호작용을 하며 내담자의 비언어적 의사소통에 세심한 주의를 기울인다. 내담자가 기꺼이 입실할 것이라고 생각될 때, 우리는 진화된 방법으로 입실을 위한 계획을 전달한다. "자, 이제 놀이치료실로 갈 시간이야."와 같은 식이다. 내담자가 입실할 준비가 되었다는 가정하에 사실을 진술하는 것은 내담자가 힘겨루기 없이 놀이치료실로 들어갈 용의가 있을 것이라는 우리의 확신을 전달하는 방법이다. 그리고 이 전달은 90% 효과가 있다. 만약 아동이 놀이치료실에 가는 것에 동의하지 않는다고 생각되면, 아동의 부모에게 놀이치료실까지 동행해 달라고 요청하는 것도 도움이 된다. 입실에 대한 힘겨루기를 피하기 위한 또 다른 방법은 놀이치료실로 가는 길을 재미있게 만드는 것이다. 즉, 경쟁을 좋아하는 내담자와 경주를 하고, 놀이치료실까지 깡충깡충 뛰어가며, 복도를 걸으며 던지고 받기 놀이를 제안한다. 치료사의 이론과 관계없이 이 전략들은 효과가 있을 것이다.

다른 누군가와 놀이치료실에 들어가기를 원하는 내담자

　　내담자가 다른 누군가를 놀이치료실로 데려오고 싶어 하는 경우, 그 상황을 어떻게 다룰지 결정하기 전에 이 요청의 상황과 동기를 고려하는 것이 매우 도움이 된다. 내담자가 다른 누군가를 놀이치료실로 초대하고 싶어 하는 데는 수많은 이유가 있다. 내담자는 놀이치료 과정이나 낯선 사람과 미지의 장소에 가는 것을 불안해하며, 부모나 배우자와 동행하기를 원할 수도 있다. 내담자는 함께 입실하겠다고 제안한 사람이나 치료사를 통제하고 싶어 하거나, 그들의 통제 안에 있고 싶어 할 수도 있다. 어떤 집착 때문에 부모나 형제와 함께 들어가고 싶어 할 수도 있다. 내담자는 놀이치료실에서 아주 즐거운 시간을 보내고 있어서 중요한 사람과 그 경험을 나누고 싶을 수도 있다. 내담자는 어쩌면 가족의 증상 전달자 역할에 지쳤을 수도 있고, 다른 사람을 초대하여 가능한 놀이파트너를 확장하고 싶을 수도 있다. 내담자가 방문했던 곳 중에서 놀이치료실이 가장 멋진 곳이어서 친구나 형제자매, 또는 배우자나 부모에게 자랑하고 싶을 수도 있다(여러분이 짐작했듯이, 놀이치료실로 다른 사람을 초대하는 수많은 이유가 존재할 수 있다. 이 이유들은 우리가 생각해 낸 것이며, 여러분이 이것에 대해 고민해 본다면 자신의 고유한 경험이 떠오를 것이다).

　　아쉽게도 이 상황을 다루기 위한 우리의 구체적인 제안은 치료사가 내담자의 요청 이유를 (치료사만의 규칙과 이론적 지침에 따라) 반영하며 반응해야 한다는 것이다. (다시 말하지만, "이것은 경우에 따라 다르다.") 이에 대한 일반적인 지침은 우선 요청의 목적을 추측한 후, 무엇을 할 것인지 결정하는 것이다. 이것은 아들러학파 놀이치료의 반응이지만, 아들러학파가 아니더라도 효과를 볼 수 있다. 불안감을 느끼는 내담자에게 우리는 종종 가족구성원(보통 부모)을 초대해 이를 자세히 살펴본다. 불안의 심각성에 따라 가족구성원도 함께 놀이치료실에 머물게 할 수 있다. 우리는 초대된 방문자가 머물 수 있는 적당한 시간(보통 10분)을 타이머로 설정하고, 그 후 방문자에게 퇴실을 요청한다. 내담자가 여전히 불안을 느낀다면, 우리는 방문자에게 놀이치료실 밖 복도에 의자를 가져와 앉도록 하여, 불안해 하는 내담자가 그들을 확인할 수 있게 한다. 내담자가 집착하는 경우(집착의 이유를 정확히 모르더라도)에도 이와 같이 한다. 이는 종종 내담자에게 불안정감을 느끼게 하는 요인을 탐색하게 하는 신호가 되기도 한다. 내담자가 치료사, 놀이치료실에 초대된 사람, 또는 상황을 통제하려 한다는 의심이 든다면, 우리는 대개 초대를 허용하지 않는다. 우리는 이런 식으로 방문자가 떠나야 할 시기에 힘겨루기를 하는 상황에 휘말리는 것을 피한다. 내담자가 즐거운 시간을 보내고 있고, 놀이치료실에 있는 놀잇감 중 하나를 중요한 사람에게 보여 주려고 하거나, 놀이치료실에서 할 수 있는 것을 누군가에게 보여 주길 원하거나, 놀이치료실이 얼마나 재미있는지 다른 사람과 공유하길 원한다면, 우리는 종종 사전에 정해진 짧은 시간 동안 방문자를 놀이치료실에 들어오게 한다. 확인된 내담자가 단지 증상의 전달자라고 생각될 때, 다른 많은 사람들이 놀이치료실에 참여하는 것에 대해 우리는 "좋아!"라고 대답하고, 일반적으로(실은 강력하게) 가족치료를 제안한다. 내담자가 지루해하거나 놀이치료실에 우리 외의 다른 동료가 필요하다면 집단놀이치료를 하기도 한다. 이 과정에 다른 사람을 참여시킬 것인지 여부는 그것이 내담자를 위한 최선의 치료법인지에 따라 달라질 수 있다.

이 요청의 허용 여부는 요청에 대한 치료사의 반응과 한 명 이상의 추가 인원이 놀이치료실에 들어오는 것을 치료사가 편안하게 여기는지에 달려 있다. 몇몇 놀이치료 접근은 일상적으로 내담자 이외의 사람을 놀이치료실에 참여시킨다. 테라플레이의 경우 처음부터 부모와 해석을 하는 동료 치료사가 놀이치료실에 함께 참여한다. 생태학적 놀이치료에서는 다른 사람(들)의 참여를 치료과정의 중요한 부분으로 여기며, 특히 내담자의 사회적 기술 및 상호작용과 관련된 작업에서 그렇다. 내러티브 놀이치료사는 내담자에게 스토리를 들려주고, 내담자의 스토리를 들을 수 있도록 가끔 다른 가족구성원이나 또래를 놀이치료실에 초대한다. 아동중심 놀이치료사가 생각하기에 부모가 부모놀이치료를 배울 수 있고, 내담자 가족에게도 필요하다면, 부모를 종종 회기에 참여시켜 아동과 어떻게 상호작용하는지 관찰할 것이다. 아들러학파 놀이치료사는 치료적 관계의 과정에서 아동이 습득한 기술을 연습시키기 위해 종결 전에 다른 아동(형제자매나 친구)을 회기에 참여시킬 수 있다.

치료사의 자녀가 되고 싶다고 말하는 내담자

치료사가 자신의 엄마나 아빠가 되길 바란다고 말하는 내담자의 경우(내담자가 아동이나 청소년이라고 가정할 때), 정신역동 및 융학파 놀이치료사에게는 '천국'이지만, 다른 치료사에게는 '도전적인 상황'이다. 정신역동 및 융학파 놀이치료사에게 내담자가 치료사를 부모로 두고 싶다는 욕구를 표현한다면, 이것은 (이 이론의 핵심적 치료의 힘 중 하나인) 전이과정이 작용하고 있음을 의미한다. 대부분의 정신역동 및 융학파 놀이치료사는 내담자의 진술 내용을 간단히 재진술하고, 이 욕망의 기저가 될 수 있는 감정을 반영할 것이다. 또한 치료사의 자녀가 되고 싶어 하는 이유에 대해 약간의 해석을 할 수도 있다. 다른 놀이치료 접근을 따르는 치료사는 어린 내담자에게 비슷한 기술을 사용할 수도 있지만, 이것이 보통 같은 의미를 가지는 것은 아니다. 우리는 우리를 부모로 두고 싶어 하는 욕망의 기저에 무엇이 있는지 이해하기를 원하지만, 이에 관한 질문이나 추측을 할 수도, 하지 않을 수도 있다. 아들러학파, 인지행동, 게슈탈트 놀이치료사는 아마도 질문을 하거나 추측을 할 것이다. 테라플레이 치료사는 아마도 그 진술에 무게를 두지 않거나, 치료사가 시연하는 상호작용 기술을 부모가 배우고 있음을 언급하면서 자녀와 부모의 연결을 위한 방법으로 그 진술을 활용할 것이다. 아동중심 놀이치료사는 때때로 그 진술의 의미에 집중하기도 하지만, 일반적으로 단순히 내용을 재진술하고 해석 없이 감정을 반영할 것이다.

여러분이 이렇게 말하는 청소년과 작업 중인 정신역동 놀이치료사라면, 이것은 아마도 성공적인 전이의 징후이며, 치료사는 감정을 반영하거나 전이 과정과 관련된 해석을 할 것이다. 다른 놀이치료 접근에서 청소년내담자가 이러한 언급을 하는 경우, 부모에게 원하는 것이나 치료사의 자녀가 되고 싶은 욕구와 관련된 다른 주제로 미술 프로젝트, 모래상자 경험, 동작 활동, 또는 대화 등에 참여하도록 제안할 수 있다. 비교적 이례적이지만 성인 내담자가 이를 언급하는 경우, 청소년과 비슷한 종류의 활동을 할 수 있을 것이다.

불편한 질문을 하는 내담자

내담자는 과정에 대한 질문, 개인적인 질문, 실제적인 질문, 관계적인 질문 등 여러 다양한 질문을 한다(Kottman, 2011). 대부분의 경우, 과정에 대한 질문과 실제적인 질문은 치료사를 불편하게 하지 않을 것이다. "놀이치료는 얼마나 걸리나요?" "물감 더 있어요?" "몇 시죠?" "선생님을 만나는 다른 청소년 아이들도 있나요?" 등이 이러한 질문이다. 대부분의 놀이치료사들은 (호기심의 감정을 반영하거나 아동에게 책임을 돌려줌으로써 질문에 대답하지 않는 아동중심 놀이치료사를 제외하고) 이런 종류의 질문에 간단하게 대답한다.

놀이치료사를 불편하게 하는 질문은 개인적인 질문(예: "자녀가 있어요?" "결혼했어요?" "남편과 잠자리를 갖나요?" "어디 살아요?" "수입은 얼마나 되나요?" 등)과 관계적인 질문(예: "다른 내담자보다 나를 더 좋아하나요?" "나를 사랑하나요?" "내가 여기 없을 때도 내 생각을 하나요?" "나랑 잠자리를 가질래요?" 등)이다. 놀이치료사에게 불편한 개인적·관계적인 질문을 하는 내담자는 대부분의 놀이치료사들을 딜레마에 빠지게 한다. 내담자의 입장에서 본다면 자신에 대해 많은 것을 아는 누군가의 생활이 궁금한 것은 당연할 수 있고, 놀이치료사가 관계와 관련된 감정을 내담자에게 질문하는 것과 같은 의미일 수 있다. 한편으로는 사적인 질문에 치료사가 대답하기를 기대하면서 경계를 넘는 것을 전문가답게 허용하지 않는 것이 중요하다. 비록 놀이치료사에게는 대답하기 불편한 질문이겠지만, 관계에 관한 많은 질문은 내담자의 불안감을 반영하며, 치료사는 치료적이면서 위협적이지 않은 방식으로 다룰 수 있다.

치료사의 이론과 관계없이 부적절한 질문에도 한계를 설정하는 것이 필요하다. 치료사는 질문이 적절한지 스스로 결정해야 한다. 치료사는 "부적절한" 영역으로 분류되는 다양한 요소를 고려해야 한다. 우리는 내담자의 연령, 질문에 수반되는 비언어적인 요소들 그리고 질문의 맥락을 고려하는 경향이 있다. 어린 아동의 사적인 질문이나 관계에 대한 질문은 청소년/성인 내담자의 사적인 질문보다 일반적으로 순수하고, 덜 부적절하다. 치료사의 결혼과 성생활에 대한 청소년/성인 내담자의 질문은 소름끼치는 일이 되기도 한다. 내담자가 어린 아동이라 하더라도 음흉한 시선으로 윙크하며 질문한다면, 무표정한 얼굴로 질문하는 것보다 훨씬 부적절하게 느껴질 것이다. 만약 치료사가 성적으로 학대받은 아동(성적인 학대와 관련이 있는 청소년/성인) 내담자, 또는 성적인 관계에서 어려움을 겪고 있는 청소년/성인 내담자와 작업하고 있다면, 너무나 사적인 질문의 맥락은 '부적절한' 영역으로 분류할 것이다. 치료사의 이론과 관계없이 치료사는 단호하게 (그러나 판단이나 비난을 암시하는 비언어적 표현 없이) "그건 대답하기 불편하다고 느껴지는 질문이네요." "그건 제 사생활이군요." "저는 그런 종류의 질문에는 대답하지 않아요." 등과 같이 말함으로써 이런 종류의 질문에 한계를 둘 필요가 있다. 만약 질문을 하는 목적이 치료사를 당황하게 하거나 불편하게 만들기 위함이라고 생각된다면, "제가 불편할 것을 알고, 당황스럽게 만들려고 그런 질문을 하는 것 같군요."라고 말함으로써 내담자의 생각을 읽는 것도 도움이 될 수 있다.

내담자가 정신역동 및 융학파 놀이치료사의 사적인 생활을 알고 싶어 하거나 사적인 관계를 궁금해한다면, 전이가 일어나고 있다는 징후로 볼 수 있다. 이 접근에서 치료사들의 선택은 질문에 대답하지 않는 것이다. 답변을 아는 것이 내담자의 전이를 방해할 수 있기 때문이다. 다시 한번 치료사는 내용을 재진술하고, 감정을 반영한 뒤, 내담자의 질문에는 대답하지 않겠다고 알려 제한을 설정한다. 그러나 일반적으로 관계에 관한 적절한 질문에는 내담자에게 따뜻한 감정을 가지고 있음을 확신시켜 주는 대답을 간단하게 할 것이다.

대부분의 놀이치료 접근은 불편한 개인적인 질문에 유사한 반응을 할 것이다. 즉, 내담자의 질문을 인정하고, 감정을 반영한 뒤, 부적절한 사적 질문에는 대답하지 않겠다고 전달함으로써 제한을 설정하는 것이다. 또한 어떤 경우(특히 초등 고학년 아동·청소년·성인 내담자)에는 그 질문이 너무 사적이거나 불편하다는 것을 전달하기 위해 즉시성(immediacy)을 사용하는 것이 중요하다. 사실 비난, 수치심, 판단을 전달하지 않고 그 질문이 부적절하다는 것을 알리는 것은 쉽지 않다. 질문에 대답하지 않겠다고 선택하는 것은 치료사가 형성해 온 관계를 손상시키지 않기 위해 필수적이다. 아들러학파 놀이치료사인 우리는 다른 접근의 놀이치료사와 동일한 반응을 할 것이며, 질문의 목적에 대해서도 추측해 볼 것이다(예: 우리에 대해 더 알고 싶은지, 그런 질문들로 우리에게 충격을 주고 싶은지, 우리와 연결되기를 원하는지 등).

치료과정에서 전이를 중요하게 활용하는 치료사를 제외하고 대부분의 놀이치료사들은 적절한 질문과 대부분의 관계지향적인 질문에 자연스럽게 대답할 것이다.

"가장 좋아하는 색이 뭐에요?" "이 근처에 살아요?" "나를 좋아하세요?" "내가 선생님에게 중요한가요?" "내가 여기 없을 때도 내가 보고 싶어요?" 등과 같은 질문에 대부분의 놀이치료사들은 (다시 말하지만 질문에 대답하지 않는 경향이 많은 아동중심 놀이치료사를 제외하고) 내담자에게 간단한 정보를 줄 것이다. 부적절하지는 않지만 관계와 관련해 종종 불편함을 주는 난감한 질문은 내담자가 알더라도 도움이 되지 않을 정보들이다(적어도 우리에게는 그렇다). "우리 아빠를 좋아하세요?" "여기 오는 아이들 중 나를 제일 좋아해요?" "내 여동생이 나보다 더 귀엽다고 생각하세요?" 등과 같은 질문에는 감정을 반영하고, 그 행동의 목적을 추측하고, 그 질문에 대답이 될 수 있는(아닐 수도 있는) 다소 모호한 대답을 하는 것이 보다 효과적일 수 있다 (예: "내가 너의 아빠를 어떻게 느끼는지 궁금하구나. 너는 내가 그를 좋아했으면 좋겠구나." "너는 내가 가장 좋아하는 아이가 되고 싶구나. 나는 너를 정말 아낀단다." "동생보다 더 귀여워 보이고 싶구나. 둘 다 너무 귀엽단다."). 때때로 방향을 전환하거나, 편을 들어주는 것도 효과가 있다.

비밀보장과 관련된 어려움이 있는 내담자

가끔 어떤 내담자는 비밀보장에 이의를 제기한다. 부모와 아동/청소년 내담자에게 비밀보장의 규칙과 예외 사항을 설명하면서 놀이치료 관계를 시작하는 것은 꽤 일반적인 관행이다. 그리고 몇 주 후 내담자(주로 청소년)는 당신으로 하여금 '흠, 이것을 공개하는 것은 비밀보장의 예외 상황인가?'라는 생각이 들게 하는 무언가를 공개한다. 물론 학대, 방임, 자살 시도와 같이 명백한 문제가 있는 경우 그 대답은 "그래. 비밀을 깨고 부모에게 알려야 해."이다. 상황이 미성년 내담자의 명백하고 임박한 위험(자살 시도 등)을 수반한다면, 치료사가 지켜야 할 분명한 지침이 있다. 이 상황은 비밀보장의 한계이며 치료사가 내담자 및 부모와 논의해 왔을 '안전에 관한 이슈' 중 하나이다. 아동/청소년내담자에게 부모와 대화(치료사가 함께 있는 상황이든 그렇지 않든)하도록 작업하는 것이 아마도 최선의 조치일 것이다. 그것은 내담자가 치료사에게 배신감을 느끼지 않으면서 계속해서 치료사를 신뢰할 기회를 주기 때문이다.

지금은 '도전적인 상황'을 다루고 있으므로, 자해를 보고하거나 자해의 흔적이 있는 아동, 처방약이나 알코올, 불법 약물을 사용하고 있는 청소년, 성관계를 하고 있는 청소년 등 덜 명확한 사례에 대해 생각해 보자. 물론 내담자는 그 상황을 치료사가 부모에게 알리는 것을 원치 않는다. 이런 상황은 "청소년이 관여된 많은 활동에서 행동은 신고의무가 있는 수준까지 도달하지 않는다(Behnke & Warner, 2002)."에 해당되므로, 비밀로 할 것인지 부모에게 알릴 것인지는 치료사의 판단에 달려 있다.

이런 상황에서 치료사는 '해야 하는 것'에 대한 직감적인 반응이 있을 것이다. 만약 우리의 아동/청소년내담자가 회기에서 이러한 것을 공개한다면 우리는 무엇을 해야 하는지 알고 있다. 우리가 하는 것이 항상 윤리나 법으로 정해진 것은 아니다. 해당 주에 따라 법이 다르지만, 대부분의 경우 아동내담자는 치료에 동의할 권리가 없다. 따라서 그들은 부모의 치료정보 접근을 제한할 법적 권리가 없으며, 부모에게 알리는 것이 법적인 행동지침일 것이다(Behnke & Warner, 2002). 그러나 법이 말하는 것은 때때로 (내담자에게 비밀보장의 권리가 있음을 강조하는) 윤리강령과 모순된다. 이것은 치료사를 딜레마에 빠지게 한다.

그렇다면 당신은 어떻게 하겠는가? 그것은 경우에 따라 다르다. 가장 먼저 해야 할 일은 잠재적인 이슈와 관련된 문제나 딜레마를 명확히 파악하는 것이다. 다음으로 윤리지침을 검토하고, 해당 법률 및 규정에 대해 알아본다. 다음은 치료사가 고려해야 할 사항들이다. ① 공개된 내용의 심각성: 그 행동으로 인해 누군가가 심각한 부상을 입거나 사망할 가능성이 있는가? ② 내담자의 연령(생활연령과 발달연령)은 어떠한가? ③ 치료사의 전문윤리강령은 이 이슈에 대해 어떻게 설명하고 있는가? ④ 주나 연방법은 어떤 지침을 제공하고 있는가? 성관계에 '합의'하거나, 약물 사용에 관여할 수 있는 성인의 기준에 대해 관할 지역에 따라 각기 다른 규칙이 있다. 법을 확실하게 준수하려면 미성년자, 치료동의, 비밀보장과 관련된 연방법과 주법에 대한 정보를 지속적으로 확인하고 숙지하는 것이 중요하다(Behnke & Warner, 2002; Corey, Corey, & Callanan, 2011).

이 사례를 어떻게 진행할지 불확실한 경우, 치료사는 수퍼비전 및 자문을 받아야 한다(우리는 '해야 한다'라는 단어를 사용하지 않으려고 노력하는 사람들이지만, 지금은 그 단어를 사용해야 하는 순간이다. 이것은 치료사가 정말로 수퍼비전과 자문을 받아야 함을 의미한다). 잠재적인 행동지침을 브레인스토밍하기 위해 도움을 줄 치료 전문가나 해당 분야의 전문가와 의논해라. 아동이나 가족의 변호사, 아동의 법률가도 신고 사항과 치료사의 재량에 대한 법률정보를 제공할 수 있을 것이다. 자신이 소속되어 있는 전문기관에 문의해라. 기관이 구체적인 사례에 대해 특정 윤리와 관점을 제공할 수 있다. 일부 기관은 이런 딜레마를 돕기 위해 회원이 사용할 수 있는 법률서비스를 제공하거나 윤리위원회를 두기도 한다. 치료사의 신념과 도덕, 그리고 전문적인 규준과 법률을 구별하기 위해 수퍼비전을 받는 것도 도움이 된다(Behnke & Warner, 2002; Corey et al., 2011).

놀이치료사는 몇 가지 수련 방법으로 다양한 훈련을 받았고, 자신의 특정 훈련에 대해 명확한 윤리강령을 고수한다. 미성년자와의 작업에 내재되어 있는 특정한 윤리적 도전으로부터 놀이치료사를 돕기 위해, 미국놀이치료학회(APT, 2016)는 임상적·전문적·법적 이슈와 관련된 놀이치료 모범사례를 정리하였다(부록 C 참조).

이 특정한 도전적인 상황은 모두 비밀보장 및 사전동의와 관련이 있다. 이런 정보를 부모와 공유하는 것이 내담자의 바람보다 우선시 될 것인지는 비밀보장 및 사전동의를 얻는 절차에서 치료사가 내담자 및 부모에게 무엇을 전달했는지에 따라 기본적으로 달라진다. APT(2016)의 모범사례에는 이러한 상황에서 해야 할 일을 고려할 때 유용한 몇 가지 지침이 있다(부록 C 참조).

이런 유형의 도전적인 상황을 해결하는 가장 좋은 방법은 내담자와 협력하여 내담자가 부모에게 그 상황에 대해 직접 대화하도록 하는 것이며, 이것은 치료사를 딜레마에서 해방시켜줄 것이다. 보다 생산적인 대화에 도움이 된다면, 내담자와 부모 사이의 완충장치로 치료사가 자발적으로 대화에 참여할 수도 있다. 이 방법은 치료사가 자신의 윤리강령, APT가 제시한 모범사례 그리고 치료사의 특정 지역 법률을 따르도록 할 것이다. 이 반응은 치료사의 이론적인 영향을 받지 않으며, 비밀보장과 관련된 요소들은 이론보다 앞선다.

자녀와 함께 놀이치료실에 들어오고 싶어 하는 부모

다시 말하지만, 이 질문에 대한 일관적인 답변은 없다. 믿기 어렵겠지만, 자녀와 함께 놀이치료실에 들어오고 싶어 하는 부모는 법률적·윤리적 이슈도 일으킨다. 어린 아동내담자와 함께 입실하기를 원하는 부모는 실제로 그럴 수 있는 법적 권리를 가지고 있다(일반적으로 대부분의 주에서 부모는 사전동의를 제공하는 사람이기 때문에 청소년내담자조차도 사생활에 대한 권리를 갖지 않는다). 이런 경우, 많은 아동(및 대부분의 청소년)내담자는 놀이치료실에 부모가 머무는 자체로 온전히 자기 자신이 되는 능력을 방해받게 될 것이다. 따라서 치료사는 이 상황을 어떻게 다루어야 할지 고민할 필요가 있다. 대부분의 윤리강령에서 치료사의 일차적 책임은 자율성을 향한 여정에 치료사의 지지를 받을 권리가 있는 아동내담자에게 있다. 의사결정 과정은 앞선 상황과 동일한 모델을 따라야 한다(비록 이 경우가 수업을 빼먹는 내담자만큼 강한 감정을 가진 것 같아 보이지 않더라도 말이다).

 이 요청(실제로 종종 요구인)에 어떻게 대응할지 결정하기 전에 우리는 항상 부모의 목적을 고민해 본다. 부모가 놀이치료실에 들어가고자 하는 이유는 무수히 많다. 부모는 아동내담자와 융합되어 있어, 자녀와 분리되는 것을 꺼릴 수 있다. 부모는 자녀를 과잉보호하며, 치료사가 아동에게 해를 끼치지 않는다는 것을 확인하기 위해 아동 주변에 머물기를 원할 수 있다. 부모는 극도로 통제적이며, 아동이 놀이치료실에서 하는 것과 말하는 것에 파워를 행사하고자 할 수 있다. 부모는 비밀로 지키고 싶은 무언가를 회기 중에 치료사가 아동에게서 발견할까 봐 불안해하고 있을지도 모른다(다시 말하지만, 부모의 행동에는 다양한 동기가 있다. 이 목록은 우리가 머리를 맞대고 생각해 낸 것이고, 여러분은 자신의 이론에 따라 우리가 찾아낸 것 외에 수많은 이유를 생각해 낼 수 있을 것이다).

 이 요청의 기저 이슈에 대한 우리의 추측을 바탕으로, 아동이 부모 입실을 개의치 않고, 부모가 함께 있는 것이 어떤 식으로든 놀이치료 과정을 억압하지 않는다고 생각된다면(어린 아동의 경우 흔히 그렇다), 우리는 그렇게 한다. 때때로 우리는 이것을 가족놀이치료의 기회로 삼기도 한다. 만약 부모가 놀이치료실에 있다면, 이것은 부모-자녀 관계를 관찰하고, 자녀와 상호작용하는 방법을 모델링할 수 있는 좋은 시간이다.

 초등 고학년이나 청소년은 놀이치료실에 부모가 있는 것을 원하지 않을 수 있기 때문에, 회기에 부모가 참여하는 것이 어려울 수 있다. 간혹 부모의 입실에 대해 이의를 제기하는 어린 아동도 있다. 이 이슈와 관련된 우리의 첫 번째 방어선은 아동

내담자를 만나기 전이라도 부모를 자문회기에 초대하여 관계형성을 시작하고, 부모가 놀이치료 과정에서 얼마나 중요한 사람인지 알리는 것이다. 때때로 아동/청소년내담자의 경우, 그들이 공유하기 어려운 것을 공유하기 위해서는 사적인 부분이 보호되어야 하기 때문에, 타인이 없는 상태에서 개인내담자와 신뢰를 형성하는 것이 훨씬 더 수월하다는 것을 부모와의 첫 만남에서 설명한다. 관찰자가 있는 경우 내담자가 더 행동화하고 비협조적일 가능성이 있기 때문에, 이런 상황이 일어나는 회기는 오히려 시간과 비용이 낭비됨을 언급하는 것도 도움이 된다(부모자문에 대한 내용을 기억하는가? 우리는 이것을 제8장에서 심도 있게 다루었다). 또한 우리는 내담자를 만날 때마다 주기적으로 부모자문 시간을 갖는다. 부모를 자주 참여시키겠다는 우리의 굳은 결의는 그들을 이해시키고, 심지어 부모들(매우 통제적인 부모들의 약 75% 또한)은 놀이치료실에 들어가겠다는 요청조차 하지 않는다. 만약 부모가 우리와 함께 있기를 고집한다면, 부모에게 비밀보장과 부모자문을 통해 중요한 정보를 공유하겠다는 우리의 의도를 상기시키고, 아동에게 부모가 대기실로 돌아가기 전에 놀이치료실을 보여 주도록 함으로써 부모의 의도를 능숙히 처리하려 노력할 것이다. 결국, 부모는 치료 회기에 참여할 법적 권리를 갖고 있다 일부 주에서는 청소년의 연령과 주법에 따라 거절할 권리를 갖기도 한다. (주법을 확인해라) 우리가 이 도전적인 상황을 가족회기로 바꾸는 가능성에 대해 언급했는가? 우리는 여전히 그것이 이 상황에서 최선의 접근법이라고 생각한다.

치료사의 권고를 따르지 않는 부모/교사

이 문제는 모든 회기에 참여하려는 부모와 정확히 정반대 상황이다. 이 부모들은 자녀를 대하는 개선된 방법을 제안하는 치료사를 따르지 않을 뿐 아니라, 아동을 치료실에 데려다 주며(암묵적으로나 명시적으로), "제 아이를 고쳐 주세요. 저는 말고요."라고 말한다. 여러분은 이미 치료과정에 부모를 참여시키는 방법에 대해 알고 있다(우리는 제8장에서 이것을 매우 길게 다루었다). 이 도전적인 상황은 자녀를 변화시키고 자녀와의 상호작용을 변화시키고 싶다고 말은 하지만, 치료사의 제안을 따르지 않는 부모를 어떻게 다룰 것인가에 보다 초점이 맞추어져 있다. 비슷한 문제로는 치료사로서 해야 할 말을 했을 때, 조언과 전문성을 폄하하며 격렬하게 반대하는 부모에게 어떻게 반응할 것인지 결정하는 것이다.

(문자 그대로) 수 년간의 경험에서, 부모가 치료사의 제안을 따르겠다고 말한 뒤 그렇게 하지 않는 상황을 다루는 가장 좋은 방법은 전통적 상담기법인 직면이었다. "당신은 그렇게 하겠다고 말하고, 이렇게 하고 있네요. 그리고 이것은 일치하지 않네요."라고 말한다. 언행의 불일치를 지적함으로써 치료사가 때때로 그들에게 자극을 주어 따르게 할 수 있다.

이 접근이 효과적일 때도 있고, 그렇지 않을 때도 있다. 치료과정에서 변화를 만들겠다는 합의를 지키지 않는 경우, 치료사에게는 몇 가지 선택권이 있다. 한 가지 방법은 치료사가 제안하는 변화를 부모나 가족이 만들지 않을 것을 인지하고 아동 내담자와 작업을 지속하는 것이다. 즉, 가정의 지원 없이 아동을 돕기 위해 최선을 다하는 것이다. 또 다른 방법은 치료사가 제안하는 변화에 동참하지 않는다면, 치료사는 아동을 위한 최선의 심리치료를 하지 못할 수 있고, 종결을 해야 할 수도 있다는 것을 부모에게 전달하는 것이다. 가족놀이치료가 대안으로 제시될 수도 있다(다시 말하지만, 가족놀이치료는 매우 효과적이다). 또 다른 방법은 부모에게 만약 가족 내 상황이 지금처럼 지속된다면, 아동과 가족의 미래에 대한 행로를 예측해 주는 것이다(이 상황에 대처하는 다른 방법이 더 있겠지만, 이것이 우리가 할 수 있는 최선의 제안이다).

여러분은 아마도 이론과 관계없이 직면을 사용하겠지만, 그 외에 무엇을 할지는 이론에 영향을 받을 것이다. 아마도 아동중심 놀이치료사는 부모의 감정에 초점을 둘 것이다. 게슈탈트 놀이치료사는 부모의 감정에 초점을 둘 수 있고, 치료사의 권고를 들을 때 나타나는 부모의 신체적 감각이나 신체적 반응에 초점을 둘 수도 있다. 인지행동 놀이치료사는 부모가 제안사항을 준수하도록 일종의 강화스케줄을 사용할 것이다. 내러티브 놀이치료사는 부모에게서 부모의 스토리(부모가 되는 것, 변화를 만드는 것 등)를 얻는 것이 중요할 것이다. 아들러학파 놀이치료사는 부모의 생활양식을 찾고, 권고에 협조하지 않는 목적을 추측하기 위해 노력할 것이다. 만약 여러분이 융학파나 정신역동 치료사라면, 전이가 부모의 개인내 및 개인간 역동과 치료사를 향한 부모의 반응에 미치는 영향을 고려할 것이다. 생태학적 놀이치료사와 테라플레이 치료사는 성공적인 치료과정에 부모참여가 필요함을 거듭 강조할

422	제9장 놀이치료실에서 도전적인 상황

것이다.

만약 치료사의 제안에 매우 적대적이거나, 양육적인 권고나 조언에 방어적인 부모를 만난다면 이것은 별개의 이야기가 될 수 있다. 즉, 사람들이 치료사에게 화가난 상황을 부지런히 모면하는 것은 (우리와 같은) 치료사에게는 어쩌면 더욱 도전적인 일이다. 다시 말하지만(진부하다고 하겠지만, 이것은 많은 어려운 상황에서 정말로 열쇠가 된다), 특히 치료사가 아들러학파, 융학파, 정신역동, 게슈탈트, 생태학적 이론을 따르고 있다면, 가장 먼저 고려해야 할 것은 부모의 개인내 및 개인간 역동이다. 우리는 이런 유형의 반응을 감정적으로 반영하고, 부모의 생각과 태도에 관심이 있음을 전달하기 위해 적극적인 경청을 하며, 그 후 반응의 '기저'에 있는 것을 추측하기 위해 노력한다. 또한 부모들이 수용할 수 있다고 여길 만한 몇 가지 제안을 위한 가교로서, 우리의 제안에서 그들이 좋아하지 않는 것을 탐색해 보는 것도 도움이 된다. 우리가 불편한 무언가를 해야 한다고 부모들을 옥죄고 있거나, 압박하고 있다는 느낌이 들지 않도록 다양한 권고사항을 동시에 제시하는 것을 좋아한다.

교사는 일반적으로 아동의 변화에 대한 책임을 덜 부여받기 때문에, 치료사는 부모보다 교사에게 영향력을 덜 미치게 된다. 다시 말하지만, 우리는 제안을 따르겠다고 말하면서 따르지 않는 사람에게 직면을 사용하고 감정을 반영하며, 화를 내거나 방어적인 교사에게는 적극적인 경청 기술을 사용한다. 때때로 상황을 다루는 가장 좋은 방법은 교사가 자발적으로 협력하지 않는다는 것을 부모에게 보고하고, 아동을 돕기 위해 교사가 동참하도록 부모에게 학교와 이 일을 처리할 수 있게 요청한다.

회기에서 일어나는 일을 알고 싶어 하는 부모/교사

첫 대답은 어렵지 않다. 치료사가 공유하겠다고 선택한 것 이외의 다른 것에 대해 교사가 알 권리는 없다(그리고 어떤 것이든 치료사가 교사와 공유하기 위해서는 부모나 보호자의 정보 제공 허가가 필요하다). 교사자문(우리는 학교에서 어려움을 겪고 있는 아동내담자의 교사들과 자주 만난다)에서 우리가 관찰한 아동의 패턴을 전달하고,

아동이 학교에서 보이는 패턴을 묻는다(Kottman & Meany-Walen, 2016). 그리고 교사가 아동을 더 격려하고 지지할 수 있는 방법을 제안한다(학교에서 어려움을 겪는 청소년내담자와 작업할 때 내담자는 여러 교사들과 지내기 때문에, 우리는 내담자와 부모가 도움을 줄 수 있다고 생각하는 특정 교사나 학교상담사와 상담할 수 있도록 허가를 받는다).

회기에서 일어나는 모든 일을 알고 싶어 하는 부모와 작업하는 것은 조금 더 까다롭다. 다시 말하지만, 부모는 동의와 관련된 법적 권리가 있는 사람이기 때문에, 그들은 내담자의 연령에 따라 회기에서 일어나는 일을 알 수 있는 법적 권리를 가지고 있다(Association for Play Therapy, 2016; Behnke & Warner, 2002; Corey et al., 2011). 우리는 이 상황을 입실을 원하는 부모의 상황과 비슷한 방식으로 다룬다. 제1장에서도 언급했듯이, 우리는 보통 아동/청소년 내담자와 놀이치료를 시작할 때, 회기에서 일어나는 일(내담자가 말하고 행동하는 것)에 대해 우리가 관찰한 패턴을 정확히는 아니더라도 부모자문을 통해 보고할 것이고, 내담자를 더 잘 이해하고 지원할 수 있는 방법을 부모에게 제안할 것이라고 말한다. 보장된다면, 특별히 우리가 부모에게 전달하기를 바라는 것이 있을 때 우리가 내담자의 옹호자가 될 수 있어 행복할 것이라고 알리는 것이 종종 도움이 된다(때때로 우리는 부모의 성격과 요구에 적응해야 하기 때문에 부모와 일반적으로 소통한다는 점을 알린다).

첫 회기에서 놀이의 의미를 이해하기 위해 숙련된 전문가가 필요하고, 우리는 아동의 사고·감정·행동·태도의 패턴에 대해 부모와 대화할 것이며, 자녀가 왜 그렇게 행동하는지 부모가 이해하도록 돕기를 바라고, 그들이 자녀와 소통하고 교류하도록 보다 건설적인 방법을 교육하길 원한다는 설명에도 불구하고, 부모들이 넘어가지 않겠다는 의향을 드러낸다면, 우리는 그들이 알고 싶어 하는 것을 말해 주어야 할 것이다. 우리는 아동/청소년 내담자에게 거짓말을 하지 않으려고 진심으로 노력하기 때문에, 만약 부모가 사실, 있는 그대로의 사실, 사실만을 주장하는 사람들이라는 예감이 든다면, 내담자에게 내담자가 회기 안에서 말하고 행동한 것을 부모에게 알리지 않겠다는 말은 하지 않는다. 그리고 때로는 오판으로 우리가 이미 말하지 않겠다고 했음에도 불구하고, 놀이치료실에서 일어난 일을 부모에게 알려야 한다고 내담자에게 다시 고백해야 할 수도 있다(궁극적으로 부모에게는 회기에 관한 정보를 요구할 법적 권리가 있기 때문에, 이런 일이 발생하는 것은 매우 고약하지만 피할 수 없는 일이다). 그리고 가족치료로 전환하는 선택사항을 기억하자. 가족치료에서 부모는 참여자가 되기 때문에 무슨 일이 일어났는지 정확히 알 수 있을 것이다.

진전이 없다고 불평하는 부모/교사, 또는 치료사와 달리 진전을 보지 못하는 부모/교사

두 딜레마는 유사하였다. 이 두 딜레마에는 약간의 차이점이 있으며, 치료사와 내담자에게 각기 다른 감정을 불러일으킬 수 있다. 우리는 부모/교사가 가정/학교에서는 변화가 느껴지지 않는다고 말할 때, 우리가 알고 있는 증거를 기반으로 다른 자료를 수집하기 위해 노력한다. 이 상황에서 몇 가지 질문을 스스로에게 해 보길 제안한다.

- 아동과 함께 작업한지 얼마나 되었는가?
- 현재의 이슈와 그 이슈에 기여하는 요인은 무엇인가?
- 부모나 교사의 기대는 무엇인가?
- 그 기대는 합리적인가?
- 치료사는 성인에게 합리적인 기대에 관해 설명해 주었는가?
- 아동은 일정대로 놀이치료실에 오고 있는가?
- 아동이 놀이치료실에 일정대로 오지 않는다면 왜(질병, 교통문제, 일정의 충돌, 잊어버려서) 그런가?
- 치료사와 성인의 관계는 어떠한가?
- 성인은 치료사를 신뢰하고 좋아하는가?
- 치료사는 부모나 교사와 정기적으로 만나는가?
- 치료사는 부모나 교사가 회기 밖에서 활용할 수 있는 제안이나 정보를 제공하고 있는가?
- 치료사는 이 제안과 정보에 대한 후속 조치를 취하고 있는가?
- 부모나 교사는 이 제안을 시도하고, 정보를 활용하는가?

치료의 효과가 즉시 나타나지 않는다는 것을 치료사는 안다(또는 시간이 흐르면서 터득해 왔다). 그러나 내담자가 항상 그것을 아는 것은 아니다. 이러한 상황에서 부모나 교사에게 내담자의 진전을 판단하는 기준을 교육하는 것도 매우 도움이 된다. 이들은 종종 기적의 치료법을 기대한다. 그러나 실제로 그들이 얻는 것은 꽤 느리고, 느리고, 느리다(아마도 한결같이 느리거나, 어쩌면 일보 전진 후 반보 후퇴하기도 한다). 또한 부모와 교사에게 치료사가 추측하는 치료기간에 관한 설명을 해야 할 수도 있다. 존재하는 이슈마다 치료기간에 영향을 주는 난제가 다양하다. 다양한 요인 중 트라우마(단일 사건, 진행 중인 사건), 가족역동, 개인 및 가족의 자원이나 회복탄력성은 치료기간에 영향을 준다. 변화가 보이지 않는다고 보고하는 사람의 기대치를 탐색해 보아라. 정기적으로 치료실에 오는 것이 얼마나 중요한지 부모에게 전달하는 것도 종종 도움이 된다. 치료서비스의 중단이 치료의 진행에 상당한 지연을 초래하거나 비효과적인 치료로 이어질 수 있음을 설명한다. 또한 비일관적인 출석은 가정에서의 새롭거나, 지속적인 스트레스 요인의 징후일 수 있으며, 이것을 탐색하고 다룰 필요가 있다.

이 책의 초반에서 반복적으로 언급했듯이, 아동/청소년 내담자의 삶에서 의미 있는 성인과 관계하는 것은 필수적이다. 치료과정에 대한 믿음과 희망은 종종 치료효과에 영향을 준다. 내담자와의 관계형성 외에 양육자와의 관계형성도 중요하다. 우리의 경험에 따르면, 치료사와 연결되었다고 느끼지 못하면 부모는 치료를 중단하거나 불평을 한다. 만약 부모가 법원으로부터 자녀의 치료명령을 받은 상황이라면, 특별히 좋아하거나 신뢰하지 않는 치료사와 치료를 지속할 수밖에 없다. 우리는 아동, 가족, 학급을 돕기 위해 성인-치료사 관계를 사정하고, 관계를 형성하고, 재형성하고, 개선하기를 권고한다.

조금 더 복잡하지만 완전히 다르지 않은 이슈는, 치료사가 놀이치료실 안에서 변화를 알아차리고 있어도, 성인이 변화에 대해 알아채지 못할 때 발생한다. 이것이 드문 상황은 아니며, 우리는 우선 앞서 제시한 질문을 한다. 또한 가정이나 학교에서는 일어나지 않거나 일어날 수 없지만, 치료실 안에서 일어나는 특수한 상황에 대해 살펴볼 것을 제안한다. 예를 들어, 내담자는 치료사에게 일대일의 관심을 받는다. 비록 짧은 시간이라 하더라도, 이것이 치료실 밖에서 가능한가? 또한 치료실 밖의 변화를 도울 수 있는 치료실 안에서의 변화에 기여하는 요인을 고려한다. 치료사는 내담자가 선택과 격려에는 매우 잘 반응하지만, 요구에는 잘 반응하지 않는다는 것을 알아차릴 수 있다. 내담자는 단일 또는 이중 지시를 수행할 수 있지만, 세 개 이상을 동시에 지시한다면 처리하지 못할 수도 있다. 어쩌면 내담자는 활동을 할 때, 또래 아동과 달리 비전형적인 독특한 조망과 방식을 가지고 있을 수도 있다. 가정과 교실에서의 개선을 위해 부모나 교사에게 이러한 점을 교육하는 것이 도움이 될 것이다. 성인의 인식이 어느 정도 변화된다면, 진전을 알아차리기 시작할 가능성이 크다.

부모나 교사의 진전에 대한 지각을 높이기 위해 도움이 될 수 있는 또 다른 방법은 초기(물론 치료과정에서 진행되고 있는)에 설정한 목표를 재확인하는 것이다. 성인은 목표를 기억하고 있는가? 그 목표는 합리적이었는가? 성인은 치료사에게 알리지 않고 목표의 범위를 바꾸었는가? 아동/청소년 내담자의 삶에 관련된 성인들은 때때로 초기 목표를 잊거나, 치료사와 공유하지 않은채 목표를 변경하기도 한다. 이런 경우, 부모나 교사는 근본적으로 치료사의 기준과 다른 기준으로 진전을 측정하고 있었는지도 모른다. 모두가 같은 기준으로 내담자의 성장을 평가하는지 확인하기 위해 치료목표를 재정비할 필요가 있다.

내담자의 행동에 대한 대안적인 관점이 성인에게 필요한 경우도 있다. 요구가 많다고 묘사되는 아동이나 청소년은 잠재적인 리더십을 가지고 있거나 자기결정력이 있는 아동으로 재구성될 수 있다. 어수선한 청소년은 창의적일 수 있다. 활동량이 많은 아동은 미래의 운동선수가 될 수 있다. 내담자에 대한 치료사의 전문적인 의견, 관찰내용 그리고 치료사가 회기 안에서 알아챈 것을 공유하는 것은, 부모와 교사가 내담자를 다르게 지각하도록 돕고, 내담자와의 상호작용을 변화시키며, 가정이나 학교에서 내담자의 성공적인 생활을 돕는 전환점이 될 수 있다.

아동보호서비스에 신고해야 하는 가족

많은 상담자에게 아동보호서비스(Child Protective Service: CPS)에 신고를 해야 하는 상황이 가장 즐겁지 않은 임무이며, 특히 내담자의 가족에게 범죄 혐의가 있을 때 더욱 그렇다. 또한 상담사는 신고의 필요성과 중요성에도 동의할 것이다. 미국의 모든 주는 아동학대와 방임의 신고에 관한 법률이 있다. 치료사는 자신의 주법을 알고, CPS가 정한 지침을 따라야 한다. 치료사에게는 보호의 의무가 있고, 비밀보장 예외의 권리를 가지고 있기 때문에, 신고를 하는 것은 궁극적으로 윤리적이고 합법적인 결정이다. 신고를 할 때, 기억해야 할 몇 가지 사항이 있다. ① 학대나 방임의 가능성이 의심되는 경우, 치료사는 반드시 신고해야 한다. ② 조사를 하는 것은 치료사의 일이 아니다. 조사는 수사관에게 맡겨라. 그것은 그들의 일이다. 치료사가 신고서를 작성하고 있음을 부모에게 알리는(또는 알리지 않는) 것과 무관하게, 아동이 지속적인 학대를 피하도록 안전한 계획을 세우기 위해 아동 및 유관기관과 작업해야 할 수 있다.

　치료사가 CPS에 신고했다면, 이것이 내담자와 가족, 그리고 그들과 치료사의 관계에 의미하는 바를 생각해 보아야 한다. 치료사에게는 몇 가지 선택사항이 있다. 치료사는 가족에게 신고에 대해 알릴 수도, 알리지 않을 수도 있다. 아동에게 가장 이익이 된다고 믿는 것에 따라 이 결정을 내린다. 어떤 경우 우리는 가족에게 알렸고, 어떤 경우에는 알리지 않았다(때로는 그것이 옳은 결정이었으나, 그렇지 않은 경우도 있었다). 우리는 결정을 내리기 위해 다음의 질문을 사전에 검토한다.

1. 나의 의심을 불러일으킨 증거는 무엇인가?
2. 내가 신고서를 작성하고 있다는 것을 가족에게 알린다면(알리지 않는다면), 아동에게는 어떤 도움이 될까?
3. 내가 신고서를 작성하고 있다고 알리는 것이 아동에게 더 위험한가?
4. 내가 가족에게 알리는(알리지 않는) 이유는 무엇인가?
5. 가해혐의자(부모, 형제, 친척)는 누구인가? 이에 따라 내가 가족에게 알리기로 한 결정이 달라지는가?
6. 내가 신고서를 작성하고 있다고 공개한다면, 가족이 상담을 중단할 것인가?
7. 부모나 아동이 나에게 신고를 했는지 묻는다면, 나는 어떻게 대답할 것인가?

　이런 상황에서 수퍼비전이나 자문을 받는 것은 현명한 생각이다. 다른 전문가에게 피드백을 받고, 함께 처리하는 것은 치료사와 내담자에게 안전한 행동지침을 세우는데 도움이 될 수 있다. 수퍼비전은 치료사로 하여금 내담자를 위한 최선의 행동지침을 마련하도록 돕고, 치료사가 고려하지 못했던 영역을 살펴볼 수 있도록 돕는다. 또한 그것은 치료사가 신고를 결정했거나, 사건이 관할 CPS의 신고기준을 충족하지 않는다고 믿어 신고하지 않기로 결정한 상황에서, 법정으로 호출되거나 질문을 받는 경우 치료사를 보호할 수 있다.

치료사에게 구애하는 청소년/성인 내담자

잠시 동안 자신의 최근 업무나 향후 업무를 상상해 보자. 치료사는 규칙적으로 내담자(개인, 가족구성원)에게 지속적이고 정기적인 시간을 할애한다. 치료사는 내담자가 가진 자산과 어려움에 대한 이해를 전달한다. 치료사는 내담자를 있는 그대로 온전히 받아들이고, 그가 최선의 자기가 되도록 돕는다. 치료사는 내담자가 약해질 때 격려와 공감을 제공한다. 얼마나 놀라운(그리고 잠재적으로 매력적인) 관계인가! 때때로 내담자가 치료사에게 구애하고 싶어 할 만하다.

이런 관계를 통해, 내담자가 치료사에게 매력을 느끼는 것이 놀라운 일은 아니다. 청소년/성인 내담자나 내담자의 부모가 치료사에게 호감이나 성적 관심을 표현할 수 있지만, 내담자의 호감이나 성적 관심에 응답하거나 격려하는 것은 완전히, 명백하게, 확실히, 의심의 여지없이, 분명하게, 늘 부적절하다(하지 말라!).

내담자의 호감이나 성적인 관심에 긍정적으로 반응하지 말아야 함을 아는 것과 달리, 이런 상황의 대처 방법은 명확하지 않다. 이 문제를 논의하기 위한 몇 가지 방법이 있다(그리고 우리가 다루지 못한 수많은 방법이 있다. "절대적으로 안 된다."라고 말하기 위해 여러분의 상상력과 창의력을 활용해라). 이러한 도전적인 상황이 전개되는 것을 예방한다는 의미로, 우리는 치료사에게 자신의 경계 및 내담자와 공유하려는 바를 초기에 고민하고, 내담자와의 상호작용에서 의도적이어야 한다는 것을 조언한다. 예를 들어, 우리는 보통 비상시나 최종 예약 변경을 위해 내담자에게 휴대전화 번호를 알려 준다. 그러나 청소년/성인 내담자나 내담자의 부모와의 첫 대화에서 확고한 경계를 세운다. 우리는 전화상담을 하지 않으며, 저녁이나 주말에는 문자나 전화에 응답하지 않는다. 우리 둘은 꽤 흡입력이 있고, 우리의 자연스러운 행동이 때로는 시시덕거리는 것처럼 해석될 수 있지만 우리는 그렇지 않다. 우리는 내담자와 시시덕거리지 않으면서, 친절하고, 관심을 기울이며, 재미있고, 전문적이기 위해 노력한다.

비록 치료사가 모든 기초작업을 했다 하더라도, 상황은 여전히 발생할 수 있다. 청소년/성인 내담자나 내담자의 부모가 치료사의 명확한 경계에도 불구하고 여전히 경계를 넘는다고 가정하자. 애정적이거나 성적인 관계에 연루되지 않겠다는 치료사의 입장을 직접적이고 확고한 태도로 보여 주는 것이 중요하다. 이러한 관계의 금지를 명시하는 치료사의 윤리강령이나 주법을 설명할 수 있다. 내담자가 윤리강령과 관련된 치료사의 제한을 존중하는 것처럼 보이더라도, 이 도전적인 상황에서 고려해야 할 추가적인 문제도 있다. 치료사는 이 이야기가 내담자와 치료사 사이의 치료적 관계에 미치는 영향을 고려할 필요가 있다. 이러한 이끌림이 내담자의 문제와 관련이 있는지와 어떻게 그러한지(예: 외도관계, 타인에 대한 의존, 결혼 또는 파트너에 대한 불만, 낮은 자존감이나 자아개념, 파괴적인 성적 행동, 적절한 사회적 관계를 탐색할 능력/의지의 없음 등), 내담자에 대한 치료사의 감정은 무엇인지(예: 치료사도 그 제안에 관심이 있는가? 이런 관심에 우쭐해지는가? 혐오감을 느끼는가?), 그리고 내담자의 연령과 성숙도는 어떠한지 고려해야 한다. 부모가 치료사에게 호감을 표시하는 경우, 치료사는 아동의 발전된 관계를 고려할 필요가 있다(이러한 요소 중 어떤 것도 관계에 연루되지 않기로 한 치료사의 결정을 흔들지는 않겠지만, 이것은 치료사의 대응을 결정하는데 도움이 될 것이다).

대부분의 경우 내담자나 부모와 상담 이외의 부적절한 관계에 대해 직접적으로 대화를 나누는 것이 도움이 된다. 요청을 거절하기 위해 이 대화에서 윤리와 법이 구조를 제공할 수는 있지만, 다루어야 할 역동에 대해서는 알려 주지 않는다. 치료사는 특정 내담자나 부모와 이 역동에 대해 대화할 수 있는 방법을 개발해야 할 것이다. 내담자의 감정을 반영하거나 행동목표를 추측하는 것부터 시작할 것을 제안한다. 내담자의 감정을 일반화할 수도 있다(첫 단락에서 설명했던 관계의 모든 요소를 치료사가 만들어 내고 있다면, 누가 치료사에게 끌리지 않겠는가?) 거절의 이유(윤리, 관계, 정신건강, 조종, 내담자에 대한 존중 등)를 간단히 설명하는 것이 자주 도움이 된다. 다른 상황이라면 재고할 것인지 아닌지에 대해 고민할 필요는 없다(실제로, 그렇게 하지 말아라. 그것은 중요한 것도 아니고 상관도 없다). 이후 무엇을 할지 내담자와 대화를 나누면서 후속 조치를 취한다. 다른 치료사에게 내담자를 의뢰해야 할 필요가 있는가? 치료사와 내담자는 이 어려운 상황을 극복할 수 있는가? 치료사와 내담자는 이후 무엇을 해야 할지 고민할 시간이 필요한가? 다른 누군가에게 알려야 할 필요가 있는가(배우자나 파트너, 자녀, 부모)? 이것이 어쩌면 익숙하게 들릴 것이다. 그것은 제한설정과 꽤 비슷하다. 규칙을 명시하고, 행동목표에 대한 감정을 반영하거나 메타커뮤니케이션을 한 뒤, 대안이나 이후 행동에 대한 계획을 세운다. 치료사가 함께 작업을 지속하기로 선택했다면, 추후에 이 대화를 다시 해야 할 필요가 있을 수도 그렇지 않을 수도 있다(당신도 알고 있겠지만, 그것은 경우에 따라 다르다).

옮겨 가면서

하고 싶은 말이 아직 남았지만, 우리는 여기서 멈추어야 한다. 그렇지 않으면 이 책은 결코 완성되지 않을 것이다. 다음은 우리가 이 책을 통해 전달하고자 했던 것들이다.

- 내담자와 현존하기로 선택하는 것은 놀이치료사가 내담자와 그의 삶을 변화시키기 위해 할 수 있는 가장 중요한 일이라는 것을 기억한다.
- 이 책에서 다루었던 기술과 기법의 활용 및 시기를 치료사의 이론에 따라 결정한다.
- 이 책에서 다룬 기술과 기법을 즐기면서, 내담자와 즐거운 시간을 갖는다.
- 내담자의 욕구와 흥미를 충족하기 위해 창의적으로 기법을 적용한다.
- 특정 내담자와 특정 개입을 사용하는 이유를 명확히 하고, 개입에 의도적인 태도를 유지한다.
- 배움을 멈추지 않는다. 우리는 놀이치료 방법에 대해 이제 간신히 겉만 훑어보았다.
- 놀이치료사가 되는 진정한 본질은 스토리를 말하고, 모험을 하고, 춤을 추고, 스토리를 듣고, 노래를 만들고, 모래 안에서 세계를 건설하고, 미술을 하고, 놀이를 하는 기쁨을 누리는 것임을 항상 기억한다.

Interlude 9
계속되는 여정

잔은 우리가 놀이치료에 대해 가르치려고 했던 것(적어도 이 책에서 다루었던 것)을 배운 후에도, 배움을 지속해야 한다는 것을 알았다. 그렇게 그녀는 상처받고, 화나고, 슬프고, 외롭고, 돌봄이 필요하고, 경청받아야 할 아동(청소년, 성인)과 함께 할 수 있었다. 행함(doing)의 언어와 함께 말이다.

부록 A
이론 및 놀이치료 자료

다음은 제2장에서 간략하게 설명된 이론의 적용에 대해 살펴볼 수 있도록 추천하는 자료이다. 이 목록이 가능한 모든 자료들로 완성된 것은 아니다. 우리는 초기 이론가들과 그 외존경받는 전문가들의 고전적인 작업 목록을 만들려고 시도해 왔다. 놀이치료 이론에 관한 자료에는 놀이치료의 적용을 시작한 전문가부터 특정 이론의 선구자나 임상 전문가의 자료로구성되어 있다.

아들러학파 이론/아들러학파 놀이치료

■ 아들러학파 이론

Adler, A. (1954). *Understanding human nature* (W. B. Wolf, Trans.). New York: Fawcett Premier. (Original work published 1927)

Adler, A. (1958). *What life should mean to you*. New York: Capricorn. (Original work published 1931)

Ansbacher, H., & Ansbacher, R. (Eds.). (1956). *The individual psychology of Alfred Adler: A systemic presentation in selections from his writings*. San Francisco: Harper & Row.

Carlson, J., & Englar-Carson, M. (2017). *Adlerian psychotherapy*. Washington, DC: American Psychological Association.

Maniacci, M. P., Sackett-Maniacci, L., & Mosak, H. H. (2014). Adlerian psychotherapy. In D. Wedding & R. Corsini (Eds.), *Current psychotherapies* (10th ed., pp. 55-94). Belmont, CA: Brooks/Cole.

Mosak, H., & Maniacci, M. (1999). *A primer of Adlerian psychology.* Philadelphia: Brunner/Mazel.

Mosak, H., & Maniacci, M. (2010). The case of Roger. In D. Wedding & R. J. Corsini (Eds.), *Case studies in psychotherapy* (7th ed., pp. 12–31). Belmont, CA: Brooks/Cole.

Sweeney, T. (2105). *Adlerian counseling and psychotherapy* (5th ed.). New York: Routledge.

Watts, R. (2013). Adlerian counseling. In B. Irby, G. Brown, & S. Jackson (Eds.), *The handbook of educational theories for theoretical frameworks* (pp. 459–472). Charlotte, NC: Information Age.

■ 아들러학파 놀이치료

Kottman, T. (1993). The king of rock and roll. In T. Kottman & C. Schaefer (Eds.), *Play therapy in action: A casebook for practitioners* (pp. 133–167). Northvale, NJ: Jason Aronson.

Kottman, T. (2009). Adlerian play therapy. In K. O'Connor & L. Braverman (Eds.), *Play therapy theory and practice: Comparing theories and techniques* (2nd ed., pp. 237–282). New York: Wiley.

Kottman, T. (2011). Adlerian play therapy. In C. Schaefer (Ed.), *Foundations of play therapy* (2nd ed., pp. 87–104). New York: Wiley.

Kottman, T., & Ashby, J. (2015). Adlerian play therapy. In D. Crenshaw & A. Stew- art (Eds.), *Play therapy: A comprehensive guide to theory and practice* (pp. 32–47). New York: Guilford Press.

Kottman, T., & Meany-Walen, K. (2016). *Partners in play: An Adlerian approach to play therapy* (3rd ed.). Alexandria, VA: American Counseling Association.

인간중심이론/아동중심 놀이치료

■ 인간중심이론

Raskin, N., Rogers, C., & Witty, M. (2014). Client-centered therapy. In D. Wedding & R. Corsini (Eds.), *Current psychotherapies* (10th ed., pp. 95–145). Belmont, CA: Brooks/Cole.

Rogers, C. (1951). *Client-centered therapy: Its current practice, implications and theory.* London: Constable.

Rogers, C. (1959). A theory of therapy, personality and interpersonal relationships as developed in the client-centered framework. In S. Koch (Ed.), *Psychology: A study of a science: Vol. 3. Formulations of the person and the social context.* New York: McGraw-Hill.

Rogers, C. R. (1961). *On becoming a person: A psychotherapist's view of psychotherapy.* New York: Houghton Mifflin.

Rogers, C. R., Stevens, B., Gendlin, E. T., Shlien, J. M., & Van Dusen, W. (1967). *Person to person: The problem of being human: A new trend in psychology.* Lafayette, CA: Real People Press.

■ 아동중심 놀이치료

Axline, V. (1969). *Play therapy* (rev. ed.). New York: Ballantine Books.

Landreth, G. L. (2012). *Play therapy: The art of the relationship* (3rd ed.). New York: Brunner-Routledge.

Ray, D. C. (2011). *Advanced play therapy: Essential conditions, knowledge, and skills for child practice*. New York: Routledge.

VanFleet, R., Sywaluk, A., & Sniscak, C. (2010). *Child-centered play therapy*. New York: Guilford Press.

인지행동이론/인지행동 놀이치료

■ 인지행동이론

Beck, A. (1976). *Cognitive therapy and the emotional disorders*. New York: Meridian.

Burns, D. (1999). *Feeling good: The new mood therapy*. New York: New American Library.

Ellis, A. (2000). Rational emotive behavior therapy. In R. J. Corsini & D. Wedding (Eds.), *Current psychotherapies* (6th ed., pp. 168-204). Itasca, IL: F. E. Peacock.

Meichenbaum, D. (1986). Cognitive behavior modification. In F. H. Kanfer & A. P. Goldstein (Eds.), *Helping people change: A textbook of methods* (pp. 346-380). New York: Pergamon Press.

■ 인지행동 놀이치료

Cavett, A. M. (2015). Cognitive-behavioral play therapy. In D. A. Crenshaw & A. L. Stewart (Eds.), *Play therapy: A comprehensive guide to theory and practice* (pp. 83-98). New York: Guilford Press.

Knell, S. M. (1993). *Cognitive-behavioral play therapy*. Northvale, NJ: Jason Aronson.

Knell, S. M. (1994). Cognitive-behavioral play therapy. In K. O'Connor & C. Schaefer (Eds.), *Handbook of play therapy: Vol. 2. Advances and innovations* (pp. 111-142). New York: Wiley.

Knell, S. M. (2009). Cognitive-behavioral play therapy. In K. J. O'Connor & L. D. Braverman (Eds.), *Play therapy theory and practice: Comparing theories and techniques* (2nd ed., pp. 203-236). Hoboken, NJ: Wiley.

생태학적 놀이치료

생태학적 이론은 놀이치료 내담자와 치료사를 위해 특별히 개발되었다. 생태학적 놀이치료의 구조 이론은 없다.

O'Connor, K. (1993). Child, protector, confidant: Structured group exosystemic play therapy. In T. Kottman & S. Schaefer (Eds.), *Play therapy in action: A casebook for practitioners* (pp. 245–280). Northvale, NJ: Jason Aronson.

O'Connor, K. (2009). Ecosystemic play therapy. In K. J. O'Connor & L. D. Braverman (Eds.), *Play therapy theory and practice: Comparing theories and techniques,* (2nd ed., pp. 367–450). Hoboken, NJ: Wiley.

O'Connor, K. (2011). Ecosystemic play therapy. In C. E. Schaefer (Ed.), *Foundations of play therapy* (2nd ed., pp. 253–272). Hoboken, NJ: Wiley.

O'Connor, K. (2016). Ecosystemic play therapy. In K. O'Connor, C. Schaefer, & L. Braverman (Eds.), *Handbook of play therapy* (2nd ed., pp. 194–225). Hoboken, NJ: Wiley.

O'Connor, K., & Ammen, S. (2013). *Play therapy treatment planning and interventions: The Ecosystemic model and workbook.* Waltham, ME: Academic Press.

게슈탈트이론/게슈탈트 놀이치료

■ 게슈탈트이론

Perls, F. (1970). Four lectures. In J. Fagan & I. L. Shepherd (Eds.), *Gestalt therapy now* (pp. 14–38). New York: Harper.

Perls, F., Hefferline, R. F., & Goodman, P. (1951). *Gestalt therapy: Excitement and growth in the human personality.* New York: Crown.

■ 게슈탈트 놀이치료

Carroll, F. (2009). Gestalt play therapy. In K. J. O'Connor & L. D. Braverman (Eds.), *Play therapy theory and practice: Comparing theories and techniques* (2nd ed., pp. 283–314). Hoboken, NJ: Wiley.

Carroll, F., & Oaklander, V. (1997). Gestalt play therapy. In K. O'Connor & L. Braverman (Eds.), *Play therapy theory and practice: A comparative presentation* (pp. 184–203). New York: Wiley.

Oaklander, V. (1992). *Windows to our children: A Gestalt approach to children and adolescents.* New York: Gestalt Journal Press. (Original work published 1978)

Oaklander, V. (1994). Gestalt play therapy. In K. O'Connor & C. Schaefer (Eds.), *Handbook of play therapy* (pp. 142–156). New York: Wiley.

Oaklander, V. (2003). Gestalt play therapy. In C. Schaefer (Ed.), *Foundations of play therapy* (pp. 143–155). Hoboken, NJ: Wiley.

Oaklander, V. (2011). Gestalt play therapy. *International Journal of Play Therapy, 10,* 45–55.

Oaklander, V. (2015). Short-term Gestalt play therapy for grieving children. In H. Kaduson & C. Schaefer (Eds.), *Short-term play therapy for children* (3rd ed., pp. 28–52). New York: Guilford Press.

융학파 이론/융학파 놀이치료

■ 융학파 이론

Douglas, C. (2008). Analytical psychotherapy. In R. J. Corsini & D. Wedding (Eds.), *Current psychotherapies* (8th ed., pp. 107-140). Belmont, CA: Brooks/Cole.

Jung, C. G. (1969). Synchronicity: A causal connecting principle. In G. Adler, M. Fordham, W. McGuire, & H. Read (Eds.), & R. F. C. Hull (Trans.), *The collected works of C. F. Jung* (Vol. 8, pp. 419-519). Princeton, NJ: Princeton University Press.

■ 융학파 놀이치료

Allan, J. (1988). *Inscapes of the child's world: Jungian counseling in schools and clinics.* Dallas, TX: Springer.

Allan, J. (1997). Jungian play psychotherapy. In K. J. O'Connor & L. M. Braverman (Eds.), *Play therapy: A comparative presentation,* (2nd ed., pp. 100-130). New York: Wiley.

Allan, J., & Levin, S. (1993). "Born on my bum": Jungian play therapy. In T. Kottman & C. Schaefer (Eds.), *Play therapy in action: A casebook for practitioners* (pp. 209-244). Northvale, NJ: Jason Aronson.

Green, E. (2009). Jungian analytical play therapy. In K. O'Connor & L. Braverman (Eds.), *Play therapy theory and practice: Comparing theories and techniques* (2nd ed., pp. 100-139). Hoboken, NJ: Wiley.

Lilly, J. P. (2015). Jungian analytic play therapy. In D. Crenshaw & A. Stewart (Eds.), *Play therapy: A comprehensive guide to theory and practice* (pp. 48-65). New York: Guilford Press.

Peery, J. C. (2003). Jungian analytical play therapy. In C. E. Schaefer (Ed.), *Foundations of play therapy* (pp. 14-54). Hoboken, NJ: Wiley.

Punnett, A. (2016). Psychoanalytic and Jungian play therapy. In K. O'Connor, C. Schaefer, & L. Braverman (Eds.), *Handbook of play therapy* (2nd ed., pp. 61-92). Hoboken, NJ: Wiley.

내러티브이론/내러티브 놀이치료

■ 내러티브이론

White, M. (2007). *Maps of narrative practice.* New York: Norton

White, M., & Epston, D. (1990). *Narrative means to therapeutic ends.* New York: Norton.

Zimmerman, J., & Dickerson, V. (1996). *If problems talked: Narrative therapy in action.* New York: Guilford Press.

■ 내러티브 놀이치료

Cattanach, A. (2006). Narrative play therapy. In C. Schaefer & H. Kaduson (Eds.), *Contemporary play therapy: Theory, research, and practice* (pp. 82-99). New York: Guilford Press.

Cattanach, A. (2008). *Narrative approaches tin play therapy with children.* Philadelphia: Jessica Kingsley.

Mills, J. (2015). StoryPlay: A narrative play therapy approach. In D. Crenshaw & A. Stewart (Eds.), *Play therapy: A comprehensive guide to theory and practice* (pp. 171-185). New York: Guilford Press.

Mills, J., & Crowley, R. (2014). *Therapeutic metaphors for children and the child within* (2nd ed.). New York: Routledge.

Taylor de Faoite, A. (2011). *Narrative play therapy: Theory and practice.* Philadelphia: Jessica Kingsley.

정신역동이론/정신역동 놀이치료

■ 정신역동이론

Freud, S. (1949). *An outline of psycho-analysis* (J. Strachey, Trans.). New York: Norton.

Safran, J. D., & Kriss, A. (2014). Psychoanalytic psychotherapies. In D. Wedding & R. J. Corsini (Eds.), *Current psychotherapies* (10th ed., pp. 19-54). Belmont, CA: Brooks/Cole.

■ 정신역동 놀이치료

Cangelosi, D. (1993). Internal and external wars: Psychodynamic play therapy. In T. Kottman & C. Schaefer (Eds.), *Play therapy in action: A casebook for practitioners* (pp. 347-370). Northvale, NJ: Jason Aronson.

Mordock, J. B. (2015). Psychodynamic play therapy. In D. Crenshaw & A. Stewart (Eds.), *Play therapy: A comprehensive guide to theory and practice* (pp. 66-82). New York: Guilford Press.

Punnett, A. (2016). Psychoanalytic and Jungian play therapy. In K. O'Connor, C. Schaefer, & L. Braverman (Eds.), *Handbook of play therapy* (2nd ed., pp. 61-92). Hoboken, NJ: Wiley.

테라플레이

테라플레이는 애착이론에 기반을 둔 놀이치료 접근방식이다. 독립된 이론은 가지고 있지 않다.

■ 테라플레이

Booth, P., & Jernberg, A. (2010). *Theraplay: Helping parents and children build better relationships through attachment-based play* (3rd ed.). San Francisco: Jossey-Bass.

Booth, P., & Winstead, M. (2015). Theraplay: Repairing relationships, helping families heal. In D. Crenshaw & A. Stewart (Eds.), *Play therapy: A comprehenive guide to theory and practice* (pp. 141-155). New York: Guilford Press.

Booth, P., & Winstead, M. (2016). Theraplay: Creating secure and joyful attachment relationships. In K. O'Connor, C. Schaefer, & L. Braverman (Eds.), *Handbook of play therapy* (2nd ed., pp. 164-194). Hoboken, NJ: Wiley.

Bundy-Myrow, S., & Booth, P. B. (2009). Theraplay: Supporting attachment relationships. In K. J. O'Connor & L. D. Braverman (Eds.), *Play therapy theory and practice: Comparing theories and techniques* (2nd ed., pp. 315-366). Hoboken, NJ: Wiley.

Jernberg, A., & Jernberg, E. (1993). Family Theraplay for the family tyrants. In T. Kottman & C. Schaefer (Eds.), *Play therapy in action: A casebook for practitioners* (pp. 45-96). Northvale, NJ: Jason Aronson.

Koller, T., & Booth, P. (1997). Fostering attachment through family Theraplay. In K. O'Connor & L. M. Braverman (Eds.), *Play therapy theory and application: A comparative presentation.* New York: Wiley.

Munns, E. (2011). Theraplay: Attachment-enhancing play therapy. In C. Schaefer (Ed.), *Foundations of play therapy* (2nd ed., pp. 275-296). Hoboken, NJ: Wiley.

통합적 · 처방적 이론/통합적 · 처방적 놀이치료

■ 통합적 · 처방적 이론

Corey, G. (2017). *Theory and practice of counseling and psychotherapy* (10th ed.). Boston: Cengage.

Jones-Smith, E. (2016). *Theories of counseling and psychotherapy: An integrative approach* (2nd ed.). Los Angeles: SAGE.

Norcross, J. C. (2005). A primer on psychotherapy integration. In J. C. Norcross & M. R. Goldfried (Eds.), *Handbook of psychotherapy integration* (2nd ed., pp. 3-23). New York: Oxford University Press.

Norcross, J. C., & Wampold, B. (2011). What works for whom?: Tailoring psychotherapy to the person. *Journal of Clinical Psychology in Session, 67*(2), 127-132.

■ 통합적 · 처방적 놀이치료

Drewes, A., Bratton, S., & Schaefer, C. (Eds.). (2011). *Integrative play therapy.* Hoboken, NY: Wiley.

Gil, E., Konrath, E., Shaw, J., Goldin, M., & Bryan, H. (2015). Integrative approach to play therapy. In D. Crenshaw & A. Stewart (Eds.), *Play therapy: A comprehensive guide to theory and practice* (pp. 99–113). New York: Guilford Press.

Gil, E., & Shaw, J. (2009). Prescriptive play therapy. In K. J. O'Connor & L. D. Braverman (Eds.), *Play therapy theory and practice: Comparing theories and techniques* (2nd ed., pp. 451–487). Hoboken, NJ: Wiley.

Schaefer, C., & Drewes, A. (2016). Prescriptive play therapy. In K. O'Connor, C. Schaefer, & L. Braverman (Eds.), *Handbook of play therapy* (2nd ed., pp. 227–240). Hoboken, NJ: Wiley.

부록 B
아동별 이슈를 위한 도서

부적응하게 완벽주의적인 아동

Adderholdt, M., & Goldberg, J. (1999). *Perfectionism: What's bad about being too good?* Minneapolis, MN: Free Spirit.

Flanagan Burns, E. (2008). *Nobody's perfect: A story for children about perfectionism.* Washington, DC: Magination Press.

Greenspon, T. S. (2007). *What to do when good enough isn't good enough.* Minneapo- lis, MN: Free Spirit.

Manes, S. (1996). *Be a perfect person in just three days!* New York: Yearling.

McDonnell, P. (2014). *A perfectly messed-up story.* NewYork: Little, Brown.

Parr, T. (2014). *It's okay to make mistakes.* New York: Little, Brown.

Pett, M., & Rubinstein, G. (2011). *The girl who never made mistakes.* Naperville, IL: Sourcebooks.

Saltzberg, B. (2010). *Beautiful oops.* New York: Workman.

Shannon, D. (1998). *A bad case of stripes.* New York: Scholastic.

부모의 이혼을 경험한 아동

Abercrombie, B. (1995). *Charlie Anderson.* New York: Children's Publishing Division.

Brown, M. (1988). *Dinosaurs divorce: A guide for changing families.* New York: Little, Brown.

Coffelt, N. (2011). *Fred stays with me!* New York: Little, Brown.

Lansky, V. (1997). *It's not your fault, Koko bear: A read-together book for parents and young children during divorce.* Minnetonka, MN: Book Peddlers.

Ransom, J. (2000). *I don't want to talk about it.* Washington, DC: Magination Press.

Spelman, C. M. (1998). *Mama and daddy bear's divorce.* Morton Grove, IL: Albert Whitman.

Stern, Z. (2008). *Divorce is not the end of the world: Zoe's and Evan's coping guide for kids.* Berkeley, CA: Tricycle Press.

Thomas, P. (1999). *My family's changing.* Hauppauge, NY: Barron Educational Series.

불안이 높은 아동 및 특정 공포를 가진 아동

Cave, K. (2003). *You've got dragons.* Atlanta, GA: Peachtree.

Chung, A. (2014). *Ninja!* New York: Holt.

Cocca-Leffler, M. (2002). *Bravery soup.* Morton Grove, IL: Albert Withman.

Cook, J. (2012). *Wilma Jean and the worry machine.* Chattanooga, TN: National Center for Youth Issues.

Dewdney, A. (2005). *Llama llama red pajamas.* New York: Penguin Group.

Diesen, D. (2015). *Pout-pout fish and the big big dark.* New York: Macmillan Children's Publishing Group.

Edwards, P. (2003). *The worrywarts.* New York: Harper Collins.

Emberley, E. (1992). *Go away, big green monster.* New York: Little, Brown.

Hadfield, C. (2016). *The darkest dark.* New York: Macmillan Children's Publishing Group.

Henkes, K. (1996). *Sheila Rae, the brave.* New York: HarperCollins.

Henkes, K. (2010). *Wemberly worried.* New York: HarperCollins.

Maier, I. (2006). *When Fuzzy was afraid of big and loud things.* Washington, DC: Magination Press.

Mayer, M. (1987). *There's an alligator under my bed.* New York: Penguin Groups.

Waber, B. (2002). *Courage.* New York: Houghton Mifflin.

Watt, M. (2008). *Scaredy squirrel.* Tonawanda, NY: Kids Can Press.

문제해결을 위해 고군분투하는 아동

Houghton, C. (2015). *Shh!: We have a plan.* Summerville, MA: Candlewick Press.

Jeffers, O. (2011). *Stuck.* New York: HarperCollins.

Klassen, J. (2016). *We found a hat.* Summerville, MA: Candlewick Press.

Parsley, E. (2015). *If you ever want to bring an alligator to school, don't!* New York: Little, Brown.

Reynolds, P. H. (2004). *Ish* (Creatrilogy). Summerville, MA: Candlewick Press.

Rubin, A. (2011). *Those darn squirrels!* New York: Houghton Mifflin.

Yamada, K. (2016). *What do you do with a problem?* London: Compendium.

부정적인 자기이미지/낮은 자존감의 아동,
자기회의감/자기신뢰 문제로 도움이 필요한 아동

Bakur Weiner, M. (2009). *I want your moo: A story about self-esteem.* Washington, DC: Magination Press.

Carlson, N. (1990). *I like me.* New York: Penguin Groups.

Denton, K. (1995). *Would they love a lion?* New York: Kingfisher.

Diesen, D. (2014). *Pout-pout fish goes to school.* New York: Macmillan Children's Publishing Group.

Dyer, W. (2005). *Incredible you!* New York: Hay House.

Frasier, D. (2006). *On the day you were born.* New York: Houghton Mifflin.

Karst, P. (2000). *Invisible string.* Camarillo, CA: DeVorss.

Kranz, L. (2006). *Only one you.* Flagstaff, AZ: Northland.

Litwin, E. (2013). *Pete the cat and the magic sunglasses.* New York: HarperCollins.

Lucado, M. (1997) *You are special.* Wheaton, IL: Crossway.

Otoshi, K. (2010). *Zero.* Mill Valley, CA: KO Kids Books.

Palmer, P. (2011). *Liking myself.* Weaverville, CA: Boulden.

Petty, D. (2015). *I don't want to be a frog.* New York: Penguin Groups.

Piper, W. (2001). *The little engine that could.* New York: Platt & Munk.

Reynolds, P. (2012). *Sky color.* Summerville, MA: Candlewick Press.

Richmond, M. (2011). *I believe in you.* Naperville, IL: Sourcebooks.

Schlein, M. (1993). *The way mothers are.* Morton Grove, IL: Albert Withman.

Spires, A. (2014). *Most magnificent thing.* Naperville, IL: Sourcebooks.

Stevins, E. (2013). *Mister D: A children's picture book about overcoming doubts and fears.* Charleston, SC: Create Space.

Wells, R. (2001). *Shy Charles.* New York: Penguin Groups.

트라우마를 경험한 아동

Goodyear-Brown, P. (2003). *Gabby the gecko.* Self published: Paris Goodyear-Brown.

Haines, S. (2015). *Trauma is really strange.* Philadelphia: Singing Dragon.

Holmes, M. (2000). *A terrible thing happened.* Washington, DC: Magination Press.

Honda, L. (2014). *The cat who chose to dream.* Dixon, CA: Martin Pearl.

Schwiebert, P., & Deklyen, C. (2005). *Tear soup: A recipe for healing after loss.* Portland, OR: Grief Watch.

Sheppard, C. (1998). *Brave Bart: A story for traumatized and grieving children.* Albion, MI: National Institute for Trauma and Loss in Children.

Steele, W. (2016). *You are not alone*. Albion, MI: National Institute for Trauma and Loss in Children.

위탁 아동과 입양 아동

Gilman, J. (2008). *Murphy's three homes: A story for children in foster care*. Washington, DC: Magination Press.

Hampton, D. (2012). *My look-like-me mommy*. Mustang, OK: Tate.

Kasza, K. (1996). *A mother for Choco*. New York: Penguin Groups.

Oelschlager, V. (2010). *Porcupette finds a family*. Akron, OH: Vanita Books.

Paterson, K. (2004). *The great Gilly Hopkins*. New York: HarperCollins.

Pearson, J. (2016). *Elliot*. Ontario, Canada: Pajama Press.

조부모에게 양육된 아동

Byrne, G. (2009). *Sometimes it's grandmas and grandpas: Not mommies and daddies*. New York: Abbeville Kids.

Lovell, P. (2001). *Stand tall, Molly Lou Melon*. New York: G. P. Putnum's Sons.

Werle, S. (2016). *Our grandfamily*. Alberta, Canada: Children's Link Society.

도벽이 있거나 거짓말을 하는 아동

Binkow, H. (2010). *Howard B. Wigglebottom and the monkey on his back*. San Diego, CA: Thunderbolt.

Cook, J. (2012). *Ricky sticky fingers*. Chattanooga, TN: National Center for Youth Issues.

Cook, J. (2015). *Lying up a storm*. Chattanooga, TN: National Center for Youth Issues.

Levins, S. (2012). *Bumblebee bike*. Washington, DC: Magination Press.

Lucado, M. (2006). *Flo the lyin' fly*. Nashville, TN: Thomas Nelson.

Segey, E. (2014). *Professor Ponzey and the truth potion*. Pines, FL: Mentalizer Education.

ADHD/충동적인 아동

Cook, J. (2006). *My mouth is a volcano!* Chattanooga, TN: National Center for Youth Issues.

Cook, J. (2007). *Personal space camp*. Chattanooga, TN: National Center for Youth Issues.

Cook, J. (2013). *I just want to do it my way!: My story about staying on task and asking for help.* Chattanooga, TN: National Center for Youth Issues.

Harris, R. H. (2010). *The day Leo said I hate you!* New York: Little, Brown.

Howard, A. (2003). *Cosmo zooms.* Orlando, FL: Harcourt Books.

Le, M. (2016). *Let me finish!* New York: Disney-Hyperion.

Lester, H. (1996). *Three cheers for Tacky.* New York: Houghton Mifflin.

Lester, H. (1997). *Listen, Buddy.* New York: Houghton Mifflin.

Underwood, D. (2013). *The quiet book.* New York: Houghton Mifflin.

Wells, R. (1999). *Noisy Nora.* New York: Penguin Groups.

다름을 불편하게 느끼는 아동과 소속되는 것이 어려운 아동

Andreae, G. (2012). *Giraffes can't dance.* New York: Cartwheel Books.

Dismondy, M. (2008). *Spaghetti in a hot dog bun: Having the courage to be who you are.* Chicago: Cardinal Rule Press.

Egan, T. (2007). *The pink refrigerator.* New York: Houghton Mifflin.

Esbaum, J. (2014). *I am cow, hear me moo!* New York: Penguin Groups.

Hall, M. (2015). *Red: A crayon's story.* New York: Greenwillow Books.

Henkes, K. (2008). *Chrysanthemum.* New York: Greenwillow Books.

John, J. (2016). *Quit calling me a monster!* New York: Random House.

Killer, K., & Lowe, J. (2016). *Hello, my name is Octicorn.* New York: HarperCollins Children's Books.

Ledwig, T. (2016). *The invisible boy.* New York: HarperCollins.

Lester, H. (2002). *Hooway for Wodney Wat.* New York: Houghton Mifflin.

Lester, H. (2015). *Score one for the sloths.* New York: Houghton Mifflin.

Lionni, L. (1997). *A color of his own.* New York: Dragonfly Books.

Offill, J. (2014). *Sparky!* New York: Random House.

Rousaki, M. (2003). *Unique Monique.* La Jolla, CA: Kane/Miller Book.

Simmons, S. J. (1997). *Alice and Greta: A tale of two witches.* Watertown, MA: Charlesbridge.

Venable, C. (2016). *Mervin the sloth is about to do the best thing in the world.* New York: Greenwillow Books.

사회적 기술이나 또래관계에 어려움이 있는 아동

Bottner, B. (1997). *Bootisie Barker bites.* New York: Putnam and Grosset Group.

Campbell, S. (2014). *Hug machine.* New York: Atheneum Books.

Carlson, N. (1997). *How to lose all your friends*. New York: Penguin Books.

Cook, J. (2014). *Hygiene . . . you stink*. Boys Town, NE: Boys Town Press.

Coursen, V. (1997). *Mordant's wish*. New York: Holt.

Crimi, C. (2001). *Don't need friends*. New York: RandomHouse.

Ferry, B. (2015). *Stick and stone*. New York: Houghton Mifflin.

Henkes, K. (1995). *A weekend with Wendell*. New York: Greenwillow Books.

Henkes, K. (1997). *Chester's way*. New York: Greenwillow Books.

Henkes, K. (2006). *Lilly's purple plastic purse*. New York: Williams Morrow.

Hutchins, H. J. (1991). *Katie's babbling bother*. Toronto, Ontario, Canada: Annick Press.

Janisch, H. (2012). *I have a little problem said the bear*. New York: NorthSouth Books.

Karst, P. (2000). *Invisible string*. Camarillo, CA: DeVorses.

Lester, H. (1995). *Me first*. New York: Houghton Mifflin.

Lester, H. (2016). *All for me and none for all*. New York: Houghton Mifflin.

O'Neill, A. (2002). *Recess queen*. New York: Scholastic.

Otoshi, K. (2010). *Zero*. Mill Valley, CA: KO Kids Books.

Otoshi, K. (2014). *Two*. Mill Valley, CA: KO Kids Books.

Pilkey, D. (1995). *Dragon's fat cat*. New York: Orchard Books.

Scheuer, K. (2014). *A bug and a wish*. Houston, TX: Strategic Book.

Watkins, R. (2015). *Rude cakes*. San Francisco: Chronicle Books.

Watt, M. (2011). *Scaredy squirrel makes a friend*. Tonowanda, NY: Kids Car Press.

감정 인식과 감정 표현에 도움이 필요한 아동

Boynton, S. (2011). *Happy hippo, angry duck: A book of moods*. New York: Little Simon.

Cain, J. (2000). *The way I feel*. Seattle, WA: Parenting Press.

Curtis, J. L. (2007). *Today I feel silly and other moods that make my day*. New York: HarperCollins.

Diesen, D. (2013). *The pout-pout fish*. New York: Farrar, Straus and Giroux.

Goldblatt, R. (2004). *The boy who didn't want to be sad*. Washington, DC: Magination Press.

Hubbard, W. (1995). *C is for curious*. San Francisco: Chronicle Books.

Seuss, D. (2001). *My many colored days*. New York: Random House.

Vail, R. (2005). *Sometimes it's a bombaloo*. New York: Scholastic.

Witek, J. (2014). *In my heart: A book of feelings*. New York: Growing Hearts.

화와 공격 문제가 있는 아동

Bang, M. (2004). *When Sophie gets angry . . . really, really angry.* New York: Blue Sky Press.

Blumenthal, D. (1999). *The chocolate-covered-cookie tantrum.* New York: Houghton Mifflin.

Lite, L. (2011). *Angry octopus: A relaxation story.* Marietta, GA: Stress Free Kids.

Mayer, M. (2000). *I was so mad.* New York: A Golden Book.

Shapiro, L. (1994). *The very angry day that Amy didn't have.* Plainview, NY: Childswork/ Childsplay.

Silver, G. (2009). *Anh's anger.* Berkley, CA: Plumb Blossom.

Spelman, C. (200). *When I feel angry.* Parkridge, IL: Whitman, Albert & Co.

행동문제가 있는 아동

Bogan, P. (2016). *Bossy Flossy.* New York: Holt.

Bottner, B. (1992). *The bootsie barker bites.* New York: Putnam & Grosset Group.

Byrne, R. (2016). *This book is out of control!* New York: Holt.

Carl, E. (2009). *The greedy python.* New York: Simon & Schuster.

Dewdney, A. (2012). *Llama llama time to share.* New York: Penguin Groups.

DiPucchio, K. (2016). *Dragon was terrible.* New York: Farrar, Straus and Giroux.

Gassman, J. (2013). *You get what you get.* Mankato, MN: Picture Window Books.

Geras, A. (2002). *Blossom's revenge: The cats of cuckoo square.* New York: Yearling.

Isern, S. (2016). *Raccoon wants to be first.* Madrid, Spain: NubeOcho.

Ludwig, T. (2011). *Better than you.* New York: Random House.

Manning, J. (2012). *Millie Fierce.* New York: Philomel Books.

O'Neill, A. (2002). *Recess queen.* New York: Scholastic.

Sendak, M. (2012). *Where the wild things are.* New York: HarperCollins.

Simmons, S. (1999). *Greta's revenge.* New York: Knopf Books.

Simon, F. (2001). *Horrid Henry's revenge.* London: Orion House.

Wagenbach, D. (2009). *The grouchies.* Washington, DC: Magination Press.

부록 C
전문가를 위한 정보

2017년 4월 기준 APT에 따르면, RPT 전문가는 자격을 갖추기 위해 다음을 충족해야 한다 (http://c.ymcdn.com/sites/www.a4pt.org/resource/resmgr/ Credentials/RPTS_Guide_ April_2017.pdf).

1. 독립적인 정신건강서비스를 제공하기 위해서는 현재의 유효한 면허를 소지해야 한다.

2. 상담, 사회복지, 심리, 결혼 및 가족상담 등 정신건강 분야에서 석사 이상의 학위를 소지 해야 하며, 전문 분야의 교육과정을 이수해야 한다. 교육과정은 APT 웹사이트(www. a4pt.org)에서 확인할 수 있다.

3. 지도 감독을 받은 최소 2년 이상, 그리고 2000시간 이상의 임상경험이 있어야 한다.

4. 승인된 대학교나 공인된 전문가로부터 150시간의 놀이치료 전문 강의를 이수해야 한다.

5. 50시간의 전문 놀이치료 지도감독을 받은 500시간의 놀이치료 사례 경험이 있어야 한다.

SBRPT가 되기 위해서는 다음의 요건을 충족해야 한다(http://c.ymcdn.com/sites/www. a4pt.org/resource/resmgr/rpt_and_rpt-s_credentials/SB-RPT_Guide_Nov_2016.pdf).

1. 독립적인 학교상담사 또는 학교심리학자로서 활동하기 위해서는 현재 해당 주 교육청 의 유효한 면허나 자격증을 소지해야 한다.

2. 정신건강 분야에서 아동발달, 성격이론, 심리치료, 아동 및 청소년 정신병리학, 상담윤 리에 관한 과정을 포함하는 석사 이상의 학위를 소지해야 한다.

3. 학교상담사 또는 학교심리학자 면허/자격증을 취득하기 위해 해당 주 교육청에서 요구하는 일반적인 임상경험이 있어야 하며, 면허/자격증 취득 이후 학교에서 2년 동안 지속적인 업무 경험이 있어야 한다.

4. 고등 교육기관 또는 APT 공인기관으로부터 150시간의 놀이치료 전문 교육을 이수해야 한다.

5. 50시간의 지도감독을 받은 최소 600시간 이상의 직접적인 놀이치료 임상경험이 있어야 하며, 1년 이상 RPT-S에게 지도감독을 받아야 한다.

이 규준은 또한 RPT-S가 되기 위한 요구조건을 설명한다. RPT-S가 되기 위한 요건은 RPT와 같지만, 다음이 추가된다(http://c.ymcdn.com/sites/www.a4pt.org/resource/resmgr/Credentials/RPTS_Guide_April_2017.pdf).

1. 첫 면허 취득 후 추가적인 3년의 임상경험과 3000시간의 직접적인 임상경험이 있어야 한다.

2. 6시간의 놀이치료 전문 지도감독자 훈련 이수와 ① 지도감독자 훈련을 위한 해당 주 위원회의 요구조건 이수, 또는 ② APT 지도감독자 요구 조건(24시간의 지도감독자 훈련)을 이수해야 한다.

접촉에 관한 APT의 성명서:

놀이치료사는 접촉이 놀이치료 회기 안에서 여러 형태로 나타나며, 여러 맥락 안에서 발생한다는 것을 인지한다. 때때로 접촉의 예측이 가능한데, 예를 들어 아동이 '하이파이브'를 요청하거나, 스토리를 읽는 동안 치료사의 무릎에 앉고 싶어 할 때, 또는 신체기반의 접근법을 사용할 때(예: 치료사와 아동의 엄지손가락 레슬링) 그렇다. 또 다른 경우, 포옹을 하거나, 화장실에 함께 가기를 원하거나, 갑자기 치료사의 무릎 위에 앉을 때처럼 아동이 자발적으로 치료사와 접촉을 하는 경우도 있다. 치료사가 신체 활동에 대한 지원을 제공하기 위해, 정서적인 상황에서 양육적인 접촉을 제공하기 위해, 또는 아동의 정서적·신체적인 안전을 위해 아동과 접촉해야 하는 예측할 수 없는 상황이 발생할 수도 있다(예: 아동이 놀이치료실 밖으로 갑자기 뛰어 나갔을 때, 선반 위로 기어 올라가거나 다양한 장소 안에 들어가 문을 잠궜을 때 등). 놀이치료사는 이러한 모든 상황에서 아동을 위한 안전한 환경을 유지하고, 아동이 편안한/허용적인 경계를 유지하도록 아동의 접촉반응을 주의 깊게 모니터링하며, 명확한 근거와 적절한 강도로 접촉을 사용하고, 가장 현명한 방식으로 행동한다. 어떠한 접촉 사례도 기록해야 하고, 아동의 보호자와 논의해야 한다(Association for Play Therapy, 2015, p. 2).

놀이치료에서 내담자가 누구인지를 결정하는 것과 관련된 APT의 모범사례 기록:

미성년 내담자와 작업하는 놀이치료사는 내담자의 삶에 권한을 갖는 또 다른 당사자의 법적 동의를 받아야 하는 고유한 업무 특성을 이해해야 한다. 치료사는 자신의 내담자가 미성년자임을 이해하고, 임상적인 의사결정시 법적 보호자가 아닌 미성년 내담자를 대변해야 한다. 놀이치료사는 보호자, 내담자, 놀이치료사의 책임과 기대에 관한 정보를 포함하는 전문적인 정보공개진술서를 제공한다(Association for Play Therapy, 2016, p. 2).

놀이치료에서 내담자의 비밀보장과 관련된 모범사례 기록:

내담자는 비밀보장을 요구할 권리가 있으며, 비밀보장의 한계에 대해 설명받을 권리가 있다. 비밀보장의 한계에는 적절한 법적 보호자가 요구하는 경우, 법적으로 요구되는 경우, 안전에 즉각적인 위험이 드러나는 경우, 아동학대나 기타 안전의 이슈에 관한 의혹이 제기되는 경우, 지도감독 및 치료팀과의 사례 검토가 필요한 경우, 내담자의 사례 기록에 있는 어떤 문서나 문서에 대한 정보를 위해 정보 당국 및/또는 법원 명령이 있는 경우 공개될 수 있다는 것을 포함한다. 놀이치료사는 주/연방법에 의해 제한되지 않는 처치를 포함하여 필요시 적용하게 될 처치에 관한 모든 동의에 대해 법적 보호자의 서명을 얻는다(APT, 2016, p. 4).

참고문헌

Adler, A. (1954). *Understanding human nature* (W. B. Wolf, Trans.). New York: Fawcett Premier. (Original work published 1927)

Adler, A. (1958). *What life should mean to you.* New York: Capricorn. (Original work published 1931)

Allan, J. (1988). *Inscapes of the child's world: Jungian counseling in schools and clinics.* Dallas, TX: Springer.

Allan, J. (1997). Jungian play psychotherapy. In K. J. O'Connor & L. M. Braverman (Eds.), *Play therapy: A comparative presentation* (2nd ed., pp. 100–130). New York: Wiley.

Allan, J., & Levin, S. (1993). "Born on my bum": Jungian play therapy. In T. Kottman & C. Schaefer (Eds.), *Play therapy in action: A casebook for practitioners* (pp. 209–244). Northvale, NJ: Jason Aronson.

Ansbacher, H., & Ansbacher, R. (Eds.). (1956). *The individual psychology of Alfred Adler: A systemic presentation in selections from his writings.* San Francisco: Harper & Row.

Arrien, A. (1993). *The four-fold way: Walking the paths of the warrior, teacher, healer, and visionary.* New York: HarperCollins.

Ashby, J., Kottman, T., & DeGraaf, D. (2008). *Active intervention for kids and teens.* Alexandria, VA: American Counseling Association.

Association for Play Therapy. (2015). Paper on touch: Clinical, professional, and ethical issues. Retrieved from http://c.ymcdn.com/sites/ www.a4pt.org/ resource/ *resmgr/Publications/Paper_On_Touch_2015.pdf.*

Association for Play Therapy. (2016). Play therapy best practices: Clinical, professional and ethical issues. Retrieved from http://c.ymcdn.com/sites/ www.a4pt.*org/resource/resmgr/publications/Best_Practices_Sept_2016.pdf.*

Association for Play Therapy. (2017). Play therapy defined. Retrieved from *www. a4pt. org/?page=WhyPlayTherapy.*

Axline, V. (1969). *Play therapy*. New York: Ballantine Books.

Beaudion, M., & Walden, S. (1998). *Working with groups to enhance relationships*. Duluth, MN: Whole Person Associates.

Beck, A. (1976). *Cognitive therapy and the emotional disorders*. New York: Meridian.

Behnke, S., & Warner, E. (2002). Confidentiality in the treatment of adolescents. *Monitor on Psychology, 33*(3), 4.

Bixler, R. (1949). Limits are therapy. *Journal of Consulting Psychology, 13*, 1-11.

Blanco, P., & Ray, D. (2011). Play therapy in the schools: A best practice for improving academic achievement. *Journal of Counseling and Development, 89*, 235-242.

Boik, B., & Goodwin, E. (2000). *Sandplay therapy: A step-by-step manual for psycho-therapists of diverse orientations*. New York: Norton.

Booth, P., & Jernberg, A. (2010). *Theraplay: Helping parents and children build better relationships through attachment-based play* (3rd ed.). San Francisco: Jossey-Bass.

Booth, P., & Winstead, M. (2015). Theraplay: Repairing relationships, helping families heal. In D. Crenshaw & A. Stewart (Eds.), *Play therapy: A comprehensive guide to theory and practice* (pp. 141-155). New York: Guilford Press.

Booth, P., & Winstead, M. (2016). Theraplay: Creating secure and joyful attachment relationships. In K. O'Connor, C. Schaefer, & L. Braverman (Eds.), *Handbook of play therapy* (2nd ed., pp. 164-194). Hoboken, NJ: Wiley.

Bratton, S., Ray, D., Rhine, T., & Jones, L. (2005). The efficacy of play therapy with children: A meta-analytic review of treatment outcomes. *Journal of Professional Psychology Research and Practice, 36*(4), 376-390.

British Association for Play Therapy. (2014a). Play therapist personal qualities. Retrieved from www.bapt.info/play-therapy/play-therapy-corecompetences.

British Association for Play Therapy. (2014b). Play therapy defined. Retrieved from *www.bapt.info/play-therapy/history-play-therapy*.

Brody, V. (1978). Developmental play: A relationship-focused program for children. *Journal of Child Welfare, 57*, 591-599.

Brody, V. (1993). *The dialogue of touch: Developmental play therapy*. Treasure Island, FL: Developmental Play Training Associates.

Brooke, S. (2004). *Tools of the trade: A therapist's guide to art therapy assessments* (2nd ed.). Springfield, IL: Charles C Thomas.

Brooks, R. (1981). Creative characters: A technique in child therapy. *Psychotherapy, 18*, 131-139.

Brown, S., & Vaughn, C. (2009). *Play: How it shapes the brain, opens the imagination, and invigorates the soul*. New York: Penguin.

Buchalter, S. (2009). *Art therapy techniques and applications*. Philadelphia: Jessica Kingsley.

Bundy-Myrow, S., & Booth, P. B. (2009). Theraplay: Supporting attachment rela-tionships. In K. J. O'Connor & L. D. Braverman (Eds.), *Play therapy theory and practice: Comparing theories and techniques* (2nd ed., pp. 315-366). Hoboken, NJ: Wiley.

Burns, D. (1999). *Feeing good: The new mood therapy* (rev. ed.). New York: New American Library.

Cangelosi, D. (1993). Internal and external wars: Psychodynamic play therapy. In T. Kottman & C. Schaefer (Eds.), *Play therapy in action: A casebook for practitioners* (pp. 347-370). Northvale, NJ: Jason Aronson.

Carey, L. (2008). *Sandplay: Therapy with children and families*. Lanham, MD: Rowman & Littlefield.

Carlson, J., & Englar-Carson, M. (2017). *Adlerian psychotherapy*. Washington, DC: American Psychological Association.

Carmichael, K. (2006). *Play therapy: An introduction*. Upper Saddle River, NJ: Pearson.

Carnes Holt, K., & Bratton, S. (2015). The efficacy of child parent relationship therapy for adopted children with attachment disruptions. *Journal of Counseling and Development, 92,* 328-337.

Carroll, F. (2009). Gestalt play therapy. In K. J. O'Connor & L. D. Braverman (Eds.), *Play therapy theory and practice: Comparing theories and technique* (2nd ed., pp. 283-314). Hoboken, NJ: Wiley.

Carroll, F., & Oaklander, V. (1997). Gestalt play therapy. In K. O'Connor & L. Braverman (Eds.), *Play therapy theory and practice: A comparative presentation* (pp. 184-203). New York: Wiley.

Cattanach, A. (2006). Narrative play therapy. In C. Schaefer & H. Kaduson (Eds.), *Contemporary play therapy: Theory, research, and practice* (pp. 82-99). New York: Guilford Press.

Cattanach, A. (2008). *Narrative approaches tin play therapy with children*. Philadelphia: Jessica Kingsley.

Cavett, A. M. (2015). Cognitive-behavioral play therapy. In D. A. Crenshaw & A. L. Stewart (Eds.), *Play therapy: A comprehensive guide to theory and practice* (pp. 83-98). New York: Guilford Press.

Chapman, G. (1992). *The five love languages: Secrets to love that lasts*. Chicago: Northfield.

Chapman, G. (2000). *The five love languages of teenagers*. Chicago: Northfield.

Chapman, G., & Campbell, R. (1997). *The five love languages of children*. Chicago: Northfield.

Corey, G. (2017). *Theory and practice of counseling and psychotherapy* (10th ed.). Boston: Cengage.

Corey, G., Corey, M., & Callanan, P. (2011). *Issues and ethics in the helping professions* (8th ed.). Belmont, CA: Brooks/Cole.

Covey, S. R. (2013). *The 7 habits of highly effective people: Powerful lessons in personal change*. New York: Simon & Schuster.

Crenshaw, D., Brooks, R., & Goldstein, S. (Eds.). (2015). *Play therapy interventions to enhance resiliency*. New York: Guilford Press.

Czyszczon, G., Riviere, S., Lowman, D., & Stewart, A. (2015). In D. Crenshaw & A. Stewart (Eds.), *Play therapy: A comprehensive guide to theory and practice* (pp. 186-200). New York: Guilford Press.

DeDomenico, G. (1995). *Sand tray world play: A comprehensive guide to the use of the sand tray in psychotherapeutic and transformational settings.* Oakland, CA: Vision Quest.

Des Lauriers, A. (1962). *The experience of reality in childhood schizophrenia.* New York: International Universities Press.

Developmental Therapy Institute. (1992). *Developmental teaching objectives rating form-revised* (4th ed.). Athens, GA: Developmental Therapy Institute.

Devereaux, C. (2014). Moving with the space between us: The dance of attachment security. In C. Malchiodi & D. Crenshaw (Eds.), *Creative arts and play therapy for attachment problems* (pp. 84-99). New York: Guilford Press.

Dewey, E. (1978). *Basic applications of Adlerian psychology for self-understanding and human relationships.* Coral Springs, FL: CMI Press.

Dillman Taylor, D., & Meany-Walen, K. K. (2015). Investigating the effectiveness of Adlerian play therapy with children with disruptive behaviors: A single-case research design. *Journal of Child and Adolescent Counseling, 1*(2), 81-99.

Douglas, C. (2008). Analytical psychotherapy. In R. J. Corsini & D. Wedding (Eds.), *Current psychotherapies* (8th ed., pp. 107-140). Belmont, CA: Brooks/ Cole.

Dreikurs, R., & Soltz, V. (1964). *Children: The challenge.* New York: Hawthorn/ Dutton.

Eckstein, D., & Kern, R. (2009). *Psychological fingerprints* (6th ed.). Dubuque, IA: Kendall/Hunt.

Ellis, A. (2000). Rational emotive behavior therapy. In R. J. Corsini & D. Wedding (Eds.), *Current psychotherapies* (6th ed., pp. 168-204). Itasca, IL: F. E. Peacock.

Evers-Fahey, K. (2016). *Towards a Jungian theory of the ego.* New York: Routledge.

Fall, K., Holden, J. M., & Marquis, A. (2010). *Theoretical models of counseling and psychotherapy* (2nd ed.). New York: Routledge.

Freud, S. (1949). *An outline of psycho-analysis* (J. Strachey, Trans.). New York: Norton.

Frey, D. (2015). Play therapy interventions with adults. In D. Crenshaw & A. Stewart (Eds.), *Play therapy: A comprehensive guide to theory and practice* (pp. 452-464). New York: Guilford Press.

Gallo-Lopez, L., & Schaefer, C. (2005). *Play therapy with adolescents.* Lanham, MD: Jason Aronson.

Gardner, B. (2015). Play therapy with adolescents. In D. Crenshaw & A. Stewart (Eds.), *Play therapy: A comprehensive guide to theory and practice* (pp. 439-451). New York: Guilford Press.

Gardner, R. A. (Ed.). (1993). *Storytelling in psychotherapy with children.* Northvale, NJ: Jason Aronson.

Gaskill, R. L. (2010, December). Neurobiology of play therapy. *Play Therapy.* Retrieved from (www. mlppubsonline.com/article/Neurobiology_Of_Play_ Therapy/558446/53463/article.html.

Gil, E. (2014). The creative use of metaphor in play and art therapy with attachment problems. In C. Malchiodi & D. Crenshaw (Eds.), *Creative arts and play therapy for attachment problems* (pp. 159-177). New York: Guilford Press.

Gil, E., Konrath, E., Shaw, J., Goldin, M., & Bryan, H. (2015). Integrative approach to play therapy. In D. Crenshaw & A. Stewart (Eds.), *Play therapy: A comprehensive guide to theory and practice* (pp. 99–113). New York: Guilford Press.

Glover, G., & Landreth, G. (2016). Child-centered play therapy. In K. O'Connor, C. Schaefer, & L. Braverman (Eds.), *Handbook of play therapy* (2nd ed., pp. 93–118). Hoboken, NJ: Wiley.

Gonsher, A, (2016). Limit-setting in play therapy. In K. O'Connor, C. Schaefer, & Braverman (Eds.), *Handbook of play therapy* (2nd ed., pp. 53–428). Hoboken, NJ: Wiley.

Goodyear-Brown, P. (2010). *Play therapy with traumatized children: A prescriptive approach.* Hoboken, NJ: Wiley.

Grant, R. J. (2017). *Play-based interventions for autism spectrum disorder and other developmental disabilities.* New York: Routledge.

Green, E. (2009). Jungian analytical play therapy. In K. O'Connor & L. Braverman (Eds.), *Play therapy theory and practice: Comparing theories and techniques* (2nd ed., pp. 100–139). Hoboken, NJ: Wiley.

Green, E., Baggerly, J., & Myrick, A. (Eds.). (2015). *Counseling families: A play-based treatment.* New York: Rowman & Littlefield.

Green, E., Drewes, A., & Kominski, J. (2013). Use of mandalas in Jungian play therapy with adolescents diagnosed with ADHD. *International Journal of Play Therapy, 22*(3), 159–172.

Griffith, J., & Powers, R. L. (2007). *The lexicon of Adlerian Psychology: 106 terms associated with the Individual Psychology of Alfred Adler* (2nd ed.). Port Townsend, WA: Adlerian Psychology Associates.

Guerney, B. (1964). Filial therapy: Description and rationale. *Journal of Consulting Psychology, 28,* 304–310.

Guerney, L. (2013). *Group filial therapy: The complete guide to teaching parents to play therapeutically with their children.* Philadelphia: Jessica Kingsley.

Homeyer, L., & Sweeney, D. (2017). *Sandtray: A practical manual* (3rd ed.). New York: Routledge.

James, O. (1997). *Play therapy: A comprehensive guide.* Northvale, NJ: Jason Aronson.

Jernberg, A. (1979). *Theraplay: A structured new approach for problem children and their families.* San Francisco: Jossey-Bass.

Jernberg, A., & Jernberg, E. (1993). Family Theraplay for the family tyrant. In T. Kottman & C. Schaefer (Eds.), *Play therapy in action: A casebook for practitioners* (pp. 45–96). Northvale, NJ: Jason Aronson.

Jung, C. G. (1969). Synchronicity: An acausal connecting principle. In G. Adler, M. Fordham, W. McGuire, & H. Read (Eds.), & R. F. C. Hull (Trans.), *The collected works of C. F. Jung* (Vol. 8, pp. 419–519). Princeton, NJ: Princeton University Press.

Karges-Bone, L. (2015). *Bibliotherapy.* Dayton, OH: Lorenz Educational Press.

Karpman, S. (1968). Fairy tales and script drama analysis. *Transactional Analysis Bulletin, 26*(7), 39–43.

Kenney-Noziska, S., Schaefer, C., & Homeyer, L. (2012). Beyond directive and nondirective: Moving the conversation forward. *International Journal of Play Therapy, 21*(4), 244-252.

Kfir, N. (1989). *Personality and priorities: A typology.* Bloomington, IN: Author House.

Kfir, N. (2011). *Personality and priorities: A typology.* Bloomington, IN: Author House.

Kissel, S. (1990). *Play therapy: A strategic approach.* Springfield, IL: Charles C Thomas.

Knell, S. M. (1993). To show and not tell: Cognitive-behavioral play therapy. In T. Kottman & S. Schaefer (Eds.), *Play therapy in action: A casebook for practitioners* (pp. 169-208). Northvale, NJ: Jason Aronson.

Knell, S. M. (1994). Cognitive-behavioral play therapy. In K. O'Connor & C. Schaefer (Eds.), *Handbook of play therapy: Vol. 2. Advances and innovations* (pp. 111-142). New York: Wiley.

Knell, S. M. (2009). Cognitive-behavioral play therapy. In K. J. O'Connor & L. D. Braverman (Eds.), *Play therapy theory and practice: Comparing theories and techniques* (2nd ed., pp. 203-236). Hoboken, NJ: Wiley.

Knell, S. (2016). Cognitive-behavioral play therapy. In K. O'Connor, C. Schaefer, & L. Braverman (Eds.), *Handbook of play therapy* (2nd ed., pp. 118-133). Hoboken, NJ: Wiley.

Knoff, H., & Prout, H. (1985). *Kinetic drawing system for family and school: A handbook.* Los Angeles: Western Psychological Services.

Koller, T., & Booth, P. (1997). Fostering attachment through family Theraplay. In K. O'Connor & L. M. Braverman (Eds.), *Play therapy theory and application: A comparative presentation* (pp. 204-233). New York: Wiley.

Kottman, T. (2011). *Play therapy: Basics and beyond* (2nd ed.). Alexandria, VA: American Counseling Association.

Kottman, T., & Ashby, J. (2015). Adlerian play therapy. In D. Crenshaw & A. Stewart (Eds.), *Play therapy: A comprehensive guide to theory and practice* (pp. 32-47). New York: Guilford Press.

Kottman, T., Ashby, J., & DeGraaf, D. (2001). *Adventures in guidance: How to integrate fun into your guidance program.* Alexandria, VA: American Counseling Association.

Kottman, T., & Heston, M. (2012). The child's inner life and a sense of community. In J. Carlson & M. Maniacci (Eds.), *Alfred Adler revisited* (pp. 115-128). New York: Routledge.

Kottman, T., & Meany-Walen, K. K. (2015). Adlerian family play therapy. In E. Green, J. Baggerly, & A. Myrick (Eds.), *Counseling families: A play-based treatment* (pp. 71-87). New York: Rowman & Littlefield.

Kottman, T., & Meany-Walen, K. (2016). *Partners in play: An Adlerian approach to play therapy* (3rd ed.). Alexandria, VA: American Counseling Association.

Lakoff, G., & Johnson, M. (2003). *Metaphors we live by* (rev. ed.). Chicago: University of Chicago.

Landgarten, H. (1981). *Clinical art therapy: A comprehensive guide.* New York: Brunner/Mazel.

Landreth, G. L. (2012) *Play therapy: The art of the relationship* (3rd ed.). New York: Brunner-Routledge.

Landreth, G. L., & Bratton, S. C. (2006). *Child-parent relationship therapy: A 10-session filial therapy model.* New York: Taylor & Francis.

Lankton, C., & Lankton, S. (1989). *Tales of enchantment: Goal-oriented metaphors for adults and children in therapy.* New York: Brunner/Mazel.

LeBlanc, M., & Ritchie, M. (2001). A meta-analysis of play therapy outcomes. *Counseling Psychology Quarterly, 14,* 149-163.

Lee, A. C. (2009). Psychoanalytic play therapy. In K. J. O'Connor & L. D. Braver-man, *Play therapy theory and practice: Comparing theories and techniques* (2nd ed., pp. 25-82). Hoboken, NJ: Wiley.

LeFeber, M. (2014). Working with children using dance/movement. In E. Green & A. Drewes (Eds.), *Integrating expressive arts and play therapy with children and adolescents* (pp. 124-148). New York: Wiley.

Lerner, M., Mikami, A., & Levine, K. (2011). Socio-dramatic affective-relational intervention for adolescents with Asperger syndrome and high functioning autism: Pilot study. *Autism, 15*(1), 21-42.

Lew, A., & Bettner, B. L. (1998). *Responsibility in the classroom: A teacher's guide to understanding and motivating students.* Newton Centre, MA: Connexions Press.

Lew, A., & Bettner, B. L. (2000). *A parent's guide to understanding and motivating children.* Newton Centre, MA: Connexions Press.

Lewin, K. (1951). *Field theory in social science.* New York: Harper & Brothers.

Lilly, J. P. (2015). Jungian analytic play therapy. In D. Crenshaw & A. Stewart (Eds.), *Play therapy: A comprehensive guide to theory and practice* (pp. 48-65). New York: Guilford Press.

Lin, Y., & Bratton, S. (2015). A meta-analytic review of child-centered play therapy approaches. *Journal of Counseling and Development, 93*(1), 45-58.

Malchiodi, C. (2007). *Art therapy sourcebook.* New York: McGraw-Hill.

Malchiodi, C. (Ed.). (2015). *Creative interventions with traumatized children* (2nd ed.). New York: Guilford Press.

Malchiodi, C., & Ginns-Gruenberg, D. (2008). Trauma, loss, and bibliotherapy: The healing power of stories. In C. Malchiodi (Ed.), *Creative interventions with traumatized children* (pp. 167-188). New York: Guilford Press.

Maniacci, M. P., Sackett-Maniacci, L., & Mosak, H. H. (2014). Adlerian psychotherapy. In D. Wedding & R. Corsini (Eds.), *Current psychotherapies* (10th ed., pp. 55-94). Belmont, CA: Brooks/Cole.

Manly, L. (1986). Goals of misbehavior inventory. *Elementary School Guidance and Counseling, 21,* 160-161.

Marschak, M. (1960). A method for evaluating child-parent interaction under controlled conditions. *Journal of Genetic Psychology, 97,* 3-22.

McCalla, C. L. (1994). A comparison of three play therapy theories: Psychoanalytical, Jungian, and client-centered. *International Journal of Play Therapy, 3,* 1-10.

Meany-Walen, K., Bratton, S., & Kottman, T. (2014). Effects of Adlerian play therapy on reducing students' disruptive behavior. *Journal of Counseling and Development, 92*, 47-56.

Meany-Walen, K. K., Kottman, T., Bullis, Q., & Dillman Taylor, D. (2015). Adlerian play therapy with children with externalizing behaviors: Single case design. *Journal of Counseling and Development, 93*(2), 418-428.

Meichenbaum, D. (1986). Cognitive behavior modification. In F. H. Kanfer & A. P. Goldstein (Eds.), *Helping people change: A textbook of methods* (pp. 346-380). New York: Pergamon Press.

Merriam-Webster Dictionary. (n.d.). Play therapy. Retrieved August 18, 2017, from *www. merriam-webster.com/dictionary/play therapy*.

Metcalf, L. (2006). *The miracle question: Answer it and change your life.* Bethel, CT: Crown House.

Mills, J. (2015). StoryPlay: A narrative play therapy approach. In D. Crenshaw & A. Stewart (Eds.), *Play therapy: A comprehensive guide to theory and practice* (pp.171-185). New York: Guilford Press.

Mills, J., & Crowley, R. (2014). *Therapeutic metaphors for children and the child within* (2nd ed.). New York: Routledge.

Mordock, J. B. (2015). Psychodynamic play therapy. In D. Crenshaw & A. Stewart (Eds.), *Play therapy: A comprehensive guide to theory and practice* (pp. 66-82). New York: Guilford Press.

Mosak. H., & Maniacci, M. (1999). *A primer of Adlerian psychology.* Philadelphia: Brunner/Mazel.

Moustakas, C. (1997). *Relationship play therapy.* New York: Rowman & Littlefield.

Munns, E. (2011). Theraplay: Attachment-enhancing play therapy. In C. Schaefer (Ed.), *Foundations of play therapy* (2nd ed., pp. 275-296). Hoboken, NJ: Wiley.

Munns, E., & Munns, C. (2015). Including families in Theraplay with children. In E. Green, J. Baggerly, & A. Myrick (Eds.), *Counseling families: A play-based treatment* (pp. 21-34). New York: Rowman & Littlefield.

Naranjo, C. (1970). Present centeredness: Technique, prescription and ideal. In J. Fagan & I. L. Shepherd (Eds.), *Gestalt therapy now* (pp. 47-69). New York: Harper.

Nash, J. B., & Schaefer, C. (2011). Play therapy: Basic concepts and practices. In C. Schaefer (Ed.), *Foundations of play therapy* (2nd ed., pp. 3-13). Hoboken, NJ: Wiley.

Nelsen, J., Nelsen Tamborski, M., & Ainge, B. (2016). *Positive discipline: Parenting tools.* New York: Harmony Books.

Nemiroff, M., & Annunziata, J. (1990). *A child's first book about play therapy.* Wash-ington, DC: American Psychological Association.

Netto, R. (2011). *Easy guide to Jungian psychology.* York Beach, ME: Nicolas-Hays.

Norcross, J. C. (2005). A primer on psychotherapy integration. In J. C. Norcross & M. R. Goldfried (Eds.), *Handbook of psychotherapy integration* (2nd ed., pp. 3-23). New York: Oxford University Press.

Nurse, A. R., & Sperry, L. (2012). Standardized assessment. In L. Sperry (Ed.), *Family assessment:*

Contemporary and cutting-edge strategies (2nd ed., pp. 53–82). New York: Routledge.

Oaklander, V. (1992). *Windows to our children: A Gestalt approach to children and adolescents.* New York: Gestalt Journal Press. (Original work published 1978)

Oaklander, V. (1993). From meek to bold: A case study of Gestalt play therapy. InT. Kottman & C. Schaefer (Eds.), *Play therapy in action: A casebook for practitioners* (pp. 281–300). Northvale, NJ: Jason Aronson.

Oaklander, V. (1994). Gestalt play therapy. In K. O'Connor & C. Schaefer (Eds.), *Handbook of play therapy* (pp. 142–156). New York: Wiley.

Oaklander, V. (2003). Gestalt play therapy. In C. Schaefer (Ed.), *Foundations of play therapy* (pp. 143–155). Hoboken, NJ: Wiley.

Oaklander, V. (2011). Gestalt play therapy. *International Journal of Play Therapy, 10,* 45–55.

Oaklander, V. (2015). Short-term Gestalt play therapy for grieving children. In H. Kaduson & C. Schaefer (Eds.), *Short-term play therapy for children* (3rd ed., pp. 28–52). New York: Guilford Press.

O'Connor, K. (1993). Child, protector, confidant: Structured group exosystemic play therapy. In T. Kottman & S. Schaefer (Eds.), *Play therapy in action: A casebook for practitioners* (pp. 245–280). Northvale, NJ: Jason Aronson.

O'Connor, K. (2000). *The play therapy primer* (2nd ed.). New York: Wiley. O'Connor, K. (2002). The value and use of interpretation in play therapy. *Professional Psychology: Research and practice, 33*(6), 523–528.

O'Connor, K. (2009). Ecosystemic play therapy. In K. J. O'Connor & L. D. Braverman (Eds.), *Play therapy theory and practice: Comparing theories and techniques* (2nd ed., pp. 367–450). Hoboken, NJ: Wiley.

O'Connor, K. (2011). Ecosystemic play therapy. In C. E. Schaefer (Ed.), *Foundations of play therapy* (2nd ed., pp. 253–272). Hoboken, NJ: Wiley.

O'Connor, K. (2016). Ecosystemic play therapy. In K. O'Connor, C. Schaefer, & L. Braverman (Eds.), *Handbook of play therapy* (2nd ed., pp. 194–225). Hoboken, NJ: Wiley.

O'Connor, K., & Ammen, S. (1997). *Play therapy treatment planning and interventions: The ecosystemic model.* San Diego, CA: Academic Press.

Ojiambo, D., & Bratton, S. C. (2014). Effects of group activity play therapy on problem behaviors of preadolescent Ugandan orphans. *Journal of Counseling and Development, 92*(3), 355–365.

Paré, M. A. (2015). Psyche and system: Integrating Jungian play therapy into family counseling. In E. Green, A. Myrick, & J. Baggerly (Eds.), *Counseling families: Play-based treatment* (pp. 53–69). Lanham, MD: Rowman & Littlefield.

Peery, J. C. (2003). Jungian analytical play therapy. In C. E. Schaefer (Ed.), *Foundations of play therapy* (pp. 14–54). Hoboken, NJ: Wiley.

Perls, F. (1970). Four lectures. In J. Fagan & I. L. Shepherd (Eds.), *Gestalt therapy now* (pp. 14–38). New York: Harper.

Perls, F., Hefferline, R. F., & Goodman, P. (1951). *Gestalt therapy: Excitement and growth in the human personality*. New York: Crown.

Punnett, A. (2016). Psychoanalytic and Jungian play therapy. In K. O'Connor, C. Schaefer, & L. Braverman(Eds.), *Handbook of play therapy* (2nd ed., pp. 61–92). Hoboken, NJ: Wiley.

Raskin, N., Rogers, C., & Witty, M. (2014). Client-centered therapy. In D. Wedding & R. Corsini (Eds.), *Current psychotherapies* (10th ed., pp. 95–145). Belmont, CA: Brooks/Cole.

Ray, D. C. (2011). *Advanced play therapy: Essential conditions, knowledge, and skills for child practice*. New York: Routledge.

Ray, D. C., Armstrong, S. A., Balkin, R. S., & Jayne, K. M. (2015). Child-centered play therapy in the schools: Review and meta-analysis. *Psychology in the Schools, 52l*, 107–123.

Ray, D. C., & Landreth, G. (2015). Child-centered play therapy. In D. Crenshaw & A. Stewart (Eds.), *Play therapy: A comprehensive guide to theory and practice* (pp. 3–16). New York: Guilford Press.

Robins, C., & Rosenthal, M. Z. (2011). Dialectical behavior therapy. In J. Herbert & E. Forman (Eds.), *Acceptance and mindfulness in cognitive behavioral therapy* (pp. 164–192). Hoboken, NJ: Wiley.

Rogers, C. (1951). *Client-centered therapy: Its current practice, implications and theory*. London: Constable.

Rogers, C. R. (1961). *On becoming a person: A psychotherapists view of psychotherapy*. Boston: Houghton Mifflin.

Rohnke, K. (1991). *Bottomless baggie*. Dubuque, IA: Kendall/Hunt.

Rohnke, K. (2004). *Funn 'n games*. Dubuque, IA: Kendall/Hunt.

Safran, J. D., & Kriss, A. (2014). Psychoanalytic psychotherapies. In D. Wedding & R. J. Corsini (Eds.), *Current psychotherapies* (10th ed., pp. 19–54). Belmont, CA: Brooks/Cole.

Schaefer, A. (2011). *Ain't misbehavin': Tactics for tantrums, meltdowns, bedtime blues, and other perfectly normal kid behaviors*. Ottawa, Ontario, Canada: Wiley.

Schaefer, C. (Ed.). (2003). *Play therapy with adults*. New York: Wiley.

Schaefer, C. E., & Drewes, A. A. (Eds.). (2014). *The therapeutic powers of play: 20 core agents of change* (2nd ed.). Hoboken, NJ: Wiley.

Schaefer, C., & Drewes, A. (2016). Prescriptive play therapy. In K. O'Connor, C. Schaefer, & L. Braverman (Eds.), *Handbook of play therapy* (2nd ed., pp. 227–240). Hoboken, NJ: Wiley.

Schoel, J., & Maizell, R. (2002). *Exploring islands of healing: New perspectives on adventure based counseling*. Beverly, MA: Project Adventure.

Schottelkorb, A., & Ray, D. (2009). ADHD symptom reduction in elementary students: A single-case effectiveness design. *Professional School Counseling, 13*, 11–22.

Shelby, J. (2015). Family-based cognitive behavioral therapy. In E. Green, A. Myrick, & J. Baggerly (Eds.), *Counseling families: Play-based treatment* (pp. 3–20). Lanham, MD: Rowman & Littlefield.

Snow, M., Winburn, A., Crumrine, L., Jackson, E., & Killian, T. (2012). The iPad playroom: A therapeutic technique. *Play Therapy, 7*(3), 16–19.

Swan, K., & Ray, D. (2014). Effects of child-centered play therapy on irritability and hyperactivity behaviors of children with intellectual disabilities. *Journal of Humanistic Counseling, 53,* 120-133.

Sweeny, D., & Landreth, G. (2009). Child-centered play therapy. In K. J. O'Connor & L. D. Braverman (Eds.), *Play therapy: Theory and practice* (2nd ed., pp. 123-162). Hoboken, NJ: Wiley.

Taylor de Faoite, A. (2011). *Narrative play therapy: Theory and practice.* Philadelphia: Jessica Kingsley.

Trippany-Simmons, R., Buckley, M., Meany-Walen, K., & Rush-Wilson, T. (2014). Individual psychology. In R. Parsons & N. Zhang (Eds.), *Counseling theory: Guiding reflective practice* (pp. 109-139). Los Angeles: SAGE.

Turner, B. (2005). *The handbook of sandplay therapy.* Cloverdale, CA: Temenos.

VanFleet, R. (2013). *Filial therapy: Strengthening parent-child relationships through play* (3rd ed.). Sarasota, FL: Professional Resource Press.

VanFleet, R., Sywaluk, A., & Sniscak, C. (2010). *Child-centered play therapy.* New York: Guilford Press.

VanFleet, R., & Topham, G. L., (2016). Filial therapy. In L. McMahon (Ed.), *Handbook of play therapy and therapeutic play* (2nd ed., pp. 135-165). New York: Routledge.

Vygotsky, L. (1978). *Mind in society: The development of higher psychological processes.* Cambridge, MA: Harvard University Press.

Watts, R. (2013). Adlerian counseling. In B. Irby, G. Brown, & S. Jackson (Eds.), *The handbook of educational theories for theoretical frameworks* (pp. 459-472). Charlotte, NC: Information Age.

White, M. (2007). *Maps of narrative practice.* New York: Norton

White, M., & Epston, D. (1990). *Narrative means to therapeutic ends.* New York: Norton.

Wilson, K., & Ryan, V. (2005). *Play therapy: A non-directive approach for children and adolescents* (2nd ed.). Burlington, MA: Elsevier.

Wood, D., Bruner, J. S., & Ross, G. (1976). The role of tutoring in problem-solving. *Journal of Child Psychology and Psychiatry, 17,* 89-100.

Yasenik, L., & Gardner, K. (2012). *Play therapy dimensions model: A decision-making guide for integrative play therapists.* Philadelphia: Jessica Kingsley.

Zimmerman, J., & Dickerson, V. (1996). *If problems talked: Narrative therapy in action.* New York: Guilford Press.

찾아보기

저자 소개

테리 코트먼(Terry Kottman, PhD, NCC, RPT-S, LMHC)
아이오와주 시더폴스에 '인커러지먼트 존(The Encouragement Zone)'을 설립했으며, 그곳에서 놀이치료 훈련과 수퍼비전, 인생코칭, 상담, 그리고 여성을 위한 '놀이숍(playshop)'을 제공한다. 코트먼 박사는 개인심리학과 놀이치료의 아이디어 및 기법을 결합하여, 아동, 가족, 성인과 작업하기 위한 접근인 아들러학파 놀이치료를 개발하였다. 그녀는 놀이치료에 관한 글을 쓰고, 정기적으로 국내외 워크숍에 참석한다. 코트먼 박사는 미국놀이치료학회(Association for Play Therapy)와 아이오와놀이치료학회(Iowa Association for Play Therapy)에서 공로상을 수상하였다.

크리스틴 K. 미니월렌(Kristin K. Meany-Walen, PhD, LMHC, RPT-S)
노스텍사스 주립대학교 상담학과(Counseling at the University of North Texas)의 조교수이다. 그녀는 사설기관에서 임상경험을 가지고 있으며, 다양한 내담자와 놀이 및 창의적 표현의 중요성에 대한 믿음을 강화해 주는 작업을 해 왔다. 미니월렌 박사는 정기적으로 아동과 청소년의 놀이치료에 대해 출간·발표하고 있다. 그녀는 최초의 아들러학파 놀이치료 연구를 수행하였는데, 그 연구는 아들러학파 놀이치료가 아동의 행동문제를 감소시키는 증거기반치료법으로 인정받는 데 도움을 주었다.

역자 소개

박영애(Park Young Yae)

고려대학교 대학원 가정학과 이학박사(아동학전공)
전 한국놀이치료학회 회장
현 한남대학교 아동복지학과 명예교수

〈저서 및 역서〉
현대인의 자녀양육(공저, 학지사, 2005)
인지행동놀이치료(공역, 나눔의집, 2001)
놀이와 아동발달(4판, 공역, 시그마프레스, 2012)

김리진(Kim Leejin)

고려대학교 대학원 가정학과 이학박사(아동학전공)
현 전북대학교 아동학과 부교수

〈저서〉
아동정신건강(공저, 양서원, 2014)

김소담(Kim Sodam)

한남대학교 대학원 아동복지학과 석박사통합과정 수료(아동상담 및 놀이치료전공)
전 University of North Carolina Wilmington 방문연구원

놀이치료의 실제
관계형성부터 변화촉진까지
Doing Play Therapy:
From Building the Relationship to Facilitating Change

2022년 7월 10일 1판 1쇄 인쇄
2022년 7월 15일 1판 1쇄 발행

지은이 • Terry Kottman · Kristin K. Meany-Walen
옮긴이 • 박영애 · 김리진 · 김소담
펴낸이 • 김진환
펴낸곳 • ㈜ **학지사**

04031 서울특별시 마포구 양화로 15길 20 마인드월드빌딩
대표전화 • 02)330-5114   팩스 • 02)324-2345
등록번호 • 제313-2006-000265호

홈페이지 • http://www.hakjisa.co.kr
페이스북 • https://www.facebook.com/hakjisabook

ISBN 978-89-997-2707-8 93180

정가 25,000원

출판미디어기업 학지사

간호보건의학출판 **학지사메디컬** www.hakjisamd.co.kr
심리검사연구소 **인싸이트** www.inpsyt.co.kr
학술논문서비스 **뉴논문** www.newnonmun.com
교육연수원 **카운피아** www.counpia.com